可持续发展法治保障研究 上

KECHIXU FAZHAN
FAZHI BAOZHANG YANJIU

孙佑海　等著

中国社会科学出版社

图书在版编目(CIP)数据

可持续发展法治保障研究 / 孙佑海等著 . —北京：中国社会科学出版社，2015.10
ISBN 978 – 7 – 5161 – 5988 – 0

Ⅰ.①可… Ⅱ.①孙… Ⅲ.①可持续性发展 – 法律 – 研究 – 中国 Ⅳ.①D922.604

中国版本图书馆 CIP 数据核字（2015）第 076668 号

出 版 人	赵剑英
责任编辑	任　明　梁剑琴
责任校对	王佳玉
责任印制	何　艳

出　　版	中国社会科学出版社
社　　址	北京鼓楼西大街甲 158 号
邮　　编	100720
网　　址	http：//www.csspw.cn
发 行 部	010 – 84083685
门 市 部	010 – 84029450
经　　销	新华书店及其他书店

印刷装订	北京市兴怀印刷厂
版　　次	2015 年 10 月第 1 版
印　　次	2015 年 10 月第 1 次印刷

开　　本	710 × 1000　1/16
印　　张	68.25
插　　页	2
字　　数	1213 千字
定　　价	195.00 元（全二册）

凡购买中国社会科学出版社图书，如有质量问题请与本社营销中心联系调换
电话：010 – 84083683
版权所有　侵权必究

总　目

第一编　基础篇

导论 …………………………………………………………………（3）
第一章　基本范畴界定 ………………………………………………（8）
第二章　改革开放以来我国可持续发展法治建设的成就与问题 ………（46）
第三章　完善可持续发展法治建设的总体思路 ……………………（71）

第二编　环境保护法治篇

引言 …………………………………………………………………（103）
第四章　我国环境保护面临的严峻形势 ……………………………（105）
第五章　我国环境法治的回顾与反思 ………………………………（124）
第六章　境外环境保护法治的考察借鉴 ……………………………（166）
第七章　加强环境保护法治建设的对策建议 ………………………（182）

第三编　水资源法治篇

引言 …………………………………………………………………（221）
第八章　我国水资源面临的严峻形势 ………………………………（223）
第九章　我国水资源法治的回顾与反思 ……………………………（241）
第十章　境外水资源法治的考察借鉴 ………………………………（274）
第十一章　加强水资源法治建设的对策建议 ………………………（302）

第四编　土地资源法治篇

引言 …………………………………………………………………（343）
第十二章　我国土地资源保护面临的严峻形势 ……………………（345）

第十三章　我国土地资源保护法治的回顾和反思 …………………… (365)
第十四章　域外土地资源法律保护的经验和借鉴 …………………… (422)
第十五章　加强我国土地资源法律保护的对策建议 ………………… (465)

第五编　优势矿产资源法治篇

引言 …………………………………………………………………………… (527)
第十六章　我国优势矿产资源面临的严峻形势 ……………………… (529)
第十七章　我国优势矿产资源法治的回顾与反思 …………………… (556)
第十八章　境外优势矿产资源法治的考察借鉴 ……………………… (584)
第十九章　加强优势矿产资源法治建设的对策建议 ………………… (609)

第六编　能源安全法治篇

引言 …………………………………………………………………………… (641)
第二十章　我国能源安全面临严峻形势 ……………………………… (642)
第二十一章　我国能源安全法治的回顾与反思 ……………………… (659)
第二十二章　境外能源安全法治的考察借鉴 ………………………… (683)
第二十三章　加强能源安全法治建设的对策建议 …………………… (719)

第七编　农产品产地环境保护法治篇

引言 …………………………………………………………………………… (747)
第二十四章　我国农产品产地环境面临的严峻形势 ………………… (749)
第二十五章　我国农产品产地环境保护法治的回顾与反思 ………… (763)
第二十六章　境外农产品产地环境保护法治的考察借鉴 …………… (787)
第二十七章　加强农产品产地环境保护法治建设的对策建议 ……… (808)

第八编　低碳发展法治篇

引言 …………………………………………………………………………… (835)
第二十八章　我国低碳发展面临的严峻形势 ………………………… (837)
第二十九章　我国低碳发展法治的回顾与反思 ……………………… (864)

第三十章　境外低碳发展法治的考察借鉴 ……………………（882）
第三十一章　加强低碳发展法治建设的对策建议 ……………（910）

结　语

本报告的基本结论 ………………………………………………（929）
本报告的主要创新 ………………………………………………（933）
面向生态文明新时代的环境资源法治建设 ……………………（937）

附　录

附录一　《中华人民共和国环境保护法》修改建议稿 ………（943）
附录二　《中华人民共和国大气污染防治法》修改建议稿 …（953）
附录三　《中华人民共和国节约用水条例（草案）》建议稿 …（979）
附录四　《中华人民共和国土地法（草案）》建议稿 …………（989）
附录五　《中华人民共和国优势矿产资源保护法（草案）》建议稿 …（1015）
附录六　《中华人民共和国能源法（草案）》中有关能源安全的
　　　　规定 …………………………………………………（1027）
附录七　《中华人民共和国石油储备法（草案）》建议稿 ……（1030）
附录八　《中华人民共和国农产品产地环境保护法（草案）》
　　　　建议稿 ………………………………………………（1035）
附录九　《中华人民共和国低碳发展促进法（草案）》建议稿 …（1040）
主要参考文献 ……………………………………………………（1048）
后记 ………………………………………………………………（1062）

目 录
（上 册）

第一编 基础篇

导论 ………………………………………………………………………… (3)
  一 研究项目概况 ………………………………………………………… (3)
  二 研究背景意义 ………………………………………………………… (3)
  三 研究内容简介 ………………………………………………………… (5)
  四 研究思路说明 ………………………………………………………… (5)
  五 研究方法综述 ………………………………………………………… (6)

第一章 基本范畴界定 ……………………………………………………… (8)
  第一节 发展与发展观 …………………………………………………… (8)
    一 发展的多维视角 …………………………………………………… (8)
    二 发展观的基本内涵 ………………………………………………… (9)
    三 发展观的历史演变 ………………………………………………… (11)
  第二节 科学发展观与又好又快和可持续发展 ……………………… (22)
    一 从又快又好到又好又快 …………………………………………… (22)
    二 科学发展观与又好又快发展 ……………………………………… (25)
    三 科学发展观与可持续发展 ………………………………………… (27)
    四 科学发展观与加快转变经济发展方式 …………………………… (29)
    五 本项目研究的重心是以环境与资源保护为基础的可持续发展 …… (31)
  第三节 可持续发展与法治 ……………………………………………… (31)
    一 法与法治的一般理论 ……………………………………………… (31)
    二 法律与经济发展的互动关系 ……………………………………… (33)
    三 可持续发展与法治的基本关系 …………………………………… (34)
    四 生态文明建设与可持续发展法治 ………………………………… (42)

第二章 改革开放以来我国可持续发展法治建设的成就与问题 …… (46)
  第一节 我国可持续发展法治建设取得的成就 ……………………… (46)
    一 可持续发展法律体系形成 ………………………………………… (46)

二　可持续发展制度不断健全…………………………………(50)
　　三　可持续发展执法不断加强…………………………………(51)
　　四　可持续发展司法日益强化…………………………………(53)
　　五　可持续发展监督机制不断健全……………………………(56)
　第二节　我国可持续发展法治建设面临的形势与问题……………(58)
　　一　面临的形势…………………………………………………(58)
　　二　存在的问题…………………………………………………(62)

第三章　完善可持续发展法治建设的总体思路………………………(71)
　第一节　指导思想和基本原则………………………………………(71)
　　一　坚持以中国特色社会主义理论体系为指导………………(71)
　　二　坚持从中国国情和实际出发………………………………(73)
　　三　正确处理经济建设与资源环境的关系……………………(74)
　　四　坚持注重权利保障…………………………………………(77)
　　五　坚持法律实施与法律完善相结合…………………………(79)
　　六　综合运用法律和其他调整手段……………………………(81)
　第二节　更加注重提高立法质量……………………………………(83)
　　一　健全法律体系………………………………………………(83)
　　二　完善法律内容………………………………………………(84)
　　三　提高立法技术………………………………………………(85)
　　四　完善立法程序………………………………………………(86)
　第三节　更加突出执法司法工作……………………………………(88)
　　一　加强执法监管………………………………………………(88)
　　二　强化司法保障………………………………………………(91)
　第四节　着力完善监督机制…………………………………………(95)
　　一　强化人大监督………………………………………………(96)
　　二　注重社会公众监督…………………………………………(98)

第二编　环境保护法治篇

引　言……………………………………………………………………(103)
第四章　我国环境保护面临的严峻形势………………………………(105)
　第一节　我国环境状况及其特点……………………………………(105)
　　一　我国环境总体概况及特点…………………………………(105)

二　我国环境保护方面存在的突出问题 …………………（109）
　第二节　我国经济又好又快发展与环境压力 ………………（113）
　　一　我国经济发展现状和趋势展望及对环境压力分析 …（113）
　　二　环境污染已经成为制约经济又好又快发展的重要因素 …（116）
　　三　污染物减排逐步成为促进经济又好又快发展的重要抓手 …（118）
　　四　强化环境保护是加快转变经济发展方式、实现又好又快发展的
　　　　必由之路 ……………………………………………（122）
第五章　我国环境法治的回顾与反思 ………………………（124）
　第一节　我国环境立法、执法和司法情况的梳理 …………（124）
　　一　我国环境立法的梳理 ………………………………（124）
　　二　我国环境执法的梳理 ………………………………（130）
　　三　我国环境保护司法的梳理 …………………………（140）
　第二节　我国环境保护立法、执法和司法存在的突出问题 …（145）
　　一　由福建紫金矿业污染事件和大连油污染事件引发的思考 …（145）
　　二　环境保护立法存在的问题分析 ……………………（149）
　　三　环境保护执法存在的问题分析 ……………………（152）
　　四　环境保护司法存在的问题分析 ……………………（154）
　第三节　存在问题的原因分析 ………………………………（155）
　　一　环境保护法治理念方面的原因 ……………………（155）
　　二　环境保护立法方面的原因 …………………………（157）
　　三　环境保护执法方面的原因 …………………………（160）
　　四　环境保护司法方面的原因 …………………………（162）
　　五　环境保护守法方面的原因 …………………………（164）
第六章　境外环境保护法治的考察借鉴 ……………………（166）
　第一节　美国环境保护法治的考察借鉴 ……………………（166）
　　一　美国环境保护立法的经验 …………………………（166）
　　二　美国环境保护执法的经验 …………………………（169）
　　三　美国环境保护司法的经验 …………………………（172）
　　四　对我国环境保护法治建设的启示 …………………（173）
　第二节　德国环境保护法治的考察借鉴 ……………………（176）
　　一　德国环境保护立法体系及其经验 …………………（176）
　　二　德国环境保护执法和司法的经验 …………………（178）
　　三　对我国环境法治建设的启示 ………………………（180）

第七章　加强环境保护法治建设的对策建议 (182)
第一节　更新指导思想 (182)
  一　树立以人为本、以环境保护优化经济发展的理念 (182)
  二　树立以利益增进为本位的指导思想 (183)
  三　树立以环境道德为核心的生态文明指导思想 (185)
第二节　完善基本原则 (186)
  一　由协调发展到环境保护优先原则 (186)
  二　由末端治理到以循环经济理念为指导的预防为主原则 (188)
  三　由谁污染谁治理到社会化的环境保护责任原则 (189)
  四　公众参与原则的进化——参与方式和深度的扩展 (191)
第三节　完善环境保护立法体系 (193)
  一　完善综合性环境保护法 (193)
  二　制定和修改污染防治法 (196)
  三　制定和完善自然保护的法律法规 (199)
  四　制定《环境行政程序法》和《环境损害赔偿法》 (200)
  五　研究制定《环境保护税法》 (200)
第四节　建设完备的环境保护执法体系 (202)
  一　树立先进的环境保护执法理念 (202)
  二　改革环境保护执法体制 (203)
  三　创新环境保护执法工作机制 (204)
  四　提高环境保护执法能力 (207)
第五节　强化环境保护司法 (209)
  一　加大体制改革力度，加强环境保护审判组织建设 (209)
  二　健全环境损害赔偿制度，保护污染受害者的权益 (211)
  三　强化环境刑事责任的追究力度，严厉打击环境犯罪 (214)
  四　建立环境行政公益诉讼制度，充分发挥环境司法的监督和保障作用 (216)

第三编　水资源法治篇

引言 (221)
第八章　我国水资源面临的严峻形势 (223)
第一节　我国水资源基本状况研究 (223)

  一　我国水资源的基本概况 …………………………………（223）
  二　我国水资源的主要特点 …………………………………（226）
  三　我国水资源供需形势及其发展趋势 ……………………（228）
 第二节　我国水资源开发、利用与保护的突出问题 …………（231）
  一　多方缺水，水资源供需矛盾日益加剧 …………………（231）
  二　用水效率低下，浪费严重 ………………………………（233）
  三　水资源无序开发，地下水开采过度 ……………………（235）
  四　水污染严重 ………………………………………………（237）

第九章　我国水资源法治的回顾与反思 ……………………………（241）
 第一节　我国水资源立法、执法与司法情况的梳理 …………（241）
  一　水资源立法的梳理 ………………………………………（241）
  二　水资源执法的梳理 ………………………………………（244）
  三　水资源司法的梳理 ………………………………………（246）
 第二节　我国水资源立法、执法与司法存在的突出问题 ……（249）
  一　水资源立法存在的主要问题 ……………………………（249）
  二　水资源执法存在的主要问题 ……………………………（257）
  三　水资源司法存在的突出问题 ……………………………（260）
 第三节　存在问题的原因分析 …………………………………（262）
  一　认识方面的原因 …………………………………………（262）
  二　体制方面的原因 …………………………………………（264）
  三　立法方面的原因 …………………………………………（266）
  四　执法方面的原因 …………………………………………（267）
  五　司法方面的原因 …………………………………………（269）

第十章　境外水资源法治的考察借鉴 ………………………………（274）
 第一节　美国水资源法治的考察借鉴 …………………………（274）
  一　美国水资源立法经验述评 ………………………………（274）
  二　美国水资源执法经验述评 ………………………………（278）
  三　美国水资源司法经验述评 ………………………………（280）
  四　对我国水资源法治建设的启示 …………………………（280）
 第二节　日本水资源法治的考察借鉴 …………………………（282）
  一　日本水资源立法经验述评 ………………………………（282）
  二　日本水资源执法经验述评 ………………………………（286）
  三　日本水资源司法经验述评 ………………………………（288）

四　对我国水资源法治建设的启示 …………………………………（290）
　第三节　澳大利亚水资源法治的考察借鉴 …………………………（292）
　　一　澳大利亚水资源立法经验述评 …………………………………（292）
　　二　澳大利亚水资源执法经验述评 …………………………………（296）
　　三　澳大利亚水资源司法经验述评 …………………………………（298）
　　四　对我国水资源法治建设的启示 …………………………………（299）

第十一章　加强水资源法治建设的对策建议 ……………………………（302）
　第一节　指导思想和基本原则 ………………………………………（302）
　　一　指导思想 ……………………………………………………（303）
　　二　基本原则 ……………………………………………………（306）
　第二节　完善水资源立法 ………………………………………………（308）
　　一　将"严格水资源管理"上升为基本国策并通过立法予以确认 ……（309）
　　二　对饮用水水源地进行专门立法 …………………………………（310）
　　三　对节约用水进行专门立法 ………………………………………（314）
　　四　对地下水管理进行专门立法 ……………………………………（316）
　　五　修改《水法》、《防洪法》等法律法规 ……………………………（321）
　　六　加强配套立法 ………………………………………………（327）
　第三节　加强水行政执法 ………………………………………………（327）
　　一　规范职能设定，明确执法权限 …………………………………（328）
　　二　建立运行顺畅的执法机制 ………………………………………（329）
　　三　建设高素质的水行政执法队伍 …………………………………（331）
　　四　切实规范水行政执法行为 ………………………………………（333）
　　五　建立健全水行政执法监督机制 …………………………………（334）
　第四节　加强水资源司法保护 …………………………………………（335）
　　一　加强行政执法和司法保护的联动机制 …………………………（335）
　　二　支持水污染公益诉讼 ……………………………………………（337）
　　三　创新管辖体制，对流域水污染纠纷实施专门管辖 ……………（338）

第四编　土地资源法治篇

引言 ……………………………………………………………………（343）
第十二章　我国土地资源保护面临的严峻形势 …………………………（345）
　第一节　我国土地资源的基本情况 ……………………………………（345）

一　我国土地资源的现状分布和结构特征 …………………… (346)
　　二　现代建设对我国土地资源的未来需求 …………………… (349)
　第二节　我国土地资源保护面临的时代挑战 …………………… (350)
　　一　建设用地急剧扩张，侵蚀耕地、林地、草地和湿地 …… (351)
　　二　土地浪费严重，利用效率低下 …………………………… (353)
　　三　土地污染和破坏严重，功能日益下降 …………………… (356)
　　四　耕地占补平衡制度失当，负面效应日显 ………………… (362)
第十三章　我国土地资源保护法治的回顾和反思 ………………… (365)
　第一节　我国土地资源保护法治的梳理 ………………………… (365)
　　一　我国土地资源保护立法的梳理 …………………………… (365)
　　二　我国土地资源保护执法的梳理 …………………………… (369)
　　三　我国土地资源保护司法的梳理 …………………………… (374)
　第二节　我国土地资源保护法治存在的主要问题 ……………… (380)
　　一　我国土地资源保护立法存在的主要问题 ………………… (380)
　　二　我国土地资源保护执法存在的主要问题 ………………… (400)
　　三　我国土地资源保护司法存在的主要问题 ………………… (404)
　第三节　我国土地资源法治建设不足的原因探析 ……………… (408)
　　一　法治总体上原因 …………………………………………… (408)
　　二　立法方面的原因 …………………………………………… (411)
　　三　执法方面的原因 …………………………………………… (415)
　　四　司法方面的原因 …………………………………………… (419)
第十四章　域外土地资源法律保护的经验和借鉴 ………………… (422)
　第一节　美国土地资源法律保护的经验和借鉴 ………………… (422)
　　一　美国土地资源保护立法的经验及评介 …………………… (422)
　　二　美国土地资源保护执法的经验及评介 …………………… (431)
　　三　美国土地资源保护司法的经验及评介 …………………… (441)
　　四　对我国土地资源保护法治建设的启示 …………………… (445)
　第二节　日本等国家和地区土地资源法律保护的经验和借鉴 … (452)
　　一　日本等国家和地区土地资源保护立法的经验和评介 …… (452)
　　二　日本等国家和地区土地资源保护执法和司法的经验和
　　　　评介 …………………………………………………………… (459)
　　三　日本等国家和地区的经验对我国土地资源保护法治的
　　　　启示 …………………………………………………………… (461)

第十五章 加强我国土地资源法律保护的对策建议 (465)

第一节 我国土地资源法治建设的指导思想和基本原则 (465)
一 土地资源保护法治建设的指导思想 (465)
二 土地资源保护法治建设的基本原则 (472)

第二节 健全和完善我国土地资源保护立法的对策建议 (473)
一 按照生态系统管理的要求,改《土地管理法》为统一的《土地法》 (473)
二 加强《土地法》的配套立法 (476)
三 健全和完善土地资源保护的主要制度 (478)
四 其他完善土地资源保护立法的措施 (502)

第三节 健全和完善我国土地资源保护执法的对策建议 (503)
一 明确土地资源执法的基本原则 (503)
二 改进土地资源执法的管理体制 (504)
三 强化土地资源执法的约束监督制度 (506)
四 加强土地资源执法的能力建设 (510)

第四节 健全和完善我国土地资源保护司法的对策建议 (511)
一 健全和完善土地资源司法保护的体制 (511)
二 健全和完善土地资源司法保护的机制 (512)
三 加强土地资源司法保护的能力建设 (515)

第五节 健全和完善我国土地资源保护法律监督的对策建议 (517)
一 理顺土地资源执法的监督体制 (517)
二 加强和改进土地执法监察的体系建设 (518)
三 发展和壮大公众参与的监督力量 (518)
四 其他措施 (522)

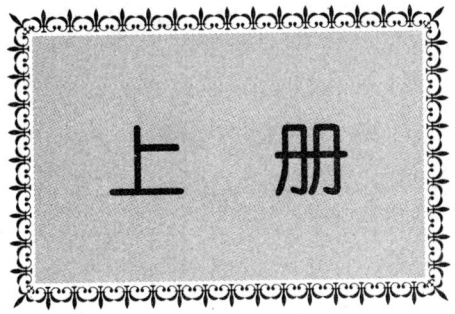

第一编

基础篇

导 论

一 研究项目概况

"促进经济又好又快和可持续发展的法律问题研究"属于中国法学会2009年批准立项的十大专项研究规划项目之一。该项目由南京农业大学教授、博士生导师孙佑海同志主持。课题组阵容强大，成员来自全国人大环资委、环境保护部和商务部等立法和行政机关，以及国务院发展研究中心、中国科学院、水利部发展研究中心、南京农业大学和中国政法大学等研究机构。项目周期为2年，自2010年1月至2011年12月。

按照中国法学会对项目研究的要求，课题组积极开展研究工作。课题组负责人精心组织研究队伍，统筹谋划研究分工，周密安排研究计划，定期检查研究进度，严格要求研究质量。课题组全体成员通力合作、密切交流、充分讨论、认真写作。在中国法学会的宝贵指导和各有关单位的大力支持下，课题组如期完成了项目研究任务。

二 研究背景意义

"促进经济又好又快和可持续发展的法律问题研究"项目，契合了当代中国贯彻落实科学发展观、加快转变经济发展方式、促进经济长期平稳较快发展的客观要求，顺应了中国特色社会主义法律体系已经形成并将逐步完善的发展趋势，具有重大的理论意义和现实意义。

当前，世情、国情、党情继续发生深刻变化，我国发展中不平衡、不协调、不可持续问题突出，制约科学发展的体制机制障碍躲不开、绕不过。①

从国际形势来看，当今世界，和平、发展、合作仍是时代潮流，世界多极化、经济全球化深入发展，世界经济政治格局出现新变化，科技创新孕育新突破，国际环境总体上有利于我国和平发展。同时，国际金融危机影响深远，世

---

① 胡锦涛：《在庆祝中国共产党成立90周年大会上的讲话》（2011年7月1日）。

界经济增长速度减缓,全球需求结构出现明显变化,围绕市场、资源、人才、技术、标准等的竞争更加激烈,气候变化以及能源资源安全、粮食安全等全球性问题更加突出,各种形式的保护主义抬头,我国发展的外部环境更趋复杂。①

从国内形势来看,工业化、信息化、城镇化、市场化、国际化深入发展,人均国民收入稳步增加,经济结构转型加快。但是,长期以来,我国经济发展模式以高投入、高污染、高消耗、低产出为表现特征,经济发展过程中付出的资源环境代价过大。《国民经济和社会发展第十二个五年规划纲要》指出:"必须清醒地看到,我国发展中不平衡、不协调、不可持续问题依然突出,主要是,经济增长的资源环境约束强化,投资和消费关系失衡,收入分配差距较大,科技创新能力不强,产业结构不合理,农业基础仍然薄弱,城乡区域发展不协调,就业总量压力和结构性矛盾并存,社会矛盾明显增多,制约科学发展的体制机制障碍依然较多。我们必须科学判断和准确把握发展趋势,充分利用各种有利条件,加快解决突出矛盾和问题,集中力量办好自己的事情。"②

从国内法治建设情况来看,一个立足中国国情和实际、适应改革开放和社会主义现代化建设需要、集中体现党和人民意志的,以宪法为统帅,以宪法相关法、民法商法等多个法律部门的法律为主干,由法律、行政法规、地方性法规等多个层次的法律规范构成的中国特色社会主义法律体系已经形成,国家经济建设、政治建设、文化建设、社会建设以及生态文明建设的各个方面实现有法可依。③ 但是,我们面临的法治建设任务仍然很繁重。要全面落实依法治国基本方略,在全社会大力弘扬社会主义法治精神,不断推进科学立法、严格执法、公正司法、全民守法进程,实现国家各项工作法治化。④

面对国际国内形势的发展变化和法治建设的新要求,面对我国加快促进经济发展方式转变、全面建设小康社会的伟大历史任务,加强可持续发展的法治建设更加具有紧迫性和必要性,研究促进经济又好又快可持续发展的法律问题更加具有理论和实践意义。中国特色社会主义法律体系形成后,如何适应经济社会发展特别是可持续发展的需要,继续加强立法工作,提高立法质量,完善

---

① 参见《中华人民共和国国民经济和社会发展第十二个五年规划纲要》。
② 同上。
③ 吴邦国:《在形成中国特色社会主义法律体系座谈会上的讲话》,人民网(http://theory.people.com.cn)。
④ 胡锦涛:《在庆祝中国共产党成立90周年大会上的讲话》(2011年7月1日)。

中国特色社会主义法律体系，如何适应建设法治政府的需要，继续加强依法行政，如何适应司法公平正义的需要，继续加强司法和法律监督，从而全方位地完善法治，为促进经济可持续发展提供长效保障机制；是摆在我们面前的重大课题。

三 研究内容简介

本项目主要研究内容包括：

1. 全面准确理解经济又好又快和可持续发展与法治建设的互动关系，科学诠释经济发展的质量（"好"）、速度（"快"）和"可持续"的辩证关系，特别突出论述可持续发展与法治建设的相互关系，并且使上述价值理念始终贯穿统领各个子课题有关法治建设的论述当中。

2. 既对我国经济社会发展过程中法治建设面临的形势进行总体分析和研判，又对环境与资源保护法治建设中与可持续发展要求不相适应的突出问题和主要矛盾进行重点分析和阐述。这些突出问题主要包括环境问题、资源问题、能源问题、农产品问题和气候变化问题等。

3. 以环境保护、水资源保护、土地资源保护、优势矿产资源保护、能源安全、农产品产地环境保护和低碳发展七个领域的突出问题和热点问题为重点研究对象，单列七个专题，分别进行详细论述。

4. 分别考察和梳理部分国家在前述七个专题领域促进经济可持续发展的法治建设方面的具体实践，认真分析和提炼其中的经验启示。

5. 在前述七个专题领域，针对影响我国经济可持续发展的法治因素，有的放矢提出相应的完善建议，包括完善相关法律体系和法律规范，加强完善相应的执法、司法和法律监督等。

四 研究思路说明

本课题在总体上遵循从一般到具体、从理论到实践的研究思路。从整个课题的结构来看，课题分为八篇。首先是基础篇，对又好又快发展、可持续发展与法治建设的相互关系进行一般分析阐述，并对如何完善可持续发展的法治建设提出了原则建议。在此基础上，重点把握影响我国经济社会可持续发展的七个方面的主要问题，设置七个专题，分别是环境保护法治篇、水资源法治篇、土地资源法治篇、优势矿产资源法治篇、能源安全法治篇、农产品产地环境保护法治篇和低碳发展法治篇。基础篇与专题七篇的关系，体现了从一般到具体、从理论到实践的研究思路。

专题七篇遵循了历史渐进式的研究思路，紧紧围绕各自的核心和关键问题加以展开，基本上都按照"当前现状与形势→回顾与反思→境外考察借鉴→对策建议"这样的逻辑结构逐步深入展开。在各自的对策建议中，也都大体遵循着从一般到具体、从理论到实践的思路，即从指导思想和基本原则等理论建设到立法、执法和司法等各个层面的若干具体建议，步步深入论述。

上述研究思路，使整个研究在形式上保持了相对整齐统一的风格，在内容上则体现了全面与重点的统一、历史与现实的统一、国内与国际的统一。

五 研究方法综述

本项目研究主要采取的研究方法包括：

（1）系统分析法：把影响可持续发展的各个要素（环境、资源、能源等）作为经济社会发展中有机统一的整体，把立法、执法、司法和法律监督诸方面作为可持续发展法治建设体系不可分割的组成部分，进行综合、系统的研究分析。

（2）比较分析法：比较分析方法贯穿于研究全过程。在总论部分，对不同的发展观理论进行了梳理比较，对又好又快、可持续发展和科学发展的关系进行了比较；在分论部分，对国外相关情况进行了对比性分析，通过考察国外促进经济可持续发展的法治建设实践，分析其经验和教训，提炼其中适合我国并对我国有借鉴意义的做法。

（3）历史分析法：在总论部分，运用历史分析的方法考察了中外发展观的历史变迁，梳理了改革开放以来我国可持续发展法治建设取得的伟大成就，分析了当前可持续发展法治建设面临的形势和存在的问题；在分论部分，对各个领域法治建设的发展历程进行了简要梳理。历史分析有助于总结可持续发展法治建设的成败得失，把握可持续发展法治建设的发展方向。

（4）实证分析法：通过对相关部门、行业和地区的调研及典型案例分析，总结可持续发展法治建设的现状和存在的问题，梳理提炼相应的对策措施和经验启示。

此外，在部分章节还运用了价值分析法、法律经济学等分析方法。

项目研究运用的研究手段主要包括：

（1）收集整理相关文献资料。充分利用现代技术手段和信息工具，检索、收集国内外有关可持续发展法治建设的理论、案例和立法资料等，并进行整理、筛选和归类。

（2）开展实践调研。通过实地调研、书面、口头、电子邮件等方式，向有关地区、行业和部门调查了解可持续发展及其法治建设的具体实践。

（3）参加学术研讨。在项目研究过程中，参加了多个相关的学术会议，与来自理论界和实务界的众多专家学者相互交流，听取多方面的意见。

（4）专家咨询。研究过程中，针对一些疑难问题，不定期召开咨询会，向法学、经济学、管理学和环境、资源、能源、气候变化等各个领域的学者以及立法、执法和司法等各个部门的专家咨询请教，听取他们对项目研究结构设计、内容安排和有关具体问题的分析和建议。

第一章

基本范畴界定

第一节 发展与发展观

一 发展的多维视角

发展这个概念在不同的领域和不同的语境中,具有不同的含义。从一般意义上讲,根据《现代汉语词典》的释义,发展是指事物由小到大、由简单到复杂、由低级到高级的变化。① 而在哲学、生物学、经济学和历史观等语境中,发展则具有各自特定的内涵。

在哲学辩证法的理论中,发展是一个基本范畴,是指自然界和社会历史领域存在的普遍性质和发生的普遍现象,即事物从简单到复杂、从低级到高级、从萌芽到成熟的趋势和过程。天体演化、万物生长、社会变革、知识积累等,都意味着发展。发展包含着增长,是数量的增加,发展包含着进步,是复杂性、多样性、有序性的增强。② 唯物辩证法还认为,物质是运动的物质,运动是物质的根本属性,而向前的、上升的、进步的运动即是发展;事物的发展原因是事物联系的普遍性,事物发展的根源是事物的内部矛盾,即事物的内因;发展的本质是新事物的产生和旧事物的灭亡,即新事物代替旧事物。

在生物学意义上,发展指自出生到死亡的一生期间,在个体遗传的限度内,其身心状况因年龄与学得经验的增加所产生的顺序性改变的历程,发展一词的内涵有四个要点:(1)发展包括个体身体与心理两方面的变化;(2)发展的历程包括个体的一生;(3)影响个体身心发展者有遗传、年龄、学习经验等因素;(4)个体身心发展是顺序性的,顺序只是由幼稚到成熟的单向性,

---

① 中国社会科学院语言研究所词典编辑室编:《现代汉语词典》(第5版),商务印书馆2005年版,第369页。

② 颜晓峰、谈万强主编:《发展观的历史进程》(上卷),人民出版社2007年版,第2页。

而无可逆性。狭义言之，发展指自出生到青年期（或到成年期）的一段期间，个体在遗传的限度内，其身心状况因年龄与学得经验的增加所产生的顺序性改变的历程。

在发展经济学中，发展有着特定的含义。发展经济学中的发展，从对象而言主要是发展中国家的发展，从阶段而言主要是20世纪以后的发展，从重点而言主要是经济发展，从研究方法而言主要是理论研究与实证研究相结合。

在历史观的领域中，发展是特指人类社会的发展。人类社会的发展是一个以物质资料生产和再生产为基础的实践过程，而不仅仅是一个物质运动的自然过程；人类社会的发展既要处理人与自然的关系，又要处理社会内部的关系，这二者又是交织在一起的，是在矛盾、冲突、战争与合作、和谐、和平共存的状态下实现发展的。人类社会的发展分为五个层面的发展：人种发展、生产发展、经济发展、社会发展和人的发展。①

本报告所指的发展是指人类社会的发展，或者称为社会发展。从上面各个层面的"发展"概念来看，社会的发展既不同于生物学意义上的发展，也不同于发展经济学中的发展，也不同于哲学辩证法中的发展。与哲学辩证法中的发展相比，社会的发展具有更为专门的含义，是辩证发展在社会领域的体现和证明，同时又有着人类社会发展特有的性质和规律。

综合上面的分析，我们同意对发展的如下定义：发展是人类推进社会生产和社会生活的历史活动及其结果。这个定义表明，人类社会既是发展的主体，也是发展的客体，发展是人类社会在自然环境中的自我发展实践；发展既包括社会生产实践，也包括社会生活实践，是社会各个领域的全面发展；发展既是社会活动的目标，也是社会活动的过程，还是社会活动的结果，追求发展、努力发展、实现发展，构成了发展的无穷运动。②

发展是本报告的最基本范畴。以发展的上述定义为基础，本报告有关发展观、可持续发展等概念的分析和阐述，是对发展内涵的进一步深化和拓展。

二 发展观的基本内涵

发展观是关于发展的本质、目的、内涵和要求的总体看法和根本观点。发展观是一定时期经济与社会发展的需求在思想观念层面的聚焦和反映，是关于人类社会发展问题的总体看法和根本观点。

---

① 颜晓峰、谈万强主编：《发展观的历史进程》（上卷），人民出版社2007年版，第2—4页。
② 同上书，第4页。

发展观是一种观念性、思想性的存在，是对发展的理论性的反映和认识，它是关于发展的总体性、规律性、价值性、思想性和指导性的认识。①

发展观作为人类社会发展问题的总体性、系统性理论观点，包含着对与发展相关的各个重大问题的理解和回答。发展观的概念包含以下六个方面的内容：②

（1）发展内涵。发展观的核心范畴是发展，什么是发展是发展观首要的和基本的问题。发展内涵包括发展的本质属性、基本特征、主要因素、内在联系等。对此，我们在前面关于发展的定义中已经作了说明。

（2）发展目的。发展是人类社会追求和满足自身利益的活动，发展首先要回答发展为什么的问题。发展目的包括发展是手段还是目的的问题，发展是以物为本还是以人为本的问题，发展是以少数人利益为目的还是以大多数人利益为目的的问题，发展是以一代人利益为目的还是同时以后代人利益为目的的问题等。发展的目的是判断不同性质发展观的重要标准。

（3）发展主体。发展观必须回答和解决谁在发展、谁要发展、靠谁发展、为谁发展等问题。谁在发展是指发展的实体是技术、财富还是人，谁要发展、靠谁发展是指发展的动力和基础是少数人还是大多数人，发展为谁是指发展的受益者和受损者分别是什么人。发展主体表明了发展的主导者和主要力量。

（4）发展道路。发展是人类社会从自发到自觉的运动，发展可以有多种模式、多种道路、多种选择，发展观必须回答应该采用哪种发展模式、选择什么发展道路的问题。国情不同、时代不同，发展道路就不同；发展观不同，发展道路也会不同。发展道路的分歧，往往导致发展结果的重大差异。发展道路的选择，是多种因素综合的产物。

（5）发展机制。发展机制包括发展的动力机制、信息机制、调控机制等。如果不能正确运用发展机制，即使有善良的发展目的，也未必能达到良好的发展效果。

（6）发展标准。发展是在一定的价值体系下进行的活动，发展观不能不回答和确立怎样评价发展、用什么标准评价发展等问题。发展标准是一个逐步丰富、全面的形成过程，包括从单一标准到复合标准，从经济标准到人文标准，从物质标准到心理标准等。发展标准通过发展观的各个问题显示出来，又影响和制约着发展观各个问题的回答和解决。发展标准评价着发展效果，同时

---

① 颜晓峰、谈万强主编：《发展观的历史进程》（上卷），人民出版社2007年版，第6—7页。
② 同上书，第8—10页。

又牵引着发展效果。

以上是发展观所包含的六个层面的内容。不同国家、不同时代的发展观，均围绕着这六个方面加以展开。在今天，确立什么样的发展观，是世界各国面临的共同课题，也是伴随各国经济社会的演变进程而不断完善的。经验表明，一个国家坚持什么样的发展观，对这个国家的发展会产生重大影响，不同的发展观往往会导致不同的发展结果。[1] 有什么样的发展观，就会有什么样的发展道路、发展模式和发展战略，就会对发展的实践产生根本性、全局性的重大影响。[2] 从这个意义上讲，对发展观的理论演变进行梳理具有特别重要的意义。

三 发展观的历史演变

自人类社会形成以来，特别是人类进入文明状态以来，发展，包括社会的发展和人的自身发展，一直是全世界不同历史阶段的人们共同关心的问题。发展的历史伴随着发展的思想演变过程，发展本身成为认识的对象，由此形成了不同层次、不同程度、不同阶段、不同取向的关于发展的观点、理念和理论，即发展观。

人类几千年的文明史，各个民族的发展史，留下了丰富而珍贵的围绕发展问题的思考结晶，汇成了人类发展思想的历史长河，凸显了发展观的演进轨迹。发展观随着人类社会的不断进步而日益深化和完善。

特别是第二次世界大战结束以后，半个多世纪来，国际社会对"发展"问题的研究、探讨、理性反思从未间断过，并逐渐成为普世性"显学"，普世性的话语。在对全球性的经济、科技发展与社会生态危机并存状况的研究、评价的过程中，在对人类"地球村"的前途、命运的关注、忧思中，人们的研究逐渐集中到了"发展观"问题上。[3] 梳理20世纪以来国际社会关于发展观的理论观点，对于我们深刻认识人类社会发展的规律、准确把握当代社会的发展阶段、科学谋划社会发展的前进道路，具有重要意义。

第二次世界大战结束以后，与世界许多国家和地区谋求战后重建、恢复和发展的要求相适应，各种研究发展的理论应运而生。"发展"成为诸多学科关注的热点。仅就理论流派而言，就有发展纯理性学派、心理学学派、传播学

---

[1] 胡锦涛：《在中央人口资源环境工作座谈会上的讲话》，《人民日报》2004年4月5日第1版。

[2] 温家宝：《提高认识 统一思想 牢固树立和认真落实科学发展观》，载王伟光主编《科学发展观领导干部读本》，中共中央党校出版社2004年版，第2页。

[3] 李恒瑞等：《当代中国科学发展观论纲》，广东人民出版社2006年版，第23页。

派、社会学学派等。新的发展学科更是层出不穷，如发展经济学、发展政治学、发展社会学、发展战略学、发展伦理学、发展美学，以及未来学发展理论等。这些不同的学科，虽然其研究的专业和侧重点各不相同，但视角却一致，即都把注意力集中在"发展"上。在这诸多的发展学科、发展理论中，以罗斯托的"经济成长阶段论"、纳克斯的"贫困恶性循环理论"、罗森斯坦—罗丹的"'大推进'平衡增长理论"、威廉·阿瑟·刘易斯的"二元经济结构论"、帕森斯的"现代化理论"，以及联合国第一个十年发展规划（1960—1970）等理论学说为代表，① 还有"基本需求论"、"增长加公平论"等，这其中又有诸多的增长模式，如卡尔多增长模式、新古典学派的增长模式等。在未来学和经济学的发展理论中，有战后初期的"经济增长论"、罗马俱乐部的"增长极限论"、卡恩的"大过渡理论"、托夫勒的"权力转移论"等。②

从历史脉络来看，就战后社会经济发展理论的基本线索而言，大体上是经历了一个从"经济增长论"到"增长极限论"，再到"综合发展观"，到"循环经济的发展观"，再到"以自由看待发展的发展观"，最后到"可持续发展观"，以及相伴而行的其他一些关于发展的观点等历史演进过程。在这个过程中，随着人类社会的不断进步，人们对发展的认识不断深化，发展的内涵越来越充实。③

（一）经济增长论的发展观

这种观点在发展理论中出现最早，在经济发展的起初阶段，对许多国家产生了很大影响。

经济增长，用传统的术语说，即国民财富或社会财富的增长，用现代术语说，即产出的增长，它表现为国民生产总值或国内生产总值或国民收入的增长。④

经济增长论的发展观源于第二次世界大战后发展经济学的兴起，是发展经济学早期的发展观。它根据对发达国家的经验总结，认为只有促进经济增长，落后国家才能实现追赶的目标。在这个时期，由于发展经济学的主要研究对象是落后国家如何追赶发达国家，因此在理论和认识上也将发展等同于

---

① 鲍宗豪、张华金：《科学发展观论纲》，华东师范大学出版社2004年版，第48页。
② 赵凤歧：《发展与发展观——兼论可持续发展》，《学术研究》1997年第2期。
③ 本部分主要参考以下文献：《发展观的历史沿革和发展——国际上的几种发展观》，《求是》2004年第5期；王伟光主编：《科学发展观概论》，人民出版社2009年版，第51—58页；李兴山、李景田主编：《科学发展观研究》，中共中央党校出版社2010年版，第38—45页。
④ 王伟光主编：《科学发展观概论》，人民出版社2009年版，第37页。

经济增长。其基本观点是，工业化是一个国家或地区经济活动的中心内容；经济增长是一个国家或地区发展的"第一"标志；国内生产总值（GDP）的增长是衡量一个国家或地区经济发展的重要标尺；发展规划是实现工业化和实行追赶战略的重要手段。在这种发展观的指导下，在战后 50 多年的时间里，人类创造了历史上前所未有的增长奇迹。作为政府对国家经济运行进行评价与诊断的重要指标——国内生产总值（GDP），成为衡量一个国家经济社会是否进步的最重要的指标，形成了以 GDP 增长为核心的传统发展理念。[①] 在长达几十年里，"经济增长论"这一观点一直为主流学者所认同。[②]

从历史渊源来看，经济增长论具有深厚的历史传统，从近代的亚当·斯密、大卫·李嘉图等到现代的凯恩斯、舒尔茨等经济学家，均是经济增长理论的代表人物。譬如，大卫·李嘉图认为，经济增长归根结底"主要取决于土壤的实际肥力，资本积累和人口状况，以及农业上运用的技术、智巧和工具"[③]。他们在研究如何促进经济增长时，有意无意地遵守以下假定：（1）凡产生的都是有益的，即都计入收益；（2）生产除了消耗成本外，不付出任何代价；（3）资源是无限的；（4）大自然容纳废弃物的能力（或称环境容量）是无限的。[④]

实践证明，以经济增长为核心的发展观，对促进经济增长、迅速积累财富起到了积极作用。但是，由于经济增长并不能体现收入分配的改善和社会结构的完善，不能反映技术进步的变化，并没有给人们带来所期望的福祉，相反，却出现了高增长下的分配不公、两极分化、社会腐败、政治动荡、环境污染和生态破坏等种种社会问题，导致"有增长无发展""无发展的增长"现象。

于是人们对这种发展理论和发展模式产生了怀疑。随着时间的推移，人们对增长与发展的关系认识越来越深刻。国际学术界普遍认为，不能把发展简单归结为经济增长，而应当把发展与增长两个概念区别开来。具体来说，经济增长的含义较窄，通常指纯粹意义的生产增长；而发展的含义较广，除了生产数量的增长，还包括经济结构和某些制度的变化；不仅包含经济增长，还包含社

[①] 《发展观的历史沿革和发展——国际上的几种发展观》，《求是》2004 年第 5 期。

[②] 李恒瑞等：《当代中国科学发展观论纲》，广东人民出版社 2006 年版，第 24 页。

[③] ［英］彼罗·斯拉法主编：《李嘉图著作和通信集》第 1 卷，郭大力、王亚南译，商务印书馆 1991 年版，第 3 页。

[④] 王伟光主编：《科学发展观概论》，人民出版社 2009 年版，第 37 页。

会状况的改善和体制的进步。而且，单纯地追求经济增长而不顾其他各种相关因素对增长的制约，总有一天，这种增长本身也是难以维持的。①

即使是将发展局限于经济方面的发展，经济发展也比经济增长的内涵更为丰富。因为经济增长指的是一国生产能力或者人均收入的增长，它是一种经济指标；而经济发展意味着经济增长加上产出分配与经济结构的变化，经济发展不但强调研究加速社会财富积累的途径，而且同时重视探索社会财富分配的方式。发展本身的含义是生产要素和资源合理配置引发经济持续、稳定增长，同时伴随社会结构的有序发展与良性变化。②

但是，增长与发展又是紧密联系的。增长是规模的一项指标，它是从发展中获得自身意义的，这种发展虽然同增长保持着差异，但又围绕着它，并在增长取得进展时显示出自己的效益。③ 这就是说，没有结果的"发展"活动是无意义的。而发展，虽然不能等同于增长，两者有"差异"，但发展又必须围绕着增长，而不是避开或抛弃增长，并且只有在增长取得进展时才能显示出效益，即达到有结果的发展。发展与增长的差别性，使我们不能把两者混同，两者的同一性又使我们不能把它们决然割裂开来。④ 以上这些观点，在理论上确认了发展与增长之间的联系和差异。

（二）增长极限论的发展观

增长极限论是罗马俱乐部在20世纪70年代初为批判以经济增长为中心的发展观而提出的，其观点集中体现在美国麻省理工学院的梅多斯等人受罗马俱乐部委托而起草的一份研究报告《增长的极限》中。该报告提出了增长极限论。其中心论点是人口增长、粮食生产、投资增长、环境污染和资源消耗具有按指数增长的性质，如果按这个趋势继续下去，我们这个星球上的经济增长在今后100年内的某个时期将达到极限，原因在于地球是有限的，人类生活的空间是有限的，资源是有限的，地球吸纳消化污染的能力也是有限的。

《增长的极限》这份研究报告中作出了三点结论，是增长极限论思想的集中反映。这三点结论具体如下：

（1）如果在世界人口、工业化、污染、粮食生产和资源消耗方面按现在的趋势继续下去，这个行星上增长的极限将在今后100年中发生，最可能的结

---

① 赵凤歧：《发展与发展观——兼论可持续发展》，《学术研究》1997年第2期。
② 张晓立：《发展经济学中的发展问题》，《经济与管理研究》1997年第4期。
③ ［法］弗朗索瓦·佩鲁：《新发展观》，张宁、丰子义译，华夏出版社1987年版，第10页。
④ 赵凤歧：《发展与发展观——兼论可持续发展》，《学术研究》1997年第2期。

果将是人口和工业生产力双方有相当突然的和不可控制的衰退。

（2）改变这种增长趋势和建立稳定的生态和经济的条件，以支撑遥远未来是可能的。全球均衡状态可以这样来设计，使地球上每个人的基本物质需要得到满足，而且每个人有实现他个人潜力的平等机会。

（3）如果世界人民决心追求第二种结果，而不是第一种结果，他们为达到这种结果而开始工作的越快，成功的可能性就越大。

增长极限论所表达的发展观虽然过于悲观，但却提醒人们要从人与自然的和谐角度看待发展。在发展过程中，经济发展不能过度消耗资源、破坏环境，人类要注意经济增长与资源环境的协调，应考虑资源环境的最终极限对人类发展和人类行为的影响。

增长极限论较之于单纯的经济增长论来说是一种进步，其关于人与自然关系的观点逐步被世人所接受。然而它也有一定的局限性，即它以"增长—资源—环境"的相互关系为出发点，将人置于完全被动的地位，忽视了人类把握自己命运和行为的能动作用，忽视了技术进步对经济社会发展的巨大促进作用。因此，在《增长的极限》发表之后，反对者又发表了《没有极限的增长》一书，与之进行针锋相对的辩论。① 由此可见，关于经济增长是否存在极限，在当时的理论上存在不同声音，这反映了人们对于增长极限论的不同认识。

（三）综合发展观

20 世纪 70 年代以后，人们对发展有了新的认识，即增长不等于发展，发展是经济社会各方面综合协调发展的系统工程。

美国学者率先发动了一场"社会指标运动"，提出了建立包括经济、社会、环境、生活、文化等各项指标在内的新的发展价值体系。

联合国第二个发展十年（1970—1980 年）报告指出，发展已不再是单纯的经济增长，社会制度和社会结构的变迁以及社会福利设施的改善具有同等重要的地位。1983 年联合国推出《新发展观》②一书，提出了"整体的""综合的""内生的"新发展理论，在此基础上逐步形成了综合发展观。综合发展观强调经济与政治、人与自然的协调，将人与人、人与环境、人与组织、组织与经济的合作作为新的发展主题，把发展看作是以民族、历史、文化、环境、资源等内在条件为基础，包括经济增长、政治民主、科技水平、文化观念、社会转型、自然协调、生态平衡等各种因素在内的综合发展过程。它强调发展应致

---

① 王伟光主编：《科学发展观概论》，人民出版社 2009 年版，第 51—52 页。
② 参见［法］弗朗索瓦·佩鲁《新发展观》，张宁、丰子义译，华夏出版社 1987 年版。

力于满足人的基本需要，促进人的发展。按照这种发展观，对经济发展成果的最终检验，不是物的指标，而是人的发展程度。①

这种由片面经济增长论和消极的增长极限论转向积极的促进人的全面综合发展的发展理念，是发展观的一大进步。不过，它的局限性在于其所指的综合发展仅仅停留在当代人的发展上，没有考虑到后代人的发展问题，因而其发展观也不包含当代人与后代人的平衡协调发展内容。

（四）循环经济的发展观

"循环经济"一词，是由美国经济学家K.波尔丁在20世纪60年代提出的，是指在人、自然资源和科学技术的大系统内，在资源投入、企业生产、产品消费及其废弃的全过程中，把传统的依赖资源消耗增长的经济，转变为依靠生态型资源循环来发展的经济。从物质流动的方向看，传统工业社会的经济是一种单向流动的线性经济，即"资源→产品→废弃物"，而循环经济的增长模式是"资源→产品→再生资源"。

循环经济最重要的原则是在生产、流通和消费过程中实行减量化、再利用和资源化。所谓减量化，是指在生产、流通和消费等过程中减少资源消耗和废物产生；所谓再利用，是指将废物直接作为产品或者经修复、翻新、再制造后继续作为产品使用，或者将废物的全部或者部分作为其他产品的部件予以使用；所谓资源化，是指将废物直接作为原料进行利用或者对废物进行再生利用。②

循环经济作为一种发展观，其特点在于：一是体现了新的经济观，即在传统工业经济的资本循环、劳动力循环的基础上，强调自然资源也应该形成循环；二是体现了新的价值观，将自然作为人类赖以生存的基础，利用科技促进生态系统的自我修复；三是体现了新的生产观，即在生产中不断提高自然资源的利用效率，循环使用资源，尽可能地利用可再生资源替代不可再生资源；四是体现了新的消费观，提倡物质的适度消费、层次消费，在消费的同时就考虑到废弃物的资源化，建立循环生产和消费的观念。③

（五）以自由看待发展的发展观

以1998年度诺贝尔经济学奖获得者、印度经济学家阿玛蒂亚·森为代表的发展经济学家，提出了一个围绕选择、权利与福利的发展理论体系。

---

① 王伟光主编：《科学发展观概论》，人民出版社2009年版，第53页。
② 参见《循环经济促进法》第2条。
③ 《发展观的历史沿革和发展——国际上的几种发展观》，《求是》2004年第5期。

阿玛蒂亚·森阐述了"以自由看待发展"。这里所指的自由是一个人能够完成某项功能性活动的能力。在阿玛蒂亚·森看来，实际收入和产出的增长充其量只是一种辅助因素——这种因素完全能够扩大为具有更大内在价值的目标。他还认为，发展实质就是自由的扩展，发展就是一个"个人自由与社会承诺"密切联系的过程，使经济主体享有更大的行为自由，能够在现行的政治、法律和文化框架下拥有更多的机会和选择。这些自由包括政治自由、经济条件、社会机会、透明性保证、防护性保障。①

在森看来，发展是一个与"个人自由和社会承诺"紧密联系的过程，也是一种扩大人们所真正享有的经济自由和各种权利的过程。这种新的发展观强调以人为主体、以制度为载体，强调每个经济主体不只是经济福利的接受者，而且是能动地获取机会、争取权利进而享有充分经济自由的经济单位。

这种发展观的主要观点是，经济不自由与基础设施缺乏、贫困、社会组织问题等密切相关。因此，经济自由是发展的核心。一是因为它具有评价作用。经济发展必须要有某种指标体系来加以评价和比较，而一个基本的指标就是人们所享有的经济自由是否充分。二是各种不同的自由权利在促进发展和增进人类自由方面具有功能性作用。个人选择和采取经济行为的权利及其可持续性，是发展的一个主要引擎。经济自由主要包括几种在经济发展中发挥直接作用的基本自由，即政治自由、公民权利、经济设施、社会机会、社会透明度和安全性。这几种基本自由被经济主体运用的结果，是实现经济发展和人类自由的前提，也是发展的重要内涵。② 这种发展观被西方国家普遍接受。

（六）可持续发展观

可持续发展观是面向后代与未来的全新的发展观。1980年3月，联合国大会第一次使用了可持续发展的概念，随后这个概念逐渐被更多的官方文件使用。可持续发展作为完整的理论，包括了以《增长的极限》为代表的观点，包括了《第二个2000年》和《没有极限的增长》中的部分观点，还包括了联合国《人类环境宣言》中阐述的有关理论。

联合国世界环境与发展委员会在《我们共同的未来》研究报告中，首次清晰地表达了可持续发展观，即"可持续发展是既满足当代人的需求，又不对后代人满足需求的能力构成危害的发展"。1992年在巴西里约热内卢召开的

---

① ［印度］阿玛蒂亚·森：《以自由看待发展》，任颐、于真等译，中国人民大学出版社2002年版，第7页。

② 《发展观的历史沿革和发展——国际上的几种发展观》，《求是》2004年第5期。

联合国环境与发展大会,通过了《里约热内卢宣言》和《21世纪议程》两个纲领性文件,它标志着可持续发展观被全球持不同发展理念的各类国家所普遍认同。

可持续发展观的一个重要特点是研究了人类的代际关系,即这一代与后一代人的关系问题。与此相关联,人与自然的关系问题再一次提到了人类的面前。可持续发展观强调以未来的发展规范现在的行动,换言之,就是使发展成为在今天是现实的、合理的,同时又能使明天的发展获得可能的空间和条件。因此,可持续发展也是为未来发展创造条件的发展。

可持续发展观包括以下主要内容:一是肯定发展的必要性。只有发展才能使人们摆脱贫困,提高生活水平。只有发展才能为解决生态危机提供必要的物质基础,才能最终打破贫困加剧和环境破坏的恶性循环。因此,承认各国的发展权十分重要。二是显示了发展与环境的辩证关系。环境保护需要经济发展提供资金和技术,环境保护的好坏也是衡量发展质量的指标之一。经济发展离不开环境和资源的支持,发展的可持续性取决于环境和资源的可持续性。三是提出了代际公平的概念。人类历史是一个连续的过程,后代人拥有与当代人相同的生存权和发展权,当代人必须留给后代人生存和发展所需要的必要资本,包括环境资本。保护和维持地球生态系统的生产力是当代人应尽的责任。四是在代际公平的基础上提出了代内公平的概念。这是在全球范围内实现向可持续发展转变的必要前提。发达国家在发展过程中已经消耗了地球上大量的资源和能源,对全球环境造成的影响最大。因此,发达国家应该承担更多的环境修复责任。[①]

(七)关于发展观的其他观点

除了上述六种有代表性的发展观以外,人们还就发展问题提出了其他一些观点,包括经济福利量指标(MEW)、经济净福利指标(NEW)、国民福利指标(NNW)、实质国民满足度指标(NNS)、社会剩余指标(SS)、真实(绿色)GDP和人类发展指数(HDI)等。[②]

以上这些关于发展的理论观点和学说,构成了最近半个多世纪以来人们思考发展问题的总体智慧结晶,为促进对于发展的认识发挥了积极作用,也为中国不断形成和完善自己的发展观提供了丰富的思想资源。

[①] 王伟光主编:《科学发展观概论》,人民出版社2009年版,第54—56页。

[②] 有关这些观点的内容,可参见王伟光主编《科学发展观概论》,人民出版社2009年版,第54—56页。

(八) 中国共产党的发展观

新中国成立以来，党的领导集体将马克思主义发展理论与中国具体实践有机结合起来，并借鉴国外发展观的合理思想，对中国发展的道路进行了艰辛探索。经过50多年，特别是改革开放30多年的艰苦奋斗，中国发生了翻天覆地的历史巨变。在这个过程中，以毛泽东、邓小平、江泽民、胡锦涛为主要代表的几代中国共产党人不懈探索，形成和发展了中国共产党的发展观。

1. 建设现代化国家

把中国建设成为一个社会主义现代化强国，是以毛泽东为核心的党的第一代中央领导集体提出并为之奋斗的社会理想。[①] 1956年4月，毛泽东发表《论十大关系》，第一次提出并阐述了根据本国情况走自己道路的根本问题。[②] 后来毛泽东在《十年总结》一文中指出："前八年照抄外国的经验。但从一九五六年提出十大关系起，开始找到自己的一条适用中国的路线。"[③] 党的八大以后，形成了完整的"四个现代化"的发展战略。根据毛泽东的提议，周恩来在三届全国人大一次会议上宣布："今后发展国民经济的主要任务，总的说来，就是要在不太长的历史时期内，把我国建设成为一个具有现代农业、现代工业、现代国防和现代科学技术的社会主义强国，赶上和超过世界先进水平。……全面实现农业、工业、国防和科学技术的现代化，使我国经济走在世界的前列。"[④] "四个现代化"是一个以发展科技为支撑、以发展经济为实质的、综合性较强的战略目标体系，较之工业化的单一目标，全面而具体。它的提出，充分总结了新中国社会主义现代化建设的经验教训。[⑤]

2. 发展才是硬道理

1978年召开的党的十一届三中全会，不仅实现了党和国家工作中心的战略转移，而且形成了以邓小平为核心的党的第二代中央领导集体。作为毛泽东思想的继承和发展的邓小平理论，主题是建设中国特色社会主义，实质是加快推进中国的现代化进程，因而成为指导中国发展的新理论。

改革开放之后，邓小平在总结历史经验的基础上，一再强调发展生产力是社会主义的根本任务，提出了"发展才是硬道理"[⑥]、"中国解决所有问题的关

---

① 颜晓峰、谈万强主编：《发展观的历史进程》（下卷），人民出版社2007年版，第1012页。
② 《毛泽东文集》第7卷，人民出版社1999年版，第44页。
③ 《建国以来毛泽东文稿》第9册，中央文献出版社1996年版，第213页。
④ 《周恩来选集》（下卷），人民出版社1984年版，第439页。
⑤ 颜晓峰、谈万强主编：《发展观的历史进程》（下卷），人民出版社2007年版，第1020页。
⑥ 《邓小平文选》第3卷，人民出版社1993年版，第377页。

键是要靠自己的发展"①等著名论断。"发展才是硬道理",言简意赅,阐明了发展的重要性,也阐明了发展的绝对性,揭示了发展在当代中国一系列问题中的至高无上的地位,成为改革开放以来中国共产党人坚持以经济建设为中心、推动中国发展的战略指导思想。党的第二代中央领导集体形成了改革开放是社会主义社会发展动力的新认识,邓小平指出,革命是解放生产力,改革也是解放生产力;改革既是中国的第二次革命,又是社会主义制度的自我完善和发展;改革是中国实现持续发展的必然要求和重要途径。"改革的意义,是为下一个十年和下世纪的前十年奠定良好的持续发展的基础。没有改革就没有今后的持续发展。"② 这就指明了改革开放是中国经济社会可持续发展的动力。

3. 发展是党执政兴国的第一要务

党的十三届四中全会确立的以江泽民为核心的第三代中央领导集体,坚持党的发展理论,解放思想、实事求是、与时俱进,紧紧围绕建设中国特色社会主义这个主题,创立了"三个代表"重要思想。发展是党执政兴国的第一要务,集中体现了这个领导集体对当代中国发展问题的深刻认识。

党的十六大报告指出:"党要承担起推动中国社会进步的历史责任,必须始终紧紧抓住发展这个党执政兴国的第一要务,把保持党的先进性和发挥社会主义制度的优越性,落实到发展先进生产力、发展先进文化、实现最广大人民的根本利益上来,推动社会全面进步,促进人的全面发展。"③ 这就是江泽民提出的"发展是第一要务"的科学论断。上述论断既强调了发展的重要性,又突出了发展的紧迫性,高屋建瓴地揭示了经济社会发展的深刻政治内涵。十六大报告还提出了全面建设小康社会的目标,其中不仅有对经济社会发展的要求,还有对可持续发展的要求:可持续发展能力不断增强,生态环境得到改善,资源利用效率显著提高,促进人与自然的和谐,推动整个社会走上生产发展、生活富裕、生态良好的文明发展道路。④ 江泽民同志指出:"我们是发展中国家,要实现现代化,缩小与发达国家的差距,关键在于要走出一条既有较高速度又有较好效益的国民经济发展路子。"⑤ 党的第三代中央领导集体站在新的历史高度,着眼于中国社会发展和现代化建设的全局,结合党的建设和社

---

① 《邓小平文选》第3卷,人民出版社1993年版,第265页。
② 同上书,第131页。
③ 《江泽民文选》第3卷,人民出版社2006年版,第538—539页。
④ 《十六大以来重要文献选编》(上),中央文献出版社2008年版,第15页。
⑤ 《江泽民文选》第2卷,人民出版社2006年版,第434页。

会发展的具体实际，还提出了依法治国、建设社会主义法治国家的思想，提出了依法治国与以德治国相结合的思想。

4. 科学发展观

2002年召开的党的十六大，又一次实现了党的中央领导集体的顺利交接。站在全面建设小康社会的历史起点上，党中央准确把握世界发展大势，认真总结中国发展经验，深入分析21世纪新阶段的特征，在理论创新与实践创新的互动中，提出了科学发展观等一系列重大战略思想。科学发展观是当代中国发展观的最新理论成果。

2003年，党的十六届三中全会提出："坚持以人为本，树立全面、协调、可持续的发展观，促进经济社会和人的全面发展。"这是党中央以邓小平理论和"三个代表"重要思想为指导，在总结和借鉴国内外关于发展问题经验教训的基础上提出的科学理论。科学发展观的提出，进一步回答了为谁发展、靠谁发展、怎样发展等一系列基础性和根本性问题，明确了我国21世纪新阶段经济社会发展目标、发展思路和发展战略，是我们党指导发展的世界观和方法论的集中体现，是对马克思主义社会发展理论的重大创新。

在党的十七大报告中，胡锦涛同志深刻阐述了科学发展观的科学内涵，即：科学发展观，第一要义是发展，核心是以人为本，基本要求是全面协调可持续，根本方法是统筹兼顾。①

坚持以人为本，全面、协调、可持续的发展观，是党中央以邓小平理论和"三个代表"重要思想为指导，从21世纪新阶段党和国家事业发展全局出发提出的重大战略思想。科学发展观总结了20多年来我国改革开放和现代化建设的成功经验，吸取了世界其他国家在发展进程中的经验教训，概括了战胜非典疫情给我们的重要启示，揭示了经济社会发展的客观规律，反映了我们党对发展问题的新认识。②

以人为本、全面协调可持续的科学发展观，深刻总结了国内外在发展问题上的经验教训，站在历史和时代的新高度，创造性地回答了"实现什么样的发展、怎样发展"这一中国特色社会主义的基本问题，回答了"为什么发展、发展依靠谁、发展为了谁"的问题，从战略的高度上明确了建设和发展中国特色社会主义的根本目的，从理论与实践的结合上解决了21世纪新阶段中国

---

① 胡锦涛：《高举中国特色社会主义伟大旗帜 为夺取全面建设小康社会新胜利而奋斗——在中国共产党第十七次全国代表大会上的报告》。
② 胡锦涛：《在中央人口资源环境工作座谈会上的讲话》，《人民日报》2004年4月5日第1版。

特色社会主义经济如何又好又快发展的问题、在全面建设小康社会新阶段我国必须发展和怎样发展等重大问题。① 科学发展观既是我国经济社会发展必须长期坚持的重要指导思想，也是解决我国当前诸多矛盾和问题必须遵循的基本原则。

综观国际上不同时期的发展观和新中国成立以来中国共产党不断探索形成的发展观，我们可以看出，科学发展观的形成，吸收了人类文明进步的优秀成果，吸收了不同时期发展观理论的合理内核。以人为本的科学发展观不仅是一种科学的发展理论，更是为我国今后经济社会发展道路指明了前进的方向。

发展观理论特别是科学发展观，为可持续发展的法治建设提供了一个坚实的理论支撑，为确立科学的立法价值、立法目的、立法原则、立法技术和具体制度提供了理论指引。在构建可持续发展的法治时，立法者和法律并不是要抑制人类对发展的愿望和需求，而是要通过转变片面的、不协调的、不可持续的经济增长方式，确立全面、协调、可持续的经济发展模式，实现科学发展，使其更好地为人的全面自由发展服务。所以，科学发展观是指导经济社会发展的重大发展战略，是贯穿于可持续发展法治建设始终的强大思想武器。

第二节　科学发展观与又好又快和可持续发展

一　从又快又好到又好又快

自20世纪90年代初我国建设社会主义市场经济以来，便有促进经济"又快又好"发展的说法。十多年来几乎约定俗成，"快"总在"好"之前。2005年的中央经济工作会议提到经济发展时，依然沿用"又快又好"的提法。同年国务院发布的《关于落实科学发展观加强环境保护的决定》指出：加强环境保护，有利于促进经济结构调整和增长方式转变，实现更快更好地发展。② 这样专门针对环境保护的文件仍然是突出"更快"的要求，而以更好发展为辅。

（一）"快"与"好"的历史演进

多年来，依据"又快又好发展"要求，我国经济发展中一直以"快"为主，"快"在"好"之前。在相当长的历史时期内，追求快速发展的经济增长

---

① 李兴山、梁言顺主编：《科学发展观研究》，中共中央党校出版社2010年版，第100—103页。
② 参见国务院《关于落实科学发展观加强环境保护的决定》。

思路具有其合理性，不应该简单地责怪过去在经济发展中对于速度和规模的追求。这是因为，在一个国民经济总量规模很小、综合实力不强、技术水平不高、资源环境意识不强、人们渴望解决温饱等需要快速膨胀的阶段和条件下，发展速度的快慢就是主要矛盾，在国家建设中就需要集中力量保速度。此外，经济增长速度也是确保国内经济稳定健康发展的一种机制。例如，在1998年之后的一段时期，我国为了应对东南亚金融危机，提出保持8%的经济增长速度，并采取了一系列旨在推动经济快速增长的积极财政政策和货币政策以及其他优惠政策，这无疑是当时经济发展形势的需要。①

然而不得不承认，改革开放以来我国经济增长迅猛，走的基本上是"高投入、高消耗、高排放、低效率"的传统工业化模式，单位GDP能耗比发达国家平均高40%，产生的污染是它们的几十倍。中国经济发展在"快"的同时，也为多年来的"粗放型"快速增长方式付出了代价，"有水皆污""逢雨必酸""企业偷排废水"等发达国家上百年工业化过程中分阶段出现的环境问题，在我国很多地区已集中出现。经济增长方式粗放、资源与环境压力增大、城乡与区域发展不协调、社会事业发展滞后等问题日益突出。在这种背景下，经济发展的"质量"就变成我国国民经济进一步发展需要解决的主要矛盾和问题。落实科学发展观，在"好"字上做文章已成为当务之急。

2006年11月，胡锦涛同志在中共中央召开的征求对经济工作意见建议的党外人士座谈会上提出，要坚持以科学发展观统领经济社会发展全局，促进经济社会"又好又快发展"。2006年12月，在中央经济工作会议上，胡锦涛同志进一步提出，又好又快发展是全面落实科学发展观的本质要求。在党的十七大报告中，胡锦涛同志进一步指出，要促进国民经济又好又快发展，实现未来经济发展目标，关键要在加快转变经济发展方式、完善社会主义市场经济体制方面取得重大进展。要大力推进经济结构战略性调整，更加注重提高自主创新能力、提高节能环保水平、提高经济整体素质和国际竞争力。要深化对社会主义市场经济规律的认识，从制度上更好发挥市场在资源配置中的基础性作用，形成有利于科学发展的宏观调控体系。

从"又快又好发展"调整为"又好又快发展"，把原来的"经济增长方式"改提为"经济发展方式"，由强调发展的速度到注重发展的效益和增长的质量，反映了中国经济发展理念的一大转变。发展速度应当是经济效益比较

---

① 韩保江：《又好又快何以不同于又快又好》，新浪网（http：//news.sina.com.cn）。

好、人民群众得到实惠的速度；是资源消耗比较少、环境得到保护的速度；是经济波动比较小、增长得以持续的速度。我们既要求保持经济平稳较快增长，防止大起大落；更要坚持好中求快，注重优化结构，努力提高质量和效益。又好又快发展，是今后一个时期引领中国经济发展的指导思想。

（二）"好"与"快"的辩证关系

"快"与"好"分别形象地表示经济发展的某一方面要求。其中，"快"是对经济发展速度的强调；"好"是对经济发展质量和效益的要求。"好"不仅体现在投入产出效率、能源利用效率和劳动生产率等方面的显著提高上，还应该体现在人的全面发展、社会和谐进步以及资源环境可持续发展能力提高等方面。

"又好又快"是一个有机统一的整体。"好"与"快"互为条件，既相互促进又相互制约，不能把二者割裂开来和对立起来。"好"与"快"之间的关系，没有一成不变的公式。要从各个时期的实际出发，具体地处理"好"和"快"的关系，兼顾"好"与"快"，力求"好"中求"快"。①

毫无疑问，在当前和今后，"又好又快"将是我国经济发展的基本方向。那么，以"好"统"快"，究竟好在哪里呢？

从理论上分析，只有质量好、效益高、消耗低、环保优的发展，才能使"快"具有值得追求的实质意义和转变增长方式的正面效应；反之，不"好"的快速发展，则是一种资源的低效配置甚至错误配置，会加大浪费而得不偿失、难以为继，应当努力避免。在发展中以"好"来统领"快"，是经济学所研究的资源优化配置的题中之义。

从现实工作上考虑，长期以来把"快"置于"好"之上的粗放型增长方式，惯性很大，不易扭转。只有在指导思想上把"好"摆在"快"的前面，使"快"服从于"好"，"好"中求"快"，才能有效遏制单纯追求 GDP 增长的偏颇，真正做到按照科学发展观的要求正确处理"好"与"快"之间的矛盾，着力调整经济结构，转变经济增长方式，加强资源节约和环境保护，提高自主创新能力，从而真正实现科学发展。

从历史经验上考察，我国其实很早就在积极探索正确处理"好"与"快"关系的要领，比如20世纪50年代就曾提出过"多、快、好、省建设社会主义"的口号。但在"多、快、好、省"并提、兼求的情况下，实际上却往往出现以"多、快"挤掉甚至牺牲掉"好、省"的结果。固定资产投资屡创新

---

① 程天权主编：《科学发展观研究》，中国人民大学出版社2009年版，第88—89页。

高，粗放型增长方式长期难以转变，其中的原因固然十分复杂，但"求快"一手比较硬、"求好"一手比较软，不能不说是一个重要原因。

因此，在我国加快转变经济发展方式的时期，应该而且必须在经济发展的指导思想和工作要求上，更加明确地、坚定地强调"又好又快"，以"好"统领"快"，使"快"服从"好"。这是贯彻落实科学发展观、正确实施宏观调控的客观要求，也是形成经济与社会、人与自然之间的和谐关系，实现全面建设小康社会、构建社会主义和谐社会宏伟目标的现实需要。

当然，强调发展的"好"，不是不要"快"，而是为了实现持续长久稳定的"快"。中国经济保持较快的发展速度是有必要的。也正是多年的持续高速发展，让我们的国力空前强盛，为我们积累和创造了求"好"的条件。审时度势，抓住时机，及时实现经济发展从"又快又好"向"又好又快"转变，下大气力清除制约经济发展的种种"路障"，才能保障中国经济的列车又稳又快地奔驰向前。

"好"字当头，又好又快发展，既是发展思路的调整，更是实际工作重点的变化。按照又好又快的要求，就要把调整经济结构、转变增长方式放在更加突出的位置，把节约资源、保护环境、节约用地放在更加突出的战略位置，强化节能降耗和污染减排指标的约束；就要努力实现速度、质量、效益相协调，消费、投资、出口相协调，人口、资源、环境相协调；就要更加注重解决人民群众的切身利益，让群众享受经济发展的成果和实惠。

又好又快发展，是对各级领导干部执政理念的又一次大考。那些单纯追求GDP的扭曲政绩观，那些为了招商引资不惜牺牲环境的做法，那些以牺牲群众利益为代价的所谓"发展"，都应当立即摒弃。①

总之，又好又快发展是体现科学发展观本质要求的经济发展指导思想。又好又快发展要求在经济发展中把质量和效益放在突出位置，在注重质量和效益的基础上求得发展的速度。

二 科学发展观与又好又快发展

党的十六大报告指出，促进国民经济又好又快发展是落实科学发展观的必然要求。从这一论断可以看出，在发展规律上，科学发展观揭示了"好"与"快"的辩证统一关系。② 同时，科学发展观本身包含着对又好又快的要求。

---

① 新华时评：《"好"字当头意深远》，《新华每日电讯》2006年12月11日第1版。
② 李兴山、梁言顺主编：《科学发展观研究》，中共中央党校出版社2010年版，第103页。

作为我们党对当代中国发展问题在认识上的变化,科学发展观的提出,不仅没有否定发展对于当代中国的极端重要性,相反,它是在坚持发展是硬道理和发展是我们党执政兴国第一要务的前提下,在立足我国的基本国情和准确把握我国的发展面临的阶段性特征的基础上,努力为当代中国探索一条发展更快、代价更低、收益更大、更能够让广大人民群众普遍受益、更能够与其他国家在发展上实现互惠互利共赢的具有中国特色的发展道路。

科学发展观所强调并坚持的发展,不仅是追求发展速度的"快"的发展,更是追求发展的质量和效益的"好"的发展;不仅仅是指经济发展,更不是仅仅指GDP的增长,也包括就业、社会保障、收入分配等社会发展以及政治民主和文化繁荣的内容。可以说,科学发展观的提出及其所包含的这些关于发展问题的新思想、新论断,体现的是我们党对发展问题在认识上的深化,而不是要否定经济发展的重要性。①

因此,科学发展观是对"又好又快"发展思想的继承和发展,科学发展观既吸收继承了"又好又好"对经济发展质量、效益和速度的要求,同时又不局限于对经济发展质量、效益和速度的要求,而是在此基础上有所超越,提出了以人为本、全面、协调、可持续等更加根本和更加全面的要求。

在处理科学发展观与"又好又快"发展关系的问题上,还必须反对如下两种偏颇或者错误的思想认识。一是"刹车论",即认为科学发展观的提出,意味着当代中国改变以经济建设为中心的发展战略,转而将把更多的精力、资源乃至工作的重心转向非经济领域的发展。二是"束缚论",即认为科学发展观的提出将会对中国的经济增长构成束缚或掣肘,从而在影响中国经济持续高速增长的同时可能对中国的发展构成制约。从某种意义上说,上述认识或观点的提出,既反映了人们在把握科学发展观的精神实质、完整内涵和实践指向上的偏差,也在一定程度上影响了人们对科学发展观的正确认识、把握与实践。②

正是为了防止和避免在当代中国的发展问题上出现不必要的认识含混和实践迷误,确保当代中国的发展能够始终沿着正确的方向和路径向前推进,党的十七大报告强调指出:"科学发展观,第一要义是发展。"其实质在于提醒和要求我们:必须从实现经济社会又好又快发展这一根本着眼点出发,去把握当代中国发展的历史进程与发展指向,去认识并把握好科学发展观的基本特征、

---

① 李兴山、梁言顺主编:《科学发展观研究》,中共中央党校出版社2010年版,第116—117页。
② 同上书,第117页。

精神实质与实践要求。①

《国民经济和社会发展第十二个五年规划纲要》进一步指出:"以加快转变经济发展方式为主线,是推动科学发展的必由之路,符合我国基本国情和发展阶段性新特征。加快转变经济发展方式是我国经济社会领域的一场深刻变革,必须贯穿经济社会发展全过程和各领域,提高发展的全面性、协调性、可持续性,坚持在发展中促转变、在转变中谋发展,实现经济社会又好又快发展。"上述论断进一步阐述了科学发展观与又好又快的辩证统一关系:经济社会又好又快发展既是科学发展观的实践体现,又是科学发展观的目标追求。

三 科学发展观与可持续发展

如前所述,可持续发展观是国际公认的关于经济社会发展的一种科学发展模式。我国自20世纪90年代以来,也吸收了可持续发展观的理论成果,在经济社会发展中确立了可持续发展战略。科学发展观也吸收了可持续发展观作为自己不可分割的组成部分。科学发展观与可持续发展战略是一脉相承的思想体系。贯彻落实科学发展观,必须坚定不移地实施可持续发展战略。

要实现可持续发展的战略目标,必须以科学理论作指导,党的第三代中央领导集体关于可持续发展的思想和科学发展观就是这样的科学理论。以人为本、全面协调可持续的科学发展观,是与可持续发展思想一脉相承又与时俱进的。从一定意义上讲,科学发展观就是可持续发展观,它与可持续发展思想和可持续发展战略是相互贯通的。

(一) 发展是科学发展与可持续发展的共同基础和本质

科学发展观的第一要义是发展,其精神实质是实现经济社会更好更快的发展。科学发展观的主题是发展,是科学发展。人类社会面临两大基本问题:一是生存,二是发展。发展是硬道理,是社会主义本质的体现,不发展就没有出路。发展是执政兴国的第一要务。

可持续发展与科学发展观的本质具有一致性,即都以发展作为前提和根本追求。可持续发展的首要要求也是发展。十多年前,《中国21世纪议程》就明确指出:"可持续发展的前提是发展"②、"既能满足当代人的需求而又不对满足后代人的需求的能力构成危害"③。而如前所述,科学发展观的第一要义

---

① 李兴山、梁言顺主编:《科学发展观研究》,中共中央党校出版社2010年版,第118页。
② 《中国21世纪议程》,中国环境科学出版社1994年版,第1页。
③ 同上书,第4页。

是发展。所以，可持续发展与科学发展观都肯定发展、强调发展、追求发展，并把发展放在第一位，这是它们的共同基础。

（二）可持续性是科学发展与可持续发展的共同要求

科学发展观的基本要求是全面协调可持续。所谓可持续发展，就是要坚持生产发展、生活富裕、生态良好的文明发展道路，建设资源节约型、环境友好型社会，实现速度和结构质量效益相统一、经济发展与人口资源环境相协调，使人民在良好生态环境中生产生活，实现经济社会永续发展。这是科学发展的基本要求。

可持续发展与科学发展观的基本要求具有一致性，均强调经济社会发展的可持续性。推进资源节约型、环境友好型社会建设，这是党中央提出的战略任务，同时也是继续推进可持续发展事业的重大部署。为此，要大力发展循环经济，加大环境保护力度，切实保护好自然生态。大力发展循环经济就是要坚持开发节约并重、节约优生，按照减量化、再利用、资源化的原则，大力推进节能节水节地节材，加强资源综合利用，完善再生资源回收利用体系，全面推行清洁生产，形成低投入、低消耗、低排放和高效率的节约型生产方式。加大环境保护力度，就是要坚持预防为主、综合治理、强化从源头防治污染和保护生态，坚决改变先污染后治理、边污染边治理的状况。切实保护好自然生态，就是要坚持保护优先、开发有序，以控制不合理的资源开发活动为重点，强化对水源、土地、森林、草原、海洋等自然资源的生态保护。这些既是可持续发展的目标，也是科学发展的目标。

（三）可持续发展是科学发展观的必然要求

从科学发展观与可持续发展的上述关系来看，要实现可持续发展，必须坚持以科学发展观为指导，以实现国民经济又好又快发展为根本着眼点，坚持走中国特色新型工业化道路，加快转变经济发展方式，把优化产业结构、转变增长方式、提高科技创新能力、提高综合效益、降低能源资源消耗、控制废弃物和污染物排放结合起来。

要实现可持续发展，必须以建设生态文明为目标，以建设资源节约型、环境友好型社会为指向，以建立绿色国民经济核算体系为引导，以发展循环经济为路径，以推进制度和政策创新为动力，以建立多元化投资体制机制为保障，以加强国际交流与合作为支持，以保障国家资源和环境安全为底线，形成可持续发展的整体推进和系统保障体系。

要实现可持续发展，必须树立以人为本的理念；必须树立节约资源、保护环境和人与自然和谐的观念；必须强化经济效益、社会效益、环境效益和生态效益相统一的效益意识；必须强化节约资源、循环利用的可持续生产和消费意识；必须强化经济指标、人文指标、资源指标和环境指标全面发展的政绩意识。①

总之，可持续发展是科学发展观的一个重要内容和基本要求。贯彻落实科学发展观的过程，也就是贯彻落实可持续发展思想和战略的过程；追求和促进可持续发展的行动，也就是追求和促进科学发展的行动。

当然，作为先后提出的两种发展观和发展理念，可持续发展与科学发展也存在一定的区别。从提出主体而言，可持续发展是国际社会在20世纪80年代正式提出的一种发展观，科学发展观是胡锦涛同志于2003年党的十六届三中全会上提出的一种发展观；从范围来看，可持续发展观是国际社会基于资源环境压力等严峻形势而提出的一种发展理念，被很多国家广泛接受和认可，科学发展观是中国共产党人基于中国国情而提出的具有中国特色的发展观；从具体内容来看，可持续发展观主要强调当代人与后代人之间的利益平衡和永续发展，而科学发展观的内涵更为丰富、明确和具体，坚持发展为第一要义，突出以人为本的核心，强调全面、协调、可持续的基本要求，注重统筹兼顾的根本方法，这就大大拓宽了可持续发展的外延，深化了可持续发展的内涵。因此可以说，科学发展观是比可持续发展观更加科学、全面、先进的发展观，是更加体现中国国情、反映中国特色、具有中国气派的发展观。

四 科学发展观与加快转变经济发展方式

党的十七大提出了加快转变经济发展方式的战略任务，强调要促进经济增长由主要依靠投资、出口拉动向依靠消费、投资、出口协调拉动转变，由主要依靠第二产业带动向依靠第一、第二、第三产业协同带动转变，由主要依靠增加物质资源消耗向主要依靠科技进步、劳动者素质提高、管理创新转变。

当前，国际经济形势更加复杂，我国宏观经济下行压力加大，使我国转变经济发展方式问题更加凸显出来，当前的经济形势表面上是经济增长速度的放缓，实质上是经济发展方式的不科学。综合判断国际国内经济形势，转变经济发展方式已刻不容缓。我们必须见事早、行动快、积极应对，为我国加快转变经济发展方式、保持经济平稳较快发展增添推动力。

胡锦涛同志在省部级干部落实科学发展观研讨班上讲话指出，加快经济发展方式转变是适应全球需求结构重大变化、增强我国经济抵御国际市场风险能

---

① 李兴山、梁言顺主编：《科学发展观研究》，中共中央党校出版社2010年版，第184页。

力的必然要求，是提高可持续发展能力的必然要求，是在后国际金融危机时期国际竞争中抢占制高点、争创新优势的必然要求，是实现国民收入分配合理化、促进社会和谐稳定的必然要求，是适应实现全面建设小康社会奋斗目标新要求、满足人民群众过上更好生活新期待的必然要求。只有加快经济发展方式转变，才能更好满足广大人民群众日益增长的物质文化需要。①

加快经济发展方式转变是我国经济领域的一场深刻变革，关系改革开放和社会主义现代化建设全局。转变经济发展方式，关键是要在"加快"上下功夫、见实效。加快经济发展方式转变，要求加快推进经济结构调整，把调整经济结构作为转变经济发展方式的战略重点；要求加快推进产业结构调整，适应需求结构变化趋势，完善现代产业体系；要求加快推进自主创新，紧紧抓住新一轮世界科技革命带来的战略机遇，更加注重自主创新，加快提高自主创新能力；要求加快推进农业发展方式转变，坚持走中国特色农业现代化道路，加快构建粮食安全保障体系，加快构建现代农业产业体系；要求加快推进经济社会协调发展，针对社会发展和民生领域的突出问题，大力推进以改善民生为重点的社会建设。

加快经济发展方式转变，更加要求加快推进生态文明建设，深入实施可持续发展战略，大力推进资源节约型、环境友好型社会建设，加快推进节能减排，加快污染防治，加快建立资源节约型技术体系和生产体系，加快实施生态工程，推动整个社会走上生产发展、生活富裕、生态良好的文明发展道路。

加快经济发展方式转变，既是一场攻坚战，也是一场持久战，必须通过坚定不移深化改革来推动。要深化各方面的体制改革，努力在重要领域和关键环节实现改革的新突破，着力构建充满活力、富有效率、更加开放、有利于科学发展的体制机制，形成有利于加快经济发展方式转变的制度安排，推动加快经济发展方式转变，努力促进经济社会又好又快发展。

深入贯彻落实科学发展观，必须以科学发展为主题，以加快转变经济发展方式为主线。国家十二五规划纲要指出，以科学发展为主题，是时代的要求，关系改革开放和现代化建设全局。我国仍处于并将长期处于社会主义初级阶段，发展仍是解决我国所有问题的关键。坚持发展是硬道理的本质要求，就是坚持科学发展。以加快转变经济发展方式为主线，是推动科学发展的必由之路，是我国经济社会领域的一场深刻变革，是综合性、系统性、战略性的转

---

① 胡锦涛：《在省部级干部落实科学发展观研讨班上的讲话》，求是理论网（http://www.qstheory.cn/tbzt/jkjjfzfszb/jcbs/201005/t20100504_28736.htm）。

变，必须贯穿经济社会发展全过程和各领域，在发展中促转变，在转变中谋发展。

而推动经济发展方式转变，必须坚持把建设资源节约型、环境友好型社会作为加快转变经济发展方式的重要着力点。深入贯彻节约资源和保护环境基本国策，节约能源，降低温室气体排放强度，发展循环经济，推广低碳技术，积极应对全球气候变化，促进经济社会发展与人口资源环境相协调，走可持续发展之路。可见，科学发展和可持续发展都迫切要求加快转变经济发展方式，加快转变经济发展方式是落实科学发展观、实现可持续发展的必由之路。

五　本项目研究的重心是以环境与资源保护为基础的可持续发展

从前面有关科学发展与可持续发展的关系分析可以看出，可持续发展是科学发展观的基本要求，是科学发展的重点内容。这也是本项目侧重研究可持续发展法律问题的基本考虑。

本项目名称为"促进经济又好又快和可持续发展的法律问题研究"，这里的"又好又好和可持续"都是科学发展观对经济发展的具体要求。从项目设计的初衷来看，本项目并不试图对与科学发展观相关的方方面面的法律问题开展研究，而只是对其中的重点问题，即促进经济又好又快和可持续发展的法律问题进行研究。并且，基于又好又快的重点在于"好"，而"好"的体现重点在于可持续发展，所以，本项目研究的主要对象或者研究重点就在于促进经济可持续发展的法律问题。鉴于环境与资源保护的重要性，并从专业角度考虑，本项目研究内容集中关注于以环境与资源保护为基础的可持续发展领域的法治建设问题。

应当说，可持续发展领域的法律问题，既是当代中国法治研究的重点领域，也是当代中国可持续发展事业的重要组成部分；加强可持续发展领域的法治建设，既是实施依法治国基本方略、建设社会主义法治国家的基本要求和重要任务，也是贯彻落实科学发展观、加快转变经济发展方式的客观要求和法治保障。

第三节　可持续发展与法治

一　法与法治的一般理论

根据马克思主义关于法的一般理论，法是由国家制定、认可并依靠国家强制力保证实施的，以权利和义务为调整机制，以人的行为及行为关系为调整对象，反映由特定物质生活条件所决定的统治阶级（在阶级对立社会）或人民（在社会主义社会）意志，以确认、保护和发展统治阶级（或人民）所期望的社会关系和价值目标为目的的行为规范体系。①

在我国，法律有广义和狭义两个层次：一是指包括宪法、法律、行政法规、地方性法规等在内的一切规范性法律文件；二是指全国人大及其常委会制定的基本法律以及基本法律以外的法律。② 本项研究在广义上使用法律这一概念。

（一）法的基本功能

与其他上层建筑组成部分（比如国家、政党、思想意识等）相比，法律具有显著特征，即：调整行为关系的规范，由国家专门机关制定、认可和解释，以权利义务双向规定为调整机制，依靠国家强制力保证实施。③ 作为由国家制定的社会规范，法具有告示、指引、评价、预测、教育和强制等规范功能。同时，作为一种社会规范，法还具有维护阶级统治、执行社会公共事务的作用。

在当代中国，社会主义的法律建立在社会主义市场经济的基础之上，法的总体作用是为建设中国特色社会主义服务，具体来说包括：保障、引导和推进社会主义市场经济、民主政治和精神文明的发展，保障和推进对外开放，维护国际和平和发展，④ 等等。

（二）法治

法治是一种源远流长的意识形态、治国方略和社会文化现象。亚里士多德曾指出："法治应包含两重意义：已成立的法律获得普遍的服从，而大家所服从的法律又应该本身是制定得良好的法律。"⑤ 这句话指出了法治在形式方面和实质方面的规定性。就形式方面而言，是指法律规范必须清晰、公开、具有普遍约束力等。就实质方面而言，是指法律规范必须符合公平正义的价值理念、尊重和保障人权、保护各项基本权利和自由等。

法治是政治文明发展到一定历史阶段的标志，凝结着人类智慧，为各国人

---

① 张文显主编：《法理学》，高等教育出版社、北京大学出版社1999年版，第46页。
② 同上书，第44页。
③ 同上。
④ 张文显主编：《法理学》，高等教育出版社、北京大学出版社1999年版，第206页。
⑤ ［古希腊］亚里士多德：《政治学》，吴寿彭译，商务印书馆1983年版，第199页。

民所向往和追求。法治作为一种治国方略或者社会调控方式，与人治相对立。法治强调依法办事的原则，法治意味着一种良好的法律秩序，并且代表着某种具有价值规定的社会生活方式。

法治是与人治相对应的一个概念，法治国家是依法治国所形成的理想状态。在法治国家，社会生活的基本方面和主要的社会关系均纳入法律轨道，接受法律的治理和约束，而法律建立在尊重民主、人权和个人自由，保护促进经济增长、社会公平、社会秩序和社会进步的基础之上。

依法治国，建设社会主义法治国家，是中国人民的主张、理念，也是中国人民的实践。依法治国是以江泽民同志为核心的第三代中央领导集体，在认真总结半个世纪以来中国社会主义建设的经验教训，继承发扬邓小平同志民主法制思想，深入分析社会主义市场经济发展需要的现实基础上，系统提出的治国方略。法治不仅包括静态意义上的法律制度，更包括动态意义上的立法、执法、司法、守法和法律监督等重要过程和环节。

1999年3月15日，第九届全国人民代表大会第二次会议通过的宪法修正案中，"依法治国，建设社会主义法治国家"被载入宪法，这一基本方略获得了国家根本大法的确认。

在实施依法治国基本方略的实践中，我们开辟了一条中国特色社会主义民主法治的发展道路，这就是"坚持党的领导、人民当家作主、依法治国三者有机统一"。在依法治国实践中，我们在尊重和保障人权、坚持依法执政、加强民主立法、推进依法行政、改革司法体制、完善法律监督、实现公正司法、宣传法治理念等方面，在为贯彻落实科学发展观、加快促进经济发展方式转变、实现经济社会全面协调可持续发展提供法治保障等方面，取得了举世瞩目的成绩。

二 法律与经济发展的互动关系

理论和实践表明，法律与经济发展表现为相互促进、相互依存的两个方面：经济发展和教育水平的提高有助于法治社会的建立和维持，而法治对于保障稳定和健康的经济生活更是不可缺少的。[①]

从历史来看，关于法律与经济发展的关系，西方早期资本主义时期，人们就给予了关注。社会学家韦伯在这方面的研究尤为引人注目。在韦伯的理论中，法治对于现代市场经济发挥着不可替代的作用。韦伯认为："现代类型的

---

① 张千帆等：《宪政、法治与经济发展》，北京大学出版社2004年版，第5页。

经济体系当然不可能在没有法律秩序的状态下存在,因为今天的经济生活是建立在通过契约所获得的机会之上的。"①

20世纪中期以来,全世界范围内掀起了一场法律和社会发展运动。这场运动深受韦伯理论的影响,并对发展中国家有关法律与经济发展的理论研究和实践产生了影响。有研究在理论上提出并检验了关于法律与经济发展的四个假定:第一,法律和法律制度可能随着经济发展而趋同;第二,法律和法律制度的发展可能沿着不同的路径;第三,法律和经济发展是不相关的,因而法律的变革和经济增长并没有联系;第四,法律的变化可能呈现多样化趋势,因而法律体系中的某些部分可能趋同,而其他部分则保持独立发展。研究发现,法律影响经济发展,经济发展也影响法律。发展本身产生了对法治的需求,并导致经济政策的变化。在政策变成市场导向之后,法律显得更为重要。②

各个国家的经济社会发展历史表明,法律与经济社会发展是相互促进的,一方面,不断发展的经济,客观上要求不断完善法律制度并加强法律实施;另一方面,健全的法律体系和良好的法治环境将有力地促进经济社会的发展,要想保持经济增长,必须促进法治建设。

三 可持续发展与法治的基本关系

可持续发展与法治的基本关系包括两个方面:一是可持续发展对法治的影响;二是法治对可持续发展的影响。

(一)可持续发展(观)对法治的影响

在理念层面,可持续发展可以归纳为三个原则:一是公平性原则——强调本代人之间的公平和代际之间的公平;二是持续性原则——人类经济和社会的发展不能超越资源和环境的承载能力;三是共同性原则——虽然各国可持续发展具体模式不同,但人类只有一个地球,面临共同挑战,人类只有达成共识、采取共同的行动,才能实现共同的未来。③

可持续发展观是追求人类经济社会发展与生态环境发展平行共进的发展观,强调的是资源、环境与经济社会的协调发展,追求的是人与自然的和谐。

---

① Max Weber, *Economy and Society*, Guenther Roth and Claus Wittich ed., Berkeley: University of California Press, 1978, p.337.

② Katharina Pistor and Philip A. Wellons, *The Role of Law and Legal Institutions in Asian Economic Development, 1960—1995*, New York: Oxford University Press, 1999, pp.10-12.

③ 吕忠梅:《超越与保守——可持续发展视野下的环境法创新》,法律出版社2003年版,"导言"第13页。

可持续发展观的视角从人与人、人与社会的关系扩展到人与自然（资源、环境）的关系方面。与传统的发展观相比，可持续发展观首先要解决的是当代社会经济发展中普遍存在的非持续性问题，使之转移到可持续发展的健康轨道上来，将经济社会发展的生态代价和社会成本减少到最低限度。有学者指出，可持续发展的基本精神可用"1145"加以概括，即1个本，1个中心，4句话，5位一体：以人为本；以经济发展为中心；经济要讲究效率，社会要强调公平，代际要重视兼顾，人与自然要力争和谐；努力实现人口、经济、社会、资源、环境五位一体的协同。① 这句话非常精练地表达了可持续发展的精神内核和基本要求。

可持续发展已经并将继续对整个法律制度体系产生强烈冲击和深刻影响，"并且可以预见这种影响的广度、深度、规模、前景和后果都是空前的"②。具体来说，可持续发展（观）对法律的影响至少表现在以下方面：

1. 可持续发展观对法律理念的影响

（1）从传统人类中心主义向合理的人类中心主义转变

传统的法律价值观仅仅从人类的需要和利益出发思考法律问题，而未顾及人以外的其他物种的需要和利益。这种法律价值观是与人类中心主义的自然观相适应的：以人类为绝对中心，把人看作是绝对主体，把人之外的一切事物均看作是可以被人随意占有、使用和作用的对象，认为"发展是天然合理的"，私有财产是不可侵犯的，导致无节制地对自然界的掠夺性开发。这种价值观的危害是有目共睹的，它造成了人口、资源和环境的危机，但是我们也不能讳言它强调和追求人的发展的初衷。与自然观的转变相适应，法律必须确立合理形态的人类中心主义的价值观，即天人和谐法律观：全面把握人与自然的关系，肯定人的主体性，承认人类实践活动的最终目的是为了人的全面发展，但在实现这一最终目的的过程中不应当是机械的、形而上学的。可持续发展观从理论上结束了长期以来把发展经济和保护资源对立起来的错误观点，并明确指出二者应是相互联系和互为因果。发展经济和提高生活质量作为人类追求的目标，需要自然资源和良好的生态环境为依托。忽视了对资源的保护，经济发展就会受到限制，没有经济的发展和人民生活质量的改善，特别是最基本的生活需要的满足，也就无从谈到资源和环境的保护，一个持续发展的社会不可能建立在贫困、饥饿和生产停滞的基础上。同

---

① 王浣尘：《可持续发展概论》，上海交通大学出版社2000年版，第8—9页。
② 吕忠梅：《环境法新视野》，中国政法大学出版社2000年版，第207页。

时可持续发展观也承认生态的存在价值,但它又认为生态的存在价值也同样不是绝对的、形而上学的。它所追求的是把人的发展与保护自然、保护环境结合起来,从而使人类不断升华,最终获得人性的全面实现和人的全面发展。①

(2) 从代内公平到代际公平

公平原则是可持续发展的一项基本原则,也是法律的基本价值追求。传统法律的公平主要是针对当代社会和当代人的公平。而可持续发展则在时间维度上将公平价值的主体延伸到当代人和后代人,相应的,其公平价值包括代内公平和代际公平。就代内公平而言,不仅要实现一国内的公平,还要求各国在利用环境资源时,必须确保其活动不致损害其他国家的权利。而代际公平则要求在人类赖以生存的资源是有限的这一现实条件下,当代人不能因为自己的发展与需要而损害后代人满足其发展需要的条件,要给后代人留有公平利用自然资源的权利和发展的空间。②

有学者将这种从代内公平到代际公平的变化称为法律价值观从共时性的价值观转变为历时性的价值观。并进一步分析认为,传统的法律价值观是一种共时性的、非历史的价值观,它仅仅从一代人的需要和利益出发思考法律价值问题,仅仅考虑同一代人之间存在的利益与价值冲突,而未考虑不同代人之间的利益与价值冲突。以民法中的损害赔偿为例,按照传统的损害赔偿原则,在判定侵害行为所造成的损害时,仅仅考虑侵害行为对当时的受害人所造成的直接或间接的损害,而不考虑侵害行为对当时尚不存在的后代人所造成的不利影响。今天的环境污染行为不仅直接影响今天生存于受污染地区的人们的健康与生活质量,还会持续性地影响将来在该地区生活的若干代人的健康与生活质量。在无人区进行核试验虽不会直接对当代人造成损害,但其产生的核污染将影响后代人对该地区的开发和利用。因此,如果不考虑时间尺度,不考虑行为在未来的影响,就不可能全面地判断侵害行为的实际损害,甚至都不知道某种行为是侵害行为,因而就不可能真正维护和实现法律正义。历时性的法律价值观要求人们在事物运动变化的时间之链中思考法律价值问题,将时间因素纳入法律价值的整体分析框架之中。比如,在分析行为、制度的效率时,不仅要考虑当时发生的成本、收益,还要考虑未来可能

---

① 曹锦秋:《法律价值的"绿色"转向——从人类中心主义法律观到天人和谐法律观》,博士学位论文,吉林大学,2008年,第99页。

② 颜士鹏:《中国当代社会转型与环境法的发展》,科学出版社2008年版,第54页。

发生的成本和收益。①

(3) 环境正义理念的产生

可持续发展对法的正义价值也产生了深刻影响,并诞生了环境正义理念。合理形态的人类中心主义,突破了传统人类中心主义仅仅关注人自身利益的狭隘思维,开始关注人以外的其他物种的利益,包括动物、植物以及非生物的资源等。环境利益开始被纳入人的利益范畴。当自然环境渐渐成为利益的对象时,正义领域的边界就有了新的扩张,由此产生了人们关于环境利益和环境负担公平分配的环境正义问题。② 为什么"自然为人类需要所提供的资源之不足"最初没有引发环境正义呢?这是因为,以往关于正义的讨论多是围绕人类制造物为核心的经济财富之上,而当人类的匮乏物正以渐进的方式依次从劳动的创造物、作为劳动生产条件的自然资源,逐步趋近于自然环境的本体时,新的匮乏带来了新的利益冲突,从而也就生发了环境正义这一新的正义问题。③

(4) 对法的效益价值的影响

传统经济发展模式注重的是经济效益,相应的,在法律中也突出强调效益价值的经济面向,不存在经济效益以外的其他效益。可持续发展观念的冲击下,法律所追求的效益价值正在被重新评估。可持续发展追求的是高效率、高效益的发展,强调综合效益(经济、社会和环境效益的统一)、总体效益(间接和直接效益、局部和整体效益、眼前和长远效益、当代和后代效益的统一)和最佳效益(速度和效益、数量和质量、先进性和可行性的统一)。④ 可见,可持续发展观下的法律效益与传统经济发展观下的法律效益有明显不同。

(5) 对立法目的的影响

可持续发展对法律理念的影响,集中体现为立法目的的变迁,即相关法律的立法目的逐步由经济社会发展目标转向可持续发展目标。

以我国水污染防治立法为例。1984年的《水污染防治法》第1条关于立法目的的条文规定:"为防治水污染,保护和改善环境,以保障人体健康,保证水资源的有效利用,促进社会主义现代化建设的发展,特制定本法。"该条

---

① 黄文艺:《科学发展观的法律价值论解读》,《苏州大学学报》(哲学社会科学版)2005年第5期。

② 梁剑琴:《环境正义的法律表达》,博士学位论文,武汉大学,2009年,第13页。

③ 马晶:《环境正义的法哲学研究》,博士学位论文,吉林大学,2005年,第45页。

④ 蔡守秋:《论可持续发展对我国法制建设的影响》(下),《法学评论》1997年第2期。

规定的立法目的包括四项：保护和改善水环境；保障人体健康；保证水资源的有效利用；促进社会主义现代化建设的发展。其中，水资源的有效利用和社会主义现代化建设的发展都属于经济性质的目的。1996年修订后的《水污染防治法》仍然沿袭了这一规定。

到2008年，修订后的《水污染防治法》的立法目的发生了重大转向。该法第1条规定："为了防治水污染，保护和改善环境，保障饮用水安全，促进经济社会全面协调可持续发展，制定本法。"该条在原来的"防治水污染，保护和改善环境"的基础上，删掉了"保证水资源的有效利用，促进社会主义现代化建设的发展"的规定，取而代之的是"保障饮用水安全，促进经济社会全面协调可持续发展"的规定。显然，修订后的立法目的更加符合可持续发展的理念要求。

我国《大气污染防治法》等法律的修订情况也反映了上述变化，其立法目的条款均更加注重对可持续发展的追求。

此外，可持续发展观进一步强化了法律的风险预防观念和意识，促使法律更加注重生态安全（环境安全）价值。

2. 可持续发展对法律制度的影响

可持续发展是科学发展观的重要组成部分，是科学发展观的基本要求之一，依法治国是我国的基本治国方略。可持续发展必然要求加强法治建设。

我国过去长期沿袭传统的不可持续发展模式，与之相对应的法制建设也打上了不可持续发展的烙印。这种局面随着可持续发展战略的深入推进而逐步改变。

可持续发展推动法治的全方位变化。在立法方面，可持续发展推动了一些新的部门法的产生，推动了一些原有的部门法在理念、原则和具体制度等方面开始作出相应的调整。在法的运行方面，可持续发展推动执法、司法和法律监督等作出新的变革。

可持续发展法律是一个制度系统，"它涉及环境保护、自然资源、人口、社会保障、经济等多个法律范畴，体现了当代高科技社会条件下，可持续发展观念对传统法学部门和传统法学理论的整合"[①]。从法律的角度来看，可持续发展涉及宪法、环境法、行政法、民法、刑法、诉讼法、科技法、国际法等众多部门法的调整，诸如宪法基本权利中环境权的确立，环境立法体系和权利体

---

① 王曦、柯坚：《跨世纪的法学视野——中国与澳大利亚可持续发展研讨会述评》，《法学评论》1998年第4期。

系的不断完善，行政法向授益与托管的转变，民法对私法自治内容的补充，刑法的相应发展，诉讼法的因应措施，科技法的修正，国际环境法的勃兴等，以便把环境保护与社会经济活动全面、有机地结合起来，按照生态持续性、经济持续性和社会持续性的基本原则来规范人类的一切活动，从而实现人与自然共存共荣的目的。可见，这是一个有关可持续发展的自然科学和社会科学交叉的研究领域和边沿的研究领域。它既是对各传统部门法的扬弃和整合，也是对传统法学理论的超越和创新。[1]

可持续发展强调环境、经济、社会三方面的协调发展，是环境效益、经济效益和社会效益的统一。可持续发展这种整体性发展的内涵促使了环境立法综合化的发展。在中国，环境立法综合化的方向是：特别需要加强规范环境、社会、经济可持续发展行为的综合性环境法律体系建设；中国环境法涉及的环境、资源问题及与之相关的跨领域问题越来越多，调整的社会关系和保护对象越来越广泛，调整这些问题的方式方法越来越协调，有关环境资源的各种法规的联系和结合日益紧密；中国环境法正在将环境与资源、环境保护与经济社会发展结合起来，正在发展成为以保护环境资源为主，综合调整环境、经济、社会发展问题的可持续环境法体系。[2]

当然，上述影响，有的已经在立法中得到规定，并在执法和司法过程中得到反映，而有的还没有对立法产生实质性影响，还没有形成正式的法律制度，因而也无法在执法和司法领域中加以应用。对此，我们需要根据实践的发展变化，与时俱进，继续推进能够适应和推动经济社会可持续发展的法律变革。

需要指出的是，由于可持续发展观是基于环境问题与经济、社会发展之间的矛盾而提出的，它的基本视角是环境保护，因而环境法是和可持续发展观最为密切、关系重大的法律部门，它最能集中贯彻可持续发展观的实质和核心，所以受可持续发展观影响最大的法律部门当属环境法。[3] 这也是本项目研究关注的主要法律部门。

当然，需要说明的是，本项目所研究的环境法律部门是广义的、系统的、综合的环境法，所有与环境、资源、能源和气候变化等相关的法律规范和制度，都属于本项目所指的环境法的范畴。本报告第二篇所论述的环境保护法，

---

[1] 陈泉生：《可持续发展时代的法律变革》，《福建公安高等专科学校学报——社会公共安全研究》2001年第5期。

[2] 蔡守秋主编：《环境资源法学教程》，武汉大学出版社2000年版，第129页。

[3] 颜士鹏：《中国当代社会转型与环境法的发展》，科学出版社2008年版，第52页。

主要是从污染防治角度而言的。

总之，可持续发展对法律理念、法律制度和法治实施提出了新的要求。可持续发展要求更加注重环境保护、资源节约、能源节约、气候变化等领域的立法、执法、司法和法律监督工作，要求国内法更多地与国际法相衔接，要求科学立法、民主立法，使法律更全面地反映可持续发展的要求，要求严格执法、公正司法、强化监督，切实做到"有法可依、有法必依、执法必严、违法必究"，使有关可持续发展的各项制度和规范真正贯彻落实。

（二）法治对可持续发展的影响

法治对可持续发展的根本作用在于为可持续发展提供法律引导、促进和保障作用，推动和促进可持续发展进程。具体体现如下：①

1. 引导可持续发展的行为方向

引导作用，是指法律规范提供行为模式，引导各类主体朝着有利于立法目标的方向努力，并为他们的行为提供预期。比如，《可再生能源法》第4条规定："国家将可再生能源的开发利用列为能源发展的优先领域，通过制定可再生能源开发利用总量目标和采取相应措施，推动可再生能源市场的建立和发展。"这就明确昭示国家将大力支持可再生能源的发展，这个领域将有光明的发展前景。该法给企业家们吃了一颗定心丸，引导他们在可再生能源产业放心投资。

2. 促进可持续发展的政策实施

促进作用，是指国家在法律中对重大政策和措施直接作出规定，并保障其连续性和一贯性。比如，《可再生能源法》的第四章专门对可再生能源的推广与应用提出支持措施，包括六项鼓励和扶持的具体政策，这将对相关产业的发展产生巨大的鼓舞和推动作用。

3. 保障可持续发展的责任落实

保障作用，是指法律对各类违法行为作出惩罚和制裁的规定，以排除与立法目标相悖的各种障碍。现行环境资源立法大多专章设立法律责任，明确从事违法行为者必须承担的后果。法律责任具有国家强制性，一旦立法中规定了什么行为是必须做的、什么行为是禁止做的、违法行为的后果是什么，这些规定就必须在实践中兑现。因此，法律责任是法的保障功能的最直接体现。

总之，法的指引性、规范性、稳定性、国家强制性等突出特征，是它与道

---

① 孙佑海：《法治与建设资源节约型、环境友好型社会》，载刘剑主编《法治百家谈——百名法学家纵论中国法治进程》，中国长安出版社2007年版，第266页。

德等其他行为规范的根本区别所在。顺利推进可持续发展进程，法治至为关键。只有实行依法治国，才有可能使可持续发展由理论变成现实。①

法治对可持续发展的引导、促进和保障，也是国际社会的普遍经验。很多国家尤其是发达国家通过法治建设推动社会经济可持续发展。日本是目前世界上循环经济立法最为完善的国家。日本促进循环经济发展的法律体系可以分为三个层面：一是基本法，即《建立循环型社会基本法》；二是综合性的法律，包括《废弃物处理法》、《资源有效利用促进法》；三是专项法，包括《容器和包装物的分类收集与循环法》、《特种家用电器循环法》、《建筑材料循环法》、《可循环性食品资源循环法》、《多氯联苯废弃物妥善处置特别措施法》等。《建立循环型社会基本法》的公布和实施，标志着日本已经成为世界循环经济法制化的先进国家，其环境保护技术和产业经济发展进入了新的发展阶段，其社会结构开始从过去"大量生产、大量消费、大量废弃"的传统经济社会，向降低环境负荷、实现经济社会可持续发展的循环经济社会转变。② 除日本外，还有德国、美国等不少国家，通过多层次的法制建设来推动和保障循环经济的发展。③ 在欧盟，欧共体早在1991年就颁布了《关于生态农业及相应农产品生产的规定》。④ 这个条例起初只适用于植物性生产，但1999年7月被补充进了有关动物性生产的条款，从而最大可能地保证消费者的消费安全。⑤ 在德国，2001年《生态标识法》正式生效。⑥ 实行生态标识制度对于生态农业发展是非常有意义的一步。通过对生态产品加上标识，可以将它们与传统型农产品区分开来，从而使消费者和生产者的利益都得到保护。在美国等很多国家，法律在加强环境保护、推进绿色发展等领域发挥了重要推动和保障作用，极大地改善了环境、节约了资源、保护了生态，为经济社会发展提供了有力的支撑保障作用。国际社会在可持续发展领域的法治建设实践表明，法治是推动可持续发展、巩固可持续发展成果的长效制度保障。

综观国际经验，可以说，在依法治国方略已经在全社会形成广泛共识的前提下，我国保护和巩固经济可持续发展实践成果的法治建设既取得了举世瞩目

---

① 张文显主编：《法理学》，高等教育出版社、北京大学出版社1999年版，第406页。
② 孙佑海：《循环经济立法问题研究》，《环境保护》2005年第1期。
③ 同上。
④ 姜亦华：《国外农业的生态政策》，《世界经济与政治论坛》2004年第4期。
⑤ 贾金荣：《德国生态农业发展概况与政策》，《华南农业大学学报》（社会科学版）2005年第1期。
⑥ 孟繁华：《德国生态农业的现状》，《农村天地》2004年第1期。

的进步，也存在很多不足之处。

由于我国还处于全面的社会转型时期，难免有某些长期积淀下来的传统立法思想，以及诸如某些环境资源行政机关为争夺部门利益等这样的非理性因素限制环境法的可持续发展方向。① 尤其是在环境资源保护领域，有法不依、执法不严、违法不究的现象还在一定范围内存在。

我国今后的法治建设应当与时俱进，反映经济可持续发展的客观规律，进一步加强环境立法、执法和司法，构建符合经济可持续发展观的法律体系，推动相关法律制度变迁，以进一步促进和保障经济社会又好又快和可持续发展。

四　生态文明建设与可持续发展法治

生态文明是人类积极改善和优化人与自然关系，建设相互依存、相互促进、共处共融生态社会而取得的物质成果、精神成果和制度成果的总和，是从农业文明、工业文明发展而来的更高阶段的文明形态。生态文明建设，客观上也要求加强可持续发展法治建设。

（一）生态文明建设的新高度

改革开放以来，我们党逐步形成了经济建设、政治建设、文化建设、社会建设的中国特色社会主义事业总体布局。在党的十六届三中、四中和五中全会上，随着科学发展观的提出和贯彻落实，统筹人与自然和谐发展、建设社会主义和谐社会以及"两型社会"等发展目标日益清晰。党的十七大将建设生态文明写入党的报告，党的十七届四中、五中全会对生态文明建设作出新的战略部署，要求提高生态文明水平。

2012年7月，胡锦涛同志在省部级主要领导干部专题研讨班开班式上发表重要讲话时指出，推进生态文明建设，是涉及生产方式和生活方式根本性变革的战略任务，必须把生态文明建设的理念、原则、目标等深刻融入和全面贯穿到我国经济、政治、文化、社会建设的各方面和全过程。胡锦涛同志重要讲话指出了推进生态文明建设是涉及生产方式和生活方式根本性变革的战略任务，提出了把生态文明建设贯穿我国经济、政治、文化、社会建设的各方面和全过程，明确了坚持节约资源和保护环境是生态文明建设的基础工程，指出了着力推进绿色发展、循环发展、低碳发展是生态文明建设的战略任务，阐明了中国特色生态文明建设的根本目的和最终归宿是为人民创造

---

① 颜士鹏：《中国当代社会转型与环境法的发展》，科学出版社2008年版，第56—57页。

良好生产生活环境。①

2012年11月,党的十八大报告把生态文明建设提升到中国特色社会主义现代化事业五位一体总体布局的战略高度,第一次单列一个部分加以论述,有关内容和要求写入新修订的党章。报告提出大力推进生态文明建设,坚持节约资源和保护环境的基本国策,着力推进绿色发展、循环发展、低碳发展,加强生态文明制度建设,为人民创造良好生产生活环境,建设美丽中国,实现中华民族永续发展。这是党的十八大报告的一个突出亮点,标志着我们党对中国特色社会主义的认识更加成熟、更加定型。

十八大报告从关系人民福祉、关乎民族未来的高度,针对资源约束趋紧、环境污染严重、生态系统退化的严峻形势,阐明了生态文明建设的重要意义,凸显了生态文明建设的基础性战略性地位,突出了生态文明建设对其他四大文明建设的保障作用,从而把生态文明建设推到了一个前所未有的高度,体现了我们党关于生态文明建设的思想日益成熟,对生态文明建设的战略指导不断加强,对生态文明建设的认识不断深化。

(二) 生态文明建设与科学发展、可持续发展

生态文明建设作为中国特色社会主义事业总体布局的重要组成部分,是在科学发展观的指导下提出来的。生态文明建设与科学发展观、可持续发展、转变经济发展方式等具有密切联系。

科学发展观是十六大以来党的理论创新成果的集中体现,是引领当代中国发展进步的科学理论,是我国经济社会发展的重要指导方针,是发展中国特色社会主义必须坚持和贯彻的重大战略思想。

科学发展观是生态文明建设的指导思想,是生态文明建设的灵魂。可以说,在我国,没有科学发展观的理论提出,就不可能有生态文明建设的社会实践。生态文明建设是科学发展观的反映,是科学发展观的具体落实和实践。两者是相互促进、互动发展的,是一种理论和实践良性互动的过程。科学发展观为建设生态文明和美丽中国提供了先进的理论指导和强大的思想武器。建设生态文明和美丽中国,进一步丰富了科学发展观的内涵,是贯彻落实科学发展的内在要求,是推动科学发展的重大任务,是解决制约科学发展资源环境约束的有效途径。

可持续发展作为科学发展的主要内容之一,既是生态文明建设的客观要

---

① 黄承梁:《生态文明建设的重要意义和战略任务》,人民网(http://theory.people.com.cn/n/2012/0820/c245417-18778853.html)。

求，同时也是生态文明建设的重要任务和具体内容，更是生态文明建设的发展目标。生态文明要求着力推进绿色发展、循环发展、低碳发展，形成符合生态文明要求的生产方式、生活方式和行为方式，这些也是可持续发展的具体要求和目标任务。所以，生态文明建设与可持续发展是有机统一、相辅相成的。

生态文明建设和转变经济发展方式也具有紧密联系。党的十六大以来，为了破解资源和环境对经济发展的制约，在科学发展观指导下提出了转变经济发展方式和建设生态文明的战略，把两者融合起来，谋求在转变经济发展方式中用经济手段建设生态文明，同时又用生态文明的价值理念规范引导经济发展方式的转变，实现从生产到消费的全面绿化和生态化。所以，生态文明建设，是转变经济发展方式的宏观战略和发展目标，转变经济发展方式，是生态文明建设的具体内容和实践途径。

总之，推进生态文明建设，加快转变经济发展方式，实现全面、协调、可持续发展，必须坚持以科学发展观为指导，把科学发展观贯彻落实到经济社会发展各个方面和全部过程。

（三）生态文明建设与可持续发展法治建设

生态文明建设对法治建设具有积极而重要的影响，它对法治建设的影响体现在思想、理论、原则和规范等诸多方面。在指导思想方面，生态文明理念要求法治建设必须坚持科学发展观、可持续发展观和人与自然和谐观，遵循自然生态规律和经济社会发展规律，坚持以人为本，以尊重和维护自然为前提，以人与人、人与自然、人与社会和谐共生为宗旨，以建立可持续的生产方式和消费方式为内涵，引导人们走上持续、和谐的发展道路。在世界观和认识论上，生态文明建设要求从工业社会主导的人类中心主义、个体主义和还原论转变为人类生态整体主义和有机论，从"主、客二分"的范式走向"主、客一体"的范式，坚持人与自然的相互联系、统一、和谐与共存、共荣、共发展。在法律原则上，生态文明要求在法治建设中坚持"热爱自然，保护环境，珍惜资源，尊重生命"，坚持环境正义，坚持区际公平、代际公平、人与自然之间的种际公平和生态公平，通过法律调节人类的需求不超越地球生态系统的承载能力，通过维护生态可持续性保障经济社会的可持续性。[①] 在行为规范上，生态文明要求将法治建设中的人视为生态人，把人的行为置于人类生态系统并与自然发生关系的位置中加以考量，通过制度完善和创新，以法律手段保障生态人在生态系统中的正当权益，规范生态人的行为对自然的影响，促进人与生态的

---

① 蔡守秋等：《生态文明建设对法治建设的影响》，《吉林大学社会科学学报》2011年第6期。

和谐发展。

同时，法治对生态文明建设也具有重要作用。2005年9月，胡锦涛同志在会见第22届世界法律大会部分代表的讲话中指出："法治是人类文明进步的重要标志。法治是以和平理性的方式解决社会矛盾的最佳途径。人与人的和睦相处，人与自然的和谐相处，国家与国家的和平共处，都需要法治加以规范和维护。"① 概括来说，法治引导生态文明建设的发展方向，促进生态文明建设的政策实施，并保障生态文明建设的任务落实。

加强生态文明的法治建设，最重要、最主要的内容是加强可持续发展法治建设。可持续发展法治建设，要适应生态文明建设的需要，服从生态文明建设的大局。可持续发展的法治建设，应当以科学发展观为指导，以生态文明建设为方向和主要内容，从我国的资源环境和生态问题、可持续发展法治的现状和社会主义法治国家建设的实际需要出发，遵循自然生态规律、经济社会发展规律和法治发展规律，坚持节约资源和保护环境的基本国策，以维护正义公平为宗旨，以人与自然和谐为核心，全面加强立法、执法、司法和法律监督，为实现经济、社会与生态的全面、协调、可持续发展提供更加有力的法治保障。

---

① 廖雷等：《第22届世界法律大会隆重开幕 胡锦涛会见大会代表并作重要讲话》，《人民法院报》2005年9月6日第1版。

第二章

改革开放以来我国可持续发展法治建设的成就与问题

改革开放30多年来，我国经历了从法制到法治的观念变革和制度变迁，法治建设特别是可持续发展领域的法治建设取得了巨大成就。本章从立法、执法和司法等方面对30多年来我国可持续发展法治建设的成就进行了梳理。同时，对可持续发展法治建设过程中面临的形势和存在的问题进行了分析，以期为提出完善可持续发展法治建设的对策建议奠定基础。

第一节 我国可持续发展法治建设取得的成就

改革开放30多年来，在中国共产党的正确领导下，经过各方面坚持不懈的共同努力，我国可持续发展法治建设取得了举世瞩目的伟大成就，立法、执法和司法等方面工作全面加强。

一 可持续发展法律体系形成

经过30多年的不断努力，我国促进可持续发展的法律体系已经初步形成，而这一历史进程始终贯穿于中国特色社会主义法律体系的形成过程中，并与之相伴相随。

截至2010年年底，我国已制定现行有效法律236件、行政法规690多件、地方性法规8600多件，并全面完成了对现行法律和行政法规、地方性法规的集中清理工作。目前，涵盖社会关系各个方面的法律部门已经齐全，各法律部门中基本的、主要的法律已经制定，相应的行政法规和地方性法规比较完备，法律体系内部总体做到科学和谐统一。一个立足中国国情和实际、适应改革开放和社会主义现代化建设需要、集中体现党和人民意志的，以宪法为统帅，以宪法相关法、民法商法等多个法律部门的法律为主干，由法律、行政法规、地方性法规等多个层次的法律规范构成的中国特色社会主义法律体系已经形成，国家经济建设、政治建设、文化建设、社会建设以及生态文明建设的各个方面实现有法可依。①

中国特色社会主义法律体系的形成，把国家各项事业发展纳入法制化轨道，从制度上、法律上解决了国家发展中带有根本性、全局性、稳定性和长期性的问题，为社会主义市场经济的不断完善、社会主义民主政治的深入发展、社会主义先进文化的日益繁荣、社会主义和谐社会的积极构建，确定了明确的价值取向、发展方向和根本路径，为建设富强民主文明和谐的社会主义现代化国家、实现中华民族伟大复兴奠定了坚实的法制基础。②

在中国特色社会主义法律体系的形成过程中，中国特色可持续发展法律体系也初步形成，具体表现如下：

（一）可持续发展的宪法基础日益坚实

1978年2月，五届全国人大一次会议通过的宪法，第11条第3款规定："国家保护环境和自然资源，防治污染和其他公害。"这是新中国历史上第一次在宪法中对环境保护作出明确规定。

此后，宪法经过多次修订，有关可持续发展的规定日趋完善。现行宪法第9条规定："矿藏、水流、森林、山岭、草原、荒地、滩涂等自然资源，都属于国家所有，即全民所有；由法律规定属于集体所有的森林和山岭、草原、荒地、滩涂除外。国家保障自然资源的合理利用，保护珍贵的动物和植物。禁止任何组织或者个人用任何手段侵占或者破坏自然资源。"这是对有关自然资源利用和保护的规定。第10条规定："一切使用土地的组织和个人必须合理地利用土地。"这是对土地利用的规定。第26条规定："国家保护和改善生活环境和生态环境，防治污染和其他公害。国家组织和鼓励植树造林，保护树木。"这是对环境保护和森林的规定。以上条款，为中国环境保护和可持续发展法制建设奠定了坚实的宪法基础。

（二）基本和主要的部门法已经颁布实施

可持续发展主要涉及环境保护、资源开发利用、能源开发利用和应对气候变化等方面。目前，这些领域的基本法律和主要法律已经颁布实施。

在环境保护方面，1979年制定了《环境保护法（试行）》。环境保护法的颁布使环境保护有了牵头的法律。《环境保护法（试行）》的立法定位是中

---

① 吴邦国：《在形成中国特色社会主义法律体系座谈会上的讲话》，人民网（http：//theory.people.com.cn）。

②╱ 同上。

的环境基本法。所谓环境基本法，也称综合性环境基本法，是指在一国环境法体系内，由国家立法机关制定的、与单项环境法相对应处于最高位阶的，包含国家环境政策、目标、基本原则和基本制度在内的综合性环境保护法律。①1989年，《环境保护法（试行）》结束了10年试行法地位，成为正式的《环境保护法》。该法对污染防治、生态保护等可持续发展的主要方面均作了规定，成为我国可持续发展领域的基本法。2014年，该法进行了修订。

在《环境保护法》的基础上，有关污染防治的立法逐步建立和完善。到目前为止，我国已经制定了《水污染防治法》、《大气污染防治法》、《固体废物污染环境防治法》、《环境噪声污染防治法》、《放射性污染防治法》和《海洋环境保护法》等单行的污染防治法，还制定了《环境影响评价法》等专项环境法。一些法律还进行了修订。这些立法对于防治环境污染，促进环境保护发挥了重要作用。

在自然资源立法方面，我国制定了《土地管理法》、《水法》、《森林法》、《草原法》、《矿产资源法》、《野生动物保护法》、《海域使用管理法》等法律，基本上涵盖了各类主要的自然资源，为各类自然资源的开发、利用和保护提供了基本的法律依据和指引。

在能源立法方面，我国制定了《煤炭法》、《电力法》、《节约能源法》、《可再生能源法》等法律，为传统能源与新能源的开发、利用、节约和保护提供了法律依据。

在其他一些特别领域，国家还制定了《防洪法》、《水土保持法》、《防沙治沙法》、《海岛保护法》、《清洁生产促进法》（2012年2月29日修改）、《循环经济促进法》等法律，审议通过了关于积极应对气候变化的决议。

（三）行政法规和部门规章比较完备

与基本的和主要的部门法相对应相配套，国务院制定了一批行政法规。国务院制定了针对建设项目环境管理、水污染防治、水土保持、化学品安全管理、农药使用管理、电磁辐射防治、野生动物保护、自然保护区、风景名胜区、野生植物保护、植物新品种保护、濒危野生动植物进出口管理、农业转基因生物安全管理、病原微生物实验室生物安全管理等方面的行政法规，对有关法律进行了细化或者补充。

国务院有关环境保护、资源管理、能源等部门，根据法律和行政法规，在本部门职责范围内，制定了大量的部门规章。

---

① 王灿发：《环境法的辉煌、挑战及前瞻》，《政法论坛》2010年第3期。

此外，国家标准化主管部门还颁布了大量与环境保护、资源管理、能源节约等相关的技术标准，其他一些主管部门颁布了不少行业标准，为可持续发展提供了相应的技术支撑。

（四）地方性法规规章不断增多

各个地方根据法律和行政法规，结合本地的实际情况，制定了相应的法规和规章。这些地方性法规和规章，既有综合性的立法，如《重庆市环境保护条例》、《深圳市环境保护条例》、《广西壮族自治区环境保护条例》等，也有专门性的立法，如《北京市节约用水办法》、《甘肃省林业生态环境保护条例》、《大连市循环经济促进条例》、《成都市节约用水管理条例》、《珠海市森林防火条例》等。

地方立法的创造性、科学性和人文性在不断增强。山东省立法机关出台了《山东省南水北调工程沿线区域水污染防治条例》，这是专门针对某项工程的立法，在我国地方立法史上尚属首次，为确保南水北调调水水质提供了法律保障。吉林省为在保护野生动物的同时维护人民群众的合法权益，出台了《吉林省重点保护陆生野生动物造成人身财产损害补偿办法》，规定如遇重点保护野生动物伤人，将由政府"埋单"。这些地方立法在国家立法的基础上进行了有益的探索和尝试，在促进环境保护和可持续发展的同时也充分体现了立法以人为本的思想。

（五）相关立法得到"绿化"

除了上述专门的环境立法外，近年来，我国还在其他领域的法律法规中增加规定环境保护的内容。1997年的《刑法》专列一节规定了破坏环境资源保护罪，并在其他章节规定了环境监管失职罪。《乡镇企业法》有多条规定涉及环境和资源保护，其第35条明确要求："乡镇企业必须遵守有关环境保护的法律、法规，按照国家产业政策，在当地人民政府的统一指导下，采取措施，积极发展无污染、少污染和低资源消耗的企业，切实防治环境污染和生态破坏，保护和改善环境。"《农业法》也专设一章为"农业资源与农业环境保护"，规定"发展农业必须合理利用资源，保护和改善生态环境"（见该法第54条）。2007年3月16日颁布的《物权法》没有采用传统的"物"的概念，突破了"有体物"的范畴，将空间权、资源利用权、取水权等规定为物权类型，将其纳入《物权法》的调整范围，特别明确规定"不动产权利人不得违反国家规定弃置固体废物，排放大气污染物、水污染物、噪声、光、电磁波辐射等有害物质"（见该法第90条）。2009年通过的《侵权责任法》，作为民事基本法，设专章对环境污染侵权问题作出规定，为保护污染受害者的合法权益提供了有力的法律依据。

(六) 积极加入可持续发展国际公约、条约与协定

除了国内立法，国际法也是我国可持续发展法律体系的重要组成部分。截至2010年，我国已参与并签署的有关环境与资源保护的国际条约与协定多达四十多项。[①] 这些国际法律文件包括：《濒危野生动植物物种国际贸易公约》、《世界文化和自然遗产保护公约》、《保护海洋的联合国海洋法公约》、《保护生物多样性的生物多样性公约》、《控制消耗臭氧层物质的蒙特利尔议定书》、《削减温室气体排放的气候变化框架公约和京都协定书》、《控制危险废物越境转移及其处置巴塞尔公约》等。这些国际性文件，是我国参与国际可持续发展事业并为之作出重要贡献的集中体现。

以上六个方面的法制建设，为促进和保障我国经济社会可持续发展乃至全人类的可持续发展事业提供了有力的法律支撑。

二 可持续发展制度不断健全

随着可持续发展法律体系的形成建立，我国可持续发展的制度体系也不断健全和完善。

从关系上讲，法律体系是法律制度的外在表现形式，是制度的体系化和系统化，而法律制度存在于法律体系当中，是法律体系的内容要素。关于可持续发展法律制度的健全，我们从几个具体领域作一简要说明。

我国不断健全综合性可持续发展制度。比如，环境与发展综合决策机制正在逐步形成，国家主体功能区制度不断完善。根据国家"十二五"规划纲要，国家继续实施主体功能区战略，按照全国经济合理布局的要求，规范开发秩序，控制开发强度，形成高效、协调、可持续的国土空间开发格局。对人口密集、开发强度偏高、资源环境负荷过重的部分城市化地区要优化开发。对资源环境承载能力较强、集聚人口和经济条件较好的城市化地区要重点开发。对影响全局生态安全的重点生态功能区要限制大规模、高强度的工业化城镇化开发。对依法设立的各级各类自然文化资源保护区和其他需要特殊保护的区域要禁止开发。基本形成适应主体功能区要求的法律法规、政策和规划体系，完善绩效考核办法和利益补偿机制，引导各地区严格按照主体功能定位推进发展。

在环境保护领域，我国逐步建立健全了若干具体制度，形成了中国特色的环境保护法律制度体系。在环境管理方面的基本制度主要有环境影响评价制

---

① 王灿发：《环境法的辉煌、挑战及前瞻》，《政法论坛》2010年第3期。

度、"三同时"制度、排污收费制度、排污许可证制度、总量控制制度、限期治理制度、政府环境保护责任制度、环境污染突发事件应急预案制度等,基本上覆盖了水污染、大气污染、噪声污染、固体废物污染等各个领域。

在自然资源方面,主要建立了以下两个方面的重要制度。一是自然资源权属制度,包括所有权制度和有偿使用制度。其中,建立了国家对矿藏、水流等重要自然资源的所有权制度,建立了土地的国家所有制和集体所有制,建立了自然资源有偿使用制度,通过有偿使用,开发利用自然资源的单位和个人依法缴纳相应的使用费。二是自然资源许可(证)制度,它是指在从事开发利用自然资源的活动之前,必须向有关管理机关提出申请,经审查批准,发给许可证后,方可进行该活动的一种管理措施,它是自然资源行政许可的法律化,是自然资源保护管理机关进行自然资源保护监督管理的重要手段。此外,还建立了自然资源的回收利用制度、生态补偿制度、档案制度、税收制度等一般性制度。针对一些特殊的自然资源,还建立了专门制度,如用水总量控制制度、能效标识制度等。通过这些制度的建立,有力地促进了自然资源的合理开发、高效利用和节约保护,有效地防治了可持续发展要素的浪费现象。

在生态保护领域,近年来,我国大力推进退耕还林(还草、还牧)、大江大河治理、防沙治沙、集体林权和国有林场改革等举措,初步建立了生态标识设计制度、区域流域生态补偿制度和自然保护区制度等一系列有利于生态治理、恢复和保护的制度。

在循环经济和清洁生产等专门领域,循环经济发展的制度初步形成,有利于减量化、再利用、资源化、清洁发展、安全发展、节约发展、绿色发展的制度正在形成完善之中。这些制度的创新和完善,既调动了企业和公众在可持续发展方面的积极性和主动性,也保障和规范了国家机关促进可持续发展的职能正常行使,为促进可持续发展领域的执法、司法、守法、法律监督和公众参与等奠定了基础。

此外,可持续发展的法律责任制度不断完善,刑事责任不断强化,行政责任日益规范,民事责任更加明确,政府在可持续发展方面的法律责任正逐步走向制度化和规范化。

三 可持续发展执法不断加强

可持续发展的执法,是各级政府和有关部门依照可持续发展领域的法律、法规的规定行使有关职权,从事环境、资源、能源管理的行为,其中包括对违反相关法律的行为实施行政处罚。行政机关不断强化可持续发展领域的执法活动,是我国经济社会又好又快可持续发展的重要保证。

改革开放30多年来,我国不断推进可持续发展领域的执法工作,在执法体制、执法能力和执法力度等方面均取得了显著成绩。

(一) 执法体制方面

在执法体制建设方面,总体而言,在可持续发展的各个领域,包括环境保护、土地、矿产、水、森林、能源等方面,分别建立了纵横统一的监管体制,即纵向由不同层级政府及其职能部门在执法权限上进行分工,横向由主管部门统一负责,相关部门分工负责。

以环境保护执法体制为例。我国在横向上已经形成了环境保护部门统一监督管理,有关部门分工负责的环境保护管理体制;在纵向上已经形成了各级政府和各级部门分级负责的管理体制。我们还可以从国家环境保护主管部门的机构变迁来看待我国环境执法体制的完善。30年前,我国成立了国务院环保领导小组办公室,设在国家建委之下;1982年机构改革,又调整为城乡建设环保部下面的一个环境保护局;1984年,改名为国家环境保护局,隶属建设部;1987年改为独立的国家环境保护局,为直属国务院管理的副部级单位;1998年,国家环境保护总局成立,升为正部级单位;2008年,在大部制改革中,环境保护部成立,成为国务院组成部门。环境保护部的成立,对加强我国环境保护工作,推动经济社会又好又快发展,具有划时代的重要意义。环境保护的理念、战略和工作将更加全面深入地融入经济社会的发展全局,在决策源头形成强大的影响力,在更高层次更为有力地参与综合决策,推动宏观调控,促进发展方式的转变,推进科学发展,为建设生态文明提供强大的动力。

近年来,环保执法体制还进行了以下四个方面的改革:一是加强了中央对地方环境保护工作监管的力度,提高环境保护监管效率。主要的表现是设立了六大区域环境保护督查中心;二是为克服基层执法力量薄弱和执法难的现象,一些地方政府正在按照国务院的要求进行地方环境保护主管部门垂直管理的试点;三是为克服部门利益保护主义,正在强化责任制,如2006年国家环境保护总局和监察部出台了《环境保护违法违纪行为处分暂行规定》;四是按照2005年国务院《关于落实科学发展观加强环境保护的决定》、2007年《节能减排综合性工作方案》的要求,在一些领域建立了部门和区域之间的污染防治领导、节能领导等协调机制。

(二) 执法能力方面

在执法能力方面,加强了国土资源、环保、水利、林业等与可持续发展密切相关领域的队伍和能力建设。健全了监察体制、监测网络和事故应急体系。

提高了执法装备的技术水平，强化了对执法人员的培训和管理，提高了执法人员的素质，建设了一批思想好、作风正、懂业务、会管理的行政执法队伍。

（三）执法力度方面

在执法力度方面，各级政府及其有关部门强化了依法行政意识，加大了执法力度，严格执行环境、资源、能源和涉及经济社会可持续发展的法律法规。

以环境保护执法为例。近年来，环保部和地方各级环保部门对不执行环境影响评价、违反建设项目环境保护设施"三同时"制度（同时设计、同时施工、同时投产使用）、不正常运转治理设施、超标排污、不遵守排污许可证规定、造成重大环境污染事故，在自然保护区内违法开发建设和开展旅游或者违规采矿造成生态破坏等违法行为，进行了重点查处。特别是严格执行环境影响评价和"三同时"制度，对超过污染物总量控制指标、生态破坏严重或者尚未完成生态恢复任务的地区，暂停审批新增污染物排放总量和对生态有较大影响的建设项目；建设项目未履行环评审批程序即擅自开工建设或者擅自投产的，责令其停建或者停产，补办环评手续，并追究有关人员的责任。该举措被社会各界称为"环评风暴"，有力地遏制了环评违法行为，对促进环境保护产生了积极影响。区域限批的成果还在2008年修订的《水污染防治法》中以制度形式得到确认。环保部门还加大了对各类工业开发区的环境监管力度，对达不到环境质量要求的，限期整改。环保部门还加强了部门协调，完善了联合执法机制。

在加强对行政相对人执法力度的同时，各级政府及其职能部门还不断规范自身的执法行为，实行执法责任追究制，问责机制日益完善，从而加强了对执法活动的监督，保障了执法活动的规范化，维护了相对人的合法权益。

四 可持续发展司法日益强化

司法是可持续发展法治建设的重要环节，是推动经济社会可持续发展的不可替代的重要保障力量。在我国，推动可持续发展的司法保障机构主要是检察机关和审判机关。

（一）司法在可持续发展中的特殊功能

司法是社会公平正义的守护神。司法在可持续发展事业中，同样发挥着重要而独特的作用，具体表现如下：

首先，依法追究和惩治污染环境，破坏土地、森林、草原、矿产、生物等各类资源的违法犯罪行为，是刑事司法的重要使命。通过对各类环境资源刑事案件的侦查、公诉和审判，有力地维护国家环境资源能源等领域的管理秩序，促进依法管理。

其次,追究环境污染、生态破坏等侵权行为人的民事责任,确保侵权受害人的人身、财产权益及时得到全面有效的救济,是民事司法的重要职能。通过对环境资源类的侵权案件的调解审判,促进民事纠纷的有效解决,保护受害人的合法权益,维护社会和谐稳定。

最后,通过行政诉讼和反渎职等渠道,支持和监督政府及其有关部门在环境资源保护方面依法正确履行相应的职能,是行政审判和行政检察监督的重要工作。通过行使行政审判权和检察监督权,解决某些行政机关在执法方面的不作为和乱作为等问题,促使各级行政机关依法履行监管职能,切实保护生态环境、促进资源和能源的合理有效利用。

以上是司法在可持续发展事业中的独特功能。在加强可持续发展立法和执法的同时,应当更加重视可持续发展的司法工作。

(二)司法已成为可持续发展的重要保障

改革开放30多年来,党和国家一直高度重视司法对促进和保障可持续发展的作用,法院和检察院等司法机关积极履行为可持续发展保驾护航的司法职责,不断加强司法在可持续发展中的保障作用。

司法手段一直是加强环境保护工作的重要力量。最近连续几年来,《最高人民法院工作报告》和《最高人民检察院工作报告》,对如何运用司法手段支持和保障环境保护事业的发展,都有专门论述和精确分析。

2011年,在民事审判领域,各级法院共审结环境污染损害赔偿案件1883件,推动了一大批环境民事纠纷的解决,有力维护了受害者的人身和财产权益。在行政审判领域,全国法院收案统计显示,各级人民法院审结一审资源类行政案件24928件,同比上升7.36%;环保类行政案件2227件,同比上升19.41%。[1] 这些行政案件的及时审理,全力维护行政相对人的合法权益,监督促进行政机关依法行政,积极引导人民群众合法理性表达利益诉求,有效维护了行政管理秩序和社会和谐稳定。

在刑事审判领域,2009年,各级法院新收环境资源犯罪案件10767件,其中盗伐林木案件3724件,滥伐林木案件3176件,非法占用农用地案件1027件,上述三类案件约占环境资源犯罪案件的4/5(如图2-1所示)。与此同时,重大环境污染案件、非法采矿案件和非法收购、运输、加工、出售国家重点保护植物、国家重点保护植物制品案件增长迅猛,同比分别增长70.00%、

---

[1] 参见《人民法院工作年度报告(2011年)》。

42.14%和38.67%。① 面对环境资源领域犯罪案件上升势头，各级法院精心组织、依法审理、严厉打击，坚决遏制环境资源犯罪的蔓延。

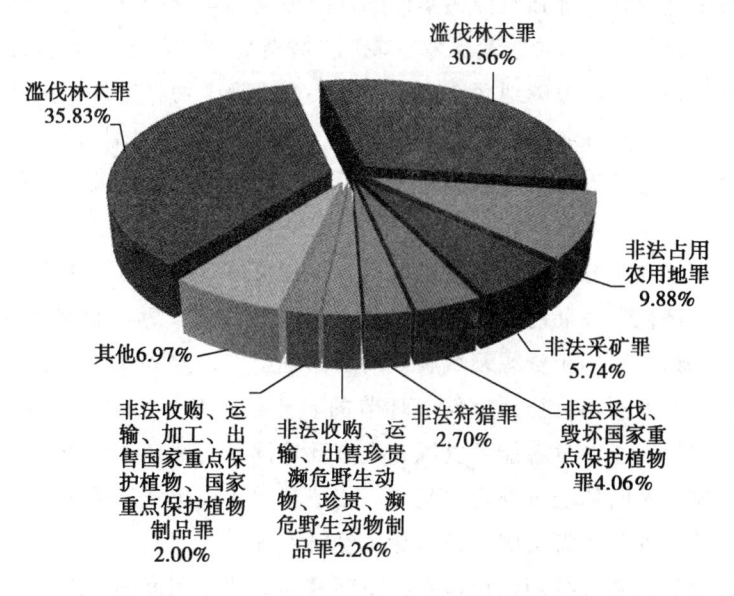

图2-1 2009年人民法院审理一审资源环境类刑事案件情况

数据来源：《人民法院工作年度报告（2009年）》

2009年8月，江苏省盐城市盐都区人民法院以投放危险物质罪判处盐城市"2·20"特大水污染事件被告人胡文标有期徒刑10年。这是人民法院首次对故意违法排放污染物、造成重大环境污染事故发生的被告人，依法以投放危险物质罪追究刑事责任。这一案件对于从严惩治环境资源犯罪，进一步加强对环境资源的司法保护具有重要意义。人民法院通过对环境资源刑事案件的审理，有力地惩治了破坏资源、污染环境的犯罪行为，促进了经济、社会和环境的可持续发展。

2010年，最高人民法院制定了《关于为加快经济发展方式转变提供司法保障和服务的若干意见》，对妥善审理相关案件提出要求，积极为加快转变经济发展方式提供司法保障。特别是依法惩治破坏资源、污染环境的犯罪行为，制定审理油污损害赔偿案件司法解释，探索建立环境公益诉讼制度，推动地方法院设立环保法庭，依法促进生态文明建设。

---

① 参见《人民法院工作年度报告（2009年）》。2010年和2011年的《人民法院工作年度报告》未见对环境资源类刑事案件的专门统计，特此说明。

2011年，最高人民法院重点开展了水资源司法保护专项工作。贯彻实施《关于审理船舶油污损害赔偿纠纷案件若干问题的规定》，完善统一油污损害赔偿纠纷审理规则。加强对油污案件的调处力度和审判指导，妥善处理了杰斯航运"NOBEL"轮、"希尔瓦保罗"轮、"塔斯曼海"轮等一批油污损害赔偿案件，有序指导环渤海湾地区法院积极稳妥受理海上污染案件。探索建立跨行政区域水资源司法保护机制，加快与环保、海洋等行政执法相协调的机制建设。推动环境公益诉讼制度的构建，从诉讼程序上解决水资源司法保护的瓶颈问题。[①]

检察机关在服务经济社会发展大局，保障可持续发展方面也发挥着重要作用。适应经济社会发展的新形势新要求，进一步完善、落实服务大局的措施。会同有关部门开展国土资源领域腐败问题治理工作，立案侦查土地和矿产资源审批出让、开发利用、征地补偿等环节的职务犯罪案件1248件。在近年查办涉农职务犯罪、查办危害能源资源和生态环境渎职犯罪专项工作基础上，建立常态化机制，及时依法查办相关犯罪。依法惩治造成重大环境污染和破坏生态资源的犯罪，保障生态文明建设和绿色经济发展。[②]

可以预见，随着我国法律体系的不断完善和法律制度的不断健全，随着政府依法行政水平的不断提高，随着公众法治意识的不断增强，司法在推动我国经济社会可持续发展方面必将发挥更大作用。

五　可持续发展监督机制不断健全

法律监督又称法制监督，有广义、狭义两种理解。狭义的法律监督是指有关国家机关依照法定职权和程序，对立法、执法和司法活动的合法性进行的监察和督促；广义的法律监督是指由所有的国家机关、社会组织和公民对各种法律活动的合法性所进行的监察和督促。本报告所指的法律监督是指广义的法律监督。需要说明的是，我们所讲的法律监督是对法律实施过程特别是其中违反法律的情况和行为所进行的监督，不包括对立法活动的监督，而只是对法律实施情况的监督。

从监督主体来看，法律监督可以分为三类。一是国家机关的监督。包括国家权力机关、行政机关和司法机关。这种监督是以国家的名义进行的，具有法

[①] 参见《人民法院工作年度报告（2011年）》。

[②] 参见曹建明《最高人民检察院工作报告——2011年3月11日在第十一届全国人民代表大会第四次会议上》。

律强制力，在一国的法律监督体系中处于核心地位。二是社会组织的监督。包括各政党、社会团体、群众组织和企业、事业单位。这种监督不同于国家机关的监督，它不以国家名义进行，不具有法律效力。但是它有组织性、广泛的代表性，因而是监督体系中的重要力量。三是公众的监督。按照人民主权原则，每个公民是政治权利的主体和国家的主人，因而每个人都可以成为监督主体。这种监督广泛、直接而具体，其作用不可忽视，是法律监督体系的基础。

从监督过程或者时间来看，法律监督包括事前监督、事中（日常）监督和事后监督三个阶段的监督，重点是事前和事中（日常）监督。

从法律监督的宗旨与目的来看，应当将国家机关及其公职人员作为重点监督对象。因为历史的经验表明，对民主法治最大的威胁和破坏因素主要不是来自社会团体和公民个人，而是来自公权力的拥有者即国家机关及其公职人员。法律监督是针对公权力的拥有者和运用者而设计的一种防范机制。因此，法律监督的主要客体是国家机关及其公职人员的各种公务活动，即公权力的拥有者与运用者具体操作公权力的行为。当然，在可持续发展领域，对任何主体实施的各种违法行为，包括环境违法行为、土地违法行为、水事违法行为等，均属于法律监督的重要对象。

法律监督机制是法治建设的重要环节，加强对可持续发展领域的监督，是可持续发展法治建设的客观要求和重要工作。目前，我国在政党监督，人大、政协监督，行政监督和社会监督等方面的监督机制正在不断健全和完善。

在政党监督方面，包括中国共产党的监督和民主党派的监督。中国共产党在加强政党监督和权力监督方面，做了一些有益的尝试。中组部在2007年下发的《体现科学发展观要求的地方党政领导班子和领导干部综合考核评价试行办法》中，建立了新的干部考核评价指标体系，将资源消耗、环境与资源保护等方面的统计数据和评价意见列入其中。将可持续发展方面的指标纳入考核评价机制，是我国党政领导干部考核监督机制的重大进步。

在人大监督和政协民主监督方面，全国人大常委会加强了法律实施的监督工作。2007年，《各级人民代表大会常务委员会监督法》（以下简称《监督法》）实施，这是我国社会主义民主法律制度和人大制度发展的重要标志。它对于各级人大常委会依法行使监督职权，健全监督机制，改进监督方式，加强监督工作，增强监督实效，更好地发挥人民代表大会制度的特点和优势，具有重大而深远的意义。此外，全国人大还不定期开展专项执法大检查，推动各级政府采取有力措施，切实落实全国人大审议通过的有关法律和国家节能减排目标的完成。地方各级人大也加强了对环境、资源、能源等可持续发展领域执法的定期检查。全国政协也加大了对可持续发展领域的民主监督工作。

在党纪监督和行政监督方面,各级纪检、监察机关按照中国共产党的纪律检查规定和《行政监察法》、《环境保护违法违纪行为处分暂行规定》等法规规章的要求,督促有关主管部门依法履行职责和查处违法渎职行为。

在社会监督方面,公众、社会团体和新闻媒体等都发挥了重要作用。针对环境问题日益严峻的现实,广大人民群众和社会组织积极参与,检举和揭发各种环境违法行为,推动环境公益诉讼。新闻媒体坚持职业道德,揭露了一批环境违法违纪现象。有关主管部门也为公众的社会监督积极创造有利条件。譬如,在环境保护监督工作中,实行了环境质量公告制度,国家环保部门定期公布各省(区、市)有关环境保护指标,发布城市空气质量等环境信息,及时发布污染事故信息,为公众参与创造了有利条件。国家环保部门还依法要求企业强制性公开有关环境信息,并积极引导企业承担环境社会责任。对涉及公众环境权益的发展规划和建设项目,主管部门通过听证会、论证会或社会公示等形式,广泛听取公众意见,接受社会各方监督。

监督制度的建立和完善,对于促进可持续发展立法和决策的科学性、民主性,督促各级政府和各有关部门依法行政,做好环境保护和资源能源管理工作,监督各级司法机关公正司法,依法开展环境、资源、能源等领域的检察和审判工作,起到了重要的推动作用。

第二节 我国可持续发展法治建设面临的形势与问题

必须清醒地认识到,我国可持续发展法治建设在取得巨大成就的同时,也面临着严峻的形势和挑战,法治建设还存在不少难以适应经济社会可持续发展的问题,需要引起高度重视,并着力加以解决。

一 面临的形势

我国可持续发展法治建设面临的形势是多方面的,在环境、资源、能源和气候变化等领域面临的形势尤为严峻。这些领域,已经成为影响制约我国经济发展方式转变和可持续发展的突出因素。

(一)环境污染

我国环境保护虽然取得积极进展,但环境形势严峻的状况仍然没有改变。《2012年中国环境状况公报》表明,2012年,全国环境质量状况总体保持平稳,但形势依然严峻,面临许多困难和挑战。一是全国水环境质量不容乐观。

长江、黄河、珠江、松花江、淮河、海河、辽河、浙闽片河流、西南诸河和西北诸河十大流域的国控断面中，Ⅰ—Ⅲ类、Ⅳ—Ⅴ类和劣Ⅴ类水质的断面比例分别为68.9%、20.9%和10.2%。珠江流域、西南诸河和西北诸河水质优，长江和浙闽片河流水质良好，黄河、松花江、淮河和辽河为轻度污染，海河为中度污染。在监测的60个湖泊（水库）中，富营养化状态的湖泊（水库）占25.0%，其中，轻度富营养状态和中度富营养状态的湖泊（水库）比例分别为18.3%和6.7%。在198个城市4929个地下水监测点位中，优良、良好、较好水质的监测点比例为42.7%，较差、极差水质的监测点比例为57.3%。二是全国近岸海域水质总体一般。一、二类海水点位比例为69.4%，三、四类海水点位比例为12.0%，劣四类海水点位比例为18.6%。四大海区中，黄海和南海近岸海域水质良好，渤海近岸海域水质一般，东海近岸海域水质极差。9个重要海湾中，黄河口水质优，北部湾水质良好，胶州湾、辽东湾和闽江口水质差，渤海湾、长江口、杭州湾和珠江口水质极差。三是全国城市空气质量执行新标准后达标率降低。2012年，325个地级及以上城市环境空气质量仍执行《环境空气质量标准》（GB3095—1996），据此评价，达标城市比例为91.4%，但执行《环境空气质量标准》（GB3095—2012）后，达标城市比例仅为40.9%；113个环境保护重点城市环境空气质量达标城市比例为88.5%，按环境空气质量新标准评价，达标城市比例仅为23.9%。四是农村环境问题日益显现。随着工业化、城镇化和农业现代化不断推进，农村环境形势严峻。突出表现为工矿污染压力加大，生活污染局部加剧，畜禽养殖污染严重。全国798个村庄的农村环境质量试点监测结果表明，试点村庄空气质量总体较好，农村饮用水源和地表水受到不同程度污染，农村环境保护形势依然严峻。① 此外，近年来，突发性的环境污染事件呈现多发、频发、易发和重发的特点。

总体来说，旧的环境污染尚未消除，新的环境问题接踵而至。发达国家上百年工业化过程中分阶段出现的环境问题，在我国短期内集中出现，呈现结构型、复合型、压缩型的特点。环境污染和生态破坏造成了巨大经济损失，危害群众健康，影响社会稳定和环境安全。未来一段时期内，我国人口将继续增加，经济总量将不断扩大，环境保护面临的压力越来越大。

（二）资源紧张

近年来，随着经济社会快速发展，我国面临的资源形势越来越紧张。自然资源总量有限，总体供需矛盾依然突出，资源破坏现象依然发生，资源利用率

---

① 参见《2012年中国环境状况公报》。

依然不高,资源消耗浪费现象严重,部分战略性资源出口较大,国内保护机制不健全,合理的资源价格形成机制还没有完全建立,资源节约和保护工作任重道远。

以水资源为例。人多水少、水资源时空分布不均是我国的基本国情水情,发展需求与水资源条件之间的矛盾十分突出。目前我国用水总量已经突破6000亿立方米,占水资源可开发利用量的74%,但全国缺水量仍达500多亿立方米,近2/3城市不同程度的缺水。当前我国正处于城镇化、工业化、农业现代化加快发展阶段,人口仍呈增长趋势,粮食主产区、城市和重要经济区、能源基地等用水增长较快,工程性、资源性、水质性缺水长期并存,加之受全球气候变化影响,水资源问题更加突出。[①] 近年来,我国多个地区出现严重干旱,2010年,原本水资源丰富的长江中下游地区出现大旱,西南地区发生特大干旱,多数省区市遭受洪涝灾害。[②] 2011年上半年,长江中下游多个省份先是大旱,紧接着又是洪涝灾害。这些事件的发生,给我国的水资源问题敲响了警钟,对我们加强水资源开发、利用、节约和保护及相关立法工作提出了更高的要求。中共中央国务院《关于加快水利改革发展的决定》明确指出,水资源供需矛盾突出仍然是可持续发展的主要瓶颈。2012年国务院《关于实行最严格水资源管理制度的意见》进一步指出,当前我国水资源面临的形势十分严峻,水资源短缺、水污染严重、水生态环境恶化等问题日益突出,已成为制约经济社会可持续发展的主要瓶颈。

(三) 能源问题

在我国目前的发展阶段,能源结构以煤为主,清洁能源和可再生能源在能源消费结构中所占比重不高,部分能源项目的无序开发和重复建设现象突出,能源利用效率仍然较低,能源需求还将继续增长。国际能源形势风云变幻,对国内能源需求关系也产生了一定的影响。

根据法律规定,能源性矿产资源(包括煤炭、石油、天然气和水等能源资源)属于国家所有,但在这些能源资源的开发利用中普遍存在事实上的地方所有、企业所有等谁占有谁所有的现象,致使国家所有权虚化。国家作为所有权主体既没有从能源开发利用收益中获得足够的回报,又未能很好遏制能源开发利用秩序混乱的局面。

---

① 陈雷:《在全国水资源工作会议上的讲话》,水利部网(http://www.mwr.gov.cn/slzx/slyw/201205/t20120508_320842.html)。

② 参见《中共中央 国务院关于加快水利改革发展的决定》(2010年12月31日)。

过去一段时间以来，国内部分能源产品价格持续走高，涨价后企业增加的成本最终都转嫁到消费者身上，在社会上引起一些不满情绪。所以，在加强能源开发、利用和节约的同时，如何把通过能源涨价增税增加的公共财政返利于民，减轻普通消费者的能源消费压力，促进能源公平，也是今后需要解决的难题。

由于能源使用而带来的气候变化问题以及控制温室气体排放问题所面临的巨大压力和特殊困难，也是我国实现可持续发展的重大制约因素。

（四）气候变化

全球气候变化已是不争的事实。目前国际社会关注的气候变化，主要是指由于人为活动排放温室气体造成大气组成改变，引起以变暖为主要特征的全球气候变化。气候变化是人类社会可持续发展面临的重大挑战。

气候变化导致灾害性气候事件频发，冰川和积雪融化加速，水资源分布失衡，生物多样性受到威胁。气候变化还引起海平面上升，沿海地区遭受洪涝、风暴等自然灾害影响更为严重，小岛屿国家和沿海低洼地带甚至面临被淹没的威胁。气候变化对农、林、牧、渔等经济社会活动都会产生不利影响，加剧疾病传播，威胁经济社会发展和人民群众身体健康。据政府间气候变化专门委员会报告，如果温度升高超过2.5℃，全球所有区域都可能遭受不利影响，发展中国家所受损失尤为严重；如果升温4℃，则可能对全球生态系统带来不可逆的损害，造成全球经济重大损失。

我国人口众多、气候条件复杂、生态环境脆弱，最易遭受气候变化不利影响。气候变化对我国的影响主要集中在农业、水资源、自然生态系统和海岸带等方面，可能导致农业生产不稳定性增加、南方地区洪涝灾害加重、北方地区水资源供需矛盾加剧、森林和草原等生态系统退化、生物灾害频发、生物多样性锐减、台风和风暴潮频发、沿海地带灾害加剧、有关重大工程建设和运营安全受到影响。[①] 2009年和2010年，我国受到了严重的气候灾害侵袭。2009年遭受了夏季高温和冬季多年不遇低温的袭击；2009—2010年，西南地区发生了有气象记录以来最为严重的秋冬春持续特大干旱。2010年入汛后华南、江南地区连遭14轮暴雨袭击；北方和西部地区连遭10轮暴雨袭击；多地高温突破历史极值。气象灾害的异常性、突发性、局地性十分突出，极端气象事件多发偏重，并引发其他严重的自然灾害，造成重大人员伤亡和经济损失。[②]

[①] 参见全国人大常委会《关于积极应对气候变化的决议》（2009年8月28日）。
[②] 参见国家发展改革委《中国应对气候变化政策与行动——2010年度报告》（2010年11月）。

我国作为全球最大的发展中国家,尚未完成工业化和城镇化的历史任务,发展很不平衡。2010年人均国内生产总值刚刚超过2.9万元人民币,按照联合国的贫困标准,还有上亿贫困人口,发展经济、消除贫困、改善民生的任务十分艰巨。① 在这种情况下,适应和应对气候变化面临的压力更大、任务更重。

(五) 我国正处于加快转变经济发展方式的关键时期

当前是全面建设小康社会的关键时期,是深化改革开放、加快转变经济发展方式的攻坚时期。全面建设小康社会,不仅包括经济建设、政治建设、文化建设、社会建设,还包括生态环境建设,使整个社会走上生产发展、生活富裕、生态良好的文明发展道路。

加快转变经济发展方式是我国经济社会领域的一场深刻变革,必须贯穿经济社会发展全过程和各领域。按照国家"十二五"规划纲要的要求,加快转变经济发展方式,必须坚持把建设资源节约型、环境友好型社会作为加快转变经济发展方式的重要着力点。深入贯彻节约资源和保护环境基本国策,节约能源,降低温室气体排放强度,发展循环经济,推广低碳技术,积极应对气候变化,促进经济社会发展与人口资源环境相协调,走可持续发展之路。②

今后,随着经济总量不断扩大和人口继续增加,面对加快转变经济发展方式、全面建设小康社会的客观要求,加强环境保护的压力更大,合理开发利用资源的任务更艰巨,有效利用节约能源的工作更繁重,积极应对气候变化控制温室气体排放的要求更严格。总之,落实科学发展观、加快转变经济发展方式、推动经济又好又快可持续发展面临新的任务。这些,都对我国可持续发展法治建设提出了新的挑战和新的要求。

二 存在的问题

面对环境、资源、能源和气候变化等方面的严峻形势,我国可持续发展法治建设还不能完全顺应和有效应对上述形势,法治建设自身在立法、执法和司法等方面还存在一些问题和不足,需要加以解决和完善。

(一) 立法方面

中国特色社会主义法律体系形成后,如何适应经济社会发展和社会主义民主法制建设的需要,继续加强立法工作,提高立法质量,完善中国特色社会主

---

① 参见国务院新闻办公室《中国应对气候变化的政策与行动(2011)》(2011年11月22日)。
② 参见《国民经济和社会发展第十二个五年规划纲要》。

义法律体系，依然任重道远，是摆在我们面前的一个重大课题。

立法工作任务依然艰巨而繁重。社会实践是法律的基础，法律是实践经验的总结。社会实践永无止境，立法工作也要不断推进。建设中国特色社会主义是一项长期的历史任务，完善中国特色社会主义法律体系也是一项长期的历史任务，必须随着中国特色社会主义实践的发展而发展。更何况中国特色社会主义法律体系本身就不是静止的、封闭的、固定的，而是动态的、开放的、发展的。新形势、新实践、新任务给立法工作提出了新的更高的要求。

这是因为：其一，我国正处在深刻变革的历史进程中，在前进的道路上会遇到这样或那样的新情况新问题，有些是可以预料的，有些是难以预料的，既要解决当前面临的突出问题，又要建立有利于科学发展的体制机制，改革发展稳定的任务依然艰巨，立法工作的任务不会减少，难度也不会降低。其二，我国经济社会发展已进入"十二五"时期，中央提出要牢牢抓住和用好重要战略机遇期，确保科学发展取得新的显著进步，确保转变经济发展方式取得实质性进展，我们的立法工作如何围绕"十二五"时期经济社会发展目标任务，从制度上、法律上推动中央重大决策部署的贯彻落实，有大量工作要做。其三，随着社会主义民主政治的深入发展，人民政治参与积极性不断提高，权利意识越来越强，利益诉求越来越具体，参与立法的愿望越来越高，这对做好立法工作提出了更高的要求。还要看到，我们的法律体系虽然已经形成，但本身并不是完美无瑕的，这当中既有一些现行法律需要修改的问题，也有部分配套法规急需制定的问题，还有个别法律尚未出台的问题，这主要是由于立法条件尚不成熟、各方面的认识不尽一致，需要在实践中继续探索、积累经验。①

立法方面存在的问题主要表现在以下六个方面：②

一是宪法有关规定还不完善。我国《宪法》中仅仅规定了国家的环境保护职责，而没有对公民环境权作出规定。确认和保障环境权，是环境保护的第一项重要任务，也是环境保护的首要目标。《宪法》中没有规定人的环境权，在很大程度上影响了公众的环境权益和国家的可持续发展。

二是有的立法质量还有待提高。有的环境法律缺乏力度，原则性的要求多，明确而有力的规定少，缺乏可操作性。立法时由于部门之间扯皮等原因，

---

① 吴邦国：《在形成中国特色社会主义法律体系座谈会上的讲话》，人民网（http://theory.people.com.cn）。

② 孙佑海：《改革开放以来我国环境立法的基本经验和存在的问题》，《中国地质大学学报》（社会科学版）2008年第4期。

对相当一部分条款不得不做模糊处理,这就导致某些环境法律规定对可持续发展既无大错亦无大用,被人戏称为"豆腐法"。更为重要的是,我国现行可持续发展方面的法律在相当程度上存在着体制、机制与法制相脱节的问题,一些法律在实质内容上既不解决执法的体制和机构设置,也不解决执行法律所需要的经费,又不直接涉及有利于可持续发展的经济政策,就使法律实效大打折扣。

三是存在立法空白,有的重要领域无法可依,可持续发展法治建设的步伐有待加快。在土壤污染、化学物质污染、生态保护、遗传资源、生物安全、臭氧层保护、核安全、环境损害赔偿和环境监测等方面,还没有制定出法律或行政法规;在环境技术规范和标准体系上,也还存在着一定的规范空白。

四是法律修改工作较为迟缓。亟须在科学发展观的指导下,对现行可持续发展法律进行后评估,发现法律存在与当前形势不相适应的问题,抓紧研究修改,以增强法律的实效性。

五是配套法规的制定跟不上法律实施的需要。比如,在已经公布的28部环境资源方面的法律中,授权性规范共计140多条,而目前已经制定出来的配套行政法规和规章加起来尚不足百部,平均完成率不足70%。另外一个突出问题是,很多配套的法规和规章是在法律实施很长时间以后才姗姗出台,而不是与法律同步实施,这显然也不利于法律很好地发挥作用。

六是立法程序的民主化有待进一步提高。一些与人民群众切身利益紧密联系、社会公众关注度较高的立法,吸收社会公众参与立法过程的程度还不高,参加立法听证会的代表的广泛性有待进一步提高。

另外,我国的立法体制也不能完全适应可持续发展的需要,突出表现在立法工作中的"部门立法"色彩浓厚。例如,授权行政主管部门起草草案的做法,造成立法行为各自为政,立法工作成为政府部门之间争权夺利的"主战场"。进而出现立法工作封闭神秘化、部门权力擅自扩张和部门利益法定化、无问责规定和职责虚无化、漠视关联部门和公众的利益、行政强权化和司法救济简单化。[①]

当然,以上所指问题都是可持续发展法治建设工作前进中的问题,这些问题只能通过深化立法工作改革加以解决。随着科学发展观的贯彻落实和法治建设的不断深入,我国立法机关将不断解决这些问题,坚定不移地走中国特色的可持续发展法治建设道路。

---

① 汪劲:《中国环境法治三十年:回顾与反思》,《中国地质大学学报》2009年第5期。

从全国人大及其常委会的角度来看,要充分发挥最高国家权力机关的作用,依法行使国家立法权,加强对立法工作的组织协调,督促有关方面认真研究解决立法中涉及的重大问题,创新立法工作思路,完善立法工作机制,加强立法工作机构和队伍建设,不断提高立法工作的质量和水平。[①]

(二) 执法方面

"徒法不足以自行",法律的生命力在于实施。中国特色社会主义法律体系的形成,总体上解决了有法可依的问题。在这种情况下,有法必依、执法必严、违法必究的问题就显得更为突出、更加紧迫,这也是广大人民群众普遍关注、各方面反映强烈的问题。

近年来,我们重视可持续发展法制建设,加强了环境资源与能源管理。但是,实践中有法不依、执法不严、违法不究的现象还比较普遍,对可持续发展领域违法处罚力度不够,违法成本低、执法成本高、守法成本高。执法管理体制未完全理顺,执法能力较薄弱,部分执法人员的执法行为不规范,对执法活动的监督还不完全到位。一些地方对环境资源与能源方面的监管不力,甚至存在地方保护主义。比如在环境执法领域,有的地方不执行环境标准,违法违规批准严重污染环境的建设项目;有的地方对应该关闭的污染企业下不了决心,动不了手,甚至视而不见、放任自流;还有的地方环境执法受到阻碍,使一些园区和企业环境监管处于失控状态。这种状况不改变,环境污染和资源破坏现象就不可能得到根本治理。

1. 执法体制不顺

与可持续发展密切相关的各个领域,包括环境保护、国土资源管理、水资源管理等,均实行主管部门统一管理和相关部门分工负责相结合的管理体制。这种体制本身具有很多优势,但在实际运行中却存在不少问题。相关部门的"分管"与主管部门的"统管"之间,职责交叉、重叠甚至冲突的情形时有发生,执法部门的正常执法活动还会受到一些产业主管部门甚至政府的不正常干扰。这极大地影响了执法效果。

以环保执法体制为例。目前,环保实行以块为主、条块结合的行政体制,由于人、财、物都属于地方,受制于地方,就不得不听之于地方。作为地方政府的职能部门,环保部门行使权力的首要依据并非法律,而是地方政府首长的意志及其制定的地方政策。地方各级环保局局长"顶得住的坐不

[①] 吴邦国:《在形成中国特色社会主义法律体系座谈会上的讲话》,人民网(http://theory.people.com.cn)。

住"的现象就是现有体制下环保执法困境的真实写照。① 因此，在行政执法中受地方人为因素干扰多，特别是在地方保护的背景下，人为的强制干扰因素就更多。在现行行政体制下，环保部门可谓进退两难，基层环保部门的人财物均属于地方政府任免、控制、支配，因此环保部门对地方政府指令只能言听计从，虽然环保部门是行政执法主体，但环保部门的检查权往往被各类的"土政策"阻挡，责令重污染企业的停产治理或限产治理等建议，常常不被地方政府采纳和批准。② 比如，2010年，安徽蚌埠伊诺华轮胎有限公司在未进行环评的情况下，私自上马了一个锅炉项目。安徽省固镇县环保局执法人员赶去检查，并发现这家企业在缴纳排污费方面存在一些问题，违反了排污费征收相关条例。不料固镇县委组织部突然下发通知，以"影响了发展环境和招商环境"为由，对固镇县环保局6名工作人员予以集体停职。③ 这一事件在社会各界引起轩然大波。环保局检查未经环评违规上马的项目，这种执法精神理应受到表彰。但固镇县反而对合法的执法行为进行打击，这表明了地方党政领导对正常环保执法的不当干预，这种干预的背后，反映了一些地方政府为追求经济发展而罔顾环境的观念，也反映了目前执法体制存在的问题。

2. 执法能力不足

执法人员数量不足、素质不高。以环保执法队伍为例。在四川，环境监察总队仅有三十余人，而实际工作量应该需要100人完成。陕西省蓝田县环保局正式编制只有5人，其余人员则为不具有执法权的工人身份。以上这些还是环保部门的绝对人数，如果排除行政事务性工作人员，执法人员的数量相对来说就更少。④ 除了人员数量不足外，环保部门工作人员的素质也难以保障。很多地方的基层主管部门缺少专业执法人员，或者执法人员的素质较低。四川省有的地方环保部门没有人会使用水污染监测仪器。在辽宁省沈阳市某区，环保局

---

① 汪劲：《中国环境法治三十年：回顾与反思》，《中国地质大学学报》（社会科学版）2009年第5期。

② 邢化峰：《基层环保执法软肋该如何突破？——反思固镇县6位环保官员被集体停职事件》，《环境保护》2010年第13期。

③ 参见邢化峰《基层环保执法软肋该如何突破？——反思固镇县6位环保官员被集体停职事件》，《环境保护》2010年第13期；《"环保执法被停职"暴露权力制约软肋》，新华网（http://news.xinhuanet.com）。

④ 裴敬伟：《中国环境行政的困境与突破》，《中国地质大学学报》（社会科学版）2009年第5期。

工作人员表示,该局懂得环境执法的人员非常少。①

3. 执法投入不足,执法技术水平有限

环境、国土、水利、矿产等领域行政执法的成本是非常高的,除人员经费、办公经费外,最主要的还有技术设备、人员培训等费用,特别是购买各种仪器设备,成本比较大,但如果没有相应仪器设备,行政执法将成为不可能完成的任务。据一项研究表明,环境行政执法的经费与经费预算需求相比,总体缺口40%,其中监督执法经费、仪器设备购置经费、基础设施经费缺额较大,缺口率分别为50.8%、104.5%和146.2%,难以保障各项环保工作的需要。环保部长周生贤也曾多次说到,一些基层环保局的设备甚至连中学实验室都不如,发生污染事故后,环保执法人员只能靠鼻子去闻。如此看来,环境行政执法投入不足,无法配备相应的技术设备,严重制约环境行政执法的效果。

4. 执法力度有限,"违法成本低"现象普遍存在

以环境行政处罚为例。在环境行政处罚实施中,使用最多的手段是罚款,而我国环境保护法律关于罚款的规定,绝大多数采用最高限额制,即规定某种违法行为的最高处罚额度。其中最重的罚款是针对水污染事故的处罚。根据《水污染防治法》第83条的规定,对造成一般或者较大水污染事故的,按照水污染事故造成的直接损失的20%计算罚款;对造成重大或者特大水污染事故的,按照水污染事故造成的直接损失的30%计算罚款。与以前的最高限额处罚相比,按损失比例处罚相对来说处罚力度要大一些,但在实际处罚的过程中,受各方面因素影响,处罚的数额仍然不高。以紫金矿业集团股份有限公司(下称"紫金矿业")重大水污染事故为例。紫金矿业是国内最大的黄金生产企业,有中国第一大金矿之称,位列全球500强。紫金矿业年报显示,公司2009年利润达50亿元。2010年7月3日和7月16日,紫金山金铜矿湿法厂先后两次发生含铜酸性溶液渗漏,造成汀江重大水污染事故,直接经济损失达3187.71万元。事故发生后,福建省环保厅对该环境污染事件开出了中国环境处罚历史上最大一笔罚单,重罚"紫金矿业"956.313万元人民币,并责令其采取治理措施,消除污染,直至治理完成。② 这一处罚与该企业造成的经济损失(姑且不论生态环境损失)相比,明显偏低,而与企业每年的经济收益相比,更是九牛一毛。正是因为行政处罚力度不够,企业在经过损益计算后并不

---

① 裴敬伟:《中国环境行政的困境与突破》,《中国地质大学学报》(社会科学版)2009年第5期。

② 《福建重罚"紫金矿业"近千万 令其消除污染》,中国新闻网(http://www.chinanews.com)。

在乎罚款,所以出现了所谓"违法成本低"现象。

(三) 司法方面

在司法方面,还存在一些与可持续发展的要求不相适应的方面,包括司法观念、司法体制和司法能力建设等。

1. 司法观念方面

有的司法机关和司法工作人员仍然抱着消极司法、被动司法的观念,不能积极主动地通过司法审判工作和检察工作来推动经济社会可持续发展。有的司法机关认为司法工作要为"地方经济保驾护航",不惜牺牲环境利益来促进经济增长,最后演变成为某些环境违法行为"保驾护航",成为违法排污者的"保护伞"。

2. 司法体制方面

在实践层面,司法机关的人、财、物均在很大程度上受制于地方政府,在中国司法机关还不能独立于地方政府的前提下,各级人民法院在受理环境纠纷案件时一定会看政府的脸色或者当事人背景后行事,这也造成大量环境污染被害人或因案件不被法院受理而加入"上访"行列,或因判决不公而不断申冤;更有甚者采用极端手段暴力抗法或者暴力抗污,这些常常为日后群体性事件的爆发埋下了隐患。而所有社会矛盾,不管是否属于司法处理的范畴,最后又都交给司法机关来处理,导致法院不堪重负,不得不采取一些回避措施。《山东省高级人民法院新类型、敏感、疑难案件受理意见(试行)》是最为直白和典型的例子。该意见对新类型、敏感、疑难案件的慎重受理、适时立案、上下协调和统筹兼顾的原则,以及一般不予受理、应当谨慎受理和可以不予受理的不同措辞,将环境纠纷的当事人拒之门外。① 行政处罚案件难以得到有效执行的现象也在一定范围内存在,有些地方的环保部门面临行政处罚案件不能被司法部门受理的尴尬局面。② 这些现象的存在,并不是简单的法院是否立案受理的问题,而是涉及整个社会矛盾的调处机制问题,属于社会系统工程,单靠司法机关是难以从根本上解决问题的。

3. 司法能力建设方面

最大的问题是司法能力不足,司法人员相关专业知识不足。过去法官的来源主要是军转干部、社会考干和调干,进入法院后不能适应审判工作的需要。而即使是科班出身的法学院毕业生,很多也没有专门学习过可持续发展方面的

---

① 张晏:《中国环境司法的现状与未来》,《中国地质大学学报》(社会科学版) 2009 年第 5 期。
② 侯兆晓:《何时不再面对执行尴尬》,《中国环境报》2008 年 11 月 13 日第 3 版。

法律知识。比如，环境资源法作为可持续发展领域最主要的法律部门，在法学教育中就处于边缘地带，很多高校的法学专业均没有将环境资源法学纳入学生必修的课程范畴。这必然影响可持续发展法律知识的普及。

(四) 法律监督方面

除了立法、执法和司法方面存在的问题外，法律监督机制的不畅和薄弱也是影响可持续发展的重要因素。

从整个国家机关的监督体系来看，监督主体和部门很多，但缺乏科学的配合与协调，整个体系难以形成完整的闭合系统，监督机构重叠，监督成本昂贵。

从国家权力机关的监督来看，主要存在以下四个方面的问题：

一是人员配置不够适应。《监督法》第2条第1款规定行使监督权的主体是各级人大常委会。但从目前现状看，作为监督主体的地方人大常委会的力量单薄，人员偏少、年龄偏大，知识结构、专业结构不合理，很难承担监督法赋予的重任。

二是程序执行不够到位。《监督法》的显著特点就是对听取和审议"一府两院"专项工作报告等几项主要监督形式作出了较为严格的程序规定，从而保障人大常委会监督工作有效实施。但在工作实践中，这些程序执行起来难以全部到位，出现部分缺失。比如《监督法》规定的一些时间要求，在实践中往往难以做到。

三是监督体制不够顺畅。目前，影响人大常委会行使监督权的体制性障碍仍然存在，一定程度上制约了《监督法》的有效实施。现实中，"以党代政、党政不分"现象依然存在。有的地方党委、政府共同决策政务事项，联合下发文件。在基层，更是党委直接介入经济社会活动，包揽政府事务，人大无法开展监督。①尤其是在环境保护、国土资源等社会热点领域，人大监督面临的压力更大。

四是监督手段不够完善。尽管《监督法》规定了人大常委会拥有质询、特定问题调查、撤职等刚性监督职权，但现行的主要由党委来选拔、任用、管理干部的体制，使人大常委会难以有效行使；此外，《监督法》硬性规定人大常委会监督情况必须向社会公开。但法律对如何公开、怎样公开，公开是否有范围、有无程序性限制等却没有明文规定，使得公开原则在实践操作中"打了折扣"。诸如执法检查中发现的比较敏感的因执法不到位而导致民生、环保

---

① 万仁余：《关于正确有效实施监督法的几点思考》，中国江西网（http：//fa.jxcn.cn/news）。

受影响的问题,一旦公布,可能引发社会对政府的不满,甚至被引为行政诉讼的证据;若不公布,则人大常委会违法。由此可见,人大的监督工作犹执一把双刃剑。①

从社会监督来看,公众与社会的力量没有充分有效地调动和展现出来。以环保领域为例。一方面,公众参与能力明显不足,法律也未提供完善的制度支持,甚至可能受到政治上的压制,这使得公众无法全面、大胆、深入地参与环保公益事业。相反,本应支持政府的环保参与者最终成为环境污染群体性事件的参与者。另一方面,由于社会监督机制不完善,环保法律实施过程中信息收集和反馈机制不完备,新闻媒体的作用受到现有体制的制约,因此社会监督也未发挥应有的作用。在经济发展的欢声中,我们很少能够看到媒体对违法排污行为的深度曝光或者对不实环境信息予以质疑的报道。②

总之,为了克服上述问题,为了保障可持续发展战略的顺利实施,法治建设还有很多工作需要继续努力。一方面还需要继续制定和完善与环境、资源和能源等相关的法律法规;另一方面要把执法和司法放在更加突出的位置,严格执法和司法,健全权力机关的监督机制。当然,还要加强可持续发展方面的社会监督,提高全社会的守法意识和守法程度。

---

① 李建萍:《贯彻实施监督法存在的问题及解析》,人民网(http://wangqun.people.com.cn)。
② 汪劲:《中国环境法治三十年:回顾与反思》,《中国地质大学学报》(社会科学版)2009年第5期。

第三章

完善可持续发展法治建设的总体思路

第一节 指导思想和基本原则

完善可持续发展法治建设，应当坚持正确的指导思想，遵循在长期的法治建设中已经被证明为科学合理的基本原则。指导思想，主要指坚持以中国特色社会主义理论体系为指导进行环境与资源立法；基本原则，主要指坚持从中国国情和实际出发，坚持以人为本，正确处理经济建设与资源环境的关系，综合运用多种调控手段等。

一 坚持以中国特色社会主义理论体系为指导

中国特色社会主义理论体系，是指导党和人民沿着中国特色社会主义道路实现中华民族伟大复兴的正确理论，是我们党坚持把马克思主义基本原理同中国具体实际结合起来，在推进马克思主义中国化的历史进程中产生的两大理论成果之一。中国特色社会主义理论体系是包括邓小平理论、"三个代表"重要思想以及科学发展观等重大战略思想在内的科学理论体系，系统回答了在中国这样一个十几亿人口的发展中大国建设什么样的社会主义、怎样建设社会主义，建设什么样的党、怎样建设党，实现什么样的发展、怎样发展等一系列重大问题，是对毛泽东思想的继承和发展。①

坚持以中国特色社会主义理论体系为指导，就是在立法、执法和司法等法治建设的各个环节，始终坚持以邓小平理论和"三个代表"重要思想为指导，深入贯彻落实科学发展观，以人为本，完善立法，严格执法，公正司法，有效监督，推动经济社会全面协调可持续发展。这既是我国可持续发展法治建设的宝贵经验之一，也是继续完善可持续发展法治所应当坚持的根本方向。在全面建设小康社会、和谐社会的时代背景下，坚持以中国特色社会主义理论体系为

---

① 胡锦涛：《在庆祝中国共产党成立90周年大会上的讲话》（2011年7月1日）。

指导，最根本的是要坚持以科学发展观为指导。

（一）科学发展观对法治建设的指导作用

科学发展观为法治建设指明了方向。科学发展观强调以人为本，契合了社会主义法治建设的主体性和目的性要求。科学发展观强调全面发展，包括经济、社会、政治、生态和法律等各个领域的发展。科学发展观既能指导法律发展与其他社会现象（领域）的发展，也能指导法律领域内部各部门法的全面发展。科学发展观强调协调发展，对法治建设也具有重要指导意义。法治建设，要求立法、执法、司法、守法、法律监督等各个环节能够有效配合协调合作，要求法律体系内部不同层级规范、同一层级不同规范之间保持内容协调一致，避免规范冲突。科学发展观强调的可持续发展，也是社会主义法治建设追求的重要理念和目标。特别是环境法治建设，更是以经济社会的可持续发展作为其核心价值追求。

科学发展观是衡量法治水平的重要尺度。从科学发展观的内涵来看，它的本质是发展，核心是以人为本，基本要求是全面协调可持续，根本方法是统筹兼顾。这些方面，是衡量立法的民主科学性、执法的合法合理性、司法的公平公正性和法律监督的有效性等法治建设各个方面水平高低的重要尺度。

（二）坚持科学发展观的具体要求

坚持以科学发展观为指导，具体要求如下：

在立法上，坚持党的领导、人民当家作主、依法治国有机统一，紧紧围绕党和国家工作大局依法行使职权，进一步加强和改进立法工作，不断完善中国特色社会主义法律体系，进一步加强和改进监督工作。始终把坚持四项基本原则同坚持改革开放结合起来，把坚持社会主义基本制度同发展市场经济结合起来，把推动经济基础变革同推动上层建筑改革结合起来，把提高效率同促进社会公平结合起来，把促进改革发展同保持社会稳定结合起来，把坚持独立自主同参与经济全球化结合起来，保证我们制定的法律法规有利于巩固和完善社会主义制度，有利于解放和发展社会生产力，有利于发挥社会主义制度的优越性。[①]

在执法上，坚持执政为民，严格执法，忠实履行宪法和法律赋予的职责，保护公民、法人和其他组织的合法权益，提高行政管理效能，降低管理成本，创新管理方式，增强管理透明度；行政立法工作充分反映客观规律和最广大人

[①] 吴邦国：《在形成中国特色社会主义法律体系座谈会上的讲话》，人民网（http://theory.people.com.cn）。

民的根本利益；形成行为规范、运转协调、公正透明、廉洁高效的行政管理体制，建立权责明确、行为规范、监督有效、保障有力的行政执法体制；形成高效、便捷、成本低廉的防范、化解社会矛盾的机制，社会矛盾得到有效防范和化解；行政权力与责任紧密挂钩、与行政权力主体利益彻底脱钩；完善行政监督制度和机制，加强政府的层级监督和专门监督，提高行政监督效能，为促进经济社会全面协调可持续发展创造有力的法治环境。

在司法上，坚持司法为民，公正司法，司法工作始终紧紧围绕经济社会发展大局，坚持忠实履行宪法和法律赋予的职责，扎实推进社会矛盾化解、社会管理创新、公正廉洁执法三项重点工作，加大执法办案力度，深化检察改革和审判改革，加强队伍建设；以人为本、不断强化法律监督、强化自身监督，依法独立公正行使审判权，为建设公正高效权威的社会主义司法制度，完善中国特色社会主义法律体系，维护社会公平正义，促进社会和谐稳定，为推动经济社会全面协调可持续发展提供有力的司法保障。

科学发展观是可持续发展法治建设的指导思想，而可持续发展法治建设，则是贯彻落实科学发展观的法治保障。我国是一个发展中国家，人口众多、资源相对不足、生态环境脆弱，正处于工业化、现代化的过程中，既要通过发展满足人民群众的需要，维护其生存权、发展权，又要切实解决长期存在的经济结构不合理、发展方式粗放、资源利用率低等问题。[①] 要解决这些问题，实现全面协调可持续发展，不仅要求经济发达、生活富裕、文化繁荣，而且要求政治民主、法制健全、社会稳定。只有加强法治建设，逐步实现政治生活、经济生活、社会生活的法治化，创造一个良好的法治环境，才能把科学发展观真正落到实处。

二 坚持从中国国情和实际出发

坚持从我国的国情和实际出发，是加强可持续发展法治建设的客观要求。坚持从中国国情和实际出发，既要立足中国国情，又要积极学习和借鉴国外先进适用经验。

（一）立足中国国情和实际

在可持续发展方面，各国国情的差异性决定了各国可持续发展道路的多样性。因此，各国经济发展走可持续发展之路，必须从本国国情出发，中国的可持续发展及其法治建设概莫能外。那么，可持续发展法治建设如何从中国国情

---

① 参见全国人大常委会《关于积极应对气候变化的决议》（2009年8月28日）。

出发呢？最根本的就是认真研究我国经济社会发展的实际需求，了解各地各部门在适应经济可持续发展、顺应人民群众要求方面采取了哪些措施，其中哪些是卓有成效的，哪些在全国具有共性，从而把它上升为全国性的制度和措施；哪些在地方具有特殊性，则把它作为地方的特殊规定。

以立法工作为例。在立法中，必须始终坚持从我国国情和实际出发，把改革开放和社会主义现代化建设的伟大实践作为立法基础，紧紧围绕经济建设这个中心任务，紧紧围绕全面建设小康社会的奋斗目标，紧紧围绕推动科学发展和促进社会和谐开展立法工作。正确把握改革发展稳定的关系，妥善处理法律稳定性与实践变动性的关系，妥善处理法律前瞻性与可行性的关系，确保立法进程与改革开放和社会主义现代化建设进程相适应。对实践经验比较成熟的、各方面认识也比较一致的，规定得具体一些，增强法律的可操作性。对实践经验尚不成熟但现实中又需要法律进行规范的，先规定得原则一些，为引导实践提供规范和保障，并为深化改革留下空间，待条件成熟后再修改补充。对改革开放中遇到的一些新情况新问题，用法律来规范还不具备条件的，先依照法定权限制定行政法规和地方性法规，先行先试，待取得经验、条件成熟时再制定法律。①

（二）合理借鉴国外先进适用经验

在立足中国国情的同时，我们也应当继续吸收和借鉴国外可持续发展法治建设的成功经验，吸取那些先进适用的有益成分。例如，我国 1979 年制定《环境保护法（试行）》时，其中对建设项目进行环境影响评价的规定就是在一定程度上借鉴了美国等西方发达国家的环境影响评价立法的经验。

当然，在借鉴国外立法经验的过程中，绝不能犯照搬照抄的错误，不能用西方某些国家的法律体系来套中国特色社会主义法律体系。外国法律体系中有的法律，但不符合我国国情和实际的，我们不搞；外国法律体系中没有的法律，但我国现实生活需要的，我们及时制定。有些制度在外国行得通，但不一定适合中国当前的国情，就不能仓促立法，必须通过试点和实践。只有被实践证明科学合理的做法，才能通过法定程序转化为国家的法律制度。

三 正确处理经济建设与资源环境的关系

如何处理经济建设与资源环境的复杂关系，始终贯穿可持续发展法治建设

---

① 吴邦国：《在形成中国特色社会主义法律体系座谈会上的讲话》，人民网（http://theory.people.com.cn）。

的始终。法治实践表明，正确处理资源环境与经济建设之间的关系，在发展中落实保护，在保护中促进发展，坚持节约发展、安全发展、清洁发展，实现可持续的科学发展，既是我国可持续发展法治建设的基本经验，也是继续完善可持续发展法治建设的基本要求之一。

（一）在资源环境立法中遵循生态规律

在市场经济条件下的可持续发展法治建设，应当遵循客观经济规律，但是环境保护、资源节约等可持续发展方面的工作与经济工作毕竟有所不同，完全按照经济规律来办也是不行的，还要注意遵循生态规律。在法治建设中正确处理经济建设与资源环境的关系，关键是要在遵循经济规律的同时遵循生态规律，充分考虑资源环境的约束力和承载能力，确保立法、执法和司法工作符合生态规律和生态文明理念的要求。

以经济发展与环境保护的关系为例。在我国可持续发展的历史进程中，一直有两种截然不同的观点：一种是经济建设优先；另一种是环境保护优先。如何正确处理两者之间的关系，一直是贯穿整个环境法治建设工作的一条主线。

经济发展与环境保护均为人类社会发展过程中的正当利益诉求。在经济发展与环境保护的关系上，我们既不能片面追求经济增长，更不能主张绝对的环境保护优先，而是追求经济发展与环境保护的互助共赢。人类的进步和社会的发展在极大程度上有赖于经济发展，有赖于人们对环境资源的开发利用活动。"确保适度的经济增长……对于人类社会来说是一种至上的命令。"因此，"伴随着生产活动的扩大和自然的开发，总会产生或多或少的自然环境的污染和破坏。特别是在产业技术高度发达的现代"[①]。正是在这个意义上，公害被认为是由社会允许的日常行为所产生的。由是，人们在一定范围内对于环境问题或者公害的忍受有其必要性。这也是侵权法上"忍受限度论"的重要依据。再者，无论是人体本身，还是环境本身，都具有一定的自我调节能力或者自净能力。在通常情况下，都能接受一定程度上的"环境影响"。因此，经济发展的正当性必须得到承认，经济发展所伴随的一定限度内可接受的环境影响需要加以容忍。

多年来，我国一直在根据经济社会发展和环境状况变化，不断优化环境政策，努力加强环境保护工作，以更好地处理和协调环境保护与经济发展的相互关系。总的来看，我国环境立法在环境保护与经济建设的关系协调问题上，可以分为两个阶段：第一个阶段以1989年的《环境保护法》为标志，该法第4

[①] ［日］原田尚彦：《环境法》，于敏译，法律出版社1999年版，第1页。

条规定"环境保护工作同经济建设和社会发展相协调",其实质是经济建设优先于环境保护;第二个阶段以2005年国务院出台的《关于落实科学发展观加强环境保护的决定》为标志,提出"经济社会发展必须与环境保护相协调"。

《关于落实科学发展观加强环境保护的决定》明确指出:"促进地区经济与环境协调发展。各地区要根据资源禀赋、环境容量、生态状况、人口数量以及国家发展规划和产业政策,明确不同区域的功能定位和发展方向,将区域经济规划和环境保护目标有机结合起来。在环境容量有限、自然资源供给不足而经济相对发达的地区实行优化开发,坚持环境优先,大力发展高新技术,优化产业结构,加快产业和产品的升级换代,同时率先完成排污总量削减任务,做到增产减污。在环境仍有一定容量、资源较为丰富、发展潜力较大的地区实行重点开发,加快基础设施建设,科学合理利用环境承载能力,推进工业化和城镇化,同时严格控制污染物排放总量,做到增产不增污。在生态环境脆弱的地区和重要生态功能保护区实行限制开发,在坚持保护优先的前提下,合理选择发展方向,发展特色优势产业,确保生态功能的恢复与保育,逐步恢复生态平衡。在自然保护区和具有特殊保护价值的地区实行禁止开发,依法实施保护,严禁不符合规定的任何开发活动。要认真做好生态功能区划工作,确定不同地区的主导功能,形成各具特色的发展格局。必须依照国家规定对各类开发建设规划进行环境影响评价。对环境有重大影响的决策,应当进行环境影响论证。"①

上述表述与1989年《环境保护法》的规定相比,观念发生了明显的变化,强调经济社会的发展"必须与环境保护相协调",更加突出了环境保护在国民经济和社会发展中的战略地位,更加符合科学发展观的根本要求。

2007年,党的十七大把生态文明作为全面建设小康社会的奋斗目标首次写入党的政治报告,标志着我国环境保护与经济建设之间关系的转变基本完成。这为环境法治建设指明了方向。

又如,2002年的《防沙治沙法》并不要求对所有沙化土地都进行治理,而只是要求治理那些因不合理的人为活动造成了沙化,并且现阶段的技术和经济措施可以保证有效治理的那些沙化土地,这就是在可持续发展法治建设中遵循生态规律原则的具体表现。

(二) 在其他立法中遵循生态规律

为了促进和保障经济可持续发展,不仅需要加强与可持续发展直接相关的

---

① 参见国务院《关于落实科学发展观加强环境保护的决定》。

领域，比如环境保护方面的立法，还需要在制定其他相关法律时增加有利于可持续发展方面的内容。在这个问题上，我们在多年的工作中有教训也有经验。

从教训上看，例如，现行《土地管理法》和《基本农田保护条例》对保护基本农田做了重要规定，但是由于一些法律大力鼓励乡镇企业和重化工业的发展，其中又缺少保护环境的实质内容，结果导致了法律逆向调节的后果。在1998年新《土地管理法》生效后的几年里，经济发展的指标上去了，但耕地保护的目标不仅没有实现，反而出现了一些地方乱占耕地、乱占基本农田、乱建开发区的新高峰。相关法律的逆向调节比起个别环境法律的缺陷，其对环境的不利影响范围更广泛、时间更持久、影响更为恶劣。

我们也有成功的经验。例如，1997年全国人大在修改《刑法》时针对环境资源犯罪行为增加了强有力的刑事制裁条款，对提高全社会的环境意识、打击环境犯罪行为发挥了重要作用。

通过上述分析，总结我国法治建设中在处理经济发展与资源环境关系问题上的经验，我们认为，为了有效地保护和改善生态环境、节约资源能源、促进可持续发展，我们不能仅仅在与可持续发展直接相关的环境资源法律中遵循生态规律，还要在其他法律中遵循生态规律，在内容上规定有利于环境保护、资源节约等有利于可持续发展的内容。

四 坚持注重权利保障

可持续发展领域的法治是整个法治建设的重要组成部分。法治文明的重要标志是权利保障，加强可持续发展法治，要注重权利保障。

(一) 可持续发展法治必须注重权利保障

法治文明，特别是现代法治的基本要求和重要特征在于保障权利。良好的法律即为承认与保障公民（包括法人和其他组织）权利的法律。确立以权利为本位的法治，首先意味着在制定法律的过程中必须最大限度地体现和承认公民权利。正是由于法律对公民权利的确认，才使得这些权利获得神圣不可侵犯的性质，才使得这些权利的获得和行使有了制度和规范的依据，才使得这些权利能够得到国家强制力的保护。当然，这并不意味着是法律创造了公民权利。从权利的存在形态我们可以将之分为三种：应有权利、法定权利和实有权利。一部制定良好的法律意味着应有权利和法定权利最大程度地契合。

资源节约型、环境友好型社会背景下法治建设的重要内容仍然是依法保障公民权利，依法保障公民在可持续发展领域的各项权利。

注重权利保障，首先要明确可持续发展领域公民、法人和其他组织所享有的各项权利。从领域来看，这些权利包括：在环境保护领域，以良好舒适的环境权为核心；在自然资源领域，以各项自然资源物权为核心，如土地使用权、水权、矿业权等；在能源领域，以享有清洁低碳的能源权利为核心；在食品安全领域，以人身安全和健康权为核心；等等。

注重权利保障，还要求立法在确认公民、法人和其他组织所享有的各项权利的同时，合理界定国家权力的范围和边界，规范公权力依法正确行使，防范公权力的滥用和不作为。注重权利保障，还要求立法必须为受到侵害的权利提供及时有效公平的救济机制，包括司法救济、行政救济和社会救济等。

（二）权利保障的本质是保障人权

可持续发展法治注重权利保障，其实质是贯彻落实科学发展观，坚持以人为本。坚持以人为本，就是要依法保障人民群众经济、政治、文化、社会等各项权益。[①] 坚持以人为本、体现人民共同意志、保障人民当家作主、维护人民根本利益，是中国特色社会主义法律体系的应有之义，是加强法治建设、做好立法、执法和司法工作的根本目的，也是可持续发展法治建设的基本要求之一。十一届全国人大五次会议审议通过的《刑事诉讼法修正案》，落实了尊重和保障人权的宪法原则，正确处理了惩罚犯罪与保障人权的关系，完善了侦查、起诉、审判、执行以及特别程序。我国环境与资源法治建设要注重保障人权，将宪法和相关法律规定落到实处。

在可持续发展立法工作中，必须始终坚持把实现好、维护好、发展好最广大人民的根本利益作为出发点和落脚点，无论在立法过程中还是在法律规范上都坚持以人为本，尊重人民主体地位，尊重人民首创精神，从人民的实践创造中汲取智慧，从人民的发展要求中获得动力。正确把握最广大人民根本利益、现阶段群众共同利益、不同群体特殊利益的关系，正确反映和统筹兼顾不同方面群众的利益，着力解决人民最关心最直接最现实的利益问题。正确处理权力与权利、权力与责任的关系，既赋予行政机关、审判机关、检察机关必要的权力，又注意对权力的行使加以规范、制约和监督，切实维护公民、法人和其他组织的合法权益。坚持走群众路线，深入推进科学立法、民主立法，不断扩大公民对立法的有序参与，充分发挥人大代表在立法中的作用，通过公布法律法规草案和举行立法座谈会、论证会、听证会等多种形式，广泛听取各方面意见尤其是基层群众的意见，切实做到集思广益、凝聚共识，使我们制定的法律法

---

① 胡锦涛：《在庆祝中国共产党成立90周年大会上的讲话》（2011年7月1日）。

规充分体现人民群众的共同意愿,增强法律法规贯彻实施的群众基础。①

在执法工作中,必须坚持人与自然和谐发展的方针,合理开发利用自然资源,积极参与国际合作,创造有益于人类生存和持续发展的环境,努力建设资源节约型、环境友好型社会,保障公众环境权益。深入开展整治违法排污企业、保障群众健康专项行动,严厉查处环境违法行为和案件。持续开展环境安全检查,重点排查沿江沿河和人口密集区的石油、化工、冶炼等企业,努力消除环境隐患。加强危险化学品、危险废物、放射性废物监管,防范环境风险。推行政务公开,实行环境保护政策法规、项目审批、案件处理等政务公告公示制度。加强信访工作,充分发挥12369环保热线作用,拓宽和畅通群众举报投诉渠道。②

在促进可持续发展的检察工作中,检察机关必须立足检察职能加强和改进群众工作,努力做到贴近群众、依靠群众、服务群众。比如,在过去的检察工作中,各级检察机关会同有关部门开展国土资源领域腐败问题治理工作,立案侦查土地和矿产资源审批出让、开发利用、征地补偿等环节的职务犯罪案件1248件。在近年查办涉农职务犯罪、查办危害能源资源和生态环境渎职犯罪专项工作基础上,建立常态化机制,及时依法查办相关犯罪。③ 这就是检察机关在可持续发展领域坚持以人为本的具体体现。

在促进可持续发展的司法审判工作中,法院必须始终坚持以人为本、司法为民理念,认真解决立案难、诉讼难、执行难问题,积极回应人民群众对维护自身合法权益的关切和期待。近年来,各级法院依法妥善审理了环境污染、农村土地承包经营、非法占用耕地等一批涉及民生的案件。法院还积极推动建立环境公益诉讼制度。这些都体现了以人为本关注民生的司法理念。

五 坚持法律实施与法律完善相结合

一般来讲,法治建设包括立法、执法、司法、守法和法律监督等基本环节。其中,立法即法律制定环节,执法、司法、守法和法律监督可以统称为法律实施环节。这里的法律制定是广义的,包括法律的修改、废止等立法活动。

---

① 吴邦国:《在形成中国特色社会主义法律体系座谈会上的讲话》,人民网(http://theory.people.com.cn)。
② 参见国务院新闻办公室《国家人权行动计划(2009—2010)》。
③ 参见曹建明《最高人民检察院工作报告——2011年3月11日在第十一届全国人民代表大会第四次会议上》。

（一）完整的法治建设包括法律制定和实施

对于完整的法治建设而言，法律制定和法律实施，二者缺一不可，任何一个环节均不可偏废。先进国家的法治经验表明，完整的法治建设，必然是法律实施与法律制定的全面推进和协调发展。

改革开放30多年来，我国在可持续发展的法治建设中，始终注重加强各个环节的法治建设，推进立法、执法、司法和法律监督工作，努力做到"有法可依、有法必依、执法必严、违法必究"。

在立法方面，全国人大及其常委会、国务院及其有关部门、有立法权的地方人大及其常委会和地方人民政府，分别在各自的权限范围内，依据一定的程序，制定和修改了大量的法律、法规和规章等规范性文件，社会主义法律体系初步形成，为执法和司法提供了有力的法律依据。在执法方面，国家各级行政机关、法律授权、委托的组织及其公职人员在行使行政管理权的过程中，严格依照法定职权和程序，履行相应的职责，贯彻实施法律，依法行政，加强法治政府建设。在司法方面，人民法院和人民检察院等国家司法机关依据法定职权和法定程序，正确应用法律，合法及时处理了大量的案件，确保了司法公正。在守法方面，通过多年普法实践，人民群众的法治观念和法律意识不断增强，遵守法律成为普遍现象，全社会形成了良好的守法氛围。在法律监督方面，各有关机关、政党、社会组织、人民团体和公众，从不同角度和不同方面对法制运行过程进行了监督。

（二）当前国情要求法律实施与法律完善相结合

但是也应当看到，立法、执法、司法和法律监督工作并不是完全同步和均衡的，在一定程度上，30多年来的法治建设一直相对注重把立法工作放在更加突出的位置，努力做到有法可依，而对执法、司法和法律监督的重视则不够。

重视立法有它的道理，因为立法是执法和司法的前提，特别是在改革开放初期整个国家的法制几乎一片空白的特殊背景下，有法可依是有法必依、执法必严、违法必究的前提。没有健全和完善的立法，也就不可能有严格的执法、司法和法律监督。更加突出立法工作，是中国特色社会主义法律体系初步形成的重要原因。

但是，"徒法不足以自行"。完备的可持续发展法治建设，不仅需要一定的立法，同时还需要相应的执法、司法和法律监督。这是科学发展观对法治建设的基本要求。

从实际情况来看，经过30多年的努力，中国特色社会主义法律体系已经初步形成，法律规范已经浩如烟海，社会各个方面和领域已经基本有法可依，今后的立法工作，将从主要填补立法空白转移到主要修订和完善现行法律规定上来。而与立法工作相比，法律的实施情况却相对不尽如人意。实践中有法不依、执法不严、违法不究的现象还很突出。可以说，法律实施与法律制定相比有滞后的倾向，法律实施的相对滞后性，已经不能适应经济社会可持续发展的要求。

因此，在社会主义法律体系初步形成的历史背景下，在"有法可依"已经基本具备的国情条件下，法治建设各个环节应当协调发展、全面推进。在立法相对走到前面、执法和司法相对滞后的背景下，法治建设的政策重心应当逐步转移到执法和司法上来，更加注重法律的落实，注重法律的执行和遵守，注重加强执法、司法和法律监督工作。这应当成为今后加强法治建设的一个基本方向。为此，需要通过加强执法监管、强化司法保障和**充实监督机制**来逐步推动和落实法治建设的重心转移。

当然，将法治建设的重心逐步转移到执法和司法上来，不等于说我国的立法已经相当完备，不再需要完善了。恰恰相反，我国目前只是法律体系已经初步形成，而立法质量还有待进一步提高，法律制度的内容还远未完善，立法技术也需要提高，立法程序还需要更加科学民主。所以，立法工作仍然需要继续加强。只是与以往不同的是，今后的立法重心，应当从制定新法逐步转移到修改和完善已有立法上来，转移到更加注重提高立法质量上来。正是在这个意义上，我们认为，今后的法治建设，应当坚持法律实施与法律完善全面推进协调发展。

六 综合运用法律和其他调整手段

调整社会关系的手段是多种多样的，除法律法规外，还有市场机制、社会习惯、道德规范以及管理经验、科学技术等，并不是法律越多越好，**能够**用其他社会调整手段解决问题的，就不宜也不必通过立法去解决。

同理，在可持续发展领域中，**法律手段**是一种重要的保障手段，但法律手段并不是万能的，也不是唯一的。**法律要有所为**，调整可以由法律规范的社会关系；法律也要有所不为，不适宜由法律规范的社会关系可以交由其他手段调整。所以，需要综合运用法律和行政、经济（市场）和科技等其他多种手段，来推动可持续发展，并把这些手段以法律的形式固定下来，使之具有规范性和稳定性。这也是我国可持续发展法治建设的基本要求之一。

（一）发挥好政府与市场的作用

从历史经验来看，在发挥法律手段作用的同时，我国一直高度重视运用经济等手段来推动可持续发展。2005年制定的《可再生能源法》对促进可再生能源发展规定了一系列经济激励措施。2008年全国人大常委会通过的《循环经济促进法》也专门规定了"激励措施"一章，将有利于循环经济发展的经济措施法律化。这些宝贵的历史经验对以后的相关立法具有重要的启示意义。

在发挥市场机制作用的同时要强化政府职能。在中央作出关于建立社会主义市场经济体制的决定之前，人们一般认为，政府应当运用行政手段推动企业保护环境促进可持续发展。在中央作出关于建立社会主义市场经济体制的决定之后，有相当一些人认为，在社会主义市场经济的条件下就应当主要由市场机制引导企业进行环境保护，政府应当从环保投资的领域中撤出来。这种思想又导致了有些地方在环保问题上出现"政府失灵"的现象，对立法工作也产生了负面影响。

认真总结中央作出建立社会主义市场经济体制的决定以来可持续发展法治建设的历史经验，我们深深地体会到，在市场经济条件下促进经济可持续发展，需要用市场机制引导企业走可持续发展的道路。比如，2005年制定的《可再生能源法》明确要求政府制定有利于可再生能源发展的规划目标、优先上网、全额收购、分类电价、全社会均摊电价等一系列制度措施，就大大推进了可再生能源的开发和利用。同时，要强化政府责任。例如，2008年修订的《水污染防治法》强化了政府对水污染防治实行严格的总量控制制度和排污许可证制度，明确要求地方人民政府对本地的水环境质量负责。

（二）重视科技手段的运用

除了政府和市场手段，还必须重视科技手段在可持续发展中的推动作用，并以法律形式将科技手段的作用确认下来。在这方面，2007年新修订的《节约能源法》第8条规定："国家鼓励、支持节能科学技术的研究、开发、示范和推广，促进节能技术创新与进步。"该法第四章还以专章形式对节能技术进步作出规定，特别是规定了政府发布节能技术政策大纲、制定并公布节能技术、节能产品的推广目录、保证重点投入等多项对节能技术的扶持和激励政策。又如，2008年通过的《循环经济促进法》第7条规定："国家鼓励和支持开展循环经济科学技术的研究、开发和推广，鼓励开展循环经济宣传、教育、科学知识普及和国际合作。"

我国立法上的这些规定，是对法律、行政、经济和科技等多种手段在促进可持续发展方面的作用的肯定和确认，是历史经验的科学总结，今后的可持续发展法治建设必须继续坚持和落实。

总之，完善可持续发展法治建设，最重要的是坚持走中国特色可持续发展法治建设道路，立足社会主义初级阶段的基本国情，坚持生产发展、生活富裕、生态良好的文明发展道路，建设生态文明，建设资源节约型、环境友好型社会，实现速度和结构质量相统一、经济发展与人口资源环境相协调，使人民在良好的生态环境中生产生活，实现经济社会永续发展。

第二节　更加注重提高立法质量

目前，我国社会主义法律体系已经形成，这是一个巨大的成就。但是，我们也应当注意，我们不仅需要一定的立法数量，更需要高质量的可持续发展法律，才能为实现立法目的创造必要的条件。高质量的可持续发展立法要求有一定的管理和处罚力度，而不是一堆含混不清的口号；要求法律中创设的各项制度设计合理，管理者和管理相对人的权利和义务要相一致；要求法律的文字清晰，结构设计科学，各项制度要便于执行和操作；要求法律之间的关系明确，而不是互相矛盾甚至冲突。所以，下一步应当更加注重提高可持续发展法律的立法质量。具体应当从法律体系、法律内容和立法技术等方面加以完善。

一　健全法律体系

在立法体系上，要体现全面、协调、可持续的发展观，一方面是法律体系要全面，立法空白要逐步填补，要建立法律、行政法规、部门规章、地方性法规和地方政府规章等体系完整效力层次分明的规范系统；另一方面是法律体系要协调，不同效力层级之间、同一效力层级之间的法律文件要协调配套，避免发生矛盾冲突。

（一）提高法律体系的完备性

健全法律体系，包括健全国家立法和地方立法。从国家立法的角度来看，一要抓紧配套法规的制定工作。行政法规和地方性法规是对法律的细化和补充，虽然有一些是创制性和先行先试的，但大量的是为法律配套的。行政法规和地方性法规的制定机关应当高度重视、积极配合，按照法律规定的原则，在法规集中清理的基础上，抓紧制定现行法律的配套法规。二要继续做好法律制定工作。为适应经济社会发展的需要，要抓紧研究制定推进转变经济发展方式、保障和改善民生、促进可持续发展等方面的法律。要认真总结行政法规的实施经验，将那些应当用法律规范来调整、立法条件比较成熟、各方面意见比较一致的，及时上升为法律。要抓紧制定土壤污染防治法、环境损害赔偿法等，填补法律空白。

从地方立法的角度来看，要在国家立法的基础上，紧密结合本地区的实际情况，制定有针对性、可操作性强的地方立法和规章，避免对国家立法的照搬照抄和简单模仿。

（二）提高法律体系的协调性

坚持法律体系的协调统一，是加强法制建设、做好立法工作的内在要求。我国是统一的多民族的单一制国家。社会主义法制的统一，是维护国家统一、民族团结、社会稳定，建立统一的现代市场体系的基础。同时，我国地域辽阔，各地经济、文化、社会发展很不平衡，国家又处于深刻变革之中。这一基本国情，决定了国家实行统一而又分层次的立法体制，即在坚持全国人大及其常委会集中行使国家立法权的前提下，赋予国务院制定行政法规、省级人大及其常委会和较大市人大及其常委会制定地方性法规的权限，还赋予经济特区所在地制定经济特区法规的权限和民族自治地方制定自治条例、单行条例的权限。这样做，既维护了社会主义法制统一，又妥善照顾到各地区的特点和差异，充分调动了中央和地方两个积极性；既及时将改革开放中成熟的经验上升为法律，又为深化改革留下空间。必须始终坚持维护宪法作为国家根本法的权威地位，严格依照法定权限、遵循法定程序开展立法工作，在制定法律法规的同时，开展对现行法律法规的集中清理工作，并加强对规范性文件的备案审查，以保证法律、行政法规、地方性法规不同宪法相抵触，保证行政法规不同法律相抵触，保证地方性法规不同法律、行政法规相抵触，保证法律法规的规定之间衔接协调、不相互矛盾，保障社会主义法制的协调统一。

二 完善法律内容

我们的法律体系形成后，应当把更多的精力放到法律的修改完善上来，放到配套法规的制定修改上来，当然还要制定一些新的法律，以适应可持续发展发展的需要，推动中国特色社会主义法律体系的与时俱进和发展完善。

（一）注重法律修订

当前和今后一个时期，要更加注重可持续发展法律的修改完善工作。随着经济社会的深入发展，现行法律的一些规定可能难以适应新形势，甚至可能阻碍经济社会的可持续发展，需要及时修改完善。有的法律规定，当时搞得比较原则，实施一段时间后，经验不断积累，认识不断深化，有条件修改得更具体明确一些、操作性更强一些。还有，不同时期制定的法律所调整的社会关系可能相同或相近，需要在通盘研究的基础上对这些法律进行整合。因此，我们要高度重视法律的修改完善工作，这既是完善法律体系的内在要求，也是今后一个时期立法工作的重要任务。

(二) 完善相关制度

为贯彻落实科学发展观，目前有些重要的法律制度应当抓紧建立或完善。

完善健全有关可持续发展的各项具体制度，包括现行的各项环境管理制度、自然资源权属管理制度、资源有偿使用制度、产权流转制度、节约保护制度等。还包括加强生态补偿、产业名录、激励扶持和有关技术标准规范等强制性或引导性制度的建设。这些工作涉及环境保护、自然资源管理、产业政策等领域，需要环境法、自然资源法、民法、经济法和行政法等诸多法律部门的共同合作，需要国家立法和地方立法的协同推进，需要法律与政策的合理配套。

(三) 强化法律责任

在可持续发展领域，长期存在"违法成本低、执法成本高和守法成本高"的现象。要消除这一现象，必须进一步强化法律责任。一方面是加重行政违法的法律责任，比如增加罚款额度，并且加大违法行为的行政处罚力度，严肃查处违法行为；另一方面是强化民事赔偿的法律约束力，立法应当扩大对受害损失的救济范围，司法应当提供更为全面充分的救济机制。另外，还要加大对环境资源犯罪行为的刑事制裁力度。

三 提高立法技术

(一) 处理好立法的必要性与可行性的关系

正确处理好可持续发展法治建设的必要性与实施可行性的关系。在可持续发展法治建设实践中，对有立法必要性、也有实施可行性的，大力支持进行立法；对于那些虽然具有立法的必要性，但一时不具备建立法律制度条件的，就暂时不宜写进法律。因为做不到的强行写进去，反而不利于保障法律的实施和树立法律的权威。下一步的工作是，某些具备了立法条件并且有利于可持续发展的重要措施，应当及时写进法律之中，从而保障经济社会的可持续发展。

(二) 保持法律稳定性的同时注重与时俱进

协调处理好可持续发展法治建设中改革的变动性与法律的相对稳定性之间的关系，也是可持续发展法治建设的经验之一。维护可持续发展法律的稳定性是由法律的性质、地位和作用决定的，与一般的规范性文件相比，法律具有规范性、引导性、稳定性、强制性等特点。法律的稳定性，关键在于立法的科学性和正确性，在于得到广大人民的拥护。我国立法机关在立法过程中，坚持科学立法、民主立法，总是将立法方案不断地征求社会各界的意见，进行反复研究和论证。

同时，可持续发展法律的稳定性和与时俱进是在社会实践中统一起来的，在保持稳定中与时俱进，在与时俱进中保持稳定。我国经济社会又好又快可持续发展的实践有了进步，有了发展，就要求法律作出相应的变革，就要及时修改与经济社会发展不相适应的法律规定。修改法律应遵循以下三点：一是改革要遵守法律，法律要为改革服务；二是侧重修改那些妨碍可持续发展的条款；三是通过可持续发展法律的修改，进一步增强法律的权威性。

（三）防止立法中的部门利益和地方保护主义

在我国，部门立法是立法工作中的普遍现象。部门立法有利于调动各部门开展立法工作的积极性，但同时也容易滋生立法部门利益。近年来，我国可持续发展法治建设之所以取得了重大进展，除了发挥国务院有关部门的作用之外，充分发挥人大专门委员会的作用以避免部门立法的缺陷是一条成功的经验。

在人大的立法工作中，要努力防止立法中的部门利益和地方保护主义。防止有些政府部门借法律之名来巩固部门利益，获取不当执法权，获得相应的机构设置权和财权。也防止有些地方为了保护本地经济利益，不适当地运用地方立法等手段，支持经济的不合理发展。

四 完善立法程序

除了上述对立法体系、立法内容和立法技术的注重以外，在立法程序上，也必须注意立法的民主化、科学化。充分发挥公众参与在可持续发展法治建设中的作用，保证可持续发展法治建设的民主性和科学性。

（一）做好立法规划

完善立法程序，首先必须做好立法规划。在立法规划方面，要在立法统筹的基础上优先安排有利于科学发展的立法规划。优先制定有利于科学发展的立法，既是科学发展观的要求，也是实现经济社会可持续发展的保障。

今后，国家立法规划应当向可持续发展领域的立法倾斜，重点加强节约资源能源、保护生态环境、应对气候变化等方面的立法。

（二）科学立法、民主立法

在完善立法程序方面，必须继续深入推进科学立法、民主立法，这不仅是人民当家作主的重要体现，也是提高立法质量的重要途径。中国特色社会主义法律体系的形成过程，是科学立法、民主立法不断深化的过程，是发扬社会主义民主的集中体现。改革开放初期,无法可依的问题相当突出,我们提出"有比没有好""快搞比慢搞好",这是必要的,也是合理的。即使在这样的情况下,我们始终强调立法要坚持走群众路线,充分发扬民主,成熟一个就制定一个。30多年来,我们在科学立法、民主立法方面积累了许多有益经验,对提高立法质量发挥了十分重要的作用。我们要认真总结实践经验,深入推进科学立法、民主立法,着力提高立法质量,不断完善中国特色社会主义法律体系。

要积极探索公众有序参与立法的途径和形式,充分发挥听证会、论证会、座谈会的作用,广泛征求社会各方面尤其是基层群众的意见和建议,认真听取专家学者的意见和建议,努力提高立法调研的针对性和实效性,不断完善公布法律草案的工作机制,建立健全采纳公众意见的反馈机制,积极回应社会关切,切实增强公众参与立法的实效,使立法过程成为普法过程。要完善人大代表参与立法的工作机制,把办理代表议案建议同制定修改法律结合起来,把邀请代表参与常委会活动同提高法律草案起草和审议质量结合起来,认真研究吸收代表提出的意见和建议,充分发挥人大代表在立法中的作用。要不断完善法律草案起草过程中的沟通协调机制,充分发挥法律委员会统一审议和专门委员会审议的作用,调动各方面的积极性,共同做好立法工作。要科学合理地确定立法项目,建立健全立法项目论证制度。要不断提高法律草案审议质量,对于法律关系比较复杂、分歧意见较大的法律草案,采取积极慎重的态度,需要调研的深入调研,需要协商的反复协商,需要论证的充分论证,在各方面基本取得共识后再提请表决。要完善立法技术,统一法律的体例、结构、用语,使法律规定更加准确、精练、规范。①

在立法程序上,体现"以人为本",提高公众参与程度。立法"以人为本",不仅是指立法目的要以保护最广大人民的根本利益为出发点和落脚点,还包括在立法程序上要充分发扬民主,提高公众参与立法的程度。在立法过程中,坚持发扬民主,集中民智,反映民意。在提出法律草案和行政法规草案、地方性法规草案时,通过召开座谈会、论证会、听证会等多种形式,广泛听取各方面意见,增强立法的透明度和公众参与度。关系公众切身利益或者涉及需要设立普遍的公民义务的法律、法规草案,还要在新闻媒体上全文公布,征求全体人民的意见。法律、法规通过后,及时在各级人大及政府公报、政府网

---

① 吴邦国:《在形成中国特色社会主义法律体系座谈会上的讲话》,人民网(http://theory.people.com.cn)。

站、公众媒体上公开刊登。

(三) 通过监督检查和立法后评估推动立法完善

通过可持续发展法律实施情况的监督检查及时发现法律执行中存在的问题，并根据实施中人们的要求找出解决问题的立法方案，是完善立法的重要举措。例如，《固体废物污染环境防治法》的修改就是2003年"SARS"疫情后，全国人大常委会执法检查组在执法检查中发现了医疗垃圾、医疗污水将会成为重要传染源的问题，因此，将医疗垃圾的处理作为《固体废物污染环境防治法》修改的一项重要内容。这提醒我们，要善于通过法律监督检查发现问题、完善立法。

立法后评估，是指有关机构根据一定的标准，对已经颁布实施的法律、法规的实施效果、总体质量和基本价值进行评价，并将评价的结论作为法律、法规进一步修改完善的重要依据。这种评价主要关注的是法律、法规本身的内容和形式，是对法律、法规的基本价值所做的理性判断，因此，是对立法工作和立法质量的检验。今后，要在总结经验的基础上，积极开展立法后评估工作，通过多种形式，对法律制度的科学性、法律规定的可操作性、法律执行的有效性等作出客观评价，为修改完善法律、改进立法工作提供重要依据。

另外，还应当加强法律解释以及法律清理等工作。对法律规定需要进一步明确具体含义的、法律制定后出现新情况需要明确适用法律依据的，可以通过及时作出立法解释，赋予法律条文更加准确、更具针对性的内涵，这也是保证法律有效实施的重要工作。

第三节　更加突出执法司法工作

更加突出执法和司法工作，是坚持立法、执法、司法和法律监督同步推进协调发展的必然要求，是推动法治建设重心从法律制定到法律实施转变的具体体现。

一　加强执法监管

(一) 强化地方政府的可持续发展责任

可持续发展事业是一项全局性的事业。整个国家的可持续发展，有赖于各个地方的可持续发展。地方实现可持续发展的根本保障在于地方政府。因此，应当明确和强化地方在可持续发展中的法律责任，以促进可持续发展各项法律制度的实施。从实践来看，可持续发展各项制度实施中的问题有很多是来自地方政府不合理的干预，地方政府作为一定区域的全部事务的管理者，管理地方经济、政策、社会、文化等各种事务，在行政管理过程中会存在优先目标，为实现其中某一个目标而选择放弃其他目标。在经济发展与环境保护之间就明显存在此问题，很多地方政府在经济发展和环境保护难以协调之时，通常放弃环境保护。地方政府往往把自身的利益凌驾于整个国家和社会利益之上，当本地利益与国家利益和社会利益发生冲突的时候不惜牺牲后者，中央政府政令难以在地方政府得到有效贯彻，使得中央政府权威下降，这是地方政府对中央政府不负责任的表现，更是对当地群众和子孙后代不负责任的表现。

为此，应当从立法上建立地方政府的可持续发展责任制，从体制上完善对地方政府领导班子及领导干部的政绩考核机制，将可持续发展的各项要求分解为若干具体指标，纳入对地方政府领导班子及领导干部的政绩考核评价体系当中。考核工作应当充分体现科学发展观和正确政绩观的要求。坚持发展为第一要义，以人为本为核心，全面协调可持续为基本要求，统筹兼顾为根本方法，既注重考核发展速度，又注重考核发展方式、发展质量；既注重考核经济建设情况，又注重考核经济社会协调发展、人与自然和谐发展的实际成效。同时，强化考核的约束力，根据不同考核结果，进行批评教育、诫勉谈话、督促整改和组织调整；对因工作失职造成严重后果或者廉洁自律存在问题的，要依法依纪处理。①

（二）理顺可持续发展的执法监管体制

可持续发展法治建设涉及众多的执法部门，包括环保、水利、土地、林业、矿产资源、气候变化、食品安全等诸多领域。在这些领域，相关立法已经建立了主管部门统一监管、相关部门协同监管的执法监管体制。比如，根据《水法》规定，水行政主管部门负责水资源的统一管理和监督工作，有关部门按照职责分工，负责水资源开发、利用、节约和保护的有关工作。这种条块结合的统一监管和协同监管的执法体制在总体上能够适应执法工作的需要，但也存在一些职能交叉重叠或矛盾冲突的地方，需要进一步理顺。

理顺执法监管体制应当坚持行政执法统一、效能的原则，坚持遵循可持续发展的生态规律，尊重和体现生态系统（环境、资源诸要素）的整体性和一体性。以上述原则为指导，完善可持续发展各领域的执法监管体制。

理顺执法监管体制，首先要完善体现生态系统整体性要求的统一执法体制。以水资源管理为例，目前我国水资源管理存在"九龙治水"的状况，多

---

① 参见《中共中央办公厅印发〈关于建立促进科学发展的党政领导班子和领导干部考核评价机制的意见〉的通知》。

个部门分别管理水资源。应当改革水资源分割管理的体制,坚持"水务一体化"和"水资源综合管理"的原则,实行地表水与地下水统一管理,城市水资源与农村水资源统一管理,水量与水质统一管理,以提高水资源执法效能,促进水资源合理开发利用和有效节约保护。

理顺执法监管体制的另一项重要工作是完善执法协调机制。对此,必须明确各级协调主体及其在行政执法协调工作中的职责、权限、任务和责任,制定统一的行政执法协调规则和程序;形成包括各级政府及其所属部门的具体行政执法协调规则和程序在内的制度体系;对部门之间以及权力之间的执法衔接问题,进行全面摸底,在此基础上分别提出具体的衔接办法,逐步理顺和完善;重点抓好信息共享、案件移交等执法保障制度的建立与完善。① 通过上述工作,促进可持续发展执法体制的协调运行。

(三) 提高可持续发展的行政执法能力

促进经济社会可持续发展是一项艰巨而复杂的战略任务,需要有综合素质高、执法能力强的执法人员作为队伍保障。从当前执法面临的新形势和实际情况来看,加强水利、环保、土地、矿产资源等方面的执法队伍能力建设非常重要。特别是执法队伍相对更为弱小的环保部门。环保部门作为应对环境问题恶化而产生的一个新兴部门,其人员不足具有一定的历史原因,面对环境违法增长态势而言,增加环境行政执法人员的数量势在必行。同时对工作人员的教育和培训尤为重要,环境行政执法的科学技术性和法律应用性都比较强,执行力的提高有赖于工作人员素质的提高。② 总之,要通过学习、培训和交流,不断提高各相关部门执法人员的行政执法能力,为促进可持续发展执法提供队伍保障。

(四) 丰富可持续发展的行政执法措施

加强可持续发展执法,还要求丰富和完善执法措施。在实现合法合理行政处罚的同时,应注意多种手段的运用。行政处罚作为传统"命令—控制"型行政管理手段,其体系的设置应更加科学合理,以期能有效遏制行政违法行为。同时还应注意到,行政管理的手段在 20 世纪中后期发生了较大的变革,相对于传统的行政管理手段,现代行政管理手段的权力性、强制性色彩减弱,

---

① 周继东、鲁安东:《行政执法协调机制问题研究》,国务院法制办网站 (http://www.chinalaw.gov.cn)。

② 裴敬伟:《中国环境行政的困境与突破》,《中国地质大学学报》(社会科学版) 2009 年第 5 期。

而越来越多地体现出民主、协商的品格,体现出行政主体与行政相对人相互合作的精神。在环境行政方面,也出现了相同的趋势。传统的环境行政手段在现代社会中出现了疲软的态势,而各种新型的"市场手段"逐渐登场,如排污权交易、绿色贷款、环境保护合同等都可以成为环境行政执法的助推器,使环境行政执法不再仅仅依赖于处罚。多种手段的应用将有利于促进企业自觉做好环境保护工作。

(五)加大可持续发展的执法力度

要实现科学发展、可持续发展,必须加大执法力度,严格执法,切实扭转目前存在的"违法成本低、守法成本高、执法成本高"现象。

加大执法力度,严格执法监管,至少包括以下两层含义:

一是对执法主体而言,应规范执法行为。严格按照法定程序行使权力、履行职责。行政机关作出对行政管理相对人、利害关系人不利的行政决定之前,应当告知行政管理相对人、利害关系人,并给予其陈述和申辩的机会;作出行政决定后,应当告知行政管理相对人依法享有申请行政复议或者提起行政诉讼的权利。对重大事项,行政管理相对人、利害关系人依法要求听证的,行政机关应当组织听证。行政机关行使自由裁量权的,应当在行政决定中说明理由。

二是对执法相对人而言,应严格法律责任。包括从性质上和数额上提高行政处罚的标准,在总结部门立法按日计罚、按次计罚和单位与个人一并处罚制度实施经验的基础上,进一步扩大这些有效处罚制度的适用领域和范围。另外,完善"代执行"和法院强制执行等制度。

二 强化司法保障

在完善立法、加强执法的同时,还应当进一步强化司法保障。司法是化解社会矛盾、促进法律实施的重要保障。为可持续发展提供有力的司法保障,既是司法机关面临的重大课题,更是事关经济社会可持续发展、党和国家事业发展全局、需要司法机关着力解决好的重大问题。

对于司法机关特别是法院而言,强化司法保障,需要在以下方面坚持和完善。

(一)坚持司法为民科学发展的司法理念

深入推进社会矛盾化解,促进公正廉洁司法,必须坚持以人为本、全面协调可持续发展,依法保障人民群众在经济社会可持续发展中的各项权利,形成依法有序表达诉求、及时有效解决问题的司法环境,让人民群众共享发展成果,把发展成果更多地落实到保障和改善民生上,不侵犯人民群众的合法权益，从而在源头上预防和减少社会矛盾的发生。

在经济社会发展的一定时期，土地、环保、矿产资源等领域的违法和群体性事件相对集中爆发，司法机关面临的工作压力相应加大。这些事件背后反映的大多是因利益诉求而引起的人民内部矛盾，是改革发展过程中的问题。这就决定了司法工作必须更多地用教育疏导、解决实际问题的方法来化解，通过完善司法体制机制，促进案结事了，切实维护人民群众的合法权益。

坚持司法为民科学发展的司法理念，还必须破除片面追求经济增长的观念，破除重经济轻环保的错误认识，改变司法消极主义倾向，切实贯彻落实科学发展的理念，增强能动司法观念，认真执行最高人民法院《关于为加快经济发展方式转变提供司法保障和服务的若干意见》，① 通过审理资源环境类民事、行政和刑事案件，为加快经济发展方式转变提供有力的司法保障和服务。

（二）完善调解机制

调解是一种重要的纠纷解决机制。调解的主体非常广泛，可能是国家专门设立的人民调解机构，也可能是双方协商选定的其他主体，还可能是行政主管部门或者提供司法救济的法院等。在当前建设和谐社会的背景下，还形成了人民调解、行政调解和司法调解整合和联动的所谓"大调解"机制。② 在可持续发展法治建设中，调解也发挥着非常重要的作用。无论是进入司法程序的纠纷，还是没有进入司法程序的纠纷，都可以通过调解加以解决。

完善调解机制，应当根据中央要求，健全党和政府主导的维护群众权益机制，深入开展社会矛盾"大排查"，完善人民调解、行政调解、司法调解三位一体的"大调解"工作体系，把资源环境等可持续发展领域的调解队伍建设好，把各方面力量调动好，形成依靠党政组织、行业组织、群众自治组织，共同及时有效化解社会矛盾的机制。司法机关要树立调解也是司法的观念，从政策机制上把调解优先原则贯穿于司法工作中，努力实现案结事了。

完善调解机制，对于法院而言，要进一步健全和规范调解工作规则，充分发挥调解解决纠纷的优势，切实保障当事人的诉讼权利。法院应当提供适当的场所为当事人调解创造良好环境。诉讼调解以当事人自愿为原则，不得强制调

---

① 具体内容可参见《最高人民法院印发〈关于为加快经济发展方式转变提供司法保障和服务的若干意见〉的通知》。

② 相关研究可参见，苏力：《关于能动司法与大调解》，《中国法学》2010 年第 1 期；左卫民：《探寻纠纷解决的新模式——以四川"大调解"模式为关注点》，《法律适用》2010 年第 1 期；吴英姿：《"大调解"的功能及限度：纠纷解决的制度供给与社会自治》，《中外法学》2008 年第 2 期；章武生：《论中国大调解机制的构建——兼析大调解与 ADR 的关系》，《法商研究》2007 年第 6 期。

解,不得以判压调,也不得以调解拖延办案。调解应当严格按照法律规定的程序进行,调解协议内容应当合法,不得违反法律、行政法规的禁止性规定,不得侵害国家、社会公共利益或者他人的合法权益。民事诉讼过程中,调解可以在任何一个阶段进行,法院不得以调审分离拒绝当事人进行调解的正当请求。法院可以邀请人民陪审员以及其他具有专门知识或者特定社会经验,有利于调解的组织或者人员协助调解工作。当事人达成的调解协议,超出当事人诉讼请求范围的,只要不违反法律、行政法规的禁止性规定,不侵害国家、社会公共利益或者他人合法权益,法院审查后可以依据调解协议制作调解书。

(三) 有效实施公益诉讼制度

环境保护、资源保护、食品安全等可持续发展领域,事关社会公益,是最普惠的公共产品。而公益往往具有易受损性,其利益代表模糊,救济动力不足。按照有关法律和司法解释要求,积极发挥公益诉讼制度的独特作用,是司法保障可持续发展的重要体现。

近年来,我国积极探索资源环境领域的公益诉讼,并在实践基础上逐步建立和完善公益诉讼制度。1999年《海洋环境保护法》第90条规定:"对破坏海洋生态、海洋水产资源、海洋保护区,给国家造成重大损失的,由依照本法规定行使海洋环境监督管理权的部门代表国家对责任者提出损害赔偿要求。"这里的海洋环境监督部门提起的诉讼,本质上属于公益诉讼。2006年,国务院《关于进一步加强环境保护工作的决定》提出研究建立环境公益诉讼制度。2009年,最高人民法院《关于为加快经济发展方式转变提供司法保障和服务的若干意见》指出,依法受理环境保护行政部门代表国家提起的环境污染损害赔偿纠纷案件,这表明最高人民法院对环保部门提起环境公益诉讼的支持。

2012年,公益诉讼制度有了突破性进展。新修订的《民事诉讼法》在第55条规定:"对污染环境、侵害众多消费者合法权益等损害社会公共利益的行为,法律规定的机关和有关组织可以向人民法院提起诉讼。"该条不仅明确了公益诉讼的民事诉讼类型,还规定了公益诉讼的受案范围,界定了公益诉讼的起诉主体。上述规定,解决了制约公益诉讼发展的突出瓶颈问题,为有关主体提起公益诉讼、维护社会公益提供了基本法律依据。

2014年,在《民事诉讼法》的基础上,新修订的《环境保护法》进一步完善了环境公益诉讼制度。该法第58条对环境公益诉讼的起诉主体资格作了进一步明确,即:依法在设区的市级以上人民政府民政部门登记、专门从事环境保护公益活动连续五年以上且无违法记录的社会组织,可以提起环境公益诉讼,人民法院应当依法受理。新《环境保护法》对公益诉讼主体资格的明确,进一步畅通了社会组织提起环境保护公益诉讼的法律渠道。

2015年年初，最高人民法院发布《关于审理环境民事公益诉讼案件适用法律若干问题的解释》，并联合民政部、环保部发布《关于贯彻实施环境民事公益诉讼制度的通知》。这两个重要文件，对环境民事公益诉讼的主体条件、案件管辖、诉讼程序、与相关诉讼的关系、相关部门的协调协作等一系列事项作出了更为具体明确的规定。

上述法律、司法解释及相关文件，为有关组织提起公益诉讼特别是环境领域的民事公益诉讼提供了有力的法律政策支撑，为发挥司法手段在可持续发展事业中的重要作用提供了制度保障。在今后的司法实践中，有关组织可以积极运用公益诉讼手段，对环境资源领域的违法行为提起诉讼，依法保护生态环境。人民法院、环保等有关部门也应当认真落实相关法律和司法解释，畅通公益诉讼渠道，为社会组织提起相关公益诉讼创造有利条件，提供必要支持。下一步，还应当对检察机关、有关行政主管部门等机关提起公益诉讼作出更加具体的规定，进一步拓宽公益诉讼的主体。同时，还需要积极研究建立行政公益诉讼制度，督促有关行政主管部门依法履行法定职责。通过这些措施，进一步健全和落实公益诉讼制度，为推动可持续发展、维护资源环境领域公共利益提供更有力的司法保障。

（四）完善法律援助和司法救助机制

在可持续发展领域，受长期片面经济增长观念的影响，有关方面对于环境资源的保护重视不够，导致损害人民群众环境权益、财产权益和人身权益的案件时有发生。特别是在环境保护领域，因污染而导致群众人身、财产权益受损的问题较为突出，严重影响了人民群众对可持续发展成果的共享。在这些领域完善和切实执行法律援助和司法救助机制非常有必要。

目前，我国在《民事诉讼法》、《环境保护法》、《水污染防治法》等立法中已经建立了对受害者的法律援助机制，要求环境保护主管部门和有关社会团体依法支持污染受害者向人民法院提起诉讼；国家鼓励法律服务机构和律师为水污染损害诉讼中的受害人提供法律援助。但是，具体如何提供法律援助，还需要相关配套规范加以落实。《水污染防治法》和《固体废物污染环境防治法》还规定了环境监测机构应当为当事人提供环境监测服务，但是服务内容、服务费用和法律责任等具体内容还不明确，需要进一步修改完善。①

关于诉讼中的诉讼费减、免、缓等救助机制，相关诉讼法和环境法也作了

---

① 参见唐忠辉《论环境损害赔偿中的强制监测义务》，《政治与法律》2009年第12期。

相应的规定。司法机关对经济确有困难的当事人予以司法救助,可以确保当事人依法平等行使诉讼权利,平等享有国家司法资源,体现社会主义司法制度优越性,维护当事人的合法权益。司法机关应当按照《关于对确有困难的当事人予以司法救助的规定》,对于符合救助条件的当事人切实给予救助。对于司法行政部门已给予法律援助的,法院也应给予救助。既要保证经济确有困难的当事人得到救助,也要杜绝不属救助对象的当事人得到救助,确保司法救助真正发挥作用。

（五）提高可持续发展司法能力

可持续发展涉及领域众多,专业复杂,司法人员除了需要掌握相应的法律知识外,还必须掌握一定的相关专业知识,如环保、矿产、水利等方面的科学知识。为此,应当通过自学、加强培训等方式,补充司法人员的相关专业知识,提高司法人员的专业能力。

提高可持续发展司法能力建设的另一个重要方面是建立专门的侦查、公诉和审判组织。譬如,在环保领域,最高人民法院《关于为加快经济发展方式转变提供司法保障和服务的若干意见》明确提出,在环境保护纠纷案件数量较多的法院可以设立环保法庭,实行环境保护案件专业化审判,提高环境保护司法水平。目前,全国一些地方已经建立了专门的环保警察、环保公诉机构和审判机构。① 这一思路对于可持续发展的其他领域同样具有借鉴意义。

通过提高司法人员的专业素质,建立专门化的司法机构,必将为可持续发展提供更加坚强可靠的司法保障。

总之,司法机关要着眼于可持续发展的长远目标,深入贯彻落实科学发展观,深入研究当前面临的资源环境能源日益严峻的形势,紧紧抓住影响经济社会科学发展、可持续发展的源头性、根本性、基础性问题,更好地把握经济社会发展规律,强化能动司法观念,完善体制,创新机制,提高司法人员专业素质,为促进经济发展方式加快转变,实现我国经济社会可持续发展提供更加有力的司法保障和服务。

第四节　着力完善监督机制

就本课题而言,监督机制是一个广义的概念,包括政党监督,人大、政协

---

① 譬如,云南省昆明市在相关部门分别内设了环保公安、环保检察处和环保法庭,贵州贵阳、江苏无锡等地成立了环保审判庭。

监督，行政监督，司法监督和社会监督等形式。在实践中，各种形式的监督都十分重要，对于督促可持续发展相关法律政策的落实具有重要意义。

前面已经阐述过，在可持续发展中，要加强行政机关的执法监管和司法机关的司法职能。实际上，执法监管和司法工作从另一个角度来看，也是属于法律监督机制的范畴，执法监管主要是针对行政管理相对人（自然人、法人和其他组织），它的监督形式是执法和对违法行为的处罚。另外，还包括机关内部的行政监察和外部一些新型监督形式，如行政公诉或公益诉讼。① 而司法工作（包括审判和检察）则包括对一切个人和单位有关法律行为实施的监督，它的监督形式是检察和审判。司法监督的方向在于通过司法的力量规范或惩治违法者行为，补偿或赔偿受害者损失，规范和保障行政执法。所以，本部分不再对行政监督（执法监管）和司法监督进行论述。另外，考虑到政党监督和政协民主监督的特殊性，本课题亦不作具体论述。因此，本部分主要论述如何完善可持续发展法治建设中权力机关的监督（人大监督）和社会公众的监督（公众监督）。

从监督对象看，人大和公众的监督对象都包括对执法活动和司法行为的监督，而公众监督还包括对其他主体违法行为的监督。当然，从侧重点来说，权力机关的监督主要是针对执法和司法的监督。社会公众的监督方向在于通过政府决策、执法行为、具体个案等不同层次的公众参与和信息公开，提升公众对利益相关法律行为的影响程度。

一 强化人大监督

在监督方面，建议各级人大切实执行《监督法》，履行该法授予的监督职责，对行政机关和司法机关在可持续发展领域相关法律行为加强监督。

（一）进一步提高监督者素质

队伍素质是常委会开展监督工作的人才支撑。实施《监督法》，无论是提出议题建议、起草执法检查报告、整理审议意见，还是沟通协调、备案审查等工作，都需有关工作人员具备较好的理论功底、法律水平、调查分析能力和文字表达能力，特别是环境资源能源等方面的专业知识，否则，监督难有实效，难免流于形式。提高人大机关队伍素质，一方面，要求每位干部坚持学习，苦

---

① 譬如，国务院《关于落实科学发展观加强环境保护的决定》指出："规范环境执法行为，实行执法责任追究制，加强对环境执法活动的行政监察。完善对污染受害者的法律援助机制，研究建立环境民事和行政公诉制度。"不过，目前立法还没有对行政公诉或公益诉讼作出规定，需要继续研究。

练内功，努力在工作实践中增长才干；机关要通过加强培训、建立激励机制、推进干部交流等措施，为干部成长提供必要的条件；另一方面，要通过常委专职化、公务员考试等方式提高队伍专业水平，改善机关人才结构。

（二）进一步细化工作程序

工作程序是常委会开展监督工作的程序化保障。《监督法》实施过程中，有些操作程序还需要作进一步完善，如监督议题的确定、审议意见的落实、监督时限的遵守、公开原则的把握等方面，还需加以规范和完善，尽可能使监督内容、监督方法和监督程序更加规范，操作环节更加具体，职责分工更加明确，使人大机关为常委会贯彻实施《监督法》当好参谋、做好服务，在程序和规范上提供保障。①

（三）进一步理顺监督体制

首先，要完善党政分开的决策机制，在具体政务的决策上，党的部门尽量减少与政府部门的联合发文，以为人大监督政府创造更好的环境。其次，按照国家权力机关监督的重要内容和对象，单独进行立法。譬如，对财政预算执行、预算外资金管理、司法个案等重要方面分别制定专门规定。再次，加强人事监督，在完善选举任免制度的前提下，建立国家权力机关科学的、经常的人事监督和考核制度，如到任交接制度、离任审计制度、定期报告工作和述职制度等，并将其作为考评任职情况的依据。最后，要明确被监督者的法律责任。对不称职者或有重大失职行为者应设立引咎辞职的规定，对在人代会上工作报告未获通过的"一府两院"负责人应作出自动辞职的规定。

（四）进一步完善监督手段

在今后完善监督立法和全国人大的议事规则当中，应当增加人大对权力滥用、权力腐败和法定权力不作为等违法行为的处置权。宪法和地方组织法等法律规定了各级人大及其常委会的质询权、特定问题调查权、罢免权等，这些权力应当在必要时加以运用。还应借鉴国外通行的做法，规定不信任投票、弹劾等权力，以及主要责任人引咎辞职等，增加监督的处置手段和力度。②

以上四个方面，各级人大在环境资源能源等可持续发展领域应当进一步细化和落实。譬如，要通过加强队伍能力建设、细化工作程序、完善监督手段，强化对水利、环境保护、国土资源和食品安全等重点领域的执法和司法等法律

---

① 万仁余：《关于正确有效实施监督法的几点思考》，中国江西网（http://fa.jxcn.cn/news）。

② 王力群等：《国家权力机关监督体制创新与监督立法探讨》，法律教育网（http://www.china-lawedu.com/news）。

实施情况的监督检查，严肃处理相关违法行为。

二 注重社会公众监督

可持续发展关系全社会所有成员的共同利益，可持续发展立法、执法和司法的实际效果如何，社会公众是最直接的感受者、最广泛的见证者和最有力的评判者。因此，必须积极发挥社会公众在可持续发展法治建设中的监督作用。

在本报告中，社会公众监督亦即社会监督。顾名思义，社会监督的主体就是社会。但社会这个概念有多重含义，而本报告对这个概念的使用是从社会与政党、国家相对应的角度出发的。可以说，我国社会主义民主政治是一个权力系统，在这个系统中有政党、国家和社会三个基本要素，而权力运行就是在这三者互动中开展的，其中权力的起点是人民主权原则下的一切权力属于人民。因此，作为社会监督的主体就是人民群众，客体就是政党和国家，但并不是指政党和国家本身，而是指其所作所为。当然，对社会和政党、国家，还可以进行分解。在我国，社会还可以分解为群众（包括不同的社会阶级和阶层）、社会团体、利益集团、大众传媒等。作为政党则可以分解为执政的中国共产党和参政的各民主党派，并包括其各级组织和全体党员。对于国家可以分解为立法、行政、司法机关等，还可以抽象为法律，其中不仅包括所有权力部门及其工作人员，而且包括国有企事业单位的管理者。① 根据以上界定，本报告所指的社会监督不包括政党、权力机关、行政机关、司法机关等主体实施的监督。

从根本上讲，完善社会监督的关键在于推进社会主义民主政治建设。党的十七大明确指出："人民当家做主是社会主义民主政治的本质和核心。要健全民主制度，丰富民主形式，拓宽民主渠道，依法实行民主选举、民主决策、民主管理、民主监督，保障人民的知情权、参与权、表达权、监督权。"② 保障和落实社会公众的上述四项权利，是强化社会监督的着力点。

其一，要提高公众和媒体包括各类社会组织的监督能力。为此，国家要积极采取相应的政策，培育扶持和依法管理社会组织。《国民经济和社会发展第十二个五年规划纲要》指出，要"发挥群众组织和社会组织作用，提高城乡社区自治和服务功能，形成社会管理和服务合力"。只有公众和社会组织的监督能力提高了，才能更好地发挥其反映诉求、规范行为、有效监督的作用。当

---

① 任铁缨：《关于社会监督的几点思考》，《中共天津市委党校学报》2009 年第 4 期。
② 《中国共产党第十七次全国代表大会文件汇编》，人民出版社 2007 年版，第 28 页。

然，社会组织也要在法律的框架内有序开展监督活动，确保监督工作依法进行。

其二，立法、行政和司法等公权机关要主动发布相关信息，自觉接受监督。与可持续发展相关的各有关部门，针对社会舆论普遍关注的热点问题，要以月报、季报、年报和专项报告等多种形式及时发布信息，主动接受新闻媒体采访，通报情况，分析形势，阐释政策。规范信息发布内容，坚持与政务信息公开相结合，对于群众举报和新闻媒体反映的热点问题和相关违法案件，要本着实事求是、及时主动的原则，公开发布处理情况和结果，自觉接受社会公众监督和新闻媒体监督，不断完善与公众、媒体的沟通机制，创造良好的监督环境。

其三，要创造有利条件，畅通监督渠道，拓宽监督方式，不断扩大公众参与范围，方便社会公众了解情况、参与监督。通过扩大国土资源违法举报热线"12336"、环保违法举报热线"12369"等举报热线的社会知名度和覆盖地域范围，通过设立专门电子举报信箱，或公开有关部门和单位负责人、相关专职人员的联系方式，在本系统网站开设网络留言板、有关论坛等方式，为社会公众提供便捷多样畅通的监督渠道，从而夯实和提高社会监督的群众基础。同时，对群众举报或新闻媒体监督的事项，落实信息核查责任，并及时反馈查处情况。对经查实的举报事项，要及时按规定给予举报人相应的奖励，并对举报人相关信息严格保密。

其四，要积极发挥新兴网络媒体的监督作用。中国有数以亿计网民，从最近几年网络媒体的发展情况来看，网络监督无时不在、无处不在，显示出巨大威力。很多重大的环境资源违法事件，通过网络在全国乃至全世界范围内广泛传播，对违法者产生了强大的舆论压力，在很大程度上促成了事件的妥善解决。可以说，人民群众的知情权、参与权、表达权和监督权通过网络这个载体得到很大程度的实现。当然，各级党组织和政府也顺应了网络监督的需要，不但中纪委和监察部开通了举报网站，而且很多部门也建立和开通了微博和网上举报等平台。很多部门还主动建立了政务信息网上录入、办事流程网上管理、执法活动网上监督的执法办案新机制，方便了群众办事和监督。政府的重视和支持，对于发挥网络在可持续发展法律监督中的作用具有重要意义。

完善可持续发展法治建设是一项系统工程，需要全社会的共同参与。除了完善法律体系、加强依法行政、公正司法和人大、社会等方面的法律监督之外，还需要全社会增强法律意识和法治观念。全社会要形成自觉学法守法用法的良好氛围。广大人民群众需要懂得依法按程序表达相关利益诉求、解决矛盾纠纷，用法律武器维护自身的合法权益。各级党政机关的工作人员特别是与经济社会可持续发展密切相关的各部门，应当带头遵守宪法和法律，树立可持续发展的观念和法治意识，善于运用法律解决经济社会可持续发展中的实际问题。

第二编

环境保护法治篇

引 言

环境问题究其本质，是经济结构、生产方式和发展道路问题，离开经济发展谈环境保护必然是"缘木求鱼"，离开环境保护谈经济发展势必是"无源之水"。正确的经济政策就是正确的环境政策，正确的环境政策也是正确的经济政策。从某种意义上说，发展就是燃烧，烧掉的是资源，留下的是污染，产生的是GDP，科学发展就是消耗的资源越少越好，产生的污染越小越好，最好是"零排放"，前者是"资源节约"，后者是"环境友好"，概括起来就是又好又快、好字优先。[1] 因此，促进经济又好又快和可持续发展的首要任务是处理好环境问题。

我国环境问题具有"共同但又独特"的特点。发达国家上百年工业化过程中分阶段出现的环境问题，在我国改革开放30多年的快速发展中集中出现，呈现结构性、压缩性、复合性、区域性和全球性五大基本特征。随着我国工业化、城镇化和新农村建设进程的加快，经济社会发展与资源环境约束的矛盾越来越显现出来，环境形势十分严峻，环境压力继续加大。实现经济又好又快和可持续发展，既是历史的必然，也是现实的呼唤。在当前复杂多变的经济形势下，加强环境保护是稳增长的重要引擎，是转方式的重要推动力量，可以促进经济又好又快发展。全国人大通过的《国民经济和社会发展第十二个五年规划纲要》明确提出要以科学发展为主题，以加快转变经济发展方式为主线，把加快建设资源节约型、环境友好型社会作为重要着力点，加大环境保护力度，健全环境保护法律法规和标准体系，提高生态文明水平。2011年第七次全国环境保护大会提出了要始终坚持在发展中保护、在保护中发展，积极探索代价小、效益好、排放低、可持续的环境保护新道

---

[1] 周生贤：《深入贯彻落实党的十七大精神全力推进环境保护历史性转变——在2008年全国环保厅局长会议上的讲话》，http://news.sina.com.cn/c/2008-01-28/093013338896s.shtml。

路,以保护环境优化经济发展。①

环境保护法治具有稳定性、权威性、规范性和强制性等特点,在保障经济又好又快和可持续发展过程中发挥不可替代的作用。按照中央的总体部署,在新形势下必须不断完善环境保护法治,充分发挥环境保护参与宏观调控的先导作用和倒逼机制,紧紧围绕推进经济发展方式转变和经济结构战略性调整,以环境容量优化区域布局,以环境管理优化产业结构,以环境成本优化增长方式,转变发展方式、提升经济质量、增强发展后劲,大力促进经济转型,全面促进经济又好又快和可持续发展。

本编在厘清我国在环境保护面临的严峻形势的基础上,分析了环境保护对于加快转变经济发展方式、实现又好又快发展的促进和保障作用,回顾了我国环境保护立法、执法和司法的现状、存在的问题以及原因,考察了美国、德国等国家在环境保护法治方面的经验,进而从明确环境保护法治的指导思想、调整基本原则、完善环境保护立法体系、建设完备的环境执法体系、强化环境保护司法和法律监督等方面提出了对策建议。

---

① 周生贤:《以环境保护优化经济增长 进一步提高生态文明水平》,http://www.mep.gov.cn/gkml/hbb/qt/201206/t20120606_231067.htm。

第四章

我国环境保护面临的严峻形势

第一节 我国环境状况及其特点

一 我国环境总体概况及特点

（一）大气环境概况及特点

按照《环境空气质量标准》（GB 3095—1996），2012年全国城市环境空气质量总体稳定，酸雨分布区域无明显变化。2012年，325个地级及以上城市（含部分地、州、盟所在地和省辖市）中，环境空气质量达标城市比例为91.4%，超标城市比例为8.6%。地级及以上城市环境空气中可吸入颗粒物年均浓度达到或优于二级标准的城市占91.4%，劣于三级标准的城市占1.5%。可吸入颗粒物年均浓度值为0.021—0.262毫克/立方米，主要集中分布在0.060—0.100毫克/立方米。[①]

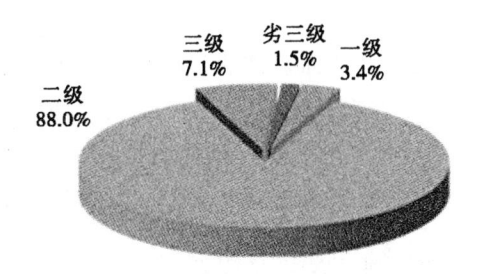

图4-1 2012年地级及以上城市环境空气质量级别比例

资料来源：《2012年中国环境状况公报》。

监测的466个市（县）中，出现酸雨的市（县）215个，占46.1%；酸雨频率在25%以上的133个，占28.5%；酸雨频率在75%以上的56个，占

---

① 《2012年中国环境状况公报》。

12.0%。全国酸雨分布区域主要集中在长江沿线及以南—青藏高原以东地区。主要包括浙江、江西、福建、湖南、重庆的大部分地区，以及长江三角洲、珠江三角洲、四川东南部、广西北部地区。酸雨区面积约占国土面积的 12.2%。[①]

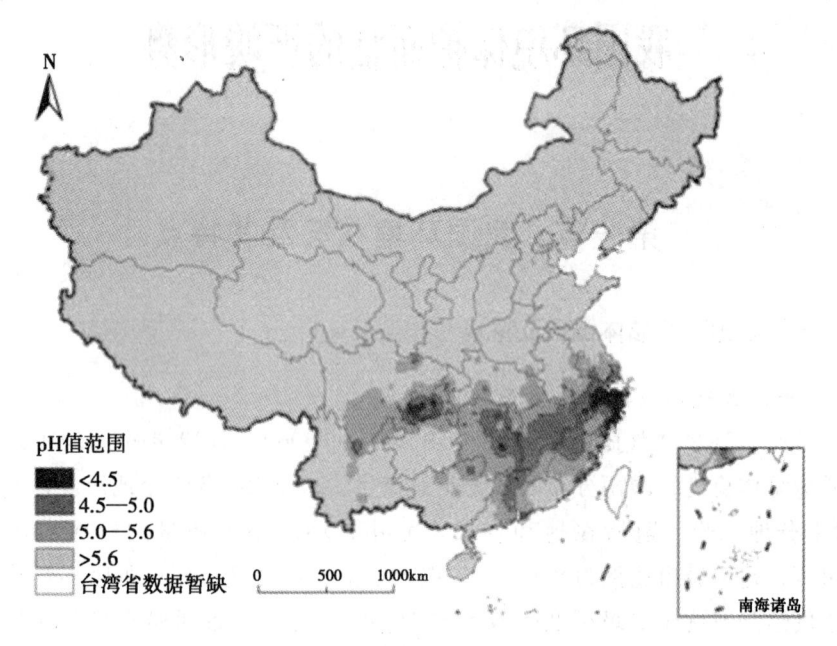

图 4-2　2012 年全国降水 pH 年均值等值线示意图

资料来源：《2012 年中国环境状况公报》

（二）水环境及重点流域环境状况及特点

2012 年，全国地表水国控断面总体为轻度污染。长江、黄河、珠江、松花江、淮河、海河、辽河、浙闽片河流、西北诸河、西南诸河等十大水系的国控断面中，Ⅰ—Ⅲ类、Ⅳ—Ⅴ类和劣Ⅴ类水质断面比例分别为 68.9%、20.9% 和 10.2%。主要污染指标为化学需氧量、五日生化需氧量和高锰酸盐指数。[②]

2012 年，62 个国控重点湖泊（水库）中，Ⅰ—Ⅲ类、Ⅳ—Ⅴ类和劣Ⅴ类水质的湖泊（水库）比例分别为 61.3%、27.4% 和 11.3%。主要污染指标为总磷、化学需氧量和高锰酸盐指数。全国 198 个地市级行政区开展了地下水水质监测，监测点总数为 4929 个，其中国家级监测点 800 个。依据《地下水质

---

① 《2012 年中国环境状况公报》。

② 同上。

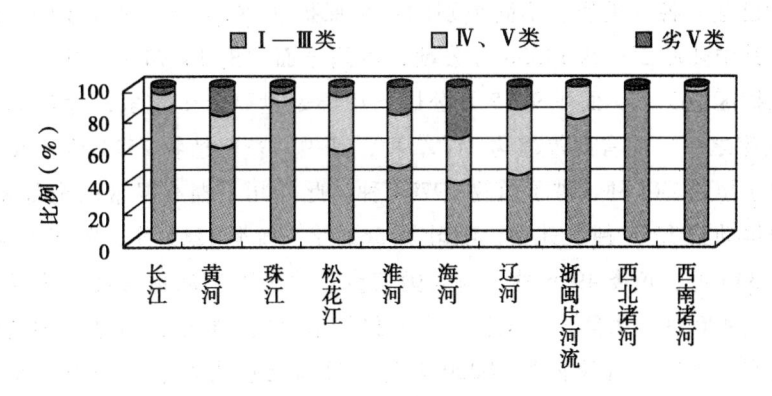

图 4-3　2012 年十大流域水质类别比例
资料来源：《2012 年中国环境状况公报》

量标准》（GB/T 14848—93），综合评价结果为水质呈优良级的监测点 580 个，占全部监测点的 11.8%；水质呈良好级的监测点 1348 个，占 27.3%；水质呈较好级的监测点 176 个，占 3.6%；水质呈较差级的监测点 1999 个，占 40.5%；水质呈极差级的监测点 826 个，占 16.8%。全国 113 个环保重点城市共监测 387 个集中式饮用水源地，其中地表水源地 240 个、地下水源地 147 个。环保重点城市年取水总量为 229.6 亿吨，服务人口 1.62 亿人。达标水量为 218.9 亿吨，水质达标率为 95.3%。[1]

（三）固体废物污染防治情况

2012 年，全国工业固体废物产生量为 329046 万吨，综合利用量（含利用往年贮存量）为 202384 万吨，综合利用率为 60.9%。截至 2012 年年底，共颁发危险废物经营许可证 1700 余份。持危险废物经营许可证的单位实际利用处置危险废物 1200 余万吨。[2]

表 4-1　2012 年全国工业固体废物产生及利用情况

产生量（万吨）	综合利用量（万吨）	储存量（万吨）	处置量（万吨）
329046	202384	70826	59787

资料来源：《2012 年中国环境状况公报》。

（四）生态环境保护状况及特点

截至 2012 年年底，全国（不含香港特别行政区、澳门特别行政区和台湾

---

[1]《2012 年中国环境状况公报》。

[2] 同上。

地区）已建立各种类型、不同级别的自然保护区 2669 个，总面积约 14979 万公顷，其中陆域面积约 14338 万公顷，占国土面积的 14.94%。其中，国家级自然保护区 363 个，面积 9415 万公顷。中国是世界上生物多样性最为丰富的 12 个国家之一，拥有高等植物 34792 种，其中，苔藓植物 2572 种、蕨类 2273 种、裸子植物 244 种、被子植物 29703 种，此外几乎拥有温带的全部木本属。约有脊椎动物 7516 种，其中，哺乳类 562 种、鸟类 1269 种、爬行类 403 种、两栖类 346 种、鱼类 4936 种。列入国家重点保护野生动物名录的珍稀濒危野生动物共 420 种，大熊猫、朱鹮、金丝猴、华南虎、扬子鳄等数百种动物为中国所特有。已查明真菌种类 10000 多种。目前已查明外来入侵物种 524 种左右。近十年新入侵中国的恶性外来物种有 20 多种，常年大面积发生危害的物种有 100 多种，危害区域涉及我国 31 个省（区、市）。[①]

（五）海洋环境保护状况及特点

全海海域海水中无机氮、活性磷酸盐、石油类和化学需氧量等指标的综合评价结果显示，2012 年，中国管辖海域海水水质状况总体较好，符合第一类海水水质标准的海域面积约占中国管辖海域面积的 94%。全国近岸海域水质总体稳定，水质级别为一般，主要超标指标为无机氮和活性磷酸盐。近岸海域监测点位中，一、二类海水点位比例为 69.4%，比上年提高 6.6 个百分点；三、四类海水点位比例为 12.0%，比上年下降 8.3 个百分点；劣四类海水点位比例为 18.6%，比上年上升 1.7 个百分点。四大海区中，黄海近岸海域水质良好，南海近岸海域水质良好，渤海近岸海域水质一般，东海近岸海域水质极差。[②]

9 个重要海湾中，黄河口水质优，北部湾水质良好，辽东湾、胶州湾和闽江口水质差，渤海湾、长江口、杭州湾和珠江口水质极差。[③]

（六）噪声等其他环境状况及特点

2012 年，全国城市区域声环境和道路交通声环境质量基本保持稳定。监测的 316 个城市中，区域声环境质量为一级的城市占 3.5%、二级占 75.9%、三级占 20.3%、四级占 0.3%。与上年相比，城市区域声环境质量一级、三级和四级的城市比例分别下降 1.3、1.2 和 0.3 个百分点，二级城市比例上升 2.8 个百分点。监测的 316 个城市中，城市道路交通噪声强度为一级的城市占

---

① 《2012 年中国环境状况公报》。

② 同上。

③ 同上。

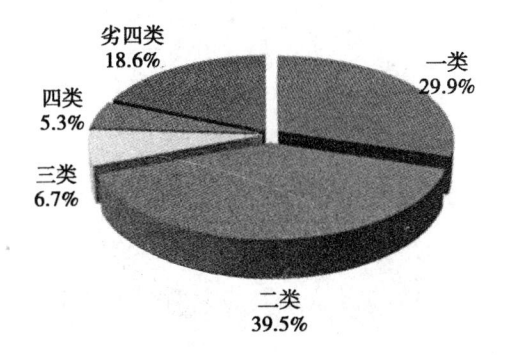

图 4-4　2012 年全国近岸海域水质类别比例

资料来源：《2012 年中国环境状况公报》

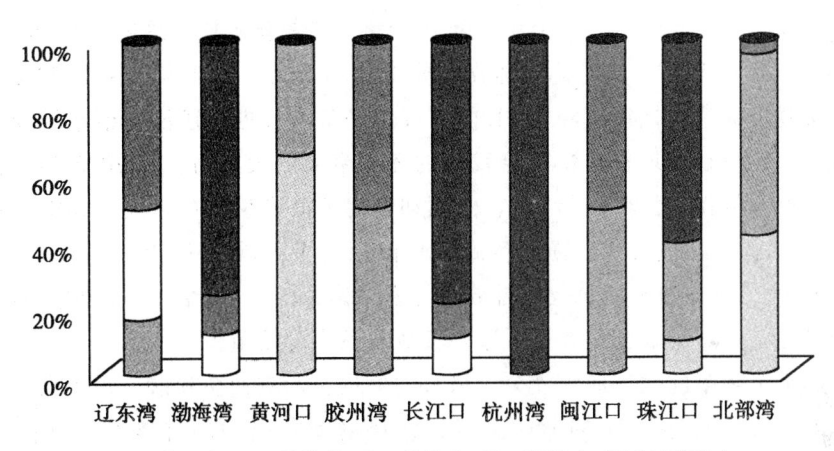

图 4-5　2012 年重要海湾水质类别比例

资料来源：《2012 年中国环境状况公报》

75.0%，二级占 23.1%，三级占 1.9%。与上年相比，城市道路交通噪声强度为一级、二级和四级的城市比例持平，三级的城市比例上升 0.6 个百分点，五级的城市比例下降 0.6 个百分点。①

二　我国环境保护方面存在的突出问题

（一）主要污染物排放总量大，环境污染严重

2012 年，全国化学需氧量排放总量 2423.7 万吨，比上年下降 3.05%；氨

---

① 《2012 年中国环境状况公报》。

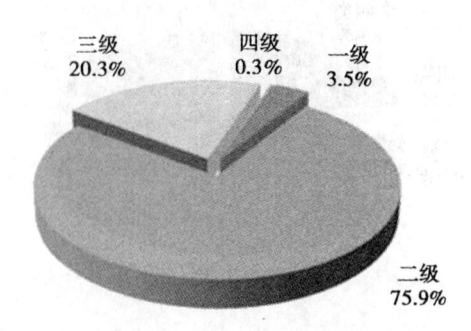

图 4-6 2012 年全国城市区域声环境质量级别比例

资料来源：《2012 年中国环境状况公报》

氮排放总量 253.6 万吨，比上年下降 2.62%；二氧化硫排放总量 2117.6 万吨，比上年下降 4.52%；氮氧化物排放总量 2337.8 万吨，比上年下降 2.77%。四项污染物排放量均同比下降。[①] 我国粗放型经济增长方式还没有根本转变，高耗能、高污染行业增长过快，给我国的环境带来巨大压力。如 2006 年，我国国民生产总值仅占世界的 5.5%，然而却消耗了世界 54% 的水泥、30% 的钢铁和 15% 的能源。我国单位资源产出水平仅相当于美国的 1/10、日本的 1/20，单位 GDP 二氧化硫和氮氧化物排放量是发达国家的 8—9 倍。一段时间内，我国经济还将保持平稳较快增长，减排任务依然十分繁重。

因环境污染问题造成的社会矛盾日益突出，影响社会和谐。近年来，群众的环境投诉以每年 30% 的速度上升，因环境问题引发的群体性事件以年均 30% 的速度递增，严重影响社会稳定。环境污染造成人民群众身体健康受到严重威胁。据联合国开发署研究，中国空气污染严重地区死于肺癌的人数比空气良好地区高 8.8 倍。北京市肺癌发病率已跃居恶性肿瘤之首，大气污染最重的石景山区，肺癌死亡率比全市平均值高 30%。

（二）事故隐患多，环境安全形势严峻

水环境安全形势严峻，水资源匮乏，污染事故频发，饮用水安全难以保障。我国北方和西部部分地区已处于国际公认的极度缺水的状态。全国 600 多个城市中有 400 多个供水不足，其中 100 多个严重缺水。我国长期积累的环境矛盾尚未解决，潜在的环境问题又不断显现，重金属、类金属和持久性有机物污染日益凸显，人民群众对改善环境质量有了许多新期待，需要优先解决危害群众健康、影响人民生产生活的环境问题。2012 年全国共发生 542

---

① 《2012 年中国环境状况公报》。

起突发环境事件,事件高发态势仍未从根本上得到遏制。2009年环境保护部开通"12369"环保举报热线以来,共受理近百件重金属污染举报。20世纪八九十年代建设的很多企业已经进入设备老化期和事故多发期。我国化工等重污染行业多分布在大江大河附近,环境安全隐患较大。

当前环境形势依然严峻,环保工作更加艰巨复杂。由于一些历史、管理等原因,我国结构性污染问题突出,经济社会运行中的新老矛盾和问题相互交织,保持经济平稳较快发展、推动经济发展方式转变和经济结构调整难度增大。一些经济欠发达的地方党委政府对打击环境违法企业手段不过硬,对环保部门反映的问题不闻不问,对一些恶意违法、屡禁不止的企业没有予以严厉打击,以致造成严重的群体性事件。比如,2009年陕西宝鸡凤翔县长清镇血铅超标事件就导致数百名儿童血铅超标,数百名村民围堵、打砸运输车辆,冲击肇事企业;2011年浙江德清血铅超标事件中,300多人血铅超标,200多名群众围堵公路并冲击肇事企业;2012年的广西龙江河镉污染事件,社会反响强烈,发生了柳州市民抢水等影响社会稳定的事件。

另外,我国核与辐射安全形势也不容乐观。近年来,我国核电站多次出现重大建造和运行安全隐患;研究堆等其他核设施普遍存在设备和部件老化;全国14余万枚放射源中有3万余枚废弃源没有安全收储;许多军工核设施陆续退役,遗留严重放射性隐患。

(三) 新的污染问题不断出现,压力加大

机动车保有量快速增加,导致大中型城市空气中的氮氧化物和挥发性有机物浓度升高,由此造成光化学烟雾污染和大气灰霾频繁发生。珠三角、长三角和京津冀地区灰霾日逐年增多,尤其是珠三角地区,有些城市的灰霾日已经超过全年天数的一半。细颗粒物是造成能见度下降的主要原因,"空气质量优良≠蓝天白云",造成评价结果与公众直观感受经常不一致,社会各界质疑较多。湖泊富营养化呈迅速增长趋势,重点湖泊生态安全状况令人担忧。污水处理厂、垃圾填埋场和燃煤电厂脱硫设施普遍存在"重建设轻管理"现象,稳定运行率还不高,产生的污泥、渗滤液和脱硫石膏等二次污染问题日益突出,治污设施反倒成为新的污染源。污泥普遍没有得到妥善处置,多是简单堆存,下雨冲刷又进入河湖;垃圾渗滤液COD浓度往往达到2万—10万毫克/升,仅靠生化处理难以达标,污水厂也无法直接处理。危险废物环境安全隐患严重,土壤污染开始呈现有机污染物与重金属共存的复合型污染态势,危害农作物生产和土地开发利用,甚至对人体健康造成直接危害。

（四）污染向农村转移，农村环境问题凸显

农村地区点源污染与面源污染共存，生活污染和工业污染叠加，新、老污染交织；工业及城市污染向农村转移，危及农村饮水安全和农产品安全，农村面临环境污染和生态破坏的双重威胁。突出表现为生活污染加剧，面源污染加重，工矿污染凸显，饮用水存在安全隐患，生态退化尚未得到有效遏制。

"污水乱泼、垃圾乱倒、粪土乱堆、柴草乱垛、畜禽乱跑"的现象在我国农村相当普遍。大部分生活垃圾被随意堆放或倾倒在河湖沟渠中，蚊蝇滋生、臭气弥漫。规模化畜禽养殖每年产生各类畜禽粪便约 20 亿吨，90% 以上的规模化养殖场没有污染防治设施，大量粪便、污水不经任何处理直接排入水体。我国是世界上化肥用量最大的国家，平均施用量为 400 公斤/公顷以上，远远超出发达国家 225 公斤/公顷的安全上限，有效利用率仅为 30%，流失的化肥严重污染了地表水和地下水。据不完全调查，目前全国受污染的耕地约有 1.5 亿亩，污水灌溉污染耕地 3250 万亩，合计约占耕地总面积的 1/10 以上。

例如，据全国土壤污染状况调查课题组对湖北大冶地区土壤镉污染情况的调查结果，调查区土壤镉污染严重，土壤镉含量范围为 0.02 毫克/千克—11.90 毫克/千克，样品超标率为 94%，最大超标 38.7 倍。日本 20 世纪"痛痛病"发病区的土壤镉含量范围为 1.0 毫克/千克—7.5 毫克/千克。调查区农作物镉含量也超标严重，大米样品镉含量范围为 0.02 毫克/千克—4.50 毫克/千克，超标率 57.4%，最大超标 21.5 倍。日本 20 世纪"痛痛病"发病区大米镉含量范围为 0.35 毫克/千克—4.17 毫克/千克。居民平均镉摄入水平达到 135.8 微克/人·日，超过联合国粮农组织和世界卫生组织的建议允许值（63 微克/人·日）1.16 倍，导致居民体内镉负荷高，尿镉含量是对照区的 14 倍。当地人群身体健康面临严重威胁。

（五）生态脆弱，生态破坏和生态退化问题十分突出

据《2012 年中国环境状况公报》，全国现有水土流失面积 294.91 万平方千米，占普查范围总面积的 31.12%。其中，水力侵蚀面积 129.32 万平方千米，风力侵蚀面积 165.59 万平方千米。全国森林面积 19545.22 万公顷，森林覆盖率 20.36%，但林地流失依然严峻，生态功能不足。全国拥有各类草原近 4 亿公顷，占国土总面积的 41.7%，但 90% 以上的天然草原退化，每年增加退化草地 200 万公顷。一些北方河流水资源开发利用率超过国际生态警戒线（30%—40%），其中黄河、淮河、辽河超过 60%，海河超过 90%，流域生态功能严重失调，华北平原出现世界上最大的地下水位下降漏斗。有 10%—15% 的高等植物物种处于濒危状态，物种资源流失严重，有害外来物种入侵每

年造成 1200 亿元经济损失。①

第二节 我国经济又好又快发展与环境压力

一 我国经济发展现状和趋势展望及对环境压力分析

（一）"十一五"期间我国经济快速增长带来巨大环境压力

"十一五"期间，我国综合国力大幅提升，2010 年国内生产总值达到 39.8 万亿元，年均增长 11.2%。但是经济快速发展的同时，环境保护的压力与日俱增。2007 年我国城镇高耗能行业投资 1.05 万亿元，比上年增长 22.9%，高耗能高污染行业累计投资增幅加大。2008 年虽有所好转，但高耗能高污染行业投资的增长依然较快，从而为污染减排工作带来了较大的压力。2008 年年底，我国第一、第二、第三产业比重分别为 10.3%、48.6% 和 40.1%，第二产业依然是我国经济发展的主导力量，其比重不仅远高于西方发达国家的 20%—30% 的水平，还明显高于中等发达国家的平均水平，甚至比印度还高了约 10 个百分点。在第二产业内部，重化产业比重约为 60%，占据主要地位，并且一直保持较快的增长势头。2008 年年底全国火力装机容量达到 6 亿千瓦、粗钢产能达到 6.6 亿吨、造纸纸浆产能达到 7000 万吨，均超过"十一五"规划预期。

由于受到金融危机的影响，2009 年以来我国重化工业总体增速有所放缓，但反弹压力正在逐步加大。由于我国经济长期以来主要依赖投资拉动，钢铁、水泥等高耗能产业中重复建设、产能过剩的问题十分突出，环境所承受的压力自然不可避免地加大。"十二五"污染减排工作的成果很大程度上将取决于产业结构调整和落后产能淘汰力度，经济结构进一步由粗放型向集约型转变势在必行。

（二）"十二五"及今后一个时期我国经济发展特征

"十二五"时期是全面建设小康社会的关键时期，是深化改革开放、加快转变经济发展方式的攻坚时期。我国仍然处于大有作为的重要战略机遇期，经济社会发展和综合国力将再上新台阶。世情国情继续发生深刻变化，我国经济社会发展呈现新的阶段性特征。②

---

① 《2012 年中国环境状况公报》。
② 《国民经济和社会发展第十二个五年规划纲要》，http://www.gov.cn。

第一，经济社会结构变化呈现新特点。2011年，我国人均国内生产总值超过4000美元。国际经验表明，人均国内生产总值从3000美元向10000美元提升的阶段，既是中等收入国家向中等发达国家迈进的重要阶段，又是矛盾增多、爬坡过坎的关键阶段。对我国而言，在这个阶段，随着人均收入水平继续提高，消费结构将持续升级，投资结构、产业结构也将随之调整变化，带动工业化、信息化、城镇化、市场化、国际化深入发展，为持续发展提供有力支撑。同时，在快速增长变动中，经济结构升级的约束增多，社会结构平衡的难度加大，经济和社会转型的进程中存在不少需要解决的矛盾和问题，在推动经济发展的同时，亟待加强和改善社会建设。

第二，传统增长模式面临新挑战。现在，我国经济规模已位居全球前列，但人均国民收入仍排在世界百位左右。在我们这样一个有着十几亿人口的大国推进现代化，在人类历史上还没有先例。在经济持续发展中瓶颈制约也明显加大，传统的增长模式难以为继。主要表现为：能源资源和生态环境约束强化，节能减排任务艰巨；国际收支不平衡，外贸增长方式粗放；投资和消费关系失衡，消费率偏低；城乡和区域发展不协调，收入分配差距较大；产业结构不合理，科技创新能力不强，许多核心与关键技术受制于人；农业基础仍然薄弱，受土地、水、自然灾害等多重制约，主要农产品稳产增产难度较大，加上市场流动性较多、国际市场价格波动等因素的影响，保持国内价格稳定、管理通胀预期的压力加大；就业总量压力和结构性矛盾并存，社会矛盾明显增多；经济增长的内生动力不足，制约科学发展的体制机制障碍依然较多。

第三，人民群众对提高生活水平和质量有了新期待。群众温饱问题基本解决后，对提高生活水平和改善生活质量的愿望明显增强。近年来，尽管我国社会事业有了很大进步，但总体上依然滞后于经济发展，仍是现代化建设中的一块"短板"。在就业、教育、住房、医疗卫生、环境保护、社会保障等关系群众切身利益的领域，还存在不少难点和焦点问题，基本公共服务的可及性、公平性仍然不够。社会主体的多元性、独立性、选择性增强，而社会建设还不到位，经验缺乏，人才也不足。这些都与人民群众过上更好生活的新期待有较大差距。[①]

[①] 李克强：《深刻理解〈建议〉主题主线促进经济社会全面协调可持续发展》，载本书编写组编著《〈中共中央关于制定国民经济和社会发展第十二个五年规划的建议〉辅导读本》，人民出版社2010年版，第32—33页。

（三）"十二五"及今后一个时期经济持续发展对环境的压力及要求

随着"十二五"时期经济的快速发展，我们对于未来一个时期环境形势的总体判断是"局部有所改善、总体尚未遏制、形势依然严峻、压力继续加大"。

第一，污染结构性问题突出。工业污染物排放主要集中在少数行业和局部地区，污染结构性问题突出。经济较为发达、人口相对密集的地区工业源化学需氧量、氨氮、二氧化硫、氮氧化物4项主要污染物排放量均位于全国前列；造纸、纺织等8个行业化学需氧量、氨氮排放量分别占工业排放总量的83%和73%，电力热力、非金属矿物制品等6个行业二氧化硫、氮氧化物分别占工业排放总量的89%和93%。污染结构性问题在"十二五"时期难以得到彻底解决。

第二，水和大气污染负荷大。污染物排放总量已超过环境承载力，环境污染处于高位水平。2011年，我国废水排放总量为652.1亿吨，化学需氧量排放总量为2499.9万吨，氨氮排放总量为260.4万吨，[①] 已经居世界第一，超过环境容量65%左右。二氧化硫和二氧化碳排放量居世界前列。按我国环境标准评价，有10.5%的城市空气质量超标，按欧盟标准评价，约95%的城市空气质量超标。虽然我国降水酸度与日本、韩国、印度等东亚国家相当，但硫酸根等主要离子的沉降量则远高于东亚其他国家，是日本的4.2倍、美国的9.4倍。"十二五"时期，水和大气污染加剧的趋势仍将持续。

第三，环境基础设施建设滞后。我国城市生活垃圾产生量大，一些城市形成了垃圾环带。城市生活垃圾无害化处理率远低于美国、日本等发达国家；城镇污水管网建设严重滞后，相当数量的城市污水未经处理直接排放；县城和乡镇的污水和垃圾处理设施严重滞后。2009年，县城污水处理率为31.58%，生活垃圾无害化处理率仅为8.23%；乡镇绝大部分为空白，与德国、荷兰等发达国家90%以上的处理率差距很大；同时，环保设施运行率较低。"十二五"时期，环境基础设施建设进度将加速，但仍难满足环境保护的目标要求。

第四，环境污染成为影响人体健康的重要危险因素之一。以PM2.5超标为代表的重污染天气频繁发生，严重威胁人体健康。有的地区癌症疾病（淮河流域）、呼吸系统疾病、新生儿出生缺陷（山西）等与当地水、大气污染等有一定关系。环境公害事件屡有发生。目前，我国有1.9亿人的饮用水有害物质含量超标，约3亿农村人口饮用水不安全，约1/3的城市人口暴露在超标的

---

① 《2011年中国环境状况公报》。

空气环境中。① "十二五"时期,环境污染威胁人体健康的问题可能会加剧。

二 环境污染已经成为制约经济又好又快发展的重要因素

(一) 未来一段时期我国环境保护和经济发展关系更加尖锐

未来一段时期,我国将基本完成工业化、城镇化和农村现代化。预计到2020年,我国GDP总量将达68万亿元,人均GDP将超过5600美元,城市化率将达到58%,人口总量将超过14亿,能源消耗将超过39.8亿吨标准煤。在环境容量相对不足、环境风险不断加大、环境问题日趋复杂的情况下,我国将面临更大的环境压力:快速的经济发展对资源环境压力继续加大,人口增长与消费转型对环境压力不断增强,城市化进程加快对环境造成新的冲击,工业化发展特别是重化工项目的大量建设对环境形成新的压力,农村发展和农业现代化也带来了新的环境问题,资源能源消费增长对环境压力持续增加,全球和区域环境的压力及问题将日益显现。这些压力共同作用,将推动我国环境问题在结构上发生变化:随着化学品应用范围的不断扩大,新的污染物质不断增加,污染物介质从大气和水为主转变为大气、水、土壤三种介质并存,污染物来源从工业和城市为主转变为工业、城市和农村三种来源,污染区域从城市和局部地区为主转变为区域、流域和全球,污染类型从常规污染转变为复合型污染。严重的环境问题将制约经济和社会发展,危害群众健康,危及公共安全和社会和谐,影响中国的和平发展,处理不当,将从根本上危害中华民族的长远利益。

(二) 环境污染已经成为制约经济又好又快和可持续发展的瓶颈

"十二五"期间,我国资源环境对经济社会发展的制约将越来越明显,资源相对不足、环境承载能力弱是我国在新的发展阶段的基本国情。发达国家200多年工业化进程中分阶段出现的环境问题,在我国现阶段集中凸显,尤其是污染问题,已经成为影响经济持续发展的突出因素。②

虽然我国环境污染治理取得明显成效,但环境总体恶化的趋势没有根本扭转,对经济又好又快和可持续发展形成严重制约。主要表现为:我国在大气污染治理上取得了一定成效,但城市空气污染问题尚未有效改观,水污染问题更加突出,工业污染依然严重,农村面源污染、生活污染问题进一步凸显,一些地方长期积累的重金属污染严重威胁当地群众健康。每年,因环境污染带来的

---

① 《报告称中国1.9亿人饮用水有害物质含量超标》,http://news.ifeng.com。
② 李克强:《关于调整经济结构促进持续发展的几个问题》,http://www.gov.cn。

经济损失十分巨大，环境污染已经成为当前关系经济社会发展的一个重大问题，亟待加大防治力度，持续推进污染减排，务求取得进一步的成效。①

（三）环境污染正成为引发群体事件、影响社会稳定的重要动因

当前，我国环境安全形势依然严峻，突发环境事件仍然处于高峰期，污染问题正成为引发群体事件、影响社会问题的重要原因。

一是环境风险异常突出。我国重化工行业占国民经济比重较大，能源结构不合理，经济增长方式比较粗放，结构性、布局性环境风险比较突出。2011年国务院七部委组织的沿海地区陆源溢油污染风险防范大检查发现，我国沿海石油勘探开采、炼制、储运和销售项目达13048家，局部地区高度密集，已经超过环境风险承载能力。浙江省2200公里海岸线共建有111个油码头和361座油库。大连市大孤山石化产品储罐区，油库和危化品仓库密集混建，数量大、种类多，一旦发生事故，极易引发连锁反应，局面难以掌控。一些地区重金属污染历史遗留问题突出，治理难度大，潜在事故风险高。

二是事件总量居高不下、类型多、发生区域广。2005—2011年，环境保护部直接接报处置的事件共927起，重特大事件72起，其中2011年重大事件比上年同期增长120%。水污染事件占突发环境事件总数的48%，大气污染事件占37%，土壤污染事件占5%，其他污染事件占10%。除西藏外，其他各省（市、区）均发生过突发环境事件，其中，华南、华东、西南地区较多。

三是事件诱因复杂，预警防范难。安全生产、交通事故等引发的次生突发环境事件持续上升，截至2011年年底，环境保护部共直接接报处置类似事件92起，占总数的62%。百年一遇甚至几百年一遇的暴雨和洪水、地震、泥石流等自然灾害频发，次生环境事件相继出现。受经济利益驱动，企业违法排污、放松环境风险管理导致的事件不断出现。污染物长期累积，导致湖泊、土壤污染事件不断增多。此外，人为抛弃污染物、投毒等因素引发的事件也呈上升趋势。

四是事件危害大、处置难、社会关注度高。有的事件动辄威胁几十万人，甚至上百万人的饮用水安全，严重危害群众健康和社会稳定。有的事件造成巨大经济损失。一些跨界污染事件需要几个月才能处置完毕，一些危险化学品、重金属污染事件等处置难度非常大。2011年第三季度，突发环境事件关注度占全部环境舆情的25%，居第一位，公众对相关事件造成的污染如何处理、

---

① 李克强：《关于调整经济结构促进持续发展的几个问题》，http://www.gov.cn。

责任人如何追究、公众损失如何赔偿等问题甚为关注。①

三　污染物减排逐步成为促进经济又好又快发展的重要抓手

污染物减排工作是贯彻落实科学发展观、构建社会主义和谐社会的重大举措，也是建设资源节约型、环境友好型社会的必然选择，还是促进经济又好又快发展的重要抓手。节能减排已经不再是单纯的经济任务、环保任务，而是事关经济发展、社会和谐的政治任务。

（一）污染物减排的提出背景及其历史沿革

"污染物减排"，就是减少污染物排放量以改善环境质量，其核心是"实行污染物排放总量控制制度"，即通过控制污染"增量"，削减污染"存量"，使污染排放"总量"控制在环境容量允许的范围内。污染物排放总量控制，是指根据一个地区（区域或流域）的环境特点和自净能力，依据环境质量标准，将污染物排放总量控制在环境承载能力范围之内。

推行污染物减排是中国转变经济发展方式、扭转环境污染恶化趋势的迫切需要。改革开放以来，经济快速增长使中国付出了巨大的资源和环境代价。不合理的经济结构和粗放型的经济增长方式，造成资源过度消耗，生产效率低下，导致全国污染物排放总量居高不下，环境保护形势十分严峻。然而，长期以来，中国环境管理主要采取污染物排放浓度控制，浓度达标即视为合法。虽然国家适当提高了主要污染物排放浓度标准，但由于受技术经济条件的限制，以及区域经济发展不平衡、区域环境状况差异大、功能分布不一致等原因，单靠控制浓度达标，已无法有效遏制环境污染加剧的趋势，根据环境承载能力来进行污染物排放"总量"控制成为当务之急。

我国经济和社会发展"十一五"规划纲要，首次将涉及经济社会发展的22个主要指标分为预期性指标和约束性指标两类，包括单位GDP能耗、主要污染物排放总量等在内的8个指标被定为约束性指标，且被赋予了强制性，"具有法律效力"，国务院要求各地区和各有关部门必须确保完成。而多年来一直被地方政府追捧的GDP等经济增长指标不再是个硬杠杠，成为预期性指标。这无疑是一个标志性的变化，是"以环境保护优化经济增长"的发展理念和执政理念的充分体现。②

---

① 张力军：《防范环境风险保障环境安全努力开创环境应急管理工作新局面》，http://www.sshb.gov.cn。

② 《什么叫污染减排，为什么要推进污染减排》，http://www.sepb.gov.cn。

（二）"十一五"期间污染物减排极大促进了经济又好又快发展

"十一五"期间，党中央、国务院高度重视污染减排工作，把污染减排作为调整经济结构、转变发展方式、推动科学发展的重要抓手，采取强化目标责任、调整产业结构、实施重点工程、推动技术进步、强化政策激励、加强监督管理、开展全民行动等一系列强有力的政策措施。经过艰辛努力，污染减排取得显著成效。"十一五"期间，全国单位 GDP 能耗下降 19.1%，全国二氧化硫排放量减少 14.29%，全国化学需氧量排放量减少 12.45%，基本完成了"十一五"规划纲要确定的目标任务。具体而言，污染减排工作从以下六方面促进了经济又好又快发展：

第一，扭转了我国工业化、城镇化加快发展阶段能源消耗强度和主要污染物排放量上升的趋势。"十五"后三年全国单位 GDP 能耗上升了 9.8%，全国二氧化硫和化学需氧量排放总量分别上升了 32.3% 和 3.5%；"十一五"期间，全国单位 GDP 能耗下降了 19.1%，全国二氧化硫和化学需氧量排放总量分别下降了 14.29% 和 12.45%。

第二，促进了经济结构优化升级。2010 年与 2005 年相比，电力行业 300 兆瓦以上火电机组占火电装机容量比重由 47% 上升到 71%，钢铁行业 1000 立方米以上大型高炉比重由 21% 上升到 52%，建材行业新型干法水泥熟料产量比重由 39% 上升到 81%。

第三，推动了技术进步。2010 年与 2005 年相比，钢铁行业干熄焦技术普及率由不足 30% 提高到 80% 以上，水泥行业低温余热回收发电技术由开始起步提高到 55%，烧碱行业离子膜法烧碱比重由 29.5% 提高到 84.3%。

第四，污染减排能力明显增强。"十一五"期间，形成节能能力 3.4 亿吨标准煤；新增城镇污水日处理能力 6500 万吨、处理率达到 77%；燃煤电厂投运脱硫机组容量达 5.78 亿千瓦，占全部燃煤机组容量的 82.6%。

第五，资源消耗大幅减少。2010 年与 2005 年相比，火电供电煤耗由 370 克标准煤/千瓦时降到 333 克标准煤/千瓦时，下降了 10.0%；吨钢综合能耗由 694 千克标准煤降到 605 千克标准煤，下降了 12.8%；水泥综合能耗下降了 24.6%；乙烯综合能耗下降了 11.6%；合成氨综合能耗下降了 14.3%。

第六，环境质量有所改善。2010 年与 2005 年相比，环保重点城市二氧化硫年均浓度下降 26.3%，地表水国控断面劣五类水质比例由 27% 下降到

16.4%，七大水系国控断面好于三类水质比例由41%上升到59.9%。①

（三）当前和今后一个时期污染物减排主要约束性指标

"十二五"规划纲要对未来五年我国经济社会发展作出全面部署，对环境保护工作提出明确要求。一是强化污染物减排和治理。实施主要污染物排放总量控制。实行严格的饮用水水源地保护制度，提高集中式饮用水水源地水质达标率。加强造纸、印染、化工、制革、规模化畜禽养殖等行业污染治理，继续推进重点流域和区域水污染防治，加强重点湖库及河流环境保护和生态治理，加大重点跨界河流环境管理和污染防治力度，加强地下水污染防治。推进火电、钢铁、有色、化工、建材等行业二氧化硫和氮氧化物治理，强化脱硫脱硝设施稳定运行，加大机动车尾气治理力度。深化颗粒物污染防治。加强恶臭污染物治理。建立健全区域大气污染联防联控机制，控制区域复合型大气污染。地级以上城市空气质量达到二级标准以上的比例达到80%。有效控制城市噪声污染。提高城镇生活污水和垃圾处理能力，城市污水处理率和生活垃圾无害化处理率分别达到85%和80%。二是防范环境风险。加强重金属污染综合治理，以湘江流域为重点，开展重金属污染治理与修复试点示范。加大持久性有机物、危险废物、危险化学品污染防治力度，开展受污染场地、土壤、水体等污染治理与修复试点示范。强化核与辐射监管能力，确保核与辐射安全。推进历史遗留的重大环境隐患治理。加强对重大环境风险源的动态监测与风险预警及控制，提高环境与健康风险评估能力。三是加强环境监管。健全环境保护法律法规和标准体系，完善环境保护科技和经济政策，加强环境监测、预警和应急能力建设。加大环境执法力度，实行严格的环保准入，依法开展环境影响评价，强化产业转移承接的环境监管。严格落实环境保护目标责任制，强化总量控制指标考核，健全重大环境事件和污染事故责任追究制度，建立环保社会监督机制。

污染减排方面的约束性指标包括：单位国内生产总值能源消耗、二氧化碳排放分别比2010年降低16%和17%，二氧化硫、化学需氧量排放总量分别减少8%，氨氮、氮氧化物排放总量分别减少10%。② 为实现以上约束性指标，2011年9月，国务院印发的《"十二五"节能减排综合性工作方案》，提出了50条政策措施，并确定了"十二五"各地区化学需氧量、氨氮、二氧化硫、

---

① 《节能减排取得显著成效——"十一五"节能减排回顾之一》，http：//www.mep.gov.cn/zhxx/hjyw/201109/t20110927_217779.htm。

② 周生贤：《总结过去指导现在谋划未来的力作》，http：//www.mep.gov.cn。

氮氧化物排放总量控制目标。

(四)"十二五"污染物减排任务艰巨

"十二五"时期,我国经济仍将保持较快发展,能源资源消耗总量继续增长。污染减排指标由化学需氧量、二氧化硫两项扩大到四项,增加氨氮、氮氧化物两项措施;减排领域由原来的工业与城镇,扩大到交通和农村。明确要求在消化增量的基础上,化学需氧量、二氧化硫排放分别减少8%,氨氮、氮氧化物排放分别减少10%,绝对削减量占排放基数30%左右,任务非常艰巨。[①]

第一,资源环境压力巨大,新增排放持续增加。"十二五"时期,我国经济总量仍将快速增加,重化工业的比重大、增速偏快,结构性污染仍然十分突出,给我国资源和环境带来极大挑战。"十二五"期间,二氧化硫、COD新增污染排放压力不低于"十一五",氮氧化物和氨氮新增污染物排放量也很大,污染减排消化增量的任务相当艰巨。

第二,产业结构亟待优化,转变方式任重道远。加快经济发展方式转变、调整优化经济结构是关系国民经济全局紧迫而重大的战略任务。2012年中央经济工作会议强调,要以提高经济增长质量和效益为中心,稳中求进,加强和改善宏观调控,积极扩大国内需求,加大经济结构战略性调整力度。目前,减排政策推动结构调整的作用还较为有限,强有力的撬动机制急需建立。要进一步强化污染减排对经济发展方式的"倒逼传导机制",在推进发展方式转变上发挥更加切实有效的作用,这既是经济发展赋予污染减排的重要使命,也是污染减排深挖潜力空间的内在要求。

第三,排污总量仍然居高,环境形势依然严峻。目前,二氧化硫、COD、氨氮排放负荷仍然很大,氮氧化物排放量持续快速增长,机动车和农业源污染日益突出,部分地区重污染天气频繁发生。全国二氧化硫浓度依然维持在较高水平,北京到上海之间工业密集区成为全球对流层二氧化氮污染最为严重的地区之一,灰霾和光化学烟雾污染呈加剧趋势。随着污染不断积累,我国环境问题将变得更为复杂,污染物介质将从以大气和水为主向大气、水和土壤三种污染介质共存转变,污染物来源由以工业和生活污染为主向工业和农村、生活、面源污染并存转变,污染物类型将从常规污染物为主向常规污染物和新型污染物的复合型转变。"让人民群众呼吸上新鲜的空气,喝上干净的水,吃上放心的食品"是全面建设小康社会对环境质量的刚性要求。只有持续约束排污总

---

① 周生贤:《周生贤部长在全国节能减排工作电视电话会议上的发言》,http://www.mep.gov.cn/zhxx/hjyw/201109/t20110928_ 217802. htm。

量,才能从根本上改善环境质量,满足人民群众新时期、新阶段对环境的需求。①

四 强化环境保护是加快转变经济发展方式、实现又好又快发展的必由之路

当前,环境保护已经成为加快转变经济发展方式、实现经济又好又快和可持续发展的重要衡量指标,强化环境保护是加快经济发展方式、实现又好又快发展的必由之路。

(一) 突破经济又好又快和可持续发展的瓶颈必须强化环境保护

当前,我国发展中不平衡、不协调、不可持续问题依然突出,经济增长的资源环境约束强化。随着工业化、城镇化的快速推进,经济总量不断扩大,人口继续增加,资源相对不足、环境承载力弱成为我国在新的发展阶段的基本国情。近年来,我国环境治理和生态保护取得积极成效,但生态环境总体恶化的趋势没有得到根本扭转。水、大气、土壤等污染仍然严重,固体废物、汽车尾气、持久性有机物、重金属等污染持续增加,水土流失加重,天然森林减少,草原退化,生态系统更加脆弱。能源消费总量持续增加,能源利用效率不高。② 大力调整经济结构,加快转变经济发展方式,实现经济又好又快和可持续发展,是解决环境问题的根本所在。③ 只有加强环境保护,才能有效破解制约经济又好又快和可持续发展的瓶颈。

(二) 实现经济发展方式转变和经济结构调整有赖于环境保护的外部保障

加快转变经济发展方式是"十二五"的主线。发展与环境密不可分,环境问题究其本质,是经济结构、生产方式和发展道路问题,离开经济发展谈环境保护是"缘木求鱼",离开环境保护谈经济发展是"竭泽而渔"。环境承载力越来越成为经济发展规模和发展空间的主要制约因素,环境保护对加快经济发展方式转变具有保障、促进和优化作用。④ 保护环境是加快转变经济发展方式的重要测量仪和助推器。转变经济发展方式是否见到实效,基本的衡量标准

---

① 周生贤:《周生贤部长在主要污染物总量减排核查核算视频会议上的讲话》,http://www.mep.gov.cn。

② 周生贤:《提高生态文明水平》,载本书编写组编著《〈中共中央关于制定国民经济和社会发展第十二个五年规划的建议〉辅导读本》,人民出版社2010年版,第133页。

③ 周生贤:《以环境保护优化经济发展——写在"6·5"世界环境日》,http://www.mep.gov.cn/zhxx/hjyw/201206/t20120605_230937.htm。

④ 周生贤:《提高生态文明水平》,载本书编写组编著《〈中共中央关于制定国民经济和社会发展第十二个五年规划的建议〉辅导读本》,人民出版社2010年版,第134页。

就是环境保护的力度有多大、发展的资源环境代价是否降低。①。只有将环境保护的"倒逼机制"传导到结构调整和经济转型上来，才能更好地推动整个社会走上生产发展、生活富裕、生态良好的文明发展道路。

（三）经济发展"质"和"量"的提升必须发挥环境保护的"先导""优化""助推""扩容""增值"作用

环境保护对推进经济发展方式转变、实现经济又好又快和可持续发展具有综合作用，主要体现在"先导""优化""助推""扩容"和"增值"等方面。"先导"就是推动区域、流域和行业规划环评，明确生态功能区划分，对发展什么、鼓励什么、限制什么、禁止什么加以明确，引导地区和企业搞好经济发展；"优化"就是利用金融危机和危机后赢得先机的"倒逼机制"，促进产业结构调整和技术升级，推动发展方式转变；"助推"就是对符合国家政策和环保要求的建设项目按规定标准程序加快审批，为不合规定的建设项目设置不可逾越的"防火墙"；"扩容"就是通过推进污染减排，腾出和扩大环境容量，为经济可持续发展创造条件；"增值"就是加大环保基础设施建设力度，发展环保产业，形成现实生产力和创造绿色物质财富。因此，必须紧紧围绕推进经济发展方式转变和经济结构调整，以环境容量优化区域布局，以环境管理优化产业结构，以环境成本优化增长方式，转变发展方式、提升经济质量、增强发展后劲，大力促进我国经济的绿色转型。②

---

① 李克强：《把环境保护作为惠民生促和谐基本任务》，http：//www.china.com.cn。
② 周生贤：《积极探索中国环保新道路 努力开创环境宣传教育工作新局面》，http：//www.hl-brhb.org。

第五章

我国环境法治的回顾与反思

法律是推动经济社会发展最重要的、经常的、不可缺少的手段。在当前形势下，要特别重视发挥法律手段的作用、不断强化环境法治建设，为经济又好又快和可持续发展提供有力保障。法律手段对经济又好又快发展和可持续发展的这种重要保障作用是由法自身所固有的特征决定的。法的作用具体体现在三个方面：一是引导作用。引导作用是指以法律规范提供行为模式，引导各类主体朝着有利于立法目标的方向努力，并为他们的行为提供预期。二是促进作用。促进作用是指国家在法律中对重大政策和措施直接作出规定，并保持连续性和一贯性。三是保障作用。保障作用是指法律对不同种类的违法行为作出惩罚和制裁的规定，以排除与立法目标相悖的各种障碍。法的保障作用通过法律责任规范的确立和追究而得以实现。环境法律手段具有国家强制性的特点，对于违法排污行为依法进行制裁，有利于贯彻环境保护的国家意志，有利于打击环境违法犯罪分子的嚣张气焰，有利于解决"违法成本低、守法成本高"的问题，有利于保护广大人民群众的身心健康。因此，不断强化环境法治建设，既是大力推进我国环境和资源保护事业的需要，更是保障我国经济又好又快和可持续发展的不可或缺的手段。

环境立法、执法和司法是实现环境法治的重要环节和有机组成部分，是保障经济又好又快和可持续发展的根本途径。为此，有必要对我国环境立法、执法和司法的情况进行全面梳理，提出完善的建议。

第一节 我国环境立法、执法和司法情况的梳理

一 我国环境立法的梳理

（一）环境保护立法的历史演进

改革开放之前，我国经济规模较小，经济建设对环境的污染和生态破坏并

不显著，也没有正式的环境保护法。当时的一些理论家得出结论，"社会主义不产生污染。污染是资本主义的特殊产物"。这样，环境污染和意识形态联系在了一起。20世纪70年代，周恩来总理开始关注环境问题。在他的坚持下，中国派团参加在瑞典举行的第一次世界人类环境会议，之后召开第一次全国环境保护会议，我国的环境保护事业开始起步。我国环境保护立法可以分为以下三个阶段：

1. 起步阶段（1978—1983年）

党的十一届三中全会之后，伴随着民主法制建设的进程，环境立法处于起步阶段。1978年12月召开的中共十一届三中全会，深刻反思"文化大革命"时期全面破坏社会主义法制的惨痛历史，作出了加强社会主义民主和法制建设的重大决定。以此为开端，我国在立法方面取得重大成就。对环境保护事业具有巨大影响的立法事件，则是1979年9月13日由五届全国人大十一次会议原则通过的《环境保护法（试行）》，这是我国第一部环境法律。这部法律主要解决了以下两个重大问题：一是规定各地要建立环境保护的管理机构；二是建立了一系列的重大制度，如环境影响评价制度和"三同时"制度等。虽然这部法律是一部"试行法"，但实际上它与正式的法律具有同等的法律效力。"试行法"是特定历史条件下的产物，在进入20世纪80年代之后，我国就很少使用"试行法"这种形式了。

随着社会主义法制建设的恢复与发展，1978年《宪法》越来越不适应新形势的需要。1980年9月，五届全国人大三次会议接受中共中央的修宪建议，决定对1978年《宪法》进行全面修改。1982年12月，五届全国人大五次会议审议并通过了新宪法。1982年《宪法》，即我国现行《宪法》，第9条规定："矿藏、水流、森林、山岭、草原、荒地、滩涂等自然资源，都属于国家所有，即全民所有；由法律规定属于集体所有的森林和山岭、草原、荒地、滩涂除外。国家保障自然资源的合理利用，保护珍贵的动物和植物。禁止任何组织或者个人用任何手段侵占或者破坏自然资源。"第10条第5款规定："一切使用土地的组织和个人必须合理地利用土地。"第26条规定："国家保护和改善生活环境和生态环境，防治污染和其他公害。国家组织和管理植树造林，保护林木。"《宪法》中的这些环境保护条款，确立了我国环境法的基本框架和主要内容，它是环境立法的基础和依据，在环境法律体系中具有最高的法律效力。

1982年，为落实《联合国海洋法公约》，全国人大常委会制定了《海洋环境保护法》，我国保护海洋环境，从此有法可依。在这个时期，我国没有发生大规模的环境污染和生态问题。

2. 改革开放新阶段（1984—2003年）

1984年，中央出台《关于经济体制改革的决定》，决定改革长期以来实行的僵化的计划经济体制。1994年，中央出台《关于建立社会主义市场经济体制若干问题的决定》，确立"效率优先、兼顾公平"的收入分配制度，实行中央和地方的分税制。物质利益原则得到空前重视，极大地促进了经济的发展，在这个阶段我国的国内生产总值实现了平均每年10%左右的增长率。国内生产总值的政绩指标实际上成为考核地方领导干部政绩的重要标准。其间，虽然中央要求保护环境，环境立法也在发展，但相当一些地方领导信奉"先污染、后治理"的规律，采取"先上车、后补票"的对策，集中精力提升经济指标。

在环境立法方面，从1984—2003年期间，全国人大常委会相继制定《水污染防治法》（1984年）、《大气污染防治法》（1987年）、《森林法》（1984年）、《草原法》（1985年）、《渔业法》（1986年）、《矿产资源法》（1986年）、《土地管理法》（1986年）、《水法》（1988年）、《野生动物保护法》（1988年）。

需要特别强调的是：1989年12月，七届全国人大常委会十一次会议通过了《环境保护法》。新的《环境保护法》不仅去掉了"试行"二字，而且进行了一系列的重要制度创新。与此同时，国务院也陆续制定了《防止船舶污染海域管理条例》（1983年）、《海洋石油勘探开发环境保护管理条例》（1983年）、《海洋倾废管理条例》（1985年）等行政法规。1992年6月召开的联合国环境与发展会议提出了可持续发展战略，并为世界各国所接受。1994年3月，国务院批准了《中国21世纪议程》，提出了实施可持续发展的总体战略、基本对策和行动方案，要求建立体现可持续发展的环境法体系。在这种背景下，我国环境法的发展明显加快。全国人大常委会相继制定、修改了《大气污染防治法》（1995年）、《固体废物污染环境防治法》（1995年）、《水污染防治法》（1996年修改）、《环境噪声污染防治法》（1996年）、《水土保持法》（1991年）、《矿产资源法》（1996年修改）、《煤炭法》（1996年）、《森林法》（1998年修改）、《土地管理法》（1998年和2004年分别修改）、《渔业法》（2000年修改）、《海域使用管理法》（2001年）、《防沙治沙法》（2001年）、《环境影响评价法》（2002年）、《清洁生产促进法》（2002年）、《放射性污染防治法》（2003年）等。同时，国务院和国务院有关部门也制定了大量环境资源方面的行政法规和部门规章。

从1984—2003年的20年间，中国的经济高速发展，但在环境和生态保护方面，环保部门阻挡不住环境污染的潮流，为此我们付出了巨大的代价。河流污染了、空气变脏了、自然界受到了严重的破坏。正如胡锦涛同志在党的十七大报告中所指出的："突出的问题是：经济增长的资源环境代价过大。"

3. 科学发展阶段（2003 至今）

各界在实践中逐步认识到：实行"效率优先、兼顾公平"的原则实际上很难兼顾到公平，给社会造成严重的后果。其中，过分追求经济指标，忽视环境保护，严重损害了人体健康，人民对此是不满意的。在目前，一些地区的人民群众，对环境遭到破坏的忍耐程度，已经到达极限。一些信访和群体性事件就是由环境污染事件引起的。社会由此达成新的共识，由注重经济政策到注重社会政策，出现了一个历史性的转折。标志性的成果，就是 2003 年 10 月党中央提出了科学发展观的重大主张，这对我国的环境立法是极大的支持和推动。在此之后，全国人大常委会修改了《固体废物污染环境防治法》（2004 年），制定了《可再生能源法》（2005 年）和《循环经济促进法》（2008 年），修改了《水污染防治法》（2008 年）、《清洁生产促进法》（2012 年）和《环境保护法》（2014 年）。2009 年全国人大常委会通过的《侵权责任法》专列一章对环境污染责任作出了明确规定。同时，国务院、地方人大和国务院有关部门也制定了大量相关的行政法规、地方性法规和部门规章。可以说，到目前为止，具有中国特色的环境与资源保护法律体系已经初步形成。

（二）环境立法的现状——我国环境保护法律体系初步形成

当前，具有中国特色的环境保护法律体系是以《宪法》关于环境保护规定为基础，以环境基本法为核心，以污染防治、自然保护等领域的单行法律、法规和规章为主体，以其他相关部门法关于环境保护的规定为补充的完备体系。主要包括：

1. 《宪法》中的环境保护条款

我国现行《宪法》第 9 条规定："矿藏、水流、森林、山岭、草原、荒地、滩涂等自然资源，都属于国家所有，即全民所有；由法律规定属于集体所有的森林和山岭、草原、荒地、滩涂除外。国家保障自然资源的合理利用，保护珍贵的动物和植物。禁止任何组织或者个人用任何手段侵占或者破坏自然资源。"第 10 条第 5 款规定："一切使用土地的组织和个人必须合理地利用土地。"第 26 条规定："国家保护和改善生活环境和生态环境，防治污染和其他公害。国家组织和管理植树造林，保护林木。"《宪法》中的环境保护条款，明确了我国环境法的基本框架和主要内容，它是环境法的基础和依据，具有最高的法律效力。

2. 环境保护法律（包括相关法律中的环境保护条款）

环境保护法律，就是指由全国人大或者全国人大常委会制定的污染防治和自然保护方面的立法。目前，我国共制定了《环境保护法》、《海洋环境保护法》、《水污染防治法》、《大气污染防治法》、《固体废物污染环境防治法》、《环境噪声污染防治法》、《放射性污染防治法》、《环境影响评价法》8 部污染防治方面的法律，另外还有《防震减灾法》、《防洪法》、《气象法》3 部防灾减灾方面的法律，以及《节约能源法》、《清洁生产促进法》、《循环经济促进法》等。除了这些专门的环境法之外，相关法律中，比如《城市规划法》、《民法通则》、《侵权责任法》、《刑法》、《文物保护法》、《标准化法》、《行政处罚法》、《行政诉讼法》、《行政强制法》、《民事诉讼法》、《乡镇企业法》、《农业法》等，也规定了大量的环境保护条款或者内容，这些立法也是我国环境立法的重要组成部分。

3. 环境保护行政法规（含法规性文件）

环境保护行政法规，是指由国务院依据宪法和法律制定的有关污染防治与自然保护方面的规范性文件。初步统计，国务院共制定了污染防治方面的行政法规 30 多件，自然资源保护方面的行政法规 70 余件，再加上防灾减灾方面的法规和人民解放军的有关法规，已经形成了一个庞大的体系，几乎覆盖了整个环境法领域。这其中不乏一些在环境法领域占有重要地位的规定，比如，《建设项目环境保护管理条例》、《排污费征收使用管理条例》、《淮河流域水污染防治暂行条例》、《野生植物保护条例》、《取水许可制度实施办法》、《土地复垦规定》、《基本农田保护条例》、《自然保护区条例》以及《关于环境保护若干问题的决定》等。2005 年 10 月国务院发布了《关于加快发展循环经济的若干意见》。2005 年 12 月国务院发布了《关于落实科学发展观加强环境保护的决定》。

4. 环境保护部门规章（含规章性文件）

环境保护部门规章是指国务院有关部门在其职责范围内制定的有关污染防治与自然保护方面的规范性文件。部门规章的效力要低于法律和行政法规，它所规定的内容只限于执行法律或者国务院的行政法规、命令、决定的事项。我国目前由国务院有关行政主管部门制定的环境与自然保护方面的部门规章，有数百件，涉及环境法的方方面面。

5. 地方性环境保护法规和规章

地方性环境保护法规包括省、自治区、直辖市和经济特区所在地的市的人民代表大会及其常务委员会制定的有关污染防治与自然保护方面的规范性文件、省、自治区的人民政府所在地的市、设区的市、自治州、较大的市的人民代表大会及其常务委员会制定的有关环境与自然资源保护方面的规范性文件，后者需要报省、自治区的人大常委会批准后方可施行。地方性环境保护规章是指省、自治区、直辖市和设区的市、自治州的人民政府制定的有关环境与自然资源保护方面的规范性文件。目前，我国地方人大和政府已经制定了大量环境保护地方性法规和规章，为污染防治与自然保护发挥了重要的作用。

6. 国际公约和条约

这里所说的国际条约和公约，是指我国缔结或者参加的有关污染防治与自然保护的多边或者双边条约、协定和国际公约，以及其他具有条约和公约性质的文件。目前，我国已经缔结或者签署的国际环境公约50余项，与外国达成的双边环境保护协定20余项。在国际上有重要地位的一些国际公约，比如《控制危险废物越境转移及其处置巴塞尔公约》、《保护臭氧层维也纳公约》、《联合国气候变化框架公约》、《联合国防治荒漠化公约》、《生物多样性公约》等，我国均已加入。我国还于2005年2月16日正式加入了《京都议定书》。

7. 司法解释

根据全国人大常委会《关于加强法律解释工作的决议》，凡属于法院审判工作中具体应用法律、法令的问题，由最高人民法院进行解释；凡属于检察院检察工作中具体应用法律、法令的问题，由最高人民检察院进行解释。到目前为止，最高人民法院和最高人民检察院已经作出了大量的司法解释，其中不乏在环境保护领域适用的规定。比如，《关于适用〈民事诉讼法〉若干问题的意见》中关于集团诉讼主体资格、由环境污染引起的损害赔偿诉讼中举证责任负担等问题的解释，对保护公民合法的环境权益发挥了重要作用。再如，最高人民法院1997年发布的《关于进一步加强环境保护案件审理工作的通知》和2006年6月发布的《关于审理环境污染刑事案件具体应用法律若干问题的解释》，对环境犯罪行为的定罪量刑情节认定做了具体规定，最高人民检察院2006年发布的《关于渎职侵权犯罪案件立案标准的规定》对环境监管失职罪做了明确界定。最高人民法院、最高人民检察院2013年发布的《关于办理环境污染刑事案件适用法律若干问题的解释》对依法惩治有关环境污染犯罪适用法律问题作出明确规定。环境污染刑事案件司法解释的出台，有利于加强环境执法监督，加大对环境犯罪行为的打击力度，对于完善我国环境法制建设，推进环境法治进程，加快推进历史性转变具有积极的意义。

还有一些司法文件，对指导环境审判工作也发挥着重要的作用，例如，2010年6月29日最高人民法院发布的《关于为加快经济发展方式转变提供司法保障和服务的若干意见》，在环境公益诉讼案件审理方面，要求依法受理环境保护行政部门代表国家提起的环境污染损害赔偿纠纷案件，严厉打击一切破坏环境的行为。这是最高人民法院首次明确支持环保主管部门有权代表国家提起环境损害赔偿诉讼，标志着环保主管部门作为环境公益诉讼原告主体地位的确立。在审判组织保障方面，要求在环境保护纠纷案件数量较多的法院，可以设立环保法庭，实行环境保护案件专业化审判，提高环境保护司法水平。这是最高人民法院文件首次明确要求设立专门的环保法庭，对人民法院支持环保事业发展具有重大的体制意义。为贯彻落实 2014 年修订的《环境保护法》，2015 年 1 月最高人民法院发布《关于审理环境民事公益诉讼案件适用法律若干问题的解释》，对人民法院审理环境民事公益诉讼案件适用法律问题作出明确规定。这些重要的司法新措施，对于保障和服务我国经济发展方式的转变，必将产生重大而深远的影响。

二　我国环境执法的梳理

（一）环境执法的历史演进

环境执法工作随着我国环境保护事业的发展及环境管理工作的深入而逐步展开。在 30 多年的环境保护工作实践中，我国环境执法队伍从无到有，逐步发展壮大。环境执法工作的内涵也从最初的征收排污费扩大到环境保护日常现场监督执法的各个领域。我国环境执法工作的发展历程，大体分为以下四个阶段：

1. 探索起步阶段（1986 年以前）

环境执法起步探索阶段的主要标志是：部分地方政府出现环境执法需求，成立了专业环境执法队伍，主要从事排污费征收工作，兼顾特定行业污染源监督管理、污染纠纷调处等执法活动。这一阶段，我国专业环境执法队伍从无到有，环境执法工作开始起步，为贯彻落实国家环保法律法规和政策、促进环境保护法制建设发挥了积极作用。

联合国于 1972 年 6 月在瑞典首都斯德哥尔摩召开的第一次人类环境会议推动了中国当代环境保护的起步。我国高层的决策者开始认识到中国也同样存在着严重的环境问题。1973 年 8 月，国务院召开第一次全国环境保护会议，审议通过了"全面规划、合理布局、综合利用、化害为利、依靠群众、大家动手、保护环境、造福人民"的环境保护工作 32 字方针和我国第一个环境保护文件——《关于保护和改善环境的若干规定》。11 月，国家计委、国家建委、卫生部联合批准颁布了我国第一个环境标准——《工业"三废"排放试行标准》。我国逐步开展了以"三废"治理和综合利用为主要内容的污染防治工作，开始实行"三同时"、污染源限期治理等管理制度。20世纪60年代提出的"三废"处理和综合利用概念，逐渐被"环境保护"概念所代替。从第一次全国环保会议至1978年年底党的十一届三中全会这一时期，我国实行计划经济，企业没有自主经营决策权，一切都由政府制定的计划所控制，企业责任实际是政府责任，而个人行为所造成的环境污染后果一般影响较小，故不存在环境执法对象，也没有环境执法的客观需要，环境问题主要通过行政管理方式处理。1982年7月，国务院颁布了《征收排污费暂行办法》。全国环保部门开始开展排污费征收工作，排污费征收成为我国早期环境执法的主要形式。

各地环保部门开始探索建立现场执法队伍，主要有下列四种形式：一是以征收排污费为主的排污收费监理队伍。此外，一些地方环保部门还赋予了这支队伍监督污染源管理、污染治理设施运行、污染事故处理等微观监督执法职能。二是以环保部门工作人员和外聘企事业单位环保人员组成临时环境监察机构，组成松散的社会监督网络。这支队伍没有专门的机构、编制和经费来源，实际上并未实现建立专职环境监督执法队伍的目的。三是成立针对单一环境要素的环境执法队伍。如建立"消烟除尘大队""汽车尾气监察管理大队"等形式的监督执法队伍，配合当地环境保护主管部门开展工作。四是在城建监察大队下设环境保护监察分队。由于各地环境执法队伍形式多样，发展水平不一，在环保系统内出现了多支队伍、多头执法现象。尽管如此，这都是各级环保部门在建立队伍、强化执法方面进行的有益探索。

2. 试点阶段（1986—1995年年底）

环境执法试点阶段的标志是：在全国部分省、市组织开展了环境监理试点工作。试点单位在队伍建设、经费来源、现场执法等方面进行了积极探索，积累了初步经验，为建立全国统一的环境监理队伍、全面开展环境执法工作打下了基础。

截至1986年，国家颁布的环境保护法律法规已经初具规模，环境保护已有法可依，但违法不究、执法不严的现象仍大量存在。建立一支环境保护执法队伍的呼声日益高涨。根据这一情况，国家环保局决定以现有排污收费队伍为主，组建一支环境监理队伍。

第一次试点：1986年5月，国家环保局先后确定了环境监理试点地区。试点地区对试点工作高度重视，在组织机构、人员管理、经费来源、现场执法等方面进行了有益的探索。经过试点，环境监理队伍得到了长足的发展。环境监理工作应当突出现场、日常的"微观"执法，环境监理即对环境违法行为的监督处理，是环境管理的具体化，是环境管理措施的执行方式，环境监理应当由收费型向环境执法型转变。国家环保局及时总结经验，于 1991 年颁布《环境监理工作暂行办法》和《环境监理执法标志管理办法》。

第二、第三次试点：1992 年和 1993 年，国家环保局又分别组织了两批试点，规模扩大到 22 个省的 57 个城市和 100 个县。在进一步总结经验的基础上，国家环保局于 1995 年颁布了《环境监理人员行为规范》。同时，人事部批复同意环境监理人员依照公务员制度进行管理。

1993 年 3 月 12 日，国务院发出《关于开展加强环境保护执法检查严厉打击违法活动的通知》，明确"环境保护工作的重点是充分运用法律武器和宣传舆论工具，强化环境执法。采取切实有力措施，大张旗鼓地进行宣传和检查环境保护法律、法规的贯彻执行，严厉打击那些造成严重污染和破坏生态环境、影响极坏的违法行为"。八届全国人民代表大会新成立了全国人大环境与资源保护委员会，并把开展环境执法检查列为其成立后的第一件重要工作，连续 4 年组织国务院环委会和省、自治区人大，在全国范围内开展环保执法检查，查处了一批环境违法案件，严厉打击了环境违法行为，有力促进了全国环境执法工作向纵深发展。这一时期，我国由计划经济向市场经济过渡，企业自主经营，自负盈亏，利用环境外部不经济性追求利润最大化成为企业提高竞争力的主要手段，非法排污行为日益增多，由此而引发的污染纠纷层出不穷。查处企业环境违法行为、调解污染纠纷，并以征收排污费的方式促进企业治污是这一时期环境执法的主要任务。

3. 发展阶段（1996—2001 年）

环境执法发展阶段的标志是：国务院环境保护行政主管部门相继颁布了《环境监理工作制度（试行）》和《环境监理工作程序（试行）》等规章制度，环境执法工作逐步走向规范化、制度化，体制建设取得了突破性进展，初步形成了国家、省、市、县四级环境执法网络，环境执法逐渐成为环保部门的立足之本。

1996 年，第四次全国环境保护会议后，国务院颁发了《关于环境保护若干问题的决定》，开始实施污染物总量控制制度，要求到 2000 年全国的污染物排放总量控制在 1995 年年底的水平。为控制环境恶化和生态破坏加剧的趋势，国家建立了总量控制指标体系，将排污总量指标分解到各省、直辖市、自治区加以落实。具体措施如下：一是建立"两控区"，包括"二氧化硫控制区"和"酸雨控制区"；二是取缔"十五小"企业，包括规模很小、污染严重、浪费资源和没有改造治理可能的 15 种污染源的小型企业；三是提出治理工作的重点是"33211"工程，"33211"工程是指三河（辽河、海河、淮河）、三湖（巢湖、太湖、滇池）、两区（二氧化硫排放控制区、酸雨控制区）、一市（北京市）、一海（渤海）；四是达标排放，全国所有工业污染源排放主要污染物要达到国家或地方规定的标准；五是重点城市水、大气环境质量达标，直辖市、省会城市、经济特区城市、沿海开放城市和重点旅游城市的环境空气、地面水环境质量，按功能区分别达到国家规定的标准。

"九五"环境规划目标给环保部门提出了大量现场检查要求，大大提高了环境监理的执法地位，各级环境监理在"一控双达标""33211"和取缔"十五小"企业工作中发挥了主力军的作用。根据法制建设进程，1997年党的十五大提出要"进一步扩大社会主义民主，健全社会主义法制，依法治国，建设社会主义法治国家"，将依法治国作为党领导人民治理国家的基本方略。要"加强立法工作，提高立法质量，到2010年形成有中国特色社会主义法律体系"。2000年，全国环境监理队伍完成现场检查162万次、检查污染防治设施15万台套、新建项目1.4万个、限期治理项目14万项，取缔"十五小"企业73189家。

在这一阶段，新一届中央政府更加重视环境保护工作，国家环保局升格为正部级的国家环保总局，作为国务院直属机构，其职能相应地得到扩展。农村环境保护、生态保护和核污染防治等职责划归了国家环保总局，并明确提出污染防治与生态保护并重。国家环保总局也先后出台了《关于加强农村生态环境保护工作的若干意见》、《秸秆禁烧和综合利用管理办法》和《关于加强对自然生态保护进行环境监理的通知》。这些规范性文件拓展了环境监理部门对自然保护、生态环境、农村环境的监督检查职责。

1999年年初，国家环保总局发出了《关于开展排放口规范化整治工作的通知》。全国排污单位开始对排污口进行规范化整治，其目的是使排污口达到便于采样、便于计量监测和便于日常现场监督检查的要求。这是实施污染物排放总量控制的基础性工作之一，有利于强化对污染物排放的监督。环境监理人员在这一工作中起了主要作用。截至2000年年底，全国28840个单位完成排污口整治，整治排污口44309个，安装流量计2419台，等比例采样器19台。同时开始建立污染源自动监控系统。

与污染物总量控制制度相匹配，排污收费也开始了按排污总量收费的试点。1998年，国家环保总局、国家计委、财政部发出了《关于在杭州等三城市实行总量排污收费试点的通知》。杭州、吉林、郑州三城市开展了试点工作。三城市的环境监理机构成功地完成了试点工作，为全面开展总量排污收费工作积累了经验。

1999年6月17日，国家环保总局发出《关于进一步加强环境监理工作若干意见的通知》，对环境监理队伍的性质、机构、职能、队伍管理、规范执法行为和标准化建设做了具体规定。该通知是环境监理机构建设多年来的经验总结，对全国环境监理队伍的建设和发展发挥了重大的作用。

4. 深化改革阶段（2002年至今）

环境执法进入深化改革阶段的标志是：国务院《关于落实科学发展观加强环境保护的决定》明确提出要建立"国家监察、地方监管、单位负责"的环境监管体制，完备的环境执法体系开始建设，国务院环境保护行政主管部门成立了环境监察局、环境应急与事故调查中心和区域环境保护督查中心，国家监察能力得到加强，工作机制逐步完善，环境监察队伍成为环保工作的中流砥柱。

2002年3月，国家环保总局发文，组建国家环保总局环境应急与事故调查中心（简称环境应急中心），属环保总局司级单位，对外称环境监察办公室。环境监察办公室的成立，表明环境监察成为直属国家环保总局的独立环境执法队伍。同年6月，国家环保总局为增强对华东、华南地区跨省界区域和流域重大环境问题的监督管理能力，在国家环保总局南京环境科学研究所的基础上组建了华东环境保护督查中心，在国家环保总局华南环境科学研究所的基础上组建了华南环境保护督查中心，开展有关环境保护督查工作。2002年7月1日，国家环保总局发文要求全国各级环境保护局所属的"环境监理"类机构统一更名为"环境监察"机构。更名后，环境监察机构名称更能体现行政执法的性质，有利于树立执法权威。为促进生态保护与污染防治并重，国家环保总局2003年3月30日，发文要求各地各级环保局的环境监察队伍开展生态环境监察试点工作。

2003年10月，中央机构编制委员会办公室批复同意国家环保总局成立环境监察局。环境监察局的主要职责是：拟定和组织实施环境监察、排污收费等政策、法规和规章；指导和协调解决各地方、各部门以及跨地区、跨流域的重大环境问题；组织建立重大环境污染事故和生态破坏事件的应急预案，并负责调查处理工作；负责突发性事件的有关环境应急处理工作；负责环境保护行政稽查工作；受理环境事件公众举报；组织开展全国环境保护执法检查活动；指导全国环境监察队伍建设。国家环保总局环境监察局的建立，标志着国家环境执法监管体制的进一步发展，表明了强化环境执法、坚决查处重大环境违法案件的重要性。

党的十七大把环境保护列入了党和国家的重要议事日程。国务院提出环境保护要实现历史性转变，温家宝总理要求"建立完备的环境执法体系"。周生贤部长把建立完备的环境执法体系列为重点解决的两件大事之一。环境执法的改革创新是推进环境保护工作历史性转变的重要举措，历史性转变的过程也将是环境执法体系不断完善、执法力度不断加强、执法效果不断增强的过程。2007年5月，国家环保总局、公安部、最高人民检察院三部门联合下发《关于环境保护行政主管部门移送涉嫌环境犯罪案件的若干规定》，对应移送涉嫌环境犯罪案件的种类、移送程序及相关要求，以及公安、检察机关的相应职责等做了明确规定。该规定的出台，进一步完善了环境法律制度建设，对于依法惩罚环境犯罪行为、防止以罚代刑、推进环境法治具有重要意义。2011年，国务院发布了《关于加强环境保护重点工作的意见》，再次要求强化环境执法监管，加强环境保护日常监管和执法检查。党的十八届三中全会提出，要建立和完善严格监管所有污染物排放的环境保护管理制度，独立进行环境监管和行政执法。党的十八届四中全会要求用严格的法律制度保护生态环境。2014年新修订的《环境保护法》明确了环境监察机构的法律地位，赋予环保部门强制查封扣押等权力以及对地方政府和部门环保工作进行监管的权力，建立了按日计罚等制度，大幅提高了违法企事业单位的违法成本。

（二）环境保护执法的现状

1. 形成了较为完善的环境执法体制

2005年12月，国务院发布了《关于落实科学发展观加强环境保护的决定》。该决定要求："建立健全国家监察、地方监管、单位负责的环境监管体制"，"完善环境监察制度，强化现场执法检查"，"加强环保队伍和能力建设。健全环境监察、监测和应急体系"。这从国务院文件层面明确了环境监察的地位，提出了"建立健全国家监察、地方监管、单位负责的环境监管体制"以及"国家加强对地方环保工作的指导、支持和监督，健全区域环境督查派出机构，协调跨省域环境保护，督促检查突出的环境问题。地方人民政府对本行政区域环境质量负责，监督下一级人民政府的环保工作和重点单位的环境行为，并建立相应的环保监管机制。法人和其他组织负责解决所辖范围有关的环境问题"等明确要求。

截至2008年年底，国家组建了华北、华东、华南、西北、西南、东北六个区域环境保护督查中心（以下简称"督查中心"），形成了以环境保护部环境监察局为龙头，应急中心和督查中心组成的"国家监察"体系。环境保护督查中心的督查工作受环境保护部领导，由环境保护部环境监察局归口联系和业务指导。督查中心履行环境保护督查职责不改变、不取代地方人民政府及其环境保护行政主管部门的环境保护管理职责，也不指导地方环保部门业务工作。督查中心的突发环境事件信息报告属内部情况报告，不履行或代替地方人民政府和环保部门的信息报告职责。

江苏、内蒙古、河北等地还结合自身特点成立了省级督查中心。截至2009年年底，全国环保系统已建立3182个环境监察机构，实有人员7.6万人，比2005年年底人数增加了50%。重庆实现了整体"升格"，河南实现整体"高配"，安徽、广东、江苏等省环境监察机构主要领导"高配"，陕西、江苏、河北、安徽、辽宁、黑龙江、江西、广东、甘肃等省成立了省环境监察局。山东、江苏、浙江等省部分市县环境执法逐步向农村延伸，在乡镇、街道或村设立环保所，积极推进农村地区污染整治。积极构建"省、市、县、乡、村"五级环境监管网络，把环境执法监管触角延伸到乡村，苏州和无锡市基本实现了乡有环保所、村有环保办。常州以乡镇、街道为基本单元，把生活污水集中处理率、工业企业达标排放率等6项主要环保指标，直接考核到乡镇、街道，将环境质量地方政府负责制真正落到实处。

2. 环境执法能力建设逐步增强，解决了突出环境问题

2006年11月，国家环保总局对环境监察标准化建设标准及有关验收管理规定进行了修订，重新印发了《全国环境监察标准化建设标准》和《环境监察标准化建设达标验收暂行办法》，要求加快推进环境监察标准化建设，提高环境执法能力与水平。"十一五"共安排环境监察标准化建设资金16.59亿元，配备环境执法车辆5128辆，执法仪器设备86351台套，是2006年以前投资总和的5倍多。启动基层环保监测和执法业务用房项目，第一阶段列入310个项目，下达投资6亿元。全国环境监察培训基地初步建立，全国统一适用的《环境监察》等培训教材体系基本形成，师资队伍初具规模。截至2010年年底，国家级共组织环境监察执法相关培训班140多期，培训环境监察机构负责人及业务骨干2.1万余人次。

"十一五"期间，环保部门紧紧围绕解决危害群众健康和影响可持续发展的突出环境问题，不断加大环境执法力度，集中整治重污染行业和重点流域、区域环境违法行为，先后组织各地针对集中式饮用水源地环境安全，工业园区以及建设项目违规上马，重污染行业盲目发展造成的区域、流域污染，城市污水处理厂超标排污、重金属污染等问题，开展了大规模的环保专项检查和集中整治，取得了积极成效。全国共出动执法人员1065余万人次，检查企业446万多家次，查处环境违法企业8万多家次，取缔关闭违法排污企业7293家，

停产治理企业5981家，限期治理企业6432家，挂牌督办环境违法案件1.9万余件，共追究相关责任人800余名，严厉打击了环境违法行为，维护了群众环境权益。全国共排查重金属排放企业11510家，挂牌督办重金属排放企业环境违法案件286件，确定了148个重金属重点监管区域、1149家重点监管企业。各地通过开展环保专项行动等，严厉打击了环境违法行为，维护了群众环境权益。

3. 环境执法的综合手段进一步加强

国家环保总局与人民银行、银监会联合推出了"绿色信贷"政策，向人民银行提供环境违法企业信息，使一批环境违法企业受到贷款限制；与商务部联合加强了对"两高一资"出口企业或产品的环境监管；与证监会联手开展了对公司上市、再融资的环保核查和信息披露。强化了排污费征收工作，刺激和促进了企业污染治理，如2011年全国征收排污费202亿元，较2010年增长13.6%，有力地发挥了排污收费的经济杠杆作用。这些综合手段的应用，放大了处罚效果，促进了企业污染成本内部化，迫使企业由被动治污变为主动治污，使防治污染成为企业的自觉行动。

（三）环境保护执法的积极作用

环境行政执法监督是环境保护行政主管部门对辖区环境保护工作实施统一监督管理的基本职能。作为环境行政执法的重要主体，各级环境执法部门认真履行职责，不断加大执法力度，切实贯彻执行各项环境保护法律、法规，对打击环境违法行为、捍卫环境法律尊严、保障国家环境安全、改善生态环境、提高资源利用效率、增强我国可持续发展能力、维护公众合法环境权益、促进人与自然的和谐、推动整个社会走上生产发展、生活富裕、生态良好的文明发展道路，发挥了不可替代的作用，取得显著成效。

1. 促进了环境保护法律法规的贯彻实施

环境执法是环境立法实施的主要途径和保障。市场经济条件下，追求经济利益最大化是企业经营活动的主要目的。在经济利益的驱动下，部分企业无视国家法律，不执行"三同时"制度，擅自停运污染防治设施，违法排污。自《建设项目环境保护管理条例》1998年颁布实施以来，截至2006年全国共有146万多个建设项目执行了环境影响评价制度，63万多个新建项目执行了"三同时"制度，环评执行和"三同时"执行率分别达到99.3%和96.4%，"三同时"合格率达到95.7%。通过执行环境影响评价制度，工业类项目实现了"增产不增污"或"增产减污"；涉及重要环境敏感问题生态类项目，通过调整选址、选线和工程方案等，有效避免了新的生态破坏。

2. 促进了产业结构调整和经济发展方式的转变

环境执法在贯彻落实国家宏观经济调控措施、遏制重点行业盲目建设势头和高能耗行业的无序扩张态势方面发挥了积极作用，也在控制高能耗、高污染产品出口，防止发达国家污染转移等方面发挥了重要作用。1997年9月至1998年，全国关闭工艺落后、污染严重的"15小"企业共65000多家，并对全国的工业企业提出了至迟2000年年底污染物排放限期达标的要求。随后，又对小高炉、小炼油、小水泥、小炼钢、小火电机组"5小"企业开始整顿。到1999年年底，已关停小火电机组290万千瓦；全国166家炼油能力100万吨以下炼油厂已经关停70家，取缔土炼油场点5600多个；关停小高炉250座，压缩淘汰炼铁能力400万吨，炼钢能力500万吨，轧钢能力1000万吨。

"九五"期间（1996—2000年），围绕经济结构的调整，各地取缔、关停了8万多家15种污染严重的小型企业。工业部门在压缩过剩生产能力中，关闭小煤矿4.3万处、小水泥窑3069座、小玻璃生产线187条、小炼油111家、小火电机组近800台、小钢厂103家。全国23.8万家污染企业中，90%以上实现了达标排放。这些都从源头上减少了经济增长对资源的破坏和对环境的污染。

"十五"期间（2001—2005年），按照国家宏观调控的统一部署，各级环境执法人员对违反国家产业政策、资源消耗大、环境污染重、盲目发展的企业进行集中整顿。其中，2004年取缔关闭钢铁、水泥、电解铝、铁合金、电石、炼焦、皂素、铬盐等行业企业3058家，对9216个新建项目进行了清理整顿，对2783个违规项目进行了严肃处理，遏制了重污染行业盲目建设的势头；2005年再次关停污染严重、不符合产业政策的钢铁、水泥、铁合金、炼焦、造纸、纺织印染等企业2609家，有效地促进了这些行业的结构调整和产业升级。

"十一五"期间，持续对湘黔渝"锰三角"、晋陕蒙宁"黑三角"、洱海等区域流域环境问题进行综合整治。"锰三角"地区交界断面水质从整治前锰含量年均超标10倍以上改善到稳定满足和优于Ⅲ类地表水标准，每吨锰产品的平均水耗由20吨降至3吨以下，电耗由8000度降至6800度以内。同时，锰产业作为当地主要支柱产业得到稳定发展，综合整治还促进了锰产品深加工及新兴替代产业。因环境问题引发的纠纷和冲突明显减少，党群、干群、民企关系明显和谐了。相关各级环保部门经过5年持续集中整治，关停整改了1000多家电石铁合金焦炭行业的重污染企业，晋陕蒙宁四省区政府累计整治排污企业1118家，投资14.3亿元，关停185家污染严重企业，处理了40名执法不力的干部，使号称"黑三角"的晋陕蒙宁交界地区环境状况发生了根本性改变，昔日"村村点火，处处冒烟"的景象不复存在。被列为全国十大空气污染严重城市之一的宁夏石嘴山市，环境质量有了很大改善，得到了国务院的肯定。各地环境监管方式发生了可喜的变化，从单纯点源监管与治理向区域、流域综合整治转变，促进了局部环境质量明显改善、产业结构调整和经济发展方式的转变，积极探索了一条代价小、效益好、排放低、可持续的环保新道路。

3. 维护了公众环境权益

第一，及时受理、查处环境案件。截至2011年年底，全国已有80%以上的地市级环保部门和70%以上的县级环保部门开通了"12369"环保举报热线，30%的地方环保部门成立了环境投诉受理中心，约有五千余人专门从事环境投诉受理工作。2003年以来，全国各级环保部门通过环保热线共受理环境污染投诉数百万件，结案率在97%左右，主要城市环境投诉满意率在80%左右。随着公众环境意识和对环境质量要求的不断提高，反映环境权益被侵害的来信来访数量逐年增加。2001—2005年，各级政府环保部门共受理群众来信253万余封，群众来访43万余批次、59.7万余人次，受理全国人大代表建议673件，全国政协委员提案521件。

第二，保证群众饮水安全。经过2006—2007年两年的饮用水源保护区集中整顿，饮用水源一级保护区内的工业排污口基本被依法取缔，二级保护区内新、扩建建设项目进行了全面清理。全国共检查集中式饮用水源地1.5万余个，取缔关闭一级保护区内排污口1236个，停建（停产）2000年以来在饮用水源二级保护区内新扩建项目1294个，限期治理未达标排污企业931个。基本完成9478个饮用水源保护区划定（调整）工作，约占总数的63%。

第三，挂牌督办，综合治理，重点解决突出环境问题。各地对历年群众投诉集中而又未妥善解决的污染问题进行清理，将群众反映强烈的和污染严重的环境违法问题作为政府挂牌督办案件，综合治理、重点解决。党中央、国务院领导做出重要批示的群众反映强烈的污染问题逐一得到解决。如严重危害群众健康的河北小制革、广东废旧电器拆解加工、湖南小化工、云贵两省土法炼锌、福建省小电镀等一大批"十五小"企业群被彻底清理，社会反映强烈的洞庭湖造纸企业污染问题、天津北辰区小化工企业污染问题、河南周口味精、湖南株化等大型企业污染问题等一批"老大难"环境问题相继得到解决。

4. 提升了生态文明建设水平

生态环境执法监督是环境保护行政主管部门落实"污染防治与生态保护并重"方针，实施统一监督的主要途径。我国实行的"环保部门统一监管，有关部门分工负责"管理体制,造成生态环境保护方面各自为政、职责交叉、多头管理、重复管理等问题十分突出。在第一批确定113个市、县开展生态环境监察试点工作基础上,将河北省和北京市海淀区等73个省、市、县区,作为第二批全国生态环境监察试点地区,继续稳步推进试点工作。2010年组织畜禽养殖行业、农村地区工业、国家级自然保护区等专项执法检查。全国共现场检查规模化养殖场4.47万余家,整治完善了6900多个畜禽养殖污染治理和废弃物储存设施,补办环评审批手续2600多家,关闭处于禁养区的养殖场2900余家;全国组织对10个省52个县、60多个工业园区和460余家工业企业进行了现场专项督查,进一步加强对农村地区工业企业的环境监管,解决农村区域性突出环境问题,保障和改善农村人居环境。各地因地制宜,积极探索非污染型建设项目、自然资源开发与利用、农村和农业环境保护等领域环境执法监督的途径和方法,普遍建立了定期会议、案件移送、联合办案等制度,在自然保护区、畜禽养殖、农村饮用水水源保护区、查处生态破坏案件等方面的执法监管均取得了明显的成效,提升了生态文明建设水平。

三 我国环境保护司法的梳理

(一) 环境保护司法的历史演进

我国开展真正意义上的环境司法活动,始于20世纪70年代末。作为审判机关的人民法院向环境保护事务的介入,使环境法的国家强制力得到有效保证和全面体现,对推动我国环境法治和整个环境保护工作的开展,起到了积极的推动作用。① 30多年环境保护司法的历程,可以分为以下三个阶段:

1. 恢复重建阶段(1978—1988年)

这一时期,我国环境保护司法制度迅速恢复并初步发展。该时期我国修改了《宪法》,颁布了《人民法院组织法》、《人民检察院组织法》、《刑法》、《刑事诉讼法》、《民法通则》、《民事诉讼法》以及《环境保护法(试行)》、《海洋环境保护法》、《水污染防治法》、《大气污染防治法》等重要法律。这些法律法规对环境污染纠纷解决以及污染损害赔偿等作出了初步规定,《刑法》在"危害公共安全罪"和"破坏社会主义经济秩序罪"等罪名下规定了一些环境犯罪方面的条款。在该阶段,我国还重建了检察机关和司法行政机关,将公安部管理的监狱、劳改、劳教工作划归司法部管理,建立了刑事、民事审判体系,增设经济审判庭,并开始探索行政审判,审理了部分环境行政案

---

① 解振华主编:《中国环境执法全书》,红旗出版社1997年版,第355页。

件，协助环境保护主管部门强制执行，确立了公开审判、两审终审、合议、辩护、人民陪审员、死刑复核等制度。① 1988年，湖北省武汉市建立了我国第一个环境经济法庭。② 这些规范和制度为恢复重建时期的环境司法提供了依据和保障，严肃追究了一批责任人的环境法律责任。

2. 全面发展阶段（1989—1997年）

这一时期，我国环境保护司法制度进入全面发展阶段。一系列重要法律出台，《仲裁法》初步建立了仲裁制度，《律师法》成为律师制度发展的里程碑，《法官法》、《检察官法》标志着司法官选任、管理的法律化、规范化和科学化，《民事诉讼法》、《行政诉讼法》的颁行和《刑事诉讼法》的修改则是完善民事、行政和刑事审判的直接体现，③ 环境民事、行政、刑事审判得到极大促进。1989年《环境保护法》颁布，对环境污染纠纷的司法处理作出了规定，确立了无过错责任，将环境污染损害赔偿诉讼的时效延长为三年。我国先后修订了《大气污染防治法》和《水污染防治法》，颁布了《固体废物污染环境防治法》和《环境噪声污染防治法》，这些单项法律就环境污染纠纷解决和环境损害赔偿均作出了明确的规定。

随着环境污染和生态破坏的日益加剧，有些严重环境违法行为造成的危害后果十分重大，需要运用刑罚手段来惩戒违法和震慑排污者。1997年修订的《刑法》在"分则"第六章"妨害社会管理秩序罪"中专门设置一节"破坏环境资源保护罪"，共9个条文规定了重大环境污染事故罪、非法进境倾倒堆放处置固定废物罪、擅自进口固体废物罪等14种破坏环境资源保护的犯罪。此外，1997年的《刑法》还在其他章节规定了可能造成或导致严重的环境污染和资源破坏的犯罪，如环境监管失职罪。1997年10月中旬，山西省运城市天马文化用纸厂积存的含酚污水流入引黄干渠、樊村水库和供水公司的供水系统，造成水库41万立方米饮用水被污染，供水中断3天。天马文化用纸厂厂长杨军武于1997年11月14日被运城市公安机关刑事拘留，后被批准逮捕并提起公诉。此案成为《刑法》修订后全国首例被判刑的重大环境污染刑事案。④ 这一阶段，随着环境保护法律的陆续出台和司法制度的完善，审理环境

---

① 徐昕：《中国司法建设三十年：成就、经验与展望》，http：//justice.fyfz.cn。
② 步雪琳：《环境保护发展之法制篇 修典明法三十年》，http：//www.zhb.gov.cn/zhxx/hjyw/200812/t20081216_132458.htm。
③ 徐昕：《中国司法建设三十年：成就、经验与展望》，http：//justice.fyfz.cn。
④ 《改革开放中的中国环境保护事业30年》编委会编：《改革开放中的中国环境保护事业30年》，中国环境科学出版社2010年版，第109页。

民事案件、审理环境行政案件、审理环境刑事案件、协助环境管理机关强制执行等，基本做到了有法可依。

3. 改革完善阶段（1998年至今）

这一时期，法院系统改革和完善了死刑核准、公开审判、管辖、证据、再审、执行、审判委员会、人民陪审员、未成年人审判、司法管理等制度，建立案例指导制度，深化裁判文书改革等，形成了基本适应形势需要的审判制度。检察机关改革和完善了接受人大监督、特约检察官、检察委员会等制度以及审查逮捕方式、刑事赔偿确认程序、刑事司法与行政执法相互衔接、查办职务犯罪内部制约等机制，建立人民监督员、专家咨询、主诉检察官办案责任等制度，纠正超期羁押，对民事行政检察监督、公益诉讼等进行了大量有益尝试。司法行政部门完善了律师、公证和法律援助制度，协同法院检察院建立司法考试制度，开展监狱体制、社区矫正、司法鉴定管理体制、劳教管理工作等改革。2009年制定的《侵权责任法》专列一章对环境污染责任作出了明确的规定。2012年我国修订了《民事诉讼法》，2014年我国修订了《行政诉讼法》，进一步完善了民事和行政诉讼相关法律制度。党的十八届三中全会和四中全会就深化司法体制改革、加快建设公正高效的社会主义司法制度作出了明确安排部署。司法制度得到了系统建设和全面完善，先进的司法理念逐步树立，法学界与实务界也呈现出良好的互动，① 推动了环境保护司法的长足发展。

这一阶段，国家修改了《环境保护法》《海洋环境保护法》《固体废物污染环境防治法》《水污染防治法》，出台了《关于环保行政主管部门移送涉嫌环境犯罪案件的若干规定》《对违法排污行为适用行政拘留处罚问题的意见》《关于为加快经济发展方式转变提供司法保障和服务的若干意见》《关于办理环境污染刑事案件适用法律若干问题的解释》《关于审理环境民事公益诉讼案件适用法律若干问题的解释》《关于全面加强环境资源审判工作为推进生态文明建设提供有力司法保障的意见》，加强了对环境违法行为的打击力度和对环境民事责任的追究力度。

（二）环境保护司法的现状

1. 环境司法机构建设有所突破，体制机制逐步建立

为了解决环境司法领域力量薄弱的问题，便捷高效地追究污染者的民事、行政和刑事责任，早在1988年，湖北省武汉市就建立了我国第一个环境经济法庭。2004年开始，辽宁省大连市沙河口区、河北省晋州市、山东

---

① 徐昕：《中国司法建设三十年：成就、经验与展望》，http://justice.fyfz.cn。

省茌平县、江苏省无锡市、江苏省南京市、云南省昆明市、贵州省贵阳市等地的人民法院纷纷试水成立了专门的环保法庭。2014年，最高人民法院成立环境资源审判庭，截至2014年年底全国共成立环境资源审判机构300多个。部分检察机关还作为原告，提起了环境民事公益诉讼，极大提高了环境污染者的污染成本，一定程度上解决了"环境违法成本低"的问题。许多地方的环保部门与公安联合执法，借助公安的强制手段（如依法强制拆除违法设备，公安执法人员依法对责任人员进行刑事拘留等），增强环境执法的威慑力，探索与司法联动的新机制。有的地方还整合环保和公安的力量强化对违法行为的责任追究，如河北省满城县许多造纸企业违法排污影响了处于下游的白洋淀水质，当地县委、县政府突破干部管理体制约束，任命环保局长兼任公安局副局长，加强了环保部门的协调能力，对遏制当地环境违法案件高发的态势起到了积极的效果。2006年3月，河北省安平县环保局挂牌成立环保派出所，该派出所属于公安局编制序列，与环保局法规科合署办公，法规科科长任指导员，县公安局抽调了两名民警进驻环保局，4名环保工作人员兼任协警。2008年11月25日，昆明市公安局环保分局正式揭牌成立，成为全国首创的环保警察队伍。截至2014年，河北省、市、县各级均成立了专门的环境警察队伍。

2. 相关规定逐渐健全

1999年修改的《海洋环境保护法》第90条规定，对破坏海洋生态、海洋水产资源、海洋保护区，给国家造成重大损失的，由依照本法规定行使海洋环境监督管理权的部门代表国家对责任者提出损害赔偿要求，确立了公益诉讼制度。2006年，最高人民法院公布了《关于审理环境污染刑事案件具体应用法律若干问题的解释》，以司法解释的形式对《刑法》中规定的环境犯罪的定罪量刑标准进行了细化。[①] 2007年5月，国家环保总局、公安部、最高人民检察院联合出台《关于环保行政主管部门移送涉嫌环境犯罪案件的若干规定》。2004年修改的《固体废物污染环境防治法》和2008年修改的《水污染防治法》对举证责任倒置作出了明确规定。2008年8月，全国人大法工委印发《对违法排污行为适用行政拘留处罚问题的意见》，明确规定违法向水体排放、倾倒毒害性、放射性、腐蚀性物质等危险物质的，可对主管人员给予行政拘留处罚。2010年，最高人民法院发布《关于为加快经济发展方式转变提供司法

---

① 《改革开放中的中国环境保护事业30年》编委会编：《改革开放中的中国环境保护事业30年》，中国环境科学出版社2010年版，第109页。

保障和服务的若干意见》（以下简称《意见》），对于环境侵权诉讼案件，《意见》要求各级人民法院要依法受理各类因环境污染引起的损害赔偿纠纷案件，正确适用环境侵权案件举证责任分配规则，准确认定环境污染与损害后果之间的因果关系，确保环境侵权受害人得到及时全面的赔偿。对于环境行政诉讼案件，《意见》要求，各级人民法院要及时审理环境行政诉讼案件，加大对环境非诉行政案件的审查执行工作力度，支持和监督环保行政执法机关依法履行环保职能。对于环境公益诉讼案件，《意见》明确，各级人民法院要依法受理环境保护行政部门代表国家提起的环境污染损害赔偿纠纷案件。关于设置环保法庭，《意见》要求在环境保护纠纷案件数量较多的法院，可以设立环保法庭，实行环境保护案件专业化审判，提高环境保护司法水平。这是最高人民法院文件首次明确要求设立专门的环保法庭。[①] 2011年，十一届全国人大常委会十九次会议审议通过了《刑法（修正案八）》，通过扩展"重大环境污染事故罪"的适用范围、降低入罪门槛，加大对环境污染犯罪行为的打击力度。2013年，最高人民法院、最高人民检察院《关于办理环境污染刑事案件适用法律若干问题的解释》对依法惩治有关环境污染犯罪适用法律问题作出明确规定。2014年新修订的《环境保护法》对环境民事公益诉讼、环境行政拘留等制度作出规定，2015年1月，最高人民法院《关于审理环境民事公益诉讼案件适用法律若干问题的解释》对人民法院审理环境民事公益诉讼案件适用法律问题作出具体规定。

3. 介入力度逐步增强，保障效果日益显现

司法手段一直是加强环境保护工作的重要力量。2008—2012年，最高人民法院院长连续四年向全国人大作的《最高人民法院工作报告》，对如何运用司法手段支持和保障环境保护事业的发展，都有着专门论述和精辟分析。2009年，在民事审判领域，各级法院共审结环境污染损害赔偿案件1783件，推动了一大批环境民事纠纷的解决，有力维护了污染受害者的人身和财产权益。在行政审判领域，全国法院收案统计显示，环保类收案2647件，同比上升67.21%。这些行政案件的及时审理，保障和监督了政府及其有关部门依法行政，维护了行政相对人的合法环境权益。在刑事审判领域，各级法院新收环境资源犯罪案件10767件。与此同时，重大环境污染案件、非法采矿案件和非法收购、运输、加工、出售国家重点保护植物、国家重点保护植物制品案件增长

[①] 孙佑海：《保障经济转型维护环境权益——从我国环境司法的进展解读最高法院〈意见〉》，《环境保护》2010年第20期。

迅猛，同比分别增长 70.00%、42.14% 和 38.67%。① 2014 年，各级法院审结资源开发、环境保护民事案件 3331 件。江苏省高级人民法院审结泰州市环保联合会提起的环境民事公益诉讼案、判处 6 家企业赔偿环境修复费用 1.6 亿元。②

面对环境资源领域犯罪案件上升势头，各级法院精心组织、依法审理、严厉打击，坚决遏制环境资源犯罪的蔓延。2009 年 8 月，江苏省盐城市盐都区人民法院以投放危险物质罪判处盐城市"2·20"特大水污染事件被告人胡文标有期徒刑 10 年。这是人民法院首次对故意违法排放污染物、造成重大环境污染事故发生的被告人，依法以投放危险物质罪追究刑事责任。③ 这一案件对于从严惩治环境资源犯罪，进一步加强对环境资源的司法保护具有重要意义。2014 年，各区法院审结污染环境、破坏资源等犯罪案件 1.6 万件。④ 人民法院通过对环境资源刑事案件的审理，有力地惩治了破坏资源、污染环境的犯罪行为，促进了经济又好又快和可持续发展。

第二节 我国环境保护立法、执法和司法存在的突出问题

一 由福建紫金矿业污染事件和大连油污染事件引发的思考

（一）福建紫金矿业污染和大连油污染事件概况

1. 福建紫金矿业污染事件概况

2010 年 7 月 3 日 16 时许，福建紫金山铜矿湿法厂岗位人员发现污水池的污水水位异常下降，且有废水自废水池下方的排洪涵洞流入汀江。据初步判断，是由于废水池防渗膜垫层异常扰动，导致防渗膜局部破损，废水渗透到废水池下方的排洪涵洞，流入汀江。初步统计，本次废水渗漏量为 9100 立方米。紫金矿业公告表示，渗漏事故原因主要是前阶段持续强降雨，致使溶液池区域内地下水位迅速抬升，超过污水池底部标高，造成上下压力不平衡，形成剪切作用，致使污水池底垫多处开裂，从而造成污水池渗漏。⑤ 实际这是一起严重

---

① 孙佑海：《保障经济转型 维护环境权益》，《中国环境报》2010 年 8 月 27 日第 4 版。
② 周强：《最高人民法院工作报告》，www.npc.gov.cn/npc/dbdhhy/12 - 3/2015 - 03/20/content - 1930946.htm。
③ 孙佑海：《保障经济转型 维护环境权益》，《中国环境报》2010 年 8 月 27 日第 4 版。
④ 周强：《最高人民法院工作报告》，www.npc.gov.cn/npc/dbdhhy/12 - 3/2015 - 03/20/content - 1930946.htm。
⑤ 《福建紫金山铜矿污水渗漏事故》，http://baike.baidu.com。

的环境污染责任事故。危险废物泄漏至汀江，致使汀江水域水质受到污染，造成渔业养殖户养殖的鱼类死亡损失价值人民币2220.6万元，福建省上杭县城区部分自来水厂停止供水1天，破网放生的鱼类达3084.44万斤。2010年9月，福建省环境保护厅对紫金山金铜矿作出罚款956.313万元人民币的行政处罚决定，并责令其采取治理措施，消除污染，直至治理完成。① 2011年1月福建省龙岩市新罗区人民法院判决，紫金山金铜矿犯重大环境污染事故罪，判处罚金人民币3000万元，原已缴纳的行政罚款956.31万元予以折抵，尚需缴纳2043.69万元。其余五名事故直接负责的主管人员和直接责任人员，分别被判处三年到四年六个月有期徒刑，并处罚金。②

2. 大连油污染事件概况

2010年7月15日15时30分左右，新加坡太平洋石油公司所属30万吨"宇宙宝石"油轮开始向大连新港国际储运公司原油罐区卸油，卸油作业在两条输油管道同时进行。20时左右，祥诚公司和辉盛达公司作业人员开始通过原油罐区内一条输油管道（内径0.9米）上的排空阀，向输油管道中注入脱硫剂。7月16日13时左右，油轮暂停卸油作业，但注入脱硫剂的作业没有停止。18时左右，在注入了88立方米脱硫剂后，现场作业人员加水对脱硫剂管路和泵进行冲洗。18时8分左右，靠近脱硫剂注入部位的输油管道突然发生爆炸，引发火灾，造成部分输油管道、附近储罐阀门、输油泵房和电力系统损坏和大量原油泄漏。事故导致储罐阀门无法及时关闭，火灾不断扩大。原油顺地下管沟流淌，形成地面流淌火，火势蔓延。③ 事故造成103号罐和周边泵房及港区主要输油管道严重损坏，部分原油流入附近海域。经过彻夜扑救，火势基本扑灭。事故未造成人员伤亡，但造成大连附近约430平方千米海域受到污染，其中重度污染海域约为12平方千米，一般污染海域约为52平方千米。17日当天，大连市即启动《大连市海上清污应急预案》。18日凌晨，国家海洋局北海分局便成立海上溢油应急指挥部，同时启动"大连石油储备库输油管道爆炸事故应急方案"，通过安置围油栏、放置吸油毡、喷撒吸油剂三种方式消除浮油。④

---

① 《福建罚紫金矿业近千万 令其消除污染》，http：//news.sina.com.cn。
② 《紫金矿业因污水渗漏污染汀江被罚3千万》，http：//news.sina.com.cn。
③ 《大连输油管爆炸事件》，http：//baike.baidu.com。
④ 《大连湾污染或将持续10年 中国年发近百溢油事故》，http：//news.sohu.com。

（二）两起污染事件的原因分析

1. 福建紫金矿业污染事件原因分析

造成紫金山铜矿湿法厂污水池渗漏致汀江污染事件的直接原因包括：一是企业防渗膜破损直接造成污水渗漏。经查，企业各堆浸场、富液池、贫液池、萃取池、防洪池、污水池均采用 HDPE 衬垫防渗膜作为防渗漏措施，但由于各堆场及各池底未进行硬化处理，防渗膜承受压力不均，导致各堆场及各溶液池底垫防渗膜均出现不同程度的撕裂，污水渗漏问题严重，加之近期紫金山矿区受持续强降雨影响，水大量聚集，污水池底部压力发生变化，致使 2010 年 7 月 3 日污水池防渗膜发生突然破裂，污水大量渗入地下并外溢至汀江。二是人为非法打通 6 号集渗观察井与排洪洞，致使渗漏污水直接进入汀江。调查发现，6 号集渗观察井与排洪洞被人为非法打通，井内渗滤液涌水量超过回抽量时可直接通过排洪洞排入汀江。2009 年 9 月福建省有关环保部门检查时发现排洪洞有超标污水排入汀江，要求企业立即进行整改，但直至本次事件发生企业仍未整改到位。三是监测设备损坏致使事件未被及时发现。经调查，因设在企业下游的汀江水质自动在线监测设备损坏且未及时修复，致使事件发生后污染情况未能被及时发现。① 间接原因是紫金山金铜矿存在严重环保问题尚未按期整改，长期存在较大环境风险。

2. 大连油污染事件原因分析

发生油污染事件的直接原因是在"宇宙宝石"油轮已暂停卸油作业的情况下，天津辉盛达石化技术有限公司和上海祥诚商品检验技术服务有限公司大连分公司继续向输油管道中注入含有强氧化剂的原油脱硫剂，造成输油管道内发生化学爆炸。之所以需加入脱硫剂，是因为原油中存在有机硫和无机硫，会对管道造成不同程度的腐蚀影响，且未进行脱硫的原油产品品质不佳。加入脱硫剂后，不溶于水的硫化物会生成溶于水的硫化物或吸附于脱硫剂中，易于从水中排出，从而达到脱硫的目的，能够最大限度地降低原油中的硫在加工中引起的设备腐蚀，达到提高产品质量，降低生产成本，延长开工周期的作用。② 间接原因在于：大连新港输油管网和出油设施的布局存在隐患，现场输油管道密布，管道间距离非常小，一旦出现事故很容易引起连锁反应。在原油接卸过程中的确存在安全管理漏洞，指挥协调不力，管理混乱，信息不畅。有关部门在接到暂停卸油作业的信

---

① 《环保部：三大原因造成紫金矿业污染事故》，http://www.xmnn.cn。
② 《大连湾污染或将持续 10 年 中国年发近百溢油事故》，http://news.sohu.com。

息后，并没有及时通知停止加剂作业，而事故单位对承包商现场作业疏于管理，现场监护不力。①

(三) 对我国环境法治的拷问

1. 对我国环境法治指导思想的拷问

我国环境保护一贯重视环境立法，但是忽视环境法律规范的实施。重视和加强环境立法是提高一国环境法治水平的应有之义，但环境立法本身远远不是目的。"只有通过法的实施，法律规范才能得以实现，也才有可能达到立法的最终目的。因此，没有法的实施，法律也就失去了存在的价值。"② 在环境法领域，目前对于法律实施的重视程度远未达到实现立法目的的水平。这主要体现为两个方面。一方面，立法本身对法律规范的可操作性方面重视不足。例如，我国环境立法条款多为号召性和原则性规定，不具有可操作性和司法可诉性，导致许多法律规范得不到执行。又如，在我国环境立法中，仅有义务性规定而缺乏相应的法律责任规定，或者责任性规定不明确，从而导致法律规范在实践中难以实施，此种现象比比皆是。"如果不守法而不受处罚，貌似法律的决议或命令事实上只不过是劝告或建议而已。"③ 这已经成为我国环境立法的一处"硬伤"。另一方面，在实践中存在不同程度的"有法不依"的情况，环境保护法律制度实施不力。就福建紫金矿业污染事件而言，这已经不是这家企业第一次发生类似的污染问题。2010 年 5 月底环境保护部《关于上市公司环保核查后督查情况的通报》的附件《通报批评公司及其未按期完成整改的环保问题》，就将紫金矿业列为 11 家被通报的上市公司之一，旗下多达 7 家企业未能按期完成整改环保问题（当中便包括紫金山铜矿）。

2. 对我国环境法律制度建设的拷问

无论是福建紫金矿业污染事件还是大连油污染事件，均带来普遍性的财产损失、人员伤亡、政府公共费用开支以及生态损失、污染破坏。然而，我国环境民事公益诉讼制度刚刚建立，实施中还存在诸多问题，现实中大多数污染者仅仅需要支付他们造成的直接财产损失和人员伤亡赔偿以及十分有限的行政罚款，违法成本大大低于违法收益。

此外，这些案件也暴露出"绿色证券"制度存在的悖论。从 2001 年起，

---

① 《大连湾污染或将持续 10 年　中国年发近百溢油事故》，http：//news. sohu. com。
② 刘金国、舒国滢主编：《法理学教科书》，中国政法大学出版社 1999 年版，第 165 页。
③ ［美］汉密尔顿、杰伊、麦迪逊：《联邦党人文集》，程逢如等译，商务印书馆 1980 年版，第 75 页。

"上市公司环保核查"就已被国家环保总局作为监管武器长期使用。2007年8月,国家环保总局下发《关于进一步规范重污染行业生产经营公司申请上市或再融资环境保护核查工作的通知》。作为支持,2008年1月证监会出台《关于重污染行业生产经营公司IPO申请申报文件的通知》。依照上述两份文件,冶金、钢铁等13个重污染行业的公司在上市融资和再融资过程中,必须经过相应环保部门的环保审核。企业若没有拿到环保部核查后的"绿色门票",证监会将不受理其上市申请。但紫金矿业在作出"限期整改"的承诺后,紫金矿业拿到了环保部门给出的上市环保审核批文,并于2008年4月在A股上市。"限期整改"类似折中方案。急于上市的企业在作出此类承诺后,可以在所涉问题解决之前就拿到环保批文。依照证监会文件,企业只要拿到环保批文,就算满足条件,上市申请就会被批准。"限期整改"带来的时间差,让"上市环保核查"制度中的最有力武器失效。无形中,"限期整改"成为"上市公司环保核查"制度中的软肋。① 目前,"上市公司环保检查"已经取消,亟待完善"绿色证券"制度,不断强化上市公司的日常监管,促其履行环境保护主体责任。

3. 对环境执法和司法的拷问

应当说,在福建紫金矿业污染事件和大连油污染事件中,地方环保部门均指出了企业环境风险防控和环境守法方面存在的突出问题,并要求限期整改。但是最终的结果表明,环保部门的要求并没有得到有效落实,折射出当前我国环境执法和司法存在的以下突出问题:一是部分基层政府没有树立科学发展观,甚至向环保部门下达招商引资指标。在地方保护主义压力下,环保部门不敢硬,环保干部不换脑子就换位子,环境执法工作日益艰难。二是我国环境执法工作任务重、装备差、人员少,环境执法能力完全不适应环境执法监督的实际需要。同时,执法主体地位不明致使执法受阻严重。95%以上的环境监察机构是事业单位,没有独立执法权,环境执法难以到位。三是司法机关对于环境污染案件的处理重视程度不够。受制于司法机关自身能力和重视程度不高等因素,司法机关每年处理的环境违法案件只占全国违法案件的极少部分,运用司法手段打击环境违法的综合作用未能充分发挥。

二 环境保护立法存在的问题分析

（一）环境保护法律体系不完善

环境保护法律体系不完善的问题突出表现为以下四个方面:一是重环境资

---

① 《紫金矿业屡打环评"限期整改"时间差》,http://finance.eastmoney.com。

源单行法，轻综合规划法。我国目前尚未出台专门的区域国土和环境资源综合规划法，只是在环境资源单行法中零星有一些关于环境资源区域布局的原则性条款，这些条款或者相互冲突，或者各自为战，缺乏统一的指导思想。此外，我国还缺乏一些关于流域管理和区域管理的综合性规划法，难以为区域统筹发展提供法律保障。二是重实体法轻程序法。我国环境法大多为实体性规定，无论是污染防治法、自然保护法还是自然资源保护法等均规定了许多实体性法律制度，但是对于如何保障这些法律制度实施的程序性要求规定很少，环境行政程序法、环境损害赔偿法、公众参与环境保护法等程序性立法严重缺位。三是重污染防治法轻自然保护法。自然保护法是指调整因保护某些特殊的自然和人工环境因素，维护生态平衡和环境的优美和谐而产生的社会关系的法律规范的总称。[①] 我国已经有了多部专门的污染防治法及其配套的法规规章和标准，但是目前我国关于自然保护法的规定却很薄弱。我国重视污染防治类法律而轻视自然保护法，除了客观上解决日趋严重的污染问题的需要外，主要原因还是主观上对自然保护法的意义重视不足。自然保护立法的不足是目前我国环境法体系中的一个重大缺陷，直接导致了生态环境日趋恶化。四是重行政强制法轻经济刺激和公众参与的法律建设。虽然2014年新修订的《环境保护法》专设一章规定了信息公开和公众参与，但是《水污染防治法》、《大气污染防治法》等污染防治类法律以及《土地管理法》、《水法》、《矿产资源法》等资源保护类法律，均是以行政强制或者政府主导为主要内容的法律，环境经济政策和保障公众的环境知情权、参与权的法律规定普遍缺失。这就极大制约了经济手段和公众参与在环境保护中发挥应有的作用。

（二）环境保护法律制度不完备

首先，环境法体系内的法律、法规存在着效力层次的冲突和混乱。例如，《环境保护法》与各个单项的污染防治法和资源保护法均由全国人大常委会通过，处于同等法律位阶，《环境保护法》难以发挥其基本法的作用，在实施中实际被虚置。再如，有的地方制定土地管理方面的法规，擅自扩大本地政府审批占用耕地的权力；还有的地方在征收排污费、处罚企业等方面"突破"了全国人大常委会制定的法律。这是明显的下位法"抵触"上位法的表现。[②] 其次，各个单行环境污染防治法和资源保护法的配套法规和规章缺位。我国各单行法律为了照顾千差万别的国情，大多只规定了基本的法律制度，法律措施也

[①] 夏少敏、陈真亮：《我国自然保护法研究综述》，http://www.nre.cn。

[②] 孙佑海：《提高环境立法质量对策研究》，《环境保护》2004年第8期。

比较原则，其实施就需要国务院及其各个行政部门出台实施细则予以保障。但是，由于各种原因，配套实施细则一直难以出台。例如，我国《水污染防治法》、《大气污染防治法》、《固体废物污染环境防治法》等法律虽经多次修改，但是其配套实施细则却未随之修改，导致这些法律的实施存在很大障碍。有相当多的法律，虽然提出了实体性的要求，却没有程序性的落实和监督检查的规定，也容易使法律的重要规定落空。还有的法律规定存在"超前"的问题，在一些经济不发达地区，是做不到或者难以做到的。再次，各个部门的环境保护规章、法规之间也存在着冲突。这方面的问题突出表现在国务院各个部门的行政规章与地方法规和规章的冲突上。例如，我国目前正经历着经济结构调整的阵痛期，需要优化经济结构，转变经济增长方式，淘汰污染环境、浪费资源的落后工艺设备，国务院各个部门因此出台了许多环境保护方面的行政规章，但是许多地方为了追求地方利益或者短期经济利益，出台了许多保护落后的、严重污染环境产能的地方性法规和规章，导致中央的决定难以落实，极大影响了法律的权威性。最后，政策和标准滞后于环境法律法规和现实的需要。虽然近期我国出台了一系列环境经济政策，但是总体而言，环境经济政策还是难以适应科学发展观的要求。此外，环境法具有很强的专业技术性，法律制度的实施和违法行为的判定均需要环境标准的支撑，然而，我国环境标准的制定难以满足现实的需要。例如，我国迟迟不能出台电子废物处置利用方面专门的技术导则和标准，导致国家关于电子废物管理的规定难以落实。

（三）环境保护立法质量不高

一是立法重点选择失当。在适当的时机制定社会所需要的法律，是正确开展立法工作的前提。但是有的地方在制定立法规划和计划时，没有选择那些问题突出、人民群众最为关心的热点和难点问题，而是根据某些行政主管部门的要求或者某些领导同志的偏好，选择了某些问题不够突出、人民群众感觉不是很紧迫的立法项目。其结果是"该立的未立，不急于立的却早早出台了"。还有的立法项目，立法指导思想不符合党和国家的环境资源保护方针，立法的目标与环境和资源保护工作的实际需要相距甚远。

二是部门色彩较重。环境立法中还突出存在部门利益化的趋向，各个部门为了使自己部门的权力和利益最大化，纷纷通过环境立法作出有利于自己的规定。由不同主管部门主导的自然保护法和自然资源保护法的规制对象容易发生重叠，内容往往不能协调一致，甚至相互矛盾。举例而言，对某一方面的环境问题，已经有法律法规做了规定，对于实践中存在的问题，可以通过加强执法解决，也可以通过修改法规强化管理力度，甚至还可以通过制定有关的实施细则弥补法规的不足。但是，有的部门为了掌握该领域的主动权，进一步提高本部门的地位，千方百计要制定一部专门的新法律，从而造成新的职责交叉。在此情况下，另一主管部门先是抵制，抵制不成后也准备启动有关法律法规的修改程序，力争变被动为主动。基于部门利益而制定的环境法律政策有时不仅无助于解决问题，而且会造成法律制度的偏狭，使当事人无所适从。

三是缺乏可操作性。环境法律应当有很强的可操作性。但是有的环境法律，对调整的主体规定了义务，而对其不履行义务时如何追究法律责任，却没有了下文。还有一些环境法律，虽然提出了实体性要求，却没有程序性的规定与之配套，结果形成"空中楼阁"，好看而不中用。有的部门和地方不依照上位法的要求制定配套性法规规章，往往使法律的规定难以操作。例如，《大气污染防治法》对机动车污染的监督管理做了规定，并明确要求有关机关要制定配套法规具体落实。但是在该法律生效多年之后，有关部门由于种种原因一直未制定配套法规，使得该规定实际上未执行。

三 环境保护执法存在的问题分析

（一）环境执法监管不力、执法不严，"不愿查"的问题依然存在

当前，部分环境执法人员作风浮躁、责任缺失，"不愿查"或发现违法问题"不愿处理"的现象突出。对群众反映的问题熟视无睹、不闻不问，对违法问题视而不见、见而不管。有的上级讲得凶，下级抓得松；上级不放心，下级不用心；上级不放手，下级不动手。有的地方，甚至出现"不闹不解决、小闹小解决、大闹大解决"的怪现象，极大影响了环保部门在群众中的形象。2009年河南省大沙河砷污染事件中，民权县环保局一位副局长在对民权成城化工有限公司检查中，对企业擅自拆除治污设施行为不予以纠正，对本应循环使用的含砷超标废水直接外排置之不管，最终酿成了大沙河砷污染事故，被处以环境监管失职罪，判处有期徒刑三年、缓刑二年。

（二）环境执法人员作风不硬、素质不强，"不会查"等问题严重

部分环境执法人员专业素质差、岗位技能缺乏，"不会查"或发现违法问题"不依法处理到位"的现象突出。有的环境执法人员面对违法排污企业束手无策，关键时刻只能"拍脑袋"，导致酿成重大环境污染事故。2009年重金属污染企业专项执法检查发现，广东奥克莱电源有限公司擅自扩大生产能力，超标排放污染物，导致44名儿童血铅超标，广东省清远市虽然上报了检查信息，但没有特征污染物监测数据，未及时发现违法问题。环境保护部组织对351件环境违法案件整改落实情况进行了后督察，发现还有49起案件整改不

到位或基本未开展整改工作。国务院领导先后5次批示的湖南省娄底冷水江市锡矿山案件,部分违反产业政策的小涉锑企业至今仍未关闭,环境保护部2010年检查发现,当地部分已经关闭的锑冶炼企业再次死灰复燃。

(三) 环境执法"不能查"的问题依然突出

经济社会转型期特殊历史阶段,部分地方政府执政理念与科学发展观的要求存在较大落差,对环境执法造成阻力。加快转变经济发展方式已成为未来五年我国经济社会发展的主线。由于一些历史、管理等原因,我国结构性污染问题突出,经济社会运行中的新老矛盾和问题相互交织,保持经济平稳较快发展、推动经济发展方式转变和经济结构调整难度增大,尤其是一些经济欠发达的地方党委政府对打击环境违法企业手段不过硬,对环保部门反映的问题不闻不问,对一些恶意违法、屡禁不止的企业没有予以严厉打击,以致造成严重的群体性事件。如2010年湖南省郴州市嘉禾县儿童血铅超标事件,省、市、县环保部门曾先后多次向政府建议关闭有关企业,但一直到事件发生前当地政府还没有采取有效措施,致使该公司一直没有被彻底关停,于2009年7月导致周边金鸡岭等自然村250名14周岁以下儿童患高血铅症,4人轻度铅中毒,酿成重大污染事件。现实中,还突出存在环境执法"不能查"的问题,安徽省固镇县环境执法人员因为正常检查被追责事件就是最好的例证。2010年5月7日,固镇县环保局副局长许振海经乔振稳局长同意,带领县环境监察大队长赵伟、副大队长董莉、队员王西雷,到位于固镇县经济开发区的蚌埠伊诺华轮胎有限公司检查,得知新扩建的盖胶密炼车间和仓库未经环评,锅炉由4吨改为10吨未经环保验收时,即要求企业抓紧补办环保相关手续。20日,许振海带领县环境监察副大队长董莉、队员钱波按照排污费征收程序到伊诺华公司送达2010年第一季度污染物核定通知书和排污费核定通知书。26日,固镇县政府分管开发区的副县长汪宏在固镇县环保局排污核定通知书上签批:"吴县长:环保局做法有违政府有关涉企检查规定,也有背我县对伊诺华的承诺。建议:监察部门立即调查,尽快将结果报政府。"固镇县县长吴道俊当天批示:"同意汪县意见,立即安排了解情况,提出处理意见,一周内报结(5月31日)。"28日上午,在固镇县监察局取证的同时,固镇县委召开书记碰头会,决定给予乔振稳、许振海停职处理。同日,中共固镇县委组织部发出《关于对乔振稳、许振海同志予以停职的通知》。以上案例充分暴露出环境执法的举步维艰。

(四) 环境违法成本低、执法成本更高的现象表现较为明显

我国环境执法突出存在"两高一低"的问题。这是指环保守法成本高,执法成本高,违法成本低。事实上,环境执法中的"两高一低"是一个全国

性的问题,是长期以来的环保执法困局。从某种意义上讲,这种执法困局是近年来重特大环境污染事故频发的根源所在,也是环境保护法规成为"豆腐法",环境违法有禁不止的重要原因。① 有专家统计,在全国人大及其常委会制定的法律中有1/10涉及环境保护问题,足以说明我国对环境保护问题的高度重视。但是环境保护有一个重要特点,那就是防治污染需要高投入,日常监管需要大量投入,监督性监测也需要高科技。比如建设配套的治污排污设施,少则投入数十万元,多则需要投入数百万甚至数千万元。这样一来,就必然导致守法成本高和执法成本高。而按照经济学的观点,守法成本高和执法成本高,必然要求违法成本更高,这样才能有效遏止违法,给环境违法行为形成一定的震慑。但我国当前的情况却恰恰相反,在守法成本高和执法成本高的前提下,违法成本却低得惊人。② 例如,福建紫金矿业污染事件中,紫金山金铜矿一审判决被处以3000万元罚金,被福建省环境保护厅行政处罚956.31万元,这些罚款对2009年利润总额达到50亿元的紫金矿业只能算是"九牛一毛",随即紫金矿业股票报复性涨停。

四 环境保护司法存在的问题分析

司法权的介入,不仅能有效排除环境执法监督中存在的障碍,为公正执法创造良好的环境,还能够保障行政执法监督权的依法行使和对公民合法环境权益的维护。当前,环境保护司法突出存在以下问题:

(一) 环境保护司法介入不足,受理案件太少

在投诉举报的过程中,环境纠纷转化为群体性环境事件的概率大大增加。因环境纠纷不能妥善处理,由此引发的群体性环境事件屡有发生。据统计,自1996年(数据至2006年),全国因环境问题引发的群体性事件上升了11.6倍。③ 2011年,全国共发生环境污染纠纷5万多起,只有很少部分起诉到人民法院,大部分环境污染纠纷未能进入司法领域处理。

(二) 对环保部门的支持保障力度不够

虽然2014年新修订的《环境保护法》赋予环保部门查封、扣押等权力,但现实中环保部门对于很多即时违法行为难以采取有效措施制止,许多环境行政处罚措施不能落实到位。突出表现为:一是司法机关对于环保部门依法请求

---

① 李克杰:《环保执法如何走出"两高一低"困局》,http://www.people.com.cn。
② 曹凤中:《环境执法的经济学分析》,http://erelaw.tsinghua.edu.cn。
③ 《增强国家环境司法力量》,http://www.goepe.com。

强制执行的处罚案件处理不及时,环境违法行为得不到及时制裁;二是司法机关和环保部门配合不够,许多需要采取查封、扣押之外其他的现场强制措施的违法行为得不到有效处理;三是司法机关对环保部门的行政行为不了解,对于一些环保专业领域监督不足。

(三) 环境保护司法判决执行难

司法裁判文书的执行难在环境保护领域表现得更为明显。一是生效的法律文书由于地方保护得不到执行。一些金融部门借口为储户保密,不积极履行查询、冻结、划拨义务,更有甚者将法院扣划的账户存款截留不予划拨,甚至为被执行人通风报信或做假账转移资金,给法院执行工作设置障碍。在外地执行更为困难,地方政府和部门出于本地局部利益的考虑,对一些企业实行所谓的"挂牌保护",外地法院不得执行;甚至规定本地银行对外地法院冻结的款项不得协助划拨;有的地方以文件或口头形式规定,对某些企业采取执行措施必须报请某级领导批准。例如,由于地方保护严重,某省开发区的重点企业拒不执行已经生效的环境行政处罚决定,当地法院也难以强制执行。二是在很多"难执行"的案件中,环保部门多少存在一些问题,例如环保部门在环境执法过程中发现违法事实,没有严格按照法律规定及时发出整改通知,或者没有依法采取相应有效的措施等,致使违法损害进一步扩大。环保部门在接到举报或投诉后,简单地下达一份行政处罚决定书,然后就申请法院强制执行,将矛盾全部移交给法院处理。① 当前,司法资源较为紧张,这就给法院工作造成了被动、形成巨大压力。

第三节 存在问题的原因分析

一 环境保护法治理念方面的原因

导致环境保护立法、执法和司法存在诸多问题的原因很多,既有我国经济社会发展阶段制约、人民法治意识不强等外部原因,也有环境法治建设自身的内在原因。其中,环境保护法治理念方面的原因最为主要,表现为受到以下三个方面的影响:

(一) 受技术能动主义、末端预防、万能型政府观念影响

一是存在技术能动主义倾向。自人类进入工业社会始,人类为技术革命和

---

① 莫国繁:《法院判决"执行难"现状、原因及对策研究》,http://www.jnforum.com。

物质财富急剧增长所欢欣鼓舞，认为技术决定一切，环境问题只是技术问题，终将随着技术进步渐趋消灭。在这种指导思想下，环境法体系对于污染防治法过于倚重，法律制度过于突出末端监管，将源头预防作为权宜之计，寄希望通过技术进步解决环境问题。

二是存在末端预防的问题。环境法的创设以"末端控制"为主导性指导思想，相应的环境法律制度过于拘泥于末端控制，预防措施不够彻底，不能体现源头预防的要求。

三是仍受万能型政府观念的影响。在环境法体系构建和法律实施等方面，我国强调并习惯发挥政府的作用，善于采用行政强制机制，但行政强制的作用方向、力度和成效具有很大的局限性。在污染防治立法领域，其基本原则和制度都是建立在行政管制基础上的，即使经济刺激措施也是依赖行政手段保证实施，具有行政制度的性质。自然资源保护立法领域亦贯穿着行政主导的指导思想，法律规范的安排与实施都是围绕着政府供给与行政分配而进行，市场供给很少进入法律制度的规定中。我国已初步建立起社会主义市场经济，如何更新环境法体系使之适应和满足市场经济的需求，是亟待研究和解决的问题。①

（二）受应急立法模式影响

我国环境法体系是伴随着我国环境资源问题日趋严重而建立起来的，单行的环境法律政策往往是为了解决一时的严重环境问题而出台的，这就导致国家对环境法体系的构建缺乏深思熟虑和长远规划。虽然我国有确定的立法规划，但是这个规划往往容易随领导人的注意力转移而转移，立法项目经常变动。一个阶段污染问题比较严重，国家就加强污染和公害防治方面的立法；另一个阶段自然资源破坏问题较为严重，国家就加强自然资源保护立法，着力解决资源保护的问题。虽然这种应急型立法模式能够在一段时间内解决突出的环境资源问题，但是缺陷也是显而易见的。其缺陷突出表现为我国环境法始终滞后于环境资源问题，环境立法疲于奔命，一些环境立法项目仓促上马，理论储备不足，制度不配套、法律法规之间打架的现象时有发生，致使环境法面对日益严重的环境资源问题显得苍白无力，处处被动挨打。此外，我国环境法体系建设的指导思想并不稳定，容易随领导人的意志转移而转移，行政式立竿见影型立法模式长期存在，环境法的体系建设缺乏厚重的基础理论积淀，缺乏理论远见和超前布局。这就直接导致我国环境法体系条块对立严重，制度间相互分割甚

---

① 李启家：《中国环境立法评估：可持续发展与创新》，《中国人口·资源与环境》2001年第3期。

至抵触，配套性差，特别是污染防治与自然资源保护的法律制度之间相互割裂，各成体系，严重削弱了制度的综合效率和效力，[①] 难以统筹解决环境资源问题。

（三）受"利益抑制"思想影响

我国环境法发展的前期，主要任务是抑制特定主体的非法利益[②]和不合法的经济利益。然而第二次人类环境会议后，人们发现环境利益和经济利益之间并不是简单的抑制或否定的关系。环境资源问题发生的本质性原因在于人类追求和实现利益过程中的不当，经济学研究中的"外部性理论"较好地说明了这个问题，这种不当主要表现在社会个体或群体追求由环境资源开发利用所带来的利益过程中，总是希望有本体之外的他方承担部分或全部的代价，也就是所谓的"成本外化"之意。环境法的基本目的即在于修改和矫正此种不当，合理确认利益实现与付出代价之间的对应关系。然而，在实现方式和途径上却存在多种选择的可能性，简单否定环境利益会导致人类陷入唯经济增长的怪圈，人类的基本生存难以保证；简单地否定经济利益会导致人类陷入极端环保主义的误区，人类无法进步。因此，环境法理论转向了权利维护或利益增进的维度，试图寻找到利益衡平的最佳衔接点。[③] 但是，目前"利益抑制"的思想依然作为我国环境法体系建设的指导思想，体现利益抑制思想的环境法律制度仍然被认为是环境法主流法律制度，从而被广泛采用。然而，一味地"利益抑制"不仅会带来发展的停滞，还会使环境法体系陷入僵化的境地，也不符合科学发展观的要求。优良的法律体系应当能引导利益发展的方向，增进利益的总量，使经济利益和环境利益的增进并行不悖，因此，"利益增进"应当成为我国环境法体系建设的重要指导思想。

二 环境保护立法方面的原因

（一）立法思想观念原因

一是指导思想有误。有的机构起草法律，在指导思想上不是为了人民的利益和国家稳定，而是与民争利，与其他部门争权夺利。还有的部门领导同志"屁股指挥脑袋"，他在哪个位置上工作，就认为哪里的工作最重要，因而千方百计为本部门争利益，在本部门内部争威信。用这样的思想指导法律的起

[①] 李启家：《环境资源法律制度体系的完善与创新》，http://jyw.znufe.edu.cn。

[②] 非法利益，简单地讲是特定主体用不合法手段牟取的利益。

[③] 张璐：《从利益限制到利益增进》，《法学评论》2004年第3期。

草，显然不可能制定出人民满意的、高质量的环境保护法律。

二是观念不合时宜。有的部门起草和审议法律草案，没有及时认真学习和深刻领会党和国家新的环境资源保护方针，没有与时俱进、更新观念，还在用过去的老知识、老经验办事。有的同志认为，还是计划经济时代的行政命令、行政审批手段管用，对于市场经济体制下的经济手段往往采取不屑一顾的态度。还有的部门过于强调法律的稳定性，在我国经济体制已经发生巨大变化的形势下，依然对环境保护法律的修改，不积极、不支持。

三是立法急于求成。这是环境立法指导思想不正确的另一种表现。有的同志在起草和审议环境法律草案时，对解决环境问题心情迫切，但对现阶段的国情、省情却了解不够，对治理环境问题的难度估计不足，急于求成，这是一些"超前"条款得以出台的重要原因。

（二）立法体制机制原因

一是我们在制定一部新法规时，对如何全面解决本法实施中的障碍，如何灵敏有效地解决法律之间的冲突，考虑不充分、办法不够多。

二是对法律可以规定的内容，限制过多。根据我国起草法律的一些要求，法律一般不得规定诸如机构设置、经费保障等实质性内容。所以，在一般情况下，环境立法只能浅层次地解决影响环境与资源保护的若干问题，只能是"头痛医头、脚痛医脚"，"治标不治本"，而难以从机制上、根本上解决深层次问题。环境保护法律的实际地位和作用保护可想而知。

三是党和政府的若干文件对环境保护法律的实施易造成冲击。我们在实践中时常遇到这样的问题，有时某项法律正在贯彻中，党的政策或者党的领导人的注意力突然发生变化，法律的执行力度就受到影响。如20世纪80年代因鼓励个体采矿造成矿产资源的破坏性开采问题、80—90年代因鼓励发展农村"十五小"企业对环境的严重污染问题等例子就较为典型。近年来，以国内生产总值指标作为考核领导干部政绩主要标准的办法，对环境法律的实施造成很大冲击。如违反《土地管理法》大量占用耕地特别是基本农田搞开发区建设，就是典型的例证。哪个地方执行《土地管理法》将基本农田保护得好，哪里的国内生产总值往往就比较低，哪里的领导干部的政绩往往就比较差，提拔往往就会受到影响。反之则重用提拔。既然如此，谁还会去认真执行《土地管理法》保护基本农田呢？

我国在形式上和口号宣传方面，法律的地位很重要，"党必须在宪法和法律的范围内活动"，也写进中国共产党章程。但是在实践中，人们对党中央和国务院联合发文的重视程度明显高于对法律的重视程度。党中央发文件，党的领导人发表重要讲话，会层层传达贯彻，可是全国人大常委会通过的法律，登载在报刊上，又有多少领导机构和领导干部重视它、学习它并坚决执行它呢？所以，仅仅依靠一两部环境保护法律，而不进行配套改革整个体制和机制，就想扭转整个环境污染和生态破坏的局面，那是不切实际的。

（三）立法的具体工作原因

一是工作作风原因。例如，有些机关的负责人员深入实际不够、调查研究不细、抓问题不准，对实践中人民群众所关心的问题，感受不深；对基层的有益经验，视而不见。有的法律"缺陷"就是由于调查研究"走马观花"或者偏听偏信造成的。还有的同志是为了立法而立法，为完成立法数量或者应付上级而立法，对严肃的立法工作采取敷衍了事的态度。有的地方搞立法是盲目"跟风"、赶时髦，中央有什么法本地就制定什么实施条例，发达地区有什么法规本地也制定什么法规。还有的同志食洋不化，言必称希腊，外国有什么法律就主张我国也应制定什么法律。照抄照搬来的法规很难适应本地实际工作的需要。

二是工作条件原因。某国制定法律平均每一条的经费投入为5万美元，而我国全国人大专门委员会起草一部法律的经费投入一般为5万元（1998年）人民币。国外议会的图书馆藏书丰富，资料齐全，而我国全国人大至今没有一个像样的图书馆，查找资料很不方便。虽然国情不同不能进行简单的类比，但是，由于缺乏必要的工作和保障条件，不能对许多重大问题（如实施某法律的投入和产出比）进行深入论证，在起草和审议时对许多重大问题说不清楚，导致所制定的法律出现"缺陷"，确是不争的事实。

三是关于工作机构的绩效考核。过去对立法工作机构和干部进行考核，主要看其一年下来制定了多少法律而不重视立法质量如何。这在客观上鼓励了立法工作机构追求立法的数量。至于立法的质量，由于没有开展有效的评估，因此也就不被重视。实践中甚至出现这样的情况，有的机构为了追求立法的数量，争取上级表彰，竟然将用一部法律就可以解决的事情，硬是分解制定成两部法律解决。可见，单纯追求立法数量后果多么严重。

（四）国情原因

实际上，有的环境法律之所以对一些重大问题不作规定或者弱化处理，是受到我国国情国力的限制。如出现这样的情形，应实事求是，而不能被认定是环境保护法律的"缺陷"。

一是解决重大环境问题的条件尚不具备。从当前实际情况看，我国有相当一批企业生产经营困难，无法斥巨资进行污染防治的技术改造，而如果采取关停措施又面临工人失业和社会不稳定的压力。与此同时，相当一些地方政府又不具备足够的财力解决长期积累下来的环境问题。这是一些环境保护法律不能写得过于严格的客观原因之一。

二是国情复杂,解决问题难以"一刀切"。由于我国国家大,情况复杂,各地发展不平衡,难以对所有问题都作出整齐划一的规定,所以我国的行政类立法在实践中自然形成了独特的立法习惯。这就是,先由中央定出原则性的规定,然后再由国务院、国务院有关部门、有关地方制定实施类的条例或者细则。这种立法体制总体上有其合理性,适应我国国情,但缺点在于,一旦上述单位在制定实施细则时遇到重大分歧,不能及时出台,法律的实施就会受到严重影响,从而使法律的可操作性问题变得突出起来。环境保护立法也逃不脱这个弱点的限制。

三是缺乏实践基础,短期难以形成全国统一的规范。有的环境保护立法有很强的自然科学属性,我国作为发展中国家,缺乏解决现代环境问题的实际经验,这是某些环境保护法律质量不高的又一个客观原因。

三 环境保护执法方面的原因

(一)执法体制层面的原因

顺畅的执法管理体制是环境执法的关键环节。目前,环境执法体制存在的突出问题是横向分散、纵向分离、地方分割、法律地位不明确。突出表现如下:

一是横向权责分散致使统一监管难以实施。生态环境系统是一个有机联系的整体,客观要求对环境资源进行一体化管理。我国实行的是环保部门统一监督管理和其他部门分管相结合的管理体制,有权行使环境执法监督权的机构众多,对如何统一监督管理和分管部门之间如何相互配合制约等问题缺乏明确、具体的规定,管理职能重叠交叉,执法主体林立、权责分散,部门协调难,执法成本高,效能低下。1989年《环境保护法》第7条就列举有13个部门具有环境执法职责,由于缺乏统一的协调和监督,在执法过程中往往分头执法,各行其是。资源执法更是如此,土地、矿产、林业、水利等部门既负责资源开发又承担环境资源保护职责,环保部门难以对资源管理部门的环境资源保护进行统一监管,有法难依、执法难严和违法难究现象突出。

二是纵向管理分离致使政令难以畅通。环境执法工作的"瓶颈"集中在市县级。2004年环境保护专项行动中,查处的208件违规环保"土政策"全部集中在市县,其中90%集中在县级政府。而我国环境执法队伍主要分布在市、县,在国家、省、市、县四级环境执法监察网络的7.6万人环境执法队伍中,市、县级90%,这部分执法人员的位子、票子均受到地方政府的制约。

在地方保护主义严重的地方，环境执法工作难以作为。在地方政府的纵容下，部分违法企业肆无忌惮超标排污，而部分地方环境执法部门形同虚设，不敢对上级环保部门说真话，甚至应付上级检查、通风报信、弄虚作假。如2004年国家环保总局查处的徐水县企业违法排污、县环保局通风报信就是典型事例。

三是地方条块分割致使区域整体性难以兼顾。随着经济活动加剧、资源开发强度加大、城镇化加快，区域性、流域性环境问题日益突出，条块分割执法割裂了区域环境问题的整体性，跨界污染纠纷难以处理。2003年全国发生环境污染纠纷6.2万起，其中相当一部分就是跨界污染。原国家环保总局先后协调处理苏浙、鲁苏、冀津、粤桂等边界污染纠纷，但由于鞭长莫及，协调效果不理想，往往等到总局人员赶赴现场，已时过境迁，无从协调。

四是执法主体地位不明致使执法受阻严重。95%以上的环境监察执法机构是事业单位，没有独立执法权，环境执法难以到位。对于事业性质的城市污水处理厂、垃圾填埋场更是难以执法到位。清理整顿统一着装后，企业主常常以"不着装就不是执法部门"为由拒绝环境执法人员进厂检查。部分地区甚至屡次出现暴力抗法现象。据不完全统计，全国每年发生数百起执法受阻事件，数十次暴力抗法事件，山东济南发生群殴环境执法人员造成脑震荡、江苏无锡发生殴打环境执法人员造成耳内瘀血、陕西西安环境执法人员遭到建筑工地人员群殴等严重事件，造成极为恶劣的社会影响。

（二）执法机制层面的原因

工作机制是环境执法与监管工作正常运行的保障。当前，环境执法的工作机制散而不全、有而无用。突出表现如下：

一是责任追究机制不健全。从目前全国环境违法案件查处和污染事故处理情况看，地方政府对环境质量负责，成了地方环保部门负责。同时，许多企业违法排污造成污染事故，却处理环保部门工作人员，而对企业只能给予经济处罚，对企业法定代表人和有关人员的责任追究力度不够。

二是缺乏守法企业激励机制和企业自我监督机制。突出表现是"违法成本低，守法成本高"，造成守法企业与违法企业事实上的不公平竞争，最终导致守法企业也蜕变为违法企业。上海一电厂一期脱硫工程需投资8亿元，按当时排污收费标准，8亿元可缴纳116年的排污费。在此政策下，很难使企业做到主动投资治理。企业自我监督机制不全，人才缺乏，致使在企业决策和生产中不顾环境安全，造成污染后果再进行处理。

三是部门联动协调机制有而不完善。连续几年开展的多部门环保专项行动，在对下发动和增强行动效果方面取得一定效果。但真正在一线的工作还是只有环保部门人员。在日常执法中，往往是环保部门单打独斗，相关部门对该关闭的不关闭、该断电的不断电、该断水的不断水、该吊销执照的不吊销，甚至出现文件联发的部门越多越没有作用、越没人执行的现象。据统计，在已实施案件移送制度的15个省级环保部门，移送工商、经贸、司法和监察等部门的违法案件，结案率不足60%。

(三) 执法能力层面的原因

适宜的执法能力是确保执法监督任务落实的关键所在。当前我国环境执法工作任务重、装备差、人员少，环境执法能力完全不适应环境执法监督的实际需要。

一是任务重。环境执法监督工作涉及工业污染源监督检查、建设项目"三同时"检查、限期治理项目检查、危险废物越境转移监督检查、环境污染事故与纠纷调处、排污申报登记现场核查、征收排污费、受理污染投诉举报等10多项工作职责，基层执法人员经常是捉襟见肘，疲于奔命。以经济发达的江苏省为例，全省2300多名环境监察人员要面对7438万人口、监管散布于约10.6万平方千米土地上的6万余家重点监管对象，平均一名环境监察人员要面对3万多人口、监管约46平方千米国土面积、26家工厂企业。对全国而言，全国3000多个机构监管了100多万家工业污染企业、100多万家三产企业、几万个建筑工地，还要承担十分繁重的生态环境监察任务、200多亿元/年排污费征收工作和6万多件/年污染事故与纠纷调查处理工作。

二是装备差、经费难保障。受地方人事、财政和经济发展水平等因素的限制，环境执法经费、装备远远达不到环境执法基本需求。以前，全国各级环境监察机构资金来源包括全额财政拨款、差额拨款和自收自支三种情况，排污收费实行"收支两条线"后，由于地方财政无力保障，部分环境监察机构经费来源陷入困境。执法经费缺乏严重限制了环境执法工作。部分地区出现执法力度越大，资金缺口越大的怪现象，严重限制了执法积极性。

三是执法人员少、素质参差不齐。目前，虽然环境监察系统大专以上学历已达到55%，但多集中在大中城市，县级仍有相当一部分环境监察人员素质低，对法律法规、产业政策、生产工艺等不熟悉。

四 环境保护司法方面的原因

(一) 思想认识方面的原因

环境保护领域的司法保护问题是一个新兴领域，许多司法人员仍然局限于传统的司法重点领域，对于环境保护司法的知识储备不足、重视程度不够、人员能力不能满足需求。例如,许多基层人民法院审判任务重、人员少,司法人员很少有机会接受环境保护法律知识方面的专门培训,一些法官不了解《环境保护法》、《水污染防治法》等环境保护法律法规关于无过错责任、举证责任倒置等的规定,在司法实践中还是运用民法通则的相关规定来进行审判。一些基层司法人员对环境保护问题理解存在较大偏差,认为环境问题是经济发展过程中不可避免的问题,不宜用《刑法》来打击环境违法行为,因此对污染者的违法行为一味姑息,致使环境违法行为得不到应有的制裁。

(二) 司法体制方面的原因

环境案件审理具有很强的技术性特征,需要一个稳定的具备较高环境案件审判能力的审判组织。环境案件涉及方方面面,其审理难度较高,需要具备专业的环境保护知识,刑事庭、民事庭或行政庭法官很难拥有环境方面的知识储备,由其审理环境案件必然会影响环境案件审理的准确性和效率。[①] 虽然,近年来最高人民法院成立了专门的环境资源审判庭,昆明、无锡等城市探索设立了专门的环保法庭,但是专门环境保护司法审判机构在全国并没有普遍成立。这就导致环境案件的审理缺乏司法组织保障,环境保护案件审理周期较长、效率较低,不利于高效解决环境问题。

(三) 司法制度层面的原因

当前,一些司法制度特别是诉讼规则还难以适应环境保护形势发展的需要。一是环境损害的救济规则有待于更新。关于环境损害赔偿责任构成的条件,《民法通则》的规定与环境保护相关法律的规定不协调。根据《民法通则》第124条的规定,环境污染侵权须以"违反国家保护环境防止污染的规定"为前提,而《侵权责任法》《环境保护法》及各单行法的规定并无此要求。应当修改相关法律,对环境损害赔偿责任构成的条件作出明确规定,确立无过错责任。二是对环境行政处理的性质界定不清。行政处理是解决环境纠纷的主要途径,它具有专业性、权威性强以及效率高、成本低等优点,环保部门对当地环保情况最熟悉,掌握当地企业排污的基本情况和有关资料,拥有专业的技术队伍和相应的环境监测技术手段、取证手段,便于及时查明案件事实,作出妥善处理,维护国家、集体利益和环境污染受害者的合法权益。[②] 1989年

---

① 黄辉:《设立环境保护专门审判组织的理论思考》,http://www.law-walker.net/detail.asp?id=4788。

② 张式军:《环境纠纷解决机制研究》,2003年中国环境资源法学会研讨会论文,山东青岛,2003年7月,第779页。

《环境保护法》第 41 条第 2 款规定:"赔偿责任和赔偿金额的纠纷,可以根据当事人的请求,由环境保护行政主管部门或者其他依照法律规定行使环境监督管理权的部门处理;当事人对处理决定不服的,可以向人民法院起诉。当事人也可以直接向人民法院起诉。"据此,该处理决定具有行政调解性质。① 根据 2002 年最高人民法院《关于审理涉及人民调解协议的民事案件的若干规定》中关于调解性质的规定,调解只具有法律约束力,具有民事合同性质,除经过公证的调解书外,其他调解不具有强制执行效力。这就导致环境行政调解的法律效力大打折扣,大量纠纷进入司法程序。三是举证责任负担的规定有待细化。我国在环境损害赔偿纠纷的司法解决中适用的是"举证责任倒置"原则。实行举证责任倒置,原告并非完全不负举证责任,而是要负证明初始事实的责任。② 被告举证证明的事实范围,亦并非整个案件的事实,对环境损害人适用苛刻的举证责任又造成了对环境损害人的不公。最高人民法院在《关于民事诉讼证据的若干规定》中,明确规定:审理环境民事纠纷实行举证责任倒置。但是,目前有关规定仍较为原则,并没有具体界定原告与被告各自的举证范围,实际操作还存在困难。四是与环境损害赔偿诉讼相配套的环境污染责任保险制度尚未建立。许多环境损害是由于必要的合法活动引起,灾害的发生频率高、危害大,受害人往往人数众多。这样就产生了一个矛盾:一方面,受害者急需救济;另一方面,如果损失巨大,但凭加害人的一己之力无法负担全部的赔偿,甚至会因此造成企业停工破产的严重后果,不利于社会经济秩序的稳定。但是我国尚未全面建立环境污染责任保险制度,导致许多数额巨大的环境污染诉讼即使受害者胜诉,也难以获得赔偿。

五 环境保护守法方面的原因

(一) 促进企业环境守法的道德氛围缺失

环境道德是协调人类与环境实现共同可持续发展的强力稳定器。道德,特别是环境道德是不能自发形成的,因为它涉及人们价值观和人生观的形成和确立,特别是要求人们实现自觉抑制自己物质贪欲的泛滥。缺乏良好的道德氛围是造成企业环境守法状况较差的一个重要原因。一些企业为了追求经济价值,忽视环境价值;为了实现企业价值,忽视自然或环境的内在价值;强调人的权利,忽视自然或非人生命体的权利。还有的企业,靠破坏环境实现企业自身发

---

① 韩德培主编:《环境保护法教程》,法律出版社 2003 年版,第 347 页。
② 《也说"举证责任倒置"》,http://news.xinhuanet.com。

展,对于自身环境违法行为姑息容忍,甚至以此为荣。社会对于环境违法行为也缺乏道义上的约束机制,在这种道德氛围下,重大环境污染事件频发难以避免。因此,形成社会性的环境道德风气,是加强环境法治的有效途径。

(二) 企业环境守法及承担环境社会责任的内在动力缺乏

突出表现是"违法成本低,守法成本高",造成守法企业与违法企业事实上的不公平竞争,最终导致守法企业也蜕变为违法企业。例如,2004年2—4月期间,位于四川省成都市青白江区的川化股份有限公司将工业废水排入沱江干流水域,造成特大水污染事故,严重影响了下游成都、资阳等五个城市的工农业生产用水和人民生活,经济损失达3亿元。[①] 但是依照当时的《水污染防治法》,只能对川化股份有限公司处以100万元的处罚,这已经是最高限的罚款。而川化股份有限公司总资产约18亿元,年销售收入约10亿元,利润达8800万元,这种罚款对川化股份有限公司而言根本起不到遏制违法的作用。2014年新修订的《环境保护法》一定程度上提高了违法成本,但由于地方保护等原因,仍然难使企业做到主动投资治理。此外,企业自我监督机制不全、专业人才缺乏,致使企业在决策和生产中缺乏环境安全意识,不履行环境社会责任。

(三) 促进企业环境守法的制度不健全

2014年新修订的《环境保护法》第42条规定,排放污染物的企事业单位和其他生产经营者,应当采取措施,防治在生产建设或者其他活动中产生的废气、废水、废渣、医疗废物、粉尘、恶臭气体、放射性物质以及噪声、振动、光辐射、电磁辐射等对环境的污染和危害。排放污染物的企事业单位,应当建立环境保护责任制度,明确单位负责人和相关人员的责任。但是法律对企业如何落实其环境保护责任未作出明确要求,加之企业缺乏保障环境守法的人才和能力,造成促进企业环境守法的法律制度普遍不健全的现实。2003年开始,国家环保总局开始建立企业环境监督员制度,并开展相关试点,要求试点企业设置负责企业污染防治、监督、检查等环境保护工作的企业内部环境管理和技术人员,规范企业内部环境管理制度。但是试点效果并不理想,部分企业的企业环境监督员虽然经过岗前培训,然而人员素质参差不齐,导致企业环境守法能力和水平难以得到提升。更重要的是,由于缺乏法律措施保障及相应的奖惩机制,该项制度对企业的约束力不强,部分企业对于建立企业环境监督员制度的积极性不高。

---

① 《沱江特大水污染案一审宣判》,http://legal.people.com.cn。

第六章

境外环境保护法治的考察借鉴

第一节 美国环境保护法治的考察借鉴

一 美国环境保护立法的经验

19世纪末期,美国已开始了环境立法,但在1970年以前,美国并没有一部完整的全国性环境保护基本法律。根据美国宪法,各州及地方政府显然是环境保护的主管部门。第二次世界大战结束后,特别是20世纪五六十年代,美国环境问题日益突出,州及地方政府环境管理步伐明显跟不上形势的需要,无论是立法还是执法都不能应对日益严峻的环境污染形势。与此同时,广大公众的环境意识不断提高,一系列环境污染事件促使国会采取更加切实有效的行动。国会一方面要为全国制定可以执行的环境法律;另一方面要协调各州的环境保护步调。美国环境法律体制的演变是在美国特定政治制度背景下完成的。美国的政治制度及其运行方式一直在不断地演进,历经200多年才形成目前这一格局。美国的环境法正是在这一政治框架下,随着政治制度的不断演进,随着社会、经济发展,随着环境问题的恶化和日趋受到关注,日益发展完善。[①]

(一)以健康为出发点、以人为本的立法指导思想

美国环境法律的制定是在20世纪日益严峻的环境污染形势下进行的。20世纪30—60年代是西方资本主义社会工业高速发展的时期,也是环境污染最为严重的时期。这段时间全球发生了多次污染事件,其中最著名的是"八大公害事件",在这八大公害事件中,美国就占了两件。环境污染、环境事故成为环境立法的主要推动力。因此,美国环境立法重点关注人体健康,并强调以人为本。例如,《清洁空气法》规定:为充分保障公共健康,国家环境空气质

[①] 陆新元主编:《环境监察》,中国环境科学出版社2009年版,第342页。

量标准必须得到切实的实施和遵守,并且该标准应出于公共健康安全的考虑。①

(二) 以《国家环境政策法》为统领的、多层级的综合环境立法体系

美国现已形成涵盖环境保护所有领域的、比较完善的环境法律体系格局。美国环境法律体系是一个由多个立法主体制定的、多个层级的、涵盖面比较全的复杂体系。美国与环境保护相关的法律规定主要有六个来源:宪法、立法机构(国会)立法、行政命令(总统、内阁)、司法(法院解释或判例)、行政部门法规(国会或法律授权)和国际法。不同立法主体制定的立法成果会以不同的形式编辑成典,以供查阅。国会立法编入《美国法典》(the US Code);行政命令编入《总统声明及行政命令汇编》;法院的解释说明编入《美国报告》(US Reports);行政部门法规也编入《联邦法规法典》(CFR)。美国是一个普通法系国家,法院的司法解释或判例是整个法律体系的一个重要组成部门,但就环境法律体系而言,成文法是整个环境法律体系的主要组成部分。

从环境立法的内容划分,美国环境法律法规体系可以分为两个层次:② 上层是1969年颁布实施的《国家环境政策法》;下层包含污染控制法和资源保护法。《国家环境政策法》在美国的环境法律体系中占据最高的位置,它是一部从宏观上规定国家基本政策的法律,对美国所有的联邦行政机关规定了保护环境的法律义务和责任。目前,美国环境污染控制与资源保护方面的法律已经达到了30多部,其中许多法律历经多次修改,日趋完善。这些法律重新设置了政府的环境管理职责,共同构成了美国环境污染控制与资源管理的支柱。③在此基础上,美国建立了一个比较完整的、职责分工比较合理和明确的联邦环境管理体系。

(三) 以环境影响评价、公众参与和公民诉讼、排污许可证制度为核心的完善的环境保护法律制度体系

美国确立了一系列重要的环境保护法律制度,形成了一整套行之有效的管理制度体系。比较典型的制度如下:

第一,环境影响评价制度。环境影响评价制度在美国的影响比较广,不但政府重要行动和决策要受其影响,而且任何有重要环境影响的建设项目都要受其影响。环境影响评价制度起源于1969年颁布的《国家环境政策法》,1978

---

① 《从中国角度看美国的环境执法体制》, http://www.greenlawchina.org。
② 王曦:《小议美国的环境法规体系》,《环境保护》1994年第4期。
③ 陆新元主编:《环境监察》,中国环境科学出版社2009年版,第338页。

年环境质量委员会制定的《国家环境政策执行程序条例》对环境影响报告书（Environmental Impact Statement，EIS）的编制做了具体规定。《清洁空气法》中也能找到对排放源进行环境影响评价的规定。《国家环境政策法》的主要目标是强制要求政府的一切重要行为都要考虑环境后果。联邦政府机构在作出项目建议、立法法案以及其他联邦重要行为之前要进行环境影响评价，编制环境影响报告书。环境影响评价制度还为公众参与环境管理提供了一条有效的途径。

第二，排污许可证制度。排污许可证管理是美国环境管理的一项重要制度。多数环境保护法律都规定了许可证制度。能否取得许可证是排污行为是否合法的判断依据，也是执法检查和对违法行为进行处罚的法律依据。以大气污染防治许可证为例，目前美国空气环境管理中的许可证主要有两类：一类是运行许可证；另一类是新排污源建设前的许可证。许可证上会写明以下信息：排放的污染物的名称、数量、排污源的所有者、采取的治理措施与步骤以及监测措施、报告等。

第三，公民诉讼制度。公民诉讼是公民参与环境保护事务的一条法律途径。美国环境法上最早的公民诉讼条款出现在1970年的《清洁空气法》中，该法赋予公民借助联邦法院督促执法的权力。而后几部联邦重要法律，包括《清洁水法》、《有毒物质控制法》、《噪声控制法》以及《安全饮用水法》等都规定了公民诉讼条款。公民诉讼的目的是保护公众的环境利益。在诉讼资格上，几乎所有人都可以以维护公共利益为目的提起诉讼，如，《清洁空气法》规定，任何人都可以以自己的名义就法律规定的范围对包括美国政府、政府机构、公司和个人等在内的任何人提起诉讼。法院的部分判决甚至认可企业和州政府提起公民诉讼。根据起诉理由不同，可以将公民诉讼分为两类：一类是对私人企业、美国政府或其他各级政府机关的污染源起诉，类似于民事诉讼；另一类是针对环保部门的诉讼，以行政不作为或违反法律规定为由的诉讼，类似于行政诉讼。[①]

（四）经济手段的广泛运用

美国在环境立法中广泛采用经济手段，以最少的成本达到最好的污染预防和环境治理效果。为了保障污染受害者有获得赔偿的权利，美国专门制定了《超级基金法》，即《综合环境反应、赔偿和责任法》。美国环境立法要求实行

[①] 汪劲、严厚福、孙晓璞编译：《环境正义：丧钟为谁而鸣——美国联邦法院环境诉讼判例选》，北京大学出版社2006年版，第52页。

污染者负担原则，对污染企业征收排污费和各种税收。同时，为了为鼓励治理污染和采用先进工艺，法律规定实行各种形式的财政补贴和低息贷款。① 此外，美国在环境管理中推行各种经济政策，主要有抵消政策、泡泡政策、网络政策、"排污权"交易、"排污权"银行、排污税、许可证制度等。例如泡泡政策就是将获得污染物排放许可的污染源作为一个泡泡进行管理，也就是对一个工厂主而言，通过改革综合控制，以便在花费最低前提下，使减少排放达到极大化，同时也为控制污染减少花费，这样，工厂主就可以降低控制污染的总费用。

二 美国环境保护执法的经验

（一）建立了有效的环境保护执法综合协作机制

无论如何强大的环境执法和环境监管部门都无法独自应对所有的环境问题。在依环境要素分别设置管理机构的体制下，加强各要素管理机构之间的协作的重要性是不言而喻的。对于一个包括了足够多环境要素管理职能的监管机构来说，加强内部部门间的协作也是非常有必要的。部门间协作的重要性远远超出了体制安排本身。良好的协作机制可以有效地解决体制安排可能存在的管理弊端。

"伙伴关系"是一种最常见的协作机制。美国联邦环保局通过与其他政府机构以及州、地方政府建立、发展"伙伴关系"这一协调机制来处理跨部门管理和跨介质的环境违法案件。通常联邦环保局会与这些机构签订谅解备忘录，达成协调管理和执法的共同协议，协调与这些组织之间的守法援助事项，共同跟踪各类援助活动，评估援助效果。

设立常设性的组织机构是加强协作的另外一种有效方式。根据1994年签署的第12898号行政令成立的"联邦机构间环境正义工作组"（IWG）就是一个重要的机构间环保协作机制。它由12个政府机构组成，由美国联邦环保局局长任主席，其主要目标是加强各机构间的协作，共同努力促进环境保护和维护人类健康，特别是要保障少数人群和低收入人群享受到不受歧视的环境、健康权利。

（二）确立了以州为主体的美国环境保护执法体制

美国联邦环保局与州政府共同承担环境法规实施的责任。美国的主要环境法，包括《清洁空气法》、《清洁水法》、《资源保护和回收法》以及《超级基

---

① 肖剑鸣、欧阳光明等：《比较环境法专论》，中国环境科学出版社2004年版，第54页。

金法》都规定,由各州及地方政府具体负责执行环境法律法规,各州对于国家的环境政策的执行担负重要的角色。多数联邦法律中有授权条款,各州据此条款拥有执行联邦法律的合法职能权限。为了让联邦批准实施联邦项目,各州必须首先制定与联邦规定一致的法律法规,各州还必须证明自己具备有效执行该联邦项目所需要的财力和人力。各州执行联邦的项目可以通过两种方法:第一是通过授权批准执行联邦项目;第二是执行自己的项目,但满足联邦的最低要求。如果某州被授权执行一项联邦项目,该州应执行联邦规定,并接受美国联邦环保局监督。由州负责执行环境法,可以给州保留更多的弹性,各州根据自己的实际情况创造性地制定具体实施政策。这样不仅可以降低州一级的执行成本,还给州一级保留了足够的创新空间。有些州在环境保护方面可以走得更远一些,制定一些创新性政策,为其他州提供示范或为联邦政府实施新政策进行试验。

根据授权,各州不仅具有制定环境法规、环境标准、颁发许可证、监测以及收集发布环境信息职能,它们还具有守法援助、执法监察以及实施执法行动等职能。与联邦环保局一样,各州有多种手段来实施执法,这包括罚款以及实地检查等。1995—2003年期间,美国由州对环境违法实施的罚款总额达8.92亿美元。[1] 根据州环境委员会(ECOS)统计,美国联邦环保局71%以上的环境项目由各州执行,90%的执法和97%的执法检查由各州实施,联邦环保局94%的环保数据是由各州提供的,州一级承担了全国绝大多数环境相关许可证的发放工作。[2]

(三) 将促进环境守法作为执法的最终目的

美国联邦环保局始终将促进环境守法作为环境执法的最终目的,并广泛实施守法援助活动。守法援助主要通过向受管制部门、一般公众提供生产、管理、生活过程中需要遵守的环境法律、环境管理信息,以及提供一些更高效、更低成本地达到环保要求的帮助等服务,促进公众遵守环境法律法规和相关政策。每年联邦环保局的执法与守法保障办公室都会制订一个守法计划指导守法援助行动。一般来说,守法援助是联邦环保局提供的一项免费服务,但有些事项也会收取一定的费用。守法援助主要分为两类:部门针对性的守法援助和法律针对性的守法援助。

---

[1] 陆新元主编:《环境监察》,中国环境科学出版社2009年版,第341页。

[2] R. Steven Brown, "In Search of Budget Parity: States Carry on in the Face of Big Budget Shifts, Ecostates", *The Journal of the Environmental Counsel of States*, Summer 2005, p. 3.

部门针对性的守法援助主要帮助某一具体的受管制部门达到环境守法要求，如农业、工业、化工、干洗、金属加工、装修业等部门或政府机构（包括地方政府、联邦政府）。联邦环保局根据不同部门的特点，分门别类地制订了相应的守法援助方案。这些援助主要是帮助某一部门了解环境法律法规对本部门有哪些环境要求，需要采取哪些措施才能达到环境守法的目标，以及如何才能降低守法成本。环境受管制者可以很容易地从环境守法援助中心处获取电子、纸质版手册或语音形式的服务信息，从而大大降低了企业的守法成本。这种援助方式在法律与守法者之间建立起了一个便利的、和谐的沟通渠道。

法律针对性的守法援助是根据不同介质制定、守法援助方案，如制定空气、水、固体和有毒物质、杀虫剂以及紧急状态预案与公众知情权等方面的援助方案。由于美国是按介质进行环境立法的，法律针对性的环境守法援助，事实上是对相关介质环境法实施的阐述与解释，从而帮助公众和主要排放某类污染物的受管制者更加清楚地理解这些法律规定、更好地遵守法律法规，监督各项违法行为。

（四）设置联邦派出机构，强化对州一级执行联邦环境法律的监督权

尽管美国的州对于国家环境政策的执行起着重要的作用，但环境政策的制定和监督权主要集中在美国联邦环保局身上。依法成立的美国联邦环保局根据法律授权拥有管辖全国环境的权力，可以制定相关法律的实施细则，州政府不仅要遵守环境法律的规定，还要遵守美国联邦环保局制定的相关规定、规划。美国联邦环保局集中管理方式还体现在拥有要求州参与一些环境项目和执行环境规划的实质性权力上。一些项目需由美国联邦环保局授权后由州政府执行，如排污许可证的管理就是以美国联邦环保局为中心。州政府只有经美国联邦环保局授权并由美国联邦环保局根据排污控制规划批准后方可颁发许可证，而对尚未达到环保标准的地方由美国联邦环保局直接颁发许可证、执行许可要求。

（五）设置执法能力强大的专职环境执法机构

从美国联邦环保局的权力、地位与受重视程度看，美国联邦环保局长虽然不是内阁成员，但是他直接对总统负责，可以参加内阁会议，拥有比一般独立部门首长更多的权力。美国联邦环保局的权力、地位与受重视程度还体现在它拥有庞大的组织队伍和雄厚的财政支持，这为其加强执法提供了有力的物质保障。2004 财政年度美国联邦环保局全职雇员大约有 17850 人。在设立之初，美国联邦环保局每年的财政支出是 3.87 亿美元，1993 年已达到近 60 亿美元，占联邦总支出的比重比 1970 年增长一倍，而 2004 财政年度美国联邦环保局获

得国会综合拨款达 84 亿美元。

三 美国环境保护司法的经验

（一）合理设置环境保护司法机构

自 20 世纪 80 年代，美国开始注重使用刑事手段处置环境违法行为。1982年，美国司法部成立了环境犯罪小组（Environmental Crimes Unit），以加强对环境违法行为的刑事起诉。该小组后来正式扩充为环境与自然资源司，拥有600 多人，负责美国联邦环保局提交的环境违法案件的民事和刑事起诉工作。该司负责起诉的范围要比美国联邦环保局职能范围大得多，除污染控制外，还包括自然资源、野生动植物保护案件，而且还可依据宪法、《国家环境政策法》的规定对政府破坏环境的决策提起诉讼。①

（二）通过高效的协同配合机制，支持环境保护部门打击环境违法行为

对环境违法行为的打击需要司法部门和环保部门建立高效的协同配合体制。为了整体的环境利益，美国司法机构加强了与这些领域的管辖机构之间的合作与协调，如与美国联邦环保局、内政部、农业部、核管制委员会等部门建立起了"伙伴"关系。通常美国司法部会和美国联邦环保局等机构签订谅解备忘录，达成协调管理和执法的共同协议，协调与这些组织之间的守法援助事项，共同跟踪各类援助活动，评估援助效果。2006 财政年度，民事赔偿案件结案数是 173 件，获得民事赔偿共计 9100 万美元；移交刑事案件 305 件，起诉 278 人，法院判处刑期共计 154 年，判处罚金共计 4300 万美元；全年实施的罚款额度达到了 1.34 亿美元。②

（三）建立了环保公民诉讼制度

美国建立了环境保护的公民诉讼制度。美国环境法上最早的公民诉讼条款出现在 1970 年的《清洁空气法》中，该法赋予公民请求联邦法院督促执法的权力。而后几部联邦重要法律，包括《清洁水法》、《有毒物质控制法》、《噪声控制法》以及《安全饮用水法》等都规定了公民诉讼条款。公民诉讼的目的是保护公众的环境利益。在诉讼资格上，几乎所有人都可以以维护公共利益为目的提起诉讼。"公民及公民团体虽然不能像行政机关那样直接对污染者采取强制措施，但可以通过针对违反法定义务的污染者或疏于执法的环境行政机

---

① 陆新元主编：《环境监察》，中国环境科学出版社 2009 年版，第 345 页。
② 关于司法部环境保护方面的职责，参见美国司法部（DOJ）网站环境与自然资源处：http://www.usdoj.gov。

关的诉讼，借助法院的司法权监督推动有关环境污染防治和环境资源保护法律的实施，使公民个人或者某团体得到类似'私人检察官'或'私方司法人员'的角色，对环境违法者提起公诉，成为环境资源保护法律的特殊执法主体，从而在排除环境侵害、促进环境公益的同时，更好地维护公民的生命、健康、财产及良好生活环境质量等合法权益。"[1]

四 对我国环境保护法治建设的启示

（一）应当加强环境保护立法的可操作性

美国环境立法的重要特点是注重可操作性，每一项制度都详细规定了实施的部门、实施的人力资源和财政资金保证等内容。美国环境保护立法很少规定一些宣言性、口号性的条款，均针对立法所要解决的问题，提出应对措施和办法。法律法规的规定清楚并能被广泛认知和理解，能最大化地实现守法。美国法律法规的规定语言平实、清晰易懂，便于遵守，并十分注意向公众和单位提供便利的条件，让他们知晓法律的相关规定，并向他们解释法律规定的目标及原因。

因此，我国环境保护立法应当借鉴美国经验，切实提高立法的可操作性，对于一些不成熟、写到法律中还不太适宜的条款暂时不做规定；对于一些原则性、口号性的规定，不在立法中规定，而是体现在环境政策中；对于一些较为成熟、经实践检验行之有效的经验，要及时通过建立可操作性的制度固定下来。

（二）应当加强环境刑事立法，打击环境犯罪

自20世纪60年代以来，美国国会、政府和司法部门开始重视用刑事法律手段遏止和惩治环境犯罪。美国国会通过《清洁水法》、《清洁空气法》、《有毒物质控制法》等环境立法，使环境刑事法律条款逐步健全。为了打击环境犯罪，美国环境法律大都有环境犯罪的规定，并且详细规定引起刑事责任的环境犯罪形式，以及相应的刑事制裁种类。美国联邦环保局自1982年开始将环境犯罪调查列入其财政预算，并积极向国会和司法部寻求环境犯罪的调查执行权。1984年，美国司法部批准授权联邦环保局代表司法部对环境犯罪实行调查执行权。1988年，由美国联邦环保局要求、司法部提议，国会通过法律授予美国联邦环保局以全面、永久的法律调查执行权。1990年11月，作为全面提高联邦环保局法律执行能力的标志的《污染起诉法》（PPA）获得通过，该法规定：到1995年，美国联邦环保局必须把刑事案件的调查数从每年70件增

---

[1] 陆新元主编：《环境监察》，中国环境科学出版社2009年版，第346页。

加到 200 件，同时增加 3 倍的经费。根据美国《资源保护回收法》（RCRA，又称《固体废物处置法》）等法律，美国联邦环保局有权对任何违反有关环境法律规定义务者进行强制执行。根据美国《有毒物质控制法》（TSCA），美国联邦环保局有权对有关的化学品进行检验，有取证和传唤证人的权利，有权向法院申请紧急的司法救济（包括民事和刑事处罚、罚金、司法强制、司法审查等手段）以阻止紧急事件的发生。①

我国 2011 年通过的《刑法修正案（八）》虽然大大降低了重大环境污染事故罪的入罪门槛，最高人民法院和最高人民检察院也发布了环境污染犯罪的司法解释，但是我国环境刑事立法仍显得薄弱，难以遏制环境犯罪日益猖獗的趋势，因此，有必要学习美国经验，强化环境刑事立法。

（三）应当坚持引导企业守法与惩处违法行为并重

美国环境执法是以促进企业环境守法为价值导向的。例如，美国联邦环保局内部设有执法专设机构——"环境执法与守法保障办公室"（OECA），其主要职能包括：帮助工业等部门改善守法状况；制定守法监督纲要；推荐关于守法与执法的全国政策；确定国家守法与执法的优先领域等。近年来，美国联邦环保局正努力改革传统的单一命令控制的管理模式，更多地强调自愿行动和自觉守法，在执法与守法活动中采用了经济激励机制。联邦环保局的守法激励政策主要体现在始于 1995 年的"环境审计政策"中。环境审计政策注重引导企业加强自身环境管理，鼓励建立"环境管理体系"（EMS），它规定适用免除"基于权重的处罚"的前提是受管制者已经建立起"环境管理体系"。另外，为向企业提供更为明确的守法收益预期，美国联邦环保局还制定了一个称为 CAP 的特别项目，规定了一个处罚上额，对于符合该项目规定条件企业的自觉纠正行为的处罚不会超出这个上限。美国证券交易委员会（SEC）规定上市公司要披露相关的环境信息，这有利于联邦环保局和公众对企业进行监督。②无论是守法援助还是守法激励都是"促进"被管制者自觉守法，守法的主动权在受管制者手中，因此如果缺乏有效的监督机制，守法援助与激励机制的效果都得不到保障。因此，美国联邦环保局十分注意加大环境执法监督的力度，在保持对环境违法行为高压态势的前提下，积极引导企业守法。美国的这种做法值得学习，虽然我国已经建立了绿色信贷、绿色证券等制度，但是在环境立法和执法中一味强调"大棒"作用、忽视"胡萝卜"的指导思想必须作出调

---

① 《国外加强环境法实施和执法能力建设的努力》，http://lw.3edu.net。
② 陆新元主编：《环境监察》，中国环境科学出版社 2009 年版，第 357 页。

整，应当将引导企业守法与惩处违法行为并重作为环境法治建设的重点。

（四）应当适当引导社会力量参与执法

信息公开和公众参与是美国《信息自由法》（FOIA）、《联邦顾问委员会法》（FACA）以及《阳光法》对行政行为、行政程序的要求，这有利于监督和推动联邦环保局及其他政府机构加强环境管理、积极执法。公众参与执法能改善联邦环保局执法效能，降低行政执法成本。这成为美国联邦环保局积极引导公众参与执法的动力。美国联邦环保局通过加强与受管制群体、利益相关者在制定政策上的沟通以及通过创建畅通的执法、守法意见反馈渠道，能够提高执法与守法政策的针对性、有效性，增强公众参与环保、监督违法行为的积极性，从而进一步改进环境管理。为了促进公众参与，美国联邦环保局积极公布环境信息和受管制者的守法信息，以便于每位公民享受平等的环境保护权利，公平、广泛、切实地参与环境决策过程。[①]

我国应当借鉴美国公开环境信息、引导社会力量参与执法的经验，按照《清洁生产促进法》、《政府信息公开条例》和《环境信息公开办法（试行）》的相关规定，主动公开超标超总量的污染严重企业名单，并建立社会监督员制度，推动社会力量参与环境执法。

（五）应当完善环保公益诉讼制度

美国联邦和州的环境法中都有公民诉讼制度，公民享有对环境违法行为提起侵权诉讼的权利。如果行政机构保护环境的措施不力，或对环境违法行为没有采取有力制裁或制止措施，公民或民间团体可以向法院提起行政诉讼，因此在美国出现了"几乎所有的环境诉讼都是涉及政府各机构间争执的诉讼，而不是涉及私人间争执的诉讼"的现象。[②] 而我国，由于相关法律规定不完善环境公益诉讼制度仍在起步阶段，这大大降低了环境违法者的违法成本，致使许多应由污染者承担的成本转嫁给了公共环境。

（六）应当健全按日计罚制度

行政处罚是环境执法中常用的处罚形式。"罚款在环境执法中起着重要作用，它能够威慑违法者，确保受管制者受到公平、一致对待，而不会使违法者因违法行为取得竞争上的优势。"在美国的十大行政执法原则中，很重要的一条就是要维护公平的市场竞争环境。行政处罚能直接影响企业的经济利益，是

---

① 陆新元主编：《环境监察》，中国环境科学出版社2009年版，第356页。
② R. W. 芬德利、D. A. 法贝尔：《美国环境法简论》，程正康等译，中国环境管理出版社1986年版，第1页。

创造公平竞争环境的一个重要手段。因此，科学设计行政处罚成为有效执法的重要内容。美国法律对行政处罚的规定比较严厉，许多违法行为的处罚都不设有绝对上限，并且可以"按日累积"，但在具体的执行过程中又不失灵活性，依据一定的方法和程序最终实施的行政处罚额度可以调整。《清洁空气法》规定，联邦环保局可以对违法行为每天处最高 2.5 万美元的罚款。《清洁水法》规定针对过失犯罪，可以处每天 2500—25000 美元的罚款，或处 1 年以下监禁，或两者并罚；针对故意违法行为的处罚要严厉得多，每天可以处不低于 5000 美元不高于 50000 美元的罚款，或判 3 年徒刑，或两者并罚；第二次及以上犯罪者，罚金与监禁刑期增加一倍；对于故意危及他人生命或使他人受到永久性身体伤害的，可以处以 25000 美元以下的罚金，或 15 年以下徒刑，或两者并罚。《资源保护与回收法》规定，可以处每天罚款不超过 5 万美元或不超过 5 年徒刑直至罚款总额不超过 100 万美元或不超过 15 年徒刑的刑事处罚。《有毒物质控制法》规定，联邦环保局可以对一次违法行为实施 27500 美元的罚款，每日可以视为一个单独的违法行为；对于刑事违法行为可以实施每日 27500 美元的罚款，另外可以处 1 年以下监禁，或两者并罚。美国的法律还规定，罚款额度可以根据通货膨胀进行调整。①

我国环境行政处罚面临的主要问题是罚款额度较低，无法解决环境违法成本低的问题。2008 年修改的《水污染防治法》虽然规定了按照应当缴纳排污费的倍数处以罚款，但是应当缴纳排污费数额计算存在诸多技术障碍，从实际执行情况看也难以操作，大多数案件并没有增加违法者的违法成本。虽然 2014 年新修订的《环境保护法》规定了按日计算制度，但实施过程中也存在一些后顾，还需要制定完善配套法规规章。因此，有必要借鉴美国的经验，进一步健全按日计罚制度，大幅提高环境违法成本。

第二节 德国环境保护法治的考察借鉴

一 德国环境保护立法体系及其经验

虽然德国在 1935 年就颁布了《自然保护法》，但是真正意义上的环境法律则是开始于第二次世界大战之后。从 20 世纪 70 年代开始，德国出台了一系列的环境保护方面的法律和法规，具有代表性的是《垃圾处理法》（1972

---

① 陆新元主编：《环境监察》，中国环境科学出版社 2009 年版，第 350 页。

年)、《控制大气排放法》(1974年)、《控制水污染防治法》(1976年)、《控制燃烧污染法》(1983年)等。1986年德国建立了联邦及各州的环保局,并于1994年把环保责任写入宪法。这些法律得到了成功实施,公民和企业的环境意识普遍提高,工业界和经济界认识到经济和生态保护并不是互相对立的,良好的大气、水域和土地是经济可持续发展的前提。目前,在德国直接与间接从事环境保护工作的大约有100万人,德国的环境高新技术产品在全世界领先,德国环保产业在其国际贸易中的比重占18%以上。①

(一)以循环利用为核心的立法指导思想

与其他国家末端处理为主的环境保护立法模式不同,德国环境保护立法强调循环利用,并将循环经济的思想贯穿于整个立法过程中。德国是较早形成循环经济理念的国家,1972年德国政府开始注重废弃物的管理,1991年把废弃物的处理提高到发展循环经济的高度,并建立了配套的法律体系。德国环境保护立法的一项重要内容是循环利用类法律,先后颁布了《废物防止与管理法》、《防止和再生利用包装废物条例》、《资源闭合循环和废物管理法》等以促进资源循环利用的法律法规。最为值得一提的是德国《循环经济与废物管理法》,该法把资源闭路循环的循环经济思想推广到所有生产部门,其重点在于强调生产者要对产品的整个生命周期负责,规定了解决废物问题的优先顺序是避免产生、循环使用、最终处置。具体地说,一方面是减少污染物的产生量,在生产和消费过程中尽量减少各种废物的产生;另一方面是对不能避免产生又可利用的废弃物要加以回收利用,使之回到经济循环中去;只有那些不能利用的废弃物,才被允许进行最终的无害化处置。

(二)层级分明、功能互补的环境保护立法体系

在德国,联邦法是环境法的主体,特别是在大气污染控制、噪声消除、废物管理、化学品、遗传工程、核安全等方面。宪法规定了联邦专有立法权、联邦与州共有立法权、联邦框架立法权。州可以在水管理、自然保护和景观保护方面进行立法,但即使在这些领域,联邦框架法也只给州决策留下了很小的空间。同时,法律规定,在如下领域,联邦法律优先于州法:一是和平利用核能的生产和利用,核辐射防护等;二是废物处置、大气污染控制及噪声控制;三是遗传信息的分析等。而在自然保护、景观管理和水资源管理领域,联邦只有发布框架法的权力,具体政策由州政府制定。全德国大约有8000部联邦和各州的环境法律、法规,除此之外,还有物质执行的欧盟约400个法规和指令。

---

① 李新玲:《德国环保法律的历史及现状》,http://lhsr.sh.gov.cn。

德国已经基本建立起一整套层级分明、功能互补的环境保护立法体系。

（三）明确以预防原则、责任原则等作为环境保护的基本原则

欧盟环境保护立法较为强调预防原则和责任原则，并将这些原则作为指导环境保护制度设计的基本原则。鉴于环境污染给世界各国带来的难以挽回的灾难性后果，20世纪60年代以后，德国也将风险预防原则作为环境保护立法的基本原则。环境风险预防原则的核心是一旦存在一定的环境风险，就采取各种预防措施。这在德国环境保护立法中得到了较为充分的贯彻。例如，德国环境保护立法要求在某些物质尚不能确定它的危害程度和特性之前，审慎地对待。同时，德国环境保护立法也十分注意将责任分解到每一个法律主体。在生产者责任延伸制度中，立法就规定了生产者、进口者、回收者和处置者之间的义务，并明确了每一主体义务落实的保障措施。

（四）与欧盟环境保护立法保持同步

德国属于欧盟国家，其环境保护立法受欧盟影响较大。欧盟的立法可分为两类情况：一类是在欧盟具有专属立法权的领域，欧盟可以直接发布适用于全欧盟的法律，无须各成员国转化，直接在欧盟区域内生效；另一类是在欧盟和各成员国均有立法权的领域，欧盟可以就某一领域的问题发布指令，确定立法的基本框架，要求各成员国在此框架下制定本国法律，以实施该指令。环境保护属于欧盟和各成员国均有立法权的领域，因此欧盟会发布一些关于环境保护的指令。德国的环境保护立法不仅与欧盟环境保护立法同步，在某些方面甚至较欧盟指令更为超前，彰显其世界环境保护先驱的良好形象。

二 德国环境保护执法和司法的经验

（一）严格的刑事处罚措施和巨额的罚款金额

德国对环境违法行为规定了严厉的刑事处罚措施，《德国刑法典》第330条规定："严重污染水域、有毒废物危害环境、严重非法操作核设施、严重非法处置核燃料，以及严重破坏特别保护区的，处十年以下自由刑。"德国对环境违法行为实行"按日计罚"制度。《德国刑法典》第40条明确规定：一是罚金按天计算，每天1万—2万德国马克，法律另有规定的除外；二是每天具体罚金数额由法院决定，法院在决定时应考虑违法者的个人情况、经济条件等，如违法者的收入。[①]

---

① 《地方实践到国家立法路有多远？——从执法实践看"按日计罚"立法可行性》，http://www.envir.gov.cn。

(二) 以决策权、执行权相分离为特点的环境执法模式

从执法权力的配置上看，德国也实行"相对集中行政处罚权"的制度。德国的环境保护行政主管部门只是负责政策制定和许可证的颁发，不负责处罚的具体执行。德国秩序局是除警察之外的主要行政执法部门。秩序局相对集中行使规划部门、卫生部门、工商部门或者环保等部门的行政处罚权。例如，汉堡市的7个大区都设了秩序局，它主要负责居民身份登记、养老与医疗保险、消防、交通、运输、兽医与食品监督、环保等相关事务，集中行使规划、卫生、建设、交通、工商、环保等许多部门的行政处罚权，其他行政执法部门发现违法行为后，可以调查有关事实，获取相关证据，但最终都应当将案卷移送秩序局，由秩序局统一作出行政处罚决定。①

(三) 设置环境警察，强化环境保护现场执法

为加强对环境犯罪的打击，德国设立环境警察（又称水警察）专门负责处理环境犯罪和污染案件；这些警察拥有船舶、飞机等现代化执法设备，以及抓捕环境罪犯等权力。德国环境警察隶属联邦内政部。每名环境警察都要经过一年半的专业训练。环境警察的任务是：发现环境污染时，立即采取补救行动。从化学毒素外泄到不卫生食品的销售，都在他们的管辖范围之内。环境警察行动迅速，他们通过巡逻和使用遥测工具检查环境的污染情况，一旦发现环境污染的现象，立即采取有效的手段，把污染控制在最小范围内。任何一条小溪泛起泡沫，环境警察都会前往取样；凡是已经立法的环保事项，环境警察在其辖区内一概严格执法，比如鱼类死亡、垃圾箱冒烟、废油渗漏或废气聚集成雾等，都属于禁止之列。②

(四) 注意发挥公众对环境保护执法的协同配合和监督作用

德国只有8000多万人口，其中直接或间接从事环保工作的人员竟有100多万，德国形成了政府与民间组织、社会公众等多元主体共同参与环境保护执法的模式。联邦政府、州政府和地方政府都设有专门的环保机构，利用各种手段和工具大力宣传环保。此外，德国政府还通过对民间团体的赞助来推动环境教育，如赞助电视节目等。德国各类民间组织都热心环境宣传工作，如联邦鸟类保护协会、德国保护家乡协会等都具悠久的历史。这些团体不断地向大众宣传震惊世界的环境事件，如德国本土的鲁尔地区的空气污染、莱茵河鱼虾灭绝以及苏联核泄漏等，让一个个发人深省的事件去唤醒人们的环境意识，让人们

---

① 《德国行政执法体制改革与深化培训报告》，http://tieba.baidu.com。
② 《德国是工业发展和环境保护平衡典范》，http://news.sina.com.cn。

认识到要提高生活质量,坚持可持续发展就必须推动政府和民间达成共识,把环境保护看成自己的天职。①

三 对我国环境法治建设的启示

(一) 应当确立清晰而符合时代要求的环境法治理念

德国环境保护工作彰显了法治理念和服务理念。德国的环境执法人员大都自觉地崇尚法律,依法办事,公民也能自觉地守法,整个社会形成了一种法治的理念。一方面,德国实施环境行政处罚,并不是以罚款为目的,而是以教育为原则;另一方面,德国政府的各项环保工作都充分体现了服务的理念,不仅将为公众提供行政服务作为其主要职责,还在工作方式、办事程序、为公民提供咨询、指导等各个方面都体现出便民的特点,效果也十分显著。在教育和培训行政执法人员时,服务理念的培养往往也是很重要的内容。② 我国应当借鉴德国经验,在环境法治建设的全过程中,贯彻法治理念和服务理念,提高为企业服务的能力和水平。

(二) 应当加强政府部门间的协作,放大执法效果

在德国,政府环保部门与其他部门之间关于环境保护方面的职责非常清晰,而且相互之间建立起了一整套部门协作机制。此外,德国环保部门等行政机关十分重视与司法机关的配合。政府部门的主要责任是加强监督和检查,发现违法行为不是直接处理,而是向法院提起诉讼,由司法机关处罚。这种将行政权和司法权分开的做法,有利于行政机关和司法机关互相制约、互相监督、互相配合,在制度上保障了国家对环境保护的高效管理。③ 我国存在的突出问题是政府部门对环境保护承担无限的责任,不善于运用司法的手段推动环境保护,与司法机关的配合缺失。一方面,各级环保部门每年移送司法机关处理的环境犯罪案件寥寥无几;另一方面,司法机关对环境行政处罚的执行支持力度不够,导致强制执行率不高。因此,有必要建立审批权、执行权、监督权相分离的环境保护管理体制,将环境行政处罚等转由司法机关负责,同时建立与司法机关的高效沟通移送机制和约束机制。

(三) 应当强化环境民事责任,提高环境污染成本

德国颁布了专门的《环境责任法》,规定相关责任主体包括环境民事责任

---

① 《借鉴德国经验,致力惠州环保》,http://zzb.huizhou.gov.cn。
② 《德国行政执法体制改革与深化培训报告》,http://tieba.baidu.com。
③ 《借鉴德国经验,致力惠州环保》,http://zzb.huizhou.gov.cn。

在内各项环境法律责任。该法主要规定对环境损害赔偿实行严格责任制：不管工厂的运营者是否有过错，只要其生产活动造成了损害，他就必须对其造成的环境损害承担赔偿责任；工厂的运营者对现行法律的遵守，并不能导致其严格责任的免除；不再要求严格的因果关系证明，只要设施的运营厂家可能产生某种损害，则推定该损害由其产生，除非其提出证据足以反驳。① 我国对于环境民事责任的追究重视程度不够，工作思路还停留在运用行政手段推动环境保护工作的层面上。因此，我国应当借鉴德国的经验，及时制定环境纠纷处理和环境损害赔偿的法律，提高环境污染成本。该部法律主要包括环境损害赔偿的适用条件、环境损害赔偿的范围、环境损害赔偿责任的认定、环境损害赔偿纠纷的行政处理、环境损害赔偿的司法处理等内容。

---

① 《国外加强环境法实施和执法能力建设的努力》，http://www.chinalawedu.com。

第七章

加强环境保护法治建设的对策建议

第一节　更新指导思想

一　树立以人为本、以环境保护优化经济发展的理念

（一）贯彻落实科学发展观要求

我国将处于并将长期处于社会主义初级阶段，发展仍是解决我国所有问题的关键。坚持发展是硬道理的本质要求，就是坚持科学发展。科学发展观是指导我国经济社会建设的重要指导思想，科学发展观要求经济社会实现"三重转变"，即人类文明形式由工业文明向生态文明的转变，世界经济形态由资源经济和物质经济向知识经济和循环经济的转变，社会发展道路由非持续发展向可持续发展的转变。科学发展观作为一种崭新的发展观，它是对传统发展观的反思和超越，它意味着要建立一种全新的社会生产方式。而这种全新的社会生产方式必将开启一种有别于传统工业文明的新文明，即生态工业文明，并形成一整套有别于传统工业文明的政治、法律、经济、文化体制。① 就环境法而言，科学发展观的贯彻和实施要求现行环境法律政策发生根本性转变，要求我们按照科学发展观的理念完善我国环境保护法治体系。

（二）以增进人的生活质量为导向

环境法律政策的终极目的一般确定为"促进经济和社会的可持续发展"，然而一定时空条件下，经济社会的可持续发展并不必然带来人们生活质量的提高。因此，环境法律政策这一终极目的与人本主义的要求还存在不少差距，科学发展观要求环境法律政策的终极目的直接和人的生活质量挂钩。人们需要的无限性与自然资源和社会生产力的有限性导致人类社会利益冲突存在的普遍性。社会中利益冲突日益尖锐要求法律有效地控制由于人的本性而不可避免出

---

① 陈泉生：《论科学发展观与法律发展》，http://www.xzdx.gov.cn。

现的社会矛盾和冲突，以最小的阻力和浪费最大限度地满足人的利益。① 因而，环境法律政策的终极立法目的在于直接将经济社会发展落实到最大限度地满足人的利益需求、提高人的生活质量上，通过具体法律条文将发展的惠益及于每一个社会成员，特别是要综合考量环境利益和经济利益的内在联系，从经济利益和环境利益满足两个方面共同提高人的生活质量，要使环境保护与经济增长并重，在保护环境中求发展。

（三）树立以环境保护优化经济发展的新理念

环境问题究其本质是经济结构、生产方式、消费模式和发展道路问题，必须从发展方式上找根源。② 环境承载力越来越成为经济发展规模和发展空间的主要制约因素，环境保护对加快经济发展方式转变具有保障、促进和优化作用。只有将环境保护的"倒逼机制"传导到结构调整和经济转型上来，才能做到环境保护与经济发展相协调相融合，以环境保护促进经济发展。那种一味强调环境保护而忽视经济发展或者一味强调经济发展而忽视环境保护的道路是走不通的。2011年12月召开的第七次全国环境保护大会明确提出，新时期环保工作的战略思想，就是要坚持在发展中保护、在保护中发展。③ 因此，必须牢固树立环境保护优化经济发展的新理念，并将这一新理念贯穿于我国环境保护防治建设的全过程。

二　树立以利益增进为本位的指导思想

（一）在资源环境约束的前提下扩展利益的总量

环境法体系的完善还应当体现利益增进的理念。科学发展本质上就是一个利益增进的过程，强调在利益的增进和扩展中实现利益分配的公平和利益问题的解决。④ 科学技术的发展告诉我们，在资源约束的前提下扩展利益的总量，改善利益的结构和质量，是可能的，也是有必要的。法律可以引导利益关系朝预定方向发展，并推动一种新利益的形成和发展。立法者虽然不能创造利益关系，但是可以为新的利益关系的产生提供或创造条件。⑤ 同理，环境立法应当

---

① 李启家、李丹：《环境法的利益分析之提纲》，http://www.riel.whu.edu.cn。
② 周生贤：《紧紧围绕主题主线新要求努力开创环保工作新局面——在2011年全国环境保护工作会议上的讲话》，http://www.zhb.gov.cn/gkml/hbb/qt/201101/t20110120_200070.htm。
③ 周生贤：《以环境保护优化经济增长　进一步提高生态文明水平》，http://www.mep.gov.cn/gkml/hbb/qt/201206/t20120606_231067.htm。
④ 张璐：《从利益限制到利益增进》，《法学评论》2004年第3期。
⑤ 张文显主编：《法理学》，高等教育出版社、北京大学出版社1999年版，第219页。

为利益的增进创造制度条件，引导利益的生发，进而形成有利于利益增进的环境法律保障体系。

（二）改善利益的结构和质量

环境保护领域的利益主要分为经济利益和环境利益两大类。实际生活中，资源总是稀缺的，满足人类诸多利益需要的能力也是有限的，这就要求人们在特定的时空环境下对各种需要作出取舍和抉择。长期以来，人们谈到利益之间的关系时往往更多地强调其对抗性冲突一面，而忽视了利益增进和共生的固有特质。利益的这种增进和共生的特质为非对抗性的利益矛盾和冲突中各方利益最大化提供了可能性。环境利益和经济利益均属于正当利益，两种利益之间的关系的发展以人类改善生活质量的需求为根本动力。两者的诸多需求可以在扩展利益总量和范围中得到各得其所的满足。环境保护立法的目的就是不断改善环境利益和经济利益的比例结构，不断提升环境利益和经济利益的质量。因此，改善利益的结构和质量是加强环境保护法治建设的重要指导思想。

（三）"公平"利益分配

对于环境问题的成因，无论是环境污染还是生态破坏，都是由人类在环境资源的开发利用过程中追求和实现利益的不当所致，在结果上表现为多重利益之冲突。对多重利益冲突的衡平要求法律提供一种合理公平的利益分配机制，能给利益受损的个人或群体提供一定的补偿，以提高社会公平的程度，促进社会的稳定与发展。公平作为社会效益的评价标准比其他标准具有无可争议的优先性。公平要求有两层含义，一是静态的，一是动态的。这两层含义蕴含了三个阶段的要求：一套公平规则的存在；对规则公正无私的执行；公平合理的结果。[①] 公平的这种要求实质上是追求的一种实质性公平，为衡量实体公平提供了一套显性的标准。按照这一显性的标准，环境保护法律法治建设应实现利益的"公平"分配。

需要说明的是，衡量利益分配公平实现与否的另一条判断标准在于法律对弱势利益是否给予了特殊关注。在环境保护领域，公共利益和环境利益是弱势利益。这两项利益缺乏一个适格的维护主体，在现实生活中，公益受到损害而得不到救济的情况大量存在，公益较私益而言更易受损。公共利益、环境利益的弱势地位和我国现阶段的国情有关。我国大部分地区正处在由解决温饱迈向小康的阶段，在该阶段，人们最重视和关注的是经济利益的实现。环境利益在与经济利益进行取舍时，环境利益遭到抑制的情况比较普遍。并且我国现行法

---

① 李晖：《法律实施的制度经济学》，《河北理工学院学报》（社会科学版）2003 年第 3 期。

律并未对环境利益的受损规定法定救济途径，这更加剧了环境利益的弱势地位。①"公平"利益分配要求我们在完善环境保护法律保障机制时，更加注重对公益和环境利益关注。

三 树立以环境道德为核心的生态文明指导思想

建设生态文明，是我们党深入贯彻落实科学发展观，针对经济快速增长中资源环境代价过大的严峻现实而提出的重大战略思想和战略任务，是中国特色社会主义伟大事业总体布局的重要组成部分。因此，完善环境保护法律保障机制必须坚持生态文明的指导思想。

（一）吸收传统中国文化中的道德精华

在中国历史上，儒家"天人合一"思想以及人与自然和谐的思想，与人类关于征服自然和统治自然的思想相比，不仅在人与自然和谐的命题上更胜一筹，还更符合现代社会可持续发展的要求，蕴含着宏大深远的生态智慧。"天人合一"思想在坚持人与天整体统一的前提下，把人看成是一小我，宇宙是一大我，把人作为自然有机体的一部分来确认。"天人合一"作为儒家思想的重要组成部分，反映出儒家将"仁"作为人的道德本性，要求视人如己、视物如我，将人际道德向生态道德扩展，在伦理上实现了人道与天道的贯通。"天人合一"反映了我国优良的环境道德文化，尤其是"天地万物一体之仁"的思想，深深内植于人们心中。"仁"和"爱"的思想从对人扩大到对万物的范围，促使古代人们自觉遵守各种禁令法规，保护环境自然资源。这是我们建设生态文明、加强环境保护防治建设必须遵循的指导思想。

（二）以生态伦理为指导，重塑环境道德

生态伦理在主张人与自然和谐统一的整体价值观方面与深环境论中的环境整体主义是一致的，不同之处在于生态伦理观在强调人与自然和谐统一的基础上，更承认人类对自然的保护作用和作为道德代理人的责任，以及对一定社会中人类行为的环境道德规范研究。生态伦理对现代人类中心主义和非人类中心主义采取了一种整合的态度。生态伦理把道德共同体从人扩大到"人—自然"系统，把道德对象的范围从人类扩大到生物和自然。只有人类才具有实践的能动性，具有自觉的道德意识，能进行道德选择和作出道德决定，所以只有人是道德的主体。作为道德代理人的人类，应当珍惜和爱护生物和自然，承认它们

---

① 李丹：《环境立法的利益分析》，知识产权出版社 2009 年版，第 33 页。

在一种自然状态中持续存在的价值。因而，人类具有自觉维护生物和自然的责任。①

新型的环境道德规范体系，是生态伦理的重要内容。作为一种评价社会制度的道德评价标准，这种新型的环境道德规范体系更关注人类的合理需要、社会的文明和进步。其主要含义是要求建立可持续发展的环境公正原则，实现人类在环境利益上的公正。为此，生态伦理应当成为环境保护法治建设的指导思想。

（三）以生态文明建设为立足点和落脚点

全国人大通过的《国民经济和社会发展第十二个五年规划纲要》从加快转变经济发展方式、开创科学发展新局面的战略高度，明确提出要破解日趋强化的资源环境约束，必须加快建设资源节约型、环境友好型社会，提高生态文明水平。党的十八大把生态文明建设纳入中国特色社会主义事业"五位一体"整体布局，党的十八届三中全会对生态文明制度提出了具体改革要求，党的十八届四中全会要求用严格的法律制度保护生态环境，促进生态文明建设。习近平总书记指出，要正确处理好经济发展同生态环境保护的关系，牢固树立保护生态环境就是保护生产力、改善生态环境就是发展生产力的理念。只有实行最严格的制度、最严格的法治，才能为生态文明建设提供可靠保障。建设生态文明，是我们党深入贯彻落实科学发展观，针对经济快速增长中资源环境代价过大的严峻现实而提出的重大战略思想和战略任务，是中国特色社会主义伟大事业总体布局的重要组成部分。② 为此，加强环境保护法治建设、实现经济社会又好又快和可持续发展必须以生态文明建设为立足点和落脚点。

第二节 完善基本原则

一 由协调发展到环境保护优先原则

（一）协调发展原则的内涵

协调发展原则是环境保护与经济建设和社会发展相协调原则的简称。它是

---

① 周一平、马鹏举：《新型环境伦理观对完善我国环境立法的影响》，《甘肃理论学刊》2005年第2期。

② 周生贤：《提高生态文明水平》，载本书编写组编著《〈中共中央关于制定国民经济和社会发展第十二个五年规划的建议〉辅导读本》，人民出版社2010年版，第132页。

指经济建设和社会发展的规模和速度要充分考虑环境与资源的长期承载能力，使环境资源既能满足经济建设和社会发展的需要，又能保持在满足当代人和后代人需求的水平上，使环境保护与经济建设和社会发展，相互促进、共同发展。

就历史发展阶段而言，协调发展原则的确定改变了过去一味强调经济发展、忽视环境保护的立法指导思想，真正从法律原则角度体现了可持续发展的要求，推动了环境保护和经济发展一体化的实现。该原则清晰地说明，经济增长和环境保护均是发展的一方面或不同的表现形式，经济增长是建立在生态基础上的。这一方面要求在制订经济发展计划时和在经济发展进程中充分考虑环境保护的需要；另一方面在追求环境保护目标时也应充分考虑经济发展的需要。二者相辅相成、协调统一，不应以环境保护否定发展，也不应以发展牺牲环境。

（二）协调发展原则存在的主要问题

协调发展原则在实际立法中遇到了一系列问题。主要表现为两个方面：一方面，在资源环境约束日益强化的条件下，协调发展原则已经不能很好地反映经济社会发展的主要矛盾，也不能适应环境保护立法遇到的新的发展机遇。当前形势下，实现经济又好又快和可持续发展必须突出环境保护在解决突出污染问题、优化经济发展、转变经济发展方式中的主体作用，在立法中贯彻环境保护优先的原则。另一方面，协调发展原则在实际立法过程中存在被曲解的趋向，有的理论片面强调环境保护的绝对价值，反对任何形式的开发利用活动，走入极端环保主义的陷阱。还有的理论以协调原则为名，片面强调经济发展的重要性，认为环境保护处于次要和附属地位，主张走"先污染后治理"的老路。如果我国采取经济发展优先的发展模式，世界上所有的资源均不足以支撑我国经济的粗放型发展，而且国家也不能牺牲人民的健康和生命来发展经济。

（三）环境保护优先原则的确立和发展

在我国经济社会发展到一定程度的今天，环境利益紧缺已经成为制约人们利益需求满足的瓶颈，因此，环境保护法治建设应特别注意树立环境保护优先的思想。也就是说，我国应以体现和保障环境利益的法律法规建设为优先领域，规定更为严格的法律制度，同时鼓励环境容量有限、自然资源供给不足而经济相对发达的地区进行体现环境保护优先原则的地方性环境立法，实行优化开发。环境保护优先原则先后体现在党和国家一系列重要文件中。例如，国务院《关于落实科学发展观加强环境保护的决定》规定，各地区要根据资源禀赋、环境容量、生态状况、人口数量以及国家发展规划和产业政策，明确不同区域的功能定位和发展方向，将区域经济规划和环境保护目标有机结合起来。在环境容量有限、自然资源供给不足而经济相对发达的地区实行优化开发，坚持环境优先，大力发展高新技术，优化产业结构，加快产业和产品的升级换代，同时率先完成排污总量削减任务，做到增产减污。在环境仍有一定容量、资源较为丰富、发展潜力较大的地区实行重点开发，加快基础设施建设，科学合理利用环境承载能力，推进工业化和城镇化，同时严格控制污染物排放总量，做到增产不增污。在生态环境脆弱的地区和重要生态功能保护区实行限制开发，在坚持保护优先的前提下，合理选择发展方向，发展特色优势产业，确保生态功能的恢复与保育，逐步恢复生态平衡。在自然保护区和具有特殊保护价值的地区实行禁止开发，依法实施保护，严禁不符合规定的任何开发活动。该决定首次提出并确立了环境优先的原则。

二 由末端治理到以循环经济理念为指导的预防为主原则

（一）预防为主原则的内涵

预防为主原则是指，采取各种预防措施，防止环境问题的产生和恶化，或者把环境污染和破坏控制在能够维持生态平衡、保护人体健康和社会物质财富及保障经济、社会持续发展的限度之内。确立预防为主作为环境保护法律法规的基本原则是历史经验的总结，也是一个认识不断深化的过程。20世纪60年代末，随着环境问题的日益加剧，各国逐渐认识到各种环境要素是相互联系的一个整体，孤立地从末端防止某一种环境要素的污染并不能彻底解决问题。于是，国际社会提出了"与其在环境问题出现后治理，不如在未出现前就预防"的观点，认为预先采取防范措施要比事后治理经济得多，也有效得多。鉴于此，各国环境保护立法逐渐从消极的防治污染转到了积极的预防上来，采取了预防为主和综合治理的环境政策，并将预防为主原则作为环境保护立法的重要原则加以确立。

（二）现行预防为主原则存在的主要问题

现行预防为主原则及其支撑制度突出存在着"末端控制"下的预防问题。具体地讲是以设施、项目控制为主，为满足"达标排放"要求为主。这样的"预防为主"实质上是少排放的要求，具有事后抑制性质，尚不具有体现少产生或不产生污染物要求的事前抑制性质。预防为主原则还局限于"少排放"的基本要求，未能扩充、延伸到"少产生或不产生"的要求，也未能从"无害化"发展为"减量化"的基本要求。为此，有必要对预防为主原则及其支撑制度进行整体改造，消除预防制度与治理制度的差别，使各项制度都具备防与治的功能。

（三）消极的防治污染转到积极的预防和发展循环经济

在环境保护法治建设中确立源头预防理念的主要原因在于：环境遭受污染、破坏后，要消除其受到的危害，往往需要很长的时间，有些甚至是无法补救的；环境遭受污染、破坏后再去治理，一般要比采取预防措施所花费的代价高；环境问题的产生，是在经济、社会发展中忽视环境保护的后果，需要在其中采取预防措施，使环境问题得到有效解决。鉴于此，环境保护立法应当逐渐从消极的防治污染转到了积极的预防上来，以循环经济的思想为指导改造预防为主原则。具体而言，要确立积极预防的思想，推动"无害化"发展为"减量化、再利用、资源化"的循环经济内在要求，改变过去那种污染末端预防的模式，从源头减少污染物的产生。按照《循环经济促进法》的规定，减量化，是指在生产、流通和消费等过程中减少资源消耗和废物产生；再利用，是指将废物直接作为产品或者经修复、翻新、再制造后继续作为产品使用，或者将废物的全部或者部分作为其他产品的部件予以使用；资源化，是指将废物直接作为原料进行利用或者对废物进行再生利用。只有真正实现积极的预防，推动循环经济发展，才能消除现行预防为主原则末端预防的痼疾。

三 由谁污染谁治理到社会化的环境保护责任原则

（一）环境责任原则的内涵

环境责任原则也称"污染者付费、利用者补偿、开发者保护、破坏者恢复"原则，是指开发利用环境和资源或者排放污染物并对环境造成损害者，应当支付由其活动所造成的环境损害费用，或者治理其造成的环境污染和破坏的制度。所谓污染者付费，是指污染环境造成的损失及治理污染的费用应当由排污者承担，而不应转嫁给国家和社会。所谓利用者补偿原则亦称谁利用谁补偿，是指开发利用环境资源者，应当按照国家有关规定承担经济补偿责任。所谓开发者保护原则也称谁利用谁保护，是指开发利用环境资源者，不仅有依法开发自然资源的权利，同时还有保护环境资源的义务。所谓破坏者恢复原则亦称谁破坏谁恢复，是指因开发环境资源而造成环境资源破坏的单位和个人，对其负有恢复和整治的责任。

环境责任原则的确立主要起到了四个方面的作用：一是促使了企业、事业单位加强环境管理，防止环境污染和生态破坏；二是促进了自然资源的合理开发利用；三是为治理环境污染和恢复生态环境积累了资金；四是促进了社会的公平与公正。

（二）环境责任原则存在的主要问题——责任的个体化与社会化难题

企业、个人的环境保护活动，兼具自益性质和公益性质。企业、个人的环境保护活动所产生的公共利益为社会所共享，会导致两个结果：一是企业所创造的利益不能独享，形成"利益外溢"；二是造成利益的公共享用，使环境保护活动演化为一种特殊"公共消费"。这两个结果都不约而同地必然产生利益损耗，由于"公共消费"的消费者实际是社会的全体成员，补偿的责任就推广到全体社会成员，享用环境改善利益的每个社会成员就应承担必要的环境保护费用。由此环境保护责任的主体就必须从直接排污者扩展到消费者，就必须将消费者视作"最终污染者"和"最终受益者"，使直接排污者和消费者并列为环境保护责任主体，共同负有补偿责任。目前，我国环境保护法律中提到的"责任者"还局限于排污者等个体，还在强调环境保护责任的个体化，未能体现环境保护责任社会化的特点。

（三）环境保护责任的扩展——个体责任的社会化

我们必须重新界定环境保护责任的主体，再定义环境保护责任承担的条件，扩展责任范围，加强政府及相关社会团体等环境保护公共责任，实现个体环境保护责任的社会化。对环境保护责任承担形式不应只理解为直接履行这一种形式，在责任承担形式上，在要求排污者直接履行的同时，也应将代履行作为承担责任的形式。责任范围也不能为"末端治理"，应对责任范围进行重新界定。

扩展传统的环境保护责任可以从以下三个方面着手：一是合理确定环保服务企业的环境保护责任。在环保服务企业产生以前，排污者既排污又负有治污的义务，并承担因污染环境、侵害财产或造成他人人身伤害应承担的法律责任。实行环保服务社会化和产业化后，产生污染物的单位或个人将不再向环境直接排放污染物，而是将废物运至环保服务企业，环保服务企业将废弃物经过一定的技术手段处理后再排放到环境中去。此时，有必要合理确定社会化的环保服务企业的责任。二是建立环境污染责任保险制度。环境污染责任保险是以企业造成的污染事故对第三者造成的损害，依法应负的赔偿和治理责任为标的的保险。当前，随着我国经济快速增长，环境污染事件频繁发生，在我国建立和实施环境污染责任保险制度，可以及时赔偿环境污染受害者、维护公众利益、降低企业风险、减轻政府负担、完善环境管理，对推动环保工作具有重要意义。三是建立环境损害赔偿基金。环境损害赔偿基金的建立，是社会安全制度的表现。这种基金资金由那些导致特殊环境风险的团体和个人提供，以解决现代社会企业难以承担巨额环境风险而将其转嫁给社会的问题。这类基金只有在某些严格限制的意外损害的情况下才负责赔偿。

四 公众参与原则的进化——参与方式和深度的扩展

（一）公众参与原则的内涵

公众参与原则，也称环境民主原则或依靠群众保护环境原则，是指在环境保护中，公众既享有保护环境的权利，又有保护环境的义务，每个公民应自觉积极参与环境保护。公众可以从多方面参与环境保护工作，积极参加环境建设，做好本职工作中的环境保护，参与对污染环境行为和破坏生态环境行为的监督；支持环境执法，参与对环境执法部门的监督，促其严格执法，保证环境保护法律法规、政策的贯彻落实；参与环境文化建设，普及环境科学知识，形成有利于环境保护的良好社会风气。确立公众参与原则的积极作用如下：一是公众参与是说服反对者、赢得公众支持的有效手段；二是公众参与有广纳信息和集思广益的功能；三是公众参与能够制约政府的自由裁量权，确保政府公正、合理地行使行政权力。

（二）现行公众参与原则存在的主要问题

现行公众参与原则的主要问题表现为：一是立法对公众参与环境保护重视不足。我国现行立法往往特别强调国家的环境管理权，而忽视公众参与。例如，《宪法》规定，"国家保护和改善生活环境、防治、污染和其他公害"。相关法律规定"国家"是环境保护的主体，而对于作为公众的"组织和个人"对环境保护的积极参与权，却未作规定，而只是在禁止性规定中对其义务有所涉及。这显然忽略了公众在环境保护中应有的法律地位和积极作用。二是现有立法关于公众参与环境保护的规定可操作性差。例如，《水污染防治法》、《环境噪声污染防治法》等法律均规定，单位和个人有权对污染损害环境的行为进行监督和检举，这无疑是公众参与环境保护的一条重要途径。但是，对于如何具体实现"监督和检举"，目前却缺乏具体的程序性规定，可操作性较差。而且检举、控告属于事后救济途径，其本身也不应成为公众参与的首选方式。三是现有立法规定的公众参与环境保护的范围过窄。2014年新修订的《环境保护法》设专章对信息公开和公众参与做了规定，但对公众参与的范围仅局限于环境公益诉讼、环境事故应急处理、污染物排放管理和环境影响评价领域，范围较窄。四是现有立法规定的公众参与环境保护形式过于单一。在我国，目前公众参与环境管理的途径主要包括检举控告、提出公益诉讼、征求意见、举行论证会和听证会等。除此之外，法律法规并未规定可以采取其他途径来实现公众参与。过于单一的参与形式不利于公众充分行使参与权，也不利于充分发挥公众的积极性以保护和改善环境。五是现有立法关于公众参与环境保护的信息支持规定有待完善。获得环境信息、充分行使环境信息知情权，是公众参与环境保护的最基本的前提条件；环境信息获得量的多少，也决定了公众参与程度的高低。我国目前的环境保护法律法规虽然对保障公众获得环境信息作出了一些规定，但这些规定大多是从政府部门管理的要求和角度提出的，并未明确公众获取信息的具体权利，更缺少有效的程序和制度保障。

（三）公众参与原则的进化——关于参与方式和深度的思考

贯彻公众参与原则不能仅仅停留在传统意义上的公开信息、召开听证会等形式，必须在参与方式和深度上进行突破。一是推进环境决策民主化。《环境影响评价法》规定，政府机关要对可能造成不良环境影响并直接涉及公众环境权益的专项规划，应当在该规划审批前，通过举行论证会、听证会等形式，征求有关单位、专家和公众对环境影响报告书的意见。《规划环境影响评价条例》也有类似规定。它意味着群众有权知道、了解、监督那些关系自身环境的公共决策；它意味着谁不让群众参与公共决策就是违法。二是健全环境公益诉讼制度。所谓环境公益诉讼，是指任何公民、社会团体、国家机关为了社会公共利益，都可以以自己的名义，向国家司法机关提起诉讼。新修订的《环境保护法》、《民事诉讼法》等法律明确规定了环境民事公益诉讼法制度，最高人民法院关于 2015 年 1 月公布了《关于审理环境民事公益诉讼案件适用法律若干问题的解释》，党的十八届四中全会明确提出，要探索建立检察机关提起公益诉讼制度。各地积极推动环境公益诉讼制度建设、取得显著成效。如，江苏泰州 6 家企业被提出环境公益诉讼，2015 年二审判决赔偿 1.6 亿元，然而环境公益诉讼制度在我国才起步，制度建设上尚存在不少薄弱环节亟待完善。三是政府加强对民间环保组织的支持引导。除极少数不顾中国国情、生搬西方模式的极端环保对外，各类民间环保组织，大多数都是积极健康的主体。特别是广大青少年的环保志愿者组织，它热爱祖国、激情奉献、关注环境、倡导节俭，为推动环境保护工作发挥了重要作用。政府要对大部分民间环保组织予以支持引导，可以对各类环保组织进行专业培训，多层次地搭建政府与公众座谈、对话的平台，联合民间环保组织和各界人士共同合作开展社会公益行动，就重要的公共政策进行专门的解释与沟通等。[①]

---

① 潘岳：《环境保护与公众参与》，http：//www.china.com.cn/zhuanti2005/txt/2004 - 06/01/content_ 5576730. htm。

第三节 完善环境保护立法体系

一 完善综合性环境保护法

（一）修改环境保护综合性立法——《环境保护法》[①]

《环境保护法》修改涉及一系列复杂的法律原则和制度调整问题，目前各方对于如何修改《环境保护法》尚有各种不同意见，概括起来，主要有三种意见：第一种意见认为需要适应环境保护的形势和环境管理的要求，从立法目的、立法原则、法律制度和法律责任等方面对《环境保护法》进行全面修改，形成全新的《环境保护法》；第二种意见认为需要在对环境保护法律原则和制度进行重大调整以及进一步完善环境保护法律之间关系的基础上，整合各单行环境保护法律，编纂环境保护法典；第三种意见认为《环境保护法》同其他单行环境保护法律交叉重复，在行政执法和司法实践中已经基本被"虚置"，建议废止《环境保护法》。

以上三种意见各有优缺点。一是关于修改《环境保护法》。提出修改《环境保护法》的各种意见和建议，大多是从环境保护领域实际存在的具体问题，特别是立法原则和主要法律制度存在的问题出发的，认为可以通过修改或者增补相应的法律制度和措施，为解决当前面临的环境问题提供一些原则性的法律保障；也可通过宣示国家新的发展理念和环境保护理念，规定环境保护方面的法律原则、管理体制，提出环境保护的基本要求和基本制度与政策，为环境保护单行法律、法规的制定提供具体的法律依据等，为环境保护法律今后的发展提供适当的法律空间。但修改《环境保护法》有一些不足，主要表现为：就解决具体环境问题而言，修改各项单行环境保护法律通常要比修改《环境保护法》更有现实针对性和具体可操作性；单独修改《环境保护法》，难以协调好作为综合法的环境保护法同其他各单行环境保护法律的关系问题，难以实现环境保护法律综合化和系统性的目标。为了处理这一问题，《环境保护法》需要定位为只规范基本法律原则和制度，同时还需与其他相关的环境保护法律一致。这种修改的成本比系统编纂环境保护法典的成本低，修改方式上相对较为

[①] 本书写作过程中，恰逢《环境保护法》的修改。为配合做好《环境保护法》的修改工作，我们对法律修改中的若干重要问题作了专门研究，提出了修改建议稿。虽然《环境保护法》已于2014年4月24日经第十二届全国人大常委会第八次会议审议通过，本研究的部分建议也已被采纳，但本研究对加强环境保护法治建设仍具有参考价值和指导意义，特予以保留，供读者参考。

灵活简便。二是关于编纂环境保护法典。环境保护法典可以为现有各种环境问题提供比较全面的、系统的法律框架，而且一部条理清晰、结构完整和语言规范的新法典，还有利于普及法律知识，便于执法者的掌握和运用。但当前我国环境保护法典编纂还存在一些困难，主要表现为：编纂法典要有比较好的法学理论基础和单行法的立法基础，目前我国环境保护法学研究基础还比较薄弱，一些重要立法领域还存在空白；受科学认识和技术、管理手段的限制，环境保护法典还难以像民法典一样系统和完整，难以涵盖今后可能出现的各种新的环境问题和法律手段；法典因其系统性和完整性，比较强调稳定，在应对今后新出现的环境问题上，修改法典要比制定或者修改某个单行环境保护法律更为困难。总之，法典的主要优点是系统性和稳定性，其主要不足是不能较快适应未来的变化，在当前环境问题层出不穷、环境保护法律相对变化也比较大的时期，环境保护法律的变动性与法典模式的稳定性之间还存在比较突出的矛盾。三是关于废止《环境保护法》。主张废止《环境保护法》的基本理由是我国环境保护方面的单行法律、法规已经趋于完善，从法律体系上来看，《环境保护法》作为综合性法律和环境法制建设"过渡时期"的产物，已无存在的必要，因此主张通过废止《环境保护法》，解决综合性环境保护法同各项单行法的不一致和重复交叉。但废止《环境保护法》会产生诸多问题，主要表现为：将导致环境保护缺乏统一的或者综合性的法律规范，使现存的一些综合性的环境管理制度失去相应的法律依据，地方综合性环境保护法规也会失去相应的法律依据；忽略了环境问题具有的整体性和关联性，忽略了采取各种综合的环境保护措施的现实要求，不符合环境保护综合决策、综合管理的发展趋势，难以在法律上合理规范跨环境介质的交叉污染问题；废止《环境保护法》并不能解决各单行法之间冲突与矛盾。

从长远来看，为了更好地协调各项法律的修改，形成系统、完整、逻辑严密的环境保护法律框架，应当把编纂环境保护法典确立为完善环境保护法律的长期任务；从近期来看，我国环境形势变化较快，环境管理制度尚在调整发展中，环境保护法律的变动性与法典模式的稳定性之间还存在比较突出的矛盾，当务之急是应当针对《环境保护法》适用过程中面临的突出问题，先行对《环境保护法》的若干重要条款进行修改，以有效化解当前环境保护实践中所遇到的法律障碍，并为今后编纂环境保护法典打好基础。

修改《环境保护法》的首要问题就是提高《环境保护法》的法律位阶，争取由全国人民代表大会通过。《环境保护法》的修改思路，是将环境和资源作为一个整体看待，重点解决不同环境要素、不同资源以及经济社会发展之间的协调、综合、平衡问题,以实现可持续发展为根本目标,设计和提炼综合性的管理方法和手段,使其成为环境与资源保护立法和执法的根本依据。本着将环境与自然资源进行一体化保护管理的精神,修改后的《环境保护法》一定要有综合性,以便解决各单项自然资源法和环境保护法无法解决的全局性问题,调整与此有关的各种社会关系,从总体上保护环境与资源。[①] 当前,修改《环境保护法》的基本思路是:一是明确范围,突出重点。考虑到各种现实条件,抓住重点,有针对性地解决若干突出问题;同时适度吸纳《环境保护法》实施20多年来实践证明有效的管理经验,力争取得较大进展。二是回避体制,减少争议。现行《环境保护法》规定了环保部门统一监管、有关部门分工负责的体制,应当继续坚持。而且,体制问题不是通过立法解决的。因此修改《环境保护法》应当回避体制与部门职责问题,对可能引发部门争议的内容,慎重处理。三是强化责任,完善制度。为了从法律上解决经济发展与环境保护的关系,必须着力强化政府对环境质量负责的规定,并创新落实政府责任的相关监管机制。同时,对环境影响评价、限期治理等管理制度,依据新的形势,特别是近年来的环境管理实践,予以修改完善。四是合理定位,妥善衔接。《环境保护法》的调整对象,应主要集中在调整各级政府的环境行为,以及明确公众的环境权益等方面,以与大气、水、噪声、固体废物、放射性等单项法律的调整对象相区别。因此,对单项法已有具体规定,或者可以通过制定或者修订单项法律、行政法规解决的内容,《环境保护法》原则上只应作衔接性或者授权性规定。《环境保护法》的修改建议稿见附件一。

(二)做好《环境影响评价法》等综合环境管理法的修改准备工作

第一,按照科学发展观关于统筹发展的要求,我国应当加快制定《区域环境管理法》并配套制定相应的实施性法规规章或地方性法规规章。即东部、西部、中部地区要根据资源禀赋、环境容量、生态状况、人口数量以及国家发展规划和产业政策,明确不同区域的功能定位和发展方向,使经济发展与环境承载能力相统一,形成各具特色的发展格局,并对不同地区定位的不同规定相应的环境管理制度。

第二,在整合现行《土地管理法》的基础上,制定综合性的《土地法》,制定或修改《城市规划法》、《村镇规划法》等国土规划法,制定《长江法》、《黄河法》、《京津唐区域开发法》等流域或区域环境管理法。

第三,做好《环境影响评价法》等综合环境管理法的修改准备工作。

[①] 马骧聪:《论我国环境资源法体系及健全环境资源立法》,《现代法学》2002年第3期。

2002年，全国人大常委会制定的《环境影响评价法》，对强化环境影响评价工作、预防环境污染和生态破坏发挥了重要作用。但是这项立法还存在诸多缺陷，亟待进行修改。譬如，在规划环评上，最大的问题是我国最重要的规划——"国民经济和社会发展规划"没有纳入到环评范围，由于很多重要的专项规划和建设项目正是由这个规划予以确立的，如果不对该规划进行环评，就会使规划环评的意义大打折扣。再如，在法规环评上，目前的《环境影响评价法》并没有要求对法规进行环评，随着我国法制建设的不断加强，法律法规对经济和社会的影响越来越大，如果不对法律法规进行环评，就很难避免那些不适当的法律法规对环境可能造成的不良影响。

二 制定和修改污染防治法

（一）修改《大气污染防治法》[①]

现行《大气污染防治法》是1987年制定的，于1995年和2000年分别进行了修改。近年来，许多城市大气污染严重，雾霾已经成为人民群众的"心肺之患"。公众对大气环境质量的要求越来越高，针对大气污染形势不断加重的形势，我国应当修改现行《大气污染防治法》，将总量控制制度扩大到"两控区"之外，同时强化环保部门在排污许可证制度实施中的作用，加大法律责任的追究力度，并加快制定配套性法规和规章。修订《大气污染防治法》主要应当考虑以下六点：一是结合实际情况适当扩大法律的适用范围；二是进一步理顺管理体制，强化环保部门大气环境监督管理职能；三是全面推进和突出重点相结合，近期目标和远期目标相结合，以增强法律的针对性和可操作性；四是区域污染控制和行业污染控制相结合，行政监管与市场调控相结合；五是大气污染防治基本制度的设计要完善，实施可行，体现有效性和成本可接受性；六是把中国的污染防治和履约国际条约义务或者促进国际合作相结合。

我们起草了《大气污染防治法》的修改建议稿，见附件二。修改建议稿主要做了以下十一个方面修改：

其一，确立了大气污染防治的基本原则。修改建议稿把优化能源和产业结构、推行区域联防联控，作为大气污染防治的基本原则。

[①] 本书写作过程中，恰逢《大气污染防治法》的修改。为配合做好《大气污染防治法》的修改工作，我们对法律修改中的若干重要问题作了专门研究，提出了修改建议稿。虽然《大气污染防治法》已于2015年8月29日经第十二届全国人大常委会第十六次会议审议通过，本研究的部分建议也已被采纳，但本研究对于加强大气污染防治法治建设仍具有参考价值和指导意义，特予以保留，供读者参考。

其二，健全了地方政府负责的监督考核机制。修改建议稿从政府目标责任、干部政绩考核和人大专项监督等方面，完善了地方政府对大气环境质量负责的监督考核机制。

其三，创设了大气污染区域联防联控机制。针对京津冀、长三角、珠三角等地区大气污染的区域性特征，结合北京2008年奥运会期间大气环境质量保障的成功经验，修改建议稿创设了大气污染区域性联防联控机制。

其四，完善了主要污染物总量控制制度。为促进污染减排工作，修改建议稿对总量控制制度作了两点修改：一是将实施范围由未达标地区和"两控区"扩展到全国范围；二是总结国务院办公厅有关排污交易指导意见的实施经验，鼓励有条件的行业和地区开展排污交易。

其五，完善了大气排污许可证制度。目前，建设项目经环保验收正式投产后，对排污单位的日常排污行为，环保部门缺乏强有力的监管手段。为解决这一突出问题，在总结地方实践、借鉴国外成功经验的基础上，修改建议稿按照新《环境保护法》有关排污许可的规定对大气排污许可证制度做了进一步完善。

其六，调整了机动车船污染防治的思路。大气污染源解析结果表明部分城市机动车船是首要污染源，有必要对现行机动车船污染防治的思路作出调整。根据地方实施机动车船管理的实践经验，借鉴国外机动车船污染防治的成熟做法，形成了"源头抓车型、责任抓厂商"的基本思路，并据此对现有管理规定作了调整和补充。

其七，提出了多种污染物协同控制的新要求。臭氧和细粒子等复合型大气污染，在我国局部地区日益突出。根据污染机理，氮氧化物是形成复合型大气污染的重要前体污染物。为有效控制复合型大气污染，修改建议稿明确必须对氮氧化物和烟尘、二氧化硫等多种污染物采取协同控制措施。

其八，强化了有毒有害物质特殊控制。近期，我国一些地区连续发生重金属硫化氢等有毒有害气体污染事件，严重威胁公众健康，影响社会和谐稳定，中央领导高度重视，社会高度关注。对重金属等有毒有害物质所致大气污染及其对人体健康损害的防治，已经成为当前大气污染防治的一个紧迫任务。修改建议稿在第四章中以专节形式，集中规定了防治"有毒有害物质"污染大气的特殊管理制度和措施。

其九，增加了控制温室气体排放的内容。气候变化是发展问题，也是环境问题。环境立法，特别是大气污染防治方面的立法，不可忽视气候变化问题。美欧等发达国家和印度等一些发展中国家的环境立法和司法实践，也大多将温室气体作为大气污染物予以控制。当前，我国已成为碳排放大国，碳减排的国际压力与日俱增。根据中美2014年共同发展的《中美气候变化联合声明》，我国计划2030年二氧化碳排放达到峰值并努力早日达到峰值，这一任务的完成需要立法予以保障。2009年8月27日，全国人大常委会通过了《关于积极应对气候变化的决议》，明确指出："要把加强应对气候变化的相关立法作为形成和完善中国特色社会主义法律体系的一项重要任务，纳入立法工作议程。适时修改完善与应对气候变化、环境保护相关的法律，及时出台配套法规，并根据实际情况制定新的法律法规，为应对气候变化提供更加有力的法制保障。"鉴于二氧化碳与其他污染物同根同源，且控制措施基本相同，我们将温室气体排放作为环境问题纳入《大气污染防治法》的修改内容，并在修改建议稿中，以"控制温室气体排放"为题，增加了一个专章。

其十，强化了污染事故的预防。修改建议稿增加了一个专章，即第五章"大气污染突发事件处置"。主要规定了以下内容：政府及有关部门制定大气污染突发事件应急预案和应急处置的职责；可能发生大气污染事故的企业事业单位，应当做好应急准备、监测与预警、应急处置和事后恢复。

其十一，加大了对违法行为的处罚。根据加强环境执法、严惩环境违法的实际需要，修改建议稿在参照2008年修订的《水污染防治法》和2014年新修订的《环境保护法》有关规定的基础上，强化了法律责任部分。主要表现在以下四个方面：一是提高罚款幅度。整体提高了违法行为的罚款上限，尤其是对某些违法行为，处罚幅度上不封顶。二是实行"按日计罚"。对违法行为人经环保部门处罚，仍不停止违法行为或者逾期不改正的，实施按日计罚。三是增设治安拘留。增设对恶意违法行为直接责任人员的拘留。四是实行"双罚制"。对于违法企业，实行"双罚制"，不仅对企业本身进行高额罚款，情节严重的，予以停业、关闭；同时还对企业法定代表人处以"经济罚"。

(二) 制定《土壤污染防治法》和农村环境保护法

随着经济规模的不断扩大和污染物的增多，土壤污染的形势不断加剧。据环境保护部与国土资源部联合开展的首次全国土壤污染状况调查结果，目前全国有16%的土壤受到污染。从污染的客体看，大气、海水和淡水都有专项法律来调整，《土壤污染防治法》显然缺位，因此，有必要将《土壤污染防治法》提到立法日程上来。此外，还应针对农村环境保护工作中存在的问题制定专门的法律。近年来，畜禽养殖的污染防治问题、农村的化肥农药等面源污染问题表现得尤为突出，这些问题已经成为制约我国社会主义新农村建设的主要矛盾，迫切需要国家立法予以解决。因此，国家应根据农村环境保护形势发展的需要，及时制定农村环境保护方面的法律。

（三）制定《核安全管理法》和有毒化学品管理法

当前和今后一个时期，我国核电机组数量将逐年上升，急需加强监管。目前我国核安全管理立法仍是空白，加强核安全管理需要及时制定《核安全管理法》，行政法规和部门规章。《核安全管理法》应当对核电发展规划和涉核建设项目的安全和废物处理处置等问题作出规定，对如何加强在建和在役核设施的安全监管、对如何加强电磁辐射和伴生放射性矿产资源开发的环境监督管理等作出明确要求。此外，到目前为止，我国还没有有毒化学品环境管理方面的专门法律，为了履行《鹿特丹公约》、《斯德哥尔摩公约》规定的义务，我国迫切需要制定《有毒化学品管理法》。《有毒化学品管理法》应当重点对有毒化学品环境风险评估制度、评估信息公开制度、替代制度、检测制度、化学品环境影响跟踪评价制度、化学污染事故应急制度和安全管理制度等作出规定。

三 制定和完善自然保护的法律法规

（一）及时制定自然保护法律法规

为了加强生态功能保护区和自然保护区的建设与管理，按照形成主体功能区的要求，及时制定《自然保护地法》、《国家公园法》、《风景名胜保护法》、《湿地保护法》和配套的《生态功能保护区建设与管理条例》、《生态功能区划管理办法》和《国家公园监督检查办法》等行政法规和规章。

（二）加强荒漠化和石漠化治理的立法

为了加强荒漠化和石漠化的治理，控制土地退化和草原沙化，国家应当及时修改《水土保持法》、《防沙治沙法》、《草原法》和《森林法》，制定具有可操作性的配套法规规章和标准。

（三）充实保护典型生态系统的立法

为了保护红树林、滨海湿地、珊瑚礁、海岛等海洋、海岸带典型生态系统，防治日益严重的环境污染问题，针对目前突出存在的海岛盲目开发利用等状况，国家应当及时修改《海洋环境保护法》和《海岛保护法》，并进一步完善配套的法规规章和标准。

（四）强化生物安全和遗传资源保护方面立法

为了维护国家生物安全，强化遗传资源保护，解决生物安全领域多头管理、重复管理和缺乏统一指导的问题，国家需要制定《生物安全法》、《遗传资源保护法》等法律，并制定配套的《生物安全法实施细则》、《生物物种资源保护条例》、《有机产品管理条例》、《转基因生物环境安全管理办法》等行政法规和部门规章。

四 制定《环境行政程序法》和《环境损害赔偿法》

(一) 完善环境行政程序立法——加大环境保护公众参与力度

我国环境行政程序法严重滞后于实体法的发展,环境行政强制执行和环境行政管理制度的程序规定缺位,公众参与环境决策和管理缺乏法定程序的保障,环境民事和行政责任追究的程序规定不完善,这些都制约了环境实体法目的的实现。为了增强环境法的可操作性和针对性,国家应当及时制定《环境行政程序法》和《环境行政强制执行法》,并根据每部实体法的制度内容,出台配套的实施性程序细则。此外,为了体现科学发展观"以人为本"的本质要求,必须扩展公众的环境知情权、环境参与权、环境监督权。环境保护公众参与的程度,直接体现一个国家的环境意识、生态文明的发育程度。公众参与不但可以集思广益,使政府机关的信息渠道更加通畅,为科学决策、民主决策提供信息依据,而且还是政府处理重大环境问题时赢得公众支持的有效手段。[①] 因此,国家还应当制定专门的公众参与环境保护的法律和环境非政府组织管理的法律等,并通过修改《大气污染防治法》、《水污染防治法》等法律法规,将公众参与的要求体现到每项法律制度和措施中。

(二) 制定《环境损害赔偿法》——增强环境权益的维护

我国迫切需要制定一部专门的《环境损害赔偿法》,进一步明晰环境侵权的民事责任,救济环境污染受害者的合法权益。实践证明,受到损害的公众是环境保护行政主管机关的天然同盟军,发挥他们的力量有利于增加污染者的成本,遏制环境违法行为。专门的环境损害赔偿立法应当分别对环境损害赔偿的适用条件、环境损害赔偿的范围、环境损害赔偿责任的认定、环境损害赔偿责任承担方式、连带责任、共同危险责任、内部责任分担、公平责任、环境损害责任保险制度、环境损害赔偿纠纷的行政处理、环境损害赔偿的司法处理、环境损害赔偿的起诉主体、管辖、诉讼费用负担、法律援助、举证责任、因果关系推定、法院证据收集、诉讼时效等作出规定。同时,还应及时出台保障环境损害赔偿立法得到有效实施的配套性法规规章和司法解释,例如,及时制定《环境污染损害评估办法》和《跨界环境污染损害赔付补偿办法》等。

五 研究制定《环境保护税法》

从某种意义上讲,经济领域的其他有关法律对解决环境问题所起的作用更

---

① 祝光耀:《发挥环保民间组织的作用努力推进环保历史性转变》,http://www.ahaef.com。

为重要。在《预算法》、《审计法》、《企业所得税法》等财税法律中对环境保护行为规定支持措施，可以引导我国经济增长方式的转变，形成保护环境的制度合力。因此，搞好环境保护立法，不能仅仅注意制定或修改污染防治和自然保护方面的法律法规，还要将加强环境保护立法与制定修改财税方面的法律密切结合起来。

我国现行与环境相关的税费主要有消费税、资源税、排污费等，增值税、企业所得税也有一些涉及环境保护的优惠政策，这些税费政策在环境保护方面发挥了积极作用，但还不能满足我国环境保护的需要。当前和今后一个时期，一方面要根据税制改革总体要求，逐步调整完善现行税收政策，推动税制"绿化"、充分发挥相关税种的环保功能。要将部分过度消耗资源和严重污染环境的产品纳入消费税的征税范围，征收重税。要落实现行《企业所得税法》规定的鼓励环境保护的企业所得税优惠政策，并根据政策执行情况，适时研究完善相关企业所得税优惠目录。要调整进出口税收，进一步降低或取消"资源性、高能耗、高污染"产品出口退税，强化现行关税对"资源性、高能耗、高污染"产品的限制政策。另一方面要研究制定《环境保护税法》，开征独立的环境保护税，将征收排污费改为征收环境保护税，并择机对二氧化碳排放征收环境保护税。《环境保护税法》可以考虑包括以下主要内容：

第一，应当明确纳税人和纳税范围。在中华人民共和国领域以及管辖的其他海域，直接向环境排放污染物和二氧化碳的单位和个人为环境保护税的纳税人。环境保护税的纳税范围包括应税污染物和应税二氧化碳，应税污染物是指纳税人直接向环境排放的大气污染物、水污染物、固体废物和噪声。

第二，应当明确税目和计税依据。按照污染物种类征收排污费的经验，应当设置大气污染物、水污染物、固体废物、噪声4个污染物税目，并设二氧化碳税目。应税大气污染物、水污染物的计税依据为按污染物排放量折合的污染当量数，应税固体废物的计税依据为应税固体废物的排放量，建筑施工噪声的计税依据为施工单位承建的建筑面积，民用航空器噪声的计税依据为民用航空器的起降次数，其他噪声的计税依据为超过国家规定标准的分贝数。对二氧化碳征收环境保护税以二氧化碳的排放量为计税依据。

第三，应当明确税收优惠的情形。免征环境保护税的情形初步考虑包括：居民生活，农业生产（不包括规模化养殖），军队、武装警察部队执行任务，车辆、火车行驶排放的应税污染物和二氧化碳；农民自建住宅产生的环境噪声，民用航空器、船舶排放的应税污染物（不包括民用航空器产生的噪声）；已纳入碳排放权交易体系的企业购买的碳排放额度；纳税人建成工业固体废物贮存或者处置设施、场所并符合环境保护标准，或者其原有工业固体废物贮存或者处置设施、场所经改造符合环境保护标准的，自建成或者改造完成之日起，不再征收固体废物环境保护税。

第四，应当明确税收征收管理的规则。环境保护税的纳税义务发生时间为纳税人排放污染物和二氧化碳的当天。环境保护税的纳税地点为应税污染物和二氧化碳的排放地。根据纳税人排放污染物和二氧化碳的数量、频次，纳税人按月、季度或年向税务部门申报缴纳，无法按固定期限计算纳税的纳税人也可按次申报纳税。税务部门需要环保部门协助的，环保部门应积极配合。

第五，应当明确税费之间的关系。正税清费是我国税费改革的主体方向。规范、整顿政府收费行为，优化财政收入结构，逐步建立以税收为主，收费为辅的政府收入分配体系已成为我国财税体制改革的重要内容。本着理顺环境税费关系的原则，对征收环境保护税的污染物，将不再征收排污费。取消排污费后，由排污费安排的支出纳入财政预算安排。为了促进环境税费改革顺利进行，改革后，环境保护税收入作为地方收入，主要用于环境保护。原由排污费安排的支出纳入同级财政预算，以费改税政策实施前一年排污费的支出数为基数，按照力度不减的原则予以充分保障。

第四节　建设完备的环境保护执法体系

一　树立先进的环境保护执法理念

（一）服务科学发展的理念

要立足社会主义初级阶段的基本国情，围绕建设生态文明和资源节约型、环境友好型社会的总目标，切实履行环境执法监督职责，推动经济发展方式转变，营造良好的市场竞争环境，促进经济又好又快发展，着力解决影响可持续发展和人民群众生产生活的突出环境问题，维护国家环境安全，促进和谐社会建设。

（二）生态系统执法的理念

要按照十八大建立大部门制的要求，立足保障国家环境安全、维系全民族生存和发展的高度，从生态环境的完整性和生态要素的关联性出发，统筹生态系统建设和管理，合理划分资源开发利用、生态建设和生态环境执法监督职责，整合环境执法监督资源，逐步实现国家环境执法监督职能的完整、综合和统一。

（三）建立伙伴关系的理念

要切实发挥环境执法监督各参与主体的积极作用，建立广泛的执法监督伙伴关系。进一步落实企业的环境保护责任，把严格依法监督与引导企业自律结合起来。合理划分各级环保部门的执法监督事权，健全各司其职、相互补充的组织体系。完善部门联动机制，发挥相关部门和社会组织在执法监督中作用。扩大和规范环境执法监督信息公开，保障公众对执法工作的知情权、参与权、监督权。

（四）执法效能的理念

要适应市场经济条件下环境管理的客观要求，逐步树立环境执法监督的"成本—收益"观念，围绕提高环境执法监督效率和效益，着力增强执行能力，努力实现环境效益和社会效益的统一。

二 改革环境保护执法体制

（一）明确环境保护执法机构的法律地位

建议国务院颁布《环境执法监督条例》或在制定修订环境保护法律法规时，明确环境执法监督机构为国家行政执法机构，清晰其工作职责，环境执法监督人员纳入公务员序列，研究探索在全国建立环境警察队伍。

（二）整合优化环境保护执法资源

按照党的十八大报告关于"稳步推进大部门制改革，健全部门职责体系"等有关要求，适应国家环境综合管理的要求，尊重生态环境的整体性、系统性、公益性特点，坚持生态系统环境执法监督的理念，按照资源开发利用和生态建设与生态环境保护监管相分离的原则，探索建立环境资源统一管理的大部门制，逐步整合、优化环境执法监督资源，实现国家环境执法监督职能的综合、完整、统一。近期，可以按照《行政处罚法》第16条关于"国务院或者经国务院授权的省、自治区、直辖市人民政府可以决定一个行政机关行使有关行政机关的行政处罚权，但限制人身自由的行政处罚权只能由公安机关行使"的规定，由国务院明确界定各部门在环境执法监督方面的职责和应当予以行政协助的情形，扭转目前环境行政执法主体不清、职能交叉、不能形成执法合力的局面。

（三）合理划分事权，理顺环境保护执法组织管理体系

按照"国家监察、地方监管、单位负责"的总体要求，形成国家主要行使宏观执法监督权、省级兼顾宏观与微观、市县级行使微观环境执法监督权的层级分明、互为补充的环境执法监督网络。一是国家环境执法监督事权重点在

宏观执法监督权。国家环境执法监督检查对象主要是省级政府及有关部门和中央企业。二是省级环境执法监督事权兼顾宏观与微观。省级环境执法监督对象主要是省级政府有关部门，市、县级政府，国家和省重点排污单位及建设项目。三是市级及以下环境执法监督事权主要是微观执法监督权。市级及以下环境执法监督对象主要是辖区内企事业单位、个体工商户等，依法进行日常监管，查处环境违法行为。

（四）建设规范权威的环境保护执法机构

一方面要建立和完善国家环境执法监督网络，增强"国家监察"能力。在成立了环境保护部的背景下，重点是强化和完善现有职责，整合环境保护管理部门内各职能机构的现场执法监督权，理清各级环境保护管理部门的环境执法监督事权。成立副部级的国家环境监察局，统一管理全国环境执法监督工作，集中行使国家环境保护行政处罚权，归口管理和业务指导区域派出机构执法监督业务工作，实现环境规划权、行政许可权与执法监督权的相对分离。在国家现有派出机构的基础上，结合区域生态特征和行政区划，重新规划、调整派出机构的设置，完善其职能。根据需要，在重点区域、流域适当增设派出机构。合理划分各级环保部门执法监督事权，理顺环境执法监督组织管理体系。根据环境执法监督工作的实际需要，由编制部门会同环保部门制订执法监督机构人员编制配备方案。研究探索设立环境警察。

另一方面要规范地方环境执法监督机构设置。合理确定环境执法监督人员编制定额，充实基层执法力量。地方环境执法监督机构建设，总体上按照国家层面环境执法监督体制改革的步调进行，省级环保部门设置副厅级环境执法监督机构，并在辖区内设立派出机构。市级及以下实行环境执法监督垂直管理，成立同级环境保护行政主管部门副职级的环境执法监督机构。县（区）级成立环境执法监督机构，并根据经济社会发展现状和环保工作实际需要，在乡镇设立派出环境执法监督机构。

三 创新环境保护执法工作机制

（一）形成协调有序的内部执法监督机制

按照决策权与执行权适当分离的原则和党的十八大关于决策权、执行权、监督权既相互制约又相互协调的要求，实现环境规划权、行政许可权与执法监督权的相对分离，整合环保部门内各职能机构的现场执法监督权并授予环境执法监督机构统一行使。在环保部门内形成协调有序的内部执法监督机制，提高环境执法监督效能。具体内容如下：

一是建立和完善内部信息交流和沟通协调制度。环境执法监督机构及时通报执法信息，规划、总量、环评、污控、监测等部门及时通报有关管理、许可和监测等信息并移送相关文件和材料，实现信息的及时传递和共享，并就有关问题进行沟通和协调。二是要建立重大案件集体审理制度，对重大环境违法案件进行集体讨论和审议，共同提出处理意见。三是健全岗位目标管理责任制和考核奖惩制度，环境执法监督机构进行科学定岗、定员、定责，实行岗位目标管理，并定期进行评议考核，考核结果与干部奖惩、职务任免和升降挂钩。四是完善执法过错责任追究制度。对不作为或乱作为的要追究责任，对环境执法监督人员的故意或者重大过失造成案件处理错误，给当事人的合法权益造成损害或者造成不良社会影响的，要追究相关人员的责任。

（二）建立上下联动机制

合理确定各级环境执法监督机构的职责，并实现上下级环境执法监督职能的有机结合和互补。一是健全巡查制度。市、县级环境执法监督机构对辖区内的监管对象予以分级分类，根据需要制定执法计划。进行频次适当的日常巡查，及时发现和查处环境违法行为。国家和省级环境执法监督机构重点进行抽查和督查。二是强化直查制度。对重大、典型的环境违法案件，国家和省级环境执法监督机构视情况直接进行调查处理。下级环境执法监督机构对查处难度大的案件，可请求上级环境执法监督机构予以帮助。三是完善案件备案和统计制度。同级环境执法监督机构间及时通报案件信息，下级环境执法监督机构报备重大、疑难案件信息，上级环境执法监督机构进行案件统计和分析。四是完善稽查制度。上级环境执法监督机构对下级环境执法监督机构及其工作人员在环境执法监督工作中履行职责、行使职权和遵守纪律的情况进行的监督、检查。五是建立年度考核制度。上级环境执法监督机构对下级环境执法监督机构年度环境执法监督工作进行考核，对其环境执法目标实现情况和执法效能情况进行评价。

（三）健全区域、流域环境保护执法协作机制

按照区域生态系统管理方式，加强区域、流域环境执法监督机构间的沟通与协调，健全区域、流域环境执法监督协作机制，实现"定期会晤、联合执法、共同监测、信息共享"，遏制跨省界、跨辖区的污染事件的发生。一是建立信息共享制度。全方位构建区域、流域信息网络，建立区域、流域信息共享机制，实现全流域环境信息的互联互通，实现环境科研成果、实验数据、监测数据、统计数据、管理数据、技术数据的共享，提高信息资源利用水平，提高执法支持与保障能力。二是建立联合检查制度。组织区域、流域内不同地方的

环境执法监督机构开展联合检查和重点抽查，及时发现问题，共同解决问题。三是建立环境事件协同处置制度。加强区域、流域环境预测预警，开展联合监测，及时互通信息，共同调查处理环境纠纷，协同应对突发环境事件。

（四）建立和完善环境保护执法部门联动机制

完善与其他相关行政执法监督部门的联合执法，加强与司法机关的配合与协作，借助金融、证券、保险等市场调控手段，发挥行业协会、商会及中介组织的纽带和桥梁作用，通过资源互补，放大执法监督效果。一是完善部际联席会议制度。进一步落实部门责任，健全工作制度和联动程序，规范专项集中整治行动，确保实效。二是完善环境案件移交移送制度。对不属于本部门处理的违法案件，及时移交移送有关行政机关和司法机关，并协助和配合进行调查取证。接受移送的有关机关及时反馈处理结果。三是建立执法信息通报制度。执法监督部门在执法联动中定期互相通报执法情况，互通管理相对人档案信息、信用信息、案源信息和监测（检测）数据信息。

（五）建立广泛的社会监督机制

建立多渠道、宽领域的社会监督机制，形成专业执法监督和社会监督相结合的环境监督网络。一是完善环境执法监督信息公开制度。全面推行环境执法政务公开和环境执法结果公示，进一步完善环境信息公开和公众参与制度，赋予环保部门和污染企业向全社会公开重要环境信息的法定义务，保障公众的知情权、参与权和监督权，为公众参与环境执法监督提供信息基础。二是健全环境投诉举报制度。公众参与要与环境执法关口前移有机结合，增强政府、企业和公众的互动，使环境执法工作和企业的环境行为都接受群众的监督。完善"12369"环保投诉热线网络，实行有奖举报。规范对投诉事项的办理程序，提高办理效率和效果。三是建立社会环境监督员制度。在重点、敏感环境区域聘用社会环境监督员，作为环境执法监督的辅助力量，明确其法律地位、权利、义务和职责。四是完善环境听证制度。赋予社会公众参与环境决策的权利。公众通过听证、提供意见或评议为主体参与环境影响评价过程；以提供意见、社区监督、行政救济等方式参与环保法律法规的执行；以社区组织为主体参与环境调查与监测；以听证、提供意见、公民投票等方式参与决定高污染设施的设置和大型项目的开发。五是建立重大环境违法案件新闻发布制度。及时通过新闻媒体向社会公布重大环境违法案件及处理情况，充分借助新闻媒体进行舆论监督。以实际案例教育群众，推进了环境法律知识的普及工作，提高群众的法制观念和知法守法的自觉性。

(六) 建立引导企业自律的机制

建立企业自主守法的服务、引导和激励机制，鼓励企业树立预防污染、自主守法的理念，构建环境执法监督机构与企业、公众与企业之间的伙伴关系，尽最大可能预防环境违法的发生。一是全面推进企业环境监督员制度。实行企业环境监督员职业资格管理，加强企业内部环境管理体系建设，规范企业环境管理行为，增强自主守法能力与水平。二是建立企业年度环境报告制度。企业每年要将全年污染物排放、污染治理、环境管理等履行法律法规和社会责任方面情况，向社会公开。在食品、纺织、造纸、电力、化工、白色金属、医药、化纤、机械和建材等环境敏感型行业和上市企业中率先试行，按《企业环境报告书编制导则》编制企业环境报告书。三是完善企业环境行为信用评价制度。对企业的环境行为进行定期审计，确定信用等级，实行分类管理，作为环境执法监督的重要依据，纳入社会诚信体系。四是建立企业环境风险等级制度。开展企业环境风险等级评定，督促采取环境风险防控措施，实行分级管理。

(七) 完善对政府及相关部门履行环保职责的监督检查机制

一是建立结合督查制度。按新修订的《环境保护法》要求以典型环境违法案件查处、突发环境事件调处、"土政策"清理等为突破口，对下级地方政府和相关部门执行环保政策和法律法规、履行环保职责的情况进行专项监督检查。二是健全挂牌督办和约谈制度。对违反环境保护法律法规、严重污染环境、影响群众身体健康的环境违法行为提出具体的限期整改要求，情节严重的，约谈下级地方政府主要负责人。三是建立环境监察建议书制度。依法或者根据省级以上人民政府授权，对下级政府及有关部门在执行环保政策和法律法规、履行环保职责情况存在的突出问题，提出执法监督建议。

四 提高环境保护执法能力

各级地方政府按照国家要求，将环境执法监督机构及人员经费纳入同级财政预算，并略高于同级公务管理成本，以保障执法经费。按照环境执法监督机构标准化和现代化建设规划，各级政府安排专项资金用于环境执法监督能力建设。中央财政对环境执法监督能力建设继续予以支持。各级政府设立专项资金，用于对公众举报和环境执法监督人员的奖励。

(一) 加强环境保护执法人才队伍建设

人才是生产力中最活跃的因素，人才资源是居于其他资源之上的第一资源，加强环境执法人才队伍建设是环保事业发展至关重要的工作。全面开展"五大建设"，努力构建一支"数量与任务匹配、政治素质好、业务水平高、奉献精神强"的环境执法监督队伍。

一是建设一支数量与任务匹配的环境执法监督队伍。当前，我国环境执法监督任务重，但大部分地区的环境执法队伍规模小，工作任务与队伍数量不匹配，工作负荷过重。应根据地区经济总量、辖区面积和人口数量等相关因素，建立环境执法监督人员需求模型，为确定适宜的环境执法监督人员编制提供科学依据。二是实行科学管理，把好环境执法监督人才进出、考核关。环保行政主管部门制定《环境执法监督人才管理规范》，对环境执法监督人才实行资格管理。坚持严格按照公务员管理的要求，实行环境执法监督人员的公开考试和录用制度，探索新的考试和录用工作机制。实行绩效管理制度。绩效管理过程中的绩效考核，不仅针对员工，还针对各层级的管理者。通过绩效沟通辅导和绩效激励等手段，提高管理者和员工的系统思考能力和系统执行能力，推动整体绩效的迅速提高。实行淘汰制。对经多次教育培训后确实无法达到环境执法工作要求的，要予以淘汰，将其调离环境执法监督岗位。三是加强环境执法监督人才培养和继续教育。全面加强执法队伍的思想、作风、组织、业务和制度"五大建设"，提升环境执法队伍的整体素质和执法能力。落实环境执法工作的五项承诺。进行多层次、全方位人才培养，最终从机制上变被动消极培养为主动积极培养，制订培训规划，抓好人员培训。针对不同的培训对象，充分利用系统内外的教育资源，努力形成多层次、多渠道、大规模的培训格局。环境执法监督人员一律经过业务培训，考试合格，持证上岗。环境执法监督人员大专文化程度达到90%以上，培训率、持证上岗率达到100%。进一步加强岗位培训工作，多层次、多渠道、大规模地开展环境执法监督业务培训和继续教育，提高培训质量，逐步实行统一教材、统一课程设置、统一试题，规范各级环境执法监督人员岗位培训工作。实行轮训制度。在岗人员实行两年轮训一次制度，人员轮训率达到90%。

(二) 提升环境保护执法装备水平

工欲善其事，必先利其器。执法装备是执法队伍履行职责的基础和保障，是执法能力建设的重要组成部分。一是配置先进实用的环境执法装备。分析环境监察执法装备与工作任务、业务性质、单位级别等要素的关系，制定环境执法装备配备原则，科学确定环境执法装备配置品种、类型与数量。按照装备器材使用生命周期进行维护、折旧和退役处理，保证在编装备器材符合标准配置。二是开展环境监察标准化建设。按照现代化要求，落实《环境监察标准化建设标准》，全面推进环境执法机构标准化建设。根据环境执法监督装备需求，按照先进实用的原则，完成环境执法机构装备标准化的建设任务，依据新的环境形势和新的发展阶段要求,加快修订环境监管能力建设指南,同时,鼓励各地环保部门根据各自的实际情况,不断完善环境监管能力建设标准,使能力建设更有针对性,重点提高取证、环境污染事故应急处理和污染事故调查、纠纷处理等方面的执法能力。三是增强突发环境事件应急处置能力。截至2020年,全国所有地市级环境执法监督机构均建成突发环境事件应急指挥系统;截至2030年,突发环境事件预防、处置能力实现现代化。

(三)提高环境保护执法信息化水平

适应环境执法监督信息化需要,提高环境执法信息化水平,提高执法质量和效率。根据环境执法监督的业务需求,2020年前建成以下全国联网的环境执法信息管理系统:一是建设污染源自动监控系统;二是建设环境违法行为举报投诉信息管理系统;三是建设污染源现场执法信息管理系统;四是建设生态环境遥感与地理信息监测系统;五是建设环境污染事故应急指挥系统;六是建设环境执法监督办公自动化系统。

(四)培育和发挥社会中介机构协助环境保护执法

随着事业的发展,环境执法监督工作领域将变得更为广阔,更需要各类专业技术人才参与环境执法监督。作为环境执法监督部门,主要工作内容是依法行政、规范执法,应将环境执法监督技术性事务转移到中介机构,以提高环境执法效能。根据环境执法监督工作的特点和现有条件,中介服务机构可以开展以下六个方面业务:污染防治技术评估、污染事故鉴定与损失评估、污染防治设施管理和操作人员培训、污染源在线监控系统运营管理、建设项目"三同时"环境监理、企业环境行为评估。

第五节 强化环境保护司法

司法,也称之为"法的适用",是法的实施的重要方式之一。它是国家司法机关依据法定职权和法定程序,具体应用法律处理案件的专门活动。为了强化环境保护司法,必须着重做好以下四个方面的工作:

一 加大体制改革力度,加强环境保护审判组织建设

(一)深化有利于环境保护的司法审判体制改革

党的十七大报告提出了"生态文明"建设的要求,2011年全国人大通过的《国民经济和社会发展第十二个五年规划》明确要求提高生态文明水平,党的十八大报告专设一章,要求"大力推进生态文明建设",并将生态文明建

设纳入社会主义五位一体的总体布局中。党的十八届三中、四中全会对此也有明确要求。当前，生态环境保护受到空前重视，环境诉讼及环境审判工作也走向了专业化与专门化的道路。① 当前，环境问题与民事、行政甚至刑事问题交叉，我国现有的三大诉讼分足鼎立的局面，使环境案件淹没其中，因此需要深化有利于环境保护的司法审判体制改革，对环境刑事、民事、行政案件实行归口审理，优化审判资源，实现环境案件的专业化审判。探索建立与行政区划适当分离的环境资源案件管辖制度，逐步改变目前以行政区划分割自然形成的流域等生态系统的管辖模式。应当由专门环境保护司法审判机构具有独立的排他的行使环境案件管辖权，提供"一站式"服务。应当统一环境诉讼案件的司法标准，克服因涉及的受害人较多、环境专业知识要求高、受害人无法举证等原因引起的诉讼困难，提高全社会环保意识，督促有关单位及时停止违法行为，拓展环境纠纷司法救济的途径。还应当不断拓展环境保护审判机构的受案范围，实行立案登记制，完善相关技术规范，尽可能加大环境纠纷的法治化解决力度，破解目前法院审理环境案件过少的难题。

（二）有条件地区建立专门的环境保护审判组织机构

专业化的环境保护审判机构是惩治环境污染的基本组织保证，可以解决我国目前环境污染诉讼所遭遇的瓶颈问题。专门法庭的建立使得法官有足够的精力和时间去研究环境法律，以针对不同的环境诉讼，作出恰当的判决。设置专门审判机构还有利于环境事故的责任追究，让一些重大污染问题及时得到专业化的解决，并使受害人得到适当的赔偿。此外，司法的普遍性、统一性和权威性会对环境问题的解决以及环境保护工作的开展起到重要推动作用。同时，《人民法院组织法》第24条规定：中级人民法院设刑事审判庭、民事审判庭、经济审判庭，根据需要可以设其他审判庭，这给环境审判机构的设置提供了依据。

我国近年来陆续在河北、贵州、江苏和云南四省成立了环保法庭。2004年，河北省晋州市成立了专门的环保法庭，2007年11月20日贵州省贵阳市中级人民法院成立环保审判庭和清镇市人民法院环保法庭，2008年5月6日正式挂牌成立的江苏省无锡市中级人民法院环保审判庭则以对于环境公益诉讼的超前性规定而广受关注。2008年12月11日云南省昆明市中级人民法院环保法庭成立，2009年4月15日—4月20日连续6天在澄江县法院开庭审理的云南阳宗海砷污染案轰动全国。2010年最高人民法院出台《关于为加快经济

---

① 杨华：《环境司法中的法院》，http://www.riel.whu.edu.cn。

发展方式转变提供司法保障和服务的若干意见》，规定在环境保护纠纷案件数量较多的法院可以设立环保法庭，实行环境保护案件专业化审判，提高环境保护司法水平。目前，最高人民法院已设立环境资源审判庭，相关高级法院和部分地方法院也设立了 300 多个环境资源审判机构。下一步，应当按照最高人民法院 2014 年发布的《关于全面加强环境资源审判工作为推进生态文明建设提供有力司法保障的意见》要求，本着确有需要、因地制宜、分步推进原则，建立环境保护专门审判机构，同时着眼于从水、空气等环境要素的自然属性出发，探索设立以流域等生态系统或以生态功能区为单位的跨行政区划专门审判机构，有效审理跨行政区划污染等案件。

（三）建设规范权威的环境保护司法审判队伍

环境保护审判是一项专业性、技术性较强的工作。环境污染损害复杂多样，污染行为与损害后果之间的因果关系难以认定，损害后果往往涉及人身、健康、财产甚至精神。环境损害认定的专业性、复杂性是很多污染受害人不愿意选择司法途径解决环境纠纷的一个重要原因。① 为此，必须切实强化环境保护司法审判队伍的能力，提高环境保护司法审判水平。一是要加强环境保护知识的教育培训工作，开展岗位练兵活动，提高司法审判人员的工作能力、创新的能力和理论研究的能力。二是设立技术方面的专家委员会，选择城市规划、环境科学、环境工程或环境评估、土地评估、建筑、工程、测量或建筑物构建、自然资源管理等领域具有专业知识、经验的专家作为委员，为环境保护司法审判提供专家意见，以便实现环境科学与法律的结合，有效弥补法官对环境科学知识的不足，为案件的合理解决奠定基础。② 三是把管理、服务并重贯穿于环境保护司法审判队伍建设工作之中，强化管理意识，健全管理制度，不断提高环境保护司法审判队伍的管理水平。四是加强与环境保护职能部门之间的协调联动，积极推动建立审判机关、检察机关、公安机关和环境保护行政执法机关之间的协调机制，加强与环境保护行政执法机关和司法鉴定主管部门的沟通，推动完善环境损害司法鉴定和损害结果评估机制。

二 健全环境损害赔偿制度，保护污染受害者的权益

（一）完善环境损害赔偿的各项司法制度

第一，关于环境损害赔偿诉讼管辖。《民事诉讼法》第 28 条规定："因侵

---

① 沈晓悦、李萱：《增强国家环境司法力量》，《中国环境报》2010 年 7 月 8 日第 2 版。
② 杨华：《环境司法中的法院》，http://www.riel.whu.edu.cn。

权行为提起的诉讼，由侵权行为地或者被告住所地人民法院管辖。"按此规定，环境损害赔偿诉讼的管辖法院仅仅为环境侵害所在地和被告住所地法院。这种规定往往不利于环境损害赔偿诉讼及时高效低成本审结，我们认为，环境损害结果发生地和原告住所的法院均也可以管辖。建议相关立法对环境损害赔偿诉讼管辖作出明确规定，环境损害赔偿诉讼可以由原告住所地、被告住所地、环境侵害行为所在地或者环境损害结果发生地人民法院管辖。

第二，关于诉讼费用的减免、缓交和法律援助。2000年最高人民法院发布的《关于对经济确有困难的当事人予以司法救助的规定》中有对生活困难的当事人可以减免或缓缴诉讼费用的规定。法律援助制度是贯彻"公民在法律面前一律平等"的宪法原则、保障公民享受平等公正的法律保护、完善社会保障制度、健全人权保障机制的一项重要法律制度。在某些环境损害赔偿案件中，环境损害的后果严重，造成环境受害人财产、人身健康的巨大损失，环境受害者无力支付诉讼费用，没有能力通过司法途径寻求救济。因此，环境损害赔偿司法解决的相关制度设计中更应当注重和强化诉讼费用减免、缓交和提供法律援助的问题，国家要鼓励律师事务所及其律师向环境损害赔偿案件中的环境受害者提供免费法律援助。环境损害赔偿案件中，有充分理由证明自己合法权益受到侵害但经济确有困难的当事人可以缓缴、减缴、免缴诉讼费。

第三，关于诉讼时效。环境污染危害具有隐蔽性和滞后性，许多危害结果往往在排污行为发生几年甚至几十年后才能显现出来。如果诉讼时效与一般侵权诉讼一样，就会出现危害尚未显现出来，诉讼时效就已超过的情况。我国虽然在《环境保护法》中规定环境侵权诉讼的短期消灭时效比一般侵权诉讼时效长1年，但长期消灭时效仍然沿用《民法通则》20年的规定。从环境侵权的特点考虑，就环境损害赔偿案件而言，相关立法应当将消灭时效延长至30年。有特殊情况的，人民法院还可以决定再延长诉讼时效。

（二）强化环境民事纠纷的行政处理

第一，关于明确环境民事纠纷行政处理决定的法律效力。行政处理，是指行政主体为实现相应法律、法规、规章确定的行政管理目标和任务，应行政相对人申请或依职权依法处理涉及特定行政相对人某种权利义务事项的行为。在我国，行政处理是解决环境纠纷的主要途径，它具有专业性、权威性强以及效率高、成本低等优点，环境行政机关对当地环保情况最熟悉，掌握当地企业排污的基本情况和有关资料，拥有专业的技术队伍和相应的环境监测技术手段、取证手段，便于及时查明案件事实，作出妥善处理，维护国家、集体利益和环境污染受害者的合法权益。① 按照相关法律规定和全国人大法工委相关答复精神，环境保护行政主管部门的处理属于行政调解。根据 2002 年最高人民法院《关于审理涉及人民调解协议的民事案件的若干规定》中关于调解性质的规定，调解只具有法律约束力，具有民事合同性质，除经过公证的调解书外，其他调解不具有强制执行效力。我国有必要设计"调解不成就可行政裁决"的制度，当事人双方无法达成协议的，由环境保护行政主管部门或者其他依照法律规定行使环境监督管理权的部门作出裁决，裁决送达后 30 日内一方或双方不服裁决的，当事人就环境纠纷可以直接向人民法院提起诉讼，裁决当然失效。裁决送达后 30 日内双方无异议，该裁决具有强制执行力，一方当事人拒不执行的，另一方当事人可以向人民法院申请强制执行。

第二，关于环境民事纠纷行政处理的公开程序。行政机关解决环境民事纠纷的重要优点在于专业及时，缺点是行政权力存在不公正、易滥用、权力扩张的倾向，而且执法环境的异化也会加剧环境纠纷行政处理的复杂性。依据现代行政法的基本精神，行政处理的全过程应当公开，除涉及国家机密、个人隐私和商业秘密以外，行政机关处理环境纠纷的过程也应当公开透明，处理结果、处理程序、处理采纳的证据以及其他处理依据应当向公众公开，在作出对当事人影响重大的决定前应当通过听证等程序听取利害各方的理由，公开行政处理的各项依据以及接受公众的监督。公开的权力运作易于受到监督，受到监督的权力利于公正的运行。

第三，关于环境民事纠纷中的信息请求权。环境损害赔偿难的一个重要原因在于环境受害者对环境监测数据、环境证据等相关信息的缺乏，对损害发生及其大小缺乏必要的信息渠道，对于环境损害人的损害信息收集缺乏法律保证，导致环境受害者与环境损害者之间的信息严重不对称。虽然新修订的《环境保护法》、《水污染防治法》等法律规定监测机构应当提供相关数据，但是环境行政主管机关及其监测机构由于缺乏利益的激励与制约机制，通常不具有提供相关数据和信息的内在动力，甚至不愿意接受环境受害者的请求进行监测或者进行不规范监测，对此现行环境法律处于缺位状态。此外，由于当事人双方的利益对抗性，环境损害者的损害手段、相关数据、设施使用情况等关键信息不可能被环境受害者掌握，造成环境纠纷解决过程中，当事人间的实力与能力通常不对等，不能使环境受害者的合法权益得到充分及时救济。为此，有

---

① 张式军：《环境纠纷解决机制研究》，2003 年中国环境资源法学会研讨会论文，山东青岛，2003 年 7 月，第 779 页。

必要对环境民事纠纷的信息请求权作出规定,环境受害者依客观事实足以认定某一特定行为造成环境损害的,可以向环境损害者请求提供相关信息。请求之信息仅限于就加害者所使用的设施、设施使用情况及排放污染物的种类、浓度和总量或者其他由设施造成的影响的说明。环境受害者就环境损害的事实和损失的大小可以向环境保护主管部门或者其他依照法律规定行使环境监督管理权部门请求查阅必要的信息,但依照法律规定应予以保密的信息或者该信息涉及商业秘密和个人隐私的除外。

(三) 强化环境民事纠纷的选择性纠纷解决或替代纠纷解决(ADR)

ADR(Alternative Dispute Resolution,选择性纠纷解决或替代纠纷解决),是各种诉讼外纠纷解决方式的总称,它既包括当事人借助第三方的中介达成的自行协商和解,也包括各种专门设立的纠纷解决机构的裁决、决定;既包括传统的调解,也包括行政机关所进行的各类裁定、决定等。ADR是以合意为基础的、以当事人为中心的程序,这使得ADR具有实体上的高度灵活性和变化性,保证了ADR机制运行的低成本和简易性,程序启动上的合意。本书研究的ADR机制主要包括和解、调解和仲裁等。强化环境民事纠纷的ADR处理,可以从以下三个方面入手:一是制定《环境纠纷处理法》,对环境纠纷非诉讼解决制度加以完善,充分体现解决程序的公正性。二是建立环境民事纠纷仲裁制度。环境民事纠纷ADR的方式应当多样化,其中最首要的就是要建立环境仲裁制度。总结我国纠纷仲裁的做法和国外的实践经验,对《仲裁法》予以必要的修正,将环境纠纷仲裁明确纳入《仲裁法》的调整范围内;同时还应制定《环境纠纷仲裁条例》,对环境纠纷的仲裁作出明确规定。三是建立环境纠纷ADR处理与诉讼相衔接的机制。环境民事纠纷和解协议由公证机构进行公证,公证后可申请法院对该协议进行强制执行;对人民调解委员会主持达成的环境纠纷调解协议,由法院进行司法确认后,取得与民事判决同等的效力。

当前和今后一个时期,要按照新修订的《环境保护法》第58条的规定和最高人民法院《关于审理环境民事公益诉讼案件适用法律若干问题的解释》,推动环境民事公益诉讼制度的实施,并在实践中不断完善相关制度,切实保护环境公共利益。

三 强化环境刑事责任的追究力度,严厉打击环境犯罪

(一) 通过修改刑事法律强化环境刑事责任的追究力度

刑事制裁手段对保护环境十分有效,2011年5月1日起施行的《刑法

(修正案八)》对《刑法》第338条"重大环境污染事故罪"做了较大修改。将构成要件中的犯罪结果由"造成重大环境污染事故,致使公私财产遭受重大损失或者人身伤亡的严重后果"修改为"严重污染环境";将排放、倾倒或者处置的物质,由"危险废物"修改为"有害物质";删除了"向土地、水体、大气排放、倾倒或者处置"的规定。这一修改对于运用刑事手段打击环境违法产生了重大影响。2013年审理的环境污染犯罪案件,超过过去10年总和。但是1997年《刑法》将环境犯罪统一列在第六章的"妨害社会管理秩序罪"中,很难体现此类犯罪与其他犯罪的本质区别,而且在一定程度上难以适应我国制裁环境犯罪的现实需要,实际上,降低了国家制裁环境犯罪的价值和地位。因此,建议增设侵害环境罪专章,将《刑法》第六章"妨害社会管理秩序罪"中的第六节"破坏环境资源保护罪"独立成章,并将分散在《刑法》各章节中有关环境犯罪的规定归并和纳入其中。此举可以有效增强《刑法》对环境资源犯罪的威慑力度。

(二)完善环境刑事司法解释,严厉打击环境犯罪

针对《刑法(修正案八)》的相关规定,必须出台相应的司法解释保障实施。2013年6月,最高人民法院、最高人民检察院联合发布了《关于办理环境污染刑事案件适用法律若干问题的解释》,明确了环境污染刑事案件的定罪量刑标准,为惩治犯罪、打击环境违法发挥了重要作用。2013年,地方各级环保部门向公安机关移送涉嫌环境污染犯罪案件总计706件,超过以往10年的总和。2014年,地方各级环保部门向公安机关移送涉嫌环境污染犯罪案件总计2180件,是2013年的3倍。但"两高"司法解释执行过程中也暴露出许多问题,地方对非法排放、倾倒、处置危险废物未遂的认定,危险废物的认定,"超标三倍以上"的认定,隐蔽排放、倾倒、处置污染物的认定,多次排放、倾倒、处置污染物的认定,干扰重点污染源自动监控系统的定性,"限期整改"的具体情形,单位犯罪的人员确定,共同犯罪的认定,"公私财产损失"的认定,"重金属"的范围,监测数据的出具及认可等问题认识并不一致,需要出台相关指导文件予以明确,以正确适用"两高"司法解释,进一步加大对环境污染犯罪的惩治力度。

(三)进一步完善涉嫌环境犯罪案件的移送制度

2013年,环境保护部与公安部联合印发《关于加强环境保护与公安部门执法衔接配合工作的意见》建立了环保公安联动的"七项制度"。这"七项制度"包括:联动执法联席会议制度、联动执法联络及制度、案件移送制度、重大案件会商和督办制度、紧急案件联合调查制度、案件信息共享制度、奖惩

制度。经过一段时间的实施，有必要对相关文件进行修改。一是制定由环境保护部、公安部、最高人民检察院联合发布的移送涉嫌环境犯罪案件的规定，明确环境保护部门、公安机关、检察机关在配合打击环境犯罪方面的职责和程序；二是明确规定环保部门发现涉嫌环境犯罪案件时保存证据资料、内部审查、移交移送的具体程序；三是明确规定公安机关和检察机关在接到环保部门移送涉嫌环境犯罪案件后的处理程序，明确相应的反馈机制和互动配合机制；四是规定公安机关和检察机关查办涉嫌环境犯罪案件中发现环境违法行为后移送环保部门的程序。

四 建立环境行政公益诉讼制度，充分发挥环境司法的监督和保障作用

（一）完善行政诉讼相关立法，加强对环境行政行为的监督

我国的《行政诉讼法》自1990年10月1日实施以来，对于监督行政机关依法行政，保护公民、法人和其他组织的合法权益起到了重要作用。在我国现行法律框架内，抽象行政行为享有司法豁免权，不受司法机关的审查。但迄今为止的十多年实施过程中，该法也暴露出了许多问题，特别是抽象行政行为的可诉讼性问题。[1] 2014年第十二届全国人大常委会第十一次会议修改的《行政诉讼法》仍未将抽象行政行为纳入受案范围。有必要进一步修改相关法律，将非立法性抽象环境行政行为，纳入司法审查的范围之内，加强对环境行政行为的司法监督。

（二）依法支持环保部门，确保环境处罚和强制措施的执行

当前，环境法执行领域最突出的问题是环保部门强制执行力不足，新修订的《环境保护法》规定了查封扣押污染物排放设施、设备的行政强制措施，但是行政强制措施种类不多，执行力度不够，需要人民法院等部门的支持和配合。此外，环保部门对于环境行政处罚决定缺乏执行的有效措施，必须申请人民法院强制执行已经生效的处罚决定。为遏制当前环境违法案件高发的趋势，建设资源节约型、环境友好型社会，加快转变经济发展方式，各级人民法院应当加大对环境非诉行政案件的审查执行工作力度，支持和监督环保行政执法机关依法履行环保职能，强制执行环境行政处罚。

（三）探索建立环境行政公益诉讼制度

环境行政公益诉讼是指特定当事人认为行政机关的行政行为对公众环境权益造成侵害或者存在侵害可能，依法向人民法院提起行政诉讼，要求行政机关

---

[1] 《论摆脱抽象行政行为诉讼的困境》，http://533724ao.blog.163.com。

履行法定职责或者纠正、停止其侵害行为的制度。①

环境行政公益诉讼的受案范围应主要包括以下三个方面：一是改变环境的具体行政行为之诉。享有环境行政公益诉讼主体资格的主体，可质疑该行政行为并可以提起诉讼。二是环境行政不作为之诉。如行政机关对环境公益的不作为，环保部门严重失职行为，在缺失直接利害关系人或直接的利害关系人放弃诉权时，享有环境行政公益诉讼主体资格的主体可向法院提起行政不作为的环境行政公益诉讼。三是行政决策程序瑕疵之诉。重点是维护公众的环境知情权、环境决策参与权。公众的环境知情权和决策参与权应作为公民的一项基本权利得到维护，任何保障这些权利的法定程序必须得到不折不扣的执行。②

要设置环境行政公益诉讼诉前审查程序，防止滥诉。党的十八届四中全会明确提出，探索建立检察机关提起公益诉讼制度。按照习近平总书记就这一问题的说明，这里的公益诉讼制度，就是指行政公益诉讼制度。当前环境行政公益制度在我国才刚刚起步，亟待对受案范围，诉前审查程序、举证者责任等重点问题作出明确规定。即在提起环境行政诉讼之前，必须向有关行政机关提出相应请求。只有当有关行政机关无动于衷，或者敷衍了事时，才可以提起环境行政公益诉讼。检察机关发现行政机关侵犯环境公益，应当先向该机关提出检察建议。如果该行政机关未在规定的期限内采取有效措施，检察机关就可提起环境行政公益诉讼。③

要明确行政机关的举证责任。在环境行政公益诉讼中，由于环境问题的复杂性可以规定，对于具体行政行为，行政机关除了要提供作出具体行政行为所依据的法律法规等规范性文件，还要证明其行政行为与环境损害之间不存在因果联系；对于抽象行政行为，行政机关要提供专业机构作出的实质性论证、环境影响评价等证据；检察机关则只需提供"表面证据"，即行政机关已经或者很有可能实施了侵害环境的行政行为。④

---

① 王晓彬：《关于构建环境行政公益诉讼制度的几点思考》，http://www.chinacourt.org。
② 席正清、梁永辉：《环境行政公益诉讼制度的具体构建》，http://news.sina.com.cn。
③ 同上。
④ 王晓彬：《关于构建环境行政公益诉讼制度的几点思考》，http://www.chinacourt.org，2011年5月15日。

第三编

水资源法治篇

引　言

　　水是生命之源，水资源既是基础性的自然资源，同时也是战略性的经济资源。可以说，水资源是人类赖以生存和社会经济可持续发展的物质基础，是生态与环境的控制性要素，在国家的经济、社会和环境安全中具有重要的战略地位。随着人口的增长和经济的发展，人均淡水资源量不断减少，而排放到水体中的各种污染物却不断增加，水、旱灾害愈演愈烈，使地球生态系统的平衡和稳定遭到破坏，并直接威胁着人类的生存和发展。水危机已成为人类在 21 世纪面临的重大挑战之一。

　　与世界大多数国家相比，我国面临着更为严峻的水资源形势。我国人多水少，人均水资源占有量不足世界人均量的 30%，目前又处于城市化和工业化的快速发展时期，因而我国所面临的水危机更为严峻，水资源短缺、水污染、洪涝灾害、水土流失等水问题已对水安全和生态安全构成了严重威胁。水问题已经严重制约了我国国民经济发展，成为威胁我国 21 世纪经济社会可持续发展的重大问题和突出瓶颈。面对日益严峻的水资源问题，我们必须全面、准确地贯彻科学发展观和新的治水思路，坚持人与自然和谐相处、人与河流协调发展，物质文明、精神文明、生态文明一起抓，坚持不懈地建设资源节约、环境友好的节水防污型社会，以与时俱进的创新精神，不断推进水资源的合理开发、优化配置、高效利用、有效保护和科学管理，逐步缓解各种水危机，促进我国水资源可持续利用和经济社会可持续发展。

　　在我国大力推行依法治国的背景之下，建设水资源法治，把水资源的管理、保护、开发、利用、节约、配置以及防治水害过程中的一切水事活动和水资源管理工作的各个环节纳入法制化轨道，依法规范各项水事活动和依法处理各种水事矛盾，依法治水、依法管水，是实现水资源可持续利用的根本保证。因此，厘清我国水资源面临的严峻形势，梳理我国水资源立法、执法和司法的演进过程、现状及其积极作用，廓清水资源立法、执法和司法存在的主要问题及其原因，考察国外水资源立法、执法和司法的成功经验，提炼出对我国水资源法治建设的有益借鉴,在此基础上明确水资源法律保障的指导思想和基本原则,分析完善水资源立法的领域和事项,探究加强水资源执法和司法保护的方法和途径,从而提出完善我国水资源法治保障机制的对策建议,具有重要的理论和实践意义。

第八章

我国水资源面临的严峻形势

水是生命之源、生产之要、生态之基。人类生存、经济发展和社会进步，都离不开对水资源的开发和利用。然而，我国水资源面临严峻形势。正如2011年中央一号文件中共中央、国务院《关于加快水利改革发展的决定》指出的，人多水少、水资源时空分布不均是我国的基本国情水情。洪涝灾害频繁仍然是中华民族的心腹大患，水资源供需矛盾突出仍然是可持续发展的主要瓶颈，农田水利建设滞后仍然是影响农业稳定发展和国家粮食安全的最大硬伤，水利设施薄弱仍然是国家基础设施的明显短板。①

第一节 我国水资源基本状况研究

一 我国水资源的基本概况

（一）水资源分区

我国幅员辽阔，无论从东向西，还是从南到北，在气候、地理、降水、水资源等自然条件和社会经济发展水平上都存在着很大的差别。为客观反映全国各地的水资源条件、水资源开发利用水平、水生态环境状况及其与当地人口、资源、环境和经济社会发展状况的相互关系，需要在流域和行政区域相结合、共性和个性相结合的基础上，编制全国统一的水资源分区。②

2002年，水利部组织各流域机构和省、自治区、直辖市水行政主管部门，在以往水资源分区的基础上重新编制了全国水资源分区，将全国统一的水资源分区设定为一、二、三级。一级区保持了大江大河的整体性，全国共设定水资源一级区10个，即松花江区、辽河区、海河区、黄河区、淮河区、长江区、

---

① 中共中央、国务院《关于加快水利改革发展的决定》（2010年12月31日）。
② 王浩主编：《中国水资源问题与可持续发展战略研究》，中国电力出版社2010年版，第1页。

东南区、珠江区、西南诸河区、西北诸河区 10 个区。二级区以保持河系的完整性为原则,参照了原水资源二级区并作适当调整,共划分为 80 个。在征求各流域机构、各省、自治区、直辖市专家意见的基础上,三级区共划分为 214 个。

图 8-1　全国水资源一级区示意图
资料来源:《2010 年中国水资源公报》

（二）水资源数量

我国是世界上水资源量较为丰富的国家之一。水资源数量通常用降水量、地表水资源量、地下水资源量、水资源总量这几个指标来衡量。以最直观的水资源总量为例,根据 1956—1979 年水文系列评价成果,我国多年平均水资源总量为 2.81 万亿立方米,其中地表水资源总量 27115 亿立方米,占 96.4%;与地表水不重复的地下水资源量 1009 亿立方米,占 3.6%。据水文系列延长到 2000 年的最新评价成果,我国多年平均水资源总量为 2.84 万亿立方米,比前一次评价成果增多 1%,地表水资源总量和不重复的地下水资源量之比仍为 96.4%:3.6%。[①] 2011 年全国水资源总量为 23256.7 亿立方米,比常年值偏少 16.1%,为 1956 年以来最少的一年。地下水与地表水资源不重复量为

---

① 王浩主编:《中国水资源问题与可持续发展战略研究》,中国电力出版社 2010 年版,第 8 页。

1043.1亿立方米，占地下水资源量的14.5%，也就是说，地下水资源量的85.5%与地表水资源量重复。①

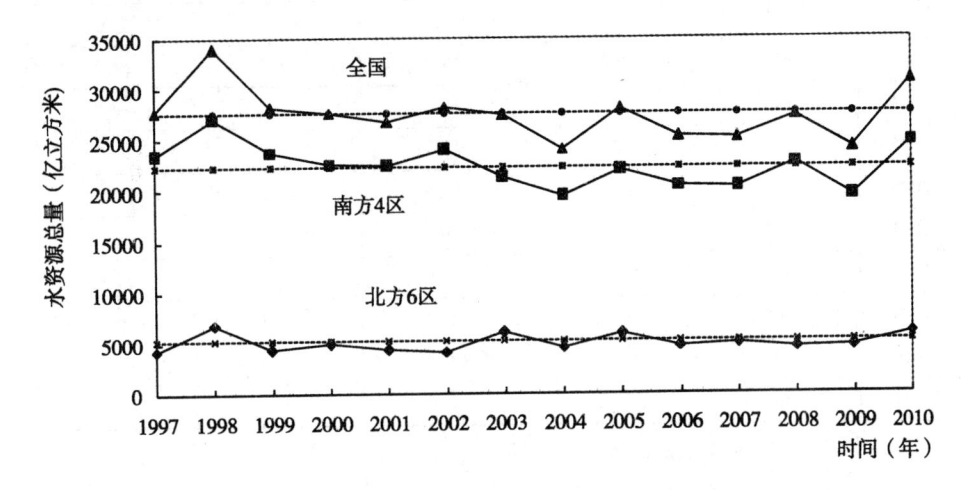

图8-2　1997—2010年全国及南方、北方水资源总量变化过程

数据来源：《2010年中国水资源公报》

（三）水资源质量

自20世纪80年代以来，我国经历了近30年的工业化、城市化快速发展进程，工业用水和城市生活用水持续增长，工业废水和城市生活污水也随之大量增加。与此同时，全国的化肥和农药用量也大幅增长，农村生活污水、禽畜粪便和废物垃圾也大量增加，加之水土流失极其严重，形成了量多面广的污染源。由于点源和面源污染不断加剧，水污染防治工作又相对薄弱，特别是面源污染的防治尤为困难，我国的水资源质量在过去的30年里呈不断下降的趋势。

表8-1　　　　　　　　2000—2011年全国河流水质评价成果表

年份	废污水排放量（亿吨）	各类水质的河长占评价河长的比例（%）			
		Ⅰ—Ⅱ	Ⅲ	Ⅳ—Ⅴ	劣Ⅴ
2000	620	28.9	29.8	24.3	17.1
2001	626	28.6	32.0	23.8	15.6
2002	631	38.7	26.0	17.8	17.5

---

① 《2011年中国水资源公报》。

续表

年份	废污水排放量（亿吨）	各类水质的河长占评价河长的比例（%）			
		Ⅰ—Ⅱ	Ⅲ	Ⅳ—Ⅴ	劣Ⅴ
2003	680	36.4	26.2	16.7	20.7
2004	693	33.5	25.9	18.8	21.8
2005	717	33.8	27.1	17.8	21.3
2006	731	30.8	27.5	19.9	21.9
2007	750	32.3	27.2	18.8	21.7
2008	758	35.3	25.9	18.2	20.6
2009	768	35.7	23.2	21.8	19.3
2010	792	34.8	26.6	20.9	17.7
2011	807	40.2	24.0	18.6	17.2

数据来源：《中国水资源公报》（2000—2011年）。

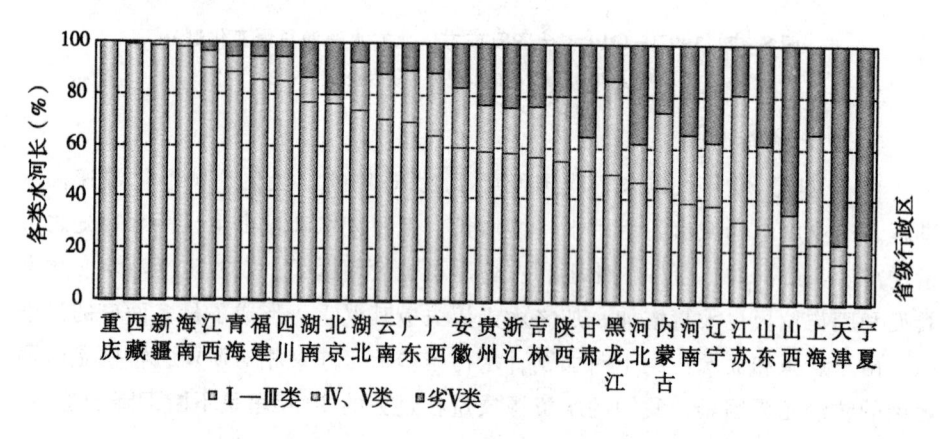

图8-3　2010年各省级行政区各类水河长占评价河长比例

数据来源：《2010年中国水资源公报》

二　我国水资源的主要特点

（一）水资源总量多，人均占有量少

我国多年平均河流径流量2.7万亿立方米，多年平均水资源总量2.84万亿立方米，约占世界淡水资源量的6%，居世界第6位。然而，我国是世界上人口最多的国家，总人口占全世界的21%，人均水资源占有量为2100立方米，仅为世界平均值的29%，按人均水资源量排序，我国居143位。而在人口1000万以上的77个国家中，我国人均水资源占有量居第54位（倒数第24

位）；在人口5000万以上的23个国家中，我国人均水资源占有量居第18位（倒数第5位）；在人口1亿以上的11个国家中，我国的人均水资源占有量居第9位（倒数第3位）。

因此，从表面上，我国淡水资源相对比较丰富，属于丰水国家。但我国人口基数和耕地面积基数大，人均和每公顷平均拥有量相对要小得多，我国已处于严重缺水的边缘。联合国规定人均1700立方米为严重缺水线，人均1000立方米为生存起码标准。中国目前15个省人均水量低于严重缺水线。其中天津、上海、宁夏、北京、河北、河南、山东、山西、江苏、辽宁十个省、市区的水量低于生存起码标准。①

（二）水资源时空分布不平衡

我国降水受东南季风和西南季风控制，年际变化大，年内季节分布不均，主要集中在6—9月，约占全年的60%—80%，其中北方有些地区可达90%。在降水空间分布上，全国年降水量小于400毫米的地区占国土面积的2/5以上，降水量最多的东南地区在2600毫米以上，降水最少的西北内陆地区不足5毫米，相差500多倍。

受降水时空分布不均的影响，我国水资源的地区分布很不均匀，北方水资源贫乏，南方水资源较丰富，南北相差悬殊。长江及其以南诸河的流域面积占全国总面积的36.5%，却拥有全国80.9%的水资源量；而长江以北河流的流域面积占全国的63.5%，却只占有19.1%的水资源量，远远低于全国平均水平。这种南多北少、东多西少和汛期水量集中的时空分布格局，是我国水旱灾害频繁发生、北方地区水资源严重短缺和生态环境极其脆弱的主要原因。

（三）河川径流年际、年内变化大

我国河川径流量的年际变化大。在年径流量时序变化方面，北方主要河流都曾出现过连续丰水年和连续枯水年的现象。例如黄河曾出现过连续11年（1922—1932年）的枯水期，其平均年径流量比正常年份少24%；也出现过连续9年（1943—1951年）的丰水期，其平均年径流量比正常年份多19%。海河流域在20世纪80年代也出现了连续枯水年。

我国水资源年际年内变化也很大，最大与最小年径流量的比值，长江以南的河流小于5，北方河流都在10以上，径流量的逐年变化存在明显的丰平枯交替出现以及连续数年为丰水段或枯水段的现象。径流量年际变化大与连续丰枯水段的出现，使我国经常发生旱、涝或连旱、连涝现象，是农业生产不稳和

---

① 李广贺主编：《水资源利用与保护》，中国建筑工业出版社2010年版，第17—18页。

水资源供需矛盾尖锐的重要原因,也加重了水资源开发利用的困难。

(四) 水资源分布与生产力布局不相匹配

我国水资源的地区分布不均匀,南多北少,东多西少,相差悬殊,与人口、耕地、矿产和经济的分布不相匹配。北方人口占全国总人口的2/5强,耕地面积占总面积的3/5,而水资源总量仅占全国的1/5。南方人口占全国总人口的3/5,耕地面积占总面积的2/5,却拥有全国水资源总量的4/5。在全国人均水量不足1000立方米的10个省区中,北方占了8个,主要集中在华北地区。在全国耕地每公顷水量不足1500立方米的15个省区中,北方占了13个。由此可见,我国北方地区耕地和矿产资源丰富,人口稠密,而水资源占有量却很低,成为制约社会经济发展的主要限制因素。

三 我国水资源供需形势及其发展趋势

(一) 水资源供需形势

我国人口占全球人口的1/5强,但淡水资源仅占全球的6%,人均淡水资源量不足世界人均值的30%,目前又处于城市化和工业化的快速发展期,水资源供需形势非常严峻。

城市缺水问题最早出现于20世纪70年代北方少数城市,70年代后逐渐增加。到20世纪90年代初,全国缺水城市已达300多个,其中缺水比较严重的城市有114个。缺水城市的分布亦从北方和沿海地区扩展到全国,成为普遍性的问题。目前缺水城市已占城市总数的近2/3,包括14个沿海开放城市、3个特区市(不含珠海)、3个直辖市及几乎所有的省会城市。

我国农业缺水主要在北方地区,对小麦、棉花、玉米农产品产量影响比较大。全国农业缺水近300亿立方米,其中北方地区占80%以上。目前北方地区水资源利用已超过其承载能力,是靠超采地下水满足农业发展需要的。水资源分布不均和农业缺水不仅严重影响农业生产力布局,还直接影响粮食主产区的产量和我国的粮食安全。

(二) 水资源需求预测

根据1997年以来《中国水资源公报》统计,全国总用水量总体呈缓慢上升趋势,其中生活和工业用水呈持续增加态势,而农业用水则受气候和实际灌溉面积的影响呈上下波动、总体为缓降趋势。生活和工业用水占总用水量的比例逐渐增加,农业用水占总用水量的比例则有所减少。[①]

---

① 《2011年中国水资源公报》。

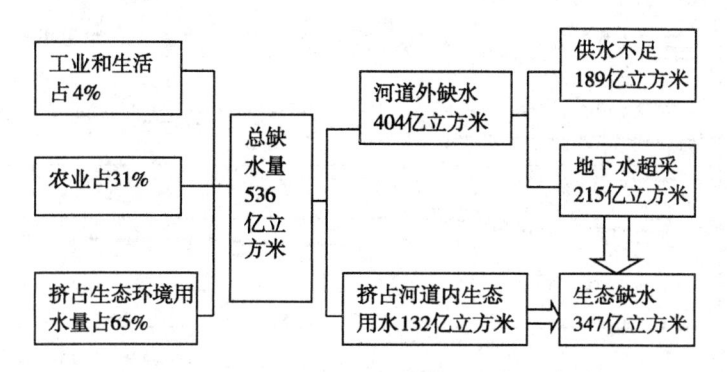

```
┌──────────────┐                        ┌──────────────┐
│ 工业和生活   │                        │ 供水不足     │
│ 占4%         │         ┌───────────┐  │ 189亿立方米  │
└──────┬───────┘         │河道外缺水 │──┴──────┬───────┘
       │      ┌───────┐  │404亿立方米│         │
┌──────┴───┐  │总缺   │──┴───────────┘  ┌──────┴───────┐
│ 农业占31%│──│水量   │                  │ 地下水超采   │
└──────────┘  │536    │                  │ 215亿立方米  │
       ┌──────│亿立   │  ┌───────────┐   └──────┬───────┘
┌──────┴───┐  │方米   │──│挤占河道内生│         │
│挤占生态环│  └───────┘  │态用水132亿 │   ┌─────┴───────┐
│境用水量占│              │立方米      │──│ 生态缺水     │
│65%       │              └───────────┘   │ 347亿立方米  │
└──────────┘                               └─────────────┘
```

图 8-4 全国现状缺水组成情况
数据来源：《全国水资源综合规划（2010—2030 年）》

人口增长和经济社会发展是驱动需水增长的内在因素。根据当前我国人口增长趋势、城市化发展趋势、灌溉面积发展趋势、工业化发展趋势、生活需水变化趋势以及节水型社会建设发展趋势等多重因素，进行综合分析评价，学者认为，今后 20 年左右，我国的需水总量将处于缓慢增长到零增长的过渡期，其中城市生活和工业用水呈增长趋势，在全国用水总量中的比重将从目前的 30% 左右上升到 40%—44%；农业用水量将基本持平，但在用水总量中的比重将下降到 60%—56%。[1]

此外，近年来，许多专家学者对未来需水预测的宏观控制目标呈现出相互接近的趋势，即 2010 年需水总量 6000 亿立方米左右，2020 年需水总量 6050 亿立方米左右，2030 年需水总量 7000 亿立方米左右，大致每 10 年增长 50 亿立方米左右，基本上是一种匀速增长的态势。[2]

（三）供水增长趋势分析

按 2005 年年底的人口计算，我国人均水资源量约为 2170 立方米，扣除生态环境需水量、汛期难以利用的洪水和受到严重污染的水量，人均实际可利用的水资源量不足 600 立方米，而 2008 年人均实际用水量为 446 立方米，已占人均实际可利用水资源量的 3/4 左右，继续增加供水量的潜力十分有限。[3]

我国各类供水工程现状多年平均供水量为 5822 立方米。由于各地水资源条件差异较大，现状水资源开发利用程度不一，北方地区许多河流水资源开发

---

[1] 王浩主编：《中国水资源问题与可持续发展战略研究》，中国电力出版社 2010 年版，第 314—315 页。

[2] 同上书，第 316 页。

[3] 同上书，"前言"。

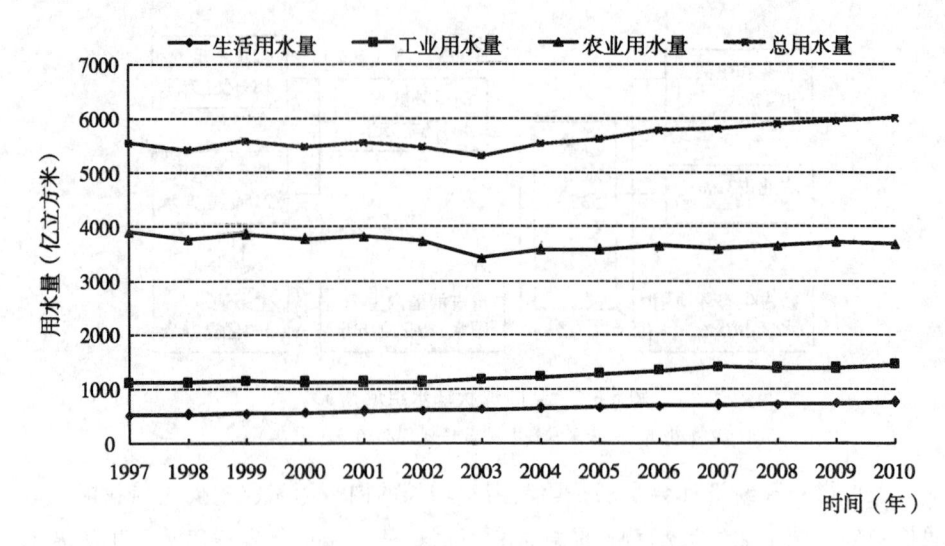

图 8-5　1997—2010 年全国用水量变化

数据来源：《2010 年中国水资源公报》

利用程度较高，开发潜力已不大，部分地区甚至超用水资源，挤占了生态用水。因此，未来供水除需考虑在北方地区跨国境和国际界河以及南方尚有开发利用潜力的地区进行合理开发外，还需要考虑通过跨流域和区域水资源合理配置以及水源置换，退还挤占的生态用水和超采的地下水。[①]

结合强化节水模式的需水预测进行供水工程规划，预计到 2030 年全国多年平均供水量为 7099 亿立方米，比现状增加 1277 亿立方米，其中地表水在退还现状挤占的 155 亿立方米河道内生态用水的同时增加供水量 712 亿立方米；在对 228 亿立方米不合理的地下水开采量进行压采的同时，在有开采潜力的地区增加地下水开采量 111 亿立方米；在统筹协调出区和调入区用水和生态保护的基础上，增加跨水资源一级区河道外供水量 331 亿立方米；结合水源条件和用户状况，增加污水处理回用、雨水蓄积、微咸水等其他水源供水 123 亿立方米。在全国供水增量中，北方地区共增加 797 亿立方米，其水源主要来源于水资源相对丰富且目前开发利用程度较低的部分河流以及跨流域调水，其中规划从长江区调入黄、淮、海地区的水量增加 308 亿立方米；南方地区以开发当地水源为主，增加 582 亿立方米。[②]

---

① 陈元主编：《我国水资源开发利用研究》，研究出版社 2008 年版，第 9 页。
② 同上书，第 9—10 页。

（四）供需发展态势分析

现在全国多年平均情况下河道外需水量为 6203 亿立方米，可供水量为 5822 亿立方米，河道外缺水量为 381 亿立方米。按照推荐的强化节水用水模式，在强化节水、进一步挖潜配套现有水源和适度开发新水源、合理配置水资源的基础上，未来的缺水量将逐渐减少，同时超采的地下水和挤占的河道内生态用水将逐步得到退还，预计到 2030 年全国基本实现水资源供需平衡。[①]

研究表明，在技术水平和制度条件给定的前提下，导致水资源供给减少的因素会强于导致水资源供给增加的因素；在技术进步和制度创新持续进行的前提下，导致水资源供给减少的因素会弱于导致水资源供给增加的因素。在技术水平和制度条件给定的前提下，导致水资源需求减少的因素会大大弱于导致水资源需求增加的因素；在技术进步和制度创新持续进行的前提下，导致水资源需求减少的因素可能会弱于导致水资源需求增加的因素。因此，在技术水平和制度条件给定的前提下，水资源供不应求的矛盾会日益严峻；在技术进步和制度创新持续进行的前提下，可能缓解水资源供不应求的矛盾。可见，技术创新和制度创新是解决水危机、保障水资源安全的"两只轮子"。[②]

第二节 我国水资源开发、利用与保护的突出问题

一 多方缺水，水资源供需矛盾日益加剧[③]

水资源短缺是当今世界普遍面临的主要水危机，并且将随着人口增长、经济发展、城市化水平提高和人民生活条件的改善呈不断加剧的趋势。我国是世界上人口最多的国家，人均水资源居世界后列，且时空分布不均，水资源短缺的矛盾十分尖锐，北方地区尤为突出。

按照国际上比较通行的衡量标准，人均水资源量 3000 立方米以上属于丰水，3000—2000 立方米属于轻度缺水，2000—1000 立方米属于中度缺水，1000—500 立方米属于重度缺水，低于 500 立方米属于极度缺水。我国多年平均水资源量 2.84 万亿立方米，2008 年总人口 13.28 亿，人均水资源量 2138 立

---

① 陈元主编：《我国水资源开发利用研究》，研究出版社 2008 年版，第 10 页。
② 沈满洪：《中国水资源安全保障体系构建》，《中国地质大学学报》（社会科学版）2006 年第 1 期。
③ 王浩主编：《中国水资源问题与可持续发展战略研究》，中国电力出版社 2010 年版，第 61—62 页。

方米,所以从国家层面衡量,我国已处于轻度缺水国家的临界下限。①

(一) 资源性缺水

资源性缺水是指一个流域或区域的人均水资源量低于通常的衡量标准,不能满足生活、生产、生态用水的基本要求。在省级行政区层面上,我国有6个省(直辖市)的人均水资源量为1000—2000立方米,属于中度缺水地区,有一个省的人均水资源量为820立方米,属于重度缺水地区;有9个省(直辖市、自治区)的人均水资源量低于500立方米,属于极度缺水地区,缺水地区的总人口占全国的31.4%。即使在水资源相对丰富的地区,也存在着局部性的资源性缺水问题。此外,在年降水量小于400毫米的干旱半干旱地区,特别是西北内陆地区,由于地广人稀,人均水资源量相对丰富,但生态环境极其脆弱,生态用水严重短缺,同样属于中度或重度以上的资源性缺水地区,其国土面积约占全国的43%。

(二) 水质性缺水

水质性缺水是指由于地表水或地下水水体受到污染,水质下降,不符合供水水源要求所引起的水资源短缺现象。水污染严重的地区主要集中在人口集中、经济发达的城市周边水域和地下水含水层,如松花江、辽河、海河、黄河、淮河、太湖、巢湖以及珠江三角洲,都是全国水污染最严重或水污染事故频繁发生的地方。水污染使大量宝贵的水资源失去利用价值,危害人民群众的身体健康和水生态系统,严重影响供水安全。

(三) 工程性缺水

工程性缺水是指供水工程及其配套措施建设滞后,供水能力不足,生活、生产和人工生态用水不能满足基本需求。由于自然条件的差异和水利建设中地区发展不平衡,全国还有不少地方的工程供水能力不足。特别是西南地区地形复杂,山高谷深,人口、耕地和城镇的分布相对分散,供水工程建设严重滞后,虽然水资源总量十分丰富,但工程型缺水的问题相当突出。如2008年全国人均供水量446立方米,但云南、贵州、四川、重庆等省市的人均供水量分别为338、270、255、293立方米,略高于极度缺水的华北地区,但低于全国水平25%—43%,其中,水利工程供水能力不足是主要原因之一。此外,全国还有许多地处边远山区和经济落后地区的农村、牧区和中小城镇,也都不同程度地存在着工程性缺水问题。

---

① 也有人认为我国是中度缺水的国家,参见赵晓辉、樊曦《水利部官员称:我国中度缺水 解决关键在节水》,http://news.sina.com.cn/s/2004-04-22/14422377183s.shtml。

（四）管理性缺水

管理性缺水是指由于水资源管理粗放、用水效率较低、水资源浪费严重、经济结构和生产力布局与水资源承载能力不相适应等原因所引起的水资源短缺现象。如取水许可审批和监督管理不严，水资源无序开发和过度开发，水资源费和水价标准过低，节水措施不力、用水浪费、效率低下，在缺水地区盲目发展高耗水产业和高耗水作物，盲目扩大灌溉面积，人工生态超过合理规模，都是导致水资源短缺和加剧缺水危机的主要原因。

根据各流域、各区域的实际情况，属于单一型的情况较少，绝大多数属于混合性缺水。如在北方地区以资源性缺水为主，但通常都兼有管理性缺水，局部地区存在工程性缺水，经济发达地区和大城市存在水质性缺水。南方地区兼有工程性缺水、水质性缺水和管理性缺水，局部地区存在资源性缺水，经济发达地区和中大城市以水质性缺水为主。

二 用水效率低下，浪费严重

长期以来，我国存在着水资源利用方式粗放、用水效率不高、用水浪费严重的现象，这也进一步加剧了我国的水资源短缺问题。

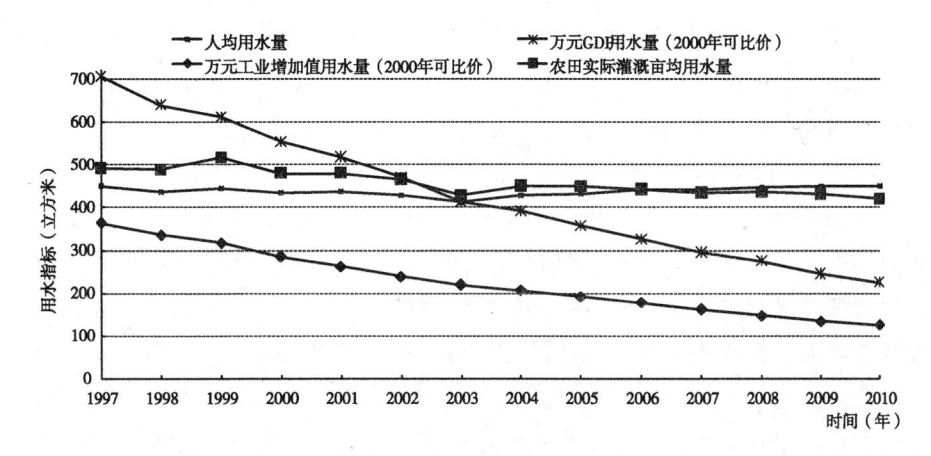

图 8-6　1997—2010 年全国主要用水指标变化

数据来源：《2010 年中国水资源公报》

（一）农业用水效率低下

在我国各个用水部门中，农业用水始终占有相当大的比例。社会经济的发展必然促使工业生活和生态环境用水迅速增加，农业用水不可避免地要向其他行业用水让步，因此未来农业用水不可能大幅增加。尽管目前我国用水总量总体上呈上升趋势，但农业用水量受气候影响上下波动、总体呈下降趋势，农业用水占总用量的比例也呈下降态势。

在农业用水中，农田灌溉是农业的主要用水和耗水对象，在各类用水耗水率中，农田灌溉耗水率为62%。由于多年来采取传统的大水漫灌方式，我国2/3的灌溉面积十分粗放，灌溉水利用率低。目前，我国农业用水的有效利用率仅为45%左右，远远低于欧洲等发达国家水平。国际水资源管理所的研究表明，发展中国家地表水利用率平均为30%左右，发达国家地表水利用率高达70%—80%。我国地表水利用率约为40%，黄河流域中游地区可达60%。一般发展中国家地下水利用率比地表水利用率大约高20%，而我国则高30%—40%。就作物水分生产率而言，我国作物水分生产率同发展中国家相近，只相当于发达国家的40%。作物水分生产率全国平均约为0.87千克/立方米，接近发展中国家的平均水平；而发达国家可以达到2千克/立方米以上，以色列已达到2.32千克/立方米。①

我国现代灌溉技术的应用程度是世界上最低的国家之一。实践表明，现代灌溉技术可以使田间输水损失率降低到10%以下。据有关科研机构对16个国家（占全世界总灌溉面积的74.7%）灌溉状况的分析，以色列、德国、奥地利和塞浦路斯的现代灌溉技术应用面积占总灌溉面积的比例平均达61%以上，南非、法国、西班牙在31%—60%；美国、澳大利亚、埃及和意大利在11%—30%；中国、土耳其、印度、韩国和巴基斯坦在0—10%。我国目前喷灌、滴灌面积仅为80万公顷，仅占有效灌溉面积的1.5%。②

（二）工业用水重复利用、再生利用程度低，用水工艺落后

水是工业的血液，工业用水的多少，不仅与工业发展的速度有关，还与工业的结构、工业生产的水平、节约用水的程度、用水管理水平、供水条件和水资源的多寡等因素有关。随着我国经济建设的不断推进，全国工业用水总量一直逐年增加，工业用水占总用水的比例也在逐渐增加。

我国工业用水设施总体落后，存在着重复利用和再生利用程度较低、用水工艺落后、用水效率较低等一系列问题。我国的工业用水重复率低的为10%，高的为85%，平均起来只有55%左右，与部分发达国家的90%相比，存在着较大的差距。2004年我国万元工业增加值用水量196立方米，发达国家万元

---

① 吴士章、朱文孝、苏维词、周庆珍、李坡：《贵州水资源状况及节水灌溉措施》，《贵州师范大学学报》（自然科学版）2005年第3期。

② 左其亭、王树谦、刘廷玺主编：《水资源利用与管理》，黄河水利出版社2009年版，第174页。

工业增加值用水量却一般都在50立方米以下。从工业产品耗水量看，我国也高于发达国家很多。比如，日本、法国、美国等国家吨钢耗淡水均在10立方米以下，有的可到4—5立方米，而我国一般企业均远高于这一水平。较好的企业能达到吨钢耗水20—50立方米，不少企业还在50立方米之上。①

（三）生活用水浪费严重

生活用水是与人类生存最密切、最重要的一类用水。随着生活水平的提高和居民住房卫生设施条件的不断改善，生活用水占用水总量的比例逐步提高，1980年，生活用水只占用水总量的6%，到了2000年，这一比例提高到了11%，2009年则上升至12.6%。

在城市生活用水中，由于管网陈旧、用水器具及设备质量差、结构不合理、用水管理松弛，造成用水过程中的"跑、冒、滴、漏"。据统计，目前全国自来水厂供水损失率，全国平均为15.6%，但超过全国平均水平的却有15个省、自治区、直辖市，其中接近和超过20%的就有8个省、自治区，最高是吉林，几乎高达30%。但实际供水损失率没有包括漏失率，如果考虑漏失率，全国自来水管网跑、冒、滴损失率至少达20%，有些地区可能高达40%—50%。据有关部门统计，我国仅自来水管网饮用水的总流失量就高达300多亿立方米，相当于南水北调东线和中线的总调水量。②其次，空调、洗车等杂用水大量使用新水，重复利用率低也造成了用水浪费。对219个公共建筑的抽样调查表明，空调用水占总用水量的14.3%，循环利用率仅为53%。而北京市仅一年的洗车耗水量，就相当于一个多昆明湖或6个北海的蓄水量。另外，用水单位和个人节水意识淡薄、不好的用水习惯也是用水浪费的原因之一，尤其是公共用水，如学校、宾馆、机关，存在着水龙头滴漏、"长流水"现象。③

三 水资源无序开发，地下水开采过度

（一）乱圈滥占水资源，小水电发展失范

小水电是清洁的可再生能源。近年来，各地积极发展小水电，对解决广大

---

① 翁文斌、赵建世：《中国水资源的危机与对策》，河北人民出版社2002年版，第183页。
② 张岳、任光照、谢新民编著：《水利与国民经济发展》，中国水利电力出版社2006年版，第41、106页。
③ 左其亭、王树谦、刘廷玺主编：《水资源利用与管理》，黄河水利出版社2009年版，第140页。

农村及偏远地区的用电需求，缓解电力供需矛盾，优化能源结构，改善农村生产生活条件，促进当地经济社会发展发挥了重要作用。但是，小水电在快速发展的同时，近年来无序开发的势头愈演愈烈，无立项、无设计、无监管、无验收的"四无"小水电站比比皆是，不少地区也出现了规划和管理滞后、滥占资源、抢夺项目、无序开发、破坏生态等问题，已经影响百姓的生产、生活和汛期安全，并带来一系列的遗留问题和社会隐患。一些项目未履行建设程序及环境影响评价审批手续即擅自开工建设，施工期间未落实环境保护措施，造成水土流失和生态破坏；一些项目在设计和运行中未充分考虑和保障生态用水，造成下游地区河段减水、脱水甚至河床干涸，对上下游水生生态、河道景观及经济生活造成了不利影响。一些中小河流的水能资源开发缺乏有效监管，部分地方中小水电无序开发现象比较严重，导致质量安全事故频繁发生，严重危及公共安全。在涉河建设项目审批中，重点项目不报批、审批不严格或不按审批要求施工建设等现象依然存在，一些项目在审批时往往是按单个项目申报，对河道的影响较小，但多个项目累加起来对水域、岸线就会产生较大的负面影响。

（二）地下水滥采严重

据统计，全国共有地下水超采区164片，面积最小的仅有几十平方千米，最大的近1万平方千米；全国地下水超采区总面积181291平方千米。在这些超采区中，严重超采面积77950平方千米，占总超采区面积的42.6%。全国多年平均超采地下水量为71.36亿立方米。1990年后，地下水超采量较20世纪80年代有较大增加，1997年地下水超采量已达92亿立方米。全国240个大型、特大型地下水源地中，有53个处于超采状态，年平均超采地下水6.42亿立方米。超采的水源地个数最多和年平均超采量最多的是山东省。从行政分区看，全国24个省（自治区、直辖市）存在地下水超采问题。其中，河北省超采面积最大，达66973平方千米，占该省平原区面积的91.6%。从流域分区看，北方各流域片地下水超采问题较大，其中，海滦河片问题最为严重。海滦河片超采区面积87796平方千米（占全国超采区总面积的48.2%）。其中严重超采区面积39881平方千米（占全国严重超采区总面积的51.4%），年均地下水超采量39.33亿立方米（占全国超采总量的55.1%），累计超采量约为592.7亿立方米（占全国累计超采总量的64.3%）。[1]

---

[1] 水利部水资源司、南京水利科学研究院编著：《21世纪初期中国地下水资源开发利用》，中国水利水电出版社2003年版，第25—27页。

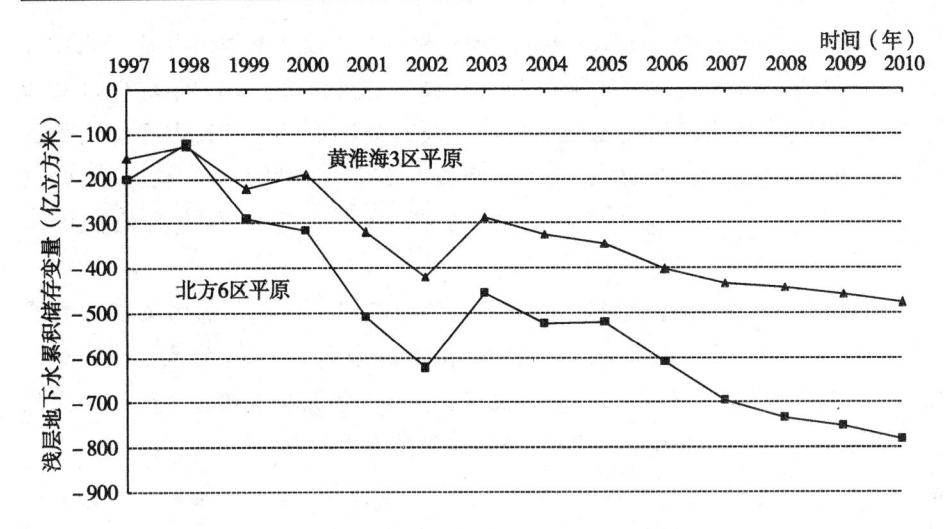

图 8-7　1997—2010 年北方平原区浅层地下水储存变量累积变化

数据来源：《2010 年中国水资源公报》

地下水超采引发一系列严重的生态环境问题，据统计我国至少已有 40 多座大中城市发现由于超采地下水造成地面沉降现象；① 地面塌陷现象遍及大半个中国，不仅华南、西北十分普遍，华北地区也较为严重；② 滨海地带地下水超采导致海水入侵和咸水入侵，目前，我国辽宁省黄海和渤海沿岸、山东省胶东半岛、河北省秦皇岛市和广西北海市等地的部分沿海地区发生海水入侵，海水入侵总面积已超过 1500 平方千米；③ 西北地区则由于水资源严重不足，且水土资源组合不平衡，下游过量开采地下水，造成地下水位急剧下降，导致土地沙化面积不断扩大，天然绿洲退缩，林木草场严重退化，荒漠化及沙化现象严重。④

四　水污染严重

（一）主要水系水质恶化

近 10 多年来，我国符合 Ⅰ、Ⅱ、Ⅲ 类水质标准（相应于水质优、良、较

---

① 水利部水资源司、南京水利科学研究院编著：《21 世纪初期中国地下水资源开发利用》，中国水利水电出版社 2003 年版，第 27 页。

② 陈梦熊、马凤山：《中国地下水资源与环境》，地震出版社 2002 年版，第 335 页。

③ 水利部水资源司、南京水利科学研究院编著：《21 世纪初期中国地下水资源开发利用》，中国水利水电出版社 2003 年版，第 29 页。

④ 同上。

好）的河长比例在 56%—65% 之间波动，Ⅳ、Ⅴ类及劣Ⅴ类（相应于水质较差、差、很差）水质的河长比例在 35%—46% 之间波动。2011 年对全国 18.9 万千米的河流水质状况的检测评价显示，全国全年Ⅰ类水河长占评价河长的 4.6%，Ⅱ类水河长占 35.6%，Ⅲ类水河长占 24.0%，Ⅳ类水河长占 12.9%，Ⅴ类水河长占 5.7%，劣Ⅴ类水河长占 17.2%，污染水质的河长比例为 35.8%。[1]

在全国七大水系中，海河、淮河、辽河、黄河、松花江的污染都非常严重。2011 年的监测数据显示，这些水系的污染河长比例分别为 63.8%、62.0%、51.2%、50.6%、42.5%。长江、珠江的污染程度较轻，但污染河长比例也在 30% 左右，其中长江为 29.6%，珠江为 26.4%。[2]

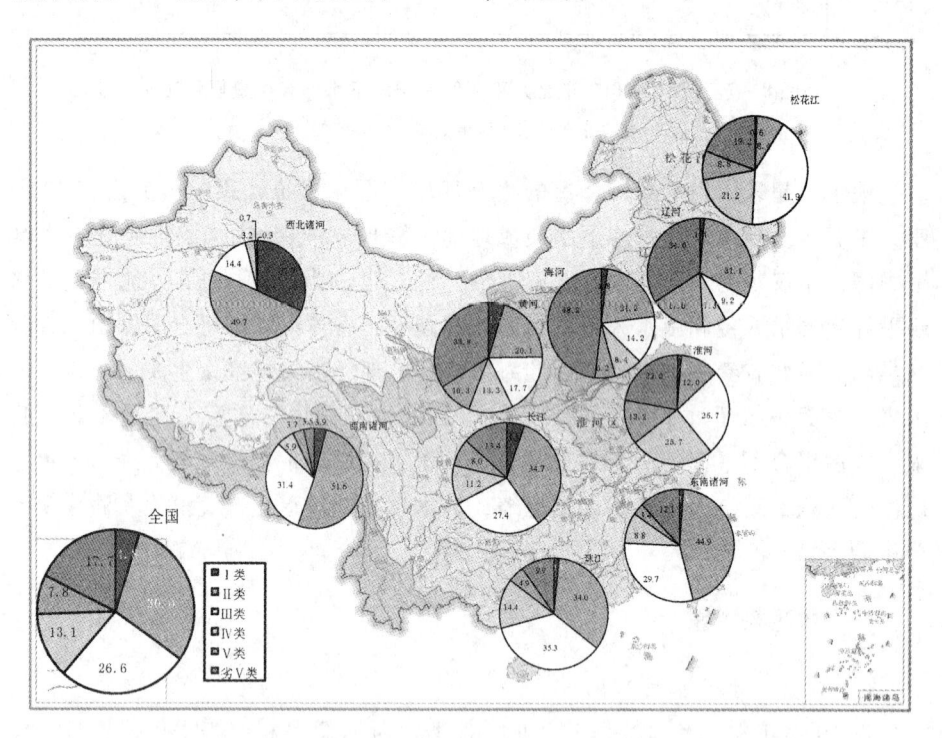

图 8-8　2010 年各水资源一级区各类河长占评价河长比例（单位：%）

数据来源：《2010 年中国水资源公报》

---

[1] 《2011 年中国水资源公报》。
[2] 《2011 年中国水资源公报》。

(二) 地下水污染严重

根据全国地下水评价资料,2000年全国平原区浅层地下水Ⅰ—Ⅱ类水质的面积仅占总评价面积的5%,Ⅲ类水质的面积占35%,Ⅳ—Ⅴ类水质的受污染面积占60%。特别是在人口密度大、地表水污染严重或面源污染严重的地区以及地表水天然本底较差的地区,地下水的污染更为严重,如太湖流域地下水水质Ⅳ—Ⅴ类的面积占总评价面积的91%。在地下水污染面积中,剔除天然底质较差的因素,人为因素造成的污染总面积为50万平方千米左右。[1] 2012年,全国198个地市级行政区开展了地下水水质监测,监测点1348个,总数为4929个,综合评价结果为水质呈优良级的监测点580个,占全部监测点的11.8%;水质呈良好级的监测点1348个,占27.3%;水质呈较好级的监测点176个,占3.6%;水质呈较差级的监测点1999个,占40.5%;水质呈极差的监测点826个,占16.8%。[2]

灌水与降水等淋溶作用造成地下水大面积农药和化肥污染。另外,我国有污水灌溉农田近133万公顷,其中以城市为中心形成的污灌区就有30多个,在农作物生长季节的污灌量相当于全国污水排放总量的20%。农灌污水大部分未经处理,约有70%—80%的污水不符合农灌水质要求,而且多属于生活污水和工业废水的混合水,成分复杂,含有大量有毒有害的有机物和重金属。由于每年污水灌溉渗漏大量污水,直接造成地下水污染,使污灌区75%左右的地下水遭受污染。[3]

(三) 水环境污染事故频发

近年来,我国由于江河沿岸的石油化工企业发生安全事故、运输化学品的车船发生交通事故等原因造成的突发性水污染事故不断增多,仅2001—2005年就发生各类水污染事故4000多次,平均每年900多起。重大水污染事故也频频见于报端,如1994年、2004年的淮河特大水污染事故、2004年沱江特大水污染事故、2005年的松花江特大水污染事故、2007年太湖水污染事件、2008年云南阳宗海砷污染事件、2010年紫金矿业水污染事件、2012年广西龙江镉污染事件等。

(四) 饮用水安全问题日益突出

水污染导致水质恶化,特别是北方地区不少河流的水质长期处于Ⅴ类和劣

---

[1] 王浩主编:《中国水资源问题与可持续发展战略研究》,中国电力出版社2010年版,第139—140页。

[2] 《2012年中国环境状况公报》。

[3] 李广贺主编:《水资源利用与保护》,中国建筑工业出版社2010年版,第23页。

Ⅴ类，完全失去了饮用水标准，致使供水水源不足，导致缺水危机。即使在水资源比较丰富的南方地区，也经常因水污染而出现水质性缺水的局面，许多农村地区的居民饮用受污染的地表水或地下水而影响身体健康，各种地方病和水致性疾病的发病率不断升高。主要江河的突出性水污染事故，更是导致沿河城市的水厂关闭，对饮用水安全造成了重大危害。

第九章

我国水资源法治的回顾与反思

水资源的开发、利用和保护涉及资源环境、工程技术、社会、经济、法律等多种因素，是一项复杂的系统工程。在我国大力推行依法治国的背景之下，建设水资源法治，把水资源的管理、保护、开发、利用、节约、配置以及防治水害过程中的一切水事活动和水资源管理工作的各个环节纳入法制化轨道，依法规范各项水事活动和依法处理各种水事矛盾，依法治水、依法管水，是实现水资源可持续利用的根本保证。

第一节 我国水资源立法、执法与司法情况的梳理

一 水资源立法的梳理

（一）水资源立法的历史演进

我国治水历史悠久，各朝各代都注重应用水法规来规范治水行为，颁布施行了许多重要水法律。新中国成立后，特别是党的十一届三中全会之后，社会主义法治得到恢复并逐步健全和全面推进，水资源立法也步入了历史上最好的发展时期，有效地推进了依法治水的进程。

1. 改革开放前的水资源立法历程

从新中国成立到改革开放前，水资源立法与国家法治建设轨迹基本一致，经历了发展、挫折的过程。1949—1957年间，《宪法》和一批法律得以颁布实施，水资源立法进行了初步探索，全国人大、政务院、水利部以及地方政府颁布实施了一些关于水资源的决议、决定以及规章制度和规范性文件，如《关于根治黄河水害和开发黄河水利的综合规划的决议》、《关于治理淮河的决定》、《关于荆江分洪工程的规定》等。1958—1966年，我国的法治建设进入曲折发展时期，但水利建设得到了快速发展，为适应水利建设和管理的需要，水资源立法在国家法治建设举步维艰的形势下，得到了一定程度的充实，一些

在实践中行之有效的做法，为后来形成相关的法律制度奠定了基础。1966年后的十年，法治秩序遭到全面破坏，新中国成立以来逐渐建立的水资源管理秩序被打乱，原有的规章制度被大量废弛，期间形成的一些规章制度又带有明显的时代特征，没有为新时期水资源法制建设留下多少有价值的遗产。

2. 改革开放后的水资源立法历程

1978年党的十一届三中全会提出要"加强社会主义民主，健全社会主义法制"，标志着我国民主法制建设进入了一个新的历史时期。水资源立法作为国家法治建设的重要组成部分，也开始恢复，进入了一个全新的发展时期。1978年以来的水资源立法历程大体可以分为重新起步、快速发展和逐步完善三个阶段。

（1）1978—1987年：水资源立法的重新起步阶段

1978年，有关部门开始酝酿起草《水法》，同时开始启动水土保持、水源保护等方面的立法工作。1984年，全国人大颁布实施了《水污染防治法》；国务院于1982年和1985年分别发布了《水土保持工作条例》、《水利工程水费核定、计收和管理办法》；水利部出台了《河道堤防工程管理通则》、《水闸工程管理通则》、《水库工程管理通则》等一批水资源管理的规章和规范性文件。大部分省（直辖市、自治区）也开展了水资源立法工作，内容涉及水资源管理和保护、水利工程管理和保护、河道管理、水费征收管理等方面，出台的地方性水法规近50件。这些立法成果使水资源管理的部分领域初步实现了有法可依。

（2）1988—2001年：水资源立法的快速发展阶段

1988年《水法》颁布实施。《水法》是全面规范水事活动的基本法，对全面推进水资源开发、利用与保护工作奠定了基础。《水法》颁布后，水资源立法进入快速发展时期。《水土保持法》、《防洪法》、《河道管理条例》、《取水许可制度实施办法》等一批法律、法规和规章陆续颁布施行。地方水法规建设也取得全面进展，各地颁布的地方性水法规、政府规章和省级规范性文件达700余件，水法规体系初步形成。截至2001年，水法规体系初步形成，水事活动基本实现了有法可依。

（3）2002年以后：水资源立法的逐步完善阶段

随着经济社会发展和水情变化，原《水法》的一些规定已不能适应实际需要。全国人大常委会2002年对《水法》进行了修订。为全面贯彻落实修订后的《水法》，有关方面加快了《水法》配套法规建设，《取水许可和水资源费征收管理条例》、《水文条例》等6部行政法规和《入河排污口监督管理办法》等20余件部门规章先后颁布施行。各地结合实际也制定了一批有地方特色的地方性法规和政府规章。新《水法》的颁布实施，有力推动了《水法》配套制度建设及水法规的贯彻落实，水资源立法迈入了逐步完善阶段。此外，2008年，《水污染防治法》进行了新修订。2010年，《水土保持法》也进行了新修订。

（二）水资源立法的现状

经过新中国成立以来60余年的发展，特别是改革开放以来的大力推进，我国水资源立法取得了很大的成就。我国现行的有关水资源开发、利用与保护法律有四部，分别是1988年制定、2002年修订的《水法》，1984年制定、1996年、2008年两度修订的《水污染防治法》，1991年制定、2010年修订的《水土保持法》和1997年制定的《防洪法》。有关水资源开发、利用与保护的行政法规10余件，如《防汛条例》（1991年）、《抗旱条例》（2009年）、《水文条例》（2007年）、《河道管理条例》（1988年）、《取水许可和水资源费征收管理条例》（2006年）、《长江河道采砂管理条例》（2001年）、《淮河流域水污染防治暂行条例》（1995年）等。有关水资源开发、利用与保护的部门规章则多达数十件，如《长江河道采砂管理条例实施办法》（2010年）、《三峡库区调度和库区水资源与河道管理办法》（2008年）、《取水许可管理办法》（2008年）、《水量分配暂行办法》（2007年）、《水行政许可听证规定》（2006年）、《水行政许可实施办法》（2005年）、《黄河河口管理办法》（2005年）、《入河排污口监督管理办法》（2004年）、《水功能区管理办法》（2003年）等。有关水资源开发、利用与保护的地方性法规和地方规章更是多达数百件之多。另外，其他法律法规如《环境保护法》、《海洋环境保护法》、《环境影响评价法》、《城乡规划法》、《固体废物污染环境防治法》、《清洁生产促进法》、《森林法》中也有涉及水资源开发、利用与保护的规定。

由此可见，我国水资源法律体系已经基本形成，并日趋完善。从立法体制或者法律法规的效力层级看，我国水资源法律体系由涉及水资源开发、利用、保护的法律、行政法规、地方法规、部门规章、地方规章以及其他规范性文件组成。从法律法规的内容和功能看，我国水资源法律体系既包括综合性的水资源法律如《水法》，也包括单行性水资源法律法规如《水污染防治法》、《取水许可和水资源费征收管理条例》、《水量分配暂行办法》等，还包括各种依法制定并具有法律效力的水资源标准及其有关法律规定、各种依法制定并具有法律效力的有关水资源方面的计（规）划和有关法律规定、我国缔结或者参与的水资源国际公约以及民法、刑法、行政法等其他法律部门的法律法规中有关水资源开发、利用与保护的法律规定。

（三）水资源立法的积极作用

水资源立法既是我国水资源法治建设中的重要一环，也是建设和完善水资源法律保障机制的首要工作，是水资源执法和水资源司法工作的前提和基础。水资源立法所发挥的积极作用，可以从以下四个方面认识：

首先，水资源立法为治水方针、治水思路和治水理念的法律化、制度化作出了突出贡献。以法律的形式将党和国家的治水方针政策、可持续发展治水思路和先进的治水理念转化为制度规定，把经过实践检验行之有效的治水措施上升为国家法律制度，并以国家强制力保证实施。

其次，水资源立法为水资源开发、利用与保护目标的实现提供了法治保障。通过法律制度的建设和实施，实现了水资源开发、利用与保护各项事业有法可依、各项法律制度有效落实，在全社会基本形成了尊重水法规、崇尚水法规、遵守水法规的氛围，营造了有利于水资源工作开展的良好法治环境，促进了水利事业的全面发展。

再次，水资源立法为水资源依法行政奠定了重要基础。水资源管理逐步实现了由单纯依靠行政手段向综合运用行政、法律、经济、技术手段并更加注重法律手段的转变。水行政主管部门依法行政的自觉性和坚定性普遍增强，运用法律手段管理水资源事务、解决水资源问题的能力全面提高，社会管理和公共服务职能得到强化。

最后，水资源立法为水资源执法和水资源司法工作奠定了基础。水资源立法是水资源执法和水资源司法的前提，水资源执法和水资源司法是水资源立法的落实。没有水资源立法，水资源执法和水资源司法也就无从谈起。

二　水资源执法的梳理

（一）水资源执法的历史演进

徒法不足以自行。水资源立法之后，需要水资源执法加之实施、落实。因此，从理论上说，水资源执法应跟随水资源立法的发展进程，水资源执法的历史演进与水资源立法的历史演进应具有相当程度的对应性。同样，我国的水资源执法的发展和水资源立法的发展也具有一定程度的对应性，然而，由于我国法治建设具有明显的阶段性特征，水资源法治建设是逐步推进的，因此，水资源执法的发展历程与水资源立法的发展历程并非是完全对应的，具有自身特有的发展轨迹。

1978—1987年，我国水资源法治建设重新起步，水资源立法取得了初步成果。然而，这一时期的水资源立法主要针对单一领域的管理事项作出规定，尚无总体规划，水资源执法尚未纳入水资源法治建设的议事日程。

只有到了1988年全国人大常委会制定《水法》之后，水资源执法工作才被重视并系统化开展起来。1989年水利部下发了《关于建立水利执法体系的通知》，在全国范围内迅速掀起了水行政执法试点工作的热潮。1989—1992年，水利部在全国组织开展了水利执法体系建设，经历试点、扩大试点、全面铺开三个阶段，全国水利执法体系基本建立，形成了省、地、县、乡四级执法网络。

1995—1999年，水利部组织开展了以组建专职执法队伍、提高执法人员素质和加强执法队伍管理为核心的水政监察规范化建设，达到"执法队伍专职化、执法管理目标化、执法行为合法化、执法文书标准化、考核培训制度化、执法统计规范化、执法装备系列化、检查监督经常化"的规范化建设目标。2000年，又开展了以加大执法力度为中心、加强执法能力和执法保障两个基础建设为重点的水行政执法能力建设。

2002年《水法》修订后，水利部门组织开展了水行政执法能力建设、水利综合执法和推行行政执法责任制工作，水行政执法能力和水平进一步提升。水行政执法理念实现了从用法管理相对人到依法管理相对人与依法规范、约束自身执法行为并重的转变。

（二）水资源执法的现状

经过20余年的努力，覆盖全国的水行政执法网络基本建立，形成了流域、省、地、县四级执法网络，成立各级水政监察队伍3400余支，拥有水政监察人员7万余人。水行政执法队伍实现了从无到有、从弱到强，逐步向专职化、规范化管理的转变，水行政执法理念实现了从依法管理到依法管理与依法规范、约束自身执法行为并重的转变，水事纠纷调处工作实现了由事后调处向预防与调处相结合的转变，以行政执法责任制为重点的水行政执法制度逐步建立和完善，水行政执法力度不断加大，行政处罚、行政强制、行政征收、行政许可等执法活动卓有成效，保证了各项法律制度的有效实施。据统计，1988年以来，我国查处水事违法案件92万起，调处水事纠纷16万多起，有力地打击了破坏水利设施、人为造成水土流失、非法采砂、违法设障和非法取水等违法行为。

（三）水资源执法的积极作用

水资源执法是水行政主管部门及其工作人员在行政管理领域内，依照法定职权和程序，通过具体行政行为实施水资源法律法规的活动，是贯彻执行水资源法律法规、加强水资源管理的重要方式和手段,对有序开发、合理利用和有效保护水资源工作有着重要意义,并发挥了积极作用。

首先,水资源执法将水法律法规从文本规定转化为人们的实际行为规范,保障了水法律法规的贯彻实施。执法是立法实现的途径和保障,水资源执法通过水事案件查处、水事纠纷调解、水行政许可办理以及水利费征收等执法行为,将水法律法规适用于水资源管理中,使水法律法规文本的规定在人们的实际行为中得到遵守、执行,从而使得水法律法规的立法目的使得实现、落到实处。

其次,水资源执法将水法律法规确认的不同法律主体所享有的关于水资源的权利从"应然"变成"实然"。水法律法规界定、明确了不同的法律主体所享有的关于水资源权利的性质、类别、范围和实现途径,水资源执法则通过提供权利实现的途径、条件,排除权利实现的障碍,防止权利滥用和制止侵权,追究侵权者的责任和给予被侵权者以救济等,使法律主体享有的权利得以实现。

最后,水资源执法使水事秩序从静态设计转化为动态建构。水资源执法的目的既在于保护不同法律主体所享有的关于水资源的权利,也在于维护正常的水事秩序。水资源执法对水事秩序的建构和维护是通过执法行为直接实现的,没有水资源执法行为的保障,水事秩序可能陷入混乱无序的状态。水资源执法对水事秩序的作用其一是建构、其二是维护。水事秩序的建构主要是通过取水审批、许可、水资源规划等实现的,秩序维护则主要是通过监督检查行为、行政处罚行为、行政强制行为等实现的。

三 水资源司法的梳理

(一) 水资源司法的历史演进

水资源司法是指人民检察院和人民法院通过公诉、审判等形式,解决水资源纠纷,监督水资源相关管理部门,对水资源犯罪行为加以惩处,对遵守水资源法律法规的合法行为加以保护的活动。从理论上说,水资源司法从1979年《环境保护法(试行)》生效以来,就开始起步了。但直到1983年《水污染防治法》生效5年之后,最高人民法院才公布第一个水污染诉讼案,即1987年10月黑龙江佳木斯市桦南县人民法院受理的春阳村村民委员会诉桦南金矿局金船排污污染水田损害赔偿纠纷案。之后伴随着其他水法律法规的颁布实施,法律依据逐渐完善,水资源司法中的民事诉讼开始平稳发展。水资源司法中的刑事诉讼也于20世纪80年代开始展开,如1982年湖南省邵阳市东区人民法院审理的朱世斌玩忽职守污染邵河水案。至于水资源司法中的行政诉讼，自1990年《行政诉讼法》颁布实施之后，也开始展开。然而在整个环境行政诉讼均发展有限的情况下，水资源司法中的行政诉讼并未勃发展，其作用也有限。

近年来，随着水资源问题的日益突出，水资源司法保护开始发力，《刑法》对于水污染犯罪者的制裁力度加大，其中以2008年阳宗海水体砷污染事件为代表，不仅制裁了企业的排污者还制裁了监管人员。另外，随着环境公益诉讼在我国各地的兴起，贵阳、无锡、昆明等地成立了专门的环境司法机构，包括环境法庭、环境检察处、环保分局，并建立了专门的环境司法协作机制，为公众通过司法途径监督环境违法行为提供了诉讼程序保障。这也大大促进了水资源司法保护的发展，从贵阳、无锡、昆明等地环保法庭的实践来看，已经审理了多起水污染案件，为水资源司法保护提供了鲜活的实践经验，也推动了水资源司法保护的理论发展。值得注意的是，我国环境司法的发展正是以水资源司法保护的发展为突破口的，如贵阳、无锡、昆明等地环境公益诉讼制度和环保法庭的建设，其初衷和直接目的均是解决当地严峻的水危机，因而进行制度创新，进而促进了我国环境司法的发展。

（二）水资源司法的现状

长期以来，我国水资源法治存在一种倾向，即重立法、轻司法；重行政、轻诉讼；重制裁、轻保障。相较于水资源立法和水资源执法来说，水资源司法建设薄弱得多，也滞后得多。就民事诉讼而言，由于包括水事纠纷在内的环境污染纠纷不同于一般的民事纠纷，而现行法律尚未针对其特点制定专门的诉讼规则，使得由于包括水事纠纷在内的环境污染案件存在立案难、取证难、鉴定难、处理难等种种困难，难以进入司法程序。据统计，我国每年的环保纠纷有10多万起，但真正告到法院的不足1％。[①] 而对于刑事诉讼来说，由于我国《刑法》虽然规定了污染水资源的犯罪和破坏水利设施的犯罪，但没有真正意义上的破坏水资源犯罪的规定。因此，《刑法》虽然涉及水资源的保护，但介入的范围非常窄，介入的度也非常浅。[②] 这使得已经取得的水资源立法成果难以在实践中发挥切实作用，水资源纠纷时有发生，公民维护其自身合法的水资源权益障碍重重，一些长期存在的水资源问题得不到解决，甚至激化了社会矛

---

① 武卫政：《难以突破法律诉讼难关 环境维权亟待走出困境》，http://env.people.com.cn/GB/6803116.html。

② 蒋兰香：《我国水资源刑法保护机制研究》，《文史博览》2005年第14期。

盾，影响了社会稳定。

因此，迄今为止，水资源的司法保护仍严重不足，虽然个别地方已经进行制度创新，客观上促进了水资源司法的发展，但从整体上，加强水资源司法保护，只是在近几年才提上议事日程。水资源司法发挥切实作用，至少要待公益诉讼法律制度正式确立及其配套机制健全之后。①

(三) 水资源司法的积极作用

水资源司法是在水资源行政执法监督之外，维护水法律尊严，将水资源立法落到实处的一个重要途径，也是一个比行政执法更具有强制性和权威性的手段。水资源司法的积极作用，可以从以下三个方面认识：

其一，水资源司法是及时解决水事纠纷，化解社会矛盾的重要途径。我国水旱灾害频繁，水资源问题十分复杂，因开发利用水资源和防治水害所引发的地区之间、群体之间的矛盾甚至纠纷时有发生。水资源司法作为解决水事纠纷的基本途径之一，是公民及行政区域水资源利益受损、受到水污染侵害的重要救济途径，对公民或区域环境利益失衡的救济起重要作用。

其二，水资源司法是打击水资源违法行为，维护水法律尊严的重要手段。近年来，随着经济的快速发展和城镇人口增加，我国水资源供需矛盾进一步加剧，缺水问题十分严重，然而一些地方的政府、企业或个人为了追求政绩和短期利益，纵容污染水资源的行为，使得重大水污染事件频频发生，严重危害了人们的身体健康，造成了巨大的财产损失，破坏了自然生态环境，威胁社会秩序稳定。对严重污染水资源的犯罪行为给予刑事制裁，以遏制破坏水资源的猖獗态势，既是水资源司法保护的重要组成部分，也是保护水资源的最后防线。

其三，水资源司法是贯彻国家水资源战略，强化水资源保护的重要内容。为适应新时期经济社会发展和生态环境保护对水资源可持续利用的要求，国家颁布、出台了一系列新政策、新举措。要切实贯彻这些政策、落实这些举措，必须运用国家权威和国家力量，而水资源司法正是其中一项重要的国家力量，通过利用国家赋予司法机关强有力的权力和权威，对水资源违法者给予审判和处罚，对水资源纠纷进行裁定和调解，对水污染受害者给予救济和赔偿，实现水资源可持续发展战略。

---

① 王斗斗：《最高法欲探索公益诉讼"保水解渴"》，《法制日报》2010年4月12日第5版。

第二节 我国水资源立法、执法与司法存在的突出问题

一 水资源立法存在的主要问题

（一）法律体系不完善

1. 涉水四法关系不清，不够协调

目前，我国采取的是环境法与资源法分立模式，资源法从各类资源的经济价值出发，注重对各类资源的经济性开发利用，其立法的核心是各类资源权属及其权属为中心的开发利用行为，即使是关于资源的保护性规定也是从开发利用的角度作出的，保护是为了开发利用。环境法则是从资源的环境价值或生态价值出发，注重对各种污染的预防和治理，其立法的核心是对各种污染和破坏环境行为的控制，是对环境的保护。它与资源立法的不同点是，环境保护更加关注资源的生态效益，以保护为目的，对开发活动进行限制。[①] 我国对于水资源的立法也采取的是资源利用与污染防治相分立的模式，目前，涉及水资源的立法有多部，这些立法分别从水资源的某一特性或价值出发，各个立法之间缺乏沟通和协调的机制，有些制度甚至相互冲突，这种状况显然不利于水资源的合理利用和保护。[②]

专门针对水资源的《水法》、《水污染防治法》、《水土保持法》和《防洪法》统称涉水四法，它们分别针对不同的水资源问题，各有侧重。从表面上看，这四部法律对我国的水资源问题已作出了全面的规定，但实际上在立法理论与实践中，这四部法律本身及其相互之间都存在着问题。《水法》应该是关于水资源开发利用和保护相协调、水体的多种功能和价值综合平衡的法律，或者说它是关于水资源的综合性立法。《水污染防治法》则是关于水资源生态价值保护的专门法，它所涉及的是水资源保护或者说防治水污染的问题。《水土保持法》的重点十分明确，是为了预防和治理水土流失，保护和合理利用水资源，减轻水、旱、风沙灾害，改善生态环境，发展生产而制定的法律。《防洪法》则是专门针对防治水害的法律。因此，《水污染防治法》、《水土保持法》、《防洪法》的基本立法目标与功能不应该与《水法》发生冲突；在个别

[①] 余跃军、高利红：《〈水法〉中的水资源保护制度研究》，载韩德培主编《环境资源法论丛》第 2 卷，法律出版社 2002 年版，第 28—29 页。

[②] 同上书，第 31 页。

情况下，水污染防治、水土保持和防治洪涝灾害为了实现水资源可持续利用的总体目标需要作出特别规定时，应该按照特别法与普通法的关系来处理。

《水法》、《水土保持法》和《防洪法》均是由水行政主管部门主导起草的，并且都规定水行政主管部门为其主管部门，因此，部门内的协调较为容易。而分别由水行政主管部门主导起草的《水法》和由环境保护行政主管部门主导起草的《水污染防治法》之间，存在的不协调问题则非常突出。尽管《水法》为了实现协调，在第八十一条规定："水污染防治，依照水污染防治法的规定执行。"然而《水法》和《水污染防治法》的不协调之处仍比比皆是。如《水污染防治法》第15条规定："防治水污染应当按流域或者按区域进行统一规划。"《水法》第14条规定："开发、利用、节约、保护水资源和防治水害，应当按照流域、区域统一制定规划。"第15条规定："流域范围内的区域规划应当服从流域规划，专业规划应当服从综合规划。"一般认为，防治水污染是水资源保护的一个重要方面，水资源保护规划包括防治水污染的内容，那么，水污染防治规划和水资源流域（区域）规划在内容上显然很难分开。实际上《水法》与《水污染防治法》在有关流域综合规划、专业规划内容的规定方面存在某些重复，而究竟如何协调这两个规划之间的关系，法律却没有作出明确的规定。正是对于一些交叉重叠性的事项授权不清、重复或重叠，导致了涉水四法之间的不协调。

2. 《水法》定位不准，未能成为综合性法律

根据1976年国际水法协会在委内瑞拉首都加拉加斯召开的"关于水法和水行政第二次国际会议"和1977年在阿根廷的马德普拉塔召开的第三次关于水法体系的研究讨论会的内容，水法体系的组成主要包括以下九个方面的法律：第一，综合性的水法。这些法律都是综合性较强的法律，大都包括水利、保护水资源、水权、水害防治等内容；第二，水（资源）利用法；第三，水利法；第四，水运法；第五，水能法；第六，水污染防治法；第七，水资源保护法；第八，水害防治法；第九，特殊水体法；第十，其他与水开发、利用、保护有关的法律。[①] 水法体系之中，综合性的水法应是最重要、最基础的。因此，从理论上讲，我国应该有一部规范水资源开发利用和保护行为、协调水资源各种价值的综合性法律。[②]

[①] 吕忠梅：《环境资源法视野下的新〈水法〉》，《法商研究》2003年第4期。

[②] 余跃军、高利红：《〈水法〉中的水资源保护制度研究》，载韩德培主编《环境资源法论丛》第2卷，法律出版社2002年版，第31页。

根据我国的水资源立法实践，《水法》应该担当此任。实际上，也有一些学者认为《水法》即为我国的水资源综合性法律。这是因为，从法律名称来看，不同于其他针对专门事项的《水污染防治法》、《水土保持法》和《防洪法》，《水法》应是针对所有涉水事务；从立法目的来看，《水法》是"为了合理开发、利用、节约和保护水资源，防治水害，实现水资源的可持续利用，适用国民经济和社会发展的需要"；从《水法》涉及的内容看，其调整范围包括了与水有关的一切内容——水上（河道、水运、水工程等）、水中（水生生物、排污、取水、渔业等）、岸边（桥梁、码头、临河设施等）、水下（电缆、管道、挖砂等）。显然，《水法》不同于其他单行法，但是，将其定位为综合性法律，内容又不够完备。①

制定于1988年的《水法》，虽然2002年经过修订，但其立法指导依然遵循了水资源立法与水污染防治以及其他水资源开发立法相分离的思路，其核心仍然是水资源的经济效益或对水资源开发利用的效率，缺乏水质水量统一管理、水资源开发利用与水环境保护协调发展的综合考量。整个制度体系以传统立法思想为指导，以确定水资源权属制度为核心进行的制度设计；它所规范的水资源开发利用行为就是经济行为，对水资源的保护规定很弱；其所建立的管理体制着重于照顾既有的行政区划和人的活动习惯，忽视了水资源的生态整体性和关联性，注重从现行的行政管理职权角度设计法律制度，部门立法倾向依然突出，水资源可持续发展的考虑被部门权力分割的现状所严重淡化。制度设计系统性不够，与相关法律缺乏协调，计划经济色彩较重，水资源管理与保护中的各种利益关系依然没有得到很好的协调与平衡。②

3. 缺乏相应的配套法规③

所谓配套法规大致有两类：一类是法律明确授权要求制定的法规或规章；另一类是法律虽没有明确授权，但是为了保证法律的贯彻实施需要制定的法规或规章。

第一类配套法规如《水污染防治法》第二章授权国务院环境保护部门制定水环境质量（或水污染物排放）标准和重点流域水污染防治规划，第18条

---

① 吕忠梅：《环境资源法视野下的新〈水法〉》，《法商研究》2003年第4期。
② 参见吕忠梅《环境资源法视野下的新〈水法〉》，《法商研究》2003年第4期；余跃军、高利红《〈水法〉中的水资源保护制度研究》，韩德培主编《环境资源法论丛》第2卷，法律出版社2002年版，第31页。
③ 李广兵、蔡守秋：《关于水环境水资源保护相关法律法规的评估》，http：//article.chinalawinfo.com/ArticleHtml/Article_ 54655.shtml。

授权国务院制定重点水污染物实施总量控制的具体办法和实施步骤，第20条授权国务院制定排污许可的具体办法和实施步骤，第23条授权国务院环境保护部门制定重点排污单位安装水污染物排放自动监测设备并联网管理的办法，第25条授权国务院环境保护部门制定水环境监测规范，第44条授权国务院制定城镇污水集中处理设施的污水处理收费、管理以及使用的具体办法；《水法》第39条授权国务院制定河道采砂许可制度实施办法，第48条授权国务院制定实施取水许可制度和征收管理水资源费的具体办法，第55条授权价格部门会同有关部门制定水费征收办法，等等。

第二类配套法规如根据《水污染防治法》第5条制定水环境保护目标责任制和考核评价制度实施办法、第7条制定水环境生态补偿补偿办法、第21条制定关于排污申报登记的规定、第22条制定设置排污口的规定、第24条制定排污费征收使用管理办法；根据《水法》第8条制定节水办法、第32条制定水功能区划办法、第45条制定水量分配方案，等等。

根据全国人大环资委有关课题研究的结论，在上述11部法律中，第一类配套法规完成的占70%，还有30%的配套法规没有完成。第二类配套法规的完成情况尽管没有研究成果，情况应该也不会比第一类好多少。没有完整的配套法规，再加上有些不需要配套法规的法律条款经常怠于实施，可以想见法律施行的效果不会很好。就拿水污染物排放许可来说，从20世纪80年代就开始有试点，但由于没有法律依据，一直就没有真正发挥过法律功用。现在有了法律依据，如果没有配套法规，排污许可制度将还会是水中月、镜中花。[①]

（二）法律制度不完备

1. 法律制度配置不均衡

水资源具有明显双重属性，它既是经济资源又是自然环境的重要组成部分，既有经济价值又有生态价值。长期以来，我国水资源管理具有浓厚的重开发利用、轻保护的色彩。反映到立法上来，也使得法律制度配置很不均衡，水资源开发、利用的法律制度很多，而水资源保护的法律制度却明显不足。保护水资源不仅仅因为它是一种经济资源，或者说不仅仅将其作为经济资源来保

---

① 20世纪80年代，我国便在环境相关政策中明确了排污许可制度的重要性，国内部分地区还开展了这一制度的试点工作。2004年国务院办公厅《关于加强淮河水污染防治工作通知》中就指出，环保总局要抓紧起草《排污许可证条例》。2007年《排污许可证条例》列入国务院立法计划。2007年国家环保总局编制了《排污许可证管理条例》（征求意见稿），并广泛征求了意见。然而，时至今日，该条例仍没有出台，我国仍没有国家层次的排污许可证立法，因此排污许可证法律地位并不明确。

护,更应该将其视为自然环境的构成要素或生态资源来保护,不仅保护其经济性能,还要保护其生态功能。1988年《水法》虽在提出要将开发和保护结合起来,但制定这一方针的直接目的并不是保护水资源作为环境要素的自然生态功能,而是从经济开发角度出发以更多、更充分地利用水资源的经济功能为目标。整个立法的出发点仍然是水资源的经济价值,对生态价值几乎没有保障。2002年《水法》虽然增加了水资源保护的内容,但是还远远不够。从整体结构来看,除了总则、法律责任、附则等常规章节之外,《水法》的主要章节标题分别为"水资源规划""水资源开发利用""水资源、水域和水工程的保护""水资源配置和节约使用"、"水事纠纷处理与执法监督检查",从整体机构看,对水资源的经济价值与生态价值的并重注意不够。从内容上看,对水资源保护的内容也不够完善。①

2. 若干重要法律制度缺失

尽管水资源法律体系已经建立,但是,一些重要的法律制度却还没有建立起来。比如,洪水保险已在世界上许多国家进行了有效的实践,从我国目前防洪减灾的实际情况以及洪水保险在抗洪减灾中的重要地位来看,推行洪水保险也势在必行,但我国《防洪法》以及相关法律法规中均没有洪水保险的相关规定,洪水保险制度也就无从建立。② 此外,宏观的管理思路已经确立,但缺乏相关的制度支撑的例子也很多。例如,按流域进行水环境的一体化管理,在我国有关的法律虽已确立,但缺乏配套的机构设置和行之有效的管理制度。同样,在跨行政区域水资源管理、水环境功能区划与达标管理,以及水环境保护的产业化与市场化等方面也存在着缺乏管理制度保障等问题。更为明显的是,2008年《污染防治法》虽然将地下水保护纳入了水污染防治的范畴,但是,纵观整部法律,都只是提出了地下水保护的一般原则,既没有具体明确地下水环境保护的责任划分,也缺乏地下水环境保护的具体内容。③

3. 法律制度之间存在冲突和矛盾

我国水资源立法中,法律制度之间的冲突和矛盾并不鲜见。比如,为了实现水质水量的统一管理,2002年《水法》中不仅增加了水资源保护的内容,

---

① 吕忠梅:《环境资源法视野下的新〈水法〉》,《法商研究》2003年第4期。
② 马拥军、余富基:《对〈防洪法〉实施十年来的法律思考》,《人民长江》2008年第11期。
③ 冷罗生:《〈水污染防治法〉值得深思的几个问题》,《中国人口·资源与环境》2009年第3期。

对水污染控制作出了规定，还赋予流域管理机构和水行政主管部门一定的污染控制权，甚至作出了比《水污染防治法》更为严格的规定。[①] 如《水法》第33条规定："国家建立饮用水水源保护区制度。省、自治区、直辖市人民政府应当划定饮用水水源保护区，并采取措施，防止水源枯竭和水体污染，保证城乡居民饮用水安全。"第34条规定："禁止在饮用水水源保护区内设置排污口。"而《水污染防治法》第56条规定："国家建立饮用水水源保护区制度。"第57条规定："在饮用水水源保护区内，禁止设置排污口。"这种重复规定导致环境保护行政主管部门和水利行政主管部门在饮用水水源保护区方面职责上重合或冲突，而如何协调、统一归口管理，没有法律的明确规定。

又比如，各个法律法规对饮用水水源保护区污染排放规定也不一致。《水法》规定"禁止在饮用水水源保护区内设置排污口"；《城市供水条例》规定"在饮用水水源保护区内，禁止一切污染水质的活动"；而《水污染防治法实施细则》规定生活饮用水地表水源二级保护区禁止"超过国家规定的或者地方规定的污染物排放标准排放污染物"，即允许在二级保护区内排放达标污水。[②]

4. 市场化管理制度尚未建立

长期以来，我国的水资源管理重在"开发利用"，具有典型的以供水管理为主的水资源管理方式的基本特征。供水管理为主的水资源管理方式是指水资源管理当局主要通过兴建新的水利工程，增加水资源的供给以解决日益严重的水资源短缺问题。在供水管理为主模式下，水资源的开发利用、水利工程的立项与建设、水资源的分配、再分配以及重新配置基本上是通过各级政府的行政干预实现的，因此水政管理和水务管理实际上是合二为一的，都有政府行政部门管理。[③] 这种水资源管理方式反映在立法上，就使得水资源立法显示出浓厚的政府管制法特征，主要通过"命令＋控制"的模式来调整相关法律关系。比如，《水法》尽管在水资源管理权的设计方面注意了间接调控与指导的问题，注意了市场机制的地位和作用问题，但整部法律依然体现了以行政手段管理水资源为主的思想，注重管理部门的设置，注重管理部门权力的赋予与权力的运行，真

---

① 吕忠梅：《环境资源法视野下的新〈水法〉》，《法商研究》2003年第4期。

② 侯俊、王超、兰林、万雷鸣：《我国饮用水水源地保护法规体系现状及建议》，《水资源保护》2009年第1期。

③ 常云昆：《论水资源管理方式的根本转变》，《陕西师范大学学报》（哲学社会科学版）2005年第4期。

正体现市场机制和价值规律的内容很少，水资源的市场化管理制度基本没有建立起来，对直接的市场主体间的水资源交易制度更没有作出规定。①

然而，以供水管理为主的水资源管理方式存在着水资源的使用效率和配置效率低、水资源新增供给的边际成本递增、税收、补贴和水价之间存在矛盾等诸多问题，已经不适应我国当前国情和水情的需要，水资源管理方式应从供给管理为主向需求管理为主转变。以需求管理为主的水资源管理方式是指在现有的水资源供给条件下，通过引入市场机制激励节水，引导水资源从低效率使用向高效率使用转移，最终达到水资源的效率配置。其核心是在水资源的供给约束条件下以供定需，通过市场化配置，提高水资源的配置效率和使用效率促进节约用水，有效利用现有水资源，达到水资源的供给平衡。在以需求为主的水资源管理方式下，新增水资源供给的分配不是通过行政手段，而是通过运用市场化管理手段即水资源市场实现的。水资源市场的形成和有效运行是需要若干条件的，其中水权的清晰界定是水资源市场形成的先决条件，合理的水价是水资源市场有效运行的必备条件。② 我国在水资源市场建立尚未真正建立起来，水权交易还存在制度和现实上的障碍，水价体系也不尽科学、健全，水资源立法中的市场化管理手段尚未真正建立起来。

（三）法律规定可操作性不强

1. 缺乏程序性规定

由于长期奉行"宜粗不宜细"的立法指导思想，和其他环境资源法律一样，水资源立法中有些法律条文非常概括、笼统甚至抽象，没有具体实施的程序、手段、措施，流于"口号"。比如《水法》第24条规定："在水资源短缺的地区，国家鼓励对雨水和微咸水的收集、开发、利用和对海水的利用、淡化。"但究竟采取何种鼓励手段，由哪一级哪一类行政主体代表国家来实施鼓励，没有相关的规定。再比如，2008年《水污染防治法》中被视为立法亮点的生态补偿机制同样存在缺乏程序性规定的不足。《水污染防治法》第7条规定，"国家通过财政转移支付等方式，建立健全对位于饮用水水源保护区区域和江河、湖泊、水库上游地区的水环境生态保护补偿机制"，然而，对于生态补偿的主体、程序、标准等都没有相关规定，使得生态补偿机制具体实施缺乏明确充分的法律支撑。《水土保持法》和《防洪法》中类似的法律规定也不

---

① 吕忠梅：《环境资源法视野下的新〈水法〉》，《法商研究》2003年第4期。

② 常云昆：《论水资源管理方式的根本转变》，《陕西师范大学学报》（哲学社会科学版）2005年第4期。

少,比如《水土保持法》第7条规定的"国家鼓励和支持水土保持科学技术研究,提高水土保持科学技术水平,推广先进的水土保持技术,培养水土保持科学技术人才"和《防洪法》第14条第2款规定的"城市人民政府应当加强对城区排涝管网、泵站的建设和管理",都缺乏具体的程序性规定。此类规定使得这些法律条文仅具有政策宣示作用,如无相关的后续规定,这些条款几乎不具有实际的执行力。加之水资源立法的配套法律法规建设也很不完善,既使得水资源的立法目的无法实现,也损害了水资源法律的权威性。

2. 法律责任追究不明确

上文提及,我国的水资源立法主要是政府管制法,政府应当对法律的实施效果承担主要责任。然而,现行水资源立法对政府责任的规范相对薄弱,法律责任的追究规定不明确。

比如,《水法》对政府的明确规范的条款有第3条、第5条、第8条、第17条、第23条、第25条、第52条等,第8条规定"各级人民政府应当采取措施,加强对节约用水的管理,建立节约用水技术开发推广体系,培育和发展节约用水产业",第23条规定"地方各级人民政府应当结合本地区水资源的实际情况,按照地表水与地下水统一调度开发、开源与节流相结合、节流优先和污水处理再利用的原则,合理组织开发、综合利用水资源"。《水污染防治法》第4条、第15条、第16条、第28条、第40条、第56条、第63条也都是对政府职责的规定,第4条规定"县级以上人民政府应当将水环境保护工作纳入国民经济和社会发展规划。县级以上地方人民政府应当采取防治水污染的对策和措施,对本行政区域的水环境质量负责",第16条规定"国务院有关部门和县级以上地方人民政府开发、利用和调节、调度水资源时,应当统筹兼顾,维持江河的合理流量和湖泊、水库以及地下水体的合理水位,维护水体的生态功能"。除此之外,法律中还有许多以"国家"为主语的条款,理论上主要都应该是由各级人民政府来负责推行。

这些条款的数量在各自的法律中所占的比例并不算少,但大多采用的是"应当"等强制性不很强的用语,而且法律对上述政府职责没有规定相应的法律责任条款、审查监督问责机制,从而导致这些规定大多流于形式,如《水污染防治法》仅在第69条对政府行为笼统地提到"依法给予处分",严重影响了法律的实施效果。①

---

① 李广兵、蔡守秋:《关于水环境水资源保护相关法律法规的评估》,http://article.chinalawinfo.com/ArticleHtml/Article_54655.shtml。

(四) 立法质量不高

在我国水资源立法中,涉及众多概念。我国《宪法》、《物权法》中使用的是"水流"的概念,规定"水流"为国家所有。而《水法》规定的是"水资源"为国家所有,从而产生了"水流"所有权和"水资源"所有权两种提法。① 在《水法》中,更是出现了"水""水资源""水域""水体""水工程""水利资源""水能资源"等诸多概念,而《水法》在第2条规定"本法所称水资源,包括地表水和地下水",这只是对水资源的外延的简单界定。另外,还在第79条明确了"水工程,是指在江河、湖泊和地下水源上开发、利用、控制、调配和保护水资源的各类工程"。除此之外,对其他概念均未作界定。这就使得这些概念的联系与区别、法律意义等都不明确,容易产生法律适用上的困惑和难题。比如,水体以及各种对水的利用方式是否纳入《水法》的调整范围等。②

二 水资源执法存在的主要问题

(一) 有法不依、执法不严、违法不究现象普遍

当前,在涉水法律执法过程中,仍然存在着有法不依、执法不严、违法不究的现象,有的还相当严重。水资源管理不够严格,其中,取水许可、水资源论证把关不严,越权审批和越权管理,水资源费挪用问题较为突出。③ 取水许可把关不严,审批水量随意性大,缺乏科学性。水资源论证不够规范,有些建设项目未进行水资源论证。计划用水、节水等管理制度不落实,对水资源保护抓得不够,行政不到位。④ 有些地方多年来水资源执法案件寥寥无几,建设项目没有进行水资源论证就领取取水许可证和安装取水计量设施的情况还很多,有些地方水资源管理十分混乱,越权发证或不按规定发证,办理取水许可不按程序,对办理取水许可这样重大的行政许可行为缺乏有力的监督等。⑤ 对于水

---

① 唐双娥:《水流概念与水资源概念的法学抉择》,《中国环境管理干部学院学报》2010年第1期。

② 吕忠梅:《环境资源法视野下的新〈水法〉》,《法商研究》2003年第4期。

③ 高而坤:《加强水资源管理 促进经济社会又好又快发展——在2009年全国水资源工作会议上的报告》,http://www.mwr.gov.cn/ztpd/2009ztbd/2009nqgszygzhy/hybd/200902/t20090214_1988.html。

④ 胡四一:《把握新机遇 落实新要求 切实把水资源管理工作提高到新水平》,《中国水利》2006年第11期。

⑤ 朱来友:《在全省水资源管理工作会议上的讲话》,http://www.jxsl.gov.cn/article.jsp?articleid=6627。

资源费来说,更是在征收和使用环节均存在问题,一些地方政府从地方利益出发,干预水资源费的正常征收工作,随意减免自来水公司、"三资"企业以及私营企业的水资源费,许多地区把免征水资源费作为招商引资的优惠政策,而且,水资源费征收、管理、使用也不规范,各地水资源费的使用方向规定不一,使用方法不规范,挪用水资源费的情况时有发生。

另外,《水污染防治法》实施过程中,有法不依、执法不严、违法不究的现象也不鲜见,对违法排污企业惩处不力、环境影响评价制度执行不严等问题非常普遍。实际上,近年来水污染事故和水事纠纷层出不穷,与有法不依、执法不严、违法不究密切相关。不少地区的水行政主管部门没有切实履行水法赋予的监督检查职责,疏于管理,存在着严重的违法不作为,甚至个别地区存在着恶意纵容现象。

(二) 滥用自由裁量权和机械执法问题并存

在水行政执法中,滥用自由裁量权的现象较为严重,其中以水行政许可和水行政处罚领域最为突出。水行政许可审批主要有取水许可审批、水土保持方案许可审批、河道采砂许可审批、河道内建设项目许可审批等。由于水行政执法人员素质参差不齐,而许可审批的范围广、事项多、环节繁、随意性大,许可与不许可法律也没有硬性规定,界限较难划清,另外水行政审批行为操作规范不透明,责任不清,审批的随意性强,自由裁量权大,受法律制约少,过错责任也未彻底追究。因此某些水行政执法人员在使用自由裁量权时,丧失了合理公正的原则,使自由裁量权的实施偏离了法的目的,变成了滥用自由裁量权。在水行政处罚领域中,因执法人员的政治素质、业务水平参差不齐,导致对同一类违法行为的处理,有不同的处罚结果。特别是行政处罚中的罚款,法律所赋予的幅度范围较大,自由裁量权不好把握,凭感情用事、徇私枉法时有发生,严重损害了法律的严肃性和执法队伍形象。如未经批准擅自取水的违法行为,按照《水法》第69条和国务院《取水许可和水资源费征收管理条例》第48条的规定:除责令停止违法行为,限期采取补救措施外,可处二万以上十万以下的罚款。法律只认定了"未经批准擅自取水"这一违法行为,但未对水资源类型、取水方式、日取水量、违法性质、情节、后果、影响等作出规范,执法部门和执法人员在实施行政处罚过程中很难掌握。[1]

机械执法与滥用裁量权看似截然不同,却也不鲜见。机械执法看似严格遵守了法律的规定,然而却没有领会法律的要义和精髓,没有结合具体事务中的

---

① 潘英华:《内蒙古自治区水行政执法初探》,硕士学位论文,内蒙古大学,2007年,第13页。

实际情况,因此,机械执法不仅达不到良好的效果,反而有副作用。在水行政执法中,机械执法大致有以下三种类型:其一是以法无明文规定为由放弃对违法行为进行查处的行政不作为,这实际上是以严格执法的姿态表明了执法的疲软和无力;其二是执法手段机械、单一,特别注重行政处罚特别是罚款手段的运用,以罚代管倾向明显,这种做法违背了行政处罚中惩罚与教育相结合的原则,一方面弱化甚至忽视了水行政执法重要的预防和整治目的,另一方面还会引起行政相对人的反感和抵制;其三完全照搬法律条文,面对复杂多变的各种事务,不区分其中存在的不同情况,毫不变通地执法,等等。

(三) 重实体、轻程序倾向明显

当代行政法制越来越重视程序的作用,依程序行政是依法行政的最主要内容之一,它是衡量行政机关管理活动是否科学合法的重要标尺,也是对相对人合法权益的有力保障。但长期以来,重实体、轻程序一直是我国行政执法比较突出的问题,这一点在水行政执法中也一直存在,直接影响着水行政执法的力度和效果。在实践中它的主要表现为:首先,水行政行为的越权问题。水行政机关超越职权的表现形式是多种多样的,根据我国有关法律、法规和水行政管理现状以及行政审判实践,可以看出水行政机关越权主要表现在横向的越权和纵向的越权行为上。其次,水行政行为不符合法定方式。法律法规对各种不同的行政行为规定了不同的方式,如果违背了就构成程序违法。如我国《水行政处罚实施办法》第31条规定:"水行政处罚机关在作出水行政处罚决定之前,应当口头或者书面告知当事人给予水行政处罚的事实、理由、依据和拟作出的水行政处罚决定,并告知当事人依法享有的权利。当事人有权进行陈述和申辩。水行政处罚机关应当充分听取当事人的意见,对当事人提出的事实、理由和证据进行复核。水行政处罚机关不得因当事人申辩而加重处罚。"而在实践执法中,很多水行政机关没有严格按照法律规定去做,相对人在接受处罚后,往往不清楚自己因何而受罚,何时受罚,也不知道自己的权利应如何去维护和救济。同时水行政处罚任意性强,"想罚多少就罚多少",都由水行政机关自由决定,这些都严重地损害了相对人的合法权益。最后,水行政行为不符合法定的步骤。行政步骤是指行政行为应当经过的过程、阶段、手续。行政行为如省略其中某些步骤,则构成程序违法。如《水行政处罚实施办法》第27条规定:"水政监察人员依法调查案件,应当遵守下列程序:(一) 向被调查人出示水政监察证件;(二) 告知被调查人要调查的范围或者事项;(三) 进行调查 (包括询问当事人、证人、进行现场勘验、检查等);(四) 制作调查笔录,笔录由被调查人核对后签名或者盖章。被调查人拒绝签名或者盖章的,应当有两名以上水政监察人员在笔录上注明情况并签名。"而实际执法情况却没有法律规定的这么完美,少数执法工作人员的事业心和责任感不强,执法意识淡薄,对相关法律法规缺乏深入的学习研究,满足于一知半解,执法过程中严重违反法定步骤和程序。不出示执法证明、先决定后调查,甚至以个人身份执法的现象屡屡发生。①

三 水资源司法存在的突出问题

(一) 水资源司法保护介入不足,受理的案件少

目前,水资源司法介入严重不足,司法解决水污染纠纷的功能无法有效发挥。突出表现为民事案件少,许多重大污染事故引起的纠纷没有进入司法程序。由于水污染有随水体流动、跨区域扩散的特点,污染与损害分散在多个行政区域,而法院由于受行政区划的限制,难以管辖跨地区的江河、湖泊水污染纠纷,那些未通航河流和内陆湖泊实际上处于无司法保护的状态。此外,目前法院受理的水资源民事案件大多属于个人因水污染而遭受损失的案件,而大量侵害公共利益的水污染事故因公益诉讼制度的缺失游离于民事诉讼之外。因此,大量的水污染事故实际处于无司法救济的状态。②

(二) 水污染案件启动诉讼难、审理难、执行难

除了跨流域污染案件和侵害公共利益的水污染案件因体制性障碍无法进入诉讼程序之外,即使是一般性的水污染案件,也存在启动诉讼难、审理难、执行难等诸多难题。对于启动诉讼来说,政府可能会出于自身利益的考虑,依据其强势地位阻止或妨碍其他当事人以诉讼形式寻求救济,而当事人也深知,在这种情况下,即使提起诉讼,受政府态度影响的地方法院也不可能支持其诉讼请求。因而,也就不会提起诉讼。沱江污染事件中,由于地方政府的介入,当地受污染影响的企业没有一个敢于提起诉讼来索赔就是例证。③ 又由于水污染案件往往受害人众多,影响范围广泛,法院对受理此类案件也非常慎重,乃至消极。如巢湖和淮河的干流以及比较大的支流被污染,虽然是人人受害,但一旦提起诉讼,人民法院往往由于取证难等原因,不予受理或难以受理。④ 对于

---

① 赵坤元:《论水行政执法的完善》,http://www.riel.whu.edu.cn/article.asp?id=25686。
② 万鄂湘:《在水资源司法保护研讨会开幕式上的讲话》,http://news.sina.com.cn/c/2008-06-19/172514043880s.shtml。
③ 吴勇:《试论长江流域水污染纠纷的司法救济》,http://www.lawtime.cn/info/xiaofeizhe/lunwen/2011100843651.html。
④ 《关于加强水资源司法保护的提案》,http://cd.qq.com/a/20090710/003095.htm。

审理来说，由于水污染案件的技术性、社会性和复杂性需要专业型法官进行审理，需要高超的庭审技术，而且此类案件往往以集团诉讼的形式出现，其中涉及的因果关系证明、举证责任分配、法律适用等问题的复杂性都超过了一般侵权案件，审理难度很大。而执行难这一"顽疾"，在水资源司法中也同样存在。即使克服了起诉、收集证据、审理等诸多难题，最终宣布胜诉的案件，能否按照判决执行也仍然是个问题。由于水污染的原因常常是多因一果，具有多样性、潜伏性、隐蔽性和长期性，因此，水污染经常造成严重的人身伤害和财产损害，赔偿数额巨大。有的企业以亏损为由拒绝履行赔偿，有的企业则无力赔偿或无力全部赔偿。

（三）对水污染犯罪打击力度不够

水环境监管的执法权威没有树立，刑事制裁手段严重缺位，致使追究水污染刑事责任的案件很少，大量严重的水污染行为得不到应有的刑事制裁，有关部门仅仅采取行政处罚或民事处罚的方式处理，最终以行政罚款和民事赔偿了事。比如2007年无锡市环保部门立案处罚处理了2000多个环境污染事故，水污染案件占50%以上。但就水污染犯罪而言，这类案件直至目前不仅在无锡，就是在全国也很少见到。[①] 据有关部门统计：2004年水污染突发事件14起，只有沱江污染事件被追究刑事责任；在2005年水污染突发事件中，只有1起被追究刑事责任；2006年水污染突发事件18起，仅有3起追究了污染企业的刑事责任；2007年的9起水污染事件中没有人被追究刑事责任；2008年，5起水污染事件被追究刑事责任。[②]

（四）对水资源相关管理部门的监督不够有力，职务犯罪惩治力度较弱

水资源相关管理部门被国家赋予了重要的监管职责，同时也应受到法律的监督。因此，对水资源相关管理部门进行监督乃是水资源司法的题中之义。然而，当前水资源司法对水资源相关管理部门的监督却不够有力。如实践中较为严重的环境监管失职问题。破坏水资源的刑事犯罪案的发生通常为企业偷排或超标排污，而根源则往往在于有些地方政府纵容违法企业，环保行政执法机关工作人员工作不负责任，不认真履行环境监管职责，或乱作为，或不作为，使企业的违法排污有可乘之机，最终造成水资源的重大污染，因此，此类犯罪存在普通刑事犯罪与职务犯罪相互交织的情况。然而，由于水资源相关管理部门

---

① 杜萌：《中国水污染事件频发 刑事立法缺陷致制裁难》，《法制日报》2009年6月10日第7版。

② 同上。

执法力度有限,即使发现职务犯罪线索,也很少向司法机关移交,而由于水污染案件的特点,检察机关在查处相关职务犯罪时又存在"发现难、取证难和认定难"的问题,使得对水资源职务犯罪惩治力度较弱。①

(五)水资源和水生态环境自身受到的损害救济不足

除了解决水资源纠纷,惩处水资源犯罪行为之外,水资源司法的一个重要意图和功能是对水资源和水生态环境的保护。然而,在水资源司法介入严重不足的背景之下,由于法律对生态损害的救济方式和救济范围规定不明确、生态损害缺乏科学的计算标准、缺乏科学的鉴定方法等原因,使得审判实践中,对于水资源和水生态环境自身受到的生态损害救济通常难以得到支持。而对于刑事责任来说,刑事处罚只是手段并不是目的,对污染破坏者依法追究刑事责任后,积极恢复被污染破坏的水资源,保障水资源的可持续利用,才是终极目的。但我国《刑法》规定的与破坏水资源有关的犯罪都只明确了刑事责任,对被污染破坏的水资源如何补救、补偿、修复等只字未提。水资源被污染破坏后,对环境进行恢复的费用主要由地方政府买单,而政府对治理污染投入的资金非常有限。因此,水资源遭受超过其承受能力的污染破坏后,一般很难恢复到正常状态。②

第三节 存在问题的原因分析

一 认识方面的原因

(一)对水资源的价值功能认识有限

水资源是一种具有多种用途、不可替代的可再生自然资源,可以满足多种不同的需求。在经济建设中,水资源可以发挥多种作用,比如市政供水、灌溉、水力发电、航运、水产养殖、旅游娱乐等。同时,水资源又是生态环境系统最活跃的控制因子,具有维持自然生态系统结构、生态过程与区域生态环境的功能,表现为水资源生态系统具有调蓄洪水、稀释降解污染物质、提供生境及美化环境等服务功能。③澳大利亚学者阿勒克斯·加德纳在讨论水资源的可

---

① 杨旭、杨琼:《检察机关保护水资源问题研究》,http://www.yxzf.gov.cn/jc/jcdy/2011/577319.shtml。
② 同上。
③ 汪林、甘泓、倪红珍等:《水经济价值及相关政策影响分析》,中国水利水电出版社2009年版,第37页。

持续利用时把水资源使用区分为"环境用水和经济用水"。① 这两种用水追求的正是水资源的环境价值和经济价值这两种不同的价值。水资源的经济价值和环境价值是始终存在的,然而人们对它们的认识却有早有晚。水资源的经济价值在客观上是人类进入比较发达的农业社会和后来的工业社会之后充分利用的价值,而环境价值只是到了近一两个世纪才引起人类的注意。② 长期以来,人们只看到了水资源的经济价值,而对水资源的环境价值认识不足。

(二)过分重视水资源的经济价值,轻视、忽略其环境价值

水资源的环境价值和经济价值是两种不同的价值。水资源的经济价值是微观价值,因为它可以在具体的甚至是即时的活动中显现,而环境价值是宏观的,它不会像取水解渴那样立竿见影;水资源的经济价值体现在人类活动所追求的直接结果之中,水资源的环境价值则往往为人类所忽视;水资源的经济价值对具体的人的意义是直接的,而水资源的环境价值是间接的,它是通过对自然系统的维护为人类提供生产生活的环境;水资源的经济价值往往与私的利益相联系,而水资源的环境价值则更具有公共的特性。③ 另外,由于社会、经济发展中对水资源的竞争利用、时空分配的不稳定性、人口增长和水污染造成的水质性缺水日趋严重等因素的影响,水资源在经济发展过程中所体现的经济价值不断增加,比其在人类公平生存权下所体现的公益性价值更为人们所关注。④ 加之在我国,由于发展经济的压力,自然资源取之不尽、用之不竭的思想长期占据主导地位。所以,对于水资源,长期以来人们只顾一味地追求其开发利用,偏重于对水资源经济价值的追求,而对其生态价值的保护几乎不顾及,从而不可避免地导致了湖泊水质恶化、水土流失、湖泊萎缩等日益严重的水生态环境问题。⑤

(三)水资源法治观念不强

尽管我国已开展多次水法治宣传教育活动,但是水资源法治观念依然不

---

① [澳]阿勒克斯·加德纳:《水资源法改革》,载韩德培主编《环境资源法学论丛》第1卷,法律出版社2001年版,第174页。

② 徐祥民、柏杨:《可交易水许可权制度构想——关于平衡水资源经济价值和环境价值的思考》,载徐祥民、吕忠梅主编《环境资源法论丛》第4卷,法律出版社2004年版,第361页。

③ 同上书,第361—362页。

④ 谭乃元:《水资源可持续利用保障体系的研究与实践——丽江拉市海高原湿地保护与开发利用》,硕士学位论文,四川大学,2005年,第3页。

⑤ 陈维春、张式军:《水资源与水环境价值再认识》,《华北水利水电学院学报》(社科版)2005年第1期。

强。首先是一些地方政府官员缺乏依法行政观念。受地方利益和眼前利益等多种因素影响，他们还习惯过去的行政命令手段，有的非法干预行政执法活动，有的违规制定"土政策"以吸引投资，权大于法、有法不依现象时有发生。其次是水资源行政执法主体的法治观念淡薄，执法者本身素质不高，欠缺相关法律法规知识。最后是广大公民法律意识不强。由于我国法治建设刚刚起步，数千年的"人治"痼疾尚未根除，甚至在有的地方还相当普遍。距树立"权利义务统一""公平正义""法律面前人人平等"等现代法意识还有相当距离，对于依法治水的重要性更是知之甚少。①

二 体制方面的原因

（一）地方保护主义盛行

一些地方政府以财政收入最大化以及相应的区域经济发展为目标，政绩考核也主要是以当地的经济发展规模和经济增长速度作为衡量的标准，这一方面鼓励地方政府努力促进当地经济发展；另一方面也使得一些地方政府片面追求短期利益和地方利益，导致地方保护主义盛行。由于水资源是经济发展不可或缺的物质基础，而水资源的开发和利用具有负外部性，保护水资源又具有正外部性，因此，对水资源来说，地方保护主义的趋势尤为明显。在经济利益的驱动下，流域的各地方政府为了本地方的利益，充分利用其在流域行政区域管理方面的权力大力开发和利用本区域内的水资源，为本地方社会经济的发展谋取利益，这种只顾自己、以邻为壑，根本不考虑上下游、左右岸和干支流的关系的情况比比皆是。比如，有的城市本来在湖泊取水，由于污染严重，只好改道取长江水。原来直接排到湖泊的污水用管道集中后，不经任何处理排入长江。一面从长江取水，一面直接把污水排入长江，这种"上游洗马桶，下游淘米"的情况在长江非常普遍。② 另外，有些地方政府对流域水资源的开发、利用和保护方面的统一管理产生不同程度的抵触，不会主动从整个流域利益的角度来制定政策，对于涉及全流域整体利益的管理法规和政策，在没有强制性措施的前提下，地方政府倾向于采取实用主义的态度，使符合流域整体利益的水资源管理措施难以贯彻。③

---

① 陈德敏、张玉飞：《水资源法治初探》，《广东水利水电》2004年第6期。
② 汤进为：《翁立达：为后代留一条洁净的长江》，http://www.people.com.cn/GB/huanbao/55/20030612/1015891.html。
③ 李雪松：《中国水资源制度研究》，博士学位论文，武汉大学，2005年，第143页。

(二) 部门利益影响立法

由于我国目前行政机关的设立都没有专门的组织法,各部门的职权都是由各部门自己先制订方案,后报经国务院批准,各部门难免从自身利益出发来考虑问题,从而忽视整体利益,造成权力设置的重复或空白,只有分工没有协作,既不能充分发挥各部门的作用,又不能形成整体效益;反而因为各部门的权力竞争造成对整体利益、长远利益的损害。一些行业管理部门也掌握了部分水资源的配置权,这就形成了区域和行业在水资源管理、开发、利用等方面的决策分散化状况,客观上造成与流域统一管理原则相违背的水功能分割管理和不同形态的水资源分割管理的局面。而在流域水资源保护中,污染管理者、资源开发者、排污者相脱节,管理者只收费不治理、资源开发者既要开发又要治理、排污者只缴费什么都不管,其结果只能是流域水资源得不到有效保护。

(三) 管理体制不合理

长期以来,我国实行水资源统一管理与分级、分部门管理相结合的管理模式和运行机制,形成了多层次、多部门采取行政手段配置水资源的格局。2002年我国修订的新《水法》在水资源管理体制上吸取了10多年的经验与教训,借鉴了国外成功的管理模式,将"对水资源统一管理与分级、分部门管理相结合"的管理体制修改为"对水资源实行流域管理与行政区域管理相结合"的管理体制。但新《水法》只规定了流域管理和区域管理相结合的原则,对于两者结合点的确定、事权如何划分并不明确,流域开发治理中仍难以消除行政分割以及各种体制性摩擦。流域机构虽然作为国务院水主管行政部门的派出机构,在本流域内行使水行政管理职责,但由于流域水资源管理权力被行政区几近分割完毕,流域机构的位置不得不在区域和行业的夹缝中寻求。因此,现有流域管理机构缺乏足够的权威,难以承担流域管理统筹协调的职责,只能在省际边界水事矛盾的协调、省际河道的规划等方面发挥作用,而对流域开发和管理的调控难以发挥实质性作用,分散的管理体制使得流域管理流于形式。[1]

另外,水资源分类管理的制度刚性仍未消除,体制协调性差。我国长期实行多部门参与、多层次的管理体制,主要是由水利部门负责水资源管理,但管理的各项具体内容分割给各个部门负责;管理层次和范围基本是按行政级别和区域划分的,因而形成了部门分割、地区分割的局面。将城市与农村、地表水和地下水、水量与水质等进行分割管理,严重违背了水资源的自然循环规律和

---

[1] 黎元生、胡熠:《论水资源管理中的行政分割及其对策》,《福建师范大学学报》(哲学社会科学版) 2004年第4期。

整体性，特别是引发了"多龙管水""政出多门"等问题，导致一个城市和地区出现"管水源的不管供水、管供水的不管治污、管治污的不管回用"的局面，没有一个统一的机构对水问题负责。这种城乡分割、部门分割的水资源管理体制，使水资源的完整性被人为地破坏，地表水、地下水、空中水难以优化配置，生活用水、生产用水、生态用水无法统筹规划，合理的水价机制无法形成，水质管理与水量管理相分离，河道管理和水资源的保护无法衔接，不同水管机构职能交叉，加剧了制度体系内部冲突；加之缺乏强有力的监督机制，最终导致水资源管理和配置的长期低效，给各种保护主义、机会主义可乘之机，加剧了水资源危机。①

三 立法方面的原因

（一）水资源立法落后于理论更新和政策发展

较之于水资源的理论更新和政策发展，我国法律对水资源问题所作出的反应明显滞后得多。例如，对水资源实行流域管理是世界通行的成功做法，我国学者对水资源流域管理的理论建设也早已完成，然而，立法实践却不尽如人意。尽管2002年《水法》改变了原来单纯的区域管理模式，确立了流域管理和区域管理相结合的管理模式，但是，目前我国还没有一部专门、统一的系统规定流域基本法律制度和运行机制的流域管理法，对流域管理的相关规定散见于涉水法律法规及有关环境资源的法律之中。区域管理的制度惯性巨大，"多龙治水"的问题仍然突出，流域管理模式迄今尚未真正建立起来。

（二）立法体制不够完善

在立法机制方面，部门立法和部门利益倾向依旧明显。我国尽管遵循了水资源立法与水污染防治以及其他水资源开发立法相分离的思路，但仍然注重从现有的行政管理职权角度设计法律制度，部门立法倾向依然突出，水资源可持续发展的考虑被部门权力分割的现状所淡化，水资源管理与保护中的各种利益关系未能得到很好的协调和平衡。其结果是，由于需要照顾现行行政权分割、部门利益竞争的原因，一些在水事管理实践中已经取得成功经验的内容没有被纳入，由此，进一步影响了法律制度和管理机制的健全和完善。②

---

① 黎元生、胡熠：《论水资源管理中的行政分割及其对策》，《福建师范大学学报》（哲学社会科学版）2004年第4期。

② 王明远：《循环经济背景下水资源立法的健全和完善》，《现代法学》2009年第1期。

（三）水资源立法指导思想不科学

长期以来，我国水资源立法缺乏科学的指导思想，水资源立法遵循的是水资源立法与水污染防治以及其他水资源开发立法相分离的思路，缺乏水质水量统一管理、水资源开发利用与水环境保护协调发展的综合考量，[①] 这导致涉及水资源的法律法规虽然不少，但都只是关注某一方面的问题，头痛医头脚痛医脚，诸多法律法规没有形成有机的整体，法律制度也无法发挥合力。另外，新的水资源管理理念也没有全面、及时体现在法律之中，如需水管理模式、最严格的水管理等。

（四）立法的前期调查研究工作薄弱

水资源立法存在前期调查工作薄弱的情况，一些起草部门重立项，轻起草，项目列入政府立法计划后，没有成立专门的起草班子，起草工作由部门个别业务处室甚至个别人员承办，力量十分薄弱，调查研究工作做得不够深入，对现实中存在的问题和解决问题的措施心中无数。这使得有些法律制度制定出来之后，要么不具备实施的现实土壤，要么达不到预期的效果。

（五）立法后评估工作滞后

我国水资源立法成果不可谓不多，但立法之后，却鲜有立法后评估。立法后评估不同于执法检查以及立法调研，它主要是采取对比分析、系统分析、成本效益分析等多种定性分析、定量分析的方法，对制度设计的合理性、内容的针对性、条款的操作性以及立法盲点等进行评价，由此了解现行法律法规的实际运行情况，为立、改、废活动提供依据。迄今为止，水利部仅对《防洪法》、《建设项目水资源论证管理办法》进行了立法后评估，水资源立法后评估工作尚未制度化、常规化。

四 执法方面的原因

（一）以权代法，行政干预较多

水行政执法中，行政干预较为严重，给执法工作带了重重阻力。从干预主体上看，行政干预既包括地方政府的干预，如大的非防洪工程建设项目审查、建设过程中，不积极履行审批手续，造成擅自建设工程项目案件查处困难，也包括系统内部的干预，如主管部门担心查处案件影响与地方政府关系协调以及内部人士说情等。从干预方式上看，行政干预既包括行为干预，如地方政府为招商引资，减免项目单位的取水许可手续和应缴纳的水资源费，直接影响水行

[①] 吕忠梅：《环境资源法视野下的新〈水法〉》，《法商研究》2003年第4期。

政执法的严肃性,也包括政策干预,如有些上级部门或政府盲目发文对执法人员贯彻执行法律、法规等进行干预,造成执法混乱,政策干预的影响尤为恶劣。

(二)执法意识不强,执法水平不高

水行政执法工作起步较晚,人们对水利工作的认识仅限于水利工程建设、防汛抗灾和保障工农业生产,一些地方行政首长和部门领导法治意识薄弱,不能正确把握水行政主管部门的具体职能,对水行政执法工作重视不够,而一些水行政执法人员本身的水法治意识也不强,对行政执法的重要性和紧迫性认识不够,习惯用旧的思维方式去管理涉水事务,有法不依、执法不严的问题较为突出。而即使进行了水行政执法,其执法水平也不高,适用法律不准确、执法程序不规范、执法方式简单粗暴、滥用自由裁量权等现象屡有发生。

(三)执法机构与各专业管理机构职责不明

目前,水资源管理机构和执法机构的职责划分还不十分明晰,配合度不强。根据现有水法律法规的规定,流域管理机构与地方水行政主管部门在水行政管理和水行政执法工作中客观上存在着交叉、重叠的区域,当前,在水行政管理方面的事权划分相对比较明确,但在水行政执法方面的事权划分则基本上还是空白,使得在流域执法中出现冲突和矛盾。[①] 另外,大部分水政监察队伍的执法职能仅仅是对个案的处理,而不具有日常监管职能,而水政监察机构和水行政主管各职能部门之间缺乏沟通,使得水政监察机构无法实现全部职能和业务优势。

(四)执法机构和执法队伍不健全

目前,一些地方还没有专门的水行政执法机构和执法队伍,相关工作由其他人员兼做。从执法人员来看,水行政执法队伍人员少,而且基层水行政执法人员大部门由各部门吸收而来,多为从事工程管理的技术人员,水法律知识欠缺,而有执法经验又有水利专业知识和法律知识的专业执法人员极其稀缺,执法人员查处案件能力不强,部分执法人员在执法过程中,由于业务不熟悉,法律知识掌握不够,工作被动,造成不利影响。

(五)执法条件受限,手段落后

由于执法专职队伍刚刚建立,有些规定还没有以政府或财政部门的名义出台,水政执法装备没有统一,配备不全,有时因装备落后贻误了查处时机。尽管水利部水政监察规范化建设要求,应为水政执法队伍配备必要的交通、勘

---

① 魏显栋:《流域水行政执法的发展障碍及对策研究》,《水利发展研究》2006年第2期。

查、通信等专用工具及装备,未经水政监察部门同意,主管部门不得将其平调给其他单位和部门使用,并保证执法经费。但由于种种原因,此项工作在一些基层水行政执法机构中却难以实施,专用车辆挪作他用,办案装备不能及时配置或更新,执法经费也没有保证。① 没有必要的经费来源渠道,缺乏必要的执法办案装备、工具,极大地影响了水行政执法的效能和效率。

(六) 执法标准不统一,查处不力

水行政执法涉及的范围广泛,事项多样,环节烦琐,而执法标准却并不统一,特别是水行政许可审批,自由裁量权大,随意性很强。此外,水行政执法手段刚性不足,强制性不够,对违法当事人的震慑力不够。如证据保全、强制查封、强行清障等行为的实施,没有公安的配合,很难执行到位,致使一些违法当事人逃之夭夭,违法行为得不到有效追究,公共财产的损失无法弥补。在水事违法案件中,有很多案件无法在实施过程中监察到,水行政执法人员需要进行现场调查取证,但《水法》及相关水法规没有规定可行的强制性措施,导致水行政执法中调查取证非常困难,影响了水事案件的查处。②

(七) 缺乏强有力的执法监督机制

由于缺乏一个强有力的执法监督机制,有法不依、执法不严、违法不究的现象时有发生,滋养着各种各样的腐败行为,极大地阻碍了水行政执法工作的发展与完善。水行政执法监督机制不健全主要表现在:一是监督方式单一,且流于形式;二是基本法律制度建设落后,一些必不可少的法律制度没有规定或规定得过于笼统,如回避制度、合议制度、评议考核制度等;三是相关的水行政执法监督制度的立法技术落后,法律文件可操作性差;四是缺少承担水行政执法过错责任追究职能的专门机构;五是水行政执法监督制度的实体性规范与程序性规范的内容与形式没有高度统一。③

五 司法方面的原因

(一) 行政处理程序与司法程序关系不顺

在跨区域水污染处理方面,仅设立行政调处制度,排斥司法处理的进入,使得司法功能在处理此类纠纷中无从发挥作用。在一般水污染纠纷处理方面,虽然设计有行政处理与司法处理的相应制度,但两者之间的关系也远未理顺,

---

① 檀雪英:《水行政执法研究》,硕士学位论文,天津大学,2004年,第29页。
② 潘英华:《内蒙古自治区水行政执法初探》,硕士学位论文,内蒙古大学,2007年,第16页。
③ 檀雪英:《水行政执法研究》,硕士学位论文,天津大学,2004年,第30页。

司法介入不足的问题依然存在。首先，水污染纠纷的行政处理的法律效力不明，处理机关相互之间的关系不清，行政机关处理环境民事纠纷的性质不清、处理的法律效力不明，当事人不服行政机关的处理，缺乏法律上的救济途径，导致司法难以介入解决这类因行政处理引起的纠纷。其次，对水污染行为设置了以行政处理为主的法律追究机制，仅就水污染损害赔偿纠纷规定有民事诉讼制度，无论是对相对人还是对管理者追究行政责任，都是一种外部机制。从受害人的救济角度而言，赋予其较为广泛的请求权，是一种更加有效的利益驱动机制。最后，目前《水污染防治法》仅规定了水污染损害赔偿纠纷可以提起诉讼，其他水污染纠纷并未纳入诉讼的范围；同时，对于水污染诉讼管辖的规定不明确，地方性法院与专门法院的管辖分工对于水污染的处理并不合理。[①]

（二）公益诉讼制度尚未建立

我国《海洋环境保护法》明确规定了行使海洋环境监督管理权的部门有权作为主体向侵害海洋资源环境的责任人提起民事损害赔偿诉讼，我国海事法院在这方面进行了有益的尝试并已有成功的判例。但是，对于未通航的河流和内陆湖泊的水资源污染纠纷案件，《水污染防治法》中只是对公益诉讼的规定初露端倪，规定"环境保护主管部门和有关社会团体可以依法支持因水污染受到损害的当事人向人民法院提起诉讼"。当前我国无锡、贵阳、昆明等地开展了公益诉讼实践，产生了一些水污染公益诉讼案例，但是由于上位法对公益诉讼案件在程序上没有详细规定，实践中，证据、损失等方面司法机关很难把握，因此这些地方对公益诉讼案件还十分谨慎，而在其他地区，由于没有相应的地方规定，公益诉讼更是无法开启。因此，大量侵害公共利益的水污染事故因公益诉讼制度的缺失游离于民事诉讼之外。另外，就私益救济而言，由于流域水污染事件往往影响面广、当事人多，并且带有不确定性。要求单个受害者分别提起诉讼，其成本巨大，获益甚小，其结果可能就是受害者不愿提起诉讼。而代表人诉讼的门槛过高，加上地方法院从案件受理量考虑，代表人诉讼形式采用的很少。[②] 这也客观上阻碍了因水污染受到损害的当事人行使诉权。

（三）跨区域的水资源保护纠纷解决机制不完善

由于水环境发生在一个连续的、流动的、具有整体性的生态单元中，决定

---

① 吕忠梅：《完善司法救助机制 构建和谐社会——以解决长江流域水污染纠纷为例》，http：//www.riel.whu.edu.cn/article.asp？id=30339。

② 吴勇：《试论长江流域水污染纠纷的司法救济》，http：//www.lawtime.cn/info/xiaofeizhe/lunwen/2011100843651.html。

了侵权行为地往往跨越多个行政区域。因此,在水环境案件的管辖上,如果按照一般的案件来制定管辖规则,就会存在很多问题。目前的审判管辖体制的设置只重视区域机构而忽视流域审判机构的弊端已暴露无遗。① 根据最高人民法院关于海事法院受理案件范围的规定,海事法院只管辖海上以及通海可航水域的污染案件,不包括未通航的河流和内陆湖泊(如黄河、淮河、辽河等重要跨省市河流以及洞庭湖、鄱阳湖、太湖、巢湖、滇池、青海湖等大型湖泊)发生的水污染案件。对于跨地区的江河、湖泊水污染纠纷,地方法院由于受行政区划的限制,不是管不了就是不愿管,实际上处于无司法保护的状态。此类纠纷目前主要依靠行政执法解决,尚无统一的司法管辖体制。由于行政执法的主体环保部门隶属于地方各级政府,在执法中客观上存在渠道不统一、执法标准不统一、程序规范不统一的现象,跨区域水资源保护纠纷机制尚不完善。②

(四)水资源相关管理部门"有案不移、以罚代刑"现象严重

我国目前的水污染监管体制以行政监管为主,破坏水资源的行为大多先由各级政府的环保部门通过行政执法予以制止或处罚。原国家环保总局、公安部、最高人民检察院联合发布的《关于环境保护行政主管部门移送涉嫌环境犯罪案件的若干规定》,明确了环境行政主管部门应及时向公安机关、人民检察院移送涉嫌环境犯罪的案件。但行政执法与刑事司法衔接机制的建立仍处于探索阶段,一方面行政执法者因认识不到位、担心被追究环境监管失职的责任等而不愿主动移送案件;另一方面检察机关缺乏对案件具体信息进行了解的有效渠道,检察监督不到位。因此,水资源环境执法领域"有案不移、以罚代刑"现象严重,环境行政执法机关对污染行为人往往只进行行政处罚,而不将案件移送司法机关追究其刑事责任,使得司法介入水资源保护的难度加大。③

(五)水资源犯罪的因果关系复杂,犯罪结果难以量化

水污染的原因常常是多因一果,具有多样性、潜伏性、隐蔽性和长期性,对污染源是什么、污染行为如何起作用、每个污染行为的作用大小、污染事故与人身、财产遭受的实际损害之间的关系等难以作出精确判断。如阳宗海砷污

---

① 吴勇:《试论长江流域水污染纠纷的司法救济》,http://www.lawtime.cn/info/xiaofeizhe/lunwen/2011100843651.html。

② 万鄂湘:《在水资源司法保护研讨会开幕式上的讲话》,http://news.sina.com.cn/c/2008-06-19/172514043880s.shtml。

③ 杨旭、杨琼:《检察机关保护水资源问题研究》,http://www.yxzf.gov.cn/jc/jcdy/2011/577319.shtml。

染案,要确定是自然地质因素造成污染、入湖河流造成污染还是企业排污造成污染以及各污染因素作用力的大小相当困难。此外,虽然最高人民法院颁布的《关于审理环境污染刑事案件具体应用法律若干问题的解释》明确规定了"公私财产遭受重大损失""人身伤亡的严重后果""严重危害人体健康"等标准,使得破坏水资源犯罪的认定具有了相对可操作的量化依据,但破坏水资源犯罪不一定直接产生危害公私财产或人体生命、健康的结果,而是以水为介质对人身或财产造成损害。任何一个具体的水污染犯罪,其犯罪侵害的对象都是不具体的,是不特定多数人的生命财产安全,受害范围有多大、哪些人的健康及财产受到损害以及损害的程度,都无法统一采用计量手段来量化。此外,为防止污染扩大以及消除污染需要采取相关补救措施,水资源被污染后还可能引发动植物死亡、土地沙化、盐碱化等严重后果,这些危害后果也难以量化。[①] 这使得检察机关和审判机关在认定犯罪事实、确定犯罪嫌疑人和量刑时存在诸多困难。

(六) 水资源污染案件的证据规则和损害赔偿标准不明确

水污染案件的技术性、社会性和复杂性需要专业型法官进行审理,需要高超的庭审技术。因为它们往往以集团诉讼的形式出现,其中涉及的因果关系证明、举证责任分配、法律适用等问题的复杂性都超过了一般侵权案件。而在水资源污染案件中,侵权证据的收集和保全至关重要。但由于水资源污染流动性的特点,往往是上游污染下游遭殃,取证难度大。司法实践中,由于公民维权意识不强和取证手段有限,导致水资源污染案件的证据不能及时有效收集,不能及时进行相关鉴定并科学计算损失,导致人民法院在判定是否构成侵权或者确定赔偿数额方面存在较大的困难。因此,进一步明确水资源污染案件的证据规则,有利于解决水污染案件,加大水资源的保护力度。另外,污染物的排放标准只是作为环保部门进行环境管理的依据,还是可以作为确定排污人是否承担赔偿责任的标准,以及水资源污染案件赔偿范围等问题,在司法实践中争议也比较大。[②]

(七) 司法保护职能分散

水资源污染损害赔偿纠纷案件审理争议多、案件执行难度大。水资源保护

---

① 杨旭、杨琼:《检察机关保护水资源问题研究》,http://www.yxzf.gov.cn/jc/jcdy/2011/577319.shtml。

② 万鄂湘:《在水资源司法保护研讨会开幕式上的讲话》,http://news.sina.com.cn/c/2008-06-19/172514043880s.shtml。

案件专业性强，涉及刑事、民事、行政等审判庭，每个审判庭按照各自职能分工分别审理环保案件，无法形成强大的保护合力，既不利于环保案件审理水平的提高，也不利于对水资源环境的全方位和深层次保护。①

---

① 《关于加强水资源司法保护的提案》，http：//cd.qq.com/a/20090710/003095.htm。

第十章

境外水资源法治的考察借鉴

水危机已成为人类在 21 世纪面临的重大挑战之一，绝大多数国家都面临着水资源短缺和水污染的严重困扰。尽管各国水资源问题的表现形式和程度有所不同，解决水资源的途径和方法也不尽相同，但综观世界上管水、治水较为成功的国家，无不是将水资源开发、利用与保护纳入法治的轨道，从而实现水资源可持续的开发利用的。总结、学习其他国家在水资源立法、执法和司法方面的成功经验和一般做法，对于反观我国水资源立法、执法和司法方面存在的弊病，完善我国水资源法律保障机制，很有必要。

第一节 美国水资源法治的考察借鉴

一 美国水资源立法经验述评

美国水资源立法起步很早，早在 1824 年，国会就批准了第一个《河流和港口法案》。[①] 为使水资源的发展水平与国家的社会经济发展水平保持同步，美国在发展过程中不断地、及时地调整水资源发展战略。美国水资源开发已经走过了从单纯的开发利用到利用、保护和回归自然式的再发展的全过程。[②] 根据各个不同时期不同水资源发展战略和开发目标，美国陆续制定出相应的水法律法规，其水资源法律法规体系逐步形成、丰富和完善。时至今日，美国水资源管理条例和法律达 200 多项，成为世界上水资源立法最为完备的国家之一。

（一）贯彻综合管理理念，注重水资源可持续利用及回归自然式再发展

美国水资源立法贯彻综合管理理念，可以追溯到 20 世纪 20 年代。1930

---

① 田琦：《美国水法规发展阶段简述》，《海河水利》2002 年第 2 期。
② 陈楚龙：《美国水资源发展的过程与战略》，《人民珠江》2006 年第 5 期。

年之前，美国水资源开发处于单目标发展阶段，水资源建设与管理侧重于防洪、灌溉或发电等单目标用途。1928 年《防洪法》的出台，标志着水资源多目标开发和流域综合治理的开始。① 此后，流域综合治理遍及全国各大江河，其中以《田纳西河流域管理局法案》（TVA 法案）最具代表性。之后尽管水资源开发的目标有所调整，但水资源综合管理始终贯彻在立法之中，并且不断发展、完善。如《清洁水法》这一有关水资源质量的重要框架性法律，改变了美国原有的从项目到项目、污染源到污染源、污染物到污染物的管理模式，转而采用更为整体性的、基于流域的管理战略。这种管理模式强调以流域为基础保护健康的水系、恢复被破坏的水系。②

当美国水资源开发走过了单目标发展阶段、多目标开发和流域综合治理发展阶段、水质优化阶段之后，治水思想进一步发展。流域的开发超过了水资源维持其本身的数量与使用的平衡时，水资源的可持续利用问题成为关注的焦点。美国从 20 世纪 70 年代就已经注意到水资源的可持续利用问题，1983 年切萨皮克湾治理则开始了回归自然式的再发展。回归自然式的再发展，不仅是单一式的水污染控制，而是把流域作为一个自然生态系统进行考虑，在水污染防治的基础上，全面修复受破坏的生态系统，达到破坏前的环境条件，包括水的可持续利用、人水协调的防洪管理系统、水污染防治系统、适宜的生物栖息环境。③ 这一思想在《濒危物种法》中有明确的体现，该法案由美国鱼类和野生动植物服务局授权于 1986 年颁布，它要求各州为河流确定一个最低流量标准，以保护特种鱼类和整个环境。这项法律对灌溉、水电、航运以及类似的项目具有重要影响。④

（二）联邦立法和州立法并举

美国是联邦制国家，根据美国宪法，联邦和州均有水资源立法权。联邦水资源法包括联邦水资源管理权法、联邦水资源保护权法、非保护区印第安人水资源保留权法，主要适用于协调和判定区域性的水资源权属问题。州水资源法又分地表水资源利用法和地下水资源利用法，其中地面水资源法包括河岸归属条款、地面水资源优先使用条款、调整河岸所有者权力条款。地下水资源利用

---

① 陈楚龙：《美国水资源发展的过程与战略》，《人民珠江》2006 年第 5 期。
② 《欧洲和美国水资源管理的经验：从部门向综合管理模式的转变》，http：//www.chinacitywater.org/bbs/viewthread.php？tid=3042。
③ 陈楚龙：《美国水资源发展的过程与战略》，《人民珠江》2006 年第 5 期。
④ 《欧洲和美国水资源管理的经验：从部门向综合管理模式的转变》，http：//www.chinacitywater.org/bbs/viewthread.php？tid=3042。

法包括完全所有条款、合理使用条款、相关权条款、优先占用条款。水资源保护除了由美国联邦环保局制定环境保护法规和条例，并对水资源保护、污水排放、水土流失进行严格的监控之外，各州在此基础上可以制定本州的水污染控制立法和标准。但各州的立法和标准至少要达到联邦立法的水平。《联邦水污染控制法》第510条规定："各州、政府分支机构或州际机构不能采用或实施比依照本法确立的任何排放限制、排放标准、禁止性规定、污水预处理标准或执行标准更宽松的标准。"

（三）水资源立法涵盖水资源开发、利用、保护和管理的全过程

随着水资源开发利用的发展，根据不同时期不同的水资源发展战略和目标，美国陆续制定了相应的水法规，并随着时代的发展，适时修订，水资源立法逐步形成、丰富和完备，涵盖了水资源开发、利用、保护和管理的全过程。具体说来，关于水资源开发、利用的立法有1824年《河流和港口法案》、1902年《垦殖法》、1920年《联邦水能法》、1927年《河道与河口法案》、1939年《垦殖项目法案》、1940年《水资源保护和利用法案》、1968年《国家水委员会法案》、1986年《水资源开发法案》等；关于水工程建设的立法有1928年《鲍尔德河谷计划法案》、1935年《中央河谷工程计划》、1937年《水利设施法案》等；关于防洪的立法有1917年《防洪法》、1928年《防洪法》、1936年综合性的《防洪法案》、1968年《全国洪水保险法》、1973年《洪水灾害防御法案》等；关于水土保持的立法有1935年《水土保持法案》等；关于水污染防治和水质保护的立法有1948年《联邦水污染控制法》及其若干修正案、《安全饮用水法》等。自制定之日起到21世纪初，《联邦水污染控制法》先后进行过10余次修订，其中影响最大、意义最深远的当属1972年对《联邦水污染控制法》所作的修订，即《清洁水法》。

（四）灵活采取不同的流域立法模式

美国是世界上最早对流域管理进行立法的国家，其于1933年出台的《田纳西河流域管理局法案》（TVA污染）成为世界流域管理史上的经典法案。然而，美国并没有一个全国统一的流域管理法，而是根据每个流域的具体情况，灵活采取不同的立法模式。比如，田纳西河流域采取的统一立法模式，密西西比河流域则采取的分散立法模式，① 尽管这两种立法模式截然不同，但都收效

---

① 陈晓景：《流域管理法研究：生态系统管理的视角》，博士学位论文，中国海洋大学，2006年，第56、58页。

良好。

《田纳西河流域管理局法案》（TVA 法案）在田纳西流域管理中起着关键作用。TVA 法案的主要宗旨是成立一个法人机构——田纳西河流域管理局（TVA）来统筹开发管理田纳西河流域。法案授予田纳西河流域管理局全面规划、开发、利用该流域内各种资源的广泛权力，确定了田纳西河的开发和工作目标。① TVA 法案自 1933 年颁布后根据流域开发和管理的变化和需要，不断进行修改和补充，使凡涉及流域开发和管理的重大举措（如发行债券等）都能得到相应的法律支撑。②

密西西比河流域没有专门的流域管理法，主要使用全国有关流域管理的法规及流域地区的协商和合作。与密西西比河流域管理关联的法律法规相当多，内容主要包括洪水防御、灾害保险、水资源规划、环境保护、自然资源管理、湿地保护等方面。与密西西比河流域管理有关的其他国家法案有：《流域保护与洪水防御法》、《清洁水法》、《水资源规划法规》（1965 年）、《原始河流及风景河流法》、《北美湿地保护法》、《固体垃圾处理法》、《国家环境政策法》、《资源恢复法》、《濒危物种法》、《安全饮用水法》、《资源保护与修复法》、《应急计划与社区知情权法》、《岸带保护法》、《外来水生生物损害的预防及控制法》、《有害藻类爆发及氧锅底研究与控制法》等。③

（五）注重运用经济手段

在过去的几十年中，美国水资源立法中广泛使用经济手段，涉及削减非点源污染、污水处理、河口保护、节约用水、保护生态环境等众多领域，采取了水权及水权交易、财政补贴、价格和税收、私人投资等诸多手段。如 1987《清洁水法修正案》在第 319 节创设了非点源管理项目（Nonpoint Source Management Program），该项目向州、领土和印第安部落提供资助，用于支持削减非点源污染的示范工程、技术转移、教育、培训、技术援助和相关活动。项目的资助资金从 1999 年开始平均超过 20 亿美元。此外，根据 1987 年《水质法》授权还创设了州净水循环基金（Clean Water State Revolving Fund；CWSRF）。联邦政府向各州及波多黎各自治领各自的水循环资金提

---

① 陈晓景：《流域管理法研究：生态系统管理的视角》，博士学位论文，中国海洋大学，2006 年，第 57 页。

② 谈国良、万军：《美国田纳西河的流域管理》，《中国水利》2002 年第 10 期。

③ 陈晓景：《流域管理法研究：生态系统管理的视角》，博士学位论文，中国海洋大学，2006 年，第 58—59 页。

供资助，用于向地方政府的污水处理、非点源污染控制和河口保护提供财政支持。该基金向地方市政提供的贷款低于市场利率。另外，根据1996年修改的《安全饮用水法案》，创设了"州饮用水循环基金"（Drinking Water State Revolving Fund），为改善饮用水体制的基础设施建设提供资金。该项目同时强调向小型和贫困社区提供资金，也向鼓励将防治污染作为确保饮用水安全的项目提供资金。① 再比如为了推进节约用水，各级政府制定了详细的经济鼓励政策，或通过制定水价政策来促进高效率用水，或者对节水器具进行补贴，等等。

二 美国水资源执法经验述评

（一）多级多元执法机构各司其职

根据宪法，联邦政府负责制定水资源管理的总体政策和规章，由州负责实施。因此，水资源管理、执法以州为主进行。各州政府对于其辖区内的水和水权分配、水交易、水质保护等问题拥有大部分的权力，并建立了相当健全的州级水资源管理机构。② 如加利福尼亚的水管机构主要是州水资源管理委员会和州水资源局以及其地方机构。州以下往往分成了若干个水务局，对供水、排水、污水处理及回用等涉水事务统筹考虑、统一管理。③

然而，以州为主的管理体制，并不意味着联邦政府不涉及水资源管理和执法。实际上，联邦政府中不但涉及水资源管理的机构众多，而且权限相当广泛，管理执法手段也相当丰富。负责水资源管理的联邦政府机构有联邦环保局、陆军工程兵团、美国地质调查局、鱼类和野生动植物管理局、水土保持局、国家海洋与大气管理局、联邦能源监管委员会等机构。其水资源管理、执法的方式非常多样，如制定国家标准、审批联邦划拨的资金使用、对全国水资源的质量、数量及使用情况进行评估、负责水资源改善项目、发放污染排放许可证、水电项目建设许可证等。④

为了解决跨州的水资源管理问题，美国还建立了一些基于流域的水资源管理委员会，如特拉华流域委员会和切萨皮克湾委员会，这两个委员会中有来自

---

① 潘德勇：《美国水资源保护法的新发展及其启示》，《时代法学》2009年第3期。
② 《水资源管理的国际经验及其对中国的启示》，http://www.chinacitywater.org/rdzt/szygldgjjy/3929.shtml。
③ 余元玲等：《水资源保护法律制度研究》，光明日报出版社2010年版，第103页。
④ 《欧洲和美国水资源管理的经验：从部门向综合管理模式的转变》，http://www.chinacitywater.org/bbs/viewthread.php?tid=3042。

联邦的代表,可以确保委员会在包括制定政策法规在内的相关事务方面拥有充分的权力。①

(二) 管理权限下移,重视多部门合作和利益协调

20世纪70年代之前,联邦政府的水资源政策和法令强调联邦政府的主导作用,联邦政府负担水利工程的全部或主要投资,忽略了州政府和地方政府及企业商业界和公众的参与,花费巨大却效果不佳。现联邦政府将水资源管理权限移交到州政府,强调各部门之间的协作,每项水利工程都由联邦政府和州或地方政府分摊工程费用,且征求和重视地方政府和社会团体的意见,收到了很好的效果。

(三) 注重运用法律手段推动项目实施

在水资源保护领域,世界上呈现的明显趋势是立法与执法并重,而执法尤以项目的实施最为流行。在美国,无论是水量保护还是水质保护,都配以大量的实施项目。例如,就大湖区流域,美国方面10个联邦机构就开展了140多个项目,来对大湖区的环境修复和管理进行资助和实施。再如,针对地下水保护,联邦环保局与州开展了地下水补水控制项目。《安全饮用水法》还鼓励各州在水井密集或公共供水体制区域发展优质源头保护项目。美国水资源保护的项目无论从涉及范围、种类、参与部门、受众群体,还是项目的实施效果上,以及项目的开展程序、资金的分配、使用和监督等方面,都有很多成熟和值得借鉴的经验。②

(四) 依靠公众加强水资源法律实施

公众参与水资源法律实施的前提是享有知情权即拥有信息,只有了解和掌握有关水资源信息,才能真正拥有参与权、监督权。美国依靠公众加强水资源法律的实施,一方面是通过保障公众的知情权,来促进水资源法律的实施。美国在《清洁水法》中,就规定了环境信息对公众公开等内容,明确了公众的知情权,建立了环境信息对公众公开的法律制度,为公众参与环境保护奠定了基础。《清洁水法》第101条还规定:联邦环保局必须吸收公众参与"对任何禁止排污的法律的完善、修订和执行"工作。另一方面,美国通过公民诉讼促进水资源法律的实施。为了鼓励公民环境诉讼,美国在《清洁水法》中规定了公民诉讼条款及返还诉讼费等措施,起诉人胜诉后,败诉方承担起诉方花

---

① 《欧洲和美国水资源管理的经验:从部门向综合管理模式的转变》,http://www.chinacitywater.org/bbs/viewthread.php? tid=3042。

② 潘德勇:《美国水资源保护法的新发展及其启示》,《时代法学》2009年第3期。

费的全部费用，国家再对其给予奖励。①

三 美国水资源司法经验述评

（一）司法广泛地介入各类水资源纠纷的解决

在美国，司法广泛介入各类水资源纠纷解决的历史由来已久，由于美国属于判例法系的国家，水资源司法实践甚至直接影响美国水资源制度的生成和演变。如历史上对水权的判例对诉讼的影响较大，其水权制度在相当程度上是建立在一系列判例的基础上的。现今，司法更是解决各类水资源纠纷的常设途径之一，如法庭裁决成为州际水资源分配的方式之一，有关州际水资源分配的诉讼提交联邦最高法院进行裁决。美国佛罗里达州就曾因水资源分配问题，诉至联邦法院，要求佐治亚州下泄更多的水资源。除解决水量分配纠纷之外，司法也是解决水污染纠纷和保护水生态环境的重要武器。《清洁水法》第505条就规定，任何公民都有权针对违反有关污水的规定的个人或者针对环保局在不享有自由裁量权的事项上的失职行为提出诉讼。1975年全国奥杜邦协会诉洛杉矶市水利电力部的莫诺湖案则是保护水生态环境的经典案例。②

（二）违法者承担责任的方式灵活、多样

在美国的水资源司法实践中，违法者承担责任的方式相当灵活、多样。除了美国法院最经常使用的强制执行和定额罚款这两种执法方式之外，违法者还可以选择投资环境保护工程项目、投资建造温室或湿地保护、捐款等形式。如1999年联邦政府和德克萨斯州政府诉科赫工业公司案，被告科赫工业公司最后承担责任的方式就包括支付民事处罚、完善防漏项目、改善业务运营制度、出资保护湿地或野生动植物生存地等。③

四 对我国水资源法治建设的启示

（一）适时调整水资源发展战略，并通过法律保障其实施

美国自建国以来，一直在不断地调整其水资源发展战略和管理政策，使其适应水资源形势，与国家的社会经济发展水平保持同步，从早期的重开发、促

---

① 蔡守秋：《国外加强环境法实施和执法能力建设的努力》，http：//www.enlaw.org/jcll/200602/t20060202_2003.htm。

② 肖泽晟：《自然资源特别利用许可的规范与控制——来自美国莫诺湖案的几点启示》，《浙江学刊》2006年第4期。

③ 李洪奇：《美国"水污染"诉讼案件新闻二则》，http：//news.9ask.cn/falvlunwen/xflw/201002/317754.html。

进阶段,到现阶段的从流域范围着手,重视多部门协作,追求生态环境与经济发展的协调和平衡,① 美国水资源发展走过了单目标发展阶段、多目标开发和流域综合发展阶段与水质优化阶段,已处于可持续及回归自然式的再发展阶段,真正地以水资源的可持续利用支持了社会经济的可持续发展。② 而且,不管在哪个发展阶段、运用何种发展战略和管理政策,美国根据各个不同时期不同的水资源开发目标,陆续制定出相应的水法规,使得水资源立法涵盖水资源开发、利用、保护和管理的全过程,水资源法律法规体系逐步形成、丰富和完善。

当前,我国的各种水资源问题在短时期内呈爆发趋势,各种问题累积、并发,解决起来千头万绪。然而,不管是从我国当前水资源面临的严峻形势来看,还是从水资源管理的趋势和潮流来看,我国都应尽快、切实转变水资源发展战略和管理思路,将重点转到水资源的节约和保护上来。在开源和节流的关系中,首先强调的应是节流;在水资源保护方面,应十分重视减少对江河的污染和生态系统的维护。目前,我国水资源节约和保护方面的法律也供给不足,专门性的节水法律法规迟迟未能出台,特殊水体如地下水、饮用水源也没有专门的法律法规予以保护,加快这方面的立法工作,是当前水资源立法中最为紧迫的任务。

(二) 加大执法力度,强化水资源法律实施

美国之所以不断调整水资源发展战略,使其与社会经济的发展相适应,很大程度上也是由于其水资源执法手段多、力度大,即使水资源法律落到了实处,也保证了不同的阶段的发展目标均能顺利实现。如20世纪70年代,为了实现水质优化的目标,美国整合内务部、卫生部等相关部门的有关职能,成立了联邦环保局。联邦环保局对不遵守联邦环境保护法的机构和人员强行罚款,甚至判刑监禁。这个强制执行的权力给予联邦环保局保护环境实质性的权力,很快就对城市污水严重污染河流的底特律、克利夫兰和亚特兰大提出诉讼,限定三位市长在6个月内使他们的城市遵守联邦环境规则,否则将通过法院执行。结果1970年后,原来垃圾成堆、油污横流的3个城市的河流的水质得到了巨大的改善。③

加大执法力度,强化水资源法律实施,不仅对我国有极大的借鉴意义,

---

① 贺缠生、傅伯杰:《美国水资源政策演变及启示》,《资源科学》1998年第1期。
② 陈楚龙:《美国水资源发展的过程与战略》,《人民珠江》2006年第5期。
③ 同上。

还是目前解决我国水资源问题的重要途径。长期以来，尽管我国水资源法律在不断发展完善之中，然而水资源执法有法不依、执法不严、违法不究的现象一直很普遍，严重影响了水资源法律的实施和落实。强化水资源实施，需要从执法体制、执法机制、执法队伍建设、执法监督机制等多个方面入手。

（三）完善公众参与机制，将其运用到水资源立法、执法和司法中

健全的公众参与机制是美国水资源管理的一大特色，公众参与水资源开发、利用、保护与管理的范围广泛，形式多样，政府用一系列可行的方法鼓励和支持公众参与，保证公众对政府实施的项目和行动计划有充分的知情权，并有相关的程序设计，使得公众可以运用多种途径充分地发表意见。另外，还通过立法、项目或资助计划，提高公众参与水资源管理的意识，这就使得公众在水资源开发、利用、保护与管理等诸多事务中发挥了重要的监督作用，甚至直接推动了法律的制定及其修订。因此，在美国，无论是水资源立法、执法，还是水资源司法，公众参与都发挥了举足轻重的作用，有力地促进了水资源法治的实施和发展。

实际上，水资源的公共资源性也决定了公众参与并不仅仅是水资源管理的有益补充，而是水资源管理的必要手段。对我国而言，在水资源立法、执法和司法领域，公众参与均有极大的发展空间。在水资源立法中，应尽快将公众参水资源管理的范围、途径、形式和程序等明确规定下来，完善重大水资源管理决策听证制度等；在水资源执法中，应充分发挥公众的执法监督作用；在水资源司法中，应尽快推行水污染公益诉讼，加大水资源司法保护力度。

第二节　日本水资源法治的考察借鉴

一　日本水资源立法经验述评

日本水资源立法起步较早，早在1896年，明治政府就模仿欧、美等先进国家的法律制度，颁布实施了《河川法》。从此，日本开始了依法开发利用江河水资源的历史。第二次世界大战结束之后，为解决战后重建、人口激增、快速城市化和工业化等导致的一系列水资源问题，日本的水资源立法进入快速发展期。经过近半个世纪的发展，日本的水资源立法体系已经完备，除了环境保护与公害对策、综合开发和区域整备、公物管理与财产管理、市区开发事业等法律法规中涉及水资源管理的规定之外，与水资源管理直接相关的法律法规涉

及水利事业、海岸、运河、灾害、防汛、治山治水紧急措施、防砂、砾石、水坝、水资源开发、水质等各个方面。

(一) 水资源管理法律框架完整、明晰

日本水资源管理的法律框架可以分为五个领域。其一是水资源开发的总体规划。在这方面，日本制定了《国土开发综合法》，并据此制定了《国家水资源综合规划》（即《水规划》）。日本还制定了《水资源开发促进法》，其中规定要根据《水规划》制定《水资源开发基本计划》。《日本水资源局法》则要求日本水资源局负责该计划的实施。其二是与水资源相关设施的开发建设，包括政府补贴的建设项目。《河川法》、《供水法》、《污水法》和《土地改良法》等一系列相关法律界定了由中央政府财政支持的范围和比例。其三是水权和水交易。针对水权和水交易，日本在有关法律中做了规定。这些法律对地表水和地下水规定了不同的管理方法。对于地表水，《河川法》做了规定。对于地下水的使用，目前还缺乏综合的法律进行规范，使用者可以在私有的土地上打井免费抽取地下水。不过，《工业用水法》和《建筑物内地下水利用法》规定，在土地严重下陷或地下水稀缺的地区，使用者必须得到当地政府的批准才能抽取或开采地下水。其四是水务企业的运营和管理，包括私营部门通过签订合同参与运营和管理的企业。水务企业可以按照其主要服务宗旨进行分类，包括生活用水供给、污水处理、农业用水供给和工业用水供给等不同类型的企业。对于这些不同类型的水务企业，日本制定了相应的行业性法律来规范其运营和管理。其五是水环境保护。为保护水环境质量，日本的《环境基本法》规定了污染控制和自然保护的基本原则。《水污染防治法》则提出了更为详细的指导原则。①

(二) 综合立法与专项立法相结合

日本水资源法律体系主要包括《水资源开发促进法》、《水资源开发公团法》、《水源地域对策特别措施法》、《河川法》、《特定多目的大坝法》、《电源开发促进法》、《工业用水法》、《水道法》、《工业用水道事业法》、《工厂排水规制法》、《水质保全法》、《水质污浊防止法》、《湖泊水质保全特别措施法》等项法律。对于哪部法律居于日本水资源管理法律体系的龙头或基本地位，学者们看法不一，有的学者认为以《水资源开发促进法》为龙头，② 有的学者则

---

① 参见《日本的水资源管理的经验：体制和政策》，http://news.h2o-china.com/information/world/797491240795120_1.shtml。

② 林家彬：《日本水资源管理体系及考察及借鉴》，《水资源保护》2002年第4期。

认为最基本的应是《河川法》,[①] 这也恰恰反映了综合立法与专项立法相结合、互相配合,共同组成水资源法律体系。《河川法》公布于1964年,是关于河流管理的重要法律,对河流管理的原则、中央与地方政府在河流管理上的分工、河流利用的规制、河川审议会制度等做了详细的规定。《水资源开发促进法》公布于1961年,以促进河流水系的水资源综合开发利用的合理化为目的,对水资源开发水系的指定、水资源开发基本规划的制定、水资源开发审议会制度、与国土综合开发计划的协调等内容做了规定。《水资源开发公团法》同样公布于1961年,它专为设立以实施水资源开发项目为目的的水资源开发公团而制定,对水资源开发公团的地位、项目实施的方针和规划、具体运作方式、监管机制等做了比较详细的规定。《水源地域对策特别措施法》公布于1973年,其目的是为水库周边地区居民进行利益补偿提供法律依据。其他法律从其名称就可以清楚地看出,分别涉及多用途大坝的建设和管理、水力发电、工业和生活用水、水质保护等方面的内容。[②]

(三) 注重对水资源进行长远的统一规划[③]

日本的水资源规划分为全国规划和水系规划两个层次。水系规划是根据《水资源开发促进法》的规定,以"水资源开发水系"为对象,从1962年开始制定的。根据该法的规定,凡是在产业发展和城市人口增加迅速、需要制定紧急用水对策的区域,作为该区域主要供水水源的河流水系将被指定为"水资源开发水系",并对该水系制定水资源开发基本规划。自《水资源开发促进法》颁布实施以来,先后有7条河流的水系受到指定,并制订了各个水系的"水资源开发基本规划"。规划的基本内容包括:各部门用水量的预测及供给目标;为了达到供给目标所需要兴建的设施的基本情况;其他有关水资源综合开发利用合理化的重要事项。

全国规划迄今为止共制定了3次,每一次都是在新一轮的全国综合开发计划公布后的第二年,以全国综合开发计划为基础制定的。最近的水资源全国规划制定于1999年,名为"新全国综合水资源规划(21世纪水资源规划)"。以最新的全国规划为例,它包括以下内容:日本水资源的现状与问题;上一轮全国规划的基本目标及实现情况;对未来社会的展望及与水资源相关的主要问

---

① 万劲波、周艳芳:《中日水资源管理的法律比较研究》,《长江流域资源与环境》2002年第1期。

② 林家彬:《日本水资源管理体系及考察及借鉴》,《水资源保护》2002年第4期。

③ 同上。

题；构筑水资源可持续利用社会的基本目标；实现目标的对策措施；规划实施方面需要注意的问题。

对于都道府县一级的地方政府是否制定本地区的水资源规划，日本没有统一的规定和要求，由各地方政府根据需要自行制定。目前，在全部47个都道府县中，有20个县拥有自己的水资源规划，另有一些地方是将有关的内容反映在当地的综合规划中。

（四）设立专门的水资源开发机构

为使水资源开发活动有序、有力，日本设立了专门的水资源开发机构。1961年颁布实施的《水资源开发公团法》，专为设立以实施水资源开发项目为目的的水资源开发公团而制定，对水资源开发公团的地位、项目实施的方针和规划、具体运作方式、监管机制等做了比较详细的规定。根据《水资源开发公团法》，1962年成立了水资源开发公团，其宗旨是根据水资源开发总体规划进行水资源的开发利用，其基本任务是根据国家的各项长期规划和地方政府的远景规划，对7大水系一进行开发、治理，调整各方面的关系，筹集资金，统筹全国的水资源开发事业，进行一系列的工程建设。水资源开发公团的工作涉及上水道用水、工业用水、农业用水及防洪、保持和增大河川流量的正常功能。因此，除了由内阁总理达成监督公团外，其他相关部门分别管理有关业务。公团修建的工程投资中有关防洪、保持和增大河川流量正常功能的费用由国家拨款，有关税费由政府补贴、受益者分摊等。[①]

（五）建立水源区利益补偿机制

1972年制定的《琵琶湖综合开发特别措施法》在建立对水源区的综合利益补偿机制方面首开先河。以该法为基础，琵琶湖综合开发规划中包括了对水源区的一系列综合开发和整治项目，国家提高了对这些项目的经费负担比例，同时下游受益地区也负担水源区的部分项目经费。1973年制定的《水源地区对策特别措施法》把这种做法作为普遍制度固定下来。除了水库建设主体以支付搬迁费等形式对居民的直接经济补偿之外，根据《水源地区对策特别措施法》的规定，当建设水库或湖泊水位调节设施时，均需由所在地的都道府县政府制定综合的水源区综合发展规划，对于根据规划实施的项目（包括土地改良、治山治水、上下水道、道路、义务教育设施等公共工程），国家依法提高经费负担的比重，各级政府和水库建设主体对因水库工程而失去原有生活基础的居民负有妥善安置的义务。此外，"水源地区对策基金"是与《水源地

[①] 张正权：《日本水资源开发利用与保护简介》，《上海水利》1998年第4期。

区对策特别措施法》基本上同时形成的另一种利益补偿机制,其基本定位是作为《水源地区对策特别措施法》的补充。基金的构成主体是流域上下游各有关地方政府,以财团法人的形式进行管理。①

二 日本水资源执法经验述评

日本在加强水资源立法的同时,十分重视水资源执法工作。在日本,不仅有强有力的执法机构、行之有效的执法手段,还创造了一些富有特色的执法措施。

(一) 中央政府和地方政府分工明确、相关部门协同配合

日本的中央政府和地方政府对水资源管理有比较明确的职责分工。中央政府主要负责制定和实施全国性的水资源政策、制定水资源开发和环境保护的总体规划;地方政府则在中央政府的框架下,负责供水系统、水处理设施、水务机构的运营、维护和管理。此外,还对公共用水的水质开展监控,对私营机构进行监督,以保证其废水排放达标。

日本中央政府中有5个涉及水资源管理的部门,分别是国土交通省、环境省、厚生劳动省、经济产业省、农林水产省。具体说来,国土交通省主要负责总体规划和水资源开发,环境省主要负责与水有关的环境管理,厚生劳动省主要负责与生活用水供给有关的事务,经济产业省主要负责与工业用水供给有关的事务,农林水产省主要负责与农业用水供给有关的事务。这5个部门既有分工又有合作,一方面,它们通过省际联席会之类的形式开展合作,以制定与水资源相关的综合性政策;另一方面,它们又分别承担着各自领域相关的不同职能。②

(二) 地方政府执法动力强劲,采取经济技术援助措施促进守法

在日本,由于地方政府直接面对公害问题及当地居民的抗议浪潮,地方政府通过所掌握的人事、预算上的权限,在不违反国家法律的前提下制定地方法规、公害防止协定与行政指导纲要,优先调动有限的资金与人力资源,对污染发生源实施控制。在执行国家法律时,地方政府为了使国家法律适合本地的实际情况,往往通过制定地方法规的形式设定更加严格的标准并适用于更加广泛的领域,以此方式抑制环境污染的发展势头。地方政府基于国家法律及地方法

---

① 林家彬:《日本水资源管理体系及考察及借鉴》,《水资源保护》2002年第4期。
② 《日本的水资源管理的经验:体制和政策》,http://news.h2o-china.com/information/world/797491240795120_1.shtml。

规构建了严厉的环境规制体系,并调动人力、财力等资源确保严格实施,使环境执法得到切实保障。这给污染企业造成强大的外部压力,使其违法成本远高于投入治理污染的成本,提升了企业削减污染的积极性。[①]

地方政府在强化执法的同时,在资金、技术层面给予企业尤其是中小企业以大力支持,提供各种减轻企业环境治理费用的举措。例如,20世纪70年代,针对企业污染,大阪市制定、实施了以总量控制为主的严厉的公害对策。大阪市也把污染源密集、排放量大的地域划定为"特别污染治理地域",进行健康损害的实态调查,运用大气扩散模拟方法明确防止造成健康损害的容许排放总量,设定各污染源的排放削减量,等等。在强化执法的同时,大阪还推进污染防治技术的实用化与普及,创设针对中小企业的技术指导以及"大阪公害防止设备融资制度"等,以此来降低企业为了遵守严厉环境法规制所承担的费用。另外,在增加治理污染方面所需人员和预算上,优先予以分配,通过与企业的技术人员开展污染实例研究和技术交流对其进行行政指导。

(三) 重视环境规划或计划的作用

日本的环境规划或计划不是一种政策宣言,而是一种类似城市规划的法律文件,由有效的法律途径保障其实施。在水资源领域,计划实施最为成功的当属《琵琶湖综合保护整备计划》。该计划的总体思路是在全流域成员共同理解、配合和参与的基础上,从各自不同的角度出发考虑湖泊保护治理对策,使相互独立或对立的流域群体(居民、企业、行政单位、群众团体)变成协调一致的流域治理主体,从片面的开发管理转变为综合性的保护管理,从以政府为主的行政管理走向有广大群众参与的全面管理。[②]"计划"从政府主导、公众参与的角度制订了行动计划,所有琵琶湖流域的企业、行政机关、研究和教育部门、公众都具体参与了琵琶湖的综合保护。此外,"计划"设立了明确的时间、目标、行动计划以及资金安排,不仅有利于公众对计划的理解,还能促使各利益相关者很好地实施计划,为计划的监督检查提供了依据。同时,规划的长期性也为规划提供了稳定的实施环境。[③]

(四) 善于运用行政指导等柔性执法手段

日本有很多柔性的环境执法手段,在水资源执法中也有运用。如通过

[①] 曲阳:《中日环境执法对策的研究与探讨》,http://www.civillaw.com.cn/Article/default.asp?id=49987。

[②] 汪易森:《日本琵琶湖保护治理的基本思路评析》,《水利水电科技进展》2004年第6期。

[③] 宋国君、徐莎、李佩洁:《日本对琵琶湖的全面综合保护》,《环境保护》2007年第14期。

"行政引导"的方式劝导违法者依法办事,行政机关常常向公众和企业散发书面传单形式的"行政指南"。行政指导也很常用,既包括先于控制措施的发动而实施的替代性行政指导,也包括为进一步补充依靠法律和条例控制的不足,更有实效地发挥公害控制的作用,实施法律上所未预想的、要求严格对策的行政指导。① 此外,广泛使用的公害防止协定,最早也是适用在水资源执法领域的,即1952年岛根县与山阳纸浆公司以及大和纺织公司所签订的公害防止备忘录,规定了废水处理设施的完善与损害发生的补偿方法。这种协定既可以是依赖法院执行的民事合同,也可以是一种君子协议,这种协议配合公众压力对阻止工厂排污在实践中发挥了令人信服的作用。②

三 日本水资源司法经验述评

（一）水资源司法实践既促进诉讼制度的创新,又推动了实体法的发展

日本的环境司法实践通常可以分为公害审判和环境保护诉讼两种。公害审判主要针对各种公害尤其是环境污染所导致的公民个人人身健康受害而提起的诉讼；环境保护诉讼主要是针对各种环境要素的保护尤其是环境污染和破坏所导致的公共利益受害而提起的诉讼。③ 不管是在公害审判还是环境保护诉讼中,水资源司法实践均占据了相当重要的位置。这在早期的公害审判中体现得尤为明显。在日本著名的四大公害诉讼中,熊本水俣病诉讼、新潟水俣病诉讼、富士山骨痛病诉讼均是由水污染引发的。而在当时的法律体系之下,受害者证明被告企业的过错和因果关系相当困难。在律师团体和学者、医生等社会各界推动下,法院大胆地根据公平正义的原则,创设了疫病学说、间接反正法等理论,并以此为依据,认定加害企业有积极的过失责任,并判令企业进行损害赔偿。在这一阶段所有诉讼中,还确立了对受害者的"永久性救济措施"。其审判成果对各方面带来了极大的冲击与影响,环境诉讼的基本制度是在这个时候确立的。④

水资源司法实践还促进了实体法的发展。如1972年,《水质污染防治法》做了部分修改,重新设立了公害的无过失责任制度；1973年,《公害健康受害

---

① [日]原田尚彦：《环境法》,丁敏译,法律出版社1999年版,第123—124页。
② 蔡守秋：《国外加强环境法实施和执法能力建设的努力》,http：//www.enlaw.org/jcll/200602/t20060202_2003.htm。
③ 梅冷、付黎旭：《日本环境法的新发展——〈环境法的新展开〉译评》,载韩德培主编《环境资源法论丛》第2卷,法律出版社2002年版,第232页。
④ 路保钧：《日本环境诉讼制度研究》,硕士学位论文,河北大学,2009年,第4页。

补偿法》制定出台，同年，《公有水面填海造地法》、《工厂选址法》、《港湾法》等也做了部分修改；2008年，为了援助水俣病患者，新潟县还专门制定了《新潟水俣病地域福利推进条例》，已于2009年4月颁布实施。①

(二) 启用多种形式的诉讼救助和援助

日本水资源司法实践中的诉讼救助和援助也很突出，这突出地体现在诉讼活动经费保障和人员支持两方面。对于律师费用，原告辩护团在胜诉阶段方收取律师报酬，在提起诉讼时，受害人免于承担律师费用；对于向法院提起诉讼需要支付有关诉讼费的印花税的，则尽量争取诉讼救助，在判决确定之前，暂缓支付部分或者全部诉讼费用，在新潟水俣病诉讼中，部分受害人就得到了此种诉讼救助；对于诉讼维持费用，则通过捐款等形式解决。② 同样，人员支持方式也很多样。在熊本水俣病诉讼中，不仅组成了"水俣病诉讼辩护团"，有关人员还成立了"水俣病法律问题研究会"；在新潟水俣病诉讼中，辩护团为加强诉讼活动，将数名相关领域的技术专家列为辅佐人，与诉讼代表人共同出庭，依据科学、技术的专门知识对诉讼代理人给予援助。③

(三) 推动环境侵权损害赔偿方式的创新

根据日本《民法》第722条第1款的规定，对于因侵权行为而引起的损害赔偿，在当事人之间没有特别约定的情况下，通常是采取金钱赔偿的方法来进行。日本的判例和通说均忠实地贯彻了这一原则，除法律上有特别规定以外，一般不承认非金钱性的救济措施如请求停止侵害等。但是在因公害引起的环境侵权损害赔偿诉讼中，存在难以用金钱恢复的损害。正是通过水资源司法实践，日本的学说及判例开始逐渐肯定了金钱赔偿以外的救济方法。在新潟水俣病诉讼中，原告首次提出了新的损害赔偿请求方式即"一律请求"方式。即在救济公害造成的损失时应通过采取将赔偿额定型化，并通过一律请求的方式来实现。在熊本水俣病诉讼中，原告采取了"包括请求"方式，即将包括受害人所遭受的社会、经济与精神等全部损害作为一个有机统一的整体，从而对该全体损害提出了损害赔偿请求。④

---

① 日本律师协会主编：《日本环境诉讼典型案例与评析》，皇甫景山译，中国政法大学出版社2011年版，第90页。

② 同上书，第9—10、86页。

③ 同上书，第86页。

④ 邓挺：《日本环境侵权损害赔偿制度研究——简论对中国的启示》，http://www.chinaqking.com/%D4%AD%B4%B4%D7%F7%C6%B7/2009/66085.html。

四 对我国水资源法治建设的启示

(一) 多个水资源管理部门必须协调配合

日本和我国一样，水资源管理工作涉及多个行政部门，可以说都是"多龙治水"。尽管日本的多个水资源管理部门之间也存在各自为政、彼此缺乏沟通和协调的弊端，但总的说来，这些水资源管理部门之间的配合协同较好，既分别承担各自领域相关不同的职能，又开展合作，制定与水资源相关的综合性政策。

相比较之下，我国尽管实行了"对水资源实行流域管理与行政区域管理相结合"的管理体制，但对于两者结合点的确定、事权如何划分并不明确。而且，长期以来，我国实行的是分级分部门的水资源管理体制，形成了部门分割、地区分割的局面，使水资源的完整性被人为地破坏，其结果是难以制定统一、规范、配套的管理法规和政策，不利于水资源的合理配置。同时，由于多部门管理，职能交叉、政出多门、推诿扯皮、行政效率低下。目前，我国一些地方开始实行和推进水资源统一管理模式，对涉水事务进行统一管理的模式既提高了行政效率，也提高了水资源的利用效率。但是，在国家层次上难以实现如地方上那样的涉水事务在机构上的一元化。[①] 多个部门涉及水资源管理事务的局面会长期存在，因此，多个资源管理部门必须协调配合，通过立法进一步明确各部门之间的职能分工，建立各部门的沟通和协调机制，将是我们必须面对和完成的工作。

(二) 必须加强水资源规划的实施与管理

日本不仅建立了完备的水资源规划体系，还非常注重水资源规划的实施与管理，使得水资源规划的作用得以切实发挥。如琵琶湖的综合治理计划，在总体计划批准的基础上还要制订年度实施计划。计划的实施是通过国家或地方机构、水资源开发机构和相关单位来进行的。政府负责监督、检查，同时根据中央和地方分担的原则各自提供财力支持。由于政府方面参加的机构较多，为了更好地协调各方关系，特地设立了县、市、町、村联络会议制度和由中央政府与地方共同组成的行政协议会，这种会议不但交流情况而且负有协调各方活动的责任。[②]

我国也设立了水资源规划制度，并在《水法》中设立了"水资源规划"

[①] 林家彬：《日本水资源管理体系及考察及借鉴》，《水资源保护》2002年第4期。

[②] 汪易森：《日本琵琶湖保护治理的基本思路评析》，《水利水电科技进展》2004年第6期。

专章,对水资源规划体系作出了明确的规定,并对不同规划的编制和审批程序、规划的法律地位等进行了规定。水资源规划是体现国家在一定时期内对开发利用水资源和防治水害总体要求的指导性文件,要使规划真正起到应有的指导作用,还必须加强规划的管理及规划实施的监督工作。尽管《水法》规定了"规划一经批准,必须严格执行",但缺乏实施规划的具体程序、步骤,对不执行规划的责任规定也不明确。在规划的实施过程中,受管理体制、机制、能力等诸多因素影响,重建轻管问题在规划实施工作中还十分突出,规划实施的长效机制尚未建立,项目运行机制也不甚通畅,规划的实施效果很大程度上取决于组织领导工作的落实程度,水资源规划的实施效果欠佳。加强水资源规划的实施与管理,提高规划的实施效益和水平,应成为完善我国水资源规划制度的重点。

(三)在水资源司法中贯彻"全面救济受害人"和"恢复原状"理念

日本的水资源司法、特别是水污染公害诉讼中,"全面救济受害人"和"恢复原状"理念得到了具体实施。在完全救济受害人的理念下,受害人在今后的生活中因健康损害而必须支付的费用、受害人在伤残后使其尽可能过正常人生活的训练费与照料费等一些历来被忽视的费用也成了损害赔偿的范围。此外,在司法实务中判令加害人承担恢复被污染和破坏的环境,使因污染或破坏而成为一片废墟的地域恢复活力的损害赔偿责任,则是恢复原状理念的体现。①

"全面救济受害人"和"恢复原状"理念对于完善我国水资源司法保护而言,具有重要的借鉴意义。目前在我国水资源司法实践中,对受害人所受到的直接损害的认定偏于保守,对于间接损害,目前虽然法理上支持间接损害,但在实际案件审理过程中,因为评估认定难、额度大等原因,其评估与计量方法均没有相关规范,法律上也没有明确规定。至于精神损害,由于我国精神损害赔偿的范围过于狭窄,限制条件过于严厉,因污染受到的精神折磨和痛苦难以得到赔偿。至于生态环境受到的损害,由于法律对生态损害的救济方式和救济范围规定不明确、生态损害缺乏科学的计算标准、缺乏科学的鉴定方法等原因,使得污染者对生态环境损害不管、不赔。因此,在水资源司法中应贯彻"全面救济受害人"和"恢复原状"理念,并加紧污染损害赔偿立法,以适应经济和社会可持续发展的需要。

---

① 邓挺:《日本环境侵权损害赔偿制度研究——简论对中国的启示》,http://www.chinaqking.com/%D4%AD%B4%B4%D7%F7%C6%B7/2009/66085.html。

第三节　澳大利亚水资源法治的考察借鉴

一　澳大利亚水资源立法经验述评

澳大利亚水资源法的发展历史，大体上可以划分为普通法阶段和成文法阶段。最初澳大利亚水资源法律承接于英国普通法。随着社会经济的发展，工业城镇所处地域内的水资源量越来越不能满足日益增长的用水需求，需要进行跨区域调水。另外，环境保护特别是维持良性的水循环以及生态系统，需要维持地表和地下水最低水平的水量和水质。这就使得英国普通法上的河岸权原则以及土地所有权人对地下水拥有所有权的缺陷明显地表现出来，从而需要政府对水资源利用进行干预，于是出现了调整水资源的成文法。不过，政府的干预程度是逐渐从少到多、由浅及深的。各州成文法阶段开始的时间也有先有后，并不一致。总的看来，通过开始于1994年的全国范围的水事法律与政策改革，目前，普通法中关于抽取自然产生的水的权利已经基本上被废除了。[①]

（一）协商、协调和合作程序机制引领水资源立法

澳大利亚是联邦制国家，联邦政府和州级层次的政府之间有着不同的管辖范围，但是，不同管辖范围的政府之间存在一系列的协商、协调和合作程序机制。这些程序的核心是澳大利亚政府间理事会。澳大利亚政府间理事会就同时影响联邦和州管辖范围内的事项或者全国性政策的事项进行协商、讨论，作出决定；决定的形式有协定、决议和公告等，而且主要是框架性的、建议性的，不具有直接的法律拘束力。不过，澳大利亚政府间理事会作出的决定，基本上都通过联邦、州层次上制定法律、法规和规划等得到了实施。[②]

这种协商、协调和合作程序机制在水资源立法中的作用特别明显，既开启了澳大利亚全国范围内的水资源法律和政策改革，形成了以政策为主的全国性水资源法律与政策，也引发了新一轮的水资源立法高潮。1994年，澳大利亚政府间理事会批准了1994年《水事改革框架》，这是一项重大的全国性水资源政策，建议实施综合性的水资源配置制度。随后，各州或者地区通过相关政策、立法和执行措施实施这一改革框架。比如，为实施1994年《水事改革框

[①] 胡德胜、陈冬编译：《澳大利亚水资源法律与政策》，郑州大学出版社2008年版，第17—19页。

[②] 同上书，第6页。

架》，南澳大利亚州通过了 1997 年《水资源法》，此后又进行了多次修改，昆士兰州则制定了 2000 年《水法》。2004 年，在澳大利亚政府间理事会会议上，澳大利亚联邦与新南威尔士、维多利亚、昆士兰、南澳大利亚、澳大利亚首都地区和北部地区政府之间签订了《关于国家水资源行动计划的政府间协议》，以在澳大利亚形成全国统一的，以市场监督和规划为基础的地表和地下水资源管理制度，使经济、社会和环境效益最优化。为了实施 2004 年《关于国家水资源行动计划的政府间协议》，南澳大利亚州又通过了 2004 年《自然资源管理法》，昆士兰州则多次修改 2000 年《水法》及其配套法律以及流域或者区域水资源规划，并且制定了维持和恢复河流健康生态系统的 2005 年《自然河流法》。

通过协商、协调和合作而制定的澳大利亚水资源立法还有很多，如 1946 年《新南威尔士州和昆士兰州边界河流协议》、1992 年《墨累—达令流域协议》、2000 年《艾尔湖流域政府间协议》等。

(二) 以联邦立法为统领、以州（地区）立法为主体的水资源法律体系

在澳大利亚联邦体制下，原则上，水资源及相关事项属于各州或者地区的管辖事项。因此，澳大利亚早期的水资源立法以州和地区立法为主，各州和地区根据自己的特点制定了规范水资源开发、利用、保护和管理等行为的水法。如维多利亚州在 1881 年制定了《维多利亚水土保持法》，以发展灌溉、保持水土和建立有关管理机构为主要内容；为促进水资源国有化，1886 年制定了《维多利亚综合灌溉法》；1905 年制定《维多利亚水法》，并据此设立了流域综合管理的机构河流和供水委员会。南澳大利亚州 1976 年颁布了新的《水法》，对于水资源进行全面管理，包括地表水和地下水水量和水质的所有方面。[①]

但是，环境保护的日益重要性，水资源的基础关键性，国际义务的承担，社会和经济发展以及市场的迫切需要，要求存在原则上统一的全国性水资源法律和政策。澳大利亚通过不同管辖的政府之间的一系列非法定的协商、协调和合作程序机制，形成了以政策为主的全国性水资源法律与政策。[②] 其中，最为主要的法律与政策是 1994 年《水事改革框架》、1996 年《关于生态系统用水供应的国家原则》、2004 年《关于国家水资源行动计划的政府间协议》、2004

[①] 宋蕾：《世界主要国家流域水资源综合管理法律制度探析》，http://www.lwlm.com/faxuelilun-lunwen/201003/354473.htm。

[②] 胡德胜、陈冬编译：《澳大利亚水资源法律与政策》，郑州大学出版社 2008 年版，第 19 页。

年《国家水事委员会法》、2007年《水资源安全国家规划》以及2007年《水法》。

为了执行和实施1994年《水事改革框架》和2004年《关于国家水资源行动计划的政府间协议》等全国性水事政策、有关协议,各州和地区又根据各自的具体情况,分别制定、修改了一系列的水资源法律、规划、政策等。如维多利亚州对1989年《水法》进行了多次修改,发布关于水资源的政策白皮书《共同确保我们的水资源未来——我们的水资源,我们的未来》,阐述该州水事改革计划、目标和措施。[①]加之各州和地区根据自身的水资源状况制定的涉及水资源管理的法律、规划、政策等,无论是从法律的数量来看,还是从涉及水资源管理领域来看,州和地区的水资源立法在澳大利亚水资源法律中居于主体地位。

(三) 全新的"墨累—达令"流域管理模式

澳大利亚流域管理以墨累—达令河流域管理为特色。墨累—达令流域并不是世界上的重要流域,但却因其缔结的《墨累—达令流域协定》及所发展的流域管理模式在世界流域管理领域中享有盛誉。《墨累—达令流域协定》遵循了新的立法理念,即流域是一个不可分割的整体,流域内的任何行为活动都应当对下游的其他社区负责,对流域内任何特殊资源的管理,都不能与其他部分相分离,其宗旨是"促进和协调行之有效的计划和管理活动,以实现对墨累—达令流域的水、土地以及环境资源的公平、富有效率并且可持续发展的利用"。墨累—达令河流域委员会的决策不是以各个州的需求为基础,而是以整个流域的总体利益为基础。在流域内的联邦、州和社区共同享有技术和资源,全流域采取一种整体的流域规划和管理方法。[②]

《墨累—达令流域协定》的一个重要成果是建构和完善了部长理事会、流域委员会和社区咨询委员会三个机构,这三个机构是州政府以及联邦、公众等多种利益主体参与并展开平等协商的场所。《墨累—达令流域协定》所创设的社区咨询委员会,是墨累—达令流域管理的一个亮点和特色。社区咨询委员会通常有21名成员,来自4个州、12个地方流域机构和4个特殊利益群体。作为部长理事会的咨询协调机构,社区咨询委员会通过自己的工作将部长理事会

[①] 胡德胜、陈冬编译:《澳大利亚水资源法律与政策》,郑州大学出版社2008年版,第59—61页。

[②] 陈丽晖、何大明、丁丽勋:《整体流域开发和管理模式——以墨累—达令河为例》,《云南地理环境研究》2000年第2期。

与墨累—达令流域的居民直接联系起来,以期获得来自基层的支持,也从基层加强对流域的管理。①

除了创设和完善流域协商管理的组织框架之外,新协议特别引人注目地提出了"墨累—达令流域行动"(Murray-Daring Basin Initiative)这一概念,概念包含着迫切希望流域政府间加强协作进而真正实现流域统一管理的两大主题:其一,依据协议,统筹缔约各州之间水资源的共享与分配;其二,制定方案与政策,推进流域水资源管理一体化的进程。②

(四) 注重生态环境用水的立法保护

可持续的水资源管理要求确保水资源的良性循环、可再生性以及持续存在。水文科学和生态科学要求将水系统作为一个生态系统来进行管理。为此,1996年澳大利亚通过了《关于生态系统用水供应的国家原则》。该原则在于提供一种全国性的政策指导,即在水资源总体配置决策的层面上,如何处理好生态环境用水问题。③ 该原则迅速在立法中得到了落实和响应。如在南澳大利亚2004年《自然资源管理法》中,生态环境用水权被认为是"依水生态系统享有的一种合法的取水权",而且生态环境用水是水资源管理的重要组成部分。在2004年《自然资源管理法》建立的法律框架内,生态环境用水权获得了法律上的承认,该法律还规定了通过不同的管理计划实现环境用水权的方法,负责实施该法的个人、机构和社会公众,享有权利并负有义务来实现环境用水权。④

(五) 以水权制度为核心的水资源管理制度体系

澳大利亚确立了一系列水资源管理制度,形成了一套行之有效的管理制度体系,如水资源规划制度、水资源登记制度、水资源评价制度、水资源分配环境评估制度、许可证制度⑤、水权制度等。

水权制度是澳大利亚水资源管理的重要内容,也是澳大利亚水资源管理制

---

① 陈晓景:《流域管理法研究:生态系统管理的视角》,博士学位论文,中国海洋大学,2006年,第61页。

② 王勇:《澳大利亚流域治理的政府间横向协调机制探析——以墨累—达令流域为例》,《科协·经济·社会》2010年第1期。

③ 胡德胜、陈冬编译:《澳大利亚水资源法律与政策》,郑州大学出版社2008年版,第20—21页。

④ 同上书,第41—42页。

⑤ 许可证制度在澳大利亚水管理中运用得非常广泛,在不同的州或地区,其称谓和具体内容也有所不同,如取水许可证、水许可证、取水和用水许可证、岸内用水许可证等。

度体系的关键制度。实际上,澳大利亚水资源法律脱离英国普通法、走向成文法,正是从建立新型的水权制度开始的,而20世纪90年代开始的水资源法律和政策改革,也是以水权制度改革为核心的。1994年《水事改革框架》的中心内容之一即是实施综合性的水资源配置或者水权制度,取水权和规划框架、水市场和水交易也是2004年《关于国家水资源行动计划的政府间协议》的重要内容。澳大利亚通过制定职责明确的水管理改革政策框架,明确了取水权,合理确定了水价,并扩大了水市场。之后各州和地区通过制定、修改法律,对水权制度中涉及的水权的内涵、水权的初始分配、水权交易的原则、范围和程序等都做了明确规定。澳大利亚通过完善水权制度、规范水权转让、培育水交易市场,达到了优化配置水资源、提高水资源利用效率的目的,促进了资源、环境、社会的协调发展。

澳大利亚不仅水权制度完备,还对某些特殊的水权,法律更是赋予了可强制执行性,即水权免遭未经权利人同意的剥夺或者侵害。在昆士兰州,禽畜和生活性法定权利在法律上是可以强制执行的;在维多利亚州,根据1989年《水法》的规定,家庭和生活用水是法定权利,是法律上可以强制执行的。[①]

二 澳大利亚水资源执法经验述评

(一) 确立了以州(地区)为主体的水资源执法体制

澳大利亚水资源管理机构分联邦、州和地方政府三级。联邦政府成立了由联邦政府总理任主任的水资源管理委员会(COAG),水资源管理的日常工作由农业渔业林业部和环境部承担。联邦政府水资源管理委员会负责全国范围内的水资源研究和规划,对水资源开发利用进行协调,并提供政策指导,确保环境用水安全。[②] 由于原则上水资源及相关事项属于各州或者地区的管辖事项,加之联邦制定的水资源法律并不多,因此,联邦水资源管理机构的执法职能并不多,主要负责规划、协调和政策指导等。

在澳大利亚许多州和地区的体系下,政府是资源的管家,州和地区政府不仅制定了大量水资源法律,也是水资源执法的中坚力量。各州和地区所设管水机构名称有所区别,如在新南威尔士州,设自然资源部,而昆士兰州设水利部,首都地区的水资源行政主管部门则是环境保护行政部门。管水机构代表州

---

① 胡德胜、陈冬编译:《澳大利亚水资源法律与政策》,郑州大学出版社2008年版,第46、65页。

② 姜国洲、马亚西:《澳大利亚水资源管理经验》,《前线》2009年第6期。

政府实施水资源管理、开发建设,行使供水分配权,并根据联邦政府确定的各州水资源分配额,对州内用户按一定年限发放取水许可证,同时收取费用,进行水资源评价和保护等。①

州政府以下的地方政府设有水管理局,是水资源配额的授权管理者,包括城市和乡村水资源的管理,主要任务是执行州政府颁布的水法律、法规,负责供水、排水和水环境保护工作。②

(二)注重运用协商机制进行水资源执法

协商机制不仅在澳大利亚水资源立法中作用显著,在水资源管理和执法活动中运用得也很多。尽管立法和执法中的协商机制含义不尽相同,其主体、范围和方式有所不同,但其主旨是一致的,即充分听取和尊重各方利益主体的意见和建议,既平衡了各利益主体的权利和义务,也最大限度地实现了对水资源的可持续管理和利用。

澳大利亚水资源执法中的协商既包括执法部门之间的协商,也包括执法部门与公众之间的协商。前者如南澳大利亚州2004年《自然资源管理法》第158条规定的,转让许可证时,如果一项申请涉及墨累—达令流域内水资源的一份许可证,而且属于法规特别规定的一类许可证,在作出决定前,部长必须同主管2003年《墨累河法》实施管理的部长协商;③后者如昆士兰州2000年《水法》规定的,自然资源和矿产部在对环境和其他用水户之间的水资源配置进行规划时,建立社区利益专家小组,向自然资源和矿产部就社区方面的意见和看法提供咨询意见;在配置水量和水许可证管理中,如果水资源运行规划的规则没有规定配置水量的变更或者转让,首席执行官必须公告申请和征求公众意见。④

(三)运用多种强制措施,严格执法

在引入协商机制、柔性执法的同时,澳大利亚水资源执法也十分严格。澳大利亚水资源法律法规的条款很细,可操作性很强,涉及制度实施和执法时,对实施主体、权限、程序、期限、法律责任等,都进行了详尽的规定。为确保水资源法律得到切实执行,多部法律都对强制实施问题做了专门规定。在澳大

---

① 江西省水利厅赴澳大利亚培训团:《澳大利亚水资源管理及水权制度建设的经验与启示》,《江西水利科技》2008年第1期。

② 同上书,第31页。

③ 胡德胜、陈冬编译:《澳大利亚水资源法律与政策》,郑州大学出版社2008年版,第40页。

④ 同上书,第53、54页。

利亚首都地区，为了保护水资源，部长可以发布指令或者书面通知，禁止或者限制取水、要求相关责任人改造或者拆除水利措施等，对于违反书面通知或者指令的，环境保护行政部门可以进入有关土地，实施书面通知或者指令中所规定的措施，或者采取其他必要措施使书面通知或者指令得到执行。被授权官员可以采取申请搜查令进行搜查、扣押财物等强制措施。① 在昆士兰州，为确保2000年《水法》的实施，部长的许多强制实施职责和权力都授予给了自然资源和矿产部，被授权的官员在必要的情况下，甚至可以使用武力进入土地，调查未经批准的行为。②

三　澳大利亚水资源司法经验述评

（一）执法程序与司法程序紧密衔接

为实现纠纷当事人诉讼权利的充分保障，澳大利亚在制定行政处理程序的各个环节时，非常重视行政裁决与诉讼的对接，以留下水资源纠纷诉讼救济的最后通道，防止行政权对私权的过度干预。昆士兰州2000年《水法》规定，对自然资源和矿产部首席执行官的决定不服的，水许可证或者配置水量的持有者可以通过该部的内部复议程序、诉讼程序和仲裁程序提出反对意见。对于水资源规划的内容，2000年《水法》规定，水资源规划必须包括关于强制执行、依法对犯罪进行调查和提起诉讼、审查上诉和仲裁的程序、赔偿措施和过渡措施。在水权的行政管理中，任何收到信息通知的人，都享有对行政决定提出上诉的权利，上诉必须首先经过一个内部复议程序，仍然不服的，可以提起仲裁或者上诉。③ 维多利亚州1989年《水法》也规定，对于部长或者以其名义行事的机构的决定而受到影响的单位或者个人，可以向维多利亚民事和行政法庭提出申请，要求进行审查。水权持有者不服农村水利局决定的，也可提起审查。④

（二）扶持环保社团，支持公益诉讼

澳大利亚环保社团组织的诞生可以追溯到20世纪七八十年代，除了如澳大利亚环保基金会这样的本土环保社团组织之外，还有很多国际级的社团组织

---

① 胡德胜、陈冬编译：《澳大利亚水资源法律与政策》，郑州大学出版社2008年版，第31—33页。

② 同上书，第56—57页。

③ 同上书，第43—56页。

④ 同上书，第74页。

或其分支机构，不同等级的社团组织构成了庞大的环保组织网络，它们为民众的全体公共利益代言。政府大力扶持这些环保社团，有时其行政资金依赖政府拨款，还有其他的扶持政策，比如，环保社团如果注册为慈善性质的团体，它们可以申请大众捐赠；为鼓励民众捐赠，捐赠者会得到一定的税收优惠，即政府会将捐赠的数额从个人应缴所得税中扣除。而澳大利亚环保社团公益诉讼的主体资格，早在20世纪80年代就已取得。现如今社团诉讼资格已经不再是澳大利亚环境公益诉讼的主要障碍，诉讼费用和资金来源等现实问题成为环保社团组织的主要顾虑。[1] 基于此，澳大利亚已经出现旨在"减少乃至消除原告因可能败诉带来的法律风险"的司法实践。

四 对我国水资源法治建设的启示

（一）完善生态环境用水保障机制，强化其操作性

澳大利亚水资源政策和法律对生态环境用水进行了专门的规定和保护，除了发布全国性的1996年《关于生态系统用水供应的国家原则》之外，一些州立法中也对生态环境用水进行了专门规定。更为关键的是，澳大利亚对生态环境用水的保护并不仅仅是原则性、宣示性的，而是有具体的可操作的制度、措施和方法，而且，责任主体、责任方式都十分明确。比如，澳大利亚水分配过程中，每个流域经测试后首先评估确定需要多少环境生态用水，在生态环境用水得到保证的前提下，再确定可供消费水量。除了某些特殊或紧急情况外，环境用水具有优先权。消耗性用水要以保证生态可持续发展为前提，同时只有在环境用水与其他用水之间确定分配关系后，才能引入水交易。[2]

我国水资源法律与政策也承认生态环境用水需求，赋予生态环境用水比较优先的顺序地位，并在流域规划和区域规划、水资源开发利用、水资源和水域保护、水量分配等方面规定生态环境用水和生态环境保护的内容，并通过一些具体措施来保障生态环境用水。然而，生态环境用水的有些保障措施的可操作性不强，难以真正落实。如在生态环境用水的数量确定方面，目前没有相应的程序、规则或者方法；在生态环境用水的质量确定方面，只有粗略的路线图，也缺乏相应的具体程序、规则或者方法；这种情形实际上导致生态环境用水无

---

[1] 马雷：《对话世界自然保护联盟高官 解析中澳环境公益诉讼异同》，http://news.jcrb.com/xwjj/200911/t20091113_283018.html。

[2] 丁民：《澳大利亚水权制度及其启示》，《水利发展研究》2003年第7期。

法得到长期有效的制度性保障；对于违法行为所产生的损害生态环境用水的问题，缺乏有效的、具有操作性的救济方法、措施和步骤。① 我国应学习借鉴澳大利亚，应当进一步完善保障生态环境用水的机制，增加其自然科学基础，强化其操作性。

(二) 加强、完善水资源管理协商机制

澳大利亚水资源法治实践中，协商机制的地位和作用特别突出。依照澳大利亚联邦宪法，各州、直辖区均对辖区内流域的土地、水资源享有自治权。而跨州流域水资源消费的负外部性治理和资源开发均需联邦及各州政府的协调一致和共同努力。在联邦制的框架内，协商由此自然而然地成为分担义务、分享权利、协调行为的一种重要手段。② 从立法的角度看，众多重要的法律、流域管理协议通常通过协商机制订立；从水资源管理的机构设置、人员构成和运作机制来看，体现了多方利益主体、多种利益碰撞、协调的过程，比如《墨累—达令流域协定》建立和完善了部长理事会、流域委员会和社区咨询委员会三个机构，就是州政府以及联邦、公众等多种利益主体参与并展开平等协商的场所。即使在水资源执法中，协商机制也多有运用。

从原理和作用来看，协商机制与公众参与有类似之处，但是协商机制的范围比公众参与更加广泛。对于水资源管理来说，协商机制无疑是将短期行为转变为长期行为、竞争行为转变为合作行为、治标行为转变为治本行为的有效方式。目前，我国在水量分配、防洪、水土保持和水资源保护等环节已进行了协商工作，但目前的协商多以"一事一议"为主，尚未形成系统的协商机制，相关法律、组织、流程以及执行尚不完善，协商工作还较为片面，手段较为单一，信息共享不充分，公众参与较少，协商效率不高，约束力和权威性不强，协商的科学性和协商后的监督执行有待进一步加强，尚不能与迫切的水资源管理需求相适应。因此，应加强、完善水资源管理协商机制的建设，并将其在法律法规中予以确认，使其切实发挥作用。

(三) 完善水权制度

澳大利亚水权制度作为水资源管理法律制度的核心制度，运作良好、富有成效，有两点特别值得我们学习借鉴：其一，将水权制度通过法律法规予以明确规定。澳大利亚各州基本上都形成了比较健全的水权管理的法律法规体系，

---

① 胡德胜：《论我国的生态环境用水保障制度》，《河北法学》2010年第11期。

② 尤明清：《墨累—达令流域水资源管理机制简评》，http://www.riel.whu.edu.cn/show.asp?ID=1082。

水权的界定、分配、转让、调整、取消等都有法可依、有章可循。其二，水权制度定义明确，具有很强的操作性。澳大利亚水权的内涵、水权的初始分配、水权交易的原则、水权交易适用的范围、水交易的程序、政府的职能等均十分明确、具体。因此使得水权制度能够得到切实实行。实际上，水权制度建设的成败不在于制度本身设计的完美性，而在于它是否能被公众认可和执行，有了执行就可更好地修正完善制度。澳大利亚水权制度的良性实施首先得益于操作性强的水管理法规，而操作性强的法规又能让公众觉得与自己的水事活动息息相关，不是仅在违法遭受处罚时用于引用的条文。[①]

学习澳大利亚水权制度的成功经验，我国应加紧水权立法，建立定义明确并可实施的水权制度。从1998年提出水权水市场理论以来，经过十多年的理论探讨和实践摸索，水利部编制了《水权制度建设框架》，我国水权制度建设框架日渐清晰，水权制度建设的指导思想和基本原则已经明确，水权制度体系也已确定。但是，建立定义明确并可实施的水权制度，还需做好水权转让的条件、范围、转让程序的界定和水权转让价格的测算等有关基础工作，加快制定水权转让的有关规定，尽快形成一套水权转让的政策法规和技术规范，以推进水权制度的完备和切实运行。

[①] 田亚平：《澳大利亚水权制度对我国的启示》，http://www.110.com/ziliao/article-167371.html。

第十一章

加强水资源法治建设的对策建议

胡锦涛同志在庆祝中国共产党成立90周年大会上的讲话中指出,我们要以科学发展为主题,以加快转变经济发展方式为主线,更加注重以人为本,更加注重全面协调可持续发展,更加注重统筹兼顾,更加注重改革开放,更加注重保障和改善民生,加快经济结构战略性调整,加快科技进步和创新,加快建设资源节约型、环境友好型社会,促进社会公平正义,促进经济长期平稳较快发展和社会和谐稳定。① 2011年中央一号文件《中共中央、国务院关于加快水利改革发展的决定》也指出,深入贯彻落实科学发展观,把严格水资源管理作为加快转变经济发展方式的战略举措,注重科学治水、依法治水,加快建设节水型社会,促进水利可持续发展。② 这为我们加强水资源法治建设奠定了基础、明确了方向。

第一节 指导思想和基本原则

深入贯彻落实科学发展观,按照建设资源节约型、环境友好型社会和生态文明的要求,以推动发展方式转变、强化用水需水管理、促进经济又好又快发展、改善和保护生态环境为目标,正确处理经济社会发展、水资源可持续利用和生态环境保护的关系,通过建立节水型社会、转变用水方式、提高水资源循环利用水平、合理配置和有效保护水资源,实行最严格的水资源管理,着力解决我国水资源的突出问题,保障饮水安全、供水安全和生态安全,以水资源的可持续利用支撑经济社会的可持续发展。

---

① 胡锦涛:《在庆祝中国共产党成立90周年大会上的讲话》(2011年7月1日)。
② 《中共中央、国务院关于加快水利改革发展的决定》(2010年12月31日)。

一 指导思想

(一) 从供水管理型向需水管理型转变

为协调新时期水资源的基础支撑能力与经济社会发展的水资源安全保障需求关系，在科学发展观的指导下，要在水资源供需平衡战略基础上加快从供水管理向需水管理的转变，以水资源可持续利用支撑经济社会的可持续发展。首先，我国传统的供水管理基于一种需求驱动下的无约束用水理念和以需定供的水资源开发利用模式，导致用水需求不断增长，并可能在某一时期突破水资源可供给量，使水资源开发利用难以持续，这在我国北方地区十分普遍。其次，用水量的增加必然导致污水排放量的增加，加大了社会污水处理的压力，而一旦排入自然系统的污染物超出了其自净能力，则会造成污染。最后，不同的水资源开发利用阶段，其单方水开发的边际成本是不同的。随着开发利用程度的增长，需要不断寻求更远或是难度更大的水源，其经济成本也会更高，最终会导致经济的不可行。因此，从长远来看，不仅是缺水地区，即使丰水地区也须加强需水管理，增加水资源的边际效益。事实上，以资源集约利用和有效保护为基本特征的需水管理模式已成为现代文明社会发展进程中的必然选择。[1]

从供水管理型向需水管理型转变，具有重要的实践意义。其一是实现水资源的可持续利用。在水资源再生能力和水环境承载能力约束下，通过需水管理手段协调社会经济发展与水资源和水环境容量的有限性间的矛盾，最终达到可持续发展的水资源供需平衡状态。其二是保障用水安全。需水管理通过对水资源社会循环全方位的有效管理，统筹规划，能从水量、水质和保证率多方面满足饮水安全、经济发展用水安全、生态用水安全的要求，增加其抵御风险的能力。其三是维护社会公平，建立人水和谐新关系。在用水户层面，需水管理能够有效遏制不合理的用水需求，保障和维护弱势群体的基本用水权利、用水需求，进而维护和促进社会公平。在社会经济系统与自然水循环系统层面，需水管理通过经济社会系统用水的自律和自我约束，将水资源开发利用的影响控制在水资源的可再生能力之内，重塑二者间的良性和谐关系。其四是促进水资源开发利用的社会化管理。需水管理一方面能有效调动各用水户节约用水的主观能动性；另一方面也使得水行政主管部门能更好地履行公共服务和社会管理的双重职能。社会化的水资源管理将能够更实时、准确地反映出水资源开发利用

---

[1] 王建华、王浩:《从供水管理向需水管理转变及其对策初探》，《水利发展研究》2009年第8期。

中存在的问题，寻求更好的解决方法，促进传统水利向现代水利、可持续发展水利转变。①

（二）全面建设节水防污型社会

以前，人们往往误认为节水和防污是两件互不相关的事。实际上，节水是防污的前提，工业和生活用水的70%以上都转化为污水排放，随着用水量的增加，防治污染的任务也随之加重。因此防止水质污染必须从污染的末端治理转向以污染的源头治理为主，大力节水，提高重复用水。我国南方地区，城市水源不足和水质型缺水问题十分突出，农业也面临过量施用化肥、农药以及不合理污水灌溉导致的面源污染问题。因此，无论是水资源短缺的北方地区，还是水资源相对丰富的南方地区，无论是农业还是工业，都必须节约用水和高效用水，坚持节水优先防污为本的原则。节水可以减少污水排放量，减轻和控制面源污染，同时防污可以增大可用水量，从这个意义来说，防污等于节水。节水和防污是相辅相成的，其共同目的，都是保障水安全，包括供水安全、粮食安全和生态环境安全，以水安全保障经济社会可持续发展。可以认为，全面建设节水防污型社会，是解决中国缺水和污染问题的根本出路。②

节水防污型社会指人们在生活和生产过程中，在水资源开发利用的各个环节，始终贯穿对水资源的节约，对污染的防治和对生态环境的保护，在生产的全过程重视采用新技术、新材料、新工艺，并以完善的制度建设、体制管理、运行机制和法律体系为保障，提高水的利用效益和效率，最大限度地减轻和降低污染。在政府、用水单位和公众的参与下，通过水资源的高效利用、合理配置和有效保护，实现区域经济、社会和生态的可持续发展。节水防污型社会具有明显的效率、效益和可持续三重特征。③ 其中效率特征表现出资源利用的高效率，节水是在不降低人民生活质量和经济社会发展能力的前提下，在先进科学技术的支撑下，采取综合措施减少用水过程中的损失、消耗和污染，提高水的利用效率，高效利用水资源。建立节水防污型农业、工业和城市，减少水资源开发利用各个环节的损失和浪费，提高水的利用率。效益特征表现为资源配置的高效益，通过结构调整，优化配置水资源，提高单位水资源消耗的经济产

---

① 王建华、王浩：《从供水管理向需水管理转变及其对策初探》，《水利发展研究》2009年第8期。

② 钱蕴璧、龚时宏：《对节水防污型社会建设的思考》，《中国水利水电科学研究院学报》2004年第4期。

③ 胡鞍钢、王亚华：《中国如何建设节水型社会——甘肃省张掖市"节水型社会试点"调研报告》，http：//news. h2o-china. com/information/china/223111066785215_1. shtml。

出,节水防污型社会就农业而言一定是节水增效的农业,具有显著的效益特征。而可持续特征是对水资源的利用,充分考虑对生态环境的保护,不以牺牲生态环境为代价。总之,节水防污型社会是实现水资源的高效利用、经济社会的快速发展、人和自然和谐相处的社会,体现了人类发展的现代理念,代表着高度的社会文明,也是现代化的重要标志。①

(三) 坚持民生优先、以人为本

2011 年中央一号文件《中共中央、国务院关于加快水利改革发展的决定》强调,要坚持民生优先,着力解决群众最关心最直接、最现实的水利问题,推动民生水利新发展。对于水资源法律保障机制来说,同样要坚持民生优先、以人为本的指导思想。以人为本是科学发展观的核心,实现好、维护好、发展好最广大人民的根本利益是可持续发展治水思路的本质特征,也是水资源管理工作的出发点和落脚点。而获得洁净和卫生的饮用水是人的基本权利,是身体健康的基础和保障。2010 年 7 月份 64 届联合国大会上通过决议认为,享有安全和清洁的饮用水与卫生设施是充分享受生命权所不可缺少的一项人权,把饮水安全定位成一项人权。党中央、国务院对饮水安全问题十分关心,胡锦涛同志指出,饮用水安全问题关系到广大人民群众的健康,必须高度重视。要通过科学论证,研究采取治理污染源、改进自来水净化处理等措施,从根本上解决问题,把以人为本真正落到实处。因此,应把最广大人民群众的根本利益作为水资源开发、利用、配置、保护的出发点和落脚点,强化水利社会管理与公共服务职能,保障城乡居民的基本用水权益,切实保障人民群众生命安全和健康,切实保障饮水安全、经济发展用水安全和生态用水安全,改善生产生活条件,创造优良生态和优美环境,改善人居环境,提高广大人民群众的生活质量水平,促进人的全面发展。

(四) 坚持人水和谐

我国部分地区在经济社会发展过程中考虑水资源承载能力不够、经济增长方式粗放、经济结构不合理,产业布局和城市发展与水资源和环境的承载能力不协调,在一些水资源短缺和生态环境脆弱地区盲目建设高耗水、重污染的项目,"高消耗、高污染、低效率、低产出"问题突出,破坏了生态环境,加剧了水危机。应根据水资源承载能力和水环境承载能力的约束,推动经济结构调整、经济增长方式转变。在水资源紧缺地区,产业结构和生产力布局要与上述两个

---

① 王浩、王建华、陈明:《北方干旱地区节水型社会建设的实践探索——以我国第一个节水型社会建设试点张掖地区为例》,《中国水利》2002 年第 10 期。

承载能力相适应，严格限制高耗水、高污染项目。在洪水威胁严重的地区，城镇发展和产业布局必须符合防洪规划的要求，严禁盲目围垦、设障、侵占河滩及行洪通道，科学建设、合理运用分蓄洪区，给洪水以出路，规避洪水风险。在生态环境脆弱地区，实行保护优先、适度开发的方针，发挥大自然的自我修复能力，因地制宜发展特色产业，严禁不符合功能定位的开发活动。[①] 坚持人水和谐指导思想，要使产业布局、城镇发展及经济结构与水资源承载能力相适应，从根本上扭转对水资源的过度开发和不合理利用以及对生态环境的破坏，合理调配生活、生产和生态用水，维护河湖湿地和地下水系统的正常功能。

二 基本原则

（一）坚持统筹兼顾、协调发展原则

为了保证社会经济的可持续发展，必须确立人与自然和谐共存的发展方针，贯彻协调发展原则，以水资源的可持续利用，支持社会经济的可持续发展。产业布局、城镇发展以及经济结构要与水资源承载能力相适应，从根本上扭转对水资源的过度开发和不合理利用以及对生态环境的破坏，合理调配生活、生产和生态用水，维护河湖湿地和地下水系统的正常功能。要统筹水资源开发、利用、治理、配置、节约、保护；统筹调配流域和行政区域水资源，综合平衡各地区和各行业对水资源和生态环境保护的要求，建立公平合理、利益共享、责任共担的水资源配置与保护格局，促进区域协调发展。

（二）坚持水资源节约和保护原则

我国水资源形势严峻，一个重要的人为因素就是在经济社会发展中长期忽视了对水资源的节约和保护，水资源利用方式粗放，用水浪费严重。在全面贯彻落实科学发展观，加快转变经济增长方式，加快建设资源节约型、环境友好型社会的大背景之下，党中央、国务院从国家战略全局和长远发展出发，作出了节约保护水资源的重大决策，水利部确定2009年我国纪念"世界水日"和开展"中国水周"活动的宣传主题为"落实科学发展观，节约保护水资源"。在2010年《全国水资源规划》中，也着力强调了水资源节约与保护，并提出了相应的对策措施。实行水资源节约和保护原则，要求我们把建设节水型社会作为长期战略任务，推进增长方式转变，转变用水方式，提高用水效率，提高污水处理回用水平，严格实行用水总量控制和定额管理，抑制需求过快增长，以节水促减污，以限制促节水，减少污染物排放，改善水环境。

---

① 刘宁：《文化视野中的中国水资源问题》，《求是》2006年第23期。

(三) 坚持水资源综合管理原则

20世纪80年代以来，可持续发展战略已成为各国经济社会与环境协调发展的共同准则。因此，未来经济社会发展的目标是把经济可持续发展和水资源可持续利用作为一条主线贯穿其中。我国水资源总量虽然丰富，但庞大的人口基数，使我国成为世界上人均淡水资源严重短缺的国家之一。未来中国水资源的短缺形势将更为严峻，将成为经济社会可持续发展的严重制约因素。针对水资源面临的新形势、新问题，党中央、国务院根据可持续发展战略，提出了新时期的治水思路是实现水资源的可持续利用，将水资源综合开发、优化配置、高效利用、有效保护和防治水害提高到一个新的高度。但实现这个目标有赖于对水资源实施综合管理。水资源综合管理的内涵非常丰富，比如，以色列政府认为，水资源的综合管理包含五大要素，即明确的法律规定、完善的政府体制、全面的节水意识、高效的水源利用和先进的水利技术。对于我国而言，坚持水资源综合管理原则，应通过健全法制、改革体制、完善机制，实行最严格的水管理制度，提高水资源综合管理能力，进一步强化需水管理、规范用水行为，实现水资源的有序开发、有限开发、有偿开发和高效可持续利用。

(四) 实行最严格的水资源管理制度

中国的国情和水情决定了必须对水资源进行合理开发、高效利用、综合治理和有效保护。为此，一方面，要科学合理有序开发利用水资源，提高水资源配置和调控能力；另一方面，要实行最严格的水资源管理制度。最严格的水资源管理制度是基于我国的基本水情和突出的水资源问题，面向未来经济社会发展的实践需求，以科学发展观为指导，统筹协调水资源承载能力、水生态与环境安全、经济社会科学发展用水保障关系，提出的一种新型的管理水资源的制度设计与安排。实行最严格的水资源管理制度，其核心含义是针对当前水资源过度开发、用水浪费、水污染严重等突出问题，从水量、用水效率和水质三个方面，建立用水总量控制、用水效率控制和水功能区限制纳污"三项制度"，确立用水总量、用水效率、水功能区限制纳污"三条红线"。这"三项制度"和"三条红线"既相互独立又相互联系，构成了一个完整的水资源管理体系。

实行最严格的水资源管理制度，就是要不断完善并全面贯彻落实水资源管理的各项法律、法规和政策措施，划定水资源管理"红线"，严格执法监督。[①]实行"最严格"的水资源管理制度，意味着超过"红线"将会被限制、禁止

---

① 陈雷：《实行最严格的水资源管理制度 促进经济社会全面协调可持续发展》，《人民日报》2009年3月22日第2版。

甚至问责。因此，实行最严格的水资源管理制度，除了建立用水总量控制、用水效率控制和水功能区限制纳污"三项制度"之外，建立水资源管理责任和考核制度也是其题中之义。切实实行县级以上地方政府主要负责人对本行政区域水资源管理和保护工作负总责，严格实施水资源管理考核制度，是"三项制度"得以贯彻实施、"三条红线"得以守住的重要保障。

要想真正实现最严格的水资源管理，不能仅仅依靠宣示性的表态和运动式的方式，突击式地追求短期效果，而是应当加强水资源保护和水污染防治相关立法，将这项"最严格"的制度具体化、制度化、法治化，规范政府、企业和相关主体的行为，并且将法律责任真正落到实处。同时，应当给予公众更多的参与机会，加强信息的公开和透明度，引导公众推动和监督水资源管理制度的不断完善。①

第二节　完善水资源立法

我国已经建立了较为完备的水法规体系，颁布实施法律4件、行政法规17件、部门规章53件和地方性法规及地方政府规章800余件。水利部于2006年修订出台了水法规体系总体规划，目前，规划确定的重点立法项目大部分已经完成，规划确定的"到2010年初步建立适合我国国情的比较完备的水法规体系，使各项涉水事务有法可依，基本满足水利社会管理、公共服务和可持续发展的需要"的目标基本实现。《太湖流域管理条例》、《洪水影响评价管理条例》等一批立法项目取得重要进展，规章和规范性文件清理工作顺利完成。

然而，还有一些重要的水资源法律法规尚未制定，我国水资源立法工作还需继续推进。2011年中央一号文件《中共中央、国务院关于加快水利改革发展的决定》指出："建立健全水法规体系，抓紧完善水资源配置、节约保护、防汛抗旱、农村水利、水土保持、流域管理等领域的法律法规。"根据中央一号文件精神、水利改革发展的新情况以及实施最严格的水管理的需要，一些水资源管理事务如饮用水水源地管理与保护、节约用水、地下水管理等迫切需要专门立法，一些法律法规如《水法》、《防洪法》、《河道管理条例》等需要修订，一些配套法规需要完善。

---

① 张曼：《实行"最严格"的水资源管理制度》，《世界环境》2011年第2期。

一 将"严格水资源管理"上升为基本国策并通过立法予以确认

仅仅以一般制度形式,从一般制度层面落实最严格水资源管理,还不足以反映我国当前面临的水资源过度开发、低效利用、水污染严重等突出问题,也不足以体现水资源要素在我国经济布局、产业发展、结构调整中作为约束性、控制性、先导性指标的重要地位,更不足以唤起社会公众对我国严峻水资源形势的广泛共识和节水意识的普遍提高。要使最严格水资源管理制度更鲜明地反映我国水资源面临的形势,更进一步增强制度的权威性、约束性和实效性,应借鉴资源环境领域相关基本国策的形成和实施经验,从基本国策这个更高层面来确认、宣传和推进最严格水资源管理。

基本国策的确定和实施对国家经济社会发展具有广泛而深远的影响,在整个政策体系中居于最高层次。与一般的政策和制度相比,基本国策具有层次更高、时效更长、适用更广、约束更严、保障更有力等特点。"严格水资源管理"上升为基本国策,具有十分重要的意义:一是在国策权威上,"严格水资源管理"的基本国策将比最严格水资源管理制度更有法律约束力和权威性,更容易得到全社会的普遍遵守和严格执行。二是在思想观念上,必将进一步提升全社会的节水意识、水患意识和水资源保护意识,增强公众对严格水资源管理的认识、认可和认同,从而更加自觉地践行最严格水资源管理的要求,养成更加节水的用水习惯和生活方式。三是在发展方式上,必将更有力地抑制地方政府为片面追求 GDP 而无视水资源、水环境承载能力的发展冲动,加快转变目前高耗水高用水高污染的生产方式和经济发展方式,推动经济社会发展与水资源、水环境承载能力相协调。四是在水利管理上,必将更全面地提升水资源管理水平,促进更权威高效、运转协调的水资源管理体制建立,实现水资源的合理开发、优化配置、全面节约和有效保护,为经济社会可持续发展提供可靠的水资源保障。

与其他基本国策一样,要落实"严格水资源管理"的基本国策,必须有一系列配套政策,将基本国策细化为具体的思路、目标、任务和保障措施。从我国其他几项基本国策的表述形式来看,基本国策在提出之时,就及时通过立法或者文件予以确认和体现。比如,十分珍惜、合理利用土地和切实保护耕地的基本国策在《土地管理法》中得到确认,节约资源的基本国策在《节约能源法》中有明确规定。因此,为了将"严格水资源管理"基本国策落到实处,充分发挥基本国策应有的效力,最关键的在于完善落实"严格水资源管理"基本国策的相关立法。一方面要通过立法明确"严格水资源管理"的基本国策地位。为此，建议在《水法》"总则"部分增加规定："严格水资源管理是我国的基本国策。"另一方面要完善基本国策的具体内容和配套法规政策体系。特别是要建立和完善以取水许可和水资源论证为核心的用水总量控制制度，以定额管理为核心的用水效率控制制度，以排污许可和总量控制为核心的水功能区限制纳污制度，增强制度的可操作性和制度之间的衔接性。

除此之外，将"严格水资源管理"基本国策落到实处，还应完善"严格水资源管理"基本国策的配套规划和考核机制，要建立与"严格水资源管理"基本国策相适应的科技支撑体系，以及加强基本国策宣传教育等。

二 对饮用水水源地进行专门立法

保障饮用水安全是保障和改善民生的基本任务，解决饮用水安全问题的根本在于确保饮用水水源地安全。我国目前关于饮用水水源地保护的立法，主要体现在《水法》、《水污染防治法》等法律法规中。在国家层面能够称得上对饮用水水源保护专门立法的就是1989年7月国家环境保护局、卫生部、建设部、水利部、地矿部联合颁发的《饮用水水源保护区污染防治管理规定》。由于缺少一部专门针对饮用水水源保护的综合性法律或者行政法规，致使整个立法体系缺乏系统性和协调性，体系内部冲突、矛盾的地方比比皆是。而且，我国饮用水源保护法律规定还存在许多空白，而已经建立的一些制度已经不能满足我国现阶段饮用水水源的安全需求，原有规定多缺乏实际可操作性，只具有指导意义。此外，还存在管理体制缺乏协调性、责任追究缺乏威慑性等问题。因此，对饮用水水源地保护进行专门立法，为饮用水水源地保护提供完整、全面、具体的法律根据，十分必要。目前，国家已经制定了《全国城市饮用水安全保障规划》、《全国城市饮用水水源地安全保障规划》、《全国城市饮用水水源地环境保护规划（2008—2020年）》等规划，既为专门的饮用水水源地保护立法提供了基础，同时也使得立法需求更加迫切。①

（一）完善地方政府对辖区内的饮用水水源环境质量负责制度

饮用水水源地是为公共饮用水供给系统提供原水的区域，其管理效果直接影响供水安全与人民身体健康，是水环境管理的重中之重。因此，水源地与一般水体不同，需要实行更严格和有效的行政监督和管理。由于饮用水水源是为了满足公众的饮水要求而特别划定出来的一类水体，是高度重要的公共物品，应遵循由政府提供或负责符合公共物品提供的原则。尽管饮用水水源地管理还

---

① 王灿发：《饮用水水源地保护亟须专门立法》，《环境保护》2010年第12期。

具有受益者明确、存在多种地域关系、饮用水水源保护具有外部性、饮用水水源地受流域水质管理的影响等特点,[①] 饮用水水源地也实行属地管理原则,由饮用水水源地所在地方政府实施管理,对其饮用水水源环境质量负责,具有效率不高、成本分配不公平的缺点,但这种体制所具有的"管理成本较小,同时,所在地政府同时管理水源地周围地区的污染源,有利于控制水源地周围地区向水源地排污"[②] 的优点也是明显的、很难替代的。在我国实行的地方政府对辖区内环境质量负责的环境管理体制的背景之下,实施地方政府对辖区内的饮用水水源环境质量负责制度,既符合制度的惯性,也是必然的选择。至于这种体制的不足之处,则需要建立、完善相关制度加以弥补。首先,作为一个空间整体性极强、关联度很高、各自然要素联系紧密的区域,饮用水水源地保护涉及多级政府,也涉及水务、环保、建设、国土资源等多个政府部门,需要以生态系统综合管理的理念为指导,科学协调人与自然、经济与社会、保护与利用的关系,建立统一、协调、有效的水源地保护行政管理体制。统一管理不应是简单的形式上的统一,协调也不应是多龙治水的翻版,其核心是要从水源地保护的客观需要出发,解决好上与下、左与右、远与近的关系,实现职能边界的良好结合。其次,将水源地服务地区政府与公众、水源地上游地区政府与公众、水源地所在地公众、流域管理机构、流域内企业、供水企业、非政府组织、研究机构及研究者和媒体等利益相关方纳入管理体制,建立有效的激励和监督机制。最后,建立和完善水源地服务地区、所在地区与上游地区之间的协调机制和生态补偿机制。

(二) 建立完善饮用水水源环境评估制度

我国许多饮用水水源存在管理不规范的问题,相当一部分水源污染是由管理不规范引起的。长期以来,由于流域、区域和城市发展规划没有进行环境影响评价,许多沿江河湖海建设的工业园区和化工企业,忽视生态功能要求和环境承载力,产业布局特别是石化行业布局不合理,环境安全隐患突出。产业布局的不合理使高污染企业和饮用水水源地毗邻、犬牙交错,一旦企业发生重特大污染事件,后果不堪设想。因此,有必要采用饮用水水源环境管理评估的手段,来推进饮用水水源的规范化管理。由国家环境保护行政主管部门制订集中式饮用水水源保护区环境管理评估办法,组织开展全国集中式饮用水水源保护

[①] 周丽旋、吴健:《中国饮用水水源地管理体制之困——基于利益相关方分析》,《生态经济》2010年第8期。

[②] 同上。

区环境管理的评估工作，并向国务院提交评估报告；由地方环保部门组织开展辖区内饮用水水源保护区管理的评估工作，并向同级政府提交评估报告；从而推动各级政府切实重视饮用水水源保护区的管理。

（三）完善饮用水水源保护区制度

划分饮用水水源保护区，对饮用水源进行保护是一项重要而有效的预防性措施，也是进行水质监测与保护的前提和基础。因此，饮用水水源保护区制度是饮用水水源保护的关键制度。1989年五部委联合颁布的《饮用水水源保护区污染防治管理规定》重点明确了地表水饮用水水源和地下水饮用水水源保护区的划分与防护的基本要求，这给饮用水水源保护提供了有力的依据；2008年修订的《水污染防治法》在"饮用水水源和其他特殊水体保护"一章中明确了饮用水水源保护区制度，规定了饮用水水源保护区的分类、划定以及一般性污染防治规定。在国家法律、法规指导下，地方各级政府相继出台了饮用水水源保护条例或规定，规范了饮用水水源的管理。全国大部分城市已经制定了饮用水水源保护区划，并按照相关法律、条例和规定开展饮用水水源地的环境管理，这些对各地饮用水水源保护起到了积极作用。但是，我国饮用水水源保护存在许多问题，保护区制度仍然存在规定不完善、不细化的问题。饮用水水源地保护专门立法中，应依据准保护区、二级保护区、一级保护区逐级严格的原则，对经批准的保护区范围、建立陆域标识制度、区隔措施，以及保护区内应予禁止和限制的行为等作出明确规定，对有关管理规定进行细化，以便为实施水源地保护和管理提供法律支持和保障。

（四）完善备用水源地和应急水源地制度

随着我国社会经济的快速发展，饮用水源污染趋于严重，饮用水安全风险问题日益突出。特别是仅有单个饮用水供水水源的地区，安全供水应急处置能力薄弱，水源地供水安全面临的风险较大，建立备用水源地和应急水源地迫在眉睫。因此，饮用水水源地专门立法中应将此制度固定下来。以饮用水水源较为单一、没有备用水源且没有规划建设备用水源的城市为重点，建设和完善城市地表水、地下水、非常规水源等多类型、多水源供水保障体系，显著提高有效应对突发水安全事件的能力，保障城镇居民用水安全。督促没有备用水源城市加快有规划依据的应急备用水源建设。另外，应把地下水作为重要的应急和战略资源，建立地下水应急储备制度，加快地下水应急水源地建设。

（五）建立完善饮用水水源保护生态补偿制度

划定水源保护区，实施严格的管理措施，严格控制人们的生产、生活活动对饮用水水源的影响，必然会限制水源地附近区域的经济社会发展，尤其是对跨区域的饮用水水源来讲,这种矛盾尤为突出。由此产生的不同区域群体间的利益差异与利益冲突,需要一种制度性机制来予以调节和平衡。建立饮用水水源保护生态补偿法律制度,是调节饮用水水源利用地与饮用水水源保护地之间利益的重要措施,可有效解决经济社会发展与跨区域饮用水水源保护的矛盾,保证饮用水水源水质安全。目前,浙江、江苏、福建、辽宁、上海等省市已经建立了饮用水水源保护生态补偿制度,开展了饮用水水源保护区域内和跨区域的生态补偿的探索性工作,并配套制订了一些地方规范性文件,对饮用水水源的保护起到了积极的促进作用。作为国家层面的立法,饮用水水源地保护专门立法应将饮用水水源保护生态补偿制度明确下来,并对补偿范围、补偿对象、补偿标准等作原则性规定,以进一步推动建立和完善饮用水水源保护生态补偿制度。

(六) 建立完善饮用水水源污染防治应急预警制度

突发环境污染事故的危害直接影响流域周围的生态系统,如果能在灾害发生之前预警或是在灾难发生最初采取应急措施,就能极大地控制事态发展,减少损失。随着我国经济建设的高速发展,环境安全领域的隐患逐渐增加,环境安全事故有上升的趋势,尤其是污染饮用水水源、影响人民群众饮水安全的突发事件,近几年频繁发生,社会影响很大。如何应对环境污染突发事件,完善涉及饮用水水源的环境污染突发事件的应急预警机制成为社会关注的热点问题。基于突发事故的特点,针对饮用水水源周边环境,建立饮用水水源安全预警体系,通过观察、监测,预测各种安全指标是否偏离安全阈值,同时辅以一套事先制订的、能迅速应对突发性饮用水水源污染,使城市居民脱离水资源不安全状态的措施,缓解和减缓饮用水水源不安全对国民经济和社会可持续发展造成的冲击与影响,避免发生由于水源不安全引起大的政治、经济和生态灾变,使人民生活质量、国民经济和社会发展、水生态系统不受破坏或受影响最小是十分必要和紧迫的。①

(七) 建立分散式饮用水水源地污染防治制度

我国农村大多采用的是分散式饮用水水源,另外在全国的部分城镇依然有相当数量的人口使用的是分散式饮用水水源。由于分散式饮用水水源具有分散、点多、面广的特点,在管理上难度很大,是我国饮用水水源污染防治的难点,目前还没有切实有效的管理办法。饮用水水源地保护专门立法可以参照集中式饮用水水源保护区的管理规定,明确有关分散式饮用水水源管理的原则性

---

① 马放、邱珊:《完善饮用水水源保护预警应急机制》,《环境保护》2007年第2期。

规定。其具体措施包括防治点源和面源污染、加强饮用水源水质检验以及设置卫生防护地带等方面。防治点源和面源污染，包括调整乡镇企业布局、建立污水收集与处理工程、严格控制化肥、农药施用量及其污染等；分散式饮用水源的水质，应由当地卫生防疫站、环境卫生监测站根据需要进行监测；分散式饮用水源的卫生防护要求由当地卫生防疫站、环境卫生监测站提出，由使用单位执行。①

（八）强化违法责任和直接强制执行手段的运用

我国目前的立法对违法责任的追究不足以产生应有的威慑力。特别缺乏对反复、多次违法行为和偷排行为的严厉制裁。专门的饮用水水源地保护立法，应当从"不能使违法者从其违法行为中获利"的原则出发，确定处罚的力度。对多次、连续违法的，应当实行"按日计罚"，对严重的偷排行为，污染饮用水源的，应当按危害公共安全行为论处，给予治安处罚或者追究刑事责任。同时，应当赋予行政执法部门强制执行权，对违反禁令的行为可以直接强制执行。②

三 对节约用水进行专门立法

解决水危机，不仅要合理开发利用和保护水资源，防治水害，充分发挥水资源的综合效益，还需要实施节水战略，建设节水型社会，全面建立节水法规体系。为了促进水资源节约利用，建立资源节约型和环境友好型社会，国家先后颁布了《水法》、《水污染防治法》、《城市供水条例》、国务院《关于大力开展城市节约用水的通知》、《城市节约用水管理规定》、《关于加强城市供水节水和水污染防治工作的通知》、建设部《关于城市用水定额管理办法的通知》、《城市供水企业资质管理规定》、《城市地下水开发利用保护管理规定》、《城市供水水质管理规定》、《城市房屋便器水箱应用监督管理办法》、《城市供水价格管理办法》等法律、法规和规章，制定了一系列节水的法律制度。一些省市也制定了节约用水的地方性法规和规章。然而，我国尚无全面节水的法律法规，节水工作缺乏法律保障，这使得节水工作存在诸多问题，如节水管理各自为战、条块分割；节水力度不够，节水工作在地区之间、城市之间、行业之间发展不平衡；节水技术研究缺乏统一规划和管理，用水定额标准混乱；节水投入不足；

---

① 蓝楠：《饮用水水源污染防治条例制定的最新动态探微》，http://www.chinalawedu.com/new/21602_21676_/2010_2_5_ji0000474326152010 29682.shtml。

② 王灿发：《饮用水水源地保护亟须专门立法》，《环境保护》2010年第12期。

水价机制不健全，节水经济手段不够；节水观念和节水意识薄弱，等等。

为加强对节约用水的管理，提高水资源利用效率和效益，改善生态环境，促进国民经济和社会可持续发展，迫切要求尽快对节约用水专门立法。对节约用水进行专门立法包括高案和低案，高案即《节水法》，全国人大代表、政协委员多次就制定《节水法》提出建议、提案；低案为《节约用水条例》，国务院近些年的立法工作计划均将《节约用水条例》列入。目前，我国相关部门正在积极推进《节约用水条例》的立法工作，水利部已经起草了《节约用水条例（草案）》，并已着手开始部内审查、部门协调和修改完善工作。今后将以《节约用水条例》的制定工作为基础，结合节水管理工作和节水型社会建设的实践，开展《节水法》的研究制定工作。《节约用水条例》应包括的法律制度主要如下：

（一）节约用水规划制度

规划是一切水事活动的基础，要通过编制节约用水规划，明确节水思路、重点、主要措施。实际上，节水规划制度已有法律依据，《水法》第14条第3款规定："前款所称专业规划，是指防洪、治涝、灌溉、航运、供水、水力发电、竹木流放、渔业、水资源保护、水土保持、防沙治沙、节约用水等规划。"《节约用水条例》中应进一步明确节水规划的法律地位，并明确节水规划的主要内容以及节水规划编制的主体和批准的权限。

（二）节水标准制度

节水标准是规定和衡量节水和防污的依据，是检验节水与否的"尺度"，是我国节水法规的具体化、指标化，是贯彻实施我国各项节水管理制度的标准依据，是节水主管部门进行节水管理、监督执法的基础依据。我国已有不少节水方面的标准，但节水标准体系还未真正建立起来。《节约用水条例》应将节水标准的制定主体、节水标准的类型及其相互关系予以明确。

（三）计划用水制度

计划用水制度是用水管理的一项基本制度，它要求根据国家或地区的水资源条件和经济社会发展对用水的需求等，科学合理地制订用水计划，并按照用水计划安排使用水资源。实行这项制度，旨在通过科学合理地分配使用水资源，减少用水矛盾，以适应国家和各个地区国民经济发展和人民生活对用水的需要，并促进水资源的良性循环，实现水资源的永续利用。《水法》、《取水许可和水资源费征收管理条例》等法律法规中，都有关于计划用水的相关规定，许多地方也制订了计划用水的具体管理和操作办法。《节约用水条例》应在《水法》的基础上，将计划用水制度具体化、统一化。

（四）用水计量与统计制度

用水计量是促进用水户节约用水的一项非常重要的措施。用水只有计量，才能准确反映各用水户用水的多少。用水计量制度是实行水资源有偿使用制度和计量收费制度的前提，是推进节约用水的基础性制度之一。[①]《水法》已规定，用水应当计量，《节约用水条例》应将用水计量制度明确化、具体化。此外，《节约用水条例》还应建立健全用水统计制度，明确各方主体在用水统计中的职责和义务。

（五）用水效率标识制度

能源效率标识制度在包括我国在内的世界各国得到了广泛运用，收效良好。效率标识制度在用水领域也有运用，如澳大利亚强制性用水效率标准和标识制度。我国对量大面广、节水潜力大的用水器具实施强制性用水效率标识制度，是我国节水形势严峻的客观要求，也是规范和引导我国节水产品市场的重要措施，将有力促进我国节水型产品的健康发展和行业进步，对我国建设资源节约型、环境友好型社会具有十分重要的现实意义。[②]《节约用水条例》应确立用水效率标识制度，对实行用水效率标识管理的产品范围、管理方式、责任主体等予以明确。

（六）水价管理制度

水价是调节节约用水的有效手段。过去的节水实践也已充分表明，错误的价格政策是加剧水资源危机的重要因素之一。长期以来的水价构成不合理和水价偏低，导致水资源稀缺程度和水环境治理成本没有得到充分显现。《节约用水条例》应将水价管理制度规定下来，明确国家应实行促进节约用水和水资源保护的价格政策，逐步建立反映市场供求关系、水资源稀缺程度和环境损害成本的水价形成机制，引导取用水单位和个人节约和合理利用水资源。另外，应当因地制宜推行国有水利工程水费加末级渠系水费的农业用水终端水价制度；对城镇居民生活用水实行阶梯式水价制度；对非居民用水实行超计划、超定额累进加价制度。

四　对地下水管理进行专门立法

地下水是水资源的重要组成部分，在保障我国城乡居民生活用水安全、支撑

[①] 朱婵玲：《论我国节水制度的构建与完善》，硕士学位论文，河海大学，2005 年，第 33 页。

[②] 朱双四、李爱仙、金明红：《〈水嘴用水效率限定值及用水效率等级〉国家标准解读》，《中国标准化》2010 年第 11 期。

社会经济发展、维持生态系统安全等方面发挥着十分重要的作用。尤其是在地表水资源相对短缺的我国北方地区，地下水起着不可或缺的作用。随着我国城市化、工业化进程加快，部分地区地下水超采严重，水位持续下降，引发了河流断流、湖泊萎缩、湿地退化、地面沉降、海水入侵和地下水污染等一系列生态与环境问题；一些地区城市污水、生活垃圾和工业废弃物污液以及化肥农药等渗漏渗透，造成地下水环境质量恶化、污染问题日益突出，给人民群众生产生活造成了严重影响。保护好地下水资源，直接关系到经济社会可持续发展和子孙后代生存安全。如何加强地下水管理，遏制地下水超采，已成为我国水资源管理面临的突出问题之一。党中央、国务院高度重视地下水超采和地下水污染问题，2012年6月国务院常务会讨论通过了《全国地下水污染防治规划（2011—2020年）》。

综观我国地下水资源立法现状，除了《环境保护法》、《水法》、《水污染防治法》、《水土保持法》4部法律中都有关于地下水资源利用与保护的规定之外，一些行政法规和部门规章如《取水许可和水资源费征收管理条例》、《水量分配暂行办法》中也有关于地下水资源利用与保护的规定。水利部2003年专门发布了针对地下水资源超采的《关于加强地下水超采区水资源管理工作的意见》。除此之外，一些地方如辽宁、昆明还颁布了专门针对地下水管理的地方法规。总的说来，当前我国地下水资源立法是非常薄弱的，存在立法进程滞后、立法中权利义务配置失衡、立法缺乏操作性、立法体系不完善等问题，使得现行立法对地下水资源缺乏有效的保护与管理。因此，进一步加强地下水资源立法，制定专门的法律，严格规范地下水开发、利用、管理和保护，保障地下水的可持续利用和经济社会的可持续发展，十分必要。地下水资源专门立法，应针对目前我国地下水管理中存在的一系列问题，结合当前及今后一个时期地下水管理与保护的实际需求，重点完善地下水资源规划、开发利用、配置、治理、保护、监测与监督等工作。

（一）地下水资源规划制度

水资源规划在协调部门之间的利益关系，避免资源浪费等方面起到了十分重要的作用。但是，目前我国还没有在法律中明确规定政府部门承担制定地下水资源规划的工作，只有水利部制定的《关于加强地下水超采区水资源管理工作的意见》中专门规定了制定地下水超采区治理规划。由于地下水资源是一种赋存性很强的资源，靠市场调节或是用水主体自觉行为是很难保证资源的高效利用和公平分配的。因此，国家必须对这种特殊的资源进行统一规划，做到宏观上合理调配，兼顾各方利用。此外，地下水资源作为一种具有相对独立性的基础性自然资源，在某些地区这种作用甚至是独立于地表水资源而单独存在的，制定专门的规划有其必要性。因此，地下水专门立法中，应将地下水资源规划制度明确下来。制定地下水资源规划，应与经济发展规划、城市建设规划以及水资源总体利用规划相协调，兼顾地区发展和生态环境的情况，制定有针对性的规划。而且，地下水资源规划从中央到省级、市级、县级都可根据区域内的特殊情况制定有所偏重的规划，如华北地区超采问题严重，那么这些地区的规划，应首先重视地下水资源的开采问题，而像南方的一些地区浅层地下水污染严重，规划的重点就放在污染防治上。①

（二）地下水资源评价制度

地下水赋存于地下岩石的空隙之中，具有赋存、运动、补给和排泄的特点，而这些特点都不是在地表所能直接观察到的。再加上含水岩层的空隙形体和分布都呈现无规律性，使得地下水的现象变得更为复杂。因此，采取法律手段对地下水资源进行保护应建立在科学评价地下水资源的基础上。国家1994年出台的《地下水质量标准》仅是从地下水质这一个方面进行评价。目前，还没有一个整体从地下水水质、水量综合方面对地下水资源进行评价的标准体系。地下水评价应包括地下水水量、水质、开采技术条件、环境效益、防护措施等几个方面。应在对地下水质进行评价的基础上根据用水目的不同，把地下水分为可供饮用、工业及农业生产使用的区域加以保护，尤其对可供饮用地下水源要将其纳入我国关于饮用水源保护的框架内严格加以保护，对于供工农业生产使用的地下水资源也要制定相应的法律法规，规范其开发利用。②

（三）地下水功能区管理制度

水功能区是指为满足水资源合理开发和有效保护的需求，根据水资源的自然条件、功能要求、开发利用现状及经济社会发展，在相应水域按其主导功能划定并执行相应质量标准的特定区域。水功能区划是水行政主管部门根据水资源条件和经济社会发展对水资源的要求，明确不同水域的主要服务功能和相应保护标准的制度。由于目前水功能区的划分集中在地表水，因此对地下水功能区的研究和实践都较少。地下水功能区的划分对科学管理地下水资源具有突破性的作用。目前对地下水的区域的划分为超采区、限采区等，但这种划分只是根据地下水"量"这一个因素，而功能区涵盖了更广的范围，包括了"质"

---

① 茜坤：《我国地下水资源可持续利用法律制度研究》，硕士学位论文，浙江农林大学，2010年，第30—31页。

② 朱小勇：《浅析地下水资源的保护及其相关法律制度的完善》，2003年中国环境资源法学研讨会论文，山东青岛，2003年7月，第545页。

同时也反映了生态环境的因素。因此，应该在现有超采区划分的基础上，引进地表水的功能区划分，把两者结合起来，这将对地下水保护起到更大的保护作用。① 具体可以把地下水的功能区分为开发利用区、生态环境保护区、地质灾害防治区和保留区等。②

（四）地下水超采区管理制度

我国地下水超采严重，且已造成严重危害。我国现行《水法》第36条规定："在地下水超采地区，县级以上地方人民政府应当采取措施，严格控制开采地下水。在地下水严重超采地区，经省、自治区、直辖市人民政府批准，可以划定地下水禁止开采或者限制开采区。在沿海地区开采地下水，应当经过科学论证，并采取措施，防止地面沉降和海水入侵。"然而，该条规定仅具有指导意义，并不具有实际可操作性，虽然部门规范性文件《关于加强地下水超采区水资源管理工作的意见》对此问题作了一定的补充，并在实践中取得了一定的成效，但其作为加强我国地下水超采区管理的工作意见，仍不能适应我国地下水超采区管理的实际需要。因此，地下水专门立法中应对地下水超采区管理制度进一步细化。应当在立法中明确我国地下水禁采区、地下水限采区的划定主体和划定依据；地下水禁止开采区、限制开采区划定和调整方案由省级水行政主管部门会同同级有关部门，根据地下水开采状况、地下水位变化、地面沉降及其他地质灾害、地表水源替代等情况编制，报省人民政府批准，并予以公告。立法中还应明确地下水超采区、限制开采区内应采取的措施以及超量开采地下水的法律责任。此外，还应制定适于地下水超采区管理和保护的强制性技术标准，建立投入保障机制和超采区的特殊水价政策等。③

（五）地下水取水许可证制度

当前，我国的地下水资源超采已经相当严重，由此产生了地面沉降、资源枯竭等一系列问题，如何遏制地下水资源超采现象，逐步实现生态恢复，是实现地下水资源可持续发展的关键。目前，我国已有地下水取水许可证制度，在《水法》和《取水许可和水资源费征收管理条例》中已得到确认，但是由于其被纳入整个水法框架，未能针对地下水不同于地表水的特性而进行特别立法，

---

① 茜坤：《我国地下水资源可持续利用法律制度研究》，硕士学位论文，浙江农林大学，2010年，第35页。
② 唐克旺、杜强：《地下水功能区划分浅谈》，《水资源保护》2004年第5期。
③ 张毅婷：《我国地下水资源保护立法问题研究》，硕士学位论文，河海大学，2007年，第49—50页。

使得地下水取水许可制度在实践中并未得到落实。完善我国地下水取水许可证制度，首先应确立合理开采浅层地下水，严格控制开采深层地下水这一原则。在这一原则的指导下，区分浅层地下水和深层地下水，从审批权限、水资源论证报告书制度、取水许可审批管理等方面进行完善。①

（六）地下水取水总量和水位双控制度

我国地下水资源管理工作起步较晚，传统的地下水资源管理主要以可开采量为地下水开发利用控制指标。一些地区以区域的总可开采量或者绘制的地下水可开采模数图为管理地下水开采的主要工具。因制度不健全及管理不善等诸多原因，同一区域存在局部开采在可开采量控制范围内，整体则超出总的可开采量的问题。加之地下水可开采模数图为早期地下水资源评价时绘制，随着开采量递增的速度加大，已经对原有的地下水系统产生了较大的影响，使绘制的地下水可开采模数图有效性降低。此外，可开采量是一个评价后的指标，不能实时观测，在日常管理中存在局限。传统的以可开采量为主要手段的地下水管理方式存在不足，而地下水位既可方便地进行实时监测，又能利用目前比较完善的地下水监测井网进行监测。② 因此，有必要实行地下水取水总量控制结合地下水控制性水位管理的双重手段。水利部长陈雷明确指出，严格实行用水总量控制，应实行地下水取水总量和水位双控制度。③ 一些地方已开始着手将此项制度付诸实施。地下水管理专门立法中，应将此制度明确规定下来，并使之细化，具有可操作性。

（七）地下水防治区划制度

地下水污染防治区划是针对地下水污染问题，从污染实践发生的角度来进行的一项工作，其本质是针对不同区域的不同水质情况而实施不同的治理、防控、保护措施，可以有效地提高水源治理效率。地下水污染防治区划制度对地下水源的开采、利用与保护均有着十分重要的意义。对地下水进行防治区划，应在对地下水的整体污染状况进行全面调查和评估的基础上，通过评价地下水现实和潜在利用价值以及地下污染源分布情况来评估污染荷载的风险性，并根据地下水源的不同状况和地下水的不同效能，将地下水区域划分为地下水污染治理区、防控区和一般保护区，并分别制订不同的管制措施。

---

① 张毅婷：《我国地下水资源保护立法问题研究》，硕士学位论文，河海大学，2007年，第51页。

② 叶勇、谢新民：《地下水控制性水位管理分区研究》，《黑龙江水专学报》2009年第3期。

③ 陈雷：《严格管理水资源 推进水利新跨越》，《光明日报》2011年3月22日第10版。

（八）地下水污染修复制度

《全国地下水污染防治规划（2011—2020年）》要求，截至2015年，基本掌握地下水污染状况，全面启动地下水污染修复试点。有计划地加快地下水污染修复，主要是要在地下水污染突出区域进行修复试点，开展海水入侵综合防治示范，切断废弃钻井、矿井等污染途径。建立地下水污染修复制度，最关键的是明确修复主体和经费来源。需要注意的是，由于地下水文地质条件复杂，治理和修复难度大、成本高、周期长，一旦受到污染，所造成的环境与生态损害往往难以逆转。完全"修复"受污染的地下水和含水层在经济和技术上均不可行，应当审慎制订地下水污染相关的度量标准，避免出现过于偏重环境或者过于偏重经济的标准体系。

此外，地下水管理专门立法中，还应对地下水计量收费和超额累进加价、地下水凿井资质管理和取水工程监督管理、地下水水源保护、地下水监测与监督管理等制度作出规定。

五 修改《水法》、《防洪法》等法律法规

根据社会经济的发展和水资源的需要，应对水法律法规及时进行修订。《河道管理条例》、《水库大坝安全管理条例》、《水利基本建设投资计划管理办法》、《水利前期工作项目计划管理办法》、《中小河流近期治理项目管理办法》等法律法规均需修订。由于涉水"四法"是我国水法律法规的骨干性法律，对它们的修订尤为重要，也格外引人注目。事实上，自颁布实施以来，涉水"四法"也进行过多次修订。其中，《水污染防治法》和《水土保持法》已于2008年和2010年进行了最新修订，而距《水法》上一次修订已过去近10年，《防洪法》也已颁布实施了10余年，这两部法律的修改问题，应当特别引起我们的研究和思考。①

---

① 2009年，十一届全国人大常委会十次会议表决通过了关于修改部分法律的决定，对某些过时的法律条文进行了清理修改，其中包括删除了《防洪法》第52条"有防洪任务的地方各级人民政府应当根据国务院的有关规定，安排一定比例的农村义务工和劳动积累工，用于防洪工程设施的建设、维护"，以及将《防洪法》第61条、第62条、第64条以及《水法》第72条中的引用"治安管理处罚条例"修改为"治安管理处罚法"。前种修改是对明显不适应社会主义市场经济和社会发展要求的规定作出修改，后种修改重在解决法律规定之间的对应、衔接问题。因此，此次条文清理并未构成对《防洪法》和《水法》的实质性修改，与《水污染防治法》和《水土保持法》分别于2008年和2010年进行的修订不可相提并论。

（一）修改《水法》

《水法》是我国水法律体系的核心性法律，其确立的水资源管理的基本原则和基本制度，为我国依法治水提供了重要的法律保障。然而，尽管2002年对《水法》进行了全面、重大的修订，但那次修订仍是存在诸多不足的"半步前进"，经过近10年的实践检验，这些不足之处更加明显地显现出来。此外，随着社会经济的发展，我国水资源形势也在不断发生变化，水资源管理思想也进行了一些调整和创新。结合我国面临的水资源新形势和新问题，总结水资源管理的经验和教训，针对《水法》中存在的弊病和不足，对《水法》再次进行修改，应当提上议事日程。

其一，厘清《水法》的定位。在水法律体系中，应该有一部调整水资源开发利用和保护行为、协调水资源各种价值的综合性法律。显然，无论是从其名称、涉及的内容来看，还是从它的立法宗旨和应当担当的使命来看，《水法》都应当成为综合性水法，作为水法律体系中的基本法。然而，现行《水法》尚不能担此重任。将《水法》修订为综合性水法，最重要的是要更新立法指导思想，对水质和水量进行统一管理，综合平衡水资源的多种功能和价值，将水资源开发利用与水环境保护协调发展进行综合考量。进而，《水法》所涵摄的内容是十分广泛的，应统领其他水法律法规，对水资源开发利用、水资源保护、水灾害防治、水生态环境保护等诸多内容均有原则性的规定，并使这些内容匹配、协调。

其二，明确"严格水资源管理"的基本国策地位。前文已述，要使最严格水资源管理制度更鲜明地反映我国水资源面临的形势，更进一步增强制度的权威性、约束性和实效性，应借鉴资源环境领域相关基本国策的形成和实施经验，从基本国策这个更高层面来确认、宣传和推进最严格水资源管理。将"严格水资源管理"确立为基本国策，最首要的在于通过立法明确"严格水资源管理"的基本国策地位。而《水法》作为水法律体系中的基本法，自然应承担起确认和体现"严格水资源管理"为基本国策的任务。为此，建议在《水法》"总则"部分增加规定："严格水资源管理是我国的基本国策。"

其三，完善水资源管理体制。管理体制问题是水资源管理的重中之重。2002年《水法》所确立的流域管理与区域管理相结合、监督管理和具体管理相分离的管理体制，曾被给予高度评价，水资源管理的体制之困一度被认为得到了根本解决。然而，由于《水法》仅仅从原则上规定了流域与区域相结合的管理体制，并未从根源上解决两者出现冲突时的具体操作问题，在水资源区域竞争空前激烈的社会背景之下，区域管理大行其道，流域管理效果不彰显。

实际上，两个之中必有一个重点，如果只是笼统地规定流域管理和区域管理相结合，而不做主次划分，实际运行过程中它们必定进行权力争夺。而从水资源管理的规律来看，流域管理应优先于区域管理。因此，《水法》应对现行水资源管理体制进行调整，强化流域管理机构的职权，赋予流域管理机构应有的较高层级地位，建立符合我国国情和国际趋势的以流域为主、区域为辅的水资源管理体制。

其四，突出水资源保护的战略地位。2002年《水法》尽管增加了水资源保护的内容，但由于其核心仍然是水资源的经济效益或对水资源开发利用的效率，在整个结构中对水资源的经济价值与生态价值的并重注意不够；对水资源保护的内容也不够完善。[①] 随着水危机愈演愈烈，倘若仍旧片面强调满足当前社会经济发展对水资源的需求，不重视水资源过度开发对生态环境和子孙后代的影响，将导致水资源枯竭、水环境恶化，开发利用难以为继。新的治水思路也要求坚持人水和谐、以节约资源和保护生态环境为主导、综合运用工程措施和非工程措施、以水资源可持续利用保障经济社会和生态环境可持续发展。因此，在新的水资源形势之下，《水法》的修改不仅应加强水资源保护，还要突出水资源保护的战略地位。具体说来，应对《水法》的立法目的、篇章结构以及具体制度安排进行调整，从宏观到微观，全面突出水资源保护的战略地位。

其五，加强市场化管理手段。2002年《水法》尽管在水资源管理权的设计方面注意了间接调控与指导的问题，注意了市场机制的地位和作用问题，但整部法律依然体现了以行政手段管理水资源为主的思想，注重管理部门的设置，注重管理部门权力的赋予与权力的运行，真正体现市场机制和价值规律的内容很少，水资源的市场化管理制度基本没有建立起来，对直接的市场主体间的水资源交易制度更没有作出规定。[②] 实际上，水资源生存保障和生态环境方面的功能，表现为基本生活用水和生态用水，应该由政府采取行政措施予以管理和保护。而水资源的经济方面的功能，即多样化用水，如发电、灌溉、养殖、捕捞、航运等方面的开发利用，应该交给市场，由水资源所有权者的代表通过市场去经营，政府对此不再进行直接的干预。这样，既使水资源的多元价值得以充分实现，又使政府作为所有者和管理者的不同职能得以明确区分。[③]

---

① 吕忠梅：《环境资源法视野下的新〈水法〉》，《法商研究》2003年第4期。

② 同上。

③ 同上。

水权的清晰界定是水资源市场形成的先决条件，合理的水价是水资源市场有效运行的必备条件。实际上，水利部已经出台《关于水权转让的若干意见》，明确了水权转让的原则、限制范围，并对水权的转让费和期限进行了原则性规定。修订《水法》，应将这些制度成果上升到法律的层面，固定下来，以建立和完善水权制度，建立水权交易市场，实现水权有偿转让。此外，建立合理的水价形成机制，以推动节约用水，促进水资源的高效利用、优化配置和有效保护。

其六，加强公众参与。2002年《水法》对"相关利益者"缺乏关注，过分突出了《水法》的行政色彩，忽略了公众参与的作用。① 水资源的利用和保护在现代已经成为关系社会每一成员的公共性问题。2002年《水法》中无论是在水资源的规划（《水法》第二章）还是在水资源的开发利用（《水法》第三章）中，与用水息息相关的利益者都没有机会参与决策。因此，这种管理和决策实际上是"一种单边政策，是政府或区域利益、要求的表达。决策是否考虑上下游、左右岸、干支流各种用水户的利益，是一种随机状态，这种决策也难以避免在缺乏有效监督下的趋利性，不能反映区域的、他人的、行业的和用户的利益。"② 修订2002《水法》，在法律设置水资源管理和保护的制度时，必须注重对行政行为的程序性规定，以保障公众的环境民主权利得以实现。其中最基本的制度包括知情制度、裁决制度、听证制度、许可程序制度、调查程序、时效制度等。在这些基本制度中，知情制度和听证制度尤为重要。③

此外，修订《水法》，应总结水资源管理的实践经验，结合实施最严格的水管理所提出的制度要求，将水资源生态补偿、水资源储备、水功能区限制纳污等制度规定下来。另外，针对2002年《水法》中存在的法律责任追究不明确、某些法律制度操作性不强等问题，进行修改。

（二）修改《防洪法》

《防洪法》是我国第一部规范防治自然灾害工作的法律，填补了我国社会主义市场经济法律体系框架中的一个空白，也是继《水法》、《水土保持法》、《水污染防治法》等法律之后的又一部重要的水事法律。《防洪法》颁布实施10余年来，为防治洪水、防御和减轻洪涝灾害、维护人民群众的生命和财产

---

① 姚慧娥、徐科雷：《新〈水法〉的进步与不足》，《华东政法学院学报》2003年第3期。
② 李曦、熊向阳、雷海章：《我国现代水权制度建立的体制障碍分析与改革构想》，《水利发展研究》2002年第4期。
③ 吕忠梅：《环境资源法视野下的新〈水法〉》，《法商研究》2003年第4期。

安全，保障社会主义现代化建设顺利进行发挥了重要的、不可替代的作用。但是，实施情况也表明，由于历史的局限性与社会经济发展的新形势，《防洪法》也存在着一些需加强与改进的地方。

其一，防洪理念应与时俱进，重点突出"人与自然相和谐"的主要特征。事实证明，20世纪只看重工程防洪的方针需要修正，应该借鉴历史经验，调整和制定适合我国国情的21世纪防洪减灾方略。在科学发展观和中央新的治水方针指导下，国家防总提出了由控制洪水向管理洪水转变的新思路。从洪水控制到洪水管理，是当代社会防洪战略转移的重要标志。进而，防洪减灾思路应是对洪水灾害风险进行管理，由防汛抗洪转变为防洪减灾，由对付自然水的工程措施转变为改造自然和调节社会以适应自然，这是针对洪水灾害社会属性的减灾对策，是社会可持续发展战略的重要组成部分。洪水风险管理目前已被许多西方国家立法和我国防洪理论界接受和认可。在修改《防洪法》时，应与时俱进，将洪水风险管理的理念，体现在新的《防洪法》中，逐步建立流域整体防洪体制、依法管理洪泛区体制和开展洪水保险体制，最终形成以流域管理为主，体现洪水保险管理，以工程和非工程防洪措施优化组合兼顾洪泛区自然资源机能及可持续发展的洪泛区管理体系。[1]

其二，应加大对流域管理机构的授权，建立和完善流域防洪监督协调体系。《防洪法》明确授权流域管理机构，在其所管辖的范围内，行使法律、行政法规规定的国务院水行政主管部门授权的防洪协调和监督管理职责，对防洪工作提供了技术保障。然而，江河洪水是复杂变化的动态整体，河道水系是一个连贯的完整系统。这不仅决定了防洪工作是一个整体，必须综合治理、统一调度和管理，还决定了洪水的流域特性及上下游、左右岸和地区之间的协作关系。因此，在防洪方面，明确授权流域管理机构，符合流域防洪的特殊性，防洪工作需要流域管理机构从技术上统筹兼顾全流域各方利益。建立和完善流域防洪监督协调体系应注意以下四点：加大流域管理机构在防洪调度方面的作用；流域管理与区域管理的防洪事权划分更为明确；区域防洪管理应服从流域防洪管理，行业的专业防洪管理应服从流域的综合防洪管理；流域管理机构，应对流域控制性水工程具有管理职能，等等。[2]

其三，完善防洪规划管理。防洪减灾事业是涉及面广泛的一项公益事业，

---

[1] 何少斌、孙又欣、吴荣飞、常丽：《我国防洪法的理性分析》，《中国防汛抗旱》2007年第4期。

[2] 马拥军、余富基：《对〈防洪法〉实施十年来的法律思考》，《人民长江》2008年第11期。

涉及地区广、部门多、利害关系复杂，因此，需要密切协调、统一规划和高度权威。《防洪法》虽赋予了规划的法律地位，但规划管理制度还不够完善，还普遍存在着区域防洪规划违背流域防洪规划以及水利设施没有严格按照防洪规划要求实施等现象。为加强流域防洪规划管理，应对防洪规划的编制特别是修订、实施监督等作出明确规定。另外，应进一步明确防洪规划的管理主体和权限，明确界定流域管理机构和各级水行政主管部门的职责范围，依法加强对防洪规划的实施监督。①

其四，强化运用非工程措施。贯彻洪水风险管理理念，应因地制宜，将工程与非工程措施有机地结合起来，以非工程措施来推动更加有利于全局与长远利益的工程措施，辅以风险分担与风险补偿政策，形成与洪水共存的治水方略。只有这样，我们才能将洪水风险控制在可承受的限度之内，促使人与自然间的关系向良性互动转变。② 工程防洪体系和非工程措施防洪体系是防洪体系的两个方面，两者功能各不相同，相互不能替代，只有把它们有机地结合起来，取长补短、相得益彰，才能形成一个完整的防洪体系，才能真正有效地实现"人与自然和谐共处，实现经济社会可持续发展"的目的。我国现实防洪体系基本上是以工程体系为主的，而以对全社会防灾管理为特征的非工程体系则相当薄弱，还没有形成一个完善体系。即使是水文气象测报系统、防汛通信系统，以及防洪法规等非工程措施，也主要是为防洪工程运行、调度、管理、保护等方面服务的。修改《防洪法》，应强化运用非工程措施，尽快建立适应新时代要求的现代防洪体系。③

其五，推行洪水保险。作为一种重要的非工程措施，洪水保险具有特别的作用和意义。推行洪水保险，有利于加速洪灾后恢复正常的生活和生产，并可减少国家对洪灾的救济经费，从而减少洪灾对社会的不利影响；有利于限制在防洪区内的不合理开发利用。洪水保险已在世界许多国家进行了有效的实践。尽管《防洪法》规定了"国家鼓励、扶持开展洪水保险"，然而，由于种种原因，洪水保险并未推行开来。从我国目前防洪减灾的实际情况，以及洪水保险在防洪减灾中的重要地位来看，推进洪水保险已势在必行。修改《防洪法》，应对防洪保险组织管理机构体系、制度、资金、运作体系、洪水保险的主要范

---

① 马拥军、余富基：《对〈防洪法〉实施十年来的法律思考》，《人民长江》2008年第11期。

② 何少斌、孙又欣、吴荣飞、常丽：《我国防洪法的理性分析》，《中国防汛抗旱》2007年第4期。

③ 马拥军、余富基：《对〈防洪法〉实施十年来的法律思考》，《人民长江》2008年第11期。

围与对象等作出原则性设定,并加快制定《洪水保险条例》,对洪水保险制度进行全面、详细的规定。

六 加强配套立法

我国水资源立法的配套制度建设比较滞后,有些法律迟迟没有制定实施细则;有些法律的实施细则没有根据法律的修改及时跟进修改;有些法律明确授权要求制定的法规或规章,或者法律虽没有明确授权,但是为了保证法律的贯彻实施需要制定的法规或规章,没有及时制定,使得一系列水资源开发、利用、节约、保护和防治水害的基本水事法律制度,尚未建立或需要完善。

(一) 修改《水污染防治法实施细则》和《水土保持法实施条例》

法律的实施细则或者实施条例是法律的进一步细化,对于法律的具体实施意义重大,实施细则和实施条例理应随着法律的修改及时跟进修改。然而,《水污染防治法实施细则》的制定和修改一直比《水污染防治法》慢很多,《水污染防治法》1984年颁布实施,《水污染防治法实施细则》1989年才颁布实施;《水污染防治法》1996年进行了修改,《水污染防治法实施细则》2000年才随之修改。同样,《水土保持法》1991年颁布实施,《水土保持法实施条例》1993年才颁布实施。《水污染防治法》和《水土保持法》已分别于2008年和2010年进行了重大修改,《水污染防治法实施细则》和《水土保持法实施条例》应尽快启动修改工作。

(二) 加快涉水"四法"的配套制度建设

涉水"四法"中均有诸多明示或者暗示授权立法的条款,亟须加强配套立法,以保证相关制度得以实施。如《水污染防治法》第20条不仅提出国家实行排污许可制度,同时还规定了这一制度的基本内容,明确授权立法,规定排污许可的具体办法和实施步骤由国务院规定。2008年年初,国家环保总局就发出《关于对征求〈排污许可证管理条例〉(征求意见稿)的函》,然而时至今日,《排污许可证管理条例》仍没有出台。加快涉水"四法"的配套制度建设,形成严密、周全的制度体系,是切实实行最严格的水管理的前提和基础。

第三节 加强水行政执法

2011年中央一号文件《中共中央、国务院关于加快水利改革发展的决定》,提出进一步推进依法治水的战略要求,这是强化水利基础产业地位,推进水利可持续发展的根本保证。加强与发展水行政执法工作，实现依法治水，也是水利行政工作的根本方向。

一 规范职能设定，明确执法权限

（一）明确流域与行政区域相关执法事权的划分

《水法》虽然明确规定了国家水资源实行流域管理与行政区域管理相结合的管理体制，但流域管理与区域管理、行业管理的关系目前仍然没有完全理顺，在一定程度上影响和制约了流域水行政执法工作正常有效开展。根据现行水事法律、法规的规定，流域管理机构与地方水行政主管部门在水行政管理和水行政执法中存在着交叉、重叠的区域，当前，在水行政管理方面的事权划分相对比较明确，但在水行政执法方面的事权划分则基本上还是空白。由于流域管理机构与地方水行政主管部门所处的位置不同，在流域管理的过程中难免会出现一些冲突和矛盾，应进一步明确流域管理机构与地方水行政主管部门在管理和执法中的具体权限和相互的责权关系，做到既强化流域管理，又尊重区域管理，着力探索执法事权明晰、运行协调、职责明确、相互配合的流域执法与区域执法相结合的执法新机制。一方面，要做好与地方水行政主管部门的事权划分工作；另一方面，加强流域协作，建立与巩固流域管理与区域管理的和谐关系，建立流域与区域水行政执法的联动机制，建立健全流域水行政执法体系，充分发挥流域机构和地方水行政主管部门执法队伍的各自优势，进一步加强流域与区域联合执法，形成合力，在协调和互动中推进水行政执法的新局面。①

（二）明确水行政执法部门之间的执法权限

行政执法必然要求具备合法主体资格、合法程序以及对法律法规的恰当适用。因此，要规范行政执法，就必须明确各级行政机关的执法主体资格。同时，通过明确行政执法级别管辖权限，也有利于避免多头执法、重复执法和执法扰民，提高各级水行政主管部门公共服务的能力和水平，贯彻执法为民的理念。在水法律、法规及规章当中，对各级人民政府水行政主管部门的职权范围大部分未作具体明确规定，造成各级水行政主管部门之间时常存在管辖争议，不利于执法工作的开展。因此，要推进水利依法行政，依法管理涉水事务，就必须明确各级水行政主管部门之间的管辖职权，实现依法治水。进而，还应科学合理地划分和清理水政执法部门内部之间以及执法部门与相关职能部门之间

---

① 魏显栋：《流域水行政执法的发展障碍及对策研究》，《水利发展研究》2006年第2期。

的管理权限和范围，避免职权交叉重叠现象和执法真空现象的出现，既要加强执法机构与内部相关职能部门之间行政管理信息的互通与共享，又要严格划分执法机构与内部相关职能部门之间的执法权与管理权，完善执法机构与内部相关职能部门之间的协调配合机制，同时注意各不同部门和部门上下级之间的协调和配合，并将清理结果通过法规规章的形式予以确认。

（三）明确水行政执法人员的权力和职责

水行政执法人员的执法权力不得超越法律的授权或在没有法律授权的情况下实施。因此，在理清各部门职权的基础上，要将水行政执法职责细化，按照分级负责的原则，明确各级专职水政监察队伍及其执法人员的执法责任、范围和权限，并自上而下，层层签订水行政执法目标责任书，逐级分解，使职责分明，责任到人，各司其职，各负其责。将职责落实到每个岗位和人员身上，以推行行政执法责任制和评议考核制为重点，加强制度建设，明确执法岗位，分解执法职责，严格执法程序，细化执法标准，把执法责任真正落到实处，贯穿到水利行政许可、行政监察、行政处罚、行政强制执行、行政复议等各个环节，并以此为基础进行监督和考核，制定配套考核标准和奖惩办法，做到责任到人、权责统一。

二 建立运行顺畅的执法机制

（一）推进水行政综合执法

目前，水行政执法存在多头执法、分散执法和交叉执法等问题，在很大程度上影响了水法规的全面贯彻实施和水利部门的形象。为加强水行政执法工作，逐步建立权责明确、行为规范、监督有效、保障有力的水行政执法体制，保障水法规的贯彻实施，2006年，水利部在9个省选择了14个县水利（水务）局作为水利部水利综合执法联系点。实践表明，水行政综合执法在整合执法力量、提高执法效率、降低执法成本、强化执法管理、规范执法行为、树立行业良好形象等方面取得了积极成效。加强水行政执法是推进水利系统依法行政和可持续发展水利的重要内容。推进水行政综合执法，是从体制上加强和改进执法工作，有利于整合执法资源、降低执法成本、提高执法效率、加大执法力度，保障水法规的贯彻落实。2008年水利部印发了《综合执法联系点工作指导意见》，明确提出了实行相对集中行政处罚权制度、探索相对集中行政许可权制度，推进建立权责明确、行为规范、监督有效、保障有力的水行政执法体制。推进水行政综合执法，首先需要建立健全综合执法机构，整合现有执法机构，经当地编制部门批准，建立健全综合执法机构，明确编制，调整充实专职水政监察人员，积极争取将执法队伍纳入行政系列或者参照公务员管理，使执法队伍的性质与执法职能相适应。其次应明确综合执法机构的职责，集中行政处罚和行政征收职责，并根据执法工作需要，积极探索相对集中行政许可职责的有效途径，由综合执法机构统一行使水行政主管部门的执法职责。

（二）建立流域与区域水行政执法的联动机制

为使有限水资源发挥最大效能，应着力探索执法事权明晰、运行协调、职责明确、相互配合的流域执法与区域执法相结合的执法新机制。一方面，做好流域管理机构与地方水行政主管部门的事权划分工作；另一方面，加强流域协作，建立与巩固流域管理与区域管理的和谐关系，在协调和互动中推进流域水行政管理的新局面。要积极探索建立流域与区域水行政执法的联动机制，建立健全流域水行政执法体系，充分发挥流域机构和地方水行政主管部门执法队伍的各自优势，进一步加强流域与区域联合执法，形成合力，为流域水利事业提供法律保障。一方面引起社会对水事违法行为的关注，提高地方水行政主管部门的地位；另一方面扩大流域管理机构在流域内的影响，树立流域水行政执法的良好形象，拓展流域管理机构水行政执法的发展空间。同时要加大省际水事纠纷调处力度，积极探索调处水事矛盾的有效办法，建立省际边界水事矛盾的调处会商机制和省际界河突发事件应急处理机制，维护省际边界正常的水事秩序，保障省际边界地区的安定团结。①

（三）建立健全水行政执法网络体系

水事违法案件最大的特点为"点多面广"，大部分水事违法行为存在"看得见的管不着、管得着的看不见"的情形，水行政执法具有覆盖范围广、工作量大、点多线长、错综复杂的特点。要想维持正常的水事秩序，解决战线长、范围广、矛盾多的问题，必须组建一个完整的水行政执法网络体系。因此，应切实推进水行政执法队伍建设，健全水行政执法队伍，实现省、市、区、街道分工负责的执法队伍网络化，建立迅速有效、快速反应的水行政执法体系，是建立水务管理新机制的迫切需要，是树立水务部门执法权威、规范水事秩序的迫切需要，也是进一步转变工作职能，加快依法治水、科学管水进程的迫切需要。如何充分依托现有管理体制，如何有效整合现有执法资源，壮大执法力量，提高执法效率，无疑是我们提升依法管水治水能力过程中亟须解决的重要问题。要实现执法网络体系健康发展，实现良性运作必须正确划分各部门之间事权并依法加以规范，建立责、权、利相结合的划分制度。合理界定水

---

① 魏显栋：《流域水行政执法的发展障碍及对策研究》，《水利发展研究》2006年第2期。

行政执法各相关单位及市、区、街道执法机构之间的事权已成为推动水政执法工作向科学化、精细化管理迈进的关键。

（四）加强部门协作

水行政执法在争取各级人大、政府支持的同时，要主动与各有关部门协调，在它们的支持协作下保证依法审批、管理和查处水事违法案件到位。如在涉水建设项目的审批和建设项目的水土保持方案编制上，依法作为发改委立项、国土部门办理征地手续、规划部门规划、建设部门报建和验收、环保部门环保方案编制审批的组成部分或前置条件，共同参与，相互把关，确保依法行政到位。主动与公安、法院等部门配合，在违法水事案件的查处上给予大力支持，既可对拒不接受处罚的当事人或行为及时采取强制措施，又可起到必要的震慑和保护水政执法人员安全的作用，取到较好的执法效果。要主动与政府法制办、优化经济环境办公室等机构沟通，争取它们理解和支持，自觉接受监督。同时，要与新闻单位联系，让它们对水行政执法多进行宣传报道，在宣传水行政执法的同时自觉接受社会的监督。要加大对水事违法案件的查处力度，发现一起查处一起，严格执法，维护法律的权威。①

三 建设高素质的水行政执法队伍

（一）实行执法资格考核认证制度

水行政执法是实施依法治水的中心环节，要搞好该项工作，就必须打造一支高素质的水行政执法队伍。采取水行政执法资格考核认证制度，加强在岗水行政执法人员业务培训以及改善水行政执法人员的装备水平等措施，打造一支政治性强、业务精、作风硬、高效率的水行政执法队伍，是做好水行政执法的组织保证。实行水行政执法人员资格认证和培训考核制度，行政执法人员必须熟悉和掌握与履行行政执法职责相关的法律、法规、规章及专业知识，参加行政执法资格考试，考试合格方可取得省人民政府统一颁发的行政执法证件，没有取得行政执法证件的，不得从事行政执法工作。根据法律、行政法规、部门规章规定，持有和使用国务院部门统一颁发的行政执法检查证件的，使用机关应及时向本级政府法制机构造册备案并接受统一监督。行政执法人员从事行政执法活动，应当主动出示行政执法证件。同时实行执法证年审制度，如发现不能胜任执法的工作人员，应及时清除出水行政执法队伍。

---

① 金建宙：《浅析加大水行政执法力度的途径》，http://www.wzsl.gov.cn/system/2007/06/18/010730004.shtml。

(二) 加强执法人员专业知识、法律知识培训和职业道德教育

水行政执法人员是水法律法规的具体实践者，在水行政执法过程中，执法人员的素质对促进依法行政、提高行政效率、改善机关形象起着关键性的作用。因此，加强对水行政执法人员的思想政治教育、职业道德教育和遵纪守法教育，加强领导，严格管理，确保执法人员的政治素质和业务素质，促进严格执法、公正执法、文明执法，努力提高执法水平，这是对水行政执法人员的总体要求。而且，加强在岗水行政执法人员专业知识和法律知识的培训和学习，不断提高他们的业务素质，十分必要。水行政执法人员首先必须学习和掌握与水行政执法活动有关的专业知识，如水文、水工、水土保持、水资源管理和保护等知识。最后，应具备丰富的法律知识，主要有两方面：一是水法律法规知识；二是与水行政执法密切相关的其他法律知识，如《刑法》、《环境保护法》、《森林法》、《行政处罚法》、《行政诉讼法》等。只有学好法，才能执好法，才能保证水行政执法行为的合法性，才能充分发挥法律武器的威力。[①] 另外，加强执法人员的职业道德教育，也十分重要。在社会主义市场经济条件下，加强职业道德修养，树立公道正派形象，既是为人处世、立身行事之要，切实做好各项工作之需。

(三) 改善执法人员的执法条件

由于基层水行政执法队伍缺乏充足稳定的经费来源，执法队伍装备长期得不到更新，有些基层执法队伍甚至连专用交通工具都没有，先进的通信、勘察设备更是缺乏，水政执法装备落后，缺乏必要的执法办案装备、工具，极大地影响了水行政执法的效能和效率，成为制约水行政执法活动开展的重要因素。只有不断改善执法装备和条件，保障执法办案经费，提高水行政执法装备的信息化水平，用先进的执法理念和现代化的办案器材武装执法人员，才能给水行政执法注入新的活力，有效推动水行政执法工作，促进水行政管理工作健康有序发展。按照水利部提出的"执法装备系列化"的要求，应大力加强硬件建设，加大执法经费投入，不断改善执法装备和现代办公条件，不断改善水行政执法人员的装备水平。水行政执法部门应配备必要的交通工具、通信工具，购置电脑、测量仪器、摄像机、照相机等现代化办公设备，以提高水行政执法人员的工作效率，切实提高水行政执法装备信息化水平和处置水事突发案件的能力，保证准确办案、及时结案。

---

① 王长忠：《当前水行政执法中存在的问题及对策》，http：//www.hnfzw.gov.cn/news/20094/2009428162118815.shtml。

四 切实规范水行政执法行为

（一）严格执法程序

只有严格按照程序执法，才能避免行政决定带有偏见，避免相对人遭受不公正的待遇。更重要的是能使相对人充分参与到水行政决定的过程中来，使行政法律关系双方的意志得以沟通和交流，从而大大增进了行政行为的可接受性，使水行政机关的管理活动得到有利的配合，发挥最佳的效果。水行政执法程序是指水行政执法主体及其行政人（工作人员）按照一定的步骤、形式、方式、时限和顺序对外行使行政权（即作出水行政执法行为）的过程，并在这个过程中充分体现民主性、平等性、公众性、参与性和科学性。由于我国《水法》并没有涉及水行政执法的程序的规定，而目前的地方法规和部门规定已经不能适应水行政执法的实际需要，因此有必要对其执法程序作出规定，设计一些创新的程序规定，以避免水行政执法中的程序缺失和执行困难。作为行政程序的一种，水行政执法程序具有规范性、强制性的共性，但受水资源独特性（流动性、形态多样性、不可替代性等）的影响，又有其自身的特点。根据水行政执法程序特点和构成要素（方式、步骤、时间和顺序），水行政执法程序模式可以设定为表明身份、告知（通知）、当事人陈述（申述）、磋商、和建议。[1]

（二）规范自由裁量权，统一执法标准

水行政执法自由裁量权，是指水行政执法机关在水法律法规规定范围内可以酌情行使的法定权利。然而，我国相应的法律法规对水行政执法自由裁量权的约束较少，给自由裁量权的运用留下了隐患。因此，应规范行政自由裁量权，排除不相关因素对行政自由裁量权的干扰，杜绝违法裁量、随意裁量、滥用自由裁量的现象，并以此为突破口，全面规范行政执法行为，保障法律、法规、规章的正确实施，维护公民、法人和其他组织的合法权益。实践证明，规范行政自由裁量权无论是从保护执法者，防止其转化为滥用行政权的腐败者，还是从保护相对人，使他们的合法权益得到平等有效的保护的角度看，都是十分必要的。同时，它还是保护社会公共利益，消除社会矛盾，构建和谐社会的重大举措之一。[2] 目前，有些地方水行政主管部门为规范水行政执法自由裁量

---

[1] 马波、黄明健：《水行政执法程序及其模式设计构想》，《水资源保护》2005年第1期。

[2] 《试论规范行政自由裁量权的必要性和适度性》，http://www.xn.xm.gov.cn/html/xnjs/20100713326.htm。

权,进行了很多有益的尝试。有的地方专门制定了规范行政自由裁量权工作方案,① 有的地方创设了多种制度,如案件集体审理制度、监督制约制度、水行政错案追究制度、案例参照制度、执法回避制度、公开公示制度等。②

(三) 规范执法文书

水行政执法文书是水行政主管部门对水事违法行为定性和作出处理的凭据,也是审查或证明执法活动合法性、准确性、有效性的主要依据和履行水行政管理职责的有效载体。科学、严谨和规范的执法文书有利于保证水行政执法行为的法律效力和权威,也便于水行政执法人员实际操作。只有做到规范、正确制作执法文书,才能确保我们执法行为的合法有据。③ 制作使用执法文书时应做到"三要":对执法依据要准确合理、条款分明;对违法事实、应用法律依据要表述准确、语言简练;文书字迹要清晰、整洁、完整、易读、易懂。

五　建立健全水行政执法监督机制

(一) 水行政执法部门要自觉接受监督

加强对水行政执法的监督,是依法治国和依法行政的基本要求,只有切实加强对执法队伍和执法人员的监督,才能确保依法办事,最大限度地保护人民群众的合法权益。要本着执法与监督并举的原则,建立有效的监督制约机制。水行政执法监督的主要方式有:水行政执法首先要接受水行政主管部门及其上级政府的监督;其次应依法接受具有法定监督权的国家机关(如国家权力机关、监察机关、司法机关等)的监督;最后,还应接受广大人民群众、社会团体和新闻舆论的监督。水行政执法活动只有自觉地接受全方位的监督,才能限制其自由裁量权的滥用,促进执法水平的逐步提高,依法治水、依法管水才会真正落到实处。④

(二) 全面落实行政执法责任制

行政执法责任制,是指将法律、法规、规章规定的行政执法职责权限,依法具体落实到有关行政执法机关及其行政执法机关内设机构和行政执法人员,建立单位责任制和岗位责任制,并通过评议考核、奖优罚劣,从而达到促进依

---

① 《漳州市水利局规范行政自由裁量权工作方案》, http://zzslj.zhangzhou.gov.cn/E_ReadNews.asp? NewsID = 5638。

② 《顺昌县水利局行政处罚自由裁量权有关制度》, http://www.fjsc.gov.cn/cms/siteresource/article.shtml? id = 30143611113670000。

③ 潘英华:《内蒙古自治区水行政执法初探》,硕士学位论文,内蒙古大学,2007 年,第 24 页。

④ 同上书,第 21—22 页。

法行政的一种工作制度。建立并实施权责一致、目标明确、奖罚分明的行政执法责任制,可以规范行政行为,促进依法行政,提高行政效率,保护公民、法人和其他组织的合法权益。国务院办公厅于2005年7月下发了《关于推进行政执法责任制的若干意见》,指出完善行政执法责任制的重要性和紧迫性,并就进一步推进行政执法责任制提出了一系列意见和建议。全面落实行政执法责任制,最关键的是,在厘清各职能部门管理权限的基础上划定执法过错追究机制范围,依据过错的轻重和对行政相对人权益影响的大小对过错进行分类并依此承担相应的责任,同时制定完善的过错追究程序。在制定过错追究程序时要注意保护公务员合法的程序性权益,如建立听证制度等。同时在行政过错责任追究中引入降职、辞退等多种组织手段,把责任追究与公务员考核结合起来,加大责任追究力度。建立政府部门行政首长问责制,规定问责的范围,启动程序和法律责任,实行重大事故和重大事件责任检讨制度。[①]

第四节 加强水资源司法保护

加强水资源司法保护,需要大胆探索,积极创新,主动实践,从机制、管辖、机构、人员等诸多方面着手。这些方面并不是孤立的、各自为政的,而是分别从不同的方面着眼,从而相互配合、形成合力,从而使得水资源得到司法的有力保护。值得注意的是,水资源司法存在的诸多问题,是我国环境司法困境的缩影和具体表现;加强水资源司法保护的途径和方法,很大程度也正是我国环境司法改革和发展的突破口。

一 加强行政执法和司法保护的联动机制

由于司法机关与行政机关性质不同,互不隶属,往往形成司法与行政各司其职、各行其是,导致了对有的环境案件在查处时互相推诿,或者以罚代刑。由于司法保护与行政执法之间缺乏有效的配合和必要的监督。有的环境违法行为已经触犯了刑法,应当追究刑事责任,却以行政罚款处理,有的环境违法行为严重破坏了自然资源、生态环境,给社会环境公共利益造成了重大损失,却无人提起环境公益诉讼。如此状况说明,环境保护的执法仅依靠环境行政执法机关已经远远不够,甚至无力改变,必须借助于司法的威慑力量和强力介入,司法与行政相互协调、配合,两种权力有效介入到环境保护领域,各行其职,

---

① 华烨:《巴彦淖尔市水行政执法调研报告》,硕士学位论文,内蒙古大学,2008年,第18页。

共同加大环境保护的执法力度,才能最终取到良好效果。总而言之,环境行政执法是环境保护的第一道"闸门",行政权延伸领域广,行政管理和执法涉及各行各业,行政执法处在"最前线",当出现环境违法行为时,行政执法机关应当依法履行职责,追究违法者的行政责任。如果环境违法行为触犯了刑律,应当移送至司法机关追究其刑事责任。如果环境违法行为给社会环境公共利益造成损失时,环境行政执法机关还有权代表国家提起环境民事公益诉讼。在现有法律框架下,必须依靠司法机关、行政机关通力合作,必须加强和完善行政与司法的联动,在沟通和互动中最大限度地发挥司法、行政执法能动保护环境的积极作用。①

行政执法和司法保护的联动机制,既包括行政部门与司法部门之间的合作与配合,也包括司法部门与行政部门之间的监督和制约。前者如昆明市规定的环保部门在环境污染事故鉴定、损害后果评估方面,对环境公益诉讼提供技术支持,无锡市规定的,检察机关在办理环境民事公益诉讼案件中,需要由相关环保部门提供勘验、监测、检测、鉴定、化验、评估等技术数据结论的,可以发出《协助提供证据材料通知书》,相关部门应当按照合法、客观、科学的原则,全面收集并及时向检察机关提供有关证据材料。后者如无锡市规定的,对于侵害环境公益的违法行为,相关环保部门依法应当进行查处而未查处的,检察院应当向其发出《检察建议书》,建议其依法履行查处职责。对涉及侵害环境公益的民事案件,经审查认为相关环保部门对侵害环境公益的违法行为已经依法进行过行政处罚,但侵害行为造成的环境损害后果尚未处理的,可以督促相关环保部门起诉,并制作《民事督促起诉书》。

不仅仅是推行环境公益诉讼需要行政执法和司法保护的联动,在追究水资源犯罪方面,同样需要环境行政执法和刑事司法衔接机制,加强相关职能机关之间的工作配合。主要是加强检察机关对行政执法机关的监督,密切关注水资源保护动态,防止行政执法机关有案不立、有罪不究,保证破坏水资源的案件得到及时的查处。另外,针对目前法律对水资源犯罪案件的规定不明确,危害后果难以量化,因果关系复杂、入罪门槛高的问题,检察机关应加强与公安机关、法院以及环境保护行政主管部门之间的联动配合,积极推进各职能机关之间的协商,结合各地实际,进一步明确办理破坏水资源案件的立案标准,制定操作性较强的公私财产损失计算标准等。如江苏省宜兴市对此已进行实践并取

---

① 田成有:《联动与能动:环境保护的必由之路》,载曾晓东主编《中国环境法治(2011年卷上)》,法律出版社2011年版,第220页。

得良好效果，该市公安局、法院、检察院、环保局于 2009 年出台《关于办理水体污染刑事犯罪案件的意见（试行）》，明确规定了办理水体污染刑事案件的适用情形、证据种类范围、公私财产损失计算标准等内容。该文件细化了原则性规定，密切了各职能机关之间的联动配合，有利于及时准确立案，提高办案质量，加大对污染水资源行为的打击力度。[①]

行政执法和司法保护的联动机制建设，其内涵是非常丰富的，包括创设法律依据、组织保障建设、进行制度创新等。创设法律依据方面，如昆明市和无锡市都出台了一系列法律文件，来推行行政执法和司法保护的联动机制。组织保障建设方面，如昆明市由公安局设立专门的"环保警察"，检察院设立"环保检查处"，法院设立"环保审判庭"。制度创新方面，则如无锡市规定，检察院通过支持起诉、督促起诉、提起民事公益诉讼案件三种方式实施诉讼活动。这些都是加强行政执法和司法保护的联动机制的成功经验，值得学习和推广。

二 支持水污染公益诉讼

国际国内的经验表明，环境公益诉讼作为一种相对成熟的诉讼制度，有利于打击环境违法行为，有利于保护公共环境利益，有利于强化环境执法监管。对于水资源的司法保护而言，公益诉讼的作用和意义更是得到了广泛的认同。实践证明，水资源领域的公益诉讼能够及时制止污染水资源的行为，有利于为国家、集体挽回经济损失，有利于被破坏环境的修复，为解决处罚之后的环境修复问题打开了新的思路。然而，公益诉讼制度仍处于起步阶段，水资源领域提起公益诉讼的案件较少，未能充分发挥其在保护水资源方面的作用。

当然，水污染公益诉讼，只是环境公益诉讼的一个类型。推行水污染公益诉讼，与完善和推广环境公益诉讼是一致的。实际上我国的环境公益诉讼实践与水污染的联系十分密切。比如，目前环境公益诉讼实践开展得较为超前的昆明、贵阳和无锡三地，其现实契机均是某一严重的水污染事件，其出发点和直接目的也是解决严重的水污染问题，保护水资源的可持续利用。而已有的环境公益诉讼案例，水污染公益诉讼也占了相当的比例。鉴于水污染的严重性以及这些现实基础，加之该领域较好的法律基础，推行水污染公益诉讼可作为建立和完善我国环境公益诉讼的突破口。

---

① 杨旭、杨琼：《检察机关保护水资源问题研究》，http://www.yxzf.gov.cn/jc/jcdy/2011/577319.shtml。

三 创新管辖体制，对流域水污染纠纷实施专门管辖

针对目前流域水污染纠纷处理过程中司法介入严重不足、诉权行使不畅和审判权行使缺位的问题，必须从方便诉权和审判权行使方面重新考察审判组织的建构，提高司法权威。由于专门管辖有利于实现流域水污染案件裁判的专业化、合理化，有利于克服司法地方保护主义，因此，对流域水污染纠纷实施专门管辖已基本形成共识。

海事法院在审理流域水污染案件上的优势尤其引人关注。原最高人民法院副院长万鄂湘就认为，我国的十个海事法院分布在沿海和长江的十个重点流域，具有按流域、跨行政区设置的特点，因而对于我国的水资源保护具有独特的地位和优势。而且海事法院设立于沿海大城市，独立性、专业性很强，由其审理海洋和水域污染引起的纠纷，可以发挥专门法院和专家型法官的优势，避免地方保护主义的干扰，提高办案效率，确保司法公正，为加强海洋环境保护提供了可靠的司法保障。海事法院多年来审理了不少船舶排放污染物造成的污染案件，积累了大量经验，其中解决的不少难题也在陆源污染水域的案件中遇见，由海事法院审理海洋和内河污染纠纷案件，可以充分利用已有经验，避免重复试验和执法不一；同时，部分海事法院也对审理陆源污染水域案件进行了有益的探索，取得了较好的成效。①

然而，我国江河湖泊众多，且水污染纠纷处于多发期，如果由海事法院统一受理海域及内河内发生的所有污染损害（民事）赔偿纠纷、相关的行政诉讼、刑事诉讼，基于海事法院现有人员和编制的局限，势必不堪重负。② 从集中优势力量解决难题、关键问题的角度出发，跨省级行政区划的流域水污染纠纷案情复杂，影响范围广、涉及人数多、社会影响巨大，由海事法院管辖为宜。而且海事法院在建制上属于中级人民法院，级别较高，这类案件由中级人民法院管辖，也与我国现行"四级二审终审制"的审级制度较为接近，更有利于解决海事法院管辖流域水污染纠纷的制度性和机制性障碍。

对于处于一个省级行政区划内的水资源保护案件可以交由省会所在城市或与该水域联系最密切的地区的一家基层法院统一进行一审，所属中院、高院设

---

① 广东海事法院：《关于广东水资源司法保护的有关问题》，中国律师 2010 年海商法国际研讨会论文，广东广州，2010 年 10 月，第 201—202 页。

② 参见广东海事法院《关于广东水资源司法保护的有关问题》，中国律师 2010 年海商法国际研讨会论文，广东广州，2010 年 10 月，第 201—202 页。

立相应的环境法庭，便于集中管辖。比如，贵阳市环保法庭将案件管辖确定在"两湖一库"自然流域基础上，审理涉及"两湖一库"水资源保护的各类案件，昆明市环保法庭负责审理昆明市辖区内涉及环境保护、滇池流域治理和集中式饮用水源地保护的刑事、民事、行政和执行相关案件，无锡市环保法庭设立的契机就是太湖流域水污染事件。这几个环保法庭都重点关注了某一特定流域的环境案件，符合水资源流域管理的先进理念。[①]

[①] 黄莎：《我国环境法庭司法实践的困境及出路》，《法律适用》2010年第6期。

第四编

土地资源法治篇

引　言

土地是人类生存和发展的重要基础性资源，可以说，人类社会发展迄今为止所创造的绝大部分财富，皆源于对土地的开发和利用。因此，自古就有"有土斯有财""土地是财富之母""地者万物之本源，诸生之根菀也"①等至理名言。然而，土地资源的总量是有限的，它既要满足日益增长的建设用地的需求，又要保障基本的耕地数量以确保粮食安全，还需保有一定面积和质量的生态用地以保障生态安全。于是，有限的土地供给和无限、多样的土地需求之间势必产生矛盾。事实上，从全球范围看，随着对人类自身生存和发展环境的日益关心和对人类与自然关系的不断重新认识，也出于对国家利益和人民福祉的考虑，世界上绝大多数国家都把土地资源管理与保护作为一项重大工程来抓。

我国是一个幅员辽阔的国家，内陆土地总面积为960万平方千米。然而，我国又是一个资源相对短缺的国家，人多地少，耕地后备资源不足。尤为值得高度注意的是，随着近几年城镇化进程的加速，房地产用地和企业用地不断扩张，耕地一再被侵占，目前中国耕地面积仅约为18.26亿亩，比1997年的19.49亿亩减少1.23亿亩，中国人均耕地面积由10多年前的1.58亩减少到1.38亩，仅为世界平均水平的40%。18亿亩耕地红线岌岌可危！② 与此同时，土壤流失、沙漠化、土地污染与破坏、耕地抛荒和利用低效、建设用地闲置、生态用地面积锐减、功能萎缩等问题也愈演愈烈，已经成为制约我国经济社会又好又快和可持续发展的重要因素。

立足当下，在以科学发展观作为指导思想而寻求中华民族伟大复兴、推行依法治国发展战略的今天，如何科学分配、合理利用并有效保护土地资源已成为我国政府、企业、知识精英以及普通老百姓都必须共同面对的时代性课题。

---

① 《管子·水地篇》。
② 《中国耕地面积仅约为18.26亿亩 逼近最低要求》，《南方日报》2011年2月25日。

不过，土地资源的法律保护是一个异常复杂的问题，需要法学（这又跨越民法、经济法、环境法、行政法等多个二级学科）、生态学、资源学、经济学等多学科、宽口径的基础知识和基本原理作为智识支撑。比如，从资源学的角度看，土地资源宏观上由农耕用地（耕地）、建设用地、生态用地和资源（能源）用地四大类型组成，其中，耕地必须保障粮食安全；建设用地支撑城乡建设良性发展；生态用地确保人与自然生态系统的动态平衡；资源用地为保障资源战略安全作出基本贡献。① 土地资源法律保护的目标，实际上就化为实现上述四类用地总量间的平衡协调和功能优化。囿于时间和水平的限制，本篇不奢求对土地资源法律保护方方面面的问题进行全面而均衡的论述，而是试图以保障国民经济又好又快和可持续发展为基本目标，以农耕用地和生态用地的法律保护为重点，以制定统一的《土地法》为根本任务，以"生态系统管理"为思维指导，为健全和完善我国土地资源保护的管理体制、运行机制和法律制度做一点反思性的思考，并提供一点建设性的意见。

---

① 参见左玉辉《土地资源调控》，科学出版社2008年版，第3页。

第十二章

我国土地资源保护面临的严峻形势

在我国以土地为本的文化系统中，要解决土地资源的保护问题，是个很大的系统工程。土地资源保护是指人类为了自身长期生存与发展的需要，保存土地资源数量和质量，防止土地破坏和退化所采取的各种措施和行动。① 近年来，随着我国城镇化水平的不断提高，工业化进程的加速，现行管理体制的不统一等诸多因素，造成了我国土地资源保护面临诸多严峻的挑战。

第一节 我国土地资源的基本情况

根据全国土地利用变更调查，截至 2005 年年底，全国农用地面积为 65704.74 万公顷（985571 万亩），建设用地面积为 3192.24 万公顷（47884 万亩），其他为未利用地。在农用地中，耕地面积为 12208.27 万公顷（183124 万亩），园地面积为 1154.9 万公顷（17323 万亩），林地面积为 23574.11 万公顷（353612 万亩），② 牧草地面积为 26214.38 万公顷（396213 万亩），其他农用地面积为 2553.09 万公顷（38296 万亩）。在建设用地中，居民点及工矿用地面积为 2601.51 万公顷（39023 万亩），交通运输用地面积为 230.85 万公顷（3463 万亩），水利设施用地面积为 359.87 万公顷（5398 万亩）。③ 以下，我们试对我国土地资源的分布和结构特征以及未来对土地资源的需求作细致的

---

① 参见刘春晖《浅谈我国土地资源保护存在的问题及对策》，《黑龙江科技信息》2010 年第 18 期。

② 根据第七次森林资源调查结果显示，全国森林面积 19545.22 万公顷，森林覆盖率 20.36%。活立木总蓄积 149.13 亿立方米，森林蓄积 137.21 亿立方米。除港、澳、台地区外，全国林地面积 30378.19 万公顷，森林面积 19333.00 万公顷，活立木总蓄积 145.54 亿立方米，森林蓄积 133.63 亿立方米。天然林面积 11969.25 万公顷，天然林蓄积 114.02 亿立方米；人工林保存面积 6168.84 万公顷，人工林蓄积 19.61 亿立方米，人工林面积居世界首位。

③ 《全国土地利用总体规划纲要（2006—2020 年）》。

介绍。

一 我国土地资源的现状分布和结构特征

（一）总量大，人均小

据《中国统计年鉴 2005 年》记载，我国国土总面积为 960 万平方千米，是世界上国土面积最大的几个国家之一，土地面积约占世界土地总面积的 7.15%。然而，虽然我国土地资源绝对数量大，但人均占地量少。按人口的平均占有量来算，我国约为世界人均占有量 49.7 亩的 1/3，仅为 14.4 亩。由于土地资源紧缺，各类用地均不能满足需要，建设与农业以及农林牧之间争地矛盾突出。特别是"六五"期间，每年平均净减耕地 46.67 万公顷，同时每年净增人口约 1429 万人。耕地锐减和人口剧增使人均耕地占有量不断下降。① 根据最新调查，目前，中国耕地面积仅约为 18.26 亿亩，比 1997 年的 19.49 亿亩减少 1.23 亿亩，中国人均耕地面积由 10 多年前的 1.58 亩减少到 1.38 亩，仅为世界平均水平的 40%。②

（二）山地多，平地少

山地多，平地少是我国土地构成的显著特点。中国是多山国家。据粗略统计，山地、高原、丘陵的面积约占土地总面积的 69%，平地约占 31%。山地一般高差大，坡度陡，土层薄，土地的适宜性单一，宜耕性差，农业发展受到较大限制，生态系统一般较脆弱，利用不当，极易引起水土流失和资源破坏。但山地，尤其是中国南方山地，水热条件好，适宜于林木生长和多种经营的发展。西北地区的山地是中国主要牧场，又为平原地区农业灌溉水源的集水区，因而，山地在西北地区农业自然资源的组成和农业生产结构中占有特殊重要地位。

（三）荒地多，耕地少

广义的荒地指可供开发利用和建设而尚未开发利用和建设的一切土地，主要包括宜农、宜林和宜牧荒地等。狭义的荒地通常指宜农荒地。据历史统计数据，中国尚有宜农荒地资源 3500 多万公顷，其中可垦为农田的约为 1300 多万公顷，主要集中分布于北纬 35°以北地区，以东北最多，开发利用潜力较大，其次为内蒙古和西北地区。在南方广大红黄壤丘陵山地，也拥有相当数量的宜

---

① 李广兵：《土地保护立法：土地权、发展权与环境权的衡平》，http://www.studa.net/minfa/060522/1020571.html。

② 转引自黄应来《中国耕地面积仅约为 18.26 亿亩 逼近最低要求》，《南方日报》2011 年 2 月 25 日。

农荒山荒地。与此同时，我国耕地资源却呈现相反趋势。据 2002 年土地变更调查显示，我国耕地总面积 12593 万公顷，人均耕地面积仅为 0.10 公顷，不足世界人均耕地的一半，在世界 26 个人口 5000 万以上的国家中处于倒数第 3 位。全国只有内蒙古、黑龙江、宁夏、新疆、吉林、甘肃 6 个省（自治区）人均耕地在 0.133 公顷以上；北京、上海、天津、浙江等地区的人均耕地少于 0.053 公顷。而现阶段我国人口以每年 1000 多万的速度递增，人地矛盾更加尖锐。

（四）生态用地比例小

所谓生态用地[①]，是指生产性用地和建设性用地以外，以提供环境调节和生物保育等生态服务功能为主要用途，对维持区域生态平衡和持续发展具有重要作用的土地利用类型。其中，环境调节功能主要是指气体调节、气候调节、水文调节、土壤调节与控制、干扰调节等，生物保育功能主要是指为人类之外的其他生物提供栖息地、丰富的基因库、生物防治等功能。简言之，生态用地，就是指为支撑和维护自然生态系统健康、完整、多样性所需要的土地，包括公益林地、草地、水域及湿地三大类型。[②] 具体说来，生态用地包括以下内涵：（1）生态用地以自然生态保护为主要目的，与侧重支撑人类生态系统用地类型的建设用地、农用地（包括耕地、牧草地、林地等）相对应。其用途侧重自然生态系统的保护及其功能发挥，尽量避免和减少人类活动对自然生态系统的干扰和破坏。（2）生态用地的范围应当包括各类自然生态系统保护用地、自然和人工水系以及各类湿地、重要生态功能区保护用地、自然保护区等。现行《全国土地分类（试行）》中的一级类"未利用地"所列的各类土地应当整体列入生态用地的范畴。（3）生态用地的分布应当能够使各类自然生态系统用地与自然保护区保持沟通、连续，使生态用地形成区域乃至全球性网络，为由于人类过度利用干扰已经破碎的自然生态系统斑块的增长与弥合创造条件，从而促进自然生态系统功能的逐步恢复和优化，最终恢复并保持自然

[①] 一般认为，"生态用地"一词最先由石元春院士于 2001 年考察宁夏回族自治区时提出，后由石玉林院士在中国工程院咨询项目《西北地区水资源配置与生态环境保护》报告中作了进一步的概念阐述，将生态用地作为干旱区防治和减缓土地荒漠化加速扩展的缓冲剂，以达到保护和稳定区域生态系统的目标。参见邓红兵《区域生态用地的概念及分类》，《生态学报》2009 年第 3 期。

[②] 国内学者对于生态用地的概念尚未达成共识，但总体上认为，生态用地应该具有以下功能：防风固沙、保持水土、净化空气、美化环境、休闲娱乐等。具体包括：森林、草地、湿地、城市绿化用地、自然保护区等。参见唐双娥《法学视角下生态用地的内涵与外延》，《生态经济》2009 年第 7 期。

生态系统的完整多样性和健康稳定性。（4）生态用地的安排对于人类需求来说，侧重点在于保证人类社会生态安全，满足人类整体生存需要前提下生活质量的提高、可持续性的保障以及人类社会与自然生态的和谐。

我国森林覆盖率为20.36%，只有全球平均水平的2/3，排在世界第139位。人均森林面积0.145公顷，不足世界人均占有量的1/4；人均森林蓄积10.151立方米，只有世界人均占有量的1/7。全国乔木林生态功能指数0.54，生态功能好的仅占11.31%，生态脆弱的状况仍没有根本扭转。

全国湿地调查显示我国单块面积大于100公顷的湿地总面积3848.55万公顷（不包括香港、澳门特别行政区和台湾省的数据）。其中，自然湿地3620.05万公顷，占全国湿地总面积的94.06%，占国土面积的3.77%，远低于6%的世界平均水平；库塘湿地228.50万公顷，占总面积的5.94%。在自然湿地中，沼泽湿地1370.03万公顷，滨海湿地594.17万公顷，河流湿地820.70万公顷，湖泊湿地835.16万公顷。人均自然湿地面积仅0.028公顷，相当于世界人均的13.15%。①

当前，我国不少城镇用地结构不尽合理，各类用地比例失调：生产用地比例过高，生活用地明显不足，生态用地被挤占，直接造成的后果是生态用地比例过小。当然，工业用地等生产性用地占地比例较高，这是由我国处于社会主义初级阶段的现实国情所决定的。但是，必须在注重经济发展的同时，合理调控三地比例，适当提高生态用地比例，通过合理的用地安排，使人民生活在有利于身心健康的安全和舒适的环境之中，从而实现经济社会发展和人口资源环境相协调。

（五）区域分布不平衡

我国土地资源不仅有限，而且土地资源区域分布不平衡，土地生产力地区间差异显著。中国东南部季风区土地生产力较高，目前已集中全国耕地与林地的92%左右，农业人口与农业总产值的95%左右，是中国重要的农区与林区，而且实际也为畜牧业比重大的地区。但区内自然灾害频繁，森林分布不均。在东南部季风区内，土地资源的性质和农业生产条件差别也很大。西北内陆区光照充足，热量也较丰富，但干旱少雨，水源少，沙漠、戈壁、盐碱地面积大，其中东半部为草原与荒漠草原；西半部为极端干旱的荒漠，无灌溉即无农业，土地自然生产力低。青藏高原地区大部分海拔在3000米以上，日照虽充足，

---

① 目前，全国已建立湿地自然保护区553个，国际重要湿地37块，国家湿地公园140多处，纳入保护体系的湿地面积达1800万公顷（2.7亿亩）。

但热量不足,高而寒冷,土地自然生产力低,而且不易利用。总之,中国土地资源分布不平衡,土地组成诸因素大部分不协调,区域间差异大。

二 现代建设对我国土地资源的未来需求

随着我国现代化建设进程的加快,土地资源的重要性日益显现。土地资源必须从不同维度满足现代化建设的需求。土地资源是我国不可替代的战略资源,它的调控牵一发而动全身。以下,我们试以我国现行的土地三级分类体系为基础,根据土地主要功能,提出四个"零级"土地类别:耕地、建设用地、生态用地和资源(能源)用地。耕地必须保障粮食安全;建设用地支撑城乡建设良性发展;生态用地确保人—自然生态系统的动态平衡;资源用地为保障资源战略安全作出贡献。[①] 实际上,土地资源调控和保护的目标即是实现上述四类用地总量间的平衡协调和各类用地的功能优化。

(一)建设用地是城市化和工业化的基础

根据城乡建设水平不断提高的需要,预计我国建设用地需求2020年为3518.31万公顷,2030年为3522.41万公顷,占国土面积的比重最高不超过3.7%;与现有的建设用地相比较,新增建设用地不超过330万公顷(约合4953万亩),即便全部挤占耕地也不会威胁我国的粮食战略安全。研究认为,建设用地宽松会导致耕地减少引发对粮食安全的担忧;但是,地根过度收紧会导致城镇人居、交通和生态环境用地紧张,人居环境难以满足人民的需求,尤其是居住用地过于紧张会引发地价、房价的过快上涨。由此可见,建设用地的宽松与过紧均不利于民生问题的解决,必须正确调控建设用地的适度供给。

(二)农耕用地确保粮食安全

农业是国民经济发展和社会发展的基础,而耕地则是农业的基础。耕地资源的数量、质量及分布直接影响着我国粮食安全问题的解决。通过深入分析近20年来耕地数量变化的原因,发现1986—1995年耕地减少的首要原因为农业结构调整,1999—2005年耕地减少的首要原因为生态退耕。根据我国未来人口、人均粮食需求和土地单产的预测结果,预计我国人口高峰期需要耕地15.31亿—16.70亿亩,低于2010年我国耕地保有面积18.26亿亩,存在1.56亿—2.95亿亩的调控空间。不过,当前,我国人口增长与耕地减少的矛盾十分突出,必须继续把"十分珍惜每一亩耕地,合理利用每一亩耕地,合理开发利用和切实保护耕地"作为我国长期坚持的一项基本国策。

---

① 参见左玉辉《土地资源调控》,科学出版社2008年版,第3页。

（三）资源用地提供持续资源

由于对化石能源大量使用可能导致的全球环境变化和资源枯竭的担忧，以及对可持续发展和环境保护的要求，世界各国开始将目光聚焦到包括生物质能在内的可再生能源上。生物质能是太阳能以化学能形式贮存在生物质中的能量形式，即以生物质为载体的能量；生物质则是指通过光合作用而形成的各种有机体，包括各种速生的能源植物，如速生林、速生草本植物等。种植各种速生的能源植物的土地，我们称为"能源用地"。在环境恶化和能源日益枯竭的现实背景下，各方必须积极创造条件，促进生物质能的开发利用，其中重要的前提之一便是确保足够的资源（能源）用地，为国民经济发展提供持续的后备资源。另外，森林为我国经济发展提供所需的木材，草原则提供生产生活所需的牧草、药材等产品。因此，我们必须配置适当比例的资源用地，合理利用并加强保护，以确保我国能源和资源性产品的持续供给。

（四）生态用地保障生态安全

生态安全是指生态系统的健康和完整情况，是人类在生产、生活和健康等方面不受生态破坏与环境污染等影响的保障程度，包括饮用水与食物安全、空气质量与绿色环境等基本要素。① 随着人口的增长和社会经济的发展，人类活动对环境的压力不断增大，人地矛盾加剧。尽管世界各国在生态环境建设上已取得不小成就，但并未能从根本上扭转环境逆向演化的趋势，由环境退化和生态破坏及其所引发的环境灾害和生态灾难没有得到减缓，生态安全岌岌可危。此种形势下，对生态用地的保护提出了更高的要求。生态用地不仅可以直接产生生态价值，还能通过其特殊的地形地貌影响着周围的环境从而间接地为人类提供生态价值，如维护生物多样性、保护和改善环境质量、土壤形成及改良、减缓干旱和洪涝灾害、调节气候等。只有重视对生态用地的保护，生态安全才能得到保障。

第二节　我国土地资源保护面临的时代挑战

土地是人类生产生活不可缺少的物质基础，也是人类赖以生存的生态系统。但是，人类自身对土地的不合理利用，比如，扩张、囤积建设用地，低效利用农地等，造成了土地的严重浪费和退化。土地不合理利用产生的问题直接威胁经济社会的健康和持续发展，因此，必须规范对土地资源的合理利用与经

---

① 百度百科：http://baike.baidu.com/view/264064.htm。

营，加强对土地资源的保护，确保当代人得到应有的持续效益，并保持土地的生产潜力以满足后代的需要。①

一 建设用地急剧扩张，侵蚀耕地、林地、草地和湿地

（一）建设用地对农耕用地的侵占

根据2006年国土资源部发布的统计数据，截至2005年，全国耕地面积18.31亿亩，人均耕地1.4亩，仅为世界人均耕地的40%，全国耕地后备资源总量为1.13亿亩，其中可开垦1.071亿亩，可复垦0.06亿亩。我国国土资源的现状是后备耕地所剩无几，在耕地数量很难有较大增加的约束下，伴随工业化和城市化的迅速扩张，耕地数量仍在持续减少。研究表明，非农建设用地、退耕还林、灾毁耕地和农业结构调整为耕地减少的主要形式。其中，建设用地侵占耕地，是耕地减少的最重要原因，特别是在大中城市近郊以及经济发达地区，1996—2002年减少耕地估计在3100万亩以上。②

比如，河北省廊坊市香河县从2008年以来，打着城乡统筹、建设新农村的旗号，通过"以租代征"等方式，大规模强制性"圈占"耕地。据农民反映，政府违规圈地高达万亩以上。香河县常务副县长凌少奎承认违规、违法占用土地4000多亩。群众反映和记者调查发现，香河大量耕地"低价"租用后，经政府层层"包装"，改变土地用途，以高价"倒卖"给开发商用于开发。③

又如，河北唐山乐亭县委县政府在2000年发出1号文件，号召虾农通过竞标买断虾池30年使用权，乐亭县政府还为承包户颁发了"国有土地使用证"。虾农投入大量资金对虾池进行基础设施改造，到2007年10月份，大部分虾池开始收益，但乐亭县政府一纸《关于收回部分虾池占地及滩涂养殖用地使用权的公告》，强制收回虾池占地万余亩，以配合唐山市"四点一带"的产业规划，建设临港产业聚集区。④

再如，2004年国务院办公厅就下发了《关于暂停新建高尔夫球场的通知》，明确要求暂停新建高尔夫球场，清理已建、在建的高尔夫球场项目；国

---

① 参见丁英《四川土地资源利用面临的问题及其对策》，《四川行政学院学报》2010年第2期。
② 参见温铁军《中国新农村建设报告》，福建人民出版社2010年版，第166页。
③ 王炳美：《河北香河违规圈耕地4000余亩 高价转卖给开发商》，《新京报》2011年5月19日A22版。
④ 目前，收回的土地处于闲置。部分虾农向有关部门讨说法，乐亭县政府称此前核发的国土使用权证和海域使用证与相关专业法律法规冲突，应予撤销。乐亭县有关官员2011年5月27日受访时称，土地收储依法依规进行，补偿为每亩5600元以上，但虾农称没听说过有这么多补偿。

土资源部也"三令五申",严格禁止新建高尔夫球场,但近年来,高尔夫球场的建设禁而不止。高尔夫球场动辄要使用上千亩土地,国家始终没有放开,但地方政府为了抬升投资环境,纷纷以度假中心、休闲公园等名目"打擦边球",偷偷上马高尔夫项目,很多土地都是从村民手中租过来的。据北京林业大学高尔夫教育与研究中心的数据显示,中国高尔夫球场的数量增长了逾两倍,从2004年的170个增至目前的近600个。① 比如,云南省石林县以生态民族运动场为立项名目,紧邻石林世界遗产保护区,于2008年始,新建一个超级高尔夫球场,总体面积是15000亩,共占用耕地7000多亩。②

(二)建设用地对资源用地和生态用地的侵占

近年来,在我国经济发达地区,大城市带初步在珠三角、长三角、环渤海地区形成,中心城市扩展,中小城镇密布,具有联片发展趋势,呈现城市蔓延趋势,普遍面临土地资源短缺、生态用地被压缩的问题。按照规范标准,我国城市人均建设用地面积为60—120平方米。然而,在我国城市建设的过程中,建设用地盲目处延扩张,人均建设用地面积早已超过这一标准。相反,以林地、湿地等为主要内容的生态用地面积日益缩小,生态用地功能难以全面发挥,城市生态环境不断恶化。据资料现实,2006—2008年,全国共发生违法征、占用林地林业行政案件3.9万起,损失林地4.9万公顷,损失林木2.2万立方米,违法使用林地的形势依然严峻。③

比如,很多开发商以高尔夫球场建设为由大量侵占林地等生态用地,然后在球场周边开发房地产项目,用高尔夫球场带动房价地价上涨,创造多重利益。④ 再如,近来,填海建房的势头愈发猛烈。海南岛长达300多公里的东海岸,已基本被开发商圈占,几十个"海景楼盘"正火热开发中。在广东、山东等部分沿海城市,借国家强调发展海洋经济之名,也兴起新一轮围填海热潮。以广东东莞为例,东莞拟在长安镇珠江口海域投资86亿元造地近2.9万亩,汕头市拟在港湾外围海域造地65.1平方公里,用于开发建设写字楼和高档住宅。然而,大规模填海造地开发房地产,是一种急功近利的商业行为,不仅推高了房价,不利于经济可持续发展,还破坏了生态环境,更为重要的是,

---

① 参见明鹏《鸟巢旁圈地2700亩 清河湾高球场遭调查屹立不倒》,《时代周报》2011年5月26日。

② 参见中央电视台《焦点访谈》《目无禁令的高尔夫球场》,2010年5月14日。

③ 《全国林地保护利用规划纲要(2010—2020年)》。

④ 中国经济网:《十一部委将联合整治高尔夫球场违规》,http://www.cb.com.cn/1634427/20110623/229527.html。

吸引大量居民积聚在海岸线上，一旦发生地震、海啸等自然灾害，后果会相当严重。①

此外，近年来我国还有一个值得注意的现象就是墓地对耕地的侵占。据了解，每200座墓就要占用1亩土地，我国每年最少修建2000万座墓，如此下来，至少需要占地10万亩土地，而其中主要是耕地和林地。②

二 土地浪费严重，利用效率低下

（一）建设用地闲置严重

由于长期以来对土地缺乏宏观调控和计划管理，微观行为得不到有效约束，造成非农建设和农业内部结构调整过多占有耕地，使耕地面积急剧减少。有些单位受利益驱使，多征少用，早征迟用，甚至征而不用，造成土地浪费。近年来，各地盲目建立各种名目的开发区，大量占耕地成为浪费土地的新现象。

需要特别指出的是，当前国家控制各类建设用地及保护耕地的措施越来越严，使得工业建设用地资源的稀缺性及土地资产的价值凸显出来，巨大利益的刺激滋生出一些坐地涨价现象。据建设银行2007年发布的一份研究报告显示，2001年年初至2007年5月份，房地产开发商累计购置土地面积21.62亿平方米，而实际仅开发完成12.96亿平方米，"囤地"数量高达近10亿平方米，土地囤积强化了土地的稀缺性，导致地价及房价高涨。因此，打击"囤地"成了2007年土地政策的主旋律。如果开发商囤积土地不及时开发，会进一步加剧土地市场供应紧张，各地土地管理部门要加大闲置土地清理力度，重点对囤地开发商进行查处。③

据国土资源部通报，通过清理，截至2010年5月底，全国共上报房地产违法违规用地宗数3070宗，面积约18.84万亩。其中，闲置土地宗数2815宗，面积16.95万亩，分别占上报总宗数和面积的91.69%和90%；保障性住房用地改变用途宗数92宗，面积1257.85亩，分别占上报总宗数和面积的3%和0.67%。截至2010年8月，全国已开展查处的闲置土地2044宗，面积12.35万亩，相当于82.75平方千米。如果按照最新数据，目前全国闲置的土地相当于三个澳门面积。各地上报的2815宗闲置土地中，因"毛地"出让拆迁难、调整规划等政府

---

① 《填海建房热调查：暴利驱动 海岸线成房岸线》，《中国第一财经报》2011年6月27日。
② 《每年10万亩 墓地侵占万顷良田》，《中国建设报》2007年6月1日。
③ 参见郭军《房地产开发法律适用与疑难释解》，中国法制出版社2008年版，第7页。

和客观原因造成闲置的约占六成以上。从闲置土地分布来说，东部地区数量较多，分别占上报总宗数和面积的 62.24% 和 62.46%。从闲置时间上看，闲置 5 年以下的地块 1354 宗，占闲置土地总数的 48%；闲置时间 5 年以上的地块共 875 宗，占 31%；闲置时间较长，但合同中未约定具体开工时间的地块 586 宗，占 21%。① 据国土资源部最新统计，截至 2010 年年底，全国共查处闲置房地产用地 2648 宗，面积 11944 公顷。如果把这些土地换算成实际商品房供应，以平均容积率 2、每套住房 90 平方米计算，将会增加 270 多万套住宅。按人均 30 平方米计算，将会解决 800 多万人的住房问题。

目前房地产用地专项整治虽然取得了初步成效，但从整体上看，由于政府原因造成闲置的比例大、协商查处难度大，再加上较早出让的"毛地"拆迁难，以闲置土地为主的房地产违法违规用地查处结案率比较低。②

2010 年 12 月，国土资源部公布了 26 宗因房地产开发企业自身原因造成的住宅闲置土地名单。按国土资源部相关规定，这些地块"撂荒"时间均超过处罚甚至收回年限。在这份 26 宗闲置土地"黑名单"中，北京和上海各有 5 宗，江苏、福建和湖南各 2 宗，湖北 8 宗，河南和云南各 1 宗。其中，福建东嘉建设开发有限公司在漳州东山的成片开发用地闲置时间长达 17 年。在北京市上报的 5 块闲置土地中，中石化作为控股股东的有 3 宗，分别为井田花园专家居住小区项目 C—6 号地，井田花园专家居住小区 C—2 号地，以及井田花园专家居住小区 C—4 号地，面积总计约 26.8 公顷，约定开工时间是 2004 年 9 月到 2005 年 2 月。北京其他两宗为北京首元房地产开发有限公司开发建设的环宇商住楼 C 座住宅楼项目用地和北京市永联房地产开发有限责任公司开发建设的石榴庄住宅小区西区。国土资源部公告要求，地方各级国土资源主管部门要依法对上述闲置土地闲置一年以上不满两年的，必须征收闲置费，闲置两年以上的，必须坚决收回。根据上述要求，此次公布的 26 宗闲置土地中，

---

① 有关数据表明，截至 2009 年 9 月底，现在已经供出去的土地尚在前期准备工作和正在开发尚未竣工的住宅用地达 19 万公顷（其中含闲置土地 1 万多公顷），如果仅把这些土地换算成实际商品房供应，以平均容积率 1.5，按人均 30 平方米计算，将会解决 6000 多万人的住房问题，再加上下半年还将大批量供地，将在不久后极大缓解住房市场供需矛盾。参见于猛《土地闲置成当前最大问题》，《人民日报》2010 年 8 月 20 日。

② 截至 2010 年 5 月底，全国闲置土地 2815 宗，16.95 万亩。闲置 5 年以下的地块 1354 宗，占闲置土地总数的 48%。闲置时间 5 年以上的地块 875 宗，占 31%。闲置时间较长，但合同中未约定具体开工时间的地块 586 宗，占 21%。参见张忠安、赖伟行、柳建云《全国闲置土地面积达 16.95 万亩 可造三个澳门》，《广州日报》2010 年 8 月 20 日。

18宗土地将被收回。其余的8宗由于未标明约定开工时间，因此无法判断将如何处理，但这8宗土地的合同签订时间均在2008年9月以前。公告还要求，对公布名单中的房地产开发企业及其控股股东，在闲置土地查处整改到位前，暂停其参加新的土地竞买活动。据了解，企业闲置土地一般有四种原因：一是人为"囤地"坐地起价；二是企业没有资金；三是企业原因没有取得规划证、开工证等手续；四是企业原因的拆迁问题。[①]

（二）农耕用地抛荒恶化

耕地闲置问题关系到国家粮食安全和农业的可持续发展，关系到国民经济全局和全国人民的切身需求。近年来，随着经济体制的转轨和市场经济的深入发展，农村出现了大面积的耕地抛荒现象。据国土资源部的调查显示，我国每年撂荒耕地有近3000万亩，严守18亿亩耕地红线，虽能保证不被占用，但守住的荒地意义又何在？[②]

与寸土寸金的城市土地相比，为何农村地区耕地闲置现象如此严重？从经济和社会因素分析，耕地闲置或抛荒的主要原因如下：

一是农资价格上涨过快，农副产品价格过低，种粮无利可图而导致抛荒。农资连年上涨，不仅"吃"掉了国家给予农民的这些政策，还使农民种粮陷入"比较效益低"的怪圈，农民种地基本无利可图，农民种地积极性受到很大影响。当农资价格上涨远大于惠农补贴，种粮无利可图甚至存有风险时，抛荒农田就成为不少农民的新选择。抛荒的现象不仅出现在湖南，在江西，到处都有成片或者零星的耕地抛荒。几年前出台的《湖南农村土地隐性抛荒调查报告》也表示，2007年该省土地抛荒面积占耕地面积的比例就已经达到了10%以上。该报告显示，2007年仅"双改单"造成的隐性抛荒，就使我国粮食主产区的湖南益阳市少生产粮食18万吨左右。以2010年为例，种一亩水稻双季收成大约在650公斤左右，全年收入在1700元上下，除去种子、肥料、农药以及机耕、机收等费用，毛收入还不到800元。如果算上从犁地到播种、管理、收割的人工，基本剩不下多少钱。

二是农业基础设施薄弱，抗灾能力较差。农业是自然风险大的弱质产业，受自然制约程度大，尤其农村中那些水利条件比较差、灌溉成本高的低洼田、水浸田、盐碱地。

---

① 孙乾、张艳：《国土部曝光26宗闲置土地》，《京华时报》2010年12月31日。
② 江宜航：《农民弃种拉响粮食安全警钟 撂荒地或达3000万亩》，《国际先驱导报》2011年5月23日。

三是农业机械化程度低，农村劳动力外流。一方面，中国许多落后农村地区，仍是依靠畜力和人力，部分农民根本不愿种田而弃耕外出打工，造成耕地无人耕种而荒芜。另一方面，农村的"空心化"，农业生产劳力不足也导致大量抛荒。中国老龄科学中心的一项调查指出，在我国农村60—64岁的老人中，有62.7%的人依然从事农业生产，农村中65—69岁的老人中有47.6%的人依然从事农业生产，即使是70—74岁的农村老年人中也还有29.2%依然从事农业生产。据调查，衡阳市236万农村劳动力中，外出务工的人数高达132万人，导致种粮大户雇工难、用工成本高企。如果按照近1%的城镇化速度，城镇每年吸纳1000万左右的农村流动人口计算，大约在四五年之内，农村剩余劳动力将彻底告别"无限供给"的状态。①

（三）农耕用地利用低效

随着我国对"三农"问题的重视以及农民观念的改变，农村地区土地利用效率得到了进一步提升。但是，整体上，我国目前农地利用效率还是处于一个比较低的水平。一方面，农地产出水平不高。虽然在一些地区产出水平低是由于自然条件的限制，例如，自然灾害、土质差等，但可以通过因地制宜利用土地、提升农业技术水平来提高农地利用率，例如，针对盐碱地、沼泽地、沙地、裸土地、裸岩石砾等，很难将其开垦为耕地，因此，较有利用潜力的只是荒草地、滩涂和其他未利用土地，荒草地适宜开垦成旱地，滩涂易开垦成水田。从耕地利用状况看，中低产田占了2/3，产量较高地区也还有相当的增产潜力。另一方面，农地利用结构不合理等。由于城镇化进程的加快，许多耕地直接被变成宅基地使用，造成耕地的永久性流失，农地利用结构呈现畸形。某些农村地区，因为没有足够的耕地，而只能以林地为生计。林地利用率也低，全国有林地面积只占林地面积的62%，单位面积蓄积量和生长量只及世界平均水平的75%；已利用牧草地中，优质草地仅占27%，单位面积畜产品量只及美国的1/3。②

三 土地污染和破坏严重，功能日益下降

（一）土壤环境污染加剧

随着人口增加及经济发展，我国面临的土壤环境安全问题越加突出。国土

---

① 江宜航：《农民弃种拉响粮食安全警钟 撂荒地或达3000万亩》，《国际先驱导报》2011年5月23日。

② 李广兵：《土地保护立法：土地权、发展权与环境权的衡平》，http：//www.lunwentianxia.com/product.free.3245370.2/。

资源部统计表明,目前全国耕种土地面积的10%以上已受重金属污染。① 因工业"三废"污染的农田近700万公顷,使粮食每年减产100亿公斤。其中,在一些污灌区土壤镉的污染超标面积,近20年来增加了14.6%,在东南地区,汞、砷、铜、锌等元素的超标面积占污染总面积的45.5%。有资料报道,华南地区有的城市有50%的农地遭受镉、砷、汞等有毒重金属和石油类的污染。长江三角洲地区有的城市有万亩连片农田受镉、铅、砷、铜、锌等多种重金属污染,致使10%的土壤基本丧失生产力,也曾发生千亩稻田受铜污染及水稻中毒事件,一些主要蔬菜基地土壤镉污染普遍,其中有的市郊大型设施蔬菜园艺场中,土壤中锌含量高达517毫克/千克,超标5倍之多。

据中科院生态所的调查,目前我国受镉、砷、铬、铅等重金属污染的耕地面积近2000万公顷,约占耕地总面积的20%;全国每年因重金属污染而减产粮食1000多万吨。② 据不完全调查,目前全国受污染的耕地约有1.5亿亩,污水灌溉污染耕地3250万亩,固体废弃物堆存占地和毁田200万亩,合计占耕地总面积的1/10以上,其中多数集中在经济较发达的地区。全国每年因重金属污染的粮食达1200万吨,造成的直接经济损失超过200亿元。③

近年来,我国的土壤污染正在向不同尺度的区域性发展,④ 并对各种农产品品质产生严重影响。特别是我国东南沿海经济快速发展地区,土壤及环境污染问题严重。主要表现为:(1)持久性微量毒害污染物已成为新的、长期潜在的区域性土、水环境污染问题;(2)大气中有害气体细粒子和痕量毒害污染物构成了土壤与大气的复合污染,城市光化学烟雾频繁并加重;(3)农田与菜地土

---

① 《中国土壤污染现状严峻》,http://news.enorth.com.cn/system/2012/06/12/009422511.shtml。

② 李静云:《如何应对重金属超标问题?土壤污染防治立法刻不容缓》,《中国环境报》2011年1月4日第3版。据不完全统计,华南地区的中心城市1997—2001年共发生因蔬菜农药残留引发的食物中毒事件28起,中毒415人,个别地市高毒、高残留农药每年造成急性中毒5—7宗,受害人数约300人。据中国农科院对某地32种主要蔬菜调查,蔬菜硝酸盐含量比20世纪80年代初增加了1—4倍,其中有17种蔬菜硝酸盐含量超过欧盟提出的最低量标准;2001年长江三角洲的个别省份农产品出口由于监测不合格而损失数亿美元。

③ 《周生贤在第一次全国土壤污染防治工作会议上指出 把土壤污染防治摆到更加重要位置为全面建设小康社会作出新的贡献》,http://www.nies.org/news/detail.asp?newid=214&leibieid=24。

④ 当前,我国正在建立涵盖81个化学指标(含78种元素)的地球化学基准网:以1:20万图幅为基准网格单元,每一个网格都布设采样点位,每个点位各采集一个深层土壤样品和一个表层土壤样品。深层样品来自1米以下,代表未受人类污染的自然界地球化学背景;表层样品来自地表25厘米以上,是自然地质背景与人类活动污染的叠加。用表层含量减去深层含量,即得出重金属元素"人类污染图"。参见《中国绘制土壤重金属污染图 部分城市放射性异常》,《京华时报》2013年6月13日。

壤受农药、重金属等污染突出，硝酸盐积累显著，已严重影响农产品安全质量及其市场竞争力；（4）珠江三角洲和太湖流域土壤和沉积物中有机氯农药残留普遍，已发现一些多环芳烃和多氯联苯等有害污染物的潜在高风险区。

造成如此严重的污染，除了自然原因外，人为活动是产生土壤与环境污染的主要原因，尤其是近 20 年来，随着工业化、城市化、农业集约化的快速发展，人们对农业资源高强度的开发利用，使大量未经处理的固体废弃物向农田转移，过量的化肥与农药大量在土壤与水体中残留，造成我国大面积农田土壤环境发生显性或隐性污染。应当指出，由于土壤污染具有隐蔽性、潜伏性和长期性，其严重后果仅能通过食物给动物和人类健康造成危害，因而不易被人们察觉。但实际上，土壤环境质量状况不仅影响农产品安全、食品安全和农业的可持续发展，甚至还影响农产品出口贸易、环境外交以及国家的生态安全。[①] 因此，改善生态环境，保护土壤质量，控制与修复土壤污染，已经成为我们必须面对的时代课题。

（二）生态破坏突出

除了直接的环境污染之外，生态的破坏也会对土地造成损害，具体表现为土地沙漠化、地下水位下降、湿地干涸严重面积锐减等。

1. 水土流失和沙漠化

近年来，我国土地荒漠化面积持续增加。仅从土地沙化面积看，在 20 世纪 50 年代平均每年扩展 1500 多平方千米，20 世纪 80 年代平均每年扩展 2100 平方千米。进入 20 世纪 90 年代，每年土地沙化扩展高达 2460 平方千米，大量的粮田、草地、林地被沙漠侵占，相当于每年减少一个中等县（市）的土地面积。近半个世纪以来，全国因荒漠化导致 772 万多公顷耕地退化，67 万公顷粮田和 235 万公顷草地变成流沙或沙漠。土地破坏的另一表现是水土流失，乱砍滥伐、过度垦殖，是导致水土流失的主要人为原因。2005 年全国水土流失面积达 35600 万公顷（占国土面积的 36.8%），退化、沙化、盐碱

---

① 污染的加剧导致土壤中的有益菌大量减少，土壤质量下降，自净能力减弱，影响农作物的产量与品质，危害人体健康，甚至出现环境报复性风险。一是生态关系失衡，引起生态环境恶化。中国科学院地理科学与资源研究所在长江三角洲等地调查的主要农产品，农药残留超标率高达 16% 以上，致使稻田生物多样性不断减少，系统稳定性不断降低。二是土壤质量下降，使农作物减产降质。农业部全国农技推广中心高级农艺师陈志群认为，由于农药、化肥和工业导致的土壤污染，我国粮食每年因此减产 100 亿公斤。三是重金属病开始出现，对人们身体健康和农业可持续发展构成严重威胁。"土壤污染导致的疾病将严重威胁人类健康和农业可持续发展，最终危害中华民族的子孙未来"。参见《中国土壤污染现状严峻》，http://news.enorth.com.cn/system/2012/06/12/009422511.shtml。

化草地面积达 13500 万公顷。① 据环境保护部 2013 年的资料显示，全国现有水土流失面积 294.91 万平方千米，占普查范围总面积的 31.12%。其中，水力侵蚀面积 129.32 万平方千米，风力侵蚀面积 165.59 万平方千米。②

2011 年《第四次中国荒漠化和沙化状况公报》显示，目前，我国土地荒漠化、沙化现象呈整体得到初步遏制，荒漠化、沙化土地面积持续减少，局部仍扩展的局面。截至 2009 年年底，全国荒漠化土地面积为 262.37 万平方千米，沙化土地面积为 173.11 万平方千米，占国土总面积的 18.03%。截至 2009 年年底，全国具有明显沙化趋势的土地面积为 31.10 万平方千米，占国土总面积的 3.24%。

2. 地下水位下降

地下水开发利用所导致或诱发的地质环境恶化，往往是缓慢性的地质灾害，因此，过去常常被人们所忽视，这是非常危险的。例如：长期超量开采地下水引起地下水水位持续下降，造成地下水水量减少，以致枯竭，沿海地区海水入侵，地面沉降；农灌区灌溉和排水不当，促使地下水位连年上升，导致土壤盐分积累，影响作物生长；矿区坑道突水，严重影响矿产资源的开采；城镇大量排污，导致地下水水质恶化；缺水地区长期饮用不符合标准的地下水，诱发地方病等。这些现象的产生，不但会使地下水环境逐渐恶化，而且还隐藏着潜在的，以及滞后的危害，严重地危害着人类的生活和国家经济建设的发展。

3. 湿地面积锐减，功能退化

湿地生态退化的趋势仍在继续，湿地保护面临严峻挑战。就当前而言，我国湿地存在的主要问题有：（1）湿地生物多样性衰退趋势明显，许多重要湿地部分或者全部丧失作为野生动植物栖息地和繁育地的功能，给生物安全带来威胁；（2）由于湿地面积减少和功能下降，一些内陆湿地丧失了淡水存蓄、调洪蓄洪的功能，加剧了水资源危机并增加了洪水灾害风险；（3）湿地存在的几大主要威胁因素，开垦与改造、污染、泥沙淤积和水资源不合理利用依然严重；（4）大量的改变湿地功能、用途的不合理利用活动不但得不到有效控制，而且在继续加剧加重。

湿地的不合理开发利用是导致湿地面积锐减的一个重要原因。据史料显示，宋朝以前，临桂会仙湿地面积约 65 平方千米，20 世纪 50 年代湿地面积

---

① 《全国土地利用总体规划纲要（2006—2020）》；刘春晖、张琨：《浅谈我国土地资源保护存在的问题及对策》，载《黑龙江科技信息》2010 年第 18 期。

② 《2012 年中国环境状况公报》。

约25平方千米，由于缺乏有效的管理和保护，近半个世纪以来，人们逐渐对湿地蚕食围垦，开荒造田、围湖造塘，挤占河道，并且使原有湿地不断受到破坏，水面逐渐萎缩，地面逐渐疏干，沼泽和湿地生态遭到严重破坏。与20世纪50年代相比，会仙湿地面积减少了约75%，与宋朝以前相比，剩余面积约10%。① 据不完全统计，从20世纪50年代以来，全国湿地开垦面积达1000万公顷，全国沿海滩涂（湿地的一种）面积已削减过半，黑龙江三江平原的原有沼泽80%也都消失了，"千湖之省"湖北省的湖泊锐减了2/3，成千上万的水鸟正在面临着生存的威胁，在中国东南沿海，56%以上的红树林也消失了。调查也显示，现在全国各类大小湖泊消失了上千个，约1/3的天然湿地存在着被改变、丧失的危险。湿地的干涸不仅威胁野生动物的生存，还使可利用的土地锐减。

据统计，20世纪后半期，我国有50%的滨海湿地、13%的湖泊湿地被围垦，56%的天然红树林丧失，长江中下游因围垦湿地面积丧失率达34%，洞庭湖国际湿地已由新中国成立初的4350平方千米下降到目前的2625平方千米，黑龙江三江平原天然沼泽湿地面积由1999年的156万公顷减少到2009年的76万公顷。同时，随着我国经济快速发展，大量工业废水、生活污水的排放，油气开发等引起的漏油、溢油事故，以及农药、化肥使用等引起的污染，使湿地水质恶化，生物多样性受到严重损害，已成为我国湿地面临的重要威胁之一。在局部地区，这些直接威胁因素呈日趋加重的趋势。全国首次湿地资源调查结果显示，在376块重点调查湿地中，共有98块湿地正面临着污染的威胁，占所有重点调查湿地的26.1%。《2012年中国环境状况公报》中的水环境质量状况显示，全国地表水国控断面总体为轻度污染，长江、黄河、珠江、松花江、淮河、海河、辽河、浙闽片河流、西北诸河和西南诸河十大流域的国控断面中，Ⅰ—Ⅲ类、Ⅳ—Ⅴ类和劣Ⅴ类水质断面比例分别为68.9%、20.9%和10.2%。在62个国控重点湖泊（水库）中，4个为中度富营养状态，占6.7%；11个为轻度富营养状态，占18.3%；37个为中营养状态，占61.7%；8个为贫营养状态，占13.3%。其中，太湖轻度污染，滇池重度污染，巢湖轻度污染。在我国37块国际重要湿地中，有15块面临着生态缺水的严重威胁，部分国际重要湿地面临着被列入《关于特别是作为水禽栖息地的国际重要湿地公约》"黑名单"的巨大风险。目

---

① 《广西临桂会仙湿地被大面积侵占》，http://www.china.com.cn/news/txt/2009-03/23/content_17483823.htm。

前，全国湿地面积持续减少，初步统计，退化严重，急需恢复的湿地总面积约 145 万公顷。

（三）自然灾害频发

自然灾害是指由于自然异常变化造成的人员伤亡、财产损失、社会失稳、资源破坏等现象或一系列事件。中国自然灾害种类繁多。洪水、干旱、地震、泥石流、台风等，每年都要在全国和局部地区发生，造成大范围的损害或局部地区的毁灭性打击。不仅如此，我国也是世界上自然灾害种类最多的国家，通常将自然灾害分为七大类：气象灾害、海洋灾害、洪水灾害、地质灾害、地震灾害、农作物生物灾害和森林生物灾害与森林火灾。每一种灾害，除了给人民人身和财产带来直接损害外，也会对自然本身造成损害。例如，干旱由于其发生频率高、持续时间长，影响范围广、后延影响大，成为影响我国农业生产最严重的气象灾害，其带来的直接后果是农民歉收，同时也会加剧草场退化和沙漠化，也会使土地产出水平下降，不利于耕种；泥石流最常见的危害之一，是冲进乡村、城镇，摧毁房屋及其他场所设施，淹没人畜、造成村毁人亡的灾难，同时也会毁坏土地，使农地面积减少。

自然灾害作为地理环境演化过程中的异常事件，也是造成土地退化的重要因素之一。

（四）有机质减少肥力下降

近年来，中国粮食产量年年增长，然而在表面光鲜的外表下，隐藏的危险更值得我们重视。现在，农民普遍感觉土壤板结了，庄稼难种了。人们普遍感觉果不香、瓜不甜、菜无味。事实上，由于我们片面追求粮食产量的增加，使得土壤环境受到严重的破坏，不少地区农田中有机质（各种动植物残体与微生物及其分解合成的有机物质）的含量已经减少到新中国成立前的 50%—70% 的地步了。这方面，东北的黑土层流失最为典型。20 世纪 50 年代，开发北大荒时，黑土层厚度约有 80—100 厘米，然而目前已经下降到了 20—40 厘米，黑土层正以每年 0.3—1 厘米的侵蚀速度减少，如不及时治理，40—50 年后大部分黑土层将流失殆尽。[①] 土壤有机质减少，肥力下降，使得农民不得不施用化肥以取得较高产量，但化肥的大量和长期使用又会造成土壤板结、重金属污染等不良后果。中国化肥的使用量全球第一，过量的化肥导致农业生产的生态要素品质下降，这正是症结所在。我国农药年使用量达 130 万吨，是世界

---

① 范宏斌：《中国土壤污染之滥用化肥和农药》，http://duanhongbin.i.sohu.com/blog/view/245890198.htm。

平均水平的 2.5 倍。然而，农药和化肥的实际利用率不到 30%，其余 70% 以上都污染环境了。污染的加剧导致土壤中的有益菌大量减少，土壤质量下降，[①] 自净能力减弱，影响农作物的产量与品质，危害人体健康，甚至出现环境报复风险。

四 耕地占补平衡制度失当，负面效应日显

耕地占补平衡制度是指建设占用多少耕地，各地人民政府就应补充划入多少数量和质量相当的耕地。占用单位要负责开垦与所占用耕地的数量和质量相当的耕地；没有条件开垦的，应依法缴纳耕地开垦费，专款用于开垦新的耕地。耕地占补平衡是占用耕地单位和个人的法定义务。[②]

（一）耕地占优补劣导致耕地总体质量下降（偏重数量，忽视质量）

出于对粮食安全等诸多因素的考虑，我国实行耕地保护工作已经多年，国务院也曾明文规定省级政府对耕地保护负总责，既要保持耕地数量也要保证质量。但随着经济的发展，在实际操作中，不少地方把耕地占补平衡简单地当作耕地面积的平衡，"占优补劣"成为普遍现象。许多城市、村镇及交通沿线大量优质耕地被占用，补充耕地的质量远低于被占用耕地，因此造成耕地总体质量水平降低。据各地调查，补充耕地与被占耕地的粮食生产能力每亩至少相差 200 公斤，以此推算，近 10 年间全国约 6000 万亩占补耕地因质量差距，导致耕地的粮食综合生产能力至少减少 120 亿公斤。

（二）耕地占补平衡引发耕地侵占资源用地（对林地、草地）

在耕地占补平衡制度实施的过程中，由于建设用地的急剧扩张，客观上要求不断有新的耕地进入补充行列，以达到数量和质量上的平衡。实际操作中，单纯地为了追求这种平衡，耕地对林地和草地的侵占现象十分严重，一些不合理的占地项目开始向林地、草地转移：建设单位不按规定办理征占用林地手续，未批先占、少批多占，从全国森林资源连续清查结果看，第六次清查期间（1999—2003 年），林地逆转为非林地面积 1010.68 万公顷，与第五次森林资

---

① 既然有机肥比化肥好，那么为什么农民都喜欢用化肥呢？有机肥和化肥的区别，就好比是中药和西药的区别一样，中药讲究的是慢慢调理体质，西药讲究的是又准又猛地解决问题，但副作用也不小。由于我们只关心产量不关心质量，因此农民也只在意产量，至于生产出的东西好不好吃，他就不管了，而化肥就是那么立竿见影地能提高产量。还有一个更直接的原因是，化肥的成本比有机肥要低。参见范宏斌《中国土壤污染之滥用化肥和农药》，http://duanhongbin.i.sohu.com/blog/view/245890198.htm。

② 形成了"建设用地侵占耕地、为保有耕地而侵占林地和草地、湿地"的怪圈。

源清查结果相比增长了24%;① 20世纪80年代中期,中国退化草地面积8666.7万公顷,至90年代中期已近13333万公顷,直到现在,草地退化面积以每年200万公顷的速度在增加,其中,由于片面追求占补平衡导致的草地退化面积占了相当大的比例。②

（三）耕地占补平衡引发耕地侵占生态用地（对湿地）

湿地是地球三大生态系统之一,是维护国土生态安全的基本屏障和实现经济社会可持续发展的物质基础,被誉为"地球之肾"。以1999年1月1日起实施的新修订的《土地管理法》为标志,耕地占补平衡制度在我国正式确立、实施以来,湿地不断遭到耕地的侵占,面积急剧缩减。随着城市化和工业化进程的加速,湿地被大规模围垦和改造,湿地面积持续减少。据文献记载,新中国成立以来,全国因围垦而丧失的湖泊面积达130万公顷以上,消亡湖泊数量接近1000个,被誉为"千湖之省"的湖北省湖泊数量已减少到200多个,长江中下游34%的湿地因围垦而丧失,通江湖泊由102个下降为目前的2个。③

综上可知,我国土地资源保护面临十分复杂的问题：既有建设用地违法扩张侵占耕地和生态用地的情形,也有建设用地自身大量囤积和闲置利用不高的问题；既有耕地被建设用地违法侵占的问题,也有环境污染和生态破坏导致耕地质量下降的问题,还有耕地本身被抛荒和利用效率低的问题；既有生态用地被建设用地违法侵占和因耕地占补平衡而被侵占的问题,也有环境污染和生态破坏导致其面积缩减、生态功能萎缩的问题（见表12-1）。为此,我们只有抓住主要矛盾或问题的关键,才能科学有效地制定符合我国国情的土地资源保护对策。

表12-1　　　　　　　我国土地资源的现状及存在的主要问题

	现状（数量、质量）	利用效率	主要威胁或不利因素	备注
建设用地	2005年年底总面积3192.24万公顷（47884万亩），需求量有逐年上涨之势	土地囤积面积严重，闲置土地宗数2815宗，面积16.95万亩	建设用地不断扩张，大量侵占耕地、林地、草地、湿地，威胁粮食安全、资源安全以及生态安全	土地资源保护最主要的威胁因素

---

① 沈勇强等：《我国林地保护面临的问题与对策初探》，《华东森林经理》2011年第1期。
② 参见闫志坚等《中国北方草地生态现状、保护及建设对策》，《四川草原》2005年第7期。
③ 杨邦杰等：《中国湿地保护的现状、问题与策略——湿地保护调查报告》，《中国发展》2011年第1期。

续表

	现状（数量、质量）	利用效率	主要威胁或不利因素	备注
农耕用地	当前耕地面积为18.26亿亩，人均1.38亩，为世界平均水平的40%；后备耕地资源不足；东西区域分布严重不均衡	(1)因种粮收效降低，基础设施落后，劳动力外流等影响，导致每年有近3000万亩耕地抛荒；(2)农业生产方式落后，规模化水平不高，利用效率低	(1)被建设用地大量侵占：1996—2002年共计3100万亩以上；每年2000万座新墓占地10万亩；(2)生态破坏问题突出，水土流失面积约为179万平方千米，沙漠化达33.4万平方千米；(3)土壤污染严重，如重金属污染面积达2000万公顷，占总面积的1/6；(4)肥力下降	恒为重点保护对象
资源用地（林地、草地）	全国森林面积29.32亿亩，人均面积0.145公顷，不足世界人均占有量的1/4；森林覆盖率不高，宜林地比例低，且分布不均；牧草地面积为39.62亿亩	林业生产方式落后，规模化和科技化水平不高；畜牧生产方式原始，高精尖的产业不多，单位面积畜产品量只及美国的1/3	(1)建设用地征占林地、草地严重；(2)耕地占补平衡，转而占用林地、草地；(3)乱砍滥伐、过度垦殖，造成水土流失	需注意合理利用
生态用地（湿地、公益林地、草地、景观或旅游资源用地）	森林中，全国乔木林生态功能指数0.54，生态功能好的仅占11.31%；单块面积大于100公顷的湿地总面积5.78亿亩	存在利用水平不高和过度开发利用并存的现象	(1)建设用地大量占用湿地；(2)耕地占补平衡占用湿地；(3)不合理的开发利用破坏湿地草地；(4)26.1%的湿地受到环境污染的严重威胁；(5)气候等自然因素，导致草原退化、湿地干涸，功能萎缩。我国有50%的滨海湿地、13%的湖泊湿地被围垦，56%的天然红树林丧失	以前被忽视，今后需大力加强保护，适当发展生态旅游

第十三章

我国土地资源保护法治的回顾和反思

如前所述，城市化和工业化进程的不断加快，推动了我国经济社会的飞速发展，但另外，土地资源也因此受到了严重的侵占和破坏，最为严重的是建设用地的恣意扩张，日益侵蚀着耕地、林地以及湿地，威胁我国的粮食安全和生态安全，与此同时也侵害了农民的权益。对此，作为现代国家最为重要的社会调控手段的法律，在土地资源的保护上，越来越发挥着重要的作用。

第一节 我国土地资源保护法治的梳理

新中国成立以来，党和国家始终将"十分珍惜和合理利用土地"作为我国的基本国策，采取行政、经济、法律、技术等手段对耕地、林地、湿地等土地资源，实施综合性保护措施，并取得了一定的成绩。

一 我国土地资源保护立法的梳理

（一）新中国成立后到改革开放前

自1949—1952年，我国进一步完成了解放战争时期开始的土地改革，彻底消灭了封建的土地所有制，实现了"耕者有其田"。比如，1950年颁布的《土地改革法》规定没收地主土地，将城市土地收归国有，农村土地由农民协会统一分配，具有规模效应、采用自动化设施作业的大型经济作物用地及牧场等，在没收所有权的基础上，由原经营者继续经营等。

1953—1957年，建立了农村集体土地所有制和城市国有土地所有制。农业合作化的实现，标志着农民土地私有制社会主义改造的完成和农村集体土地所有制的确立。① 1953年颁布了《关于国家建设征用土地办法》，保证了国家经济发展建设对土地的需求。随着土地改革任务的完成，在农业部下设土地利用总局，开始转向土地利用管理。

（二）改革开放后

1978年，党的十一届三中全会以后，全党工作重心转移到社会主义经济建设上来。1981年4月，国务院发出的《关于制止农村建房侵占耕地的紧急通知》指出，农村建房用地必须统一规划，合理布局，节约用地。1981年11月，五届全国人民代表大会四次会议上，针对我国人口多、耕地少、耕地后备资源不足的基本国情明确提出，"十分珍惜每寸土地，合理利用每寸土地，应该是我们的国策"。

1982年年初，国务院颁布了《国家建设征用土地条例》，进一步加强了对土地征用的管理。

1985年，《宪法修正案》明确规定了城市的土地属于国家所有，从宪法层面确定了我国的土地所有权体系。

1986年，中共中央、国务院发出《关于加强土地统一管理工作，制止乱占耕地的通知》，明确提出了"十分珍惜和合理利用每寸土地，切实保护耕地"的基本国策。这是一个非常重要的土地利用管理政策，并长期影响土地政策及利用规划。在此基础上，土地权属管理工作开始有了快速发展，并逐步走上正轨，形成了以土地权属管理为核心，综合土地登记、土地调查、土地统计、土地分等定级、土地估价、地籍档案管理等各项管理措施为一体的地籍管理体系，为土地利用规划工作的编制和实施打下了重要基础。

同年，《土地管理法》颁布（1987年1月1日开始正式施行）。这是新中国成立后，我国颁布的第一部关于土地资源管理、全面调整土地关系的法律，

---

① 新中国成立前后，为取得新旧民主主义革命以及社会主义革命和建设的胜利，我国以农村为重点进行了一系列或成功或失败的土地制度变革：(1) 从20世纪20年代开始的"土地公有"到"土地私有"革命。即所谓的"打土豪，分田地"。(2) 从20世纪50年代开始的"土地私有"向"土地公有"回归。期间又经历了1953年开始的初级社（私有公用：土地归农民私有，集体统一使用）、1958年开始的高级社（公有公用：农民按份的集体所有，集体统一使用）、1958—1983年的人民公社（公有公用：抽象的集体所有，集体统一使用）等不同阶段。农地的人民公社集体所有，大体上又经历了三个阶段：(1)"一大二公"的人民公社制度阶段，这个阶段的特点是实行公社一级所有制；(2) 以生产大队为基础的三级所有（指人民公社、生产大队、生产队三级）的人民公社制度阶段；(3) 以生产队为基础的三级所有的人民公社制度阶段。参见程雪阳《公法视角下的中国农村土地产权制度变迁：1920—2010年》，《甘肃行政学院学报》2010年第1期。

该法明确规定了土地利用总体规划制度，它的颁布是我国土地管理工作的重大转折和管理体制的根本性改革，标志着我国土地管理工作开始走上依法管理的轨道。《土地管理法》实现了全国城乡土地统一管理制度，并建立了国家土地管理局及省、市、县乡四级地方土地管理机构，并从法律层面强调了土地管理的重要性，一定程度上解决了乱占滥用土地的问题。从此，土地管理法律法规体系的框架初步形成，土地利用开始走向有序轨道。在《土地管理法》实行的同时，第一轮全国、省、地（市）、县、乡（镇）五级土地利用总体规划也正式开始了编制和实施工作。

20世纪80年代末，我国土地使用制度改革步伐加快，深圳、上海等地在土地有偿使用试点方面迈出了重要一步，全国各地也相继仿效。土地有偿使用已成为我国土地使用制度改革中不可回避的核心问题。适应这一要求，1988年4月通过了《宪法修正案》，删去了《宪法》第10条第4款中"禁止土地出租"的规定，同时在该条款中增加了"土地的使用权可以依照法律的规定转让"的规定。同年12月29日，《土地管理法》进行了修改，删除了"禁止出租土地"的内容，并增加了"国有土地和集体所有的土地的使用权可以依法转让""国家依法实行国有土地有偿使用制度"等内容。同时，为适应新形势下土地管理工作的需要，对农村集体建设用地的审批、非法转让土地和破坏耕地的违法行为处罚、处罚程序等内容也进行了修改。我国《宪法》和《土地管理法》对土地使用制度改革的修改规定，奠定了这一时期土地立法的基调，那就是一切为土地使用制度改革服务。

紧随《宪法》和《土地管理法》的修改，20世纪90年代，我国相继颁布了《城镇国有土地使用权出让和转让暂行条例》、《外商投资成片开发经营土地暂行管理办法》、《城市房地产管理法》等一系列法律法规，对土地利用进行进一步的约束和规范，标志着我国土地市场管理走上了有法可依的轨道。

1997年以后，随着房地产开发持续升温，土地资源的利用从僵化闭锁走向了另一个过热的极端，即各地违法征地、批地的现象层出不穷，政府寻租行为屡禁不止。鉴于新兴土地市场的无序状况和土地资源利用的失控局面，中共中央、国务院发出《关于进一步加强土地管理切实保护耕地的通知》，提出了严格管理土地、保护耕地的治本之策。原国家土地管理局部署开展了各级土地利用总体规划的编制和修订工作。1998年，再次修改《土地管理法》，提高了土地利用总体规划的法律地位，建立了土地用途管制制度，进一步加强国家对土地利用的宏观调控和集中统一管理。同时，各地组织开展了第二轮《土地利用总体规划（1996—2010年）》的编制、修订和实施工作。这轮规划也被业务人士称为"真正立起来的规划"。此间，基本农田保护区体系逐步形成，31个省（自治区、直辖市）的2000多个县划定基本农田保护区，有效稳定了耕地面积。同年12月，国务院制定出台《基本农田保护条例》。2002年出台《农村土地承包法》，专门对土地承包问题进行了详细的规定。

2004年3月，新的《宪法修正案》，将第10条第3款"国家为了公共利益的需要，可以依照法律规定对土地实行征用"修改为"国家为了公共利益的需要，可以依照法律规定对土地实行征收或征用"。同年8月28日，《土地管理法》也得以修改，一是将第2条第4款修改为"国家为了公共利益的需要，可以依法对土地实行征收或者征用并给予补偿"；二是将其他条款中的"征用"修改为"征收"。

2005年，国务院办公厅下发《省级政府耕地保护责任目标考核办法》，明确各省（自治区、直辖市）政府对本行政区域内的耕地保有量和基本农田保护面积负责。并制定下发《关于进一步做好基本农田保护有关工作的意见》。下发《关于开展设立基本农田保护示范区工作的通知》，发挥典型示范作用，全面提升基本农田保护工作水平。

2006年，国家通过大力支持农业生产力发展，全面部署基本农田保护示范区建设，启动了116个国家级示范区建设，面积886.67万公顷；加大土地开发整理投入力度，国家安排投资项目563个，计划新增耕地104.4万亩，总投资247.6亿元；2006年出台《耕地占补平衡考核办法》，对建设单位补充耕地的数量、质量和资金情况实行全面考核；总结推广表土剥离经验，实施"移土培肥"工程；进一步推进征地制度改革，有效维护被征地农民权益。

2007年，国土资源部下发了《关于调整中央分成的新增建设用地土地有偿使用费分配方式的通知》，提高资金使用效率和整理复垦开发成效；修订《耕地占用税条例》，调整提高耕地占用税税率；.土地复垦方案评审制度建立，下发《关于组织土地复垦方案编报和审查有关问题的通知》，加强生产建设项目土地复垦管理等工作。①②

2008年，国务院批准通过的《全国土地利用总体规划纲要（2006—2020

---

① 2007年还开展了以严把新增建设用地审查报批关为内容的工作。全年批准新增建设用地39.50万公顷，其中耕地17.56万公顷，核减不合理用地1.34万公顷，其中耕地4436.97公顷；采取有力措施部署和推进116个国家级基本农田保护示范区建设和土地整理工作。

② 参见贾娅玲《我国农地保护的法治化研究》，博士学位论文，中央民族大学，2009年，第46页。

年)》以对耕地的保护为重点,同时也对湿地等生态用地的保护作出了框架性规定。2008年10月12日,党的十七届三中全会通过的《关于推进农村改革发展若干重大问题的决定》指出,"逐步建立城乡统一的建设用地市场,对依法取得的农村集体经营性建设用地,必须通过统一有形的土地市场、以公开规范的方式转让土地使用权,在符合规划的前提下与国有土地享有平等权益","在土地利用规划确定的城镇建设用地范围外,经批准占用农村集体土地建设非公益性项目,允许农民依法通过多种方式参与开发经营并保障农民合法权益"。

2011年6月,国务院出台了《全国主体功能区规划》。按开发方式,该规划将国土空间划分为优化开发区域、重点开发区域、限制开发区域和禁止开发区域;[①] 按照开发内容,规划又将国土空间分为城市化地区、农业地区和生态地区三类。实施主体功能区规划,推进主体功能建设,是我国国土空间开发思路和开发模式的重大转变,是国家区域调控理念和调控方式的重大创新,对推动科学发展、加快转变经济发展方式以及合理利用和保护土地资源具有重要意义。

以上主要是针对耕地保护的土地立法情况,[②] 除此之外,《森林法》、《草原法》、《水土保持法》、《矿产资源法》、《农业法》、《海岛保护法》、《环境保护法》、《自然保护区条例》、《国家森林公园管理办法》等立法文件中,还零散地存在一些关于林地、草地、湿地等其他类型土地资源保护与利用的规定。

二 我国土地资源保护执法的梳理

影响土地资源执法工作成效的因素,最重要的是土地资源执法的体制。所谓土地执法体制,也称为土地管理体制,是指有关土地行政管理的组织结构、

[①] 优化开发区域是经济比较发达、人口比较密集、开发强度较高、资源环境问题更加突出,从而应该优化进行工业化、城镇化开发的城市化地区。重点开发区域是有一定基础、资源环境承载能力较强、发展潜力较大、集聚人口和经济的条件较好,从而应该重点进行工业化、城镇化开发的城市化地区。限制开发区域分农产品主产区和重点生态功能区。禁止开发区域是依法设立的各级各类自然文化资源保护区域,以及其他禁止进行工业化、城镇化开发、需要特殊保护的重点生态功能区。

[②] 截至2008年年底,关于土地立法情况的一个初步检索显示,1978年以来,我国累计制定了相关法律13件,地方性法规380件,地方政府规章553件,地方规范性文件4597件,地方司法文件8件。行政法规84件,司法解释28件,部门规章821件,团体规定、行业规定、军事法规、军事规章及其他16件。参见沈开举、郑磊《社会变迁与中国土地法制改革:回顾与前瞻》,《公民与法》2009年第10期。

职责权限结构及其运行方式。主要内容包括各级土地行政管理机构的设置及相互关系，各级土地行政管理机构的职责和权限划分、各种职责和权限的相互关系及运行方式。其中，土地管理机构是土地管理的组织形式和组织保证，职责权限是土地管理的职能形式和功能保证，运行方式则是土地管理组织形式和职能形式的动态反映和动态结合。

宏观来说，我国的土地管理体制大致经历了以下的历程。从奴隶社会到战国时期，各王朝都设地官负责主管土地的行政管理事务，并进行土地、道路、沟渠的设计和井田规划；到了魏晋以后，六官改为六部，其中户部掌管全国户籍、地籍、财政税收等行政管理工作；发展到半殖民地半封建社会，国民党中央政府专设地政部，统一管理全国土地。因此，上述各时期的土地管理基本上属于土地统管体制，而且更多地注重土地利用过程管理。新中国成立以后，开始实行土地分管体制，城市土地由城建部门、规划部门、民政部门、房管部门管理，而农村土地则一直由农业部门管理。1986年国家进行了土地管理体制改革，成立全国地政统管机构——国家土地管理局和各级政府的土地管理机构，形成了全国城乡地政统管体制。1998年国务院增设国土资源部，负责土地、矿产、海洋等资源的规划、利用、保护和管理，从全国的土地管理发展为从陆地到海洋，从土地到矿产的国土资源的统一管理。①

（一）统一管理阶段（1949—1952年：内务部地政司）

新中国成立初期在中央人民政府内务部设地政司掌管地政事物，主管土地登记、发证；土地典当、估价；调解土地纠纷等业务。土地利用分别由农、林等用地部门管理。土地估价、征收地产税则由财政部门管理。南方各省情况比较复杂，少数民族多，土地改革开展较晚，地政工作有的归民政部门，大多归财政部门负责。城市地政机构，大部分沿袭旧政府的机构，由市人民政府直接领导的地政局主管。主要业务包括：房地产登记、土地清丈、过户转移、代收房地产税等。

（二）多头分散管理阶段（1952—1978年：民政部设地政司—农垦部）

在农业合作化时期，中央人民政府政务院内务部设地政司，1955年政务院改为国务院后，在民政部设地政司。各大行政区行政委员会设地政处，各省、自治区在民政厅或财政厅设地政处。直辖市设地政局。地政机构主要负责土地登记、权属转移、国家建设征用土地审批等。

1956年成立农垦部，原农业部土地利用总局中有关荒地勘测调查的任

---

① 朱道林主编：《土地管理学》，中国农业大学出版社2007年版，第121页。

务,全部划归农垦部负责承办,人员相应转移。同时明确,有关农业社的土地利用规划工作仍由农业部土地利用总局负责;有关国营农场的土地利用规划工作,统归农垦部负责承办;有关水土保持工作由水利部牵头,农、林两部配合协办。成立全国水土保持委员会,办公室设在水利部;有关城市中的建设及其用地的规划、设计工作由城建部门负责;有关国家建设用地的征用审批工作,内务部门没有力量承办的,就因地制宜地由城建部门或农业部门负责承办。

总之,新中国成立初期,我国土地改革完成并引导农业走上集体化道路之后,从上到下,人们普遍认为,以权属管理为核心的地政工作意义不大,需要把重点转移到以土地利用为中心的管理上来。据此,原来土地登记、发证统一管理的地政工作,已经完全被部门分散管理的体制所取代,形成各自为政、政出多门的分管局面,先后长达30多年的时间。这期间乱占滥用、浪费土地的现象十分严重。据不完全统计,1957—1978年的21年间,全国减少了1245万公顷的耕地面积,平均每年减少26万公顷左右。我国社会各界对这种分散管理的土地管理体制意见很大,强烈呼吁国家采取坚决措施改革我国土地管理体制。

(三) 向统一管理艰难迈进阶段(1978—1998年:农牧渔业部土地管理局—国家土地管理局—国土资源部)

1978年年底,党的十一届三中全会标志着我国走上改革开放之路。在改革开放的初期,我们对国土资源管理的概念尚缺乏认识,也就没有专门、统一管理国土资源的行政机构。此时,土地数量不清、权属混乱、乱占滥用等问题暴露出来。土地管理问题的严重性,已经成为国民经济和社会发展的一大隐患,阻碍了国民经济的正常发展。加强土地管理工作开始提上议事日程,具体可分为两个阶段。

1. 第一阶段(1978—1986年:农牧渔业部土地管理局—国家计委)

(1) 国土整治与国土规划工作被提上日程。1981年4月2日,中央书记处会议决定国家建委新增国土整治职能。同国家农委相配合,搞好我国的国土整治的工作。① 这是土地资源开发利用,第一次以国土整治的名义列为国家部委的专项职能。

1981年10月初,国务院批转国家建委《关于开展国土整治工作报告的通知》。该通知提出,搞好国土整治,是一项很重大的任务。1982年,国务院颁

---

① 国土整治工作包括土地利用、土地开发、综合开发、地区开发、整治环境。

布《国家建设征用土地条例》，进一步加强对征用土地的管理，但是由于旧的土地管理体制的局限性，没有从根本上扭转土地问题的严重局面。同年，国务院进行机构改革，确定在农牧渔业部内设土地管理局，作为依法统一管理全国土地的职能机关。

1983年，国务院发出《关于制止买卖、租赁土地的通知》，各省、自治区、直辖市根据该通知有关机构设置的要求，先后建立了土地管理机构，截至1985年，25个省级政府建立了土地管理机构。

1984年中央决定将国家建委的国土整治职能转给国家计委负责。国家计委要求开展国土规划试点工作，并由省、自治区、直辖市计委归口管理。① 限于当时的认识，该项职能转交国家计委后，对国土资源的管理偏重从计划角度进行管理，认为国土规划属于长远规划性质。地区的国土规划是以一定的地域为对象，以资源综合开发的总体布局、环境的综合整治为内容的区域规划，它是国民经济中长期计划的重要前期工作和基础工作。

1985年3月，国务院批转国家计委《关于编制全国国土总体规划纲要的报告》。要求在1985年编制完成《全国国土总体规划纲要》。该纲要提出我国国土整治的若干重大专题治理规划；明确各重点地区的发展方向和重大开发措施。该纲要以2000年为规划期限，近期可以与"七五""八五"计划衔接。这是我国第一次编制全国国土总体规划纲要。

（2）控制占用耕地，保护耕地资源。在改革开放初期，仍然主要采用行政手段控制经济增长对耕地的占用。国务院于1982年年初颁布《村镇建房用地管理条例》。该条例主要为解决农民收入增加后，建房占用耕地的问题。又于5月颁布《国家建设征用土地条例》，该条例主要为解决实行土地承包制后，国家重点建设征用土地与农民承包土地的矛盾。

截至1985年，我国尚无专门管理土地资源的政府部门。1982年，五届人大常委会二十三次会议审议通过国务院部委机构改革实施方案。在机构改革方案设计中，没有设立专门管理土地资源开发利用的部门。该项职能仍归属于国家计委。由于缺乏强有力的行政管理机构，滥占耕地资源的现象没有得到有效制止。

2. 第二阶段（1986—1998年：国家土地管理局—国土资源部）

在改革开放的推动下，我国经济发展持续高速增长。随之而来的是对土地

---

① 国家计委规定国土规划工作有4项内容：(1) 确定本地区自然资源开发规模和经济发展方向；(2) 统筹规划区域内水源、能源、交通等重大基础设施的建设；(3) 在综合发挥地区优势的基础上，安排好人口、生产和城镇的合理布局；(4) 搞好环境保护和环境整治，包括对自然灾害的防治。

资源的需求不断增强，继续占用大量的耕地，且力度不断加大。这其中既有合理的需求，也存在乱占滥用耕地现象。为保护有限的耕地资源，强化对土地资源的管理，有必要设立专门、统一的行政管理机构。

1986年3月，中共中央、国务院联合发出《关于加强土地管理、制止乱占耕地的通知》。该通知要求加强对土地管理，组建国家土地管理局。① 该通知奠定了我国土地管理的基本框架：集中统一管理全国土地资源的开发、利用，县以上人民政府建立健全土地管理机构，土地资源所有权变更由土地管理部门审批。

国家土地管理局在存续期内，主要抓了三件大事。1986年拟定了《土地管理法》并经六届人大常委会审议通过。1988年年底，国家土地管理局依据七届人大通过的《宪法修正案》，允许依照法律规定转让土地使用权的条款，主持修订了《土地管理法》，并经七届人大常委会通过。由此奠定土地管理制度市场化改革和国有土地资源有偿使用制度的基础。1992年2月，国家土地管理局提出并经国务院批准，在全国范围建立基本农田保护制度。

根据党中央、国务院的要求，各级地方人民政府相继成立土地管理机构。截至1990年年底，全国绝大多数省、自治区、直辖市的地、市、县实现了城市土地和地政的统一管理；全国形成了国家、省、市（地）、县、乡（镇）五级土地管理网络。

1993年国务院直属机构改革方案实施。国务院的直属机构由19个调整为13个。国家土地管理局作为直属机构予以保留，基本职能未变。

1998年国务院机构改革，国家土地管理局、国家海洋局、国家测绘局和地质矿产部共同组建国土资源部。该部主要职能：土地资源、矿产资源、海洋资源等自然资源的规划、管理、保护与合理利用，从而实现从单一资源管理向综合资源管理的转变。②

（四）统一管理新阶段（1998年至今）

1998年国务院机构改革后，我国国土资源工作进入了统一管理的崭新阶段。2004年，中央政府决定在全国实行省以下土地垂直管理体制，以进一步

---

① 中共中央、国务院对国家土地管理局的职能明确规定为：贯彻执行国家关于土地管理的法律、法规和政策；主管全国土地的调查、登记和统计工作，组织有关部门编制土地利用总体规划；管理全国的土地征用和划拨工作，负责需要国务院批准的征、拨用地的审查、报批；调查研究，解决土地管理中的重大问题；对各地、各部门的土地利用情况进行检查、监督，并做好协调工作。

② 参见齐援军《我国土地管理体制和政策改革演变》，《经济研究参考》2003年第65期。

加强国家对国土资源的宏观调控，为下阶段的土地管理明确了方向。

2006年7月，根据国务院《关于深化改革严格土地管理的决定》的规定，并经国务院批准，国务院办公厅下发《关于建立国家土地督察制度有关问题的通知》，建立了国家土地督察制度：一是设立国家土地总督察及其办公室;[①]二是规定由国土资源部向地方派驻9个国家土地督察局，分别是：北京局、沈阳局、上海局、南京局、济南局、广州局、武汉局、成都局、西安局。[②] 派驻地方的国家土地督察局，代表国家土地总督察履行监督检查职责。主要职责为：监督检查省级以及计划单列市人民政府耕地保护责任目标的落实情况；监督省级以及计划单列市人民政府土地执法情况，核查土地利用和管理中的合法性和真实性，监督检查土地管理审批事项和土地管理法定职责履行情况；监督检查省级以及计划单列市人民政府贯彻中央关于运用土地政策参与宏观调控要求情况；开展土地管理的调查研究，提出加强土地管理的政策建议；承办国土资源部及国家土地总督察交办的其他事项。

三　我国土地资源保护司法的梳理

生态环境和自然资源是人类生存的基础。随着工业化进程的加速发展，我国生态环境和自然资源的保护工作压力加大。党和国家对此高度重视，党的十一届三中全会后，全面启动了资源、环境的司法保护工作，相继制定了一批关于资源、环境保护的法律法规。但由于相关法律、法规普遍存在规定"软"（缺少对应的法律责任条款）、权力"小"（缺乏行政强制权力）、手段"弱"（罚款为主要手段）、执法部门与地方政府部门利益冲突、开发企业与群众利益矛盾激化等问题，我国资源、环境司法保护工作的成效不尽如人意。

---

① 办公室的主要职责是：拟定并组织实施国家土地督察工作的具体办法和管理制度；协调国家土地督察局工作人员的派驻工作；指导和监督检查国家土地督察局的工作；协助国土资源部人事部门考核和管理国家土地督察局工作人员；负责与国家土地督察局的日常联系、情况沟通和信息反馈工作。

② 国家土地督察北京局，督察范围为：北京市、天津市、河北省、山西省、内蒙古自治区；国家土地督察沈阳局，督察范围为：辽宁省、吉林省、黑龙江省及大连市；国家土地督察上海局，督察范围为：上海市、浙江省、福建省及宁波市、厦门市；国家土地督察南京局，督察范围为：江苏省、安徽省、江西省；国家土地督察济南局，督察范围为：山东省、河南省及青岛市；国家土地督察广州局，督察范围为：广东省、广西壮族自治区、海南省及深圳市；国家土地督察武汉局，督察范围为：湖北省、湖南省、贵州省；国家土地督察成都局，督察范围为：重庆市、四川省、云南省、西藏自治区；国家土地督察西安局，督察范围为：陕西省、甘肃省、青海省、宁夏回族自治区、新疆维吾尔自治区、新疆生产建设兵团。

2003—2008年，全国各级法院审结涉及资源、环境案件177792件，占同期审结案件总数的0.52%。其中：刑事案件45340件，占同期审结刑事案件总数的1.09%；民事案件12278件，占同期审结民事案件总数的0.04%；行政案件120174件，占同期审结行政案件总数的20.69%（如图13-1所示）。

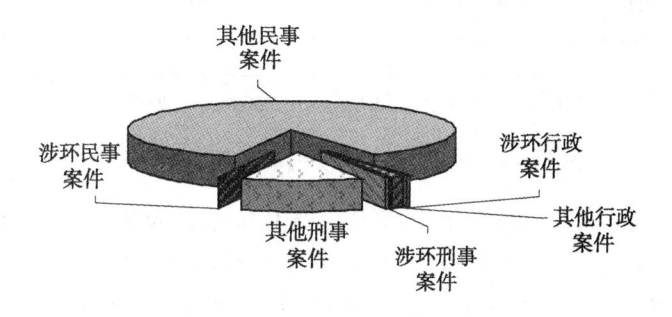

图13-1 全国各类案件分布图

从统计数据和调研情况看，涉及资源、环境的各类案件分别呈现出以下特点：

（一）土地资源刑事案件

2009年，在刑事审判领域，各级法院新收环境资源犯罪案件10767件，其中盗伐林木案件3724件，滥伐林木案件3176件，非法占用农用地案件1027件，上述三类案件约占环境资源犯罪案件的4/5。与此同时，重大环境污染案件、非法采矿案件和非法收购、运输、加工、出售国家重点保护植物、国家重点保护植物制品案件增长迅猛，同比分别增长70.00%、42.14%和38.67%。

1. 案件数量呈整体上升趋势

特别是2005—2008年间，案件数量出现明显上升趋势，其中，2005年审结6313件，同比上升12.9%；2006年审结7982件，同比上升26.4%；2007年审结9157件，同比上升14.7%；2008年审结10204件，同比上升11.4%（如图13-2所示）。

2. 案件绝对数量少，适用罪名相对集中，案件类型有明显的地域性

2003—2008年，全国各级法院审结各类刑事案件共4153373件，其中涉及资源、环境刑事案件45340件，仅占1.09%，案件绝对数量少，所占比例小。据抽样统计，适用最多的罪名是盗伐林木罪，占45.05%；第二是滥伐林木罪，占30.48%；第三是非法采矿罪，占5.33%；第四是非法占用农用地罪，占5.25%；第五是非法采伐、毁坏国家重点保护植物罪，占3.82%（如图13-3所示）。多数罪名发案地区集中在经济发达或资源丰富的地区，具有

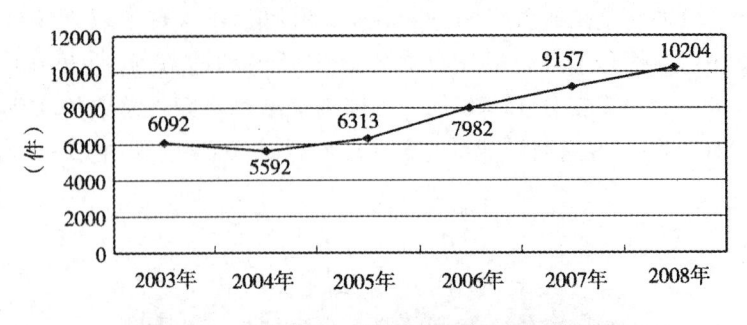

图 13-2　涉及资源、环境刑事案件数量趋势图

地域性。例如，2003—2008年山西省法院共审结涉及资源、环境刑事案件1385件，其中非法采矿案件717件，占总案件数的51.8%，这与山西省矿产资源丰富、近年煤炭价格上涨、部分煤矿厂停产整顿不无关系。再如，2003—2008年上海市法院共审结涉及资源、环境刑事案件40件，其中非法占用农用地案件14件，占总案件数的35.0%，这与上海城市化进程中土地升值不无关系。但总的说来，非法占用农用地罪的比例和非法采矿罪旗鼓相当。

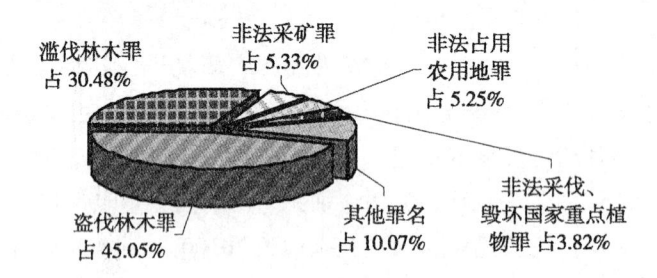

图 13-3　涉及资源、环境刑事案件适用罪名分布图

3. 被告人身份相对单一

被告人多为当地居民，且多为农民。其中，两类主体比较突出：一为林区农民，在承包林地划为公益林或进入天然林保护工程后，未取得林木采伐许可证而盗伐、滥伐林木；二为矿区居民，在一些矿产资源分布广、埋藏浅、易开采的地区，常年自采自挖取煤。例如，2003—2008年贵州省法院审结的涉及资源、环境刑事案件中，被告人为农民的比例高达94.02%。这与农民法律意识、环保意识淡薄、"靠山吃山，靠林吃林"思想不无关系。

4. 重特大案件不多，量刑呈轻缓化趋势

2003—2008年，全国各级法院对涉及资源、环境刑事案件被告人作出有罪判决的共61534名，其中判处五年以上有期徒刑2048人，仅占3.33%；而判处缓刑28789人，占46.79%；判处管制3880人，占6.31%；单处罚金6284人，占10.21%（如图13-4所示）。这说明，尽管当前重大资源、环境事件时有发生，但真正作为严重刑事犯罪予以追究的不多。非监禁刑适用比例高，处刑呈现轻缓化，这与涉及资源、环境犯罪多属轻罪、被告人多有投案自首、积极退赔、积极缴纳罚金等情节不无关系。

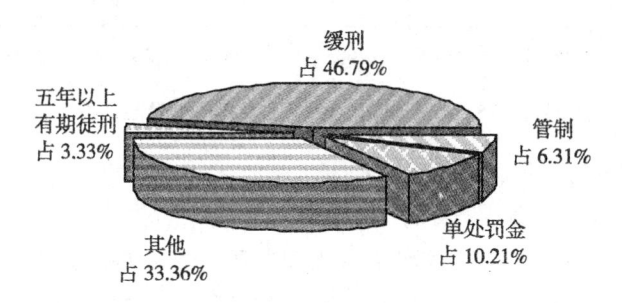

图13-4 涉及资源、环境刑事案件量刑分布图

（二）土地资源民事案件

涉及资源、环境民事案件数量偏少，无明显的增长趋势。2003—2008年，全国各级法院审结各类民事案件共2900多万件，其中涉及资源、环境民事案件1.2万件，仅占0.04%，案件数量偏少。[①] 2003—2008年审结的涉及资源、环境民事案件数分别为1540件、4453件、1545件、2146件、1085件、1509件，无明显增长趋势（如图13-5所示）。这与资源、环境日趋恶化的现状并不相符，究其原因是许多重大环境污染事故纠纷并未进入诉讼程序，这与环境案件立案难、举证难、执行难具有紧密关系。同时，人民法院的司法统计将涉及资源、环境民事案件统计在一般民事侵权等案件类别中，没有细化、单列涉及资源、环境民事案件的具体案由，这也是导致此类案件统计数量少的原因之一。至于这类案件有多少，由于法院统计上的原因，现无法作出准确判断，但估计不会太多。

（三）土地资源行政案件

2009年，在行政审判领域，全国法院收案统计显示，资源类收案21150件，同比上升11.89%；环保类收案2647件，同比上升67.21%。这些行政案件的及时审理，保障和监督了政府及其有关部门依法行政，维护了行政相对人的合法环境权益。回顾审视近几年包括土地资源在内的环境资源案件，发现其

[①] 2009年，在民事审判领域，各级法院共审结环境污染损害赔偿案件1783件，推动了一大批环境民事纠纷的解决，有力维护了污染受害者的人身和财产权益。

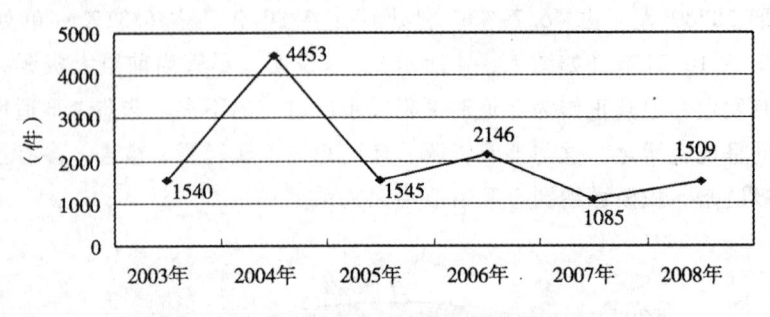

图 13-5 涉及资源、环境民事案件数量趋势图

具有以下两方面的特征:

1. 案件数量呈整体上升趋势

特别是 2004—2007 年,案件数量出现明显上升趋势。其中,2004 年审结 18088 件,同比上升 3.82%;2005 年审结 20055 件,同比上升 10.88%;2006 年审结 21826 件,同比上升 8.83%;2007 年审结 22289 件,同比上升 2.12%(如图 13-6 所示)。由于法院在统计时,没有将土地资源行政案件单列出来,所以我们无法知晓土地资源类案件近年准确的发展态势,但鉴于近年土地资源开发和城镇化日益加速等原因,估计应为逐年上升的趋势。

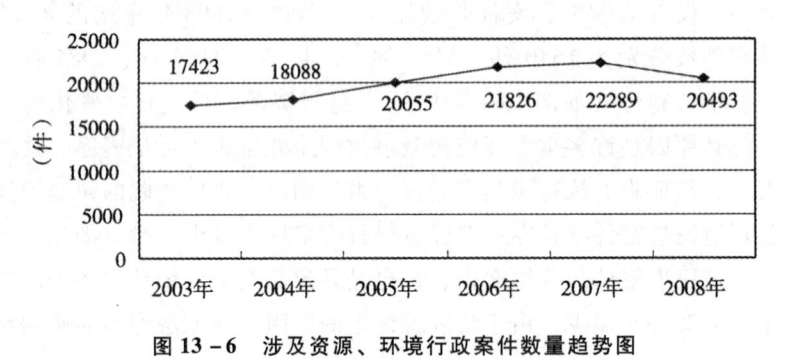

图 13-6 涉及资源、环境行政案件数量趋势图

2. 土地资源类案件所占比重大

2003—2008 年,全国审结涉及资源、环境行政案件 12 万件,其中资源行政管理类案件 112269 件,占 93.42%,环保行政管理类案件 7905 件,占 6.58%。

从图 13-7、图 13-8、图 13-9 有关江西、河南、山西三省的统计数据看,资源类案件,尤其是土地资源类案件,在数量和比例上占了资源、环境类行政案件的绝大部分。由此可见,对资源,尤其是土地资源开发利用的行政管

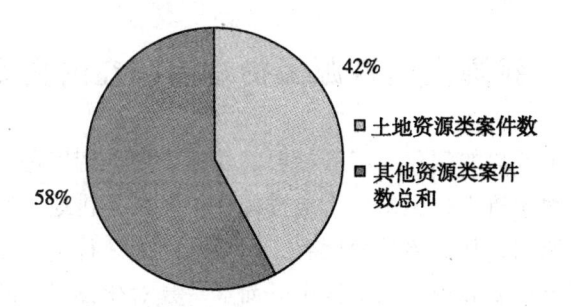

图 13 – 7　江西省土地资源案件统计数据

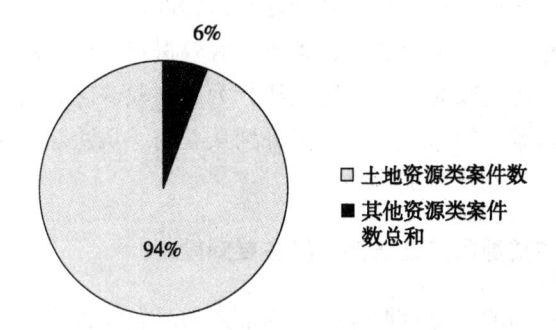

图 13 – 8　河南省土地资源案件统计数据

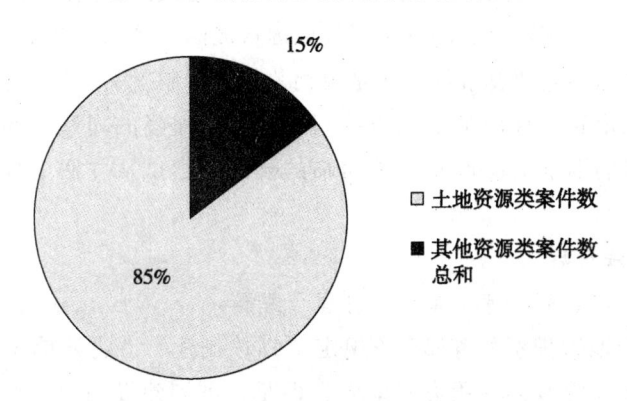

图 13 – 9　山西省土地资源案件统计数据

理是当前行政执法亟待加强的重要内容。① 换言之，在一定程度上说，土地资源行政执法中的违法或不尽合理的行为比较严重。

---

① 最高人民法院 2009 年《关于加强资源、环境司法保护的调研报告》。

第二节　我国土地资源保护法治存在的主要问题

随着我国改革开放的深化、经济社会的快速发展，特别是工业化和城镇化的不断推进，人地矛盾十分突出，土地资源保护尤其是耕地和湿地的保护压力日益加大。究其原因，从法治的角度看，主要是因为现行土地资源的法律保护严重不足，宏观上主要表现在以下四个方面：一是对建设用地的违法扩张打击不够有力；二是各地对耕地、林地、草地、湿地的保护，制度上不到位，法律责任不够严厉且没有严格追究；三是征地补偿标准低，且标准不一，征地程序也没有得到严格履行，群众合法权益得不到有效保护；四是现行法律关于监督检查和法律责任的规定较为原则，对违法行为的制裁缺乏有效手段，土地执法存在制止难、处理难的问题。以下，试分别从立法、执法和司法三个维度展开讨论。

一　我国土地资源保护立法存在的主要问题

如前所述，我国的土地资源保护面临诸多的难题和挑战，其中有一些是由于资源的禀赋、分布以及历史的积累等客观原因造成的，然而还有许多问题是由于立法滞后、规则不全、制度不当等原因造成的。例如，众多围绕着土地的群体性冲突显然不是偶发事件，而是由相关的法律制度引起的系统性问题，即因农村集体以及农民被侵害了土地权利，又没有通畅的司法途径解决冲突所致。下面，我们围绕土地资源保护面临的挑战，尝试从立法上探寻所存在的问题。

（一）立法滞后

1. 计划经济色彩浓厚，市场经济理念薄弱

我国《土地管理法》第54条规定了划拨制度："建设单位使用国有土地，应当以出让等有偿使用方式取得；但是，下列建设用地，经县级以上人民政府依法批准，可以以划拨方式取得：（一）国家机关用地和军事用地；（二）城市基础设施用地和公益事业用地；（三）国家重点扶持的能源、交通、水利等基础设施用地；（四）法律、行政法规规定的其他用地。"实际上，土地划拨制度是计划经济时代的产物。这一制度，一方面造成了巨大国有资产的流失；另一方面也严重影响了市场公平，不利于经济建设的有序进行。今后，土地资源保护的法制建设必须坚持市场经济的方向，对相关立法及时进行修改。

《土地管理法》第 24 条、第 25 条还规定了建设用地计划和总量控制制度。实际上，建设用地指标（土地利用计划）也是计划经济的遗留产物，不但可能将制定的土地规划架空，而且容易造成地区的不平衡。再者，土地审批权力过于庞大，也容易导致腐败的大量滋生。因此，我们认为，建设用地指标这种土地管理模式今后应当废除，政府应当将主要精力放在通过土地规划进行土地用途管制方面，加强土地规划的实施和监督。

2. 公权管制色彩太浓，私权保障理念不足

受计划经济的遗留影响，我国在土地法制建设方面十分强调对土地资源的公权管制，而对体现市场经济理念的私权自由却没有给予应有的重视。这一点，可从我国有关土地资源保护立法的名称和内容得到有力印证。比如，我国将土地资源保护的基本法命名为《土地管理法》，强调对土地资源的行政管制，而忽视或弱化公民尤其是农民对于土地资源所享有的权利，如土地所有权、建设用地使用权、宅基地使用权、土地经营权、土地抵押权、地役权、环境权等土地上的权利。

3. 强调土地面积的保护，忽视土地的有效利用

我国的土地立法尤其是《土地管理法》在价值理念上强调对土地资源的保护，比如设立了土地划拨、建设用地计划和总量控制、基本农田保护等制度；却没有高度重视土地资源的科学和高效利用问题。这一点，我国台湾地区的《土地法》做得就比较好，其整整用了一编共 6 章的篇幅规定了"土地使用"问题，如房屋和地基的使用、耕地和荒地的使用等。正因为如此，我国土地资源的闲置和抛荒问题十分严重，土地利用效率普遍不高。

4. 重视土地所有权制度，忽视土地使用权制度

然而，在我国，个人只能享有土地使用权，目前土地使用权存在着以下缺陷：

（1）土地使用权期限短、不稳定。根据《物权法》的规定，我国的土地使用权包括建设用地使用权、土地承包经营权、宅基地使用权。建设用地使用权又分为国有建设用地使用权和集体建设用地使用权；承包经营权也分为国有土地承包经营权和集体土地承包经营权；而宅基地使用权仅仅是农村村民个人对住宅基地的使用权。这些权利的期限大部分比较短。国有土地使用权，根据土地的不同用途，分别适用 40 年、50 年、70 年的不同期限。农地承包经营权的期限因土地性质的不同也不相同，耕地为 30 年，草地为 30—50 年，林地为 30—70 年。特殊林木如果要延长承包期，甚至要经过国务院林业行政主管部

门批准方可。而且，根据《农村土地承包法》第 31 条、第 50 条的规定，① 除林地以外的农地，承包人死亡以后，承包权是不允许继承的。现实中也大量存在着农民死亡后，按照死亡人口数核减份地的做法。当然，《物权法》也体现了延长权利期限的努力，例如住宅用地，允许到期后自动续期，但是非住宅用地仍然受到期限短的制约。

（2）权利内容不明晰。土地由划拨变为出让时，权利人要补缴出让金。对出让金的确定，目前仍缺乏统一的标准，有的是按照土地估值的一定比例征收，有的是干脆重新招、拍、挂，出让金额根本无法事先确定。而且，土地用途发生改变时，权利人也需补缴出让金或者租金，同样会遇到上述金额无法确定的问题。另外，土地使用权的期限也根据土地用途的改变发生相应的变更，而土地用途的认定是一个非常复杂、有弹性的问题，现实中经常发生争议。

（3）权利过于弱小。就国有土地使用权来说，如果闲置 2 年，国家就会收回。在面对国家征收时，土地使用权更是常常沦为强大行政权力的牺牲品。对于集体土地使用权来说，除来自国家权力的侵犯外，还经常遇到来自村委会、集体组织其他成员的侵犯和干涉，随意收回土地使用权的现象仍很普遍。

（4）权利流转不自由。对于划拨土地使用权来说，其转让、抵押必须经过国有土地主管部门的批准。对于出让国有土地使用权来说，其转让尽管不需要主管部门的同意，但却必须符合下列条件：按照出让合同约定进行投资开发，属于房屋建设工程的，完成开发投资总额的 25% 以上；属于成片开发土地的，形成工业用地或者其他建设用地条件。实际上，恰恰在很多情况下是因为资金匮乏，才不得不将土地使用权转让。

对于集体土地使用权来说，《土地管理法》第 63 条规定，除符合土地利用总体规划并依法取得建设用地的企业，因破产、兼并等情形致使土地使用权依法发生转移的外，农民集体所有的土地的使用权不得出让、转让或者出租用于非农业建设。对于承包经营权来说，《土地承包法》第 37 条规定，土地承包经营权采取转包、出租、互换、转让或者其他方式流转，当事人双方应当签订书面合同。采取转让方式流转的，应当经发包方同意。至于承包权的抵押，《担保法》明确禁止耕地承包权的抵押，而《物权法》对此做了保留。《物权

---

① 《农村土地承包法》第 31 条规定："承包人应得的承包收益，依照继承法的规定继承。林地包的承包人死亡，其继承人可以在承包期内继续承包。"第 50 条规定："土地承包经营权通过招标、拍卖、公开协商等方式取得的，该承包人死亡，其应得的承包收益，依照继承法的规定继承；在承包期内，其继承人可以继续承包。"

法》规定,《担保法》和《物权法》的规定不一致的,以《物权法》为准。显然在承包权抵押方面,二者并没有抵触,因为《物权法》对此没有作出任何明确规定,实际上是承认了《担保法》禁止抵押的做法。至于宅基地使用权,虽然《土地管理法》第 62 条第 3 款规定,农村村民出卖、出租住房后,再申请宅基地的,不予批准,似乎是允许宅基地使用权随房屋一起出卖。但国务院《关于深化改革严格土地管理的决定》和国土资源部《关于加强农村宅基地管理的意见》都明确规定,严禁城镇居民在农村购置宅基地。而《物权法》关于宅基地使用权的取得、行使和转让的规定,竟然是"适用土地管理法和国家有关规定"。

(5) 权利享有的身份化。首先,同为所有权,国家所有和集体所有呈现出巨大的差别,集体土地所有权人不能为了非农业目的使用土地。其次,不同身份的人也只能根据法律取得与自己身份相符合的土地使用权。例如,农村土地承包经营权、宅基地使用权等要求权利人具有集体经济组织成员的身份。而城市居民只能享有国有土地使用权,不得到农村购买宅基地。最后,承包经营权的主体,是农户而非个人。这些规定导致个人身份的变化直接影响到权利的享有,这种做法不但有违平等原则,而且也常常因为身份的变化,使权利的享有难以稳定持久。

以上情况的存在,其根源就在于国家和集体土地所有权(尤其是国家土地所有权)的强势地位。因为所有权的强大,国家和集体可以拒绝使用权的延长,可以更容易收回使用权,可以为使用权的享有和流转设定各种身份条件,甚至拒绝使用权的流转。也正因为所有权的强大,国家和集体才可以通过使用权的出让或分配,来获取并巩固社会成员的忠诚信念,并通过获取土地收益来筹集社会资金,控制社会资源。而当使用权的内涵不明确的时候,也就意味着所有权人的责任、负担或约束也不明确,所有权人对使用权的否定或排除也就缺乏约束。对国家和集体土地所有权的强化,无疑抑制了个人土地使用权的发展。事实上,当我们坚持土地的国家和集体所有,并且按照罗马法的理解赋予其神圣性时,就自觉不自觉地为国家和集体权力的扩张和恣意埋下了伏笔。①

5. 重视耕地数量的保护,忽视生态环境的维护

前文已述,土地资源在功能类型上除了耕地之外,还包括资源用地和生态

---

① 参见李凤章、张秀全《土地所有权立法之反思:透过历史的映照》,《北方法学》2009 年第 2 期。

用地等基本类型。保护农耕用地主要是为了保障国家的粮食安全，但仅有粮食安全是不够的，在环境污染和生态破坏日益严重的当下，保有适量的生态用地以维护国家生态安全并维护其质量，以建设生态文明已变得越来越迫切。然而，我国以《土地管理法》为龙头和主干的土地立法，大多只强调对耕地数量的保护，对于土壤污染、水土流失、土地沉降、土地荒漠化、土地盐碱化、土地沙化、土地石漠化等生态安全问题却没有给予基本的关注。

（二）体系残缺

所谓体系残缺，主要是指我国关于土地资源保护的立法在体系结构上所存在的问题，如土地生态保护立法残缺、缺乏龙头的《土地规划法》等。

1. 缺乏土地生态保护立法

前文已述，从功能上看，土地资源包括建设用地、农耕用地、资源用地和生态用地等类型，因此，对土地资源的保护应包括四个方面，即对建设用地的保护、对耕地的保护、对资源用地（主要是林地、草地）的保护以及对生态用地（主要是湿地、生态林地、生态草地）的保护。然而，从我国现有的土地立法来看，我们基本只重视对耕地的保护，而对生态用地的立法十分缺乏。譬如《土地管理法》花了一章的篇幅规定耕地的保护问题，对湿地、林地、草地等的保护却只用一个条文进行了规定。①

更为严重的是，在2009年"修订草案"中，将"立法目的"中原有的"保护、开发土地资源"删除，将原来处于"立法目的"第五位的"切实保护耕地"加强语气为"实行最严格的耕地保护制度"，并提升到了第三位。实际上，如果说"立法目的"头两句话只是抽象的观念，那么通览整个《土地管理法》，保护耕地这一原则却成了贯穿始终的逻辑基础。这是因为，"保护耕地"作为一个技术性的单一目标是可以理解的，但放在《土地管理法》的如此重要的位置上，包含了当与社会公正、有效配置土地资源和保护权利等更高原则发生冲突时，后者也要屈从于前者的含义。实际上，上述社会公正、有效配置资源和保护产权等宪法原则，不仅可以替代，还应当远远优于"保护耕地"原则。"有效配置资源"涵盖了"有效配置土地资源"，而"有效配置土地资源"不仅意味着利用耕地、林地、草地、湿地生产所有所需产品，包括

---

① 《土地管理法》第39条规定："开垦未利用的土地，必须经过科学论证和评估，在土地利用总体规划划定的可开垦的区域内，经依法批准后进行。禁止毁坏森林、草原开垦耕地，禁止围湖造田和侵占江河滩地。根据土地利用总体规划，对破坏生态环境开垦、围垦的土地，有计划有步骤地退耕还林、还牧、还湖。"

粮食、木材、药材、牲畜等农产品，还意味着通过有效利用城市土地而节约出更多的土地，甚至还意味着可以用更少的土地生产定量的粮食等农产品。

因此，我们不能片面强调"保护耕地"以致把其单独列出来作为立法目标。如果非要写上，也必须强调在遵循上述宪法原则和进行利益平衡前提下实施这一原则；或者，如果发现"保护耕地"与社会公正、资源配置效率和保护产权等宪法原则发生冲突时，有更高的法律权威裁定违宪。否则，将"保护耕地"放在《土地管理法》的如此高位，又没有可以纠正的制度安排，就不可避免地损害社会公正、有效配置资源和保护产权的原则。①

2. 缺失土壤污染防治立法

现行的法律体系中，对于土壤污染防治还没有专门立法。虽然若干法律、行政法规或地方性法规中对土壤保护、农田保护有一些零星规定，但大多都是分散而不系统的，缺乏可操作的具体法律制度。

（1）立法形式上无专门的立法。现行的土壤污染防治立法，主要以附属或者附带方式存在于不同法律之中，不但形式分散，而且内容极不完整，不能适应土壤污染防治的迫切需要。

在法律层面，目前只有《环境保护法》、《水污染防治法》、《土地管理法》、《农业法》、《农产品质量安全法》涉及土壤污染问题。在行政法规中，只有《基本农田保护条例》、《水污染防治法实施细则》、《农药管理条例》、《危险化学品安全管理条例》等涉及土壤保护和污染防治问题，但都只是一些原则性的规定，缺乏切实可行的、具有可操作性的措施。在地方法规、部门规章和地方规章中，也多是一些原则性规定。

（2）立法内容上存在诸多缺陷。一是重复立法。如《农业法》第58条、《土地管理法》第35条的规定基本相同，都是以一些宣言性的规定表明土壤污染需要防治，但是关于该如何具体防治土壤污染，却并没有制定相应的法律制度和措施。二是概括立法。现有的土壤污染防治立法以政策性宣示为主，相关条款只是概括性地规定要"防止土壤污染""保护土壤"，但是具体由谁来监管、采取怎样的措施、不执行会有何种后果等都不明确。三是基本制度尚未建立。对于矿山土壤污染治理、城市工业企业搬迁地土壤污染修复、土壤污染区域使用功能调整、土壤污染突发事件应急处理、土壤污染法律责任、土壤污染整治基金、土壤污染责任保险、土壤污染受害人的法律救济等基本法律制

---

① 盛洪：《〈土地管理法〉及其"修订草案"批判》，http://www.aisixiang.com/data/detail.php?id=28517。

度，都没有真正建立起来。①

3. 在土地规划领域缺乏龙头作用的《土地规划法》

20世纪80年代以来，中国开始建立以土地用途管制制度为核心的土地利用总体规划制度，初步建立起从全国到省、市、县、乡的5级规划体系。两轮土地利用总体规划的实施，对保护有限的耕地资源，保障国家粮食安全，促进节约集约用地起到了至关重要的作用，有效促进了中国经济社会的持续、稳定和健康发展。

土地利用总体规划立足于解决有限的土地资源供给与日益增长的土地需求之间的矛盾，是落实土地宏观调控和土地用途管制、规划城乡建设的重要依据，是实行最严格土地管理制度的一项基本手段。为落实科学发展观，目前国家对土地利用总体规划又提出了更高的要求。但是，作为协调各行业、各部门经济活动综合平台的土地规划长期以来缺乏相应的法律制度保障，规划内容、规划过程、规划标准和规划行为等也缺乏法律约束，没有明确的法律规定，各地目前开展规划时无法可依，无据可查，随意性较大。这与国家赋予它的"龙头"地位是极不相称的，也势必影响土地利用总体规划的综合统筹能力。目前，有关土地利用总体规划的法律只有《土地管理法》，而《土地管理法》也只明确土地利用总体规划的基本原则和各级人民政府必须编制规划的义务，对土地规划的法律属性、法律效力并没有明确界定。从完整的土地规划法律体系看，目前，一是缺乏统领土地规划工作全局的、效力较高的主干法律，即《土地规划法》；二是土地规划法律体系不完善，缺乏配套的法律法规；三是编制的《土地总体利用规划》只是一段时期内具有法律效力的政府文件，法律地位不高，规划的严肃性、权威性得不到维护。因此，土地规划作为统筹城乡发展的重要平台，必须有相应的法律保障作支撑，土地规划的层次体系与法律效力需要通过立法进行明确。②

（三）制度缺失

1. 缺少保证国有土地产权有效行使的制度安排

《土地管理法》及其"修订草案"只是在原则上说要"维护土地公有

---

① 参见李静云《如何应对重金属超标问题？土壤污染防治立法刻不容缓》，《中国环境报》2011年1月4日第3版。

② 土地规划立法如果从立法体系的框架上看，应该包括三个方面：一是《土地规划法》；二是与《土地规划法》相配套的法律法规；三是土地规划方案的法令化。参见严金明《土地规划立法的导向选择与法律框架构建》，《中国土地科学》2008年第11期。

制",但并没有保证公有土地尤其是使国有土地产权有效行使、保证国有土地收益上缴国库和避免相关政府部门官员利用对国有土地的配置权力寻租腐败的制度安排。这在实践中已经严重扭曲和背离了国有土地的公有性质。

2. 缺少对土地管理部门的定位、限制和监督的制度安排

我国有关土地的问题,很大程度上是由于土地管理部门的权力过大且不受限制所致,但由于《土地管理法》及其"修订草案"有着很强的部门立法色彩,虽然赋予了土地管理部门过大的权力,却通篇没有土地管理部门定位的描述,其实暗含着土地管理部门就是该法的立法和执法主体的意思;在其中就更不可能有限制和监督土地管理部门的条款。这使得该部门实际上成为《土地管理法》的"法上"部门。

3. 缺乏土地公益诉讼制度

所谓公益诉讼,是指为维护国家利益、社会利益等公共利益,自然人、法人、政府组织、非政府非营利组织和其他组织向法院提起的诉讼。土地资源关乎国家经济社会的发展、民生、生态安全等方面的利益,具有典型的公益性。如前文所述,当前我国土地资源的违法圈占、土地闲置、土壤污染、生态破坏等问题层出不穷。尽管2012年修订通过的《民事诉讼法》第55条规定"对污染环境、侵害众多消费者合法权益等损害社会公共利益的行为,法律规定的机关和有关组织可以向人民法院提起诉讼",在原则性地规定了环境公益诉讼制度。然而,依此规定仍然无法对浪费土地资源、破坏生态等不良行为,通过司法程序进行惩处。另外,这一规定还只是局限于民事诉讼领域且缺乏可操作性,行政诉讼领域的环境公益诉讼还付诸阙如。

(四)制度失当

1. 耕地占补平衡制度的不足

耕地总量动态平衡政策的实施,对于我国稀缺的耕地资源保护起到了积极的作用。通过研究分析,在现行耕地总量动态平衡政策实施中,仍然存在一些问题。主要表现在以下三个方面:①

(1)耕地总量动态平衡政策没有充分考虑区域差异性。当前较为突出的问题是对耕地资源总量动态平衡应在哪一级区域来实现缺乏明确的规定。现实工作中,由于不同区域社会经济发展状况的差异性,往往会造成对经济相对发达地区因建设需要占用耕地却因强调"自我平衡"而无法占用,从而影响经

---

① 黄贤金、濮励杰、尚贵华:《耕地总量动态平衡政策存在问题及改革建议》,《中国土地科学》2001年第4期。

济发展；而对人均耕地资源充裕的地区，剩余农产品却因其他地区都实现了耕地资源总量动态平衡而难以销售，使农业土地利用效益和农业生产发展在一定程度上受到影响，这样的"平衡"就缺乏实际意义。

（2）未考虑国际市场因素，区域耕地总量动态平衡政策对于社会经济环境变化的适应性不强。中国加入世界贸易组织后，面临国外农产品市场的巨大挑战，国内农业支持、保护力度的减弱及农业在现代经济生活中的贡献比重日趋下降，我国的耕地将面临进一步萎缩的可能性的挑战。加入世界贸易组织后，缔约国一些成本低、品质好的农产品将涌入我国市场，必将在相当程度上挤占国内部分农产品市场，从而影响我国农业的发展和农民的收入，从而最终导致农业土地尤其是耕地用途的转换。再者，耕地占补平衡的出发点是维护我国的粮食安全，然而，在全球化背景下，应当进行资源的重新整合，在保证底线的基础上，粮食可以在国际市场上购买，而不需对耕地实行严格的占补平衡制度。

（3）耕地总量动态平衡过程中未能强调土地开发的生态环境影响评价，在保证粮食安全的同时很可能危及生态安全，可以说这是耕地占补平衡制度最大的问题。耕地是土地生态系统也是整个自然生态系统的重要组成部分，在现有农业生产技术水平条件下，要保证人口不断增长的刚性食物需求，适度开发一定数量的后备资源，增加耕地面积是一条很重要的途径。但后备资源的开发要统筹规划，充分考虑生态环境的适应性，以建立和维持良性循环的土地生态系统为目标。然而，一些地区为了实施耕地总量动态平衡，不惜围湖造田、毁林毁草开荒，或者在土地整理项目中，只重视田块的方整，而忽视了对一些河流、丘陵地等生态景观的必要合理保护。因此，实行耕地占补平衡制度，确实有利于保护耕地实现粮食安全，另外却造成了对林地、草地、湿地的"合法性"的侵占，以至于危害生态安全，这是我们必须高度重视的。

2. 土地储备制度的不足

从经济的角度来看，土地储备制度带来的一个实际后果是，在土地供给相对紧张的情况下，政府利用行政权力，事先将单位使用的国有土地或者拥有的集体所有土地征收或者征用，再根据市场供求关系，通过招标、拍卖等方式，赚取土地差价。这种与民争利的行为，损害了土地所有权人或者使用权人的利益，同时又在客观上造成了土地供求关系紧张，增加了房地产开发商的用地成本。

根据我国《物权法》第42条的规定，"为了公共利益的需要，依照法律规定的权限和程序可以征收集体所有的土地和单位、个人的房屋及其他不动产"。这一规定具有两个实质性要件：一是征收土地必须是"为了公共利益的需要"；二是"依照法律规定的权限和程序"。事实上，土地储备既没有明确的法律规定，同时也很难判定是否为了公共利益的需要。从立法的角度来分析，"为了公共利益的需要"只能体现在具体的法律关系中。由于政府提前征收土地，建立土地储备制度，从而割断了房地产开发法律关系，使得在土地征收阶段很难体现"公共利益的需要"。

公共利益在学术上有不同的理解，但是公共利益必须具有合法性、普遍性、合理性却是不争的事实。所谓合法性是指公共利益只有在法律明确规定的情况下才能成立；所谓普遍性是指在公共利益所在社区范围内，得到居民的普遍认同才有效力；所谓合理性是指公共利益必须大于为追求公共利益而"损害或者牺牲"的个人利益，合理性不仅仅是指经济上的合理性，还包括环境保护、文物古迹保护、人文传统保护的合理性等。公共利益只有在具体的法律关系中才能体现出来，也只能在具体的法律关系中得以检验。在尚未确定土地用途的情况下，政府土地储备机关大量征收土地，根本无法判断是否为了公共利益的需要。假如政府出面征收土地，是为了降低开发商的土地成本，或者是为了增加政府的财政收入，那么，这样的土地储备制度就不是"为了公共利益的需要"。所以，我们在讨论这一问题的时候，必须把房地产法律关系作为一个系统的不可分割的法律关系，根据法律关系的性质确定"公共利益"存在与否。

3. 土地生态侵权救济制度的不足

对于土地资源保护所引发的纠纷问题，我国现有立法已经提供了一些制度支持，如土地权属纠纷的行政裁决制度、不服权力行为的行政复议制度以及诉讼制度等，尤其是2009年通过的《侵权责任法》还针对污染侵权问题设计了污染侵权制度。但问题是，一如前文所述，土地资源引发的纠纷不仅包括土地权属纠纷、污染侵权纠纷等传统纠纷，还包括由于生态破坏所导致的侵权纠纷。然而，我国现行的《侵权责任法》未把对土地的生态破坏问题纳入作为特殊侵权的环境侵权的范围，而是作为一般侵权问题予以对待，即不能适用因果关系推定、举证责任倒置、特殊诉讼时效等特殊规则，这样明显不利于因土地资源生态破坏遭受损害的公众有效维护其权益。

4. 土地征收及其补偿制度的不足

近年来，由土地征收征用引发大范围的严重的社会冲突。于建嵘指出，在中央电视台《焦点访谈》节目2005年电话记录的74000多起群体性事件中，有15312起与土地有关。其中多数是政府低成本征收征用农民土地导致的冲突；后来土地引起的冲突上升到约60%。相对于其他事件，这种事件又具有很强的暴力性质。于建嵘说，中央政府有明文规定，在对待抗税冲突时不可动用武警，但对待土地冲突时却没有这样的规定。因而由土地冲突引起的恶性事件时有发生。比较著名的如2005年的汕尾事件，造成了多人伤亡。这严重地威胁着我国社会的和谐与稳定。

由于政府可以强制性地低成本征地，导致过度的土地城市化及对土地的不当配置、滥用和浪费。不少研究指出，征地的价格（即对农村集体的补偿）通常只占土地价值的2%—10%，在损害了农民利益的同时，也对城市政府给出错误信息，让它们误以为土地很便宜，不去考虑怎样有效利用土地，而是以滥用土地的方式大建形象工程，城市基础设施和市政工程大而无当，利用率很低，甚至建设空城和长期闲置土地。这导致"土地城市化"的速度远高于"人口城市化"的速度。据一项研究，2007年，浙江省的"土地城市化"年均增长11.9%，远高于同期"人口城市化"的3.5%。由于土地便宜，我国城市土地利用效率远低于其他大多数国家。据国土资源部的统计，我国城市人均占用土地约133平方米，远高于不少西方国家（82.4平方米）和发展中国家（83.3平方米）。①

当然，最突出的是在征用土地过程中农民被强制性剥夺的问题。第一，征收补偿范围小。按照《土地管理法》第47条的规定，耕地的补偿费用仅包括土地补偿费、安置补助费以及地上附着物和青苗费。《土地管理法实施细则》第26条规定，土地补偿费归农村集体经济组织所有；地上附着物及青苗补助费归地上附着物及青苗的所有者所有；安置补助费归安置单位所有，不需要统一安置的，安置补助费发放给被安置人员个人或者征得被安置人员同意后用于支付被安置人员的保险费用。征收补偿费仅考虑被征土地的原用途和原产值，不考虑土地本身的价值，更不考虑土地的预期收益，没有将土地作为资产处置。而且，土地补偿费、安置补助费总和不得超过土地征收前三年平均年产值的30倍。因此，现有征地补偿安置标准不科学不合理，既不能客观反映被征占地本身的产出价值，也不能体现不同地区和地块的级差地租，更不能体现土地增值收益和土地收入的永续性。法定的征地补偿远远不足以解决被征地农民的长远生计。

另外，征地补偿范围没有覆盖土地上的他项权利，如承包经营权等的补

---

① 盛洪：《〈土地管理法〉及其"修订草案"批判》，http：//www.aisixiang.com/data/detail.php?id=28517。

偿。土地征收所直接侵害的不仅仅是耕地上的附着物及青苗，更重要的是剥夺了作为农民生活保障的土地承包经营权，而法律对此却没有规定任何补偿，这是对农民私权的严重侵犯。在《土地管理法》和《土地管理法实施条例》中没有关于拆迁集体土地房屋的规定，但是，现在大量的征地纠纷中都存在集体土地上的房屋被拆迁的情况，而在法律条文中又没有规定，造成拆迁集体土地的房屋反倒无法可依的情况。有的地方制定了地方性的规定，如《北京市集体土地房屋拆迁管理办法》和《上海市征收集体所有土地拆迁房屋补偿安置若干规定》，福建省至今尚未出台全省范围内适用的地方性法规或规章。土地征收实践中，房屋拆迁补偿标准普遍偏低，不足以让被拆迁人重置新房。

相对于我国的征收补偿范围而言，比较重视私权保护的法治国家的土地征收补偿范围要大得多。以加拿大为例，其征地补偿范围一般涉及以下四个方面：（1）被征收部分的补偿，必须根据土地的最高和最佳用途，根据当时的市场价格补偿；（2）有害或不良影响补偿，主要针对被征收地块剩余的非征地，因建设或公共工作对剩余部分造成的损害，可能还包括对个人或经营损失及其他相关损失的补偿；（3）干扰损失补偿，被征地所有人或承租人因为不动产全部或基本征收，因混乱而造成的成本或开支补偿；（4）重新安置的困难补偿。

第二，补偿标准过低。《土地管理法》第47条规定，征用耕地的土地补偿费，为该耕地被征用前3年平均年产值的6—10倍。安置补助费为该耕地被征用前3年平均年产值的4—6倍，最高不得超过15倍。这一标准大大低于按净现值法计算的25倍（地租率为50%，贴现率为2%时）或50倍（贴现率为1%时）。土地补偿费和安置补助费的总和不得超过土地被征用前3年平均年产值的30倍。其他土地的土地补偿费和安置补助费标准，由省、自治区、直辖市制订，实践中一般为耕地标准的半数。土地是稀缺资源，在我国人多地少矛盾日益突出的今天，土地更是价比黄金，土地补偿费以农业收益计算，根本不能反映土地真实价值。正是由于土地低价征收与高价出让之间产生的巨大利益级差的诱惑，各地征地泛滥，圈地之风屡禁不止。

第三，失地农民安置不充分。与征地补偿不合理相伴随的另一问题是农民安置不充分，造成了大批"种田无地，上班无岗，低保无份"的无业游民，有人形象地描述为"承包地被征掉了，我们是农民不像农民，市民不像市民，出门是宽阔马路，抬眼是工业厂房，有路可走，无地生存"。为此，农民群体性上访事件增多，社会矛盾激化。按照《土地管理法实施条例》的规定，土地补偿费归集体经济组织所有，而且土地补偿费高于安置补偿费。因此，大量的补偿费无法为农民所掌握，严重损害了农民的利益。对于农民而言，政府机关以十分低廉的补偿费就买断了他们祖祖辈辈赖以生存的土地，丧失土地就意味着丧失了生存的基础。在补偿费本来就很少的情况下，加上集体经济组织大多不够规范，土地补偿费常常被集体经济组织中的少数人控制，最后能到农民手中的寥寥无几，补偿很不到位。而且一些农民将补偿金投入比较生疏的其他行业后，一旦失败也失去生活的基础。[①]

5. 土地资源国家所有制度的不足

绝大多数国有土地被企业、事业单位甚至政府机关免费占用，却实际享有土地租金及其他土地收益。迄今为止，我国的国有企业虽然大多数进行了公司化的改革，却实际上还免费占用着国有土地，不缴地租。例如，我国农垦系统拥有国有农场近 2000 个，土地总面积 3922 万公顷，约为 58830 万亩；按农业用途地租约 400 元/亩（2007 年）计算；约有 2353 亿元国有农场地租没有上缴。国有农场（或林场）的职工却可以很低的"承包费"甚至不缴承包费来经营国有土地，收入归己。又如，我国中型以上国有矿山企业用地面积共约 754061 公顷，约合 11310915 亩；地租按 1500 元/亩（2007 年）计算；约有 170 亿元国有矿山企业地租没有上缴。再考虑还有大量城市国有土地和工业企业占用的国有土地，其价值要远高于农业和矿山的国有土地，流失的租金更为巨大。

更为严重的是，占用国有土地的企业、事业及政府机关单位将国有土地出租或出售，并将收益归己的现象非常普遍。而这种非法占有国有土地收益的情况竟被视为合法。如国税局对中国石油公司土地收益征税，意味着承认中石油（以及类似的国企）可以将国有土地收益作为自己的合法营业收入。这反映了现有法律制度对国有土地及其收益的管理缺乏制度化的安排，至少是默认占用国有土地单位实际享有国有土地收益，致使国有土地产权在实施中背离了其基本性质。[②]

6. 集体所有权制度的不足

土地的集体所有权制度，虽有所有权之名，却无所有权之实。

首先，缺乏集体所有权主体之"农民集体"的具体规定。我国法律对农

[①] 蓝潮永：《土地征收中存在的问题与对策》，《三峡大学学报》（人文社会科学版）2010 年第 4 期。

[②] 盛洪：《〈土地管理法〉及其"修订草案"批判》，http://www.aisixiang.com/data/detail.php?id=28517。

村集体土地所有权主体"农民集体"缺乏具体的制度设计，存在概念化现象，使其既不能正常地作为主体参与到民事活动中去，也难以用现代民事主体理论对其进行分析。所有权主体制度的缺陷，实际上是农村集体土地所有权主体理论缺乏自主性构建造成的。[①]

其次，在农村集体在被征用土地过程中受到损害的基础上，由于农村集体主体概念模糊，以及农村集体的公共决策机制和监督机制存在问题，致使已经很低的征用土地补偿款还不能公平分配。村干部侵吞农村集体的征地补偿款，是经常发生的事情。例如，吉林省桦甸市大城子村四名村干部合伙贪污了土地补偿款450多万元；深圳龙岗一村小组长私吞75万元土地补偿款。现实中，村干部背着村民卖地侵吞收入的情况相当普遍。

最后，由于现有法律和政策对农村集体或农民个人决定土地用途方面的限制，致使我国农村土地的使用效率非常低。比较明显的例子是大量农民进城，由于宅基地的交易受到限制甚至禁止，农村住宅和村庄用地无法进行重新配置，大量住宅闲置。再如，农村集体土地被限制用途，派生出禁止所谓"小产权"的政策，使农村集体失去大量通过改进土地用途的配置增加收入与财富的机会。甚至，那些与这些不合理政策目的不相冲突的机会也被剥夺。如农村集体在远离城市规划范围的地方，在山坡、河滩等地方建设商品性建筑也被限制。

我国集体土地所有权自身的实现面临着诸多的制度困惑，从权利配置来看，集体土地所有权的内容和实现方式均受到了诸多的限制。

（1）使用权的限制。一般而言，所有权人对自己所有的财产可以自由使用，除非这样的自由损害了社会公共利益或者他人的利益。然而，在我国土地二元所有制的模式之下，集体土地所有权的权利人却没有这样的自由。

按照我国《土地管理法》第43条的规定，"任何单位和个人进行建设，需要使用土地的，必须依法申请使用国有土地"，"依法申请使用的国有土地包括国家所有的土地和国家征收的原属于农民集体所有的土地"。尽管在该条文中也规定了"兴办乡镇企业和村民建设住宅经依法批准使用本集体经济组织农民集体所有的土地的，或者乡（镇）村公共设施和公益事业建设经依法批准使用农民集体所有的土地的除外"，但同时又规定"农民集体所有的土地的使用权不得出让、转让或者出租用于非农业建设"。《土地管理法》的这一

[①] 戴德军：《农村集体土地所有权主体制度缺陷的理论思考与立法建议》，《天府新论》2009年第6期。

规定实际上是对集体土地所有权人的土地使用权进行了较为严格的限制，在绝大多数情况下，集体土地只能用于农业生产目的，从而基本上剥夺了集体土地所有者对土地进行开发和建设的权利。也正是由于法律对集体土地所有者土地自由使用权的限制，我国土地的二元制结构失衡，导致集体土地所有权的弱化。

（2）收益权的限制。所有权人对自己财产的收益权是所有权的一项至关重要的权能，经济学上利益最大化理论主要就是指一种利用自己的财产获得最大收益的"理性行为"。然而，当我们把目光投向土地的集体所有制时，会发现集体所有权人的收益权受到了制度性的剥削，根本无法实现土地权利的最大化，他们的收益权被人为地降低到了一个难以想象的程度。

由于土地只能被用于与农业相关的用途，同时也由于我国过去长期执行农副产品价格的政府定价体系，导致我国集体土地的收益处于极端低下的状况。近年来，随着我国城市化进程的加快，部分处于城市郊区的土地迅速增值，但是，现有的土地政策却使集体土地所有权人不能享有这部分土地的增值价值。城镇建设使用农地由政府划拨和征收，征收来的土地由政府按照市场价格以拍卖的方式出让给建设单位。在这个过程中，集体土地的价值被大大降低，无法获得正常情况下所有权人对其财产的收益权。而这部分价值则经由划拨或者征收制度，转移到了政府手中，从而形成了我国各级政府土地财政的坚强保证，而集体土地所有权人的利益则被极大地漠视了。

在我国集体土地权利的配置中，收益权的限制源于使用权的限制，二者互为因果。由于农用土地和建设用地之间存在巨大的价格差异，因而集体土地所有权的行使主体就会想尽一切办法，获得集体土地应有的市场价值。这个过程中，就产生了一直以来困扰我国大部分地区的小产权房问题。据统计，我国通过旧城改造、城中村改造、合村并镇、新农村建设、村集体直接开发、合作开发、各种形式的信托持有等多种途径和形式，涉及城市居民和公司拥有的小产权房已达到现存全国村镇房屋建筑面积330亿平方米的20%以上，其中涉及村镇住宅的大约50多亿平方米，涉及村镇生产性建筑的规模也很大，它甚至已经成为许多中小企业、三资企业的主要生产场所。[1]

小产权房问题的普遍性已经严重侵害了我国法律的权威性，围绕这一问题，学者和政府官员都陷入了无休止的论争之中，认可小产权房的合法存在就

---

[1] 武建东：《〈城乡规划法〉强行拉开解决中国小产权房序幕》，中国新闻网（http://www.Chinanews.com.cn/estate/kong/news/2008/01-29/1149124.shtm）。

面临着"对法律的亵渎",而完全无视小产权房的现实存在而否定其合法地位又会导致巨大的成本损失,也会激起严重的社会矛盾乃至威胁社会稳定。我国法律对于集体土地使用权和收益权的限制直接造成了在小产权房问题上进退两难的尴尬境地。

(3) 处分权的限制。从终极意义上来讲,所有权的核心在于处分权,有学者指出,"处分权决定了财产的归属,它是所有权区别于他物权的一个重要特征"①。而我国集体所有权的所有权人对集体土地的处分权,则被限制在了一个很小的范围内,事实上,它已经很难被理解为一种所有权意义上的处分权了。

我国集体土地所有权人对土地的处分显然是不自由的,因为从我国土地制度的大背景看,除很小的一部分建设用地可以使用集体土地以外,绝大部分建设用地只能依法申请使用国有土地。而面对巨大的土地需求,集体土地却由于这一制度性障碍,被排除在了合法的转让主体之外——这是目前我国对集体土地权利人的处分权作出的影响深远的限制,正是由于这样的限制,集体土地所有权人基本被剥夺了自由处分土地的权利。因为如果不能在转让土地中获得正常的收益,则即使拥有名义上的土地处分权,这样的处分权也是没有多少实际意义的。

现行土地法律制度对集体土地处分权的限制不仅损害了集体的土地权利,还直接影响了亿万农民的利益。最典型的就是农民对于自己最重要的财产——房屋也没有自由处分的权利。按照我国《土地管理法》第 62 条的规定:"农村村民一户只能拥有一处宅基地,其宅基地的面积不得超过省、自治区、直辖市规定的标准。农村村民建住宅,应当符合乡(镇)土地利用总体规划,并尽量使用原有的宅基地和村内空闲地。农村村民住宅用地,经乡(镇)人民政府审核,由县级人民政府批准;其中,涉及占用农用地的,依照本法第 44 条的规定办理审批手续。农村村民出卖、出租住房后,再申请宅基地的,不予批准。"由此可见,我国宅基地使用权的取得是必须具有农村集体经济组织成员的身份,如果不符合这样的身份要求是难以得到政府的批准并通过转让获得宅基地使用权的。而按照《物权法》第 155 条的规定:"已经登记的宅基地使用权转让或者消灭的,应当及时办理变更登记或者注销登记",而农民在转让自己的房屋时,必然面临着该房屋范围内的宅基地使用权能否随之移转的问题,显然面对宅基地使用权严格的审批和登记

---

① 王利明主编:《民法》,中国人民大学出版社 2008 年版,第 208 页。

制度，农民对自有房屋的处分权也就被限制在了一个非常狭小的范围之内，难以反映真实的市场价值。

造成我国农村落后、农民贫困的现状固然存在诸多原因，但是农民土地权利的贫瘠恐怕是这些原因中最为重要的因素。我国土地制度的立法通过对集体土地所有权从使用权、收益权到处分权各项权能的限制和剥夺，使集体土地所有权变得支离破碎，难以有效地承担起亿万农民基本权利保障的重任。目前摆在我们面前的现实问题，最为紧迫的并非是农民个体的土地承包经营权物权化的问题，而是作为土地承包经营权的基础——集体土地所有权是否受到应有的尊重、集体所有权能否获得与一般财产所有权同样平等的法律地位的问题。这一问题不能得到有效的解决，保障农民的土地权利就成了一句空话。①

不过，对于土地集体所有权的问题，也有学者给出了另样的分析和批判。譬如，李凤章认为："在制度设计者的眼里，坚持集体土地所有权，仅仅是在事实上国有化的同时，为了减少制度障碍，而故意保留的一个很大程度上的空壳而已，这使得集体土地所有权，虽然作为公共权力，赋予了基层政府对农村土地进行直接支配的权力，但是从农民的角度来说，其作为一种财产权，很大程度上已经变成了所谓的'空权利'。所以，集体土地所有权本身，不在于把土地所有权赋予了一个空虚的集体，而在于它借此消灭了原有的土地私有权，从而化解了国家对土地及其产出进行资源摄取时所面对的土地占有人的反抗和阻挠。换句话说，集体土地所有权消解了国家权力行使的约束和边界，从而成为国家对农村进行资源摄取的工具。"集体土地所有权的本质，不在于把一个空头的所有权赋予一个空头的集体，即并非真正想把所有权给予集体，而在于借助于这样一个空概念，实现对个人土地所有权的否定，即通过"空权利"来"反权利"，从而有利于国家从农村进行资源的摄取。换言之，集体土地所有权是农民私人财产权被消灭，农民被集体化的结果，而不是集体化的结果。现在，随着国家经济实力的增强，国家要变掠夺农村为补贴农村，原有的资源摄取管道不再有必要，相反，保护耕地却成为我们的基本国策。而根据上述分析，集体土地所有权这一摄取管道的存在，以及农民个人土地财产权的弱小，无疑是导致大量征收无法遏制的根本原因。②

---

① 陈俊：《土地立法的理念追求与制度构建》，《甘肃政法学院学报》2005 年第 3 期。
② 李凤章：《通过"空权利"来"反权利"：集体土地所有权的本质及其变革》，《法制与社会发展》2010 年第 5 期。

7. 土地流转存在诸多限制

（1）流转身份上的限制。目前，农村土地承包权的流转一般限于特定的农村集体组织内部。《土地承包法》第 48 条规定："发包方将农村土地发包给本集体经济组织以外的单位或者个人承包，应当事先经本集体经济组织成员的村民会议三分之二以上成员或者三分之二以上村民代表的同意，并报乡（镇）人民政府批准。"可见，非本集体经济组织成员受让集体土地承包经营权被作为例外受到了严格的限制。这种对受让主体身份的限制造成了土地承包权流转的封闭性，从而使土地承包权无法按照市场方式自由转让，对土地资源的合理配置制造了障碍。

（2）流转条件上的限制。从土地承包经营权的转让来讲，当前农村土地承包经营权转让的一个前提条件是其转让必须经发包人同意。有学者将此归纳为"债权的流转方式"。一方面，这与土地承包经营权的物权性质不符。农村土地承包经营权的物权性质，决定了应赋予承包经营人完整的土地使用权。土地流转权是农户依法享有的权利，它与承包地的使用权、经营权、收益权一道构成了市场经济情况下家庭承包制度的基础。另一方面，这是对农民土地流转最终决定权的剥夺。"转让需得发包方同意"实际上，将土地转让过程的终极处分权赋予发包方，而承包方作为真正权利人却对自己的权利没有决定性质的发言权。

（3）流转方式上的限制。《土地承包法》只规定四荒土地承包经营权的抵押，对家庭承包的土地经营权能否抵押没有明文规定。参照《担保法》第 37 条第 2 项的规定，耕地、自留地、自留山等集体所有的土地使用权属于不得抵押的财产，可见现行立法对家庭承包的土地能否抵押持否定态度。《物权法》第 184 条第 2 项对此作了相同的规定："（二）耕地、宅基地、自留地、自留山等集体所有的土地使用权，但法律规定可以抵押的除外。"在经济较发达的地区，第二、第三产业发展较快，农民收入多元化，土地已经不再是农民生存发展的唯一依赖。对他们而言，土地更是一种具有流动性和担保价值的财产性资源，迫切需要挖掘土地的多元化利用途径，实现土地价值的最大化。在比较贫困的地区，农地和宅基地使用权无疑是农民掌握的比较有价值的财产。在宅基地不允许抵押的情况下，再限制农民承包经营权抵押，将导致农民因融资困难而无法实现对农业的投资，影响农业发展。①

---

① 《从义务本位走向权利本位——法律视野下完善我国农村土地流转制度的思考》，http：//xjnews.zjol.com.cn/Special/2008/5768.shtml。

8. 法律责任制度不力，难以有效制止违法用地行为

从第一轮、第二轮规划实践的经验教训看，现有的土地规划法规远远不能满足第三轮规划工作的需要，与依法行政和按规划用地的实际需要仍有相当大的差距。一直以来曝光的大量土地案件，无不可以用"违反土地规划"一言以蔽之。由于缺乏强有力的法律手段，违反规划用地的行为得不到有效遏止。20世纪80年代以来，中国针对耕地保护问题可谓用心良苦，严之又严，但仍难以从根本上解决违法用地和乱占滥用耕地的势头，难以遏制寅吃卯粮的"圈地运动"。1998年修订后的《土地管理法》和第二轮《全国土地利用总体规划纲要（1997—2010年）》都明确提出实现耕地总量动态平衡，实际上10年来并没有达到预期的政策目标，全国净减少耕地1.3亿多亩。据统计，全国目前有15%—20%的用地是违规用地或违规批地。自《土地管理法》颁布以来，全国共进行过6次执法大检查，但每次检查一过即刻反弹。土地违法用地居高不下、屡禁不止，在全国范围内普遍和长期存在，究其原因，就不能总认为一些人或者一些地方领导法制观念不强，违法乱纪，顶风作案，而要反思土地政策和法律制度本身尤其是土地规划法律本身的问题。目前看来，要刹住大规模的违法用地，用行政督察的办法或许可以管一时或管一地，但从长远来看，这种办法值得质疑和反思。①

（五）制度不细

1. 公共利益概念模糊，征收征用泛滥，土地圈占严重

一部法律制定实施后，当违法者太多，违法现象太普遍，笔者以为就不应该从违法现象找原因，而应该从法律本身找问题。据统计，目前有些城市的违法用地面积能占到新增建设用地面积的50%以上，有的甚至达到90%以上，这种现象背后隐藏着什么呢？说明《土地管理法》在指导、评价、强制等方面的法律作用正逐渐淡化，已不适应现阶段的土地违法形势。《土地管理法》第2条规定："国家为了公共利益的需要，可以依法对土地实行征收或者征用并给予补偿。"可是什么是公共利益，没有规定清楚，增加了政府征收农民集体土地的随意性，造成侵犯农民权益的问题大量存在。再如《土地管理法》第76条规定："未经批准或者采取欺骗手段骗取批准，非法占用土地的，由县级以上人民政府土地行政主管部门责令退还非法占用的土地，对违反土地利用总体规划擅自将农用地改为建设用地的，限期拆除在非法占用的土地上新建的建筑物和其他设施，恢复土地原状；对符合土地利用总体规划的，没收在非

---

① 严金明：《土地规划立法的导向选择与法律框架构建》，《中国土地科学》2008年第11期。

法占用的土地上新建的建筑物和其他设施,可以并处罚款;对非法占用土地单位的直接负责的主管人员和其他直接责任人员,依法给予行政处分;构成犯罪的,依法追究刑事责任。"但是没收的主体、怎么没收、没收后该怎么处理,都没有一个明确的规定,让执法者无所适从。①

2. 集体所有权制度不具体,农民土地权益得不到有效维护

《宪法》、《民法通则》、《土地管理法》都规定农村土地属于集体所有。但对农村集体土地所有权的代表究竟是谁,有关规定实际上并不明确。《土地管理法》第10条规定:"农民集体所有的土地依法属于村农民集体所有的,由村集体经济组织或者村民委员会经营、管理;已经分别属于村内两个以上农村集体经济组织的农民集体所有的,由村内各该农村集体经济组织或者村民小组经营、管理;已经属于乡(镇)农民集体所有的,由乡(镇)农村集体经济组织经营、管理。"上述立法规定了三种主体,即乡农民集体、村农民集体和村民小组农民集体。这些规定,表面上确定了农村土地集体所有权的代表,其实不然。上述立法中,虽然多次使用"农村集体"这个词,但没有给出明确定义,这导致"农村集体"主体认定的歧义,如"乡镇"、"村"或"村民小组"。在实践中,这种歧义使得被征用土地和进行土地交易的"农村集体"法定谈判代表可能缺少真正的代表性,甚至可能是损害"农村集体"利益的伪代表冒充代表。如"乡镇"政府实际上并非农村集体代表,而是一级有着征地企图的政府,它们有可能利用模糊的"农村集体"主体的认定,以"农村集体"代表自居,却违背农村集体意志,自我形成一个损害农村集体利益的征地协议。②

首先,乡农民集体经济组织事实上不存在。政社合一的体制废除后,无论是在法律规定中还是事实上都不存在所谓的乡农民合作社。因而也就找不到一个代表乡农民集体的组织或机构作为农村土地所有权的代表。这样,法律规定的乡农民集体所有,实际上是无人所有。乡政府作为一级国家行政机关,在法律上不可能成为集体土地的所有者。但由于存在着上述无人所有的缺陷,使乡政府对土地的管理职能与所有权合二为一,集体土地事实上成了国有土地。

其次,村民委员会也不能作为农村土地所有权的代表。《村民委员会组织法》第2条规定,"村民委员会是村民自我管理、自我教育、自我服务的基层群众性自治组织"。村民委员会不是农村集体经济组织,而是农村群众性自治

---

① 田潇雨:《修改〈土地管理法〉的几点意见》,《中国土地》2009年第1期。
② 陈晓军:《我国土地二元所有制的失衡与立法矫正》,《北方法学》2010年第6期。

组织。因而，它不能成为农村集体土地的所有者。

最后，村民小组也不能作为农村土地所有权的代表。因为在家庭联产承包责任制后，村小组的组织基本解除了，况且村民小组仅仅是集体经济组织的成员，不是一级集体组织，因而它也不能作为集体土地所有权的代表。这样的结果就是：土地名为集体所有，实际上变成了少数人（村干部、政府官员等）所有，从而为侵害了农民的利益提供了便利。

3. 流转登记制度不健全

完备的登记制度是财产交易有序化的必要条件。农地承包经营权作为一种不动产使用物权，登记的意义极为重要。相对而言，农地承包经营权的登记是普遍不受重视的。从目前法律、法规的规定可以看出土地承包经营权登记存在以下四个问题：一是承包经营权的设立在法律上未规定以登记为要件，仅以合同成立为要件。这与《物权法》中不动产物权都需要通过登记才能设立的规定相违背，这也是土地承包经营权登记制度不健全的法律起源。二是对土地承包经营权的变更登记仅以当事人自愿为主，未经登记变更的土地承包经营权的法律后果仅为不能对抗善意第三人。三是在土地流转较频繁的经济较发达地区，一旦发生土地承包经营权转让而没有及时办理登记手续，则以后的受让人就有可能难以与转让人从事正常的交易，其受让的权利也可能遭他人剥夺，甚至会在转让中上当受骗。

4. 土地荒漠化防治制度不健全

我国是世界上荒漠化问题最严重的国家之一。在各种成因中，土地过度利用和不适当利用已经成为最主要的因素，因此有必要通过法律手段应对土地利用引起的荒漠化问题。尽管我国目前已经颁布和实施了一些立法，但这些立法在土地利用规划、土地权属、土地利用监测和评估、土地利用市场引导、土地整理等方面均存在缺陷。[①]

二　我国土地资源保护执法存在的主要问题

我国土地资源的法律保护除了立法方面存在一些问题外，在执法方面也存在诸多问题：

（一）违法批地用地

经检查，近年来尤其是 2002—2003 年间，相当多的地方没有严格执行耕

---

① 于文轩、周冲：《我国荒漠化防治立法的缺陷及其应对——以土地利用规制为视角》，《农业环境与发展》2009 年第 1 期。

地保护制度，把土地当成"摇钱树"，"以地生财"，滥占乱用耕地，导致耕地面积锐减，农民失地问题日益严重。从1996年年底到2003年，7年间耕地减少1亿亩，耕地数量的下降已到了最危险的程度。2007年开展的全国土地执法"百日行动"清查结果显示，全国"以租代征"涉及用地2.20万公顷（33万亩），违规新设和扩大各类开发区涉及用地6.07万公顷（91万亩），未批先用涉及土地面积15万公顷（225万亩）。① 另据2008年国土资源部就2007年9月15日—2008年1月15日开展的全国土地执法百日行动所召开的新闻发布会上提供的统计数据显示，不是出于公益目的的圈地违法案就有1500件，涉及土地面积197万亩。而每征收1亩耕地，就意味着1.5个农民失业！② 具体而言，存在的主要问题如下：

(1) 边报边用，先斩后奏。如1998年10月，某市在没有办理基本建设立项和征地手续的情况下，开工建设高速公路，项目开工一年后，市政府才向省政府上报关于项目用地的请示，但省政府未批。2001年3月，在项目建成的情况下，市政府又变通办法，以处理违法用地名义，化整为零，将项目分成10个合同段，以10个文件分别向省政府重新上报补办用地手续的请示，申请征地595公顷。2002年12月，省政府在同一时间，用10个文件批复同意补办征用土地手续。

(2) 未批先用，斩而不奏。如2003年，某木业有限公司等6个单位未经批准，在某市经济开发区内擅自占用基本农田和耕地49公顷，用于工业等项目建设；2003年，某县国土局对新《土地管理法》实施后土地违法案件立案查处，查处违法案件208宗，面积133公顷。县国土局依法处罚后，县政府向市政府上报《补办用地手续的请示》。至检查时，市政府未逐级上报省政府批准，仍无合法的用地手续。

(3) 化整为零，越权批地。如2003年5—10月，某市国土资源局经市政府批准，先后与19家单位签订协议，征用收回某区域土地618公顷。其中市政府下文直接批复收回土地311公顷；报省政府征用八批次土地290公顷（每批次耕地均不超过35公顷）；未报批土地16公顷。按规定，该项目实际占用耕地已远超过35公顷，应由国务院批准。

(4) "合法"占用，擅自批地。如2002—2003年，某市政府自行批准，

---

① 《全国土地利用总体规划纲要（2006—2020年）》。
② 陈建军、李立宏：《保障被征地农民的生存和发展空间——以完善我国土地征收补偿法律制度为视角》，《云梦学刊》2011年第1期。

同意收回国有滩涂等国有未利用土地 19.71 公顷，用于建设某科技研究基地等。

（5）自行其是，变更用途。比如，从 2002 年 4 月起，某市政府陆续违规收回划拨给某企业的土地 126 公顷，并出让、划拨给其他单位用于工业园区建设，改变省政府批准建设项目的用途。

（6）以租代征，变相流转。以租代征是近几年新兴起的违法用地方式。所谓"以租代征"指的是一些地方政府和企事业单位绕过法定的农用地转用的土地征收和审批手续，通过租用农民集体土地，而直接进行非农业建设。在很难获得土地征收审批的情况下，基层政府便与企业签订出租协议，将土地批租给企业。这样既达到了土地流转的目的，也绕过了征收。以租代征的现象在发达地区十分普遍。

（7）征收程序不完善，缺乏透明度。根据《土地管理法》第 46 条、《土地管理法实施条例》第 25 条、国土资源部《关于征收土地公告办法》第 3 条、第 4 条和第 5 条的规定，国家征收农民集体所有土地的，被征收土地所在地的市、县人民政府在收到征收土地方案批准文件之日起 10 个工作日内，将征收土地方案和征地补偿、安置方案在被征收土地所在地的村、组内以书面形式公告，公告内容包括征地批准机关、文号、时间和用途，被征收土地的所有权人、位置、地类和面积，征地补偿标准和农业人员安置途径，农户办理征地补偿登记的期限、地点等。在一些征地纠纷案件中，存在一个非常普遍的问题，那就是农民土地被征收后，从来没有看到过任何征地批文和安置实施方案。由于"两公告一登记"（征地方案公告、征地补偿安置方案公告、补偿登记）、公众参与土地决策等程序不完善，征地过程中缺乏民主性，不倾听广大农民意见，加之一些地方政府机关习惯于暗箱操作，致使本来就比较粗疏的征地程序制度难以得到认真执行。①

（二）违法违规出让土地

违法违规出让土地的问题也很严重，如 2002—2003 年，某市自定政策，擅自减免土地出让金 7.6 亿元，造成政府土地收益大量流失；不依法追缴土地出让金，欠征土地出让金 5.6 亿元；土地出让金应缴未缴财政专户 3 亿元，有的由用地单位直接与被征地单位结算征地费用，有的以土地出让金抵补改制企业负资产或用于安置下岗职工等，未缴财政专户，资金体外循环。另外，为了

---

① 蓝潮永：《土地征收中存在的问题与对策》，《三峡大学学报》（人文社会科学版）2010 年第 4 期。

招商引资，有的以低价或"零"地价甚至"负"地价协议出让土地。如2003年，某市一外商投资项目用地16公顷，该市不仅减免了土地出让金1785万元，还由市土地储备中心承担了其土地平整等费用2232万元。

（三）监督管理不严，惩治整顿不力

据调查，全国每年发现违法占用土地案件数万件，但最后被追究法律责任（给予行政处分、给予行政处罚、移送司法机关）的仅为千分之几。加之对征地纠纷的处理、征地执行等，法律规定远不完善，土地权利主体特别是农民的利益受到损害时，缺乏及时有效的法律救济，难免产生愤懑怨恨对立情绪。如2001年，某市市委擅自作出决定，建立"大学科技园"，规划面积10平方千米，至检查时，已有5所院校进园并开工建设，其规划建设面积450公顷，已实际占用土地面积378公顷。另外，该市还自行设立"高科技工业园"，规划面积19平方千米，已开发区域总面积6平方千米。在清理整顿园区后，2003年12月，该市政府作出决定，将自行设立的"大学科技园"和"高科技工业园"分别并入其他两个开发区。至检查时止，各园区管委会并未撤销，机构照常运行，园区合并只是一种形式。

（四）政府土地收益用于平衡财政预算

如2002—2003年，某市财政局将国资办收取的土地出让金净收入1433万元缴入国库，列"一般预算收入—国有资产经营收益"，未列政府土地基金预算收入。另外，市财政局将应由一般预算列支的政府办公大楼、政府会议中心以及归还商业银行借款等支出44561万元，列入政府土地基金预算，违规支出达90%以上。

（五）土地市场税收流失严重

经检查，某市国有土地使用权出让及占用耕地等行为，存在大量的税收流失问题。契税、耕地占用税、土地增值税以及印花税等地方税种征收管理漏洞大，措施不力，应征不征、少征或免征问题突出。据测算，2003年，该市市直单位土地转让应缴契税4367万元，实际缴纳1625万元，漏缴2742万元，占应缴契税的62.78%；各县（区）占用耕地应缴耕地占用税1760万元，实际缴纳680万元，漏缴1080万元，占应缴耕地占用税的61.36%。除此以外，有的地市还存在土地出让金入库不及时，坐支土地出让金，土地补偿费拨付不及时、不到位，土地行政事业性收费违规收取、违规使用、违规设置过渡账户，土地收支核算不规范，土地财务管理混乱，会计基础工作薄弱，大量建设用地长期闲置，越权审批供地，土地批而不用，未经评估出让土地，土地利用超计划指标等问题。①

（六）权力滥用或权力寻租盛行

土地执法部门的工作人员滥用权力或进行权力寻租，也是导致土地资源得不到有力保护的重要原因。

其一是存在野蛮式执法和欺压式执法。土地征收征用导致大量农民失去土地，又没有得到合理的补偿以及稳定的工作岗位。这既反映出我国农村居民的财产权利（尤其是土地产权）没有得到法律的保护，从而说明我国的产权体系受到了普遍的威胁；也反映出我国相当大的一个群体，即农村居民群体的基本权利没有得到与其他群体同等的尊重，从而颠覆了我国的公平理想；还实际上造就了一个基本生活得不到保障的、深受伤害的群体。无视他们的问题将会产生深刻的社会对立和紧张。

其二是存在寻租式或腐败式执法。由于缺乏对土地管理部门和征收征用土地的政府部门的制度化监督，相关土地部门滥用权力，设租寻租，成了腐败的重灾区。例如国土资源部颁发的一些"国土资源部令"中，明显包含了对自己的授权。在《土地管理法》中也没有对土地管理部门进行权力限定和监督的机制。这使得土地管理部门和征收征用土地的政府部门作为个人或集体存在着很大的寻租或腐败空间。事实上，这一部门已被舆论称为"三大腐败重灾区"之一。据国土资源部执法局2003年统计，2002年全国立案查处土地违法案件11万多件，涉及土地面积2万多公顷，给予责任人行政处分452人，党纪处分771人，刑事处罚168人。许多重大腐败案件，如成克杰案、"慕马"案、于飞案、周良洛案、殷国元案，等等，都与土地有关。由于涉及土地，涉案金额动辄数千万元、上亿元，是腐败案件中最为恶劣的。②

三　我国土地资源保护司法存在的主要问题

（一）难以对抗滥用"公共利益"的征地行为，司法对农村集体土地所有权、使用权保护不力

我国《宪法》及《土地管理法》均规定：国家为了公共利益的需要，可以依照法律规定对土地实行征收或征用。可见"公共利益"标准是保护农地所有权、使用权的重要标准。但是，何为"公共利益"？如何进行判断？我国

---

① 刘忠庆：《对违法批地用地制止难的思考》，《中国财政》2005年第2期。

② 盛洪：《〈土地管理法〉及其"修订草案"批判》，http://www.aisixiang.com/data/detail.php?id=28517。

《宪法》及其他现行法律均未对此作出明确界定。当此类纠纷诉诸法院，法院对征地行政许可案件、拆迁行政许可等案件进行合法性审查时，最高法院《关于贯彻执行〈中华人民共和国行政诉讼法〉若干问题的解释》也要求法院以公共利益判断行政行为的合法性。但是由于"公共利益"在立法或司法上界定标准缺失，法官通常只能运用自由裁量权结合案件材料进行判断，造成审判实践中关于公共利益的判断过于宽泛甚至流于形式，从而也导致了对农地集体所有权、使用权的保护不力。

（二）农民作为征地、拆迁补偿安置对象时，诉权受到限制，司法救济渠道不畅通

在国家征用农村集体土地时，国家与原土地使用权人之间是行政法律关系，而征地补偿费是由新土地使用权人即用地单位向村（组）支付。实践中，很多地区的程序是这样的：首先由用地单位向发改委提出用地申请，发改委批准后下达用地计划书；其次由城市规划部门根据用地计划书提出选址意见；最后由土地管理部门进行土地征用，土地补偿费由用地单位按照征地补偿方案支付给政府或村组。根据我国《土地管理法》的规定，征地补偿安置方案要经市、县人民政府批准后组织实施，对补偿方案有异议或不能达成协议的，由政府部门处理。如果农民个人不同意腾退被征的土地，或者农民个人同意腾交土地，但对土地上自建房屋的拆迁安置有异议而与新的土地使用权人（即用地单位）发生纠纷时，农民个人是不能向法院提起民事或行政诉讼来寻求司法救济的。因为按照我国《土地管理法》的规定，农民在其宅基地上的自建房屋是作为地上附着物包含在征地补偿费中的，而补偿安置方案是由村（组）或政府与用地单位签订的，村民个人并不是补偿、安置方案的一方当事人，不能行使这种诉权。同时，由于农地征用补偿纠纷及拆迁纠纷比较复杂、类型各异、涉及面广，这两类纠纷目前在一些地方不被法院受理，有些地方的法院虽然受理了这类纠纷，但是由于立法上的盲点和缺位，法院在审理这类纠纷时，在适用法律和司法认知上也存在一定的困惑，有许多现实问题需要进一步探讨和研究，所以，这两类纠纷的司法救济渠道在我国尚不畅通。①

另外，在司法实践中，征地补偿纠纷在很多地方也被排除在司法救济之外。最高人民法院1991年发布的《关于贯彻执行〈中华人民共和国行政诉讼法〉若干问题的意见（试行）》（以下简称《意见》）曾规定，"公民、法人或

---

① 陈欣一、高伟：《论征地、拆迁中农村集体土地权益的司法保护》，《调研世界》2005年第9期。

者其他组织对行政机关依照职权作出的强制性补偿决定不服的,可以依法提出行政诉讼"。但这个《意见》在1999年被废止后,征地补偿争议是否能接受司法审查便缺乏法律的明确规定。

(三)难以对土地征收的抽象行政行为进行司法审查,不能有效保护土地资源和农民权益。

根据现行《行政诉讼法》的规定,只有具体行政行为才可以成为司法审查的对象,对于制定规范性文件的抽象行政行为,法院无权进行审查。然而,在法治实践中,地方政府正是利用了这一规定,通过颁布规范性文件的形式征收征用土地,十分不利于土地资源的保护。以下,我们试以自贡的情况为例予以说明。

1993年,自贡市人民政府成立了"自贡高新技术产业开发区管理委员会"(以下简称"管委会"),并于1994年以〔1994〕019号文件规定,自贡市区内划出10平方千米的土地,由市管委会实行"统一征地管理"。据此,管委会于1993—1998年征用了约2万亩田地。被征收的集体所有的土地转为国有土地的同时,被征地人的农民身份也被统一转为城镇居民。①

1998年7月,市政府又授权管委会对城市规划区内的居民房屋进行拆迁,但管委会以被征地人属于"高农"为由,即高新技术开发区已经"农转非"的"农民",决定对其采取远远低于其他城市居民房屋的拆迁标准。拆迁户普遍不满安置决定,要求按照国务院《城市房屋拆迁条例》或者四川当地的房屋拆迁条例进行补偿。然而,1999年,自贡市人民政府根据四川省建设委员会发布的〔1999〕0125号文件,作出了"关于房屋动迁有关问题的终结答复意见",维持了差别补偿规定,要求原告等人立即搬迁。

2000年4月5日,被征地人中4人依法向自贡市中级人民法院提起行政诉讼,状告自贡市人民政府以双重标准实行房屋拆迁补偿安置。法院的判决是:市政府的具有普遍约束力,属于抽象行政行为,法院不予受理。原告于2000年5月16日向四川省高级人民法院提起上诉仍未获得受理。2000年11月和2000年12月,被征地人刘正有等1300人向自贡市中

---

① 有关案件的具体经过参见《中国改革》(农村版)2003年第7期专题报道。中央电视台2套《经济半小时》2003年6月12日对此案也进行了专门报道。

级人民法院和四川省高级人民法院提起诉讼和上诉,要求人民法院对自贡市征地与拆迁补偿及安置进行审查,但均得到与先前一样的裁定。

2002年1月30日,1300名被征人联名向建设部提交了行政复议申请书,建设部于2月1日签收了该邮件,但一直没有进行复议和答复。2002年6月6日,被征地人向北京市第一中级人民法院提起行政诉讼,要求追究建设部的行政不作为责任。6月13日,建设部通知被征地人受理了复议申请,此时已远远超出法定的60天期限。6月19日,北京市第一中级人民法院以建设部已经受理该项行政复议申请为由,作出不予受理的决定。同年9月14日,北京市高级人民法院驳回上诉,维持了一审法院的不受理决定。

四川省自贡市1300名被征地人为维护自己土地财产权屡告屡败,而屡败屡战。从中,一方面,我们欣喜民众对法律的执着;另一方面,也不得不反思法律保障的无力。目前,因土地征用与拆迁补偿引发的纠纷不断出现,但是司法机构的"不予受理"态度,反映出我国法律处理此类问题的局促与不成熟。① 法院不受理虽然可以暂时回避司法机构对此类案件的责任,但是从《土地管理法》的实施、从公民财产权的保障角度来看,这种"不予受理"的司法政策并非适当的选择。②

(四)对于侵占、破坏等危害土地资源的行为,难以通过司法途径进行有力打击

一如前文所述,当前我国土地资源的违法圈占、土地闲置、生态破坏、土壤污染等问题层出不穷。尽管新修订的《民事诉讼法》第55条原则性地规定了应对环境污染的环境公益诉讼,但到目前为止,全国发生的环境公益诉讼案例中,鲜见涉及土地资源保护的。从当前来说,对于土地资源的保护,司法未能发挥应有的作用。

---

① 实践中,涉及土地征用与拆迁补偿的案件人民法院多数不予受理,即便受理,也多驳回诉讼请求。但笔者与最高人民法院行政庭有关法官交流得知,最高人民法院从未作出这种要求。实际上,1996年最高人民法院在《关于受理房屋拆迁、补偿、安置案件的批复》中规定,拆迁人因房屋补偿、安置等问题发生争议,或者双方当事人达成协议后,一方或双方当事人反悔,未经行政机关裁决,仅就房屋补偿、安置等问题依法向人民法院提起诉讼的,人民法院应当作为民事案件受理;经行政机关裁决的,按行政案件受理。

② 参见程洁《土地征用纠纷的司法审查权》,《法学研究》2004年第2期。

第三节　我国土地资源法治建设不足的原因探析

一　法治总体上原因

（一）土地资源法律保护客观上力不从心

受历史因素的影响，我国土地资源保护面临的法治任务相当繁重。这主要表现在以下五个方面：

一是历史遗留的人口问题。历次人口普查的基本情况是：（1）1953年6月30日：601938035人；（2）1964年6月30日：723070269人；（3）1982年7月1日：1031882511人；（4）1990年10月30日：1160017381人；（5）2000年11月1日：1295330000人；（6）2010年11月1日，1339724852人。总人口数不断攀升，我国人均土地资源变得十分紧张。

二是工业化、城镇化急速发展，土地资源需求日益增大。我国自1978年进入改革开放后，到21世纪中叶都将处于社会主义初级阶段，在这一阶段，工业化、城镇化正处于飞速发展的时期，这无疑导致建设用地的急剧膨胀，进而侵蚀耕地、林地、草地、湿地等土地资源。对于我国经济发展中长期形成的粗放式增长方式，人们已经习以为常、司空见惯。这种增长方式表现在土地利用上，主要是：在非农建设项目上，盲目追求高档、现代，而不惜浪费大量土地资源，这突出表现在近些年来的城市建设上。据24个城市的调查统计，1980年城市建成区面积比1950年净增165.5平方千米，年递增3.4%；建成区人口净增1832.2万人，年递增2.6%。1995年城市建成区面积比1980年净增1669.8平方千米，年递增4.4%；建成区人口净增1406.6万人，年递增2.3%。2000年城市规划用地规模比1990年净增1823.1平方千米，年增长速度为4.8%；建成区人口增加1255.3万人，年均增长速度为2.5%。这些城市不同时期的用地增长系数（城镇用地增长速度与人口增长速度之比）分别为1.31、1.91、1.92，均大大超过1.12的合理指标，说明城市用地增长速度大大超过人口增长速度。[①]

三是环境问题大量爆发，其中的土壤污染问题、地下水位下降、地表下沉、土地荒漠化等生态破坏问题使得可利用土地资源的数量和质量均受到严重威胁。

[①] 朱道林主编：《土地管理学》，中国农业大学出版社2007年版，第137页。

四是发展战略失当。改革开放以来,我国经济建设确实取得了举世瞩目的成就,但这种成就却付出了巨大的代价,比如资源枯竭、环境污染等。这主要是由于高消耗、高投入的发展模式失当使然。城市化和工业化的"大跃进"圈占了大量的土地资源,使稀缺的土地资源越来越面临巨大的压力。

五是法治建设尚处于初级水平,土地资源保护的立法、执法和司法等方面的积淀和经验还不充足。这些历史因素使得我国进行土地资源保护法治建设的任务相当繁重,不可避免地会存在多种多样的问题。

(二) 土地财政形成机制失当

原国家土地副总督察甘藏春对土地财政和土地财政形成机制进行了区分,他认为,宪法确定城市土地是国家所有,国有土地变成资产,形成资产性收入,这必然是财政性收入。同样如果把眼光向发达国家看,完善的市场经济国家,城市政府这一级的财政收入有的是70%,也有的是80%,主要是来源于土地税收。

中国当前土地财政形成的机制有问题。目前,中国的土地财政主要依赖扩大新增建设用地规模,通过土地的出让来获取收益,地方政府主要的建设资金来源于土地出让收入,这样客观上促使了多卖地、快卖地、早卖地、贱卖地,牺牲了子孙后代的利益。然而,市场经济比较完善的国家土地财政主要来源于土地保有的税收环节,不是依赖土地的增量环节。中国要学习研究借鉴发达国家的经验,从机制上来研究土地财政的问题。①

(三) 环境和生态意识不足

受人类认识发展局限性的影响,我国早期对于土地资源存在诸多认识上的不足。一是没有认识到土地资源的生态整体性。即没有认识到土地的生态性。实际上,土地作为重要的生态环境因子,同水体、动物、植物、矿产等构成了一个整体的生态系统。于是,我们只注重土地资源的经济价值,而忽略其生态价值。典型的例证是,一直以来,原生、自然湿地多被定义为"荒滩""荒水",在现行土地分类中被列入了"未利用地",往往成为保障耕地、建设用地、林地等的牺牲品,直接导致了这些生态用地数量锐减和质量下降,另外,也没有站在更宏观的高度,对全国的土地资源利用进行空间秩序上的调整和优化。二是没有认识到土地的污染和破坏问题。实际上,由于水污染、固体废污染等导致的土壤污染使得土地的质量受到严重影响。另外,土地的盐碱化、荒

---

① 参见杨华云《土地管理法修改已启动 征地补偿问题成最大挑战》,《新京报》2011年4月20日A07版。

漠化、石漠化、地表的塌陷、地下水位的下降等问题，也严重破坏了土地的结构和状态，进而危害其生态服务功能的正常发挥。

（四）法治观念不强（忽视、蔑视法律）

国家土地督察公告显示，部分地区的土地违法违规问题十分突出，土地执法监管形势依然相当严峻。比如，2010年开展的土地卫片执法检查发现违法违规用地3.42万宗，涉及土地面积73.35万亩，其中耕地27.45万亩，有13个省（自治区）违法占用耕地超过1万亩。交通运输项目违法用地面积33.93万亩，其中耕地15.62万亩，分别占全国违法用地面积和违法占用耕地面积的46.27%和56.89%，主要集中在公路、铁路两个行业。以推进"新农村建设"、农业产业结构调整为名违法建设等类型的农村违法用地量大面广。从2010年的土地督察结果来看，共处理相关责任人8612人，移送司法机关追究刑事责任968人。共有265名地方官被约谈。①

（五）民本思维欠缺

当前的土地资源问题，一方面体现为耕地等重要土地资源短缺，另一方面则体现为民权受侵，民生艰难。这主要是由于地方政府的政策以及具体的执法措施，缺乏对三农问题的人文关怀，没有体现广大国民尤其是农民的利益和要求，为发展经济而不惜牺牲和侵害国民的土地权益。

自1949年以来，我国走过了一条以牺牲农民利益、农村发展为代价的经济发展道路，片面追求工业化、城市现代化的结果造成了今天日益严峻的"三农"问题。时至今日，尽管党和政府已经认识到"三农"问题的重要性，但在实践中，轻视农业问题、漠视农民利益的情况还非常严重。而随着城市和农村差距的不断扩大，越来越多的农民离开赖以生存的土地，进入陌生的城市寻找生计，从而也带来城市中的诸多社会问题。农村土地集体所有制在现实中的确遇到了许多难以克服的问题，尤其是对于以家庭为单位的农民个体而言，这一制度在以往的经验中，成为导致我国农民贫困的一个至关重要的原因。有国外学者指出："造成中国农民和城市居民贫富分化的原因很多。但是，中国财产法律尤其是有关农村房地产管理的法律是这种差距存在并继续扩大的主要原因。主要的问题在于现在的农村财产制度是一种混合了以往带来巨大变革的社会主义体制，同时又在走向以未来市场为基础的体制。这种体制通过制造农民利用农村土地权利的不安全性和系统性地低估土地的价值从而使中国农民被

---

① 参见杨华云《土地管理法修改已启动 征地补偿问题成最大挑战》，《新京报》2011年4月20日A07版。

边缘化。因此，中国农民被剥夺了能够为增进生产能力和收入而进行投资的保障和必要的积极性，同时也就不能够分享中国经济所取得的成果。"①

事实上，我国今天二元土地所有制的失衡，与我们整个社会长期以来以牺牲农民利益为代价的经济发展模式的路径依赖是分不开的，而缺乏对"三农"问题的人文关怀，则是导致集体土地所有权、农地经营权等土地权利难以得到有效保护的更为深层的社会心理原因。

二 立法方面的原因

（一）立法理念滞后

理念的落后是根本的落后，我国土地资源法律保护出现种种问题，从源头上看，最根本的就是立法理念的滞后。这主要表现在以下两个方面：

1. 未能建立统一的土地生态系统理念

从生态学的角度看，土地及森林、草原、动物、水体等环境要素一起构成了整体的生态系统，土地和其他生态要素之间发生着物质循环和能量流动。特定时空条件下的土地生态系统具有特殊的结构和功能，在利用和保护土地资源时，一定要把土地放到生态系统中去考虑，不能孤立或分散地进行。然而，我国的土地资源立法并没有树立土地生态系统的思维，比如在进行土地资源保护时，只强调对耕地的保护，把具有服务功能的湿地划分到了未利用地或荒地之中，没有或较少考虑对林地、草地、湿地的保护，以至于设计"占补平衡制度"，不惜牺牲林地、草地、湿地等来填补耕地的空缺。另外，在土地资源的管理体制上，也人为地把整体的土地生态系统分割为行政区域进行管理，且把土地分为林地、草地、园地、耕地等而设立分散的管理体制，从而导致出现彼此冲突的土地政策和监管措施。

2. 没有真正树立保障土地权益的理念

前文讲到，中国近几十年的发展可以说均是以牺牲广大国民尤其是农民土地权益为代价的非公平的发展，事实上也是一种不可持续的发展。究其原因，根本就在于，我们的土地立法没有树立保障土地权益的理念，诸如集体土地所有权的"空心化"，征占用地的强行化、非程序化、公开化，征地补偿的低标准化等，均是这种理念的体现。可以说，中国目前完善土地保护制度尤其是征

---

① Benjamin W. James, "Note: Expanding the Gap: How the Rural Property System Exacerbates China's Urban-rural Gap", *Columbia Journal of Asian Law Spring*, 2007. 转引自陈晓军《我国土地二元所有制的失衡与立法矫正》，《北方法学》2010 年第 6 期。

地制度的重点,主要应该放在对被征地农民的补偿安置上,要保证被征地农民能分享城市化、现代化的成果。①

(二) 立法体制失当(部门立法)

行政部门过强,较多地介入到经济领域,从而成为交易的或利害冲突的一方,不可能在立法中持中立与超然的立场,而人大相对较弱,不能有效约束行政部门的这一倾向。行政部门通常通过部门"条例"甚至"意见"施行着实际上的立法权,由于它们又是实际上的执法者,部门官员并不是超凡入圣的人,他们就可能利用"实际立法权"为自己设租。为立法或修法提供"草案"是最大的实际立法权,是为部门寻租而设租的最佳机会。并且,"部门立法"经常采取秘密的形式,在送交人大审议之前,大多数国人尤其是利害相关的人毫不知情,也就没有舆论监督的压力,导致错误立法得以通过。可以说,"部门立法"在"动机"上的问题要远远大于在"专业知识"上的优势。

事实上,我国以往的土地管理制度,以及土地立法,因为种种历史原因,往往按照部门立法、部门管理,形成了部门分割的立法体系。比如我们不动产登记是分割登记,土地管理部门负责建设用地的登记,承包经营权作为物权由农业部门登记,林地是林业部门登记,海域是海洋部门登记,多头登记的体制破坏了土地登记的统一性,也破坏了管理的有效性。因此,建立一个统一的立法体系,是今后我们必须面对的问题。

所以在我国现阶段,我们反对"部门立法"形式,主张将立法或修法"草案"的起草工作交由真正超然中立的机构或个人去做。政府相关部门可以参与起草工作,提出自己的意见,但不应担当起草工作的主角。从长远看,既然"部门立法"存在着系统性错误,就应修改《立法法》,设立立法回避制度,即与立法领域相关的行政部门要回避立法或修法草案的起草工作。

尤其是《土地管理法》这样一个关乎我国社会兴衰的重大问题的法律,既然实践已经证明"部门立法"的弊端更重,由此我们建议全国人大及人大常委会,委托中立的机构或中立专家与学者组成的团队起草《土地管理法》的"修订草案",甚至可以起草多个竞争性"修订草案",并举行公开广泛的尤其是农民代表参加的听证,从而在修法时能够有一个公正的起点。

(三) 理论支持不足

立法的基本原则之一是科学性,这就是要求立法须有坚实的理论基础作为支持。我国土地资源保护的法律之所以出现诸多问题,原因之一便是缺乏科学

---

① 参见陈晓军《我国土地二元所有制的失衡与立法矫正》,《北方法学》2010年第6期。

理论的支撑。就当前来说，主要表现为以下两方面理论上的不足：

1. 集体土地所有权理论

从主体角度看，集体土地所有权存在着主体性困境。按照民事主体理论，民事法律关系的主体可以分为三类：自然人、法人和非法人组织。而作为不动产所有权权利的一个类型，集体土地所有权的主体究竟属于其中的哪一类？这是探讨集体所有权概念的基础性问题。显然，从立法上看，集体土地所有权的主体不可能是自然人，因为这将违反《物权法》上的一物一权原则。那么，集体土地所有权是否构成一项法人财产权，换言之，农民集体组织是否属于一个法人组织呢？就目前我国的法律体系来看，农村集体组织作为法人存在尚难以得出肯定的结论。这是因为除非是行使公权力的国家机构，任何组织要获得有效的法人资格，必须经过注册登记程序，符合法人设立的一般原则和条件。而我们看到，在农村中的几种主要的集体组织——村集体经济组织、村民委员会或是村民小组，基本都没有经过这样的法人设立的一般程序，因而绝大部分并不具有法人资格。由于我国《宪法》对村民委员会的界定是"基层群众性自治组织"，而并非行政组织，因而要想取得法人资格也必须进行登记注册，实践中并无此种情况发生。而唯一可能获得法人资格的就是村或者乡镇集体经济组织，但是目前，我国以农村经济合作社为代表的集体经济组织真正履行法人登记注册手续的微乎其微。而且，即使经过这样的法人设立程序，实践中这些组织也大多与村民委员会或村民小组是同一机构，即两枚印章一套机构，具有"政社合一性"。而这种状况的存在也根本违反了法人独立性的原则，徒具法人制度的表象，实质上与法人制度相去甚远。另外，根据《物权法》第60条第3款的规定："属于乡镇农民集体所有的，由乡镇集体经济组织代表集体行使所有权"，但是，在我国所谓的乡镇农民合作社组织政社合一的体制废除后，目前已经几乎找不到这类组织的现实存在，更不用说乡镇集体土地所有者的法人地位问题了。

从集体土地所有权的主体来看，由于主体的缺失导致这一权利类型难以获得有力的逻辑支持。而实践中，对集体土地行使所有权的大多是村民委员会，但是村民委员会并不能发挥恰当的权利人的作用。正如有学者指出："村民委员会作为一个社区自治组织，在国家政权下移、不断强化对农村控制的过程中，事实上承载了政权末梢的功能，逐步与农民的利益背离，出现了功能异化。村级组织行政代理色彩日益浓厚，既替代了农民与国家的交易，也替代了农民与市场的交易。由于村组干部的角色错位和功能异化，在集体农地支配上常常以所有者名义寻租，侵蚀使用者的农地权利，因此也不再具备作为集体农地所有权的代理者而有效行使所有者职能的资格。"① 上述问题的存在，其主要的根源在于集体土地所有权的主体缺失，而最后的结果是农民成了这一法律制度设计的最终受害者。集体土地所有权是应当废除还是予以完善，何去何从，学界并无权威一致的解释。

2. 土地收益分配理论

国土资源部公开数据显示，"十一五"期间，我国共批准新增建设用地3300多万亩，土地出让收入高达7万多亿元。2008年全国土地出让总收入为9600多亿元，2009年就猛升至1.59万亿元，同比增加63.4%；2010年更是高达2.7万亿元，同比增长逾70.4%。与"收"相比，土地出让金的"支"值得高度关注。由于土地出让金全额纳入地方基金预算管理，近几年出让金大涨，已经成为地方政府不折不扣的"钱袋子"。对于土地出让收益的使用，有关专家认为，中国是土地国有政策，是属于全体人民的，土地用作商业开发必须给予一定补偿，但是难以分配到每个人。因此土地出让收益应该投入到公共服务中去，按比例计提教育基金，提高教育水平，全民受益。另外，按照规划，到2012年，国家财政性教育经费支出占国内生产总值比例要达到4%，通过提取土地出让收益，有利于达到这个目标。但是，土地收益到底应该如何分配和使用，目前，理论界也无权威的主张。

(四) 调研工作薄弱

没有调查就没有发言权，对于土地资源保护的立法及其完善而言，当然应在充分调研和论证的基础上进行。当前，关于土地资源到底应不应该走私有化的路线，学界有两种主要的观点：一是坚持私有化路线，即赋予农民土地所有权，通过所有权来对抗政府的违法征地行为；二是国有化路线，即主张废除集体所有权，统一为土地国家所有权，赋予农民长期的土地使用权。到底何种观点更适合我国的国情，纯粹的理论探讨是明显不够的，需要对中国当下的国情，如中国土地的总体结构和分布状况，面临的主要问题，试点的经验和教训，解决的突破口和具体的措施等问题有一个清晰、全面的认识。而对这些问题的认识是需要长期、系统、耐心、细致的调研，才能达成的。然而，当前学界呈现出一种普遍浮躁的学风，学者们在未经充分的调研和论证之前，就匆匆推出自己所谓的专家建议。

---

① 陈晓军：《我国土地二元所有制的失衡与立法矫正》，《北方法学》2010年第6期。

三 执法方面的原因

(一) 执法制度不完善

执法的基础是制定的法律法规健全、科学，因此制度上的不足将直接影响到执法的效果。一方面，执法制度不健全。新《土地管理法》实施以来，新情况、新问题、新矛盾不断出现，土地管理的配套制度滞后，尤其是土地资产管理、土地储备管理、土地财政财务管理等制度几乎是"空白"，新增建设用地土地有偿使用费征管规定模糊、缴纳主体不清、土地权属不明，有些土地管理规定不相衔接，土地管理和财政财务管理无章可循。

另一方面，执法制度不科学。譬如，当前我国土地管理供给机制难以保证实施符合中国国情的土地供应政策。一般来说，由于土地资源的稀缺性，在供求关系上必须坚持供给引导和决定需求的原则。中国是世界上土地资源最为稀缺的国家之一，就更应坚持此原则。而我国现行的土地供给政策恰好与此相反，即由需求决定供给。目前我国建设项目的土地供给程序是：计划单位立项，城市规划部门选址，土地管理部门负责供地。这种顺序颠倒的土地供给政策和机制，是长期以来造成土地尤其是耕地被盲目乱占滥用的基本原因之一。

(二) 执法体制不合理

土地管理体制涉及两个方面的关系：第一是横向关系，即土地管理与相关职能部门，如规划、房产等部门的关系；第二是纵向关系，即土地管理机构的垂直关系（上、下级关系及其职能界定）。现行的土地管理体制在以上两个方面均存在着重大制度缺陷。

一方面，从横向关系看，在各级政府的各相关部门之间尚未形成严格土地管理的合力，从而大大降低了土地管理的权威性和有效性。自1986年以来，我国土地管理体制经过了二次重大改革。至今已建立了城乡土地统一管理的体制，对强化我国土地管理发挥了基础性作用。然而，目前我国的城乡土地仍由多个部门（如农业、水利、工业、林业、交通、城建、房产、商业服务业、文化科教、财税、金融以及公安、海洋等）参与使用和管理，如果仅有土地管理部门的积极性，其他相关部门不协调、配合与合作，在严格土地管理上形不成合力，那么，关于严格土地管理的一切制度、政策和规划等均无法实现。

另一方面，从纵向关系看，由于我国土地辽阔，从中央到地方共有五级政府，如果不能明确划分并严格执行各级政府的职责，在经济利益和地方保护主义的驱动下，就难以形成统一、权威的土地管理制度，也不会有严格公正的土地违法事件的监督和检查。现行的国土资源管理体制从纵向来看，共有五级部门组成：中央政府设国土资源部；省级政府设国土资源厅；地级政府设市国土资源局；县、区级政府设县级国土局；乡镇政府设乡镇国土管理所。上、下级国土管理部门之间主要是一种业务和政策指导关系，某一级别行政区国土部门的人事安排主要取决于地方政府的意愿，上级国土部门只具有人事建议权力和事后备案义务而不具有事前决定权力。这种人事制度安排决定了基层（地级市及以下）国土部门主要在执行对应级别地方政府的政策意图，由此导致了上级国土部门对下级国土部门的政策监督权力虚置、业务指导职能的弱化和国土政策执行过程中的严重扭曲。例如，县级国土局常常对市级国土局的国土执法监督很不以为然。其根源正是市级国土局对县级国土局的人事任免没有决定权。2004年年初，中央政府决定在省级以下国土部门实行垂直管理，其实质是从人事制度方面强化上级国土部门对下级部门的管理职权。但这只是一个过渡的制度安排，仍然没有触及体制问题的根源。如果省级地方政府存在违反中央政府国土政策意图的动机，中央政府如何进行监管？比如，如果省级政府提出通过大规模的城市化来加速地方经济发展的政策，必然会导致行政区内各级基层政府加快城市扩张、圈占耕地、盲目开发，这显然违背中央政府的耕地保护、土地集约利用的政策意图。

譬如，土地的国家所有权不仅在收益权和处分权上没有体现，还作为所有权代表的国务院对于国有土地资产的运营处于"失控"状态。财政部门虽然多年来一直试图调整土地收益分配关系，但收效甚微。1989年规定，土地使用权出让金40%上缴中央，但因体制不顺的原因，难以执行。据不完全统计，1987—1995年，全国共出让土地使用权27.6万宗，面积15.2万公顷，共收取土地出让金额2450亿元，而中央财政只收入8.35亿元。到1994年实行财政体制改革，土地收益只能全部留归地方。这些情况表明，不从根本上建立国有土地资产管理体制，国有土地收益分配关系就难以进行合理调整，国有土地资产大量流失的现象也难以制止。① 因此，单独靠省级以下国土部门垂直管理将难以形成有效约束，不完全垂直管理亦非治本之策。对此，我国在2006年制定了土地督察制度，上述问题在一定程度上有所改观。

国土管理体制存在上述问题的根源是什么呢？我们认为，其根源体现为以下两个方面：

第一，地方政府混淆了两类所有制土地的管理职能，造成国土政策的变形。从土地所有权的法律性质上看，我国国土资源部门管理的土地只有两类：

---

① 朱道林主编：《土地管理学》，中国农业大学出版社2007年版，第136页。

一类是国有土地,作为政府机构的国土部门承担两种职能——所有者职能和管理者职能;另一类是集体所有土地,作为政府机构,国土部门只能根据法律的授权和公共利益的需要,在充分尊重所有者权利的前提下行使法定的管理职能。对这类土地进行管理与国有土地管理的最大不同是,国土部门不是土地所有者,政府管理这类土地只能是一种政策性的管理,而不能把对国有土地实施的"全权式"管理职能延伸至集体土地管理领域;更不允许为了扩大国有土地管理的范围而随意侵犯集体土地所有权。目前的突出问题是,许多地方的国土管理部门通过随意延伸国有土地管理职能到集体土地管理领域,或假借公共利益之名行侵犯集体土地产权之实。市、县两级政府主要采用滥占集体土地的办法,如借口城市建设的需要随意征用城乡过渡地带的集体土地,搞商业性房地产开发。乡镇级政府除了滥占集体土地以外,还大量存在滥用国土管理职能的行为。乡镇的土地管理机构常常对农村区域的集体耕地采用野蛮的、单一性的行政强制性管理,实际上是误读了国土管理法规、混淆了国有土地与集体土地管理的产权界限,既扭曲了国土管理法规的政策意图,也严重损害了集体所有者的产权利益。例如,农村居民滥占宅基地、利用耕地烧制黏土砖等行为,其实完全可以按照现行《土地管理法》的有关规定,界定为破坏耕地等土地违法、违规行为,按照法律授权由相应机关给予相应的惩罚。由于基层国土管理部门执法人员素质低下,再加上基层国土管理所多属非财政供给单位,在利益的驱动下,具体的国土执法过程中常常是"以罚为主""以罚代管"。

第二,两个有瑕疵的委托代理机制、两个信息不对称导致纵向的国土管理无效。首先看两个不完善的委托代理机制。一是国有土地的委托代理机制,即全民所有土地由中央政府代表全民享有所有者权利,但是在实际管理过程中却委托给了地方政府代为行使所有者和管理者双重职权。在目前的国土管理体制下,随着土地使用权交易市场化程度的提高,土地资产价值逐渐显化并快速提高,土地资产经营不仅为城市政府提供了巨额的建设资金,又为地方政府官员利用现行土地法律的漏洞、利用中央政府相对软弱的监管体制缺陷进行寻租腐败提供了制度条件。因此,可以说,中央政府将国有土地全权委托给地方政府管理和经营其实是为地方政府"借地生财"提供了充分的"制度激励"。在这种制度结构下,由于中央政府手中没有直接掌握土地资源,因而无法有效地调控土地市场;中央政府与地方政府之间没有生成一种土地收益分配的契约机制,同时又缺乏对地方国土部门的人事控制权,因而中央政府无法对地方国土部门完整执法形成有效的监督和约束机制。缺乏有效监督机制的委托代理机制注定会导致中央政府国土政策的变形。这是第一个有瑕疵的委托代理机制。二是集体土地的委托代理机制,中央政府以非所有者身份,基于公共利益原则代替集体土地所有者将集体土地管理权委托给地方政府代管,具体由地方国土资源局实施管理权。在目前的制度条件下,这种委托代理机制同样只具有充分的激励动因诱致地方政府强化对集体土地的控制与管理,一些城市在土地收购储中违法扩大收购储备土地的范围,滥征集体土地纳入城市土地储备库的做法其实就是这一激励机制的极端表现形式。同样的,由于缺乏必要的监督和约束机制,这种委托代理机制实施的后果已经远远地偏离了中央政府严格保护农民集体土地权益和耕地资源的政策意图。

信息不对称导致中央政府难以对地方政府的国土违规、违法行为进行及时的事前监督和事后惩罚。第一个信息不对称存在于中央政府与地方政府之间。地方政府深知国土管理法律、法规和中央政府关于国土管理政策的意图,而中央政府要么无从知道地方政府是如何执行这些法律、法规的,要么是获得这些信息的成本十分高昂。每年定期与不定期的国土执法大检查是获得地方政府土地执法信息的具体形式。但是,经验表明,这种获得信息的方式不但代价高昂而且成效甚微。中央政府至今仍缺乏一种经常性的、能够高效率地传递真实国土信息的组织体系,这是政府间信息不对称得以长期保持的体制原因。第二个信息不对称是"地方政府与集体土地所有者之间的信息不对称"。县级以上地方政府国土管理部门非常清楚国家关于农民集体土地所有权保护、耕地保护以及土地征用的相关法律、法规,农民集体土地所有者却并不完全清楚,甚至是根本不清楚这些政策信息,地方政府及其职能部门常常有意或无意地让农民保持这种无知状态,地方政府可利用这种信息不对称方便地侵害集体土地产权。

总之,带有瑕疵的委托代理机制为地方政府侵犯集体土地产权创造了体制条件,两个信息不对称则为中央政府对地方政府国土执法的监督和集体土地所有者的维权制造了事实上的障碍。从根本上讲,信息不对称的产生很大程度上导源于我国国土管理立法的滞后和现行国土管理体制存在的制度性缺陷。①

(三)执法能力不强大(组织建设、人员素质、技术装备等)

2006年国土资源部卫片执法检查发现,一些城市违法用地宗数占新增建设用地宗数的60%左右,有的高达90%以上。土地违法案件不但数量大,而且牵涉面广,既有个人违法、企业违法,又有地方政府违法;既有供地环节的违法,又有用地环节的违法。此外,还有擅自降低征地补偿标准、补偿不到位等现象。然而,各级国土资源部门在土地执法人员有限、执法设备不齐全、执

---

① 参见陈多长《中国现行土地管理体制:制度缺陷与改革》,《特区经济》2004年第8期。

法经费难保障的情况下,要查处这么多的违法案件,的确面临很大压力。① 另外,土地部门内部管理松弛,人员素质不高,② 技术装备不足,基础管理弱化也是造成土地资源执法能力不足的重要原因。

(四) 考核机制不科学

近几年,国务院三令五申,严禁违法批地用地,而且在全国开展了土地市场治理整顿工作,但收效甚微。违法违纪问题屡禁不止,原因是多方面的,有法治意识层面的原因,也有制度建设方面的原因。当前,在土地征用、开发、流转和补偿分配中,政府职能"越位"、行为不规范的问题比较突出。这除了因为一些地方领导法制意识淡薄,权大于法外,最根本的原因在于长期以来实行以 GDP 与财政收入增长为考核地方政府官员标准的制度。地方政府通过土地"农转非",可以大量获取土地资本增值收益,用于其原始积累,大上"形象工程""首长工程"。因此,许多地方政府以发展经济,扩大招商引资为由,直接干预土地审批、供应和土地执法,通过土地套现,从而增加财政收入,建设政绩工程。

(五) 监督机制不配套 (制约与监督不足)

受利益驱动,一些管理人员执法犯法,以地谋私,给违法者大开方便之门;土地征用制度改革力度不够,阻力较大;外部监督管理不到位,检查验收"走过场"等,也是造成土地违法难以有效遏止的重要原因。当前,国土部门在国土监察工作中,不同程度地存在着执法不严的问题。以罚代法,敷衍了事,批评了事,罚款了事,补办手续了事的现象还比较普遍。如某县国土局对查处 1997 年、1998 年国家冻结占用耕地期间非法占用耕地问题,仅按每平方米罚款 1 元了事,然后补办用地手续,没有体现出"从严从重处罚"的原则,影响了案件的查处力度和执法监督的效果。

四 司法方面的原因

(一) 司法理念不先进

理念是行动的先导,先进的理念能指导行动取得率先的成功,落后的理念则可能让我们处处被动"挨打"。在土地资源保护的司法领域,也存在导致司法保护土地资源不力的落后理念。一是没有切实树立司法为民的理念。所谓司法为民,在这里主要指保障国民尤其是广大农民土地权益的意识。近年来,全

---

① 李东凯:《土地执法,让我们挺直腰杆》,《中国国土资源报》2006 年 6 月 15 日第 1 版。
② 刘忠庆:《对违法批地用地制止难的思考》,《中国财政》2005 年第 2 期。

国各地违法违规圈占土地侵犯农民土地权益的案例比比皆是，然而，对于农民基本的维权诉求，我们的法院却没有给予起码的尊重和满足，使得许多维权行动或是被排除在法院之外，或是没有得到公正的裁判，没有为土地纠纷的解决起到一个很好的减压阀的作用，以至于上访、暴力行为越来越多，危害社会秩序和稳定。二是没有树立公益本位的理念。耕地、林地、草地等土地资源一方面同公民的生产生活密切相关，属于私益的范畴；但另一方面，土地还涉及国家粮食安全、资源安全和环境安全等国家和社会利益，具有公益性。在公益遭受危害的情况下，作为保证利益最后一道屏障的司法，理应提供保护和救济。然而，除了立法上没有正式确认土地公益诉讼而不能对土地公益提供基本的保障外，现行司法实践当中，司法机关对于这类诉讼也普遍不予受理，或不能公正审判，遑论运用司法能动提供有力的保护了。三是没有树立建设生态文明的理念，未能自觉地运用司法权力保护土壤环境质量，维护生态安全。

（二）司法体制不合理

同土地资源执法存在体制上的桎梏一样，我国土地资源保护的司法也饱受体制之痛。在现行司法体制下，地方各级法院的"人、财、物"普遍受制于地方政府，这导致司法独立基本成为一句空话，当涉及地方经济利益时尤为如此。典型的表现是，对于违法违规圈占土地侵犯农民土地权益的案件，地方各级法院一般均不敢立案受理，或者即使受理了也会受到地方政府的干预，而不能进行独立、公正的裁判。受制于地方保护主义，我国司法在维护土地资源权益，保护土地资源上，发挥的作用十分有限。

（三）司法机制不顺畅

在这里，司法机制主要指运用司法权力解决土地纠纷维护土地权益的原理和方式。主要包括案件分流机制、移送机制、审判机制、执行机制等几个方面。所谓分流机制，是指与诉讼机制并行的非诉机制，如协商、调解、仲裁、行政处理等；所谓移送机制，指行政机关将可能构成犯罪的危害土地资源的案件，移送司法机关，以追究其刑事责任的机制；审判机制，主要是指审判机关根据法律独立审理案件的机制；执行机制，是指土地资源案件审结后进入执行程序的机制。当前，我国的各种司法机制均存在不同程度的问题。譬如，分流机制不畅，使得大部分案件全部涌入人民法院，使审判资源有限的法院越来越不堪重负。再如，对于可能构成土地资源犯罪的人员，行政监管部门或出于行政寻租或由于法律意识不足等原因，往往采用"以罚代刑"的形式不予移送，使得许多严重违法圈占和破坏土地资源的行为没有得到法律应有的制裁，明显阻碍了司法的保护功能。

（四）司法能力难保障

当前，受各方面因素的影响，我国司法机关在维护土地权益、保护土地资源的活动中，还存在能力不足的局限。这主要表现为以下三个方面：一是法官素质有待加强，尤其是保护环境、维护生态安全方面的环境法治意识存在严重不足。二是人员配备不足。受经济、编制等因素的影响，我国各级法院的法官总体上数量有限，难以解决近年来"井喷"的土地纠纷。三是鉴定和勘察技术不足。即对待专门性问题，如土壤污染、地表沉降等环境问题，现有的鉴定和勘察机构缺乏相应的技术和经验，难以为土地资源审判提供准确、科学的技术结论，这无疑也妨碍了司法保护土地资源作用的发挥。

第十四章

域外土地资源法律保护的经验和借鉴

土地资源保护是世界各国均必须面对的课题,在这方面,许多国家已经作出了诸多艰苦卓绝的努力,取得了巨大的成就,考察和借鉴美国、日本、韩国等国家和地区先进的土地资源保护法律制度、监管体制和保障机制,有利于完善我国土地的法律保护工作。

第一节 美国土地资源法律保护的经验和借鉴

美国是当今世界上最为发达的国家,其土地资源的法律保护颇具特色,研究借鉴美国国土资源管理的经验,对于促进我国国土资源管理体制改革,推进经济、社会和环境的全面协调可持续发展,无疑具有十分积极的意义。

一 美国土地资源保护立法的经验及评介

美国是一个土地私有为主体的发达国家,美国又是一个分权、分税制的国家。美国联邦法律明确界定了各级政府对于土地利用与管理的内容和权限。根据美国联邦宪法,联邦、州、郡、市议会拥有本级土地管理的立法权;土地使用的管理权则属于地方政府(市政府),土地管理权是市政府最重要的管理权之一,政府拥有征用土地优先权。以下,我们试就美国关于土地资源保护的立法经验予以大致的考察和评介:

(一)明晰的土地权属制度,顺畅的土地流转制度;形成合法、自由、开放的地产交易市场,提高了土地利用的效率

美国国土面积9631420平方千米(只含50个州及哥伦比亚特区,不包括关岛、波多黎各等海外飞地),其中陆地面积9161923平方千米,水域面积469497平方千米。人口约2.99亿(2006年4月)。地形大致分为4个区:东部为阿巴拉契亚山地(丘陵和低山),东南部为沿海平原,中部为广阔的中央平原,西部为落基山脉,丘陵平地约占本土面积的2/3。美国已利用的耕地只

占18.01%，永久作物占0.21%，其他用途占81.78%（2005年）。

美国实行公私兼有的多元化土地所有制，其大部分土地被私人企业和个人所占有、支配。在美国所有的土地中，私有土地占58%，主要分布在东部；联邦政府土地占31%，州政府土地占10%，城市政府土地约占1%。

美国土地以私有制为主，国有土地只占其中一小部分。美国法律保护私有土地所有权不受侵犯，各种所有制形式之间的土地可以自由买卖和出租，价格由市场供求关系决定。联邦政府所有土地主要包括联邦政府机关及派驻各州、县、市机构的土地和军事用地等。州、县、市政府也各自拥有自己的土地。联邦、州、县、市在土地的所有权、使用权和受益权上各自独立，不存在任意占用或平调，确实需要时要依法通过买卖、租赁等有偿方式取得。在联邦政府拥有的308.4万平方千米的土地中，也存在多元化的所有形式，国家土地管理局控制60%，国家森林局控制24%，国防部、垦荒局、国家公园局、水电资源局等部门控制16%。① 公共部门用地仅占全美的1/3，城市用地不足2%，工业、国防、运输、娱乐等用地为总土地的11.9%。一个典型的美国家庭占地约1/6英亩。据统计，美国土地资产占政府总财富的11.5%，占个人财富总额的12%，占工商业全部财富的18%。② 国民财富中有一半以上是房地产，而房地产价值中75%是土地价值。

美国土地占有权分为地下权（包括地下资源开采权）、地面权和地上空间权（包括建筑物的容积率以及在容积率范围内空间设定的通过权），这三部分权益可以分别转让。美国有发达的土地市场，在符合有关法律和法令规定的条件下，土地可以自由买卖。城市土地流动顺畅，利用效率高。

土地在美国，既是资源，也是商品，所有的土地都实行有偿使用，地产市场十分发达，市场发育十分成熟。土地无论公私，在交易中地位、利益平等。私有土地之间买卖完全是私人之间的事，手续十分简单，只要符合国家法规，遵循公平、公开、公正的市场规则，在双方自愿签订协议之后，只需向政府缴足规定的税金，进行注册登记即可。政府可以向民间征购土地，但须经规划许可且出于公众利益，须进行地价评估。土地资源通过市场实现优化配置，地产价值得以显化，公私利益得到兼顾。

（二）土地用途管制制度：加强了对城市用地的控制和农业用地的保护

美国虽然地多人少，但仍十分注重农地保护。美国的农地保护始于20世

---

① 李茂：《美国土地审批制度》，《美国土地审批制度》2006年第6期。
② 孙利：《土地管理的机制和特点》，《国土资源导刊》2007年第6期。

纪 30 年代，1981 年美国政府制定了《农地保护政策法》，并据此将全国的农地划分为四大类，实行严格的用途管制。一是基本农地：最适于生产粮食、饲草、纤维和油料作物的土地，总面积 1.588 亿公顷，禁止改变用途。二是特种农地：生产特定的高价值粮食、纤维和特种作物的土地，禁止改变用途。三是州重要农地：各州的一些不具基本农地条件而又重要的农地，可有条件改变用途。四是地方重要农地：有很好的利用和环境效益，并被鼓励继续用于农业生产的其他土地，可以改变或有条件改变用途。1983—1994 年，各州、县、市完成了对农地的划分。1996 年美国通过了《联邦农业发展与改革法》，修订了有关环境保护条款，提出备用地保护计划，农场主可根据市场情况，决定将部分符合耕作条件的土地作为保护地而获得备用地保护计划的补贴。[①]

与此同时，美国还划定了农地保护区，严格限制农用地转用。美国已将 99% 的农牧场纳入保护区范围。政府还采取实行复垦保证制度、通过购买农地开发权保护耕地，成立"国家土地复垦研究中心"，国会每年拨付数百万美元作为专项经费，组织多学科专家攻关等办法，从而保证了其农业大国的地位。

美国土地用途管制起源于民法的地权限制，是在地权限制难以尽收合理利用土地之效时而采取的一种法律手段。地权限制的基本内涵是土地所有权和土地使用权的行使不能给社会公共利益和他人利益造成损害。法律规定地权限制的主要目的是维护社会公共利益和其他权利人利益。美国也是世界上较早实施土地用途管制的国家。在不同的历史时期，其土地用途管制的内容也不尽相同。20 世纪 50 年代以前，主要是管制土地使用的容积与密度；此后，则在密度与容积管制的基础上，着重城市规模的控制以及农业用地的保护。

1. 控制城市化用地的不断扩大

这方面的制度措施主要如下：

（1）划定城市增长线。即州政府通过法律要求地方政府在规划中根据本地区的经济发展状况和土地利用现状，划定城市增长线。增长线内的土地包括已有建筑物的土地和尚未被开发的空地，空地面积足够 20 年规划期内的城市发展用地。在增长边界线以内，允许土地开发，并提供适当充足的公共设施；边界线以外则限制开发。美国的俄勒冈州就要求每一个县和每一个城市的地方政府都要划定城市增长边界。波特兰市是该州最大的都市地区，自从划定城市增长线以后，有效地控制了低密度的住宅与商业开发项目向周围农业区的扩展。波特兰市可以算是美国有效控制城市规模的最成功的典型。

---

① 魏景明：《美国的土地管理与利用》，《中国土地》2002 年第 11 期。

（2）分期分区发展。州政府通过的规划总的来说可以分为三个大类和五个层次：三个大类是总体规划、专项规划和用地增长管理规划；五个层次的规划是：区域级、州级、亚区域级、县级、市级。[①] 要求地方政府为未来的土地开发行为规定时序与区位，以适当而有效率地提供公共设施，避免不成熟的土地开发行为。这种办法在美国被普遍采用，并且取得了很好的效果。在马里兰州的乔治王子郡，就将全郡划分为优先发展区、经济发展潜力区、限制发展区、延续发展区等，从而为土地开发确定不同的发展时序，引导都市发展的区位与时机。

（3）建筑许可的总量控制。即在一定的时限内，对地方政府发出的建筑许可的总量进行控制，以减缓人口增长的速度，避免公共设施的急速需求威胁地方政府的财政负担。这种方法通过量的配额，限制建设许可的发出，以达到抑制人口增长的目的。

2. 保护农业用地

20世纪末，美国农业用地的减少速度很快，在一些城市地区，所谓的空地正在以比人口增长速度快4—7倍的速度被大量占用，大面积的优质农田就在这股大潮中被吞噬了。因此，保护农业用地成为近年美国土地用途管制的重要内容。主要措施如下：

（1）识别最好的土地，确定保护的范围。美国农业部将最好的农田定义为"土壤、坡度和排水情况最适合种植粮食、饲料和油料作物的土地"。美国有关部门已对这样的土地进行了测绘，其数据所有的社区都可以得到。除了土壤的质量以外，土地的其他因素也很重要，例如，土地与其他农田是否离得很近，农田的大小，农田是否靠近高速公路，是否有供、排水系统等。根据这些因素，识别出值得保护的土地，然后在规划中确定保护的范围和次序。此外，美国土壤保持局还将重要农地划分为基本农地、特种农地、州重要农地和地方重要农地4种。

（2）制定农业区划。农业区划就是把农业用地同工业一样严格划片，在该区域内，只准进行农业生产或者与农业生产有关的活动，严禁修建住宅和发展其他城市基础设施。农业区划还在最好的农田周围划定了缓冲区，缓冲区包

---

① 美国目前还没有制定统一的全国土地利用总体规划，专项规划单指某一领域，如水质规划、加州海岸带规划等；区域级规划是跨州的土地利用规划，范围可大可小；州一级规划主要控制州内土地利用，制定政策对土地资源进行开发和保护；亚区域级规划包括一个州范围内的几个县，一般按自然界限来规定范围；县级规划和市级规划是对辖区内的土地利用在数量和空间布局上起到控制作用。

括湿地、排水区、溪岸和森林等。

（3）购买或者转让土地开发权。购买开发权（Purchase of Development Right，PDR）指的是州政府或者地方政府的某个部门或某个私人组织购买优质农田的开发权。按照这一办法，政府要获得农田的开发权，就必须向农民支付一笔现金，以作补偿。补偿数额通常相当于土地市场价格的一半或2/3。农民还可继续耕种其土地或在其土地上居住，并用出卖土地开发权得到的钱来改良土壤，使其产量更高。政府购买开发权的资金主要来源于公债以及联邦与州的联合拨款。转让开发权（Transfer of De-velopment Right，TDR）指的是农民出售其开发权，以便其开发权可以在临近的另一块土地上得到利用。通过这一方式，可以把农业用地的开发权转移到离城市较近、适于建设的土地上。这一方法有利于平衡财产的价值，同时又可将土地用于其最适宜的用途。①

（三）征地及补偿制度：有力地约束了政府的征地行为，保护了农业用地

土地征收（Eminent Domain 或 Condemnation）在美国被称为"最高土地权的行使"。土地征收权分联邦、州、县三级。美国联邦宪法第五修正案规定："Nor shall private property be taken for publicuse, without just compensation."译即"非依正当程序，不得剥夺任何人的生命，自由或财产；非有合理补偿，不得征收私有财产供公共使用。"明确规定了有偿征收的3个要件：公共使用（Public Use）、公平补偿（Just Compen-sation）；正当的法律程序（Due Process of Law）。

1. 征收目的：公共使用

公共使用是指排除政府利用权力损害某人利益使另一个人获利。在美国联邦政府一级，公共使用并未列举在有关征收法律的单独章节，联邦政府每次为了公共用途征收私人土地时，国会就通过一项法律阐明征收的确切用途。譬如，为了建立埃弗格来兹国家公园，国会就曾通过一项法令规定：为了保护埃弗格来兹，可以征收此地（在法律规定的范围内）。在州政府一级，土地征收的公共用途则由立法机关将其列于法典，如美国蒙大拿州，财产征收的公共用途由立法机关将其列于《蒙大拿州法典注解》第70编第30章中。同时，美国实行土地征收司法审查制度，允许私人质疑"公共利益"的合法性，一般由大量的判例来规定。例如美国最高法院曾判决哥伦比亚特区政府可以将征收的土地转让给私人开发商，因为私人开发商的计划可以清洁城市，让城市更加迷人，因此也是属于"公共目的"（1954年美国案例汇编第348卷，Berman

---

① 魏莉华：《美国土地用途管制制度及其借鉴》，《中国土地科学》1998年第3期。

V. Parkder)。

2. 征收的实体条件：公平补偿

在美国征收补偿的范围包括：土地所有者的财产损失以及因征收而导致的邻近土地经营者的损失。土地所有者的财产损失补偿标准为财产的现有价值和该财产未来盈利的折扣价格。公平补偿主要体现在以下3个方面：

（1）主体的公平，即有权得到补偿的不仅仅包括财产的所有人，还应当包括财产相关的收益人，如房地产的承租人。

（2）客体的公平，即取得补偿的对象不仅仅包括房地产本身，还应当包括房地产的附加物，以及与该房地产商业信誉有关的无形资产（Goodwill）。

（3）估价的公平，即法律要求补偿的价金应当以"公平的市场价值（Fair Market Value）"为依据。在美国，土地完全商品化，在美国征购或强制性征收土地，实际上是买地，表现为一种市场行为。公平的市场价值包括，包括财产的现有价值和财产未来营利的折扣价格。公平的市场价值的确定，目前最有效的方式是：双方分别聘请的独立的资产评估师提出评估报告。如果各自的评估报告结论相差悬殊，则由法庭组成的陪审团裁定。

此外，还对土地被征收者给予一定的税收优惠，而出售土地者会被课以高额的税收，所以，愿意土地被征收的人比打算在市场上出售土地的人多。

3. 征收的程序条件：正当的法律程序

在美国征收土地必须按照宪法要求遵循正当的法律程序。由于美国实行的是自治体制，征地程序的具体实施程序各州不尽相同。以马里兰州（Maryland）交通局高速公路征地程序和马里兰州蒙哥马利（Montgomery）郡交通局征地程序听证程序为例，通常包括以下步骤：美国的征地可以包括以下几个阶段：预备阶段、法院审理阶段、听证裁判阶段、提请上诉阶段和最终裁定阶段。

（1）预先通告。

（2）政府方对征收财产进行评估。

（3）向被征收方送交评估报告并提出补偿价金的初次要约；被征收方可以提出反要约（Counter-offer）。

（4）召开公开的听证会（Public Hearing）说明征收行为的必要性和合理性；如果被征收方对政府的征收本身提出质疑，可以提出司法挑战，迫使政府放弃征收行为。

（5）如果政府和被征收方在补偿数额上无法达成协议，通常由政府方将案件送交法院处理。为了不影响公共利益，政府方可以预先向法庭支付一笔适当数额的补偿金作为定金,并请求法庭在最终判决前提前取得被征收财产。

(6) 法庭要求双方分别聘请的独立资产评估师提出评估报告并在法庭当庭交换。

(7) 双方最后一次进行补偿价金的平等协商,为和解争取最后的努力。

(8) 如果双方不能达成一致,将由普通公民组成的民事陪审团来确定"合理的补偿"的价款数额。

(9) 判决生效后,政府在30天内支付补偿价金并取得被征收的财产。①

(四) 土地复垦和土地整理制度:维护和优化了土地的结构和功能

1. 土地复垦制度

美国的土地复垦一直走在世界的前列,形成了较为完善的法律法规和复垦操作体系。1977年的《露天采矿管理与土地复垦法》使美国露天采矿管理和土地复垦走上了正规的法制轨道。通过与我国的相关政策制度比较,主要有以下两个制度值得特别借鉴:

(1) 土地复垦保证金制度。复垦保证金制度是指企业在得到采矿许可证前,必须以一定数量的资金、资产作为复垦执行保证金,存放在有关管理机构,以确保矿区土地复垦工程的完成。美国设立保证金制度的目的是约束矿业主主动按照规定的标准进行土地复垦。保证金的数额根据许可证所批准的复垦要求确定,可因各采矿区的地理、地质、水文、植被的不同而有差异,其数额由管理机关决定。该保证金在采矿者不履行复垦计划时用来支付复垦作业花的费用,每一个许可证所呈交的保证金的数额不得少于1万美元。完成复垦且经验收合格后予以返还。

(2) 土地复垦基金制度。对已废弃矿区的复垦采取在国库中设立废弃矿复垦基金的办法。复垦基金的来源包括以下四个方面:一是社会组织,企业及个人等的捐款;二是按煤炭产量或售价征收废弃矿复垦费,缴纳标准是露天开采的煤矿35美分/吨,地下开采为15美分/吨或按该煤售价的10%(以少者为准),按季度上缴;三是罚款,《露天采矿管理与土地复垦法》规定:对弄虚作假、不如数缴纳废弃矿复垦基金的煤矿主,一旦被定罪,将给予不超过1万美元的罚款或不超过1年的监禁,或两者并处;四是滞纳金,《露天采矿管理与土地复垦法》规定:复垦费用应该在每季度末的30天之内缴纳,若推迟不缴的按有关规定缴纳一定数额的滞纳金。复垦基金的50%用于各州及印第安保留区已经获得批准的废弃矿山的复垦,另外50%上缴联邦政府,用于

---

① 李明:《美国土地管理制度考察与借鉴》,《黑龙江水利科技》2010年第3期。

全国范围内的已经获得批准的废弃矿山的复垦及紧急情况的项目。

（3）许可证制度。许可证申请是矿山开发前必经的法律程序，未取得许可证的矿山，不得进行开发活动。许可证附有文件，表明矿业主在矿山环境保护和土地复垦方面的责任。美国法律还规定：采矿申请者在申请许可证时提交复垦计划。采矿者需要对采矿前矿区的各种自然环境情况作详细的调查，如动物群、植物群、土壤、空气、水、景观、财产、文化遗产等，在此基础上，制订复垦计划。主管部门将矿区开采前自然情况登记在案，并审查采矿者复垦计划，通过后才发放采矿许可。①

2. 土地整理制度

在美国，土地整理（简称"LR"）是一个广义的概念，有土地重划、土地重新调整之意，是针对一定区域范围内土地利用不合理、土地功能不齐全、基础设施不配套的情况，在地方政府的引导和土地利用分区规划的控制下，由区域内土地所有权人自愿、协商合作，秉着自愿、平等、互利、共赢的基本理念，对土地的产权进行调整置换，以达到该区域土地整体最佳利用、土地整体资产最大化的过程，类似我国现在的"土地整治"。

（五）土地税收制度：促进土地的节约和集约利用，减少浪费

美国是土地私有制国家，没有政府出让土地的行为。美国政府不做土地生意，主要是靠土地税收来调节市场和增加地方政府财政收入，并促进土地的节约集约利用。美国的土地保有税（即房地产税等）是美国地方政府公共财政的主要收入来源，地方政府财政收入的70%依靠房地产税。此外，美国比较有特色的做法是设立"保护地役权"——用减免遗产税来保护农用地。

美国实行联邦政府、州政府和地方政府的三级分税制。联邦和州有税收立法权；地方政府没有税收立法权，只能在州指定的税法约束下征税。美国房地产税，归在财产税项下，税基是房地产评估值的一定比例。目前美国的50个州都征收这项税收，各州和地方政府的不动产税率不同，平均0.3%—2.9%。

房地产税主要是满足地方政府的教育和其他公共设施的投资。如美国住宅房地产税的第一大用项，是本区内小学到高中、图书馆、社区公园等公共设施的改建和绿化等，第二大用项即是住宅区的垃圾回收、处理等服务性开支。在一些地方，政府还会用部分房地产税设置基金，甚至把基金推入债券市场筹集资金，用于社区公共设施的大型改建。②

---

① 王珊珊：《美国土地复垦制度及对中国的启示》，《法制与社会》2008年第1期。
② 林目轩：《美国土地管理制度及其启示》，《国土资源导刊》2011年第1期。

（六）污染土地治理的超级基金制度

为了应对日趋严重的环境污染危机和响应公民的环境保护运动，1980年美国第96届国会通过签署了《综合环境反应、赔偿和责任法》。根据这个法规建立了第一个综合的联邦紧急授权和工业维护基金，所以这一法律又被称为《超级基金法》。

《超级基金法》的关键性目的在于建立一个反应机制——立即清除因事故性溢流或因涉及堆放有害废弃物处理现场惯常的环境损害的有害废弃物污染。根据《超级基金法》的有关规定，只有责任主体不能确定，或无力或不愿承担治理费用时，超级基金才可被用来支付治理费用。之后，超级基金将提起诉讼，向能找到的责任主体追索其所支付的治理费用。《超级基金法》第107（a）条规定了治理费用的承担主体：（1）泄漏危险废物或有泄漏危险的设施的所有人或营运人；（2）危险废物处理时，处理设施的所有人或营运人；（3）危险物品的生产者以及对危险废物的处置、处理和运输作出安排的人；（4）由其选择危险废物处理场或设施的运输者中一个。反应基金由总统用于以下项目的支付：（1）政府反应费用；（2）任何其他人要求必需的反应费用；（3）任何自然资源破坏或者损失所产生的要求以及评价那些损失的费用；（4）联邦或州对任何损失的自然资源的修复、恢复到原样所做的努力的费用；（5）防止类似事故再发生的规划费用；（6）暴露于有害物质的人们的登记和研究；（7）反应设备的购置和维修；（8）保护反应行动必须包括的雇员健康和安全的规划。

据统计，美国自超级基金项目计划以来，共清理有害土壤、废弃物和沉淀物1亿多立方米，清理了大量有害液体、地下水、地表水3410亿加仑，为数万人提供了饮用水源。①

（七）历史遗迹地和湿地保护制度：保护了历史遗迹和生态环境

1. 历史遗址保护

许多地方政府定有法律将重要的历史遗址奉为"标志性建筑"，往往一处建筑物列为标志，就很难或不可能再把它拆除。

中央政府对历史遗址古旧建筑定有若干标准，对达到某一标准的历史遗址要求登记在册，一旦某一建筑物列入保护文物，就可得到历史遗址保护投资信贷。投资者只要维修了这些建筑，就可向中央政府申请减去他应向中央政府缴

---

① 段春霞、孟春阳：《关于美国治理污染土地超级基金制度的若干思考》，《农业参考》2009年第6期。

纳的税款，以弥补因维修旧房而蒙受的损失，这种损失就是如果他不修旧房而造了新房所应得到的利益，如果房屋的正立面依然保持历史原样，那么，该投资者还可以向中央政府申请减免一部分他所应纳的税款。

2. 湿地保护

湿地指沼泽地区以及那些使地表水回灌至地下供补充地下水的地区，美国法律严格限制湿地的利用，因为湿地在保护环境，保存物种以及保护饮用水源清洁方面起很重要的作用。

根据现有新法律，中央政府要求，如投资者在湿地上进行任何挖掘或填土活动，而且其面积超过一英亩，则必须向政府报告。如果该项活动面积超过10英亩必须要有许可证，以防止破坏这类地区。一些填土处理亦往往会导致水污染。日常的常规建设，如一般小的道路交叉处，公共设施线路，护堤加固，或开挖小片土地则可以免去许可证，但要求遵守严格的标准办事。①

二　美国土地资源保护执法的经验及评介

美国属于联邦制国家，国土辽阔，对于土地资源的管理也有着显著的特色，有许多值得我们学习和借鉴的地方。

（一）分工明晰，集中、垂直的土地管理体制

1. 联邦层面的管理体制

美国对土地等资源实行的是集中、统一、综合管理。法律明确规定了联邦、州、县、市在土地管理方面的各自范围和职责，非常明确具体，条与块、联邦与地方各司其职，互不扯皮、交叉，管理非常到位。但地方政府无专门的土地管理机构。

为强化土地管理职能，1812年美国成立了土地管理总办公室，进行土地登记和买卖等土地管理工作。1946年由土地管理总办公室和放牧局合并成立土地管理局，隶属于内政部。

按照美国法律规定，国土资源包括土地、矿产、水、森林和海洋等资源，所有权属于联邦政府、州政府和私人所有。联邦政府主要负责管理联邦政府所有的土地及其上的矿产、森林、水、海岸线3英里以外的海洋及其海底上的矿产等；州政府主要负责管理州政府所有的土地及其上的矿产、水和森林等，沿海各州还管理3英里以内的海洋资源；私人土地则由土地所有者自主经营管理。从本质上来说，美国国土资源是按照所有权分别进行独立管理的。

---

① ［美］唐纳德·埃利奥特：《美国的土地利用法体系》，《国外城市规划》1995年第2期。

美国联邦所有土地一般称公共土地，约占全国土地的1/3，其中90%分布在西部11个州和阿拉斯加州，而阿拉斯加州96%的土地为联邦政府所拥有或控制，大部分禁止使用。在城市土地中，约30%的土地为联邦所有，其中波士顿联邦所有土地占5%。公共土地归内政部土地管理局管理。土地管理局每年的预算约为18亿美元，有7000多名全职工作人员（全部为公务员序列），在全国各地设立派出机构，共有包含联邦、州、县、市四级在内的13个区域性办公室、58个地区性办公室、143个资源区办公室，地方政府无专门土地管理机构，实行集中、垂直的土地管理体制。

内政部的主要职能是：代表国家对城乡土地的利用与保护实行统一规划管理；除直接管理联邦政府拥有的土地外，统一管理全国的森林、河流、沼泽、珍稀动物、自然保护区和地表以下所有的矿产资源、水资源；对各州和私人的土地利用行为进行指导、协调和规范；规范全国土地交易行为；管理用于露天娱乐、牲畜放牧、采矿等各种用途的开放空间地区，并负责保护国有土地上的自然、历史等资源。

在美国，不同用途的土地又分属不同部门管理，如农地的管理与保护归农业部自然资源保护局管理，印第安人居住地的土地归内政部印第安事务管理局管理，联邦所有的林地归农业部林务局管理，城市用地归城市规划委员会管理，军事用地归国防部管理，内政部地质调查局负责全国土地利用的调查工作。从土地资源管理机构及其职能来看，美国联邦所有的土地资源管理是按照资源类型，在联邦层次上实施一种既集中又分散的管理模式。美国国土资源管理部门在资源管理方面注重资源的保护，如政策制定、资源调查、产权登记、利用规划、可持续发展和环境保护等；在产业管理方面，主要是发放许可证、收取权利金、租金和转让费、监督生产经营活动的有序进行等，而在具体的生产、销售、发展和相关产业的拓展上管得较少，主要通过市场、税费等经济杠杆进行调节。

美国土地资源管理在联邦层次上主要涉及内政部和农业部（如图14-1所示），有些政府独立机构也参与对水、海洋、矿山等的管理，例如海事委员会、联邦矿井安全与保健检查委员会、田纳西流域管理局等。

2. 美国各州土地资源管理模式

美国各州的国土资源管理模式与联邦政府的国土资源管理模式有所不同。与中央集权制国家不同的是，美国各州政府与联邦政府是平等关系，而非隶属关系，联邦各州具有独立的立法、司法和行政权，各州可根据具体情况负责管理州政府所有的土地及其上的矿产、水和森林等国土资源，没有必须遵守的统

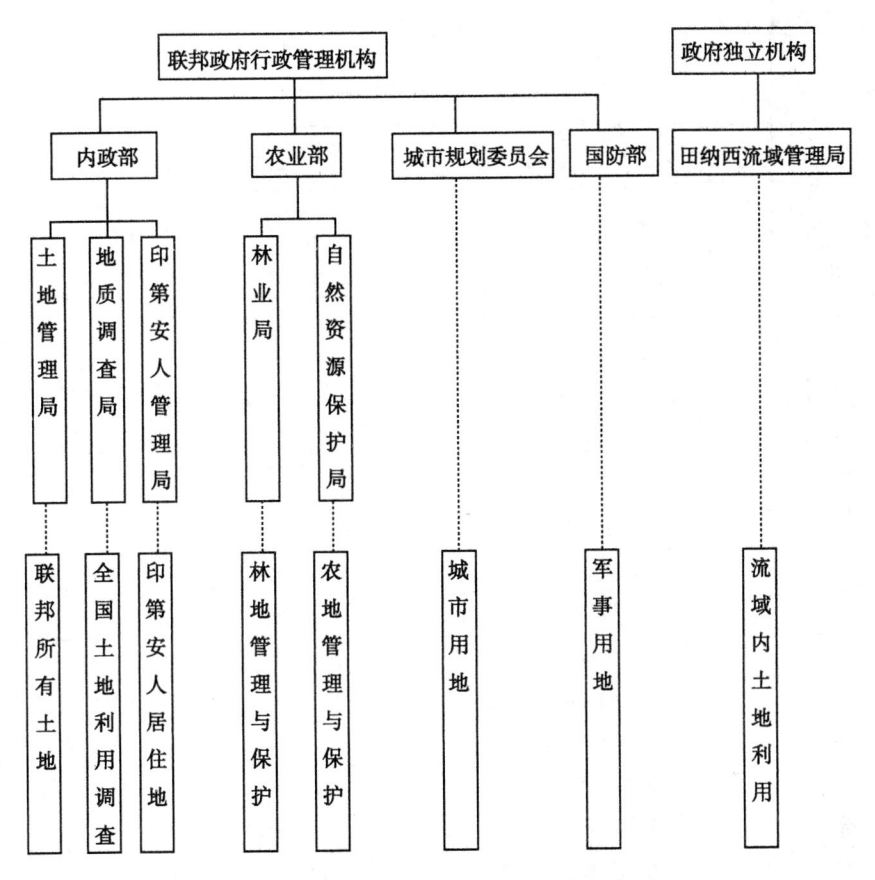

```
                联邦政府行政管理机构                          政府独立机构
        ┌───────────┬──────┴──┬──────────┐              │
      内政部      农业部   城市规划委员会  国防部       田纳西流域管理局
    ┌──┼──┐    ┌──┴──┐        │           │              │
   土  地  印   林    自        城          军             流
   地  质  第   业    然        市          事             域
   管  调  安   局    资        用          用             内
   理  查  人            源        地          地             土
   局  局  管            保                                 地
           理            护                                 利
           局            局                                 用
    │   │   │    │     │        │           │              │
   联  全  印   林     农       城          军             流
   邦  国  第   地     地       市          事             域
   所  土  安   管     管       用          用             内
   有  地  人   理     理       地          地             土
   土  利  居   与     与                                   地
   地  用  住   保     保                                   利
       调  地   护     护                                   用
       查
```

图 14-1 美国联邦政府土地资源管理体系

一管理模式。美国依据法律管理国土资源，近年来随着联邦政府权力的增大，联邦政府对各州资源管理的影响在增强，另外，国会可以通过立法、政策、财政拨款等手段影响州政府的国土资源管理。

美国各州国土资源管理以集中管理为主，20 多个州设立了自然资源部、自然资源与环境管理部、保护与自然资源部、环境与自然资源部或能源、矿产与自然资源部，各州自然资源部的具体机构设置和管理内容、资源数量与类型也不相同（见表 14-1）。有些州不设立自然资源部，由环境保护部门管理土地、矿产、水和森林等国土资源，例如康涅狄格州、佛罗里达州、缅因州、新泽西州、纽约州、罗得岛等。有些州设立专门的部门管理某一种国土资源，例如弗吉尼亚州设立矿山、矿产与能源部专门管理矿产资源，俄勒冈州设立土地保护与开发部专门管理土地资源。在自然资源部和环境保护部中大多设立地质调查局，负责国土资源调查，表明地质调查局与国土资源管理关系比较密切。①

表 14 – 1　　　　　　美国各州自然资源部管理资源类型

州名	设立自然资源管理部门	管理资源类型
亚拉巴马州	保护与自然资源部	土地、矿产、海洋、石油天然气
阿拉斯加州	自然资源部	土地、矿产、水森林、石油天然气
科罗拉多州	自然资源部	土地、矿产、水森林、石油天然气
特拉华州	自然资源部与环境管理部	土地、海岸资源、水
佐治亚州	自然资源部	土地、水、海岸资源
夏威夷州	自然资源部	土地、水森林、海洋
伊利诺伊州	自然资源部	土地、矿产、水、森林、石油天然气
艾奥瓦州	自然资源部	土地、矿产、水、森林、石油天然气
路易斯安那州	自然资源部	矿产、能源、海岸资源
马里兰州	自然资源部	土地、森林
密歇根州	自然资源部	土地、水、森林
明尼苏达州	自然资源部	土地、矿产、水、森林、石油天然气
密苏里州	自然资源部	土地、矿产、水、石油天然气
蒙大拿州	保护与自然资源部	土地、矿产、水、森林、石油天然气
内华达州	保护与自然资源部	土地、矿产、水、森林、石油天然气
新墨西哥州	能源、矿产与自然资源部	矿产、能源
北卡罗来纳州	环境与自然资源部	土地、矿产、水、森林
俄亥俄州	自然资源部	土地、矿产（包括油气）、水、林木
宾夕法尼亚州	保护与自然资源部	林木
南卡罗来纳州	自然资源部	土地、水、森林、海洋
南达科他州	自然资源部	水、矿产（包括油气）
犹他州	自然资源部	土地、矿产、水、森林、油气
华盛顿州	自然资源部	土地、矿产、水、森林、油气
威斯康星州	自然资源部	土地、矿产、水、森林

（二）分区制的管理方法

地方政府对于土地资源的管理，是以土地利用区划法规为主要控制手段，以土地细分规定为辅助控制手段，把城市细部设计与城市综合发展规划结合起

---

① 李茂：《美国土地审批制度》，《国土资源情报》2006 年第 6 期。

来的。分区制是美国各地方政府实施土地利用控制的最主要方法，通过土地分区和土地细分来控制和管理土地的使用。地方政府通过《区划法规》控制土地的使用指标，以此作为调控整个城市经济、文化可持续发展的一个重要手段。

地方政府通常用《区划法规》将辖区内的土地分为4类：居住用地、商业用地、工业用地和农业用地，每类土地又分不同的级别。政府强制出版分区的地图，制定分区的文本。通过细分控制——土地细分规定，加强土地利用的细部管理。《区划法规》具有法律效力，分区制和土地细分管理具有强制作用。

1. 美国城市土地管理的特点

市政府首先制定一部符合州综合规划的本市《区划法规》，作为土地利用和管理的依据。《区划法规》是地方政府管理和控制土地使用的基本手段。它严格控制土地使用的多项指标（如土地的位置、面积、土地和建筑物的用途、许可的开发强度和密度、许可的体量等），全面覆盖辖区内的每一寸土地，并实行透明公开。市政府对城市土地的规划着眼于中长期的经济社会综合发展，规划的核心是功能分区，即根据土地使用的不同性质，将城市土地划为不同的区域——居民区、商业区和工业区，并建立相应的法规条文来指导各个分区中不同用途土地的使用，规划城市每个地区的特殊开发与再开发的详细要求。

2. 美国农村土地管理的特点

农村土地管理实行分类实施用途管制的农地保护制度。乡村重点保护农田，防止城市的无限制蔓延。依据《农地保护政策法》，将农地划分为4大类，实行严格的用途管制：（1）基本农地最适于生产粮食、油料作物、天然纤维和饲草，禁止改变用途；（2）特种农地适于生产特定的高价值粮食、特种作物和天然纤维，禁止改变用途；（3）州重要农地是各州不具备基本农地条件而又重要的农地，可有条件改变用途；（4）地方重要农地是被鼓励继续用于农业生产且有很好的利用价值和环境效益的其他土地，可以或有条件改变用途。地方利用综合性的土地利用规划和农业分区条例来管理和控制农用地的开发和使用。许多郡和城镇制订各自的保持农业地役权计划和其他计划来保护农田。各州制定的计划和法规有农业区域法、保持地役权法、购买农业保持地役权计划、农业经营权法规、发展管理法、减税计划等。各个地方政府和议会制定的计划和法规有全面规划、农业保护分区制、集群再分区制、缓解条例和政策等。①

（三）建立了科学的土地利用规划体系和制定程序

像世界上绝大多数国家一样，美国的土地用途管制制度也是通过土地利用规划来实施的。

1. 美国的土地利用规划体系

美国的土地利用规划分为两个层次——州土地利用规划和地方土地利用规划。州土地利用规划是近年来为了实施城市成长管理政策而逐步发展起来的，它本身并不具有法律效力，更像是一种政策指导性文件，州政府通过规划制定政策目标，要求所属下级政府贯彻实施。州政府多要求地方政府制订包括土地使用计划、公共设施建设方案及成长政策等因素在内的地方土地利用规划。地方在制订土地利用规划时，必须将州政府所要求的管制策略考虑进去，否则，它将会被州级法院宣布为无效，也会失去州政府的财政援助。

2. 美国地方的土地利用规划

一是总体规划（The Master Plan）。在美国，总体规划被称为"非永久性的宪法"。所谓"非永久性"，是指它必须定期修订，以适应不断变化的发展趋势。所谓"宪法"，是指它是区划合法性的依据，区划是否有效，很大程度上取决于它是否符合总体规划。从早期的《城市规划标准授权法案》（Standard City Planning Enabling Act）以及最近的《标准土地开发法典》（Model Land Development Code）中可以看出，总体规划的主要内容包括：土地开发的区位、基础设施的服务水平、人口和就业的长期趋势预测、公共设施的预留空间以及开放空间的保护等。总体规划通常由一个地方管理机构的规划委员会来制定，在其被地方管理机构通过以后，即具有法律效力，并在一定程度上起到土地使用宪法的作用，因为以后的土地使用分区管制规则或者规定必须与之相融。地方管理机构通过总体规划的权力是由州政府授予的，州政府一般通过立法的方式授权或者要求地方政府以地方立法方式通过和实施总体规划。在一些州，有授权法案要求其所属的地方政府必须先通过总体规划，以总体规划作为其区域规划或者其他土地使用管制法规的前提条件。但是在绝大多数州中，不把制定总体规划作为土地使用管制法规的前提条件。此外，任何一个涉及未来土地开发的总体规划都需要定期修订，这种修订是依据已经发生的，但在制定总体规划时还没有考虑到的趋势和发展。修订总体规划与通过总体规划一样，必须经

---

① 孙利：《土地管理的机制和特点》，《国土资源导刊》2007年第6期。

过特定的程序。

二是官方地图（The Official Map）。官方地图是用来标明已经存在的或者规划中的街道、公园、下水道、水管、操场以及其他一些公共设施的，也通常为规划中的街道以及拓宽现存的街道规定退缩线。与总体规划不同，官方地图详细地标出街道、公园等的准确位置，并且是地方管理机构通过的，具有法律效力。州政府之所以授权地方管理机构通过官方地图，主要目的是赋予地方政府为未来的街道、学校以及其他公共需要预留土地的权力。土地所有者如果在预留的区域内进行建设，必须取得地方政府颁布的建设许可证，地方政府实际上掌握着对预留区域内的土地进行开发管制的权利。制定官方地图被认为是警察权的一部分，因为其主要目的是为了健康、安全以及社区的公共利益。官方地图与总体规划的区别在于：总体规划提供总的、一般性的资料，包括许多在地图上没有显示的因素，而官方地图则详细地显示出准确的细节；总体规划是可变的，而官方地图则相对比较稳定。

三是分区规划（Zonning）。分区规划是城市规划中的一个主要方法。1916年，纽约市通过了第一个综合性的土地使用分区规划，并在1920年的一个案例中得到了维持。此后，各州相继采用这一方法。土地分区规划的合法性同样来自警察权。实际上，分区规划的概念相当简单，就是将一定范围内的土地划分成不同的土地使用分区，并以土地使用分区图来界定每一分区的范围及区位，同时规定不同的土地使用规则。地方政府所享有的制定分区规划的权力也是由州政府授予的，并且必须经过特定的程序，这种程序是先制定总体规划，总体规划通过之后，再按照总体规划的需要制定分区规划，经过听证和公开程序，再通过分区规划。一系列的案例显示，除非经过这样的程序，否则分区规划是无效的。因此，分区规划只是实施总体规划的一个工具。此外，在总体规划完成以前，为了对不同的开发行为进行规范，制定一些临时性的分区规划有时也是被允许的，但是这些临时性的分区规划必须有授权法案的特别授权，否则，它将是无效的。目前，美国的土地使用分区规划做得非常详细，城市范围内的每一块土地几乎都是经过分区规划的，且每一地块的分区规划资料全部输入计算机系统，供用地者查询。

3. 美国土地利用规划的制定程序

在美国，制定土地利用规划的总过程包括以下四个步骤：第一，概括出规划的对象，选择进行数据收集和分析的方法；第二，通过一个或者更多的步骤，把主持专家和政策制定者的工作情况散发给其他有关机关、专家、专家协会征求意见,散发给对作为规划对象的土地或地区具有特别利害关系的人或机构,并且散发给广大公众征求意见;第三,规划以草案形式发布并递交给专家委员会、行政机关或者立法机构正式通过并颁布;第四,对执行规划负有责任的不同部门,要定期汇报规划执行情况,汇报它们监督和做深入分析的情况。这最后一步可能会导致规划的定期修改,使它合于形势。

在这一过程中,政府通常要求规划制定者必须就几个方面进行公告,并通知其他机关和有关专业人员。首先,在规划制定者开始概括目标和选择方法的时候,就可能要发出通知。在这一阶段,经常会有来自专业人士的有益的建议,经济学家、土壤科学家、农学家、建筑师、城市规划者等,他们常常会对规划范围和选择方法的有效性提出批评和建议。有益的意见也可能来自其他正在进行平行或重叠研究的机关,这些意见可能揭示出潜在的部门之间的争议。一般来说,在早期阶段,来自公众意见不详细,也不集中,然而,这样的早期通知经常会产生"心理"效应的有益作用,告知人们,他们会成为规划的内容,并且规划将与他们有关,特别是那些生活、工作或者预计要投资于规划所规定的土地上的人们,将从这样的心理效应中获益。人们应当知道有关他们未来的决策,他们应当有机会对工作的进程进行审查、发表意见。这样的过程有助于提高规划过程的法制观念,使规划所规定的建议、政策和项目获得未来公众的支持。

其次,在起草规划主要内容以及完成环境影响评价的时候,也要发出公告,并通过其他机关和有关专业人员。在这一阶段,专家和其他部门可能提出有益的批评意见、工作上的支持以及提供已经得出的结论。他们还可能提出规划草案与其他研究不相符之处。所有这些活动都能加强分析研究,以便制定出一个结论更有力、更符合实际的较好的规划。

最后,在规划交付批准或颁布的时候,也会给公众一个审查和发表意见的机会,在通常情况下,讨论规划的公开听证会也会被安排在这一阶段。这一过程给予规划制定者一个更好的教育公民的机会,告诉他们规划是符合他们利益的,还能为规划制定者回答仍然存在的批评意见提供途径。同时,它还为各专家、机构和公民提供了响应和支持规划的机会,这有助于引起公众关注,以便更好地实施规划。[①]

[①] 魏莉华:《美国土地用途管制制度及其借鉴》,《中国土地科学》1998年第3期。

（四）公众参与在土地管理中得到了高度的重视

美国农业部通过现有的一些机构和中介机构组织、设计并实施了一系列教育计划。通过信息媒体、学校和联邦其他机构让大家了解农地资源信息以及农地保护对整个国家的福利有多重要。农业部还指定一个或多个农地信息中心作为出借或出售政府出版物的地点，以便让大家及时了解有关农地争端、政策、计划、技术更新方面的消息和当地或州政府的一些提议。而美国的农地信托作为参与国家农地保护的私人非营利组织，通过阻止生产性农地流失，提高农业操作技巧来引导一个健康的农业生产环境。其主要职能是：私人或政府与私人合伙从农民手中购买农地发展权或他人土地通行权，然后再把耕作权返还给农民，以保持土地持续农用。譬如，美国制定的《统一土地利用审查程序》，最突出的特点就是土地利用审查程序每一步都强调公众的参与，社区委员会的参加、公众听证会的召开，一个ULURP程序往往要进行至少三次的公众听证会，它的运作体制最大限度地鼓励公众和各界的参与，公众参与贯穿在整个土地利用规划的过程中。任何一个涉及公民利益的申请都要充分地听取民意，最终的审议单位是市议会，因为市议会是民选官员，在强调民意的制度下，这也是必然的安排。虽然市长享有否决权，但议会仍可以2/3的多数票推翻市长的否决。到目前为止，经过ULURP程序，来自各社区委员会和公众的绝大多数意见和建议得到采纳。

美国地方政府制定的分区制①土地管理法律，是政府与社区合作的结果。而改变土地的功能也必须与民众协商，通过立法来实现。这一点也叫"规则

---

① "分区制（Zoning）"是包括美国在内的发达市场经济国家地方政府进行土地管理的基本方法，是地方政府在土地规划和管理的实践中，通过批准一块土地具有与另一块土地不同的用途，并用地图表示出来而形成的。这种方法既可以确定土地的不同用途，也可以规范一个区域内土地开发和建设的性质和范围。"分区制"土地管理制度不涉及土地的所有权性质，它所规范的主要是土地使用权。美国第一个综合分区制土地管理的法律，产生于1916年的纽约市。1916年，纽约市曼哈顿区的下城建造了一栋"公平大厦"。这栋大厦不仅高度超过了相邻的建筑，占据了自己土地所有权边界内的所有陆地面积，还影响了相邻建筑的采光，由此在纽约市引起了广泛的讨论。这次讨论的结果，在美国历史上产生了第一部综合性的分区制土地管理法律。这部由爱德华·巴塞特律师领导的委员会提出的法律，不但从此规范了纽约市的土地管理，而且他们制定的《分区土地管理标准法案》，还在1924年为美国联邦政府商务部所采纳和发布，成为美国其他地方政府制定土地管理法的范本。由此巴塞特被尊称为"分区制土地管理法的创始人"。纽约市将城市分为3个主要功能区：居民区（R），商业区（C），工业区（M）这3个功能区内又进一步划分为低密度、中密度和高密度的居民区、商业区和工业区。任何一个区都可以因为特别的目的来改变区划的某些性质，以满足居民生活的需要。例如，规划为居民区的一些街道也可以有为居民日常生活服务的零售商业区。这些调整是由区划内的行政组织来实施的。

的底线"：就是由地方政府、居民团体、民间组织、开发商共同协商来完成。①不仅需要符合实际情况，还要公开公正透明。以下，我们试以马里兰州土地开发决策中的公众参与为例予以说明。

在马里兰州的豪伍德县，分区制土地管理法就规定当地土地开发决策过程中民众参与的具体途径。首先，当土地所有者计划对自己拥有的土地进行商业开发前，他有法律义务召开有社区居民参加的会议，征求社区居民对拟开发项目的意见。然后在此基础上，将土地开发计划提交当地议会和政府行政部门进行审查。这个审查过程最长为45天，并根据居民和议员的意见进行修改补充。修改形成的方案要求公开征求公众意见，时间是3—4个星期。这期间居民可以通过书信、电子邮件和打电话等形式，反映自己的意见。

在此基础上形成的开发计划，由当地政府的规划部门召开公开听证会，听取公众的意见。同时，对拟开发土地进行分区制的土地规划调整，接受与此相关的道路、防洪管理、给排水等部门的审查，时间最长为60天。从召开听证会开始，在120天内形成最终开发计划，土地所有者与开发商达成协议，签订合同。从召开听证会开始，在180天内完成政府对开发项目的审批。

美国中部伊利诺伊州南部的卡本代尔（Carbondale）市，有居民2.6万多人。这是一个典型的农业社区，市内面积的35.8%为农业用地，自然保护地也占19.7%，两者相加达到了55.5%。其他如城乡居民区占地19.6%；城乡商业用地3.7%；工业用地3.6%；公共机构（包括大、中、小学校）用地13.6%；公园2.3%；未使用土地1.7%。该市在制定分区制土地规划时，已经明确：在城区，主要搞好城市中心区的集中开发；在公路沿线的城区，主要开发单个住宅和联户住宅，建好公路沿线的商业设施；在郊区，主要发展围绕主城区占地面积大的单户住宅；在农村地区，要保护好自然环境和农业用地，使绿荫环绕城市。

同时，该市为市民参与土地管理创造了多种渠道。这主要包括3个计划：一是公众沟通计划；二是内部沟通计划；三是公众参与计划。这3个计划的

---

① 在俄亥俄州的克利夫兰市，当地议会规定，改变分区制土地用途需要土地开发商履行自荐义务，但开发项目能否批准要由大克利夫兰地区的居民实行全民公决来决定。1971—1972年，库亚洪嘎（Cuyahoga）县内21个地方政府通过了改变土地用途要举行全民公决的法律。这就使民众有了直接控制土地使用的权力，可以拒绝不受欢迎的土地开发，从而保护当地社区的生活质量和保护环境不受破坏。例如，在斯状斯维尔市（Strongsville），1971—1977年，居民拒绝了要求将单户住宅区改变为多户住宅区11项申请中的10项。在同一时期，大克利夫兰地区，要求建设多户住宅区的15项申请，只有1项获得了通过。另外要求改变土地使用性质的28项申请，只有2项通过了全民公决。

内容是部分重合的，以保证居民与政府官员之间的沟通。其中，最重要的是5个会议。一是综合计划审查委员会的会议。该委员会由选举或者任命的政府官员和居民、商家、土地所有者的代表组成，与政府顾问定期举行会议。这种会议对所有市民开放，市民可以自由参加，会议举行时间提前在网站上公布，会议材料也在网站上下载。二是利益相关者访谈。政府官员要与项目开发有关的居民、商家、土地所有者进行有针对性的访问，了解他们对项目计划和实施过程的意见。三是社区座谈会。2009年3月26日召开的一次社区座谈会，政府官员就与居民集中讨论了卡本代尔市的综合发展计划和实施步骤。这种形式的会议可以帮助政府官员收集居民的意见和建议，也可以更广泛地听取民众的意见。四是市议会中期情况介绍会。2009年7月21日召开的市议会中期情况介绍会说明，市议会不仅是项目的批准机构，还是项目实施的主要参与者。五是事先的研讨会。在2009年11月召开的这种会议上，当地政府的综合计划审查委员会、市议员、计划部门都被邀请参加，与市民一起讨论项目的土地管理，听取市民的反馈意见。会议通过分析还讨论了该市的中长期发展计划，会议的讨论结果则被吸收进政府正式的规划法案中。①

三 美国土地资源保护司法的经验及评介

美国的司法制度是走在世界的最前列的，尤其是其公民诉讼制度和公共信托的适用，更是强化了土地的司法保护。

（一）独立公正的争议裁决和司法审查程序，保证了土地征收的公益性

美国从联邦政府到州、县、市，自上而下都有配套健全的土地管理法律法规，土地资源的保护、开发利用及地产管理均有法可依、依法办事。土地权属纠纷、征地争议等由一律法院解决，政府不担任调解仲裁角色。

美国实行土地征收司法审查制度，允许私人质疑"公共利益"的合法性，一般由大量的判例来规定。

在1954年的Berman V. Parker（1954年美国案例汇编第348卷）案件中，美国华盛顿特区欲收购区内老旧地区予以重新规划，以消除老旧社区的落后与脏乱。本案上诉人（即原告）是一家百货公司，其并无落后、脏乱等问题，但位于依据该法所建的第一个整建计划区域内，因此，也随同附近的房屋一并被政府征收后没有作任何改变就售与了另一私人买主，所以上诉人提起诉讼，主张其土地被重新开发后供私人而非公共使用，违反了美国宪法第五修正案所

---

① 高新军：《地方政府管理土地的美国借鉴》，《协商论坛》2011年第1期。

规定的公共使用的要件。美国联邦最高法院驳回了上诉人的上诉，其理由是公共福祉的概念是非常广泛的，它所代表的价值可以是精神上的，也可以是肉体上的，可以是美学上的，也可以是金钱上的，这些均在立法者的权限内，而不容法院去重新评估它们。法院最终认定的公共利益是消除老城区的穷败现象。

在 1984 年的 Hawaii Housing Authority V. Midkiff 中，原告（土地所有者）诉称联邦宪法第五修正案公共使用条款禁止夏威夷州以合理补偿来剥夺房地产主的财产，然后再转让给私人使用来减缓该州房地产过分集中现象。联邦最高法院否决了原告的法律依据，判决夏威夷议会试图纠正社会和经济不公的法案是理性的，并非是为了使某些特定的集体受益，而是为了消除过分集中所导致的不良状况。① 法院对公共利益的解释是消灭土地由少数地主垄断的不良状况。

尽管随着公共需要的不断拓展，法院为了使政府免于受制于为了公共使用才可以行使征收权而不得不对"Public Use"作扩展解释，将"Public Use"解释为"Public Interest"（公共利益）、"Public Purpose"（公共目的）、"Pubic Need"（公共需要）、"Public Welfare"（公共福祉）。但是，这一系列的扩展解释都没有离开"公共利益"这一财产征收的基本目的。

（二）维护合法的警察权（行政管理权），限制土地私权的绝对化，保护土地公共利益

在美国土地用途管制制度形成和发展的历程中，警察权发挥了十分重要的作用。所谓警察权，是由公正干预的意思演变而来的，首次于 1827 年为美国最高法院所采用，1847 年后被用为法律名词，定义为"每个主权国家所固有的政府权力……用以管理辖区内的人和物"，后其使用范围逐渐扩展到包括公共福利和社会利益的保障方面，尤其是土地用途管制方面。早在 19 世纪，美国就通过一系列案例赋予地方政府以警察权来管制私人土地。在早期由州法院判定的一些案例里，警察权的行使被赋予了很大自由度。在 1846 年马萨诸塞州的一个判例中，法院维持了一项关于禁止土地所有者转移沙子或者海岸所有者转移砂石的规定。在 1853 年另一个判例中，这个法院还维持了一项关于禁止在港口的一定范围内修建码头的规定，尽管基于古老的殖民时代的授权，所有者是享有这一权利的。到了 20 世纪，当美国最高法院在 1926 年的一个判例中维持一项综合区划的时候，警察权很明显地成为一种可行的工具。② 美国法

---

① 李蕊：《从美国司法判例看我国土地征收制度的完善》，《广西社会科学》2005 年第 12 期。
② 魏莉华：《美国土地用途管制制度及其借鉴》，《中国土地科学》1998 年第 3 期。

院在审理土地分区纠纷案件时,也是在保持一种平衡:法院既要保护私人的土地财产权,也要保护社区的自然环境和人文历史传统,通过案件的审理使双方都能在自己的权力/利边界内行使权力/利,避免超越相互制约的平衡点。

(三)运用公共信托原则,约束政府行为,保护土地权益

所谓公共信托,是指政府为了全体公民的利益控制或持有公共信托土地、水和资源,不能通过转让这些资源成为私有所有,也不能改变这些资源的本来用途,而公众则有权为了不同的公共用途和目的而充分使用它们。① 公共信托(原则)最早可追溯至罗马法。当时的罗马社会非常依赖海上贸易和海洋食物,海岸是人们生活不可缺少的一个部分(人们可以利用海岸从事航海、捕鱼、打猎或其他活动),所以海岸被罗马人看作一种必须为市民公共享有的特殊资源,排除在私人财产权之外,并在法律中作出了规定。公共信托原则最初只适用于美国海岸边的土地,以保证公众对海岸享有的利益。1892 年在伊利诺伊中央铁路公司诉伊利诺伊州案中,最高法院运用公共信托原则首次对管理者的转让行为予以否定。这一案例的影响是深远的,它常常作为公共信托原则存在的证明被现在的判例引用。但是当时确认的公共信托原则只适用于州拥有的湖泊、河流下土地,以及海边湿地等公共用地,不适用内陆公地。

将公共信托原则用于联邦土地的司法先例是 1968 年的红木国家公园(Redwood Park)诉讼。② 这件案件争执的焦点在于,内政部及其官员在保护公园方面享有什么义务,履行义务是否适当。法院确认"内政部是美国人民公地的保护卫士。其义务要求它检查法律执行的情况,没有公地被浪费或被违法处理给个人。"除了这些一般的信托义务之外,部长就红木公园还有某些特殊的权力和义务。为了阻止其受到周围伐木活动的损害,《红木国家公园法》明确授予部长及管理机构一些特别的权力并采取保护红木的措施,但是管理机构没有依法履行法定的义务,存在不合理利用自由裁量权、独断或滥用自由裁量权的行为,导致没有采取、拒绝采取一些保护红木公园的措施;或者不合法地拖延履行义务,虽然采取了一些保护措施,但不足以达到保护公园的目的,

---

① 肖泽晟:《公物法研究》,法律出版社 2009 年版,第 77 页。
② 红木国家公园位于加利福尼亚的尤里卡,公园里的树龄非常长,有些还可以追溯到公元前时期。更重要的是,这些树木提供大量有价值的红木,给长期不景气的加利福尼亚北部海岸的经济提供就业机会。但是,公园由几个分离的地块组成,有些地块非常狭小,一些树木的生长甚至超出了地块的范围。临近的私人土地上砍伐造成的强风、塌方、泥石流、河流淤塞等,严重威胁这些植物的生命,使得这些树木变得非常脆弱。于是塞尔拉俱乐部起诉内政部及其官员,要求他们运用权力保护红木国家公园,避免其受到某些私人开发活动的影响。

因此法院判决管理机构采取有效的行动保护红木资源，履行保护公园的职责。至此，公共信托原则在联邦土地管理中得到确认。

一般说来，学界认为公共信托原则是环境保护法的理论支撑，实际上，公共信托原则的意义不限于此，其更重要的意义是它可用于规范行政机关的行为，限制行政机关的自由裁量权。由于借鉴了公共信托的理念，不仅政府土地管理机构的职责得以明确，还使得立法、司法和公众可以在限制管理机构的自由裁量权方面发挥作用，公众权利得以确认和保障。具体来说，其功能主要体现在以下三个方面：

1. 作为立法授权的标准

从美国法律的发展史以及美国联邦土地公共信托的起源可以看出，立法机构才是公地的受托人，管理机构的信托权利来源于法律的授权。没有联邦和立法的明确授权，政府机构不能以信托人的身份行使权利，因此，立法的授权是政府机构行使公地管理权的关键。但是过于宽泛的授权，无疑会给予行政机关很大的自由裁量权。"在执行宽泛的立法指令时，行政机关不公正地偏向有组织的利益，尤其是那些受管制的或受保护的商业利益以及其他有组织集团的利益，而损害分散的、相对而言未经组织的利益……"①

理论上，如果立法机关的指令明确具体，可以限制行政机关的自由裁量权，但是在实际操作中却存在困难。在这种情况下，确认公共信托原则，可以为立法授权提供一个标准。也就是说，无论立法的授权怎么变化，授予的权力不能违反公共信托的要求。同样，无论作为信托人的管理机构如何解释和适用法律，其权力都服从于信托义务的要求。

2. 作为司法审查的基础

《美国行政程序法》第706条规定，法院应当依据宪法、成文法、不成文法来决定相关的法律问题，以确定管理机构是否违背宪法权力、特权和豁免权。没有法定权力，或者超过法定权限和授权，行为专断、反复无常或裁量权的滥用；没有遵守法定程序要求，在行政机关存在以上法定情形的情况下，法院可以宣告管理机构违法行为无效，或者干预不合理的拖延行为。在公地管理中，宣告管理机构行为无效，主要涉及管理机构违法履行义务的行为，而后者则适用于管理机构不履行义务的情形。法院对管理机构的行为进行审查之后，在被告一方负有履行义务但是拒绝履行或拖延履行的情况下，法院可以要求负

---

① ［美］理查德·B. 斯图尔特：《美国行政法的重构》，沈岿译，商务印书馆2002年版，第23页。

有义务的一方履行义务。拒绝可以表现为没有理由；虽有理由，但不被法律所认可；有一定理由，但不构成拒绝的根据。拖延履行则表现为在合理的期限内没有采取行动；或者虽采取行动，但措施不当、措施不够或者超过合理的期限。可见，法院对行政机关行为合法性和合理性的审查以是否履行法定义务（职责）作为判断标准。然而，对于不同的公地，法定义务不但各不相同，而且也不具体。管理机构是否违反义务或不履行义务难以依据法律规定来判定。这种情况下，"将普通法上的'信托义务'概念引入作为解释法定义务根据时应考虑的'相关因素'"，① 法院可以灵活运用公共信托原则，对不同公地的信托管理机构在各种具体情形下解释和使用法律的行为进行审查，判断其行为的合法性和合理性并作出判决。

3. 作为公众权利的根据

信托是为受益人利益所设置的一项制度，公共信托的目的是最大限度地保护公地中的公众利益。信托观念的建立导致公地管理中管理机构地位的变化，也带来社会公众地位的变化。如果将政府看作财产所有人，那么管理机构可以根据自己的意愿管理和处分财产，不受任何其他人的干涉。如果管理机构作为信托人，那么它必须为公众的利益管理公地，并对公众负责。另外，信托财产的管理和处分应当以促进公众利益为目标，只有立法机构的授权，各级政府及其职能部门才可以行使信托的权力。公共信托财产的管理和处分必须有法律授权，特别是管理机构为私人利益而不合理地处分公共财产时必须有法律的授权，相应的，社会公众中的个体不仅享有对管理机构不履行义务的行为提出异议的权利，同时还享有对违法履行义务的行为予以抵制的权利。②

四 对我国土地资源保护法治建设的启示

（一）借鉴美国土地利用的用途管制制度，加强并完善我国对土地利用的规制

美国土地用途管制制度在优化土地资源配置、提高土地利用率、有效保护耕地和自然资源环境、控制城市规模扩张等方面发挥了十分重要的作用。借鉴美国土地用途管制制度，构建社会主义市场经济条件下我国的土地用途管制制度，具有十分重要的意义。

---

① ［英］卡罗尔·哈洛、理查德·罗林斯：《法律与行政》，杨伟东译，商务印书馆2004年版，第1076页。

② 操小娟：《美国联邦土地管理中公共信托原则的运用》，《学习与实践》2009年第8期。

1. 土地用途管制制度应该成为我国土地利用管理法的核心

土地利用法律可以理解为包括四个行动的一系列原则和过程：第一，制订土地利用规划，利用分析方法和科学研究揭示政策背景，协调和组织涉及土地利用的未来行动；第二，规定土地许可的用途，控制土地开发；第三，调控土地在公民、法人和其他组织之间的分配；第四，一旦土地进行分配、开发或者拨付使用，要对其使用过程进行管理。而要致力于所有这四个行动，最大限度地提高土地和自然资源的利用效率，加强土地资源的保护，土地用途管制是最佳的选择。这一点已为美国等其他发达国家的实践所证明。《土地管理法》作为我国土地利用管理的基本法，也必须以土地用途管制为核心，使《土地管理法》定位于社会主义市场经济条件下保证土地用途管制措施的一部法律。

2. 将我国的土地用途管制制度建立在财产所有权的法权基础之上

在私有制的资本主义国家，土地用途管制是以警察权来保证实施的，而在社会主义的中国，土地所有权属于国家，国家对土地实行用途管制，与其说是基于一种行政管理权，还不如说是基于一种财产所有权，即国家以财产所有者的身份管理其财产的权利。国家行为有行政职能和社会职能两种：前者代表政治权力；后者代表社会公共利益。按照市场经济的法权原则，只有限制以权力为基础的行政法权，才能实现法的社会价值。土地资源是人类生存的基础，保护土地资源和耕地，正是社会公共利益的体现，我国土地用途管制的法律制度正是在这一基础上产生的，它的强制性也是在这一基础上形成的。

3. 进一步完善土地利用规划系统，实施土地用途管制制度

我国现有的土地利用规划系统是在计划经济条件下形成的，已经不能完全适应建立用途管制制度的需要。因此，必须配合用途管制制度的建立，予以进一步的完善和修订。

（1）要正确处理好国家规划和地方规划的关系。在世界上很多国家，包括美国在内，都采用这样一种制度，即在国家级制定总的政策规划，在低一级的地区或城市制定较为详细的或者更具有明确的法律效力的规划。因为许多国家都承认，在今日全球经济中，对不同部门的投资是供给、需求、信贷等多种因素综合的结果，所以，国家规划制定总政策和总框架而把决定权留给下级部门最为有效。在大多数国家，国家规划不同于地区和城市的规划，并且它们在实质内容、影响投资和土地利用决策的方式上理应不同。因此，在我国土地利用规划体系中，全国土地利用总体规划和省级土地利用总体规划应作为战略规划，主要用于激发和形成市场的驱动力，市、县土地利用总体规划应着重分区管制。

（2）应对规划的过程作出明确具体的规定。规划的制定过程，即起草、交付审查和讨论，通过或给予最终的法律地位，对于它的最终效力是至关重要的。因为这个过程能够决定规划将获得的支持程度，并能为检验规划是否会在实践中有效运行提供途径。在美国，土地利用规划的制定和通过的过程都被设计成教育广大公民和寻求广大公民支持和理解规划的过程。因此，在我国《土地管理法》中，应对土地利用总体规划的制定过程作出明确具体的规定，同时，增加公告和听证程序，提高公众的参与程度，提高土地利用总体规划的社会可接受性。

（3）充分发挥土地利用总体规划对城市规模的整体控制作用。城市规模的不断扩大成为近年来我国耕地大量减少的重要原因之一。建议参照美国划定城市增长线的做法，在全国土地利用总体规划中为省、自治区人民政府所在地的城市以及人口在100万以上的城市、国务院指定的其他城市划定城市增长线，增长线以内允许开发，并提供足够的公共设施，增长线以外则限制开发，以防止城市规模的不断扩大侵吞农用地。①

4. 高度重视公众参与

在美国，可以说，没有民众的广泛参与和监督，就不会有地方政府对土地管理的主导权。地方政府在土地管理和开发中，充当着市场经济秩序的维护者、开发商和居民关系的仲裁者的角色。它是裁判员，不是运动员。政府是不参与土地买卖和征收活动的。即使在地方经济开发中，政府也只是规划者和引导者，并不是投资者和建设者。

但是，要想使政府切实履行好这样的职责，民众的参与和监督必不可少。这种参与不仅在土地管理法律的制定过程中存在，在法律的执行过程中存在，也在法律的修改过程和政府关于土地的决策过程中存在。

尽管我国国情与美国差别很大，但是市场经济发达国家的地方政府在土地管理方面的实践，仍旧可以给予我们一定的启示，因为我国目前正在走的也是一条市场经济的道路。

（二）借鉴美国经验，完善我国的土地征收补偿制度

如前所述，美国的征地制度集中体现了4个特点：（1）严格的征地目的审查程序；（2）市场化的补偿测算办法；（3）全程信息公开的公告、听证制度；（4）公平有效的争议裁决程序。这些严密的程序设计，是政府行使征地权过程中所必须经过的步骤、应当采取的方式、不可缺少的过程，这也正是我

---

① 魏莉华：《美国土地用途管制制度及其借鉴》，《中国土地科学》1998年第3期。

们需要学习和借鉴的。①

1. 增加对公共利益的公示和审查

我国现行法律对实体上的"公共利益"概念缺乏明确的界定。美国等多元土地所有制国家,则通过相关法律严格限定了土地征收的范围,以防止公权力的滥用,保护私人财产权。但这里暗含着一个前提,就是存在一个完全的土地市场(Perfect Markets),并且,国家并不完全垄断土地一级市场。而我国现阶段的土地市场是一个不完全市场(Imperfect Markets),土地的一级市场完全由国家垄断,土地的二级市场也是一个不完全竞争市场。这样就使得国家控制了土地市场的源头,决定着非农用地的初始供应总量。这种垄断有其弊端,但在我国土地市场发育尚不完善的现阶段,在控制增量土地,盘活存量土地,提高土地利用效率,实现土地利用总体规划等方面仍然发挥着积极的、重要的作用。因此,在今后一段时间内,我国将仍然继续这种垄断型的土地市场。于是,随着经济的发展、城市化进程的加快,便使得一些非公共利益性的,又是正当需要的土地也只有通过国家这个源头借土地征收的办法来实现。同时,我国现行法律在程序上缺乏对公共目的论证的设计,对征收目的的审查只设定在行政审批程序中,这种审查由于缺乏公开的调查程序而存在很大的局限性,这样一来便容易造成经营性用地"搭便车"低价征收农村集体所有土地。

为了避免"公共利益"这种宽泛的、模糊的界定,又鉴于我国当前经济发展快速,不可避免要占用土地的现实,实际操作中,现阶段可以考虑将国土资源部公布的《划拨用地目录》进行细化,确定公益性项目的范围,并向社会公布,在申请人申请之后、正式征收之前,由征收执行人对将要举办的事业是否符合公共利益目等情况进行公示,并允许被征收人乃至社会公众提出异议。长远来看,公共利益的界定宜参照国外用列举加概括的办法严格限定,有必要通过立法甚至《宪法》的修订予以明确。在程序的设定上,对公共利益的性质,应有严格的认定程序,对于征地权的启动,应有严格的审查程序。

2. 提高土地征收的透明度,确保被征地者的知情权

从总体上看,我国现行征地程序不尽完善,对被征地农民的知情权、参与权和申诉权重视不够。在征地过程中,农村集体土地所有者、使用者(尤其是广大农民),在征地过程中往往处于被动状况。从土地征收的认定,到补偿费的确定,往往都是由地方政府和用地单位说了算。因此,在征地行为决定之前和实施过程中,应该提高土地征收的透明度,确保农民的知情权,以保证征

---

① 李明:《美国土地管理制度考察与借鉴》,《黑龙江水利科技》2010年第3期。

地工作透明公正地开展，促进矛盾纠纷的有效化解。建议主要通过以下两项措施予以改进：

（1）改变法定的公告程序，保证被征地者的知情权

一是重视征地报批前的预公告程序。美国的征地工作很少留下后遗症，原因是多方面的，其中重要的一点是征地过程透明度高，公告程序贯穿于整个征收过程，征地行为完全是在公开的状态下依法进行的，从决策到实施始终做到信息公开，让经济活动的参与者有充分的知情权和发言权。尽管我国出台了《征用土地公告办法》，但我国以立法的形式确定土地征收公告程序只作为附属程序置于征地批准之后，是事后公告，目的也只用于审批结果公示和权利人的权利登记，对征地的监督作用非常有限。并且土地征收公告程序还存在许多漏洞：对于征地公告和征地补偿公告的形式、公告发出之后，是否签订征地协议、公告所需费用支付方式、公告补偿和实际补偿不一致如何解决，公告后当事人不到指定地点登记怎么处理等，都没有明确规定。总之，征地公告对被征地者的权益保障的程序意义未在法律制度上彰显出来。为了弥补现有公告程序的缺陷，可以参考美国的做法，在征地批准之前增加预公告程序，即政府计划征收某块土地后，即发布征地预公告（事先做好地面附着物清点和摸查登记工作），并通知土地所有人和土地其他权利人，接受公众监督。具体操作可为：政府计划实施征地后，即发布征地预公告，告知被征地集体和农民，明确征地范围和征地项目，冻结地上建筑和抢栽抢种植物，核算控制时点，同时开展征地补偿初步调查登记，协商补偿安置问题。如果因征地未予批准或在一定时间内未予批准，给被征地单位造成损失的，由政府有关单位按实际损失给予补偿。同时将现行征地审批后两次公告合并为一次公告，在征地经批准后，在被征地单位所在地予以公布，公告期满后即可实施补偿安置工作。

二是建立征收土地公告信息可查询制度。为了防止征地补偿费用的截留和挪用，应当进一步加强征收土地公告工作，改革征收土地公告形式。传统的征收土地公告形式存在检查不便、容易破坏、存留时间短等问题。在今后工作中，要推广使用网站、报纸、电视等现代公告载体，使征收土地公告的信息便于查询和检查，从制度上堵塞截留和挪用征地补偿费用的漏洞。

（2）完善听证程序，保障被征地者充分的参与程度

听证制度是沟通征地、被征地双方情况、解决存在问题的有效途径。因此，在征地过程中，应推广征地听证制度。首先，应建立起判断征地是否符合"公共利益"的听证制度，以便对法律所列举事项外的土地征收是否属于"公共利益"作出公共评价，防止"公共利益"被无限扩大。其次，应协调《土

地管理法》、《农村土地承包法》以及《村民委员会组织法》，以立法的形式建立农民作为农村集体及集体经济组织成员在土地征收、补偿等方面的民主参与和决策机制，赋予其投票权和表决权，从制度上确保集体或集体经济组织成员的知情权、参与权和决策权，使他们真正参与土地流转的全过程，切实维护自身的合法权益；确保土地征收过程的公开、公平和公正。值得一提的是，国土资源部颁布的《国土资源听证规定》已于 2004 年 5 月正式实施，凡是征收农民承包土地中涉及安置补偿等农民切身利益的问题，农民有权提出听证，各地拟订或者修改基准地价、拟定非农建设占用基本农田方案等国土资源管理行为，必须组织听证。但是根据这一规定，土地征收中的听证程序不会自然开启，需要农民主动提起方能启动。因此，为保障农民听证权利的有效行使，有关权力部门应当以明确的方式告知农民，告知的内容应包括听证权利的内容、权利行使方式及期限等，给农民听证权的行使提供必要的程序保障。

（三）建立征地纠纷的司法裁决机制，保护农民土地权益

在法治社会中，司法是解决社会矛盾、寻求社会公平与正义的最有效的手段。但《土地管理法》及其实施细则均没有条文规定个体土地使用者对国家征收命令或赔偿金额有异议时提出申诉的权利。在我国目前的土地征收争端解决机制中，缺少必要的司法机制，主要表现在两个方面：（1）排斥了法院对征收目的是否符合公共利益的审查权。（2）排斥了法院对补偿标准争议的裁判权。根据《土地管理法实施条例》第 25 条第 3 款的规定，对补偿标准有争议的，由县级以上地方人民政府协调；协调不成的，由批准征收土地的人民政府裁决。由此可见，政府的裁决为终局裁决。2011 年通过的《国有土地上房屋征收与补偿条例》对此也未作根本性的修改。这种制度安排，排斥了司法机关在解决补偿标准争议中的作用，不利于集体经济组织和农户利益的保护。因此，应尽快探索建立和完善征地纠纷的司法裁决机制。今后可以考虑，对农村集体土地所有者提出的征地目的不合法（是否出于公共利益）、程序不合法、补偿不合理、安置不落实等问题，由司法机关进行审查，尽可能地减少政府对征地纠纷裁决的参与，运用司法手段解决征地纠纷，对政府征地非法措施，被征地农村集体和个人可以寻求司法救济。

（四）注重运用经济手段保护土地资源

由于自然条件较好、土地资源丰富、人均耕地较多，美国在耕地保护方面压力不大。虽然从联邦到地方政府都没有专门针对耕地保护制定法律和制度，但是美国依然十分重视耕地保护工作，从规划控制、政府补贴、课税政策支持、产权束的分割和约束等方面加大耕地的保护力度，在确保一定耕地数量的

同时，更加注重耕地质量的提高，有效地保证了国家粮食安全和政治安全。

美国的马里兰州、威斯康新星州及其他一些地方通过差额补贴政策让农民和农地保护的受益者共同分担农地农用的机会成本。农民可以申请赔偿费，其数额等于土地的开发价值与农地严格农用所获收益的差值，前提是补偿金的领受者必须同意放弃土地用来作为宅基地或非农商业开发的权利。例如，一个农民拥有 250 英亩土地，如果全部开发，收入为 5000 美元/英亩，但如果仅作农用，收入为 2000 美元/英亩，那么他可以申领 3000 美元/英亩的赔偿金，总计 750000 美元。同时该农民仍然是土地所有者，在某一特殊情况下，还可出售土地用来开发。在这种政策下，农民自觉地保证了当地的食物供应，保留了乡村的特征，宽广的农场以及一系列环境价值。①

近年来，我国从法律政策上确立了最严格的耕地保护制度和最严格的用途管制制度，但耕地保护的落实效果不尽如人意，出现中央政府保护耕地热情高，而地方政府和集体经济组织及农民保护耕地没有积极性的现象。有些地方政府甚至认为保护耕地就是保护落后，就是阻碍经济发展。究其原因是多方面的，但其中一个主要原因就是缺乏用经济手段保护耕地。

学习借鉴美国的经验，我们认为在坚持原有的行政措施的同时，要更加注重用经济手段调动政府、社会和农民保护耕地的积极性，让承担耕地保护责任的地方政府，特别是集体经济组织及农民在让渡或放弃建设开发权、保留农用地耕作权时获得相应的经济补偿。建议进一步总结有关省市建立耕地保护基金、对耕地（基本农田）保护进行补贴等的做法和经验，积极探索，规范运行，适时上升为法律制度，从而提升我国耕地保护的水平。

要进一步改革和完善土地税收制度。美国的土地税收政策既严格又有导向性，对于保护农地和调控土地与房地产市场有着重要意义。通过建立保护地役权制度，在土地保有阶段征税，实行土地税收税基的评估，促进农地保护和节约集约用地。

学习借鉴美国的经验，必须改革完善相关的土地税收制度和政策措施。建议整合房产税、城镇土地使用税和耕地占用税，以土地使用权的保有环节作为重点，统一征收房地产税；切实改革现有的从价、从租、从量计税并行的混乱局面，以评估价格为基准从价征税，对土地和房地产市场实施有效调控。②

---

① 哈维·雅各布：《国际耕地保护中发达国家对发展中国家的经验教训》，第 41 届芝加哥规划学院协会年度会议论文，芝加哥，1999 年 10 月。

② 林目轩：《美国土地管理制度及其启示》，《国土资源导刊》2011 年第 1 期。

（五）进一步规范土地综合整治

美国的土地综合整治主要体现在老工业区域城市的重建上，其基本做法是根据政府的统一规划和土地利用方向目标，与有关权利主体进行平等协商，达成共识，达到多方共赢，实现土地利用的最佳效益。在美国这样一个地多人少、经济发达的国家，尚且十分重视土地整治工作，针对我国人多地少、土地后备资源十分匮乏的国情，更应该从战略高度重视和加强土地综合整治工作。

加强土地综合整治，是盘活闲置低效用地、增加有效耕地面积、拓展建设用地空间的有效办法。当前，我国个别地方在土地综合整治和城乡建设用地增减挂钩中出现了一些情况和问题，有的地方政府不注重听取群众意见、不尊重土地权利人意愿，没有经过多方协商论证强拆强建，重指标轻保护，重数量轻质量，偏离了田水路林村综合整治的总体目标。

学习借鉴美国的经验，必须要搞好土地综合整治规划，坚持尊重土地权利人意愿，实事求是，量力而行，不搞形式主义，探索建立政府引导、权利人自愿、社会参与、利益共享的土地综合整治新机制，达到区域土地整体利用效益最大化，实现政府得人心、农民得实惠、经济得发展。①

（六）重视对土地污染治理和湿地生态环境的保护

美国通过《超级基金法》加强和保证了对土地污染的修复和治理。另外，美国还十分重视湿地等生态用地的保护。这些都值得我国学习和借鉴。当前，有必要加强《土壤污染防治法》、《生态补偿条例》、《湿地保护条例》等立法的研究和制定。

第二节　日本等国家和地区土地资源法律保护的经验和借鉴

日本的土地形势与我国有许多相似之处，都是人多地少、人均土地面积有限、耕地后备资源稀缺，所以日本在土地保护方面的许多做法，如部门参与决策的管理方式及对土地利用全过程的管制措施值得借鉴。另外，英国、韩国等国家和地区关于土地保护的措施也有诸多供我们借鉴和学习的地方。

一　日本等国家和地区土地资源保护立法的经验和评介

（一）建立了健全的土地保护法律体系，并不断完善

日本政府非常重视耕地农地的保护，明治32年就制定了严格的《耕地整

---

① 林目轩：《美国土地管理制度及其启示》，《国土资源导刊》2011年第1期。

理法》并于明治 33 年开始实施。目前，日本颁布的有关土地管理方面的法律共有 130 部之多，① 其中包括《农地法》、《农业振兴地域法》（《农振法》）、《农业经营基础强化促进法》（《农促法》）、《土地改良法》等在内的与农地相关的法律，这些法律大都随经济社会发展几经修正，逐渐形成了完善的体系。从日本农地制度的发展历程来看，以 1952 年制定的《农地法》为首的、以严厉管制为中心的农地制度，在 1961 年制定旧《农业基本法》之后，走上了放宽管制和促进土地流转的道路，这正是日本的耕地数量由增到减的重要转折点，同时也是农业规模化经营和现代化水平不断提高的转折点。

日本农地制度的雏形则是通过 1938 年的《农地调整法》到战时的农地立法逐渐形成的。《土地改良法》是在《农地法》之前的 1949 年制定的，是一项综合性的制度，内容包括农地管制、不同类型土地之间的交换制度等。作为日本农地制度主干的《农地法》，把战前、战中和战后这一历史阶段中所形成的农地立法汇集在一起，使之成为一个法律体系。②

1961 年制定的《农业基本法》则将政府农业政策的基本目标确定为提高农业生产力和提高农业从业人员的收入水平。为了有效地推动农业政策的实施，日本政府认为有必要明确农村的土地利用划分，对其他用途的土地进行调整的同时要确保与维持足够的农地，要考虑如何保护和振兴农业地带，在此背景下于 1969 年出台了《农振法》。1980 年《增进农用地利用法》的制定，使得日本的农地制度迎来了管制和促进流转这两种制度并存的新时代。1992 年出台的《农促法》，将已经制度化了的、为了农地的流动或增进利用的一切手段都包括在内，使得日本农地制度开始向强化农业经营基础的制度转换。可见，日本农地制度的根本部分是以战后的农地改革为契机发展起来的，以制定《农地法》和《土地改良法》这两个与农地改革有密切联系的基本法制为起点，其后从中发展出了《农振法》和《农促法》这两大法律。现行的这些制度在确保和改良优质农地，进行有助于经营规模扩大的农地流转及促进农地的有效利用方面，都发挥了应有的作用，并通过这些法律制度，确保了农业经营的基础。

日本土地立法具有以下三个基本特征：③

---

① 张宁宁：《日本土地资源管理一瞥》，《中国土地科学》1999 年第 1 期。
② 金洪云：《日本的农村振兴政策》，《中国党政干部论坛》2006 年第 4 期。
③ 胡春秀：《从日本土地征收制度的发展看我国土地征收立法的完善》，《云南大学学报》（法学版）2010 年第 5 期。

1. 国家基本法规数量多、涉及范围广

日本由国家颁布的国土管理方面的基本法律达40多部。国土管理各领域的全国性法律，非常繁多，十分完善，构成纵横交错、系统完善的土地资源管理法律体系。

2. 附属法律、规定多

日本在制定法律时，为了使法律含义更清楚并便于实施，通常在每项法律之后，都附有施行令、施行规则以及解释立法条文的规定等。

3. 每项法律法规条文具体、细致、针对性强

例如日本为限制对土地的破坏，在《城市规划法施行令》第28条中明文规定："挖取土方或堆积土方的深度（高度）超过1米、面积超过1000平方米时，对该挖取或堆积了土方的部分必须采取表土复原、迁土、土壤改良等措施。"此项法律条文具体、细致、目的明确、针对性强，因而可操作性很强，执行过程中很少因法律的模棱两可问题而引起争议。

4. 对法律不断进行修改和完善

日本法律制定后不是一成不变，而是随时间推移和条件变化。政府经常对法律的内容进行修改，使其适应时代发展的需要。譬如，日本的《土地征收法》就经历了多次修改。

（1）最初的土地征收立法一般认为，1876年制定的《公用土地征购规则》是日本明治政府制定的为满足公共用地而强制性取得私人土地最早的法规。该规则规定，为了国家或公共团体的利益，用地人可以按照地券所示价格购买私人的土地。但地券所示土地价格，往往与土地实际价格有出入，因而实际操作中也常不以地券价格为限。

（2）土地征收法的诞生。明治政府颁布宪法明确规定保护私人所有权。为保障私人所有权的充分实现，明治政府于1889年正式制定并公布《土地征收法》，《公用土地征购规则》同时废止。①

（3）新《土地征收法》的制定。1900年，为适应民法发展的需要，日本又制定了新的《土地征收法》。该法基本上继受了1889年的《土地征收法》，

---

① 该法就公用征收的主体、征收的程序以及征收补偿问题进行了规定。在征收主体上，该法首次承认铁路企业等私人团体可作为征收主体。在征收程序上分为两个步骤，用地人先获得内阁的工事资格认可，之后由以地方知事长官为委员长的土地征收审查委员会对于征收的区域、时间、补偿金额等问题作出决定。在征收补偿的问题上，不再采用地券价格而是确立了"价值相当"的补偿原则。土地所有权人如果对补偿不服，可以依《土地征收法》提起民事诉讼。

在创新上主要表现为进一步明确了土地上私法上的权利关系、将作为征收法适用对象的"工事"改称为"事业"、将电气企业纳入征收法的适用范围以及承认地上权的单独征收等。1900年的《土地征收法》成为之后日本进行都市整备事业的基本法。

（4）现行《土地征收法》的制定。第二次世界大战后，日本颁布新宪法，即《日本国宪法》。根据新宪法，明治以来一直实行的土地征用制度因为被批判为欠缺民主性而面临全面修改。为适应此需要，1951年，原有《土地征收法》被废止，现行《土地征收法》出台。现行《土地征收法》的最大特点是更加注重土地征收中公益事业认定的民主化。[①]

（5）现行《土地征收法》的修订。现行《土地征收法》出台后，随着社会经济状况的不断变化，为适应时代的发展，又先后进行了多次修订。

1953年修订。本次修订主要是新设了土地征收纠纷解决的调解制度。一直以来的《土地征收法》均以裁决、诉讼作为解决土地征收纷争的唯一途径。为了更加迅速地处理土地征收带来的纠纷，现行《土地征收法》在1953年修订时新设了调解制度。该调解制度被用于公益事业认定前的纠纷解决。调解时，由知事任命5位调解员在当事人之间进行调解并促使其达成合意。

1964年修订。1964年现行《土地征收法》再一次修订。这次修订中，新设了指名委员制度和不明裁决制度。所谓指名委员制度即为了提高事件处理的效率，委任征收委员会中的一人而不是全体委员审理或调查相关事务。所谓不明裁决制度则是指，当土地所有权人或关系人不明时，因无法确定权利的内容而作出不明裁决。这时，征收补偿金提交有关机构托管。

1967年修订。1967年的修订在日本土地征收立法史上是一次重要的修订。20世纪50年代以后，日本经济急速增长、人口膨胀、城市化进程加快，因此

[①] 比如，(1) 该法在扩大了土地征收中公共事业范围的同时，进一步将何为公共事业明确化。与旧法采用概括式的规定不同，现行法对公益事业的范围进行了详细的列举式的规定，以防止行政权的滥用。(2) 在判定公益事业的主体上，不再由内务大臣担任，改由都道府县的知事担任。当该公益事业为跨县、国家、都道府县本身为用地人时则由国家来判定是否为公益事业。(3) 该法还规定了在判定是否属于公益事业时利害关系人的异议权以及要求召开听证会的权利。在征收的损害赔偿方面，首先是废止了一直以来官方性质的征收审查会，由都道府县在辖区范围内设立民主、独立的征收委员会，并由该征收委员会来对征收事宜进行裁决。征收委员会的组织机构依法设立，以议事公开为办事原则。当然，当事人如果对补偿金额有异议，可以提起民事诉讼。在损失的补偿上，确立了金钱补偿的基本原则，替代土地或其他实物补偿也予以认可。再有就是确立了事前补偿或者同时补偿的原则。补偿的标准为完全补偿。

地价暴涨。为了解决这一深刻的社会经济问题，日本政府不得不采取一系列土地价格政策。而《土地征收法》的修改则被作为该年实施的土地价格政策的重要一环。在这次修订中，《土地征收法》导入了"土地价格固定制度"。①

1999年修订。这次修订的依据是同年施行的《地方分权一览法》和《中央省厅改革关系法施行法》。根据《地方分权一览法》，公益事业的认定被作为都道府县的自治事务，如果都道府县的知事拒绝公益事业的认定或不作为，当事人可以直接要求国土交通大臣进行认定。根据中央省厅改革关系法施行法，除国家、公共团体作为用地人或所征用地跨2个以上地方整备局的辖区两种情形外，一般情况下公益事业的认定均由作为国土交通大臣地方机构的地方整备局或北海道开发局负责。

2001年修订。20世纪90年代，日本土地泡沫崩裂，土地价格进入沉静期。这期间，市民对于公益事业的认识也发生了变化，开始更加关注公益事业与环境的调和性。普遍认为在判断公益事业的公益性问题时，应充分听取周边居民的意见和环境领域专家的意见。为确保公益事业继续高效、顺利的实施，推进日本构建环境循环型社会，2001年日本对《土地征收法》进行了一次大的修订。②

（二）高度重视土地利用规划工作，制定了专门的农地保护规划法

1. 日本

从土地制度的发展历程来看，随着日本经济高速增长，人口向城市集中，工商业迅速发展，政策的制定者们开始认识到了综合地、有计划地利用国土的

---

① 根据修改前的《土地征收法》第71条的规定，被征收人的损失按照征收委员会作出征收裁决时的市场价格确定。但是当时的日本地价连续暴涨，如果仍采用此标准，则势必导致越是不配合公益事业开发的土地所有人越有可能获得比其他配合公益事业开发的土地所有人更多的补偿额的不公平问题。修订后的《土地征收法》废止了这一标准，在损失补偿的基点上采用了以公益事业认定公告发布时的土地价格为基础的"价格固定制度"。

② 修订后的《土地征收法》在总体上明确了划分了公益事业认定厅和征收委员会的职责分工。其中，公益事业认定厅负责事业公益性的认定，包括公益事业的必要性认定。认定时要保证信息公开和周围居民的参与权，确保公益事业的透明性和公益性。事业认定厅负有召开听证会的义务以及听取有关机关意见和公布认定为公益事业的理由的义务。另外，用地人也负有在公益事业认定前的说明义务以及征收委员会裁决后以合理的方法支付补偿金的义务。征收委员会的职责为，在公益事业认定完毕后，以第三方的立场就补偿事宜作出公正的判断，以帮助当事人尽快解决征地纠纷。征收委员会的审偿必须以补偿内容为中心，对于当事人提出的对公益事业认定不服等事项不应审理。另外，为了提高审理的效率，土地征收程序中还创设了当事人代表制度。即当被征收人一方为具有共同利益的多数人时，应选定最多3人作为当事人代表参加审理，此时，征收委员会也有权利要求当事人选定代表参加审理。

必要性。与这种变化相对应,就制定出了在农村和城市有计划地利用土地的法律:《农振法》和《城市计划法》。通过这两部法律实施的区域划分在全国铺开以后,在 1974 年才制定《国土利用计划法》。至此,有关土地利用计划的制度才真正建立起来。一方面,农地制度的不断发展促进了更为综合、更为系统的土地管理法律体系的建立;另一方面,综合性的土地管理制度的有效实施,也促进了农地制度的不断完善。

日本的土地利用规划就其类型而言可分为国土综合开发规划、国土利用规划、土地利用基本规划及部门土地利用规划(如图 14-2 所示),各个不同层次规划之间的相互协调,有效促进了国土资源的综合利用。日本高度重视国土综合开发规划,在 20 世纪 50 年代经过战后恢复阶段后,自 20 世纪 60 年代初以来,先后进行了五次全国国土综合开发规划,① 为保障国土开发工作的顺利开展发挥了重要作用。国土利用规划是根据国土利用方向所制定的起行政指导作用的规划,即该规划是从土地资源开发、利用、保护角度,确定国土利用的基本方针、用地数量、布局方向和实施措施的纲要性规划。

```
                               ┌─ 全国国土综合开发规划
              ┌─ 国土综合开发 ─┤─ 大都市圈整治建设规划
              │   规划          ├─ 地方开发促进规划
              │                 └─ 特定地域发展规划
              │
              │                 ┌─ 全国国土利用规划
              ├─ 国土利用     ─┤─ 都道府县国土利用规划
              │   规划          └─ 市町村国土利用规划
  国土规划 ──┤
              │                 ┌─ 城市土地利用规划
              ├─ 土地利用基本 ─┤─ 农业土地利用规划
              │   规划          └─ 森林公园、自然保护
              │                    土地利用规划
              │
              └─ 部门土地利用 ─┬─ 城市规划
                  详细规划       └─ 农业规划等
```

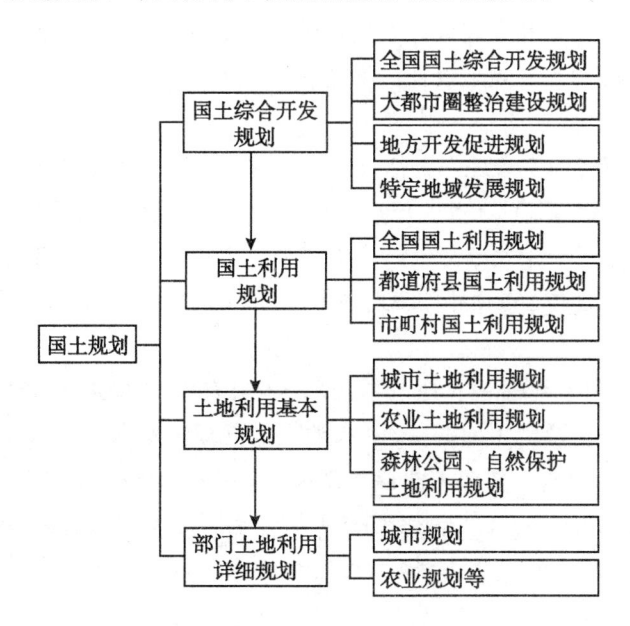

图 14-2 日本国土规划体系

土地利用基本规划和部门层次的土地利用详细规划是具体落实农地制度和其他用地政策的规划。土地利用基本规划是在国土利用规划(全国规划和地

---

① 吴殿廷、虞孝感、查良等:《日本的国土规划与城乡建设》,《地理学报》2006 年第 7 期。

方规划）的基础上，在城市地区、农业地区、森林地区、自然公园地区及自然保护区内，以调整土地利用方向、明确各地域土地利用方向、原则和限制措施为主要内容的规划，其重要目的是协调本地区各部门的土地利用规划，还对土地交易、土地开发起到直接或间接的限制作用。部门土地利用规划指在土地利用基本规划划分的城市、农业、森林、自然公园、自然保护等地域内，进一步制定的土地利用详细规划。如城市地域内制定的城市规划，农业地域内制定的农业规划等。日本最重要的部门土地利用规划是城市规划。日本城市规划是调整城市土地利用主体间各种矛盾的杠杆，同时城市规划为防止城市无秩序扩大和满足城市空间需求提供保障。

2. 荷兰

荷兰没有专门的农地保护法，农地保护的主要力量来源于规划。荷兰规划体系使城市、地区和国家规划相互结合，鼓励城市和农村相互依赖。荷兰规划历史比其他西欧国家长，1901年第一部《住宅法》颁布，1961年的《规划法》中明确规定市一级城乡非建设用地都必须制定土地利用规划，规划有两种类型，即结构规划和规划设计。规划设计非常具体，类似加拿大的分区加上地块设计，这种详细的规划设计严格控制了过度开发。

3. 法国

法国也没有专门的农地保护法律，农地保护主要依靠地方规划。与农地有关的法律主要侧重产权的调整，1962年的《规划法》第10条规定土地整理，主要作为一种工具用于在大型基础设施中减少对农地侵入，如由于道路修建而造成的农地减少，通过这条道路的辐射地带的土地整理来重新调整和置换。[①]

4. 韩国

韩国政府1994年将《农地改革法》、有关农地改革事业整顿的特别处理法、有关农地保全及利用的法律、《农地租借管理法》等几种法律，重新整合制定了名为《农地法》的单一法律。该国的《宪法》确定了耕者有其田原则，从1990年制定的《农渔村发展特别处理法》后开始实行农业振兴制度。[②]

（三）制定统一的《土地法》，对包括耕地、林地和草地在内的所有土地资源进行系统性的保护

我国台湾地区制定了涵盖耕地、林地、草地和湿地的统一《土地法》，对土地进行统一的规定。譬如，2000年修订的《土地法》第2条规定："土地依

---

① 罗明等：《发达国家农地保护政策比较研究》，《农业工程学报》2001年第6期。
② 潘明才：《人多地少怎么办——透视韩国农地保护制度》，《中国土地》2001年第11期。

其使用，分为左列各类：第一类 建筑用地，如住宅、官署、机关、学校、工厂、仓库、公园、娱乐场、会所、祠庙、教堂、城堞、军营、炮台、船埠、码头、飞机基地、坟场等属之。第二类 直接生产用地，如农地、林地、渔地、牧地、狩猎地、矿地、盐地、水源地、池塘等属之。第三类 交通水利用地，如道路、沟渠、水道、湖泊、港湾、海岸、堤堰等属之。第四类 其他土地，如沙漠、雪山等属之。前项各类土地，得再分目。"再如，该法第14条规定，下列"土地不得为私有：（一）海岸一定限度内之土地。（二）天然形成之湖泽而为公共需用者，其沿岸一定限度内之土地。（三）可通运之水道及其沿岸一定限度内之土地。（四）城镇区域内水道湖泽及其沿岸一定限度内之土地。（五）公共交通道路。（六）矿泉地。（七）瀑布地。（八）公共需用之水源地。（九）名胜古迹。（一〇）其他法律禁止私有之土地。前项土地已成为私有者，得依法征收之。"

二 日本等国家和地区土地资源保护执法和司法的经验和评介

（一）科学的分类、分区、分级管制

1. 分类管制

美国政府1981年制定的《农地保护政策法》将全国农地划分为四大类：（1）基本农地，最适于生产粮食、饲草、纤维和油料作物的土地，禁止改变用途；（2）特种农地，生产特定的高价值粮食、纤维和特种作物的土地，禁止改变用途；（3）州重要农地，各州的一些不具基本农地条件而又重要的农地，可有条件改变用途；（4）地方重要农地，有很好的利用和环境效益，并被鼓励继续用于农业生产的其他土地，可以改变或有条件改变用途。[①]

日本农地一般被分为三类：一类农地主要包括生产力高的农地以及公共投资进行土地改良、整理的农地和集团农地，此类农地除公共用途外不得转用；三类农地原则上可以转用，主要包括土地利用区划调整内的土地、上下水道等基础设施区内的农地、铁路及码头、轨道等交通设施，需占用的农地以及宅地占40%以上的街路围绕区域的农地；二类农地则是介于一、三类之间的农地，可有条件转用。应根据农业上的保全需要程度，一宗一宗地排定等级，低等级者可以转用。[②]

我国台湾地区则把土地分为建筑用地、生产用地、交通水利用地和其他土

[①] 魏景明：《美国的土地管理与利用》，《中国土地》2002年第11期。

[②] 唐顺彦：《英国与日本的土地管制制度比较》，《世界农业》2001年第5期。

地四大类型。

2. 分区管制

美国从1937年开始至今建立了3000多个土壤保护区，近99%的农场和牧场均列入其范围。俄勒冈州1973年通过了《土地利用规划条例》。该条例提出"农场专用区"概念，按地力等级划定为优等或有价值的所有农地，必须作为农场专用区。此外，所有小于4公顷的地块交易，只有在符合农业土地利用政策时，方可同意进行，以此来控制对土地的零碎分割。①

韩国的农业振兴地域制度将农业振兴地域划分为农业振兴区域和农业保护区域。农业振兴区域是指已经或正在进行农业开发事业或农业基础整顿事业的地域；农业保护区域是指正在利用或今后要利用于农业的地域，以及为保护农业振兴区域的水源地等农业环境而必须保护的地域。农业振兴地域的农地一般都是优质农地，划定时要充分考虑地域的自然、经济、社会特性，以便有效利用和保全农业振兴地域，一旦划定，在农业振兴地域内的行为就受到限制。在农业振兴区域内，原则上只允许与农业生产和农地改良直接有关的行为，但允许建立农林水产物的加工处理设备，农民共同利用的设施、农民住宅、农渔业用设施及其他国际军事设施，河川、水库、道路等公共设施等行为。在农业保护区域内，禁止建立排出大气、水质污染物质的设施，还禁止建立工厂（1000平方米以上）、共同住宅（2000平方米以上）、餐厅（100平方米以上）和其他建筑物（3000平方米以上）。②

3. 分级管理

日本对优良农地等级划分首先考虑农地所处的宏观环境因素，其次才是农地的质量等级，因而是建立在区域规划和土地重划与调整的基础上的。日本1969年修订的《城市土地规划法》将城市区域划分为促进城市化发展的"市街化区域"和抑制城市化发展的"市街化调整区域"。在市街化调整区域以外，将农耕地分为第一种农地，即农业生产力最高的土地；第二种农地，即建设用地投资对象的农地；第三种农地，即其区域总面积中40%已成为建设用地的农地。在市街化调整区域内，农地又分甲种农地和乙种农地。甲种农地是指集团性（连片）优良农地、土地改良事业用地、实施农地重划的农地或综合性集中农业用地及蔬菜产地、特种作物产地等；乙种农地是指不属于甲种农地之农地，亦比照市街化调整区以外农地转用标准，区分为一、二、三种农地

---

① 陈霞：《国外农村土地城市化的比较研究》，《科技进步与对策》2000年第6期。
② 潘明才：《人多地少怎么办——透视韩国农地保护制度》，《中国土地》2001年第11期。

加以评判。①

(二) 健全的土地规划实施保障措施

日本保障国土综合开发规划、国土利用规划、土地利用基本规划、部门土地利用规划实施的手段和措施主要包括以下四个方面：②

(1) 土地管理规划和实施一方面依靠中央政府和地方政府，另一方面广泛动员地方公共团体、民间团体和居民积极参与，动员全社会的力量推动规划的实施。日本的土地65%为私有、35%为国家所有和公共所有，产权很明确，因此土地所有者很在乎其土地的保护和高效利用，也有对土地进行改良和基本建设投资的积极性，这在国土规划实施、资源管理和可持续利用中起到了重要作用。

(2) 日本政府在制定、实施有关土地利用规划时，十分重视依据法律手段保障规划工作的顺利开展和规划内容的具体实施，如国土综合开发规划实施的依据是《国土综合开发法》，国土利用规划的实施依据是《国土利用规划法》，土地利用基本规划实施的依据是《城市计划法》、《农振法》、《森林法》、《自然公园法》、《自然环境保护法》等。

(3) 为保障规划的实施，并使地方圈建设得以保证，财政部门在金融、税收方面给予优惠，以保障地方圈建设。有效利用民间力量，并保证公共投资适当分配。政府部门与民间部门密切合作，共同进行地方圈建设。

(4) 国土管理部门不断完善土地利用的法律，并不断协调国土综合开发规划、国土利用规划、土地利用基本规划、部门土地利用规划之间的关系，保证规划的有效实施。

三　日本等国家和地区的经验对我国土地资源保护法治的启示

通过对美国、韩国、日本、法国等国家和地区土地保护法治经验的考察，可以总结出有助于推进我国土地资源法律保护工作的诸多启示：

(一) 制定统一的《土地法》，建立健全、完善和操作性强的土地资源保护法律体系

根据前文的分析可知，国外农地保护相关立法有三大特点：(1) 法律、法规和政策相互补充、综合配套，其调整对象和管辖范围都已突破了按土地所

---

① 唐顺彦：《英国与日本的土地管制制度比较》，《世界农业》2001年第5期。
② 孙强、蔡运龙：《日本耕地保护与土地管理的历史经验及其对中国的启示》，《北京大学学报》(自然科学版) 2008年第2期。

有权划分管理权限的界限；（2）重视对湿地、林地等生态用地的保护；（3）法律、法规条文具体、细致、目的明确，针对性强，同时还根据实际情况对法律条文不断进行补充、修改和完善，因而所制定的法律、法规可操作性很强。又如，国外相当重视农地保护的公众参与，把农地保护和提高公众的乡村自然景观保护、环境保护、资源危机及社会福利意识结合起来，使公众理解农地保护与自身良好的生活环境、生存条件密切相关，培养公众对农地保护的热情，创造了一个良好的农地保护社会氛围。

（二）重视农用地的分类和分区管制

我国已经建立了土地用途管制制度，有力地促进了农地保护，但与国外具体详细的农地分类管制和分区管制相比还不够完善，还没有完全建立起一个能为人们广泛接受的土地用途分区系统，并且现行的土地用途空间定位手段并不能明确反映出各类用途土地的位置、界限和面积，这为执行用途限制措施带来极大的不便。以我国实行的基本农田保护制度为例，国务院规定各省、自治区、直辖市划定的基本农田应当占本行政区域内耕地的80%以上，在实际操作中各地保证了基本农田的数量，但在划定基本农田工作中划劣不划优的现象大量存在，在质量方面不能保证，并且基本农田保护区的面积和界限不能很好地反映出来。

为此，应该逐步完善农用地用途管制制度：（1）仿照国外的成功经验，实行分区管制和分类管制相结合，在分区管制的基础上进行分类管制。目前我国已经实行了分区管制，将农用地分为基本农田保护区和一般农用地区，但这样划分还不够详细，不能反映区内的不同农用地的差异，应该在分区管制的基础上进行分类管制，在具体操作中可以按照质量差异进行分类，不同类型的农用地实行不同的管制措施；（2）做好各个分区的界限、面积的落实工作，这是执行分区管制制度的基础。

（三）完善和推进农用地分等定级工作

农用地分等定级涉及自然、社会、经济等诸因素，是一项对土地质量优劣和收益高低进行评价的工作。当前应在借鉴美国、日本经验的基础上，结合我国实际完善农用地分等定级工作。首先，建立完善的农用地分等定级体系，主要包括评价方法、评价内容、评价范围以及评价结果的应用、公开查询等；其次，要特别注意评价结果在农地保护中的应用，如在保证我国粮食安全、实施区域农用地占补平衡制度中根据耕地质量评价结果，建立耕地质量平衡制度。

来自国土资源部的最新消息，为期12年的全国国土资源调查评价已经全面结束。这次调查共完成项目5000多项，对我国的陆域、海域的资源环境进行了一次全国的摸底。通过此次调查，我国首次完成了对我国农用地质量等级的调查评价，这为我国将来实现耕地的占补平衡提供了新的评价体系和依据。在这一次的国土资源调查评价中，我国31个省（自治区、直辖市）的18亿亩耕地都被纳入调查范围，经过细致的评估，全国耕地被分为了15个级别，每块耕地根据其产能和潜力获得相应的级别划分。18亿亩耕地质量差别实际上非常大，第一次把它分清楚，好的地是优等地，占全国的2.6%，高等地接近30%，大量的是中产地与低产地。这些成果为实现真正的耕地占补平衡提供了依据。①

（四）完善土地保护的规则体系

目前我国涉及农地保护的制度主要有：土地用途管制、耕地总量动态平衡、耕地占补平衡、基本农田保护、农用地转用审批、土地开发整理复垦、土地税费、耕地保护法律责任等。这些法律措施的实施在一定程度上促进了农地保护，但我们必须看到当前农地保护制度和政策存在失灵问题，主要原因是当前的农地保护法律制度存在法律系统性不强、操作性不强等弊端，造成农地保护行动的结果与农地保护目标之间的偏离。因此，应该完善农地保护的法律体系：（1）在保护对象上不仅要包括农地数量的保护，还要有农地质量（包括防止环境污染、生态破坏）和生态环境（生态林地、生态草地等，尤其是湿地）的保护；（2）在立法形式上将《土地管理法》修订为统一的《土地法》作为龙头法，在内容上要涵盖对耕地、林地、草地和湿地等所有土地的利用和保护；（3）在土地保护法律内容上各项法律、法规要相互补充，要具有可操作性；（4）在保护主体上不仅要有宏观主体，更重要的是要有微观主体，如农民；（5）借鉴其他国家和地区的经验，健全和完善土地征收征用及其补偿制度，必要时可以制定单项的《土地征收条例》，对征收条件、征收主体、征收程序、补偿范围、补偿主体、补偿标准、补偿方式等进行全面规定。

（五）提高公众参与土地保护的积极性

和国外相比，当前我国农民农地保护意识较低，一部分农民依赖土地，仍把种地作为基本的生存手段，但他们基本没有农地可持续利用的概念，为了提

---

① 对这些农用地进行分等定级有什么样的好处呢？郧文聚答："一是改造，二是保护。运用这个成果，确定产粮大县，在产粮大县我们将要加强基本农田的整治与建设，将来把它保护起来，不能让好地流失掉。"究竟应该怎么补？补什么样的地？终于有了更加细致的规定。譬如，如果占的是8等地，补的是10等地，那就应该多补一点，多补多少呢？多补21%，有个表来算，这是中央确定的政策，叫占补平衡按等级折算，只有这个等有了科学依据了，才能够去折算。参见《土地分等定级 有利实现耕地占补平衡》，http://124.205.135.97/tabid/65/InfoID/7619/frtid/61/Default.aspx。

高产量滥用农药、化肥，导致大量优质农地质量降低；另一部分农民由于农业比较利益低下，或者对农地粗放利用甚至撂荒，或者私自出让土地使用权，形成现在所谓的土地隐形市场。因此要充分利用广播、电视、报纸、标语等手段加强农地保护的宣传教育，鼓励非政府组织自发地、积极地参与其中，将土地保护转化为全民族的自觉行为。当然，在立法当中，也要健全和完善公众参与土地保护的各项制度，为公众参与提供全面有力的法律依据。

（六）建立农地保护的激励机制

农地保护使城乡交错区保护者尤其是农民承担较高的机会成本，为社会作出巨大"贡献"，在"特别牺牲"的前提下，有理由向农地保护的受益群体索取适当补偿。鉴于我国的经济实力，也许没法实施诸如美国的差额补贴之类的政策，但可以在借鉴国外成功经验的基础上，建立适合我国国情的农地保护激励机制。

首先，加大农业补贴力度，提高农民生产的积极性。按照社会发展的规律，社会发展到一定的阶段就要实行工业"反哺"农业，以支持农业的发展和促进农地保护。目前我国已经初步具备了工业"反哺"农业的条件，党的近期政策提出了统筹城乡发展的战略，并采取了一些有利于农地保护的措施，比如提高粮食价格、增加粮食的直接补贴、逐步取消农业税等。但同时我们必须看到，现阶段我国农产品的价格和对农业的补贴仍然很低。应该加大对农民补贴的力度，不仅要有直接补贴，还要有间接补贴，比如公共物品补贴、政策补贴等，激励他们自发地保护农地。

其次，完善和稳定农地权利制度。通过科学赋权使农民对农地的权益能够产生合理的预期，能够将经济活动的外部效应内部化，能够提高农民生产的积极性，形成有利于土地保护的局面。① 当前而言，主要是健全和规范完善土地使用权及其流转制度。

当然，在借鉴上述国家的经验和做法时，我们必须以本国的具体国情为基础，不可盲目照搬。

---

① 王春华：《国外农地保护政策与措施对我国的启示》，《国土资源科技管理》2007 年第 2 期。

第十五章

加强我国土地资源法律保护的对策建议

第一节 我国土地资源法治建设的指导思想和基本原则

思想是行动的先导。有指导思想和基本原则作为指引的行动，才不会盲目被动。因此，健全和完善我国土地资源法治建设，务必以先进的指导思想和基本原则作为指引！

一 土地资源保护法治建设的指导思想

（一）以科学的理念为指导

1. 坚持科学发展观的指导

胡锦涛同志在2003年提出了科学发展观，其内涵是：第一要务是发展，核心是以人为本，基本要求是全面协调可持续，根本方法是统筹兼顾。科学发展观是我国进行各项工作总的指导思想，进行土地资源保护的法治建设，当然也必须以之为行动的指导。具体而言，就是要求：一是要充分利用好现有土地资源，以推进经济的发展；二是必须以人为本，切实保障广大公民的土地权益；三是要处理好"经济发展"、"民生保障""社会和谐""生态保护"之间的关系，注重发展的全面性、协调性、公平性和持续性；四是要改进土地权属和流转制度、土地征收及其补偿制度，加强土壤污染防治和生态保护工作，以统筹好个人利益和集体利益、局部利益和整体利益、当前利益和长远利益之间的关系。

2. 贯彻生态系统管理的理念

《生物多样性公约》指出，生态系统管理是"操纵将生物同其非生物环境联系起来的物理、化学和生物过程和管制人类行动，以产生理想的生态系统状态"，"生态系统方式是一种综合管理土地、水和生物资源的战略，旨在推动以公平方式养护和可持续使用资源"。"环境资源各要素有机管理的综合体，是生态系统以自然科学为基础，包含人类社会、经济、文化要素的整合体，是旨在将生态系统养护和可持续使用的统一体。"①

这就要求，我们应当根据生态系统管理机制的要求，建立起各部门法联动的，以土地生态系统为核心的土地生态系统保护法律制度，包括相关行政机关的综合决策机制、土地污染防治、土地资源规划与利用、土地生态系统与生物多样性保护、土地生态系统恢复与重建、土地生态补偿等一系列制度。②

当然，这一完整的制度体系绝不可能一蹴而就，需要我们在相关立法、执法、司法以及具体操作过程中不断完善和探索。

3. 树立公共利益的本位

土地资源涉及国家的粮食安全、资源安全和生态安全等国家和社会利益，具有典型的公共性。因此，进行土地资源保护的法治工作，最根本的是树立公共利益本位的理念，以此为基础进行制度建设、体制改革和机制优化。

4. 确立市场经济的理念

体现市场经济的立法理念的法制建设具有时代性和动态性，伴随着社会制度、政治制度和经济制度的变革，法律制度也在不断地变化，以顺应不同时代的需求。改革开放30多年来，中国逐步从计划经济转变为社会主义市场经济，土地立法理念也应当不断进步和完善，以保障经济社会的和谐发展。

从市场经济角度来讲，一个有效率的土地资源配置需要满足三个要求：一是土地利用比例结构要符合一定产业结构衍生的各行各业的用地需求；二是土地利用空间结构要符合一定产业结构中各行各业用地的区位要求；三是由于产业结构是在不断变化、不断升级，要求土地利用的比例结构和空间结构也应灵活地随之变化。

因此，在计划经济向市场经济转变后的今天，投资主体的多元性和规划预测的不确定性就决定了作为土地资源优化配置的土地规划，其立法应该体现市场经济的立法理念，规划是为了纠正市场的失灵和外部不经济的行为，是政府管理和政策调控的重要工具。土地规划立法实质上是一种协调和平衡各方面土地利用利益且具有法律效力的公共政策，土地规划着重的不应是指标而是功能以及实施规划的政策措施。

5. 树立国际和国内的广阔视野

随着经济的迅猛发展和互联网运用的普及化，国家之间的交往和融合越来越紧密，全球化已成为我们的时代课题。在此一背景下，我们开展土地资源的

---

① 赵绘宇：《生态系统管理法律研究》，上海交通大学出版社2006年版，第22—23页。
② 同上书，第97—145页。

保护，也应当树立全球化的思维，利用国际和国内两个市场，高瞻远瞩地开展我们的各项工作。譬如，在确保耕地红线不动摇的同时，也要注意粮食的国际进口，以缓解因耕地数量减少和质量下降所带来的粮食安全问题。

(二) 以促进国民经济又好又快和可持续发展为目标

进行土地资源的保护，需要树立科学的目标，以防止为了保护而保护的盲目行动。这就要求，我们务必树立以下两大根本目标：（1）促进国民经济又好又快地发展。即土地资源保护的法治工作应当以全面、高效、协调利用土地资源为核心任务，充分发挥土地资源的经济功能；（2）保障国民经济的可持续性发展。即在进行土地资源的利用时，务必注重保护土地资源的数量和质量，并使其内部（如建设用地、耕地、林地、草地和湿地）的比例结构较为合理。譬如，不能为了追求经济的快速发展，不顾现实需要和供给可能而疯狂地扩张建设用地。

要促进和保障国民经济又好又快和可持续发展，务必处理好几组关系。一是公共利益之间的关系，包括但不限于：（1）耕地保护与建设发展之间的关系，这就要求科学建立土地利用规划制度、耕地征收制度；（2）生态保护与建设发展之间的关系，这就要求建立生态补偿制度；（3）耕地保护与生态保护之间的关系，这就要求改进耕地保护的"占补平衡"制度，建立退耕还林、还湿及生态补偿制度；（4）资源利用与生态保护之间的关系，这就要求对具有生态效应的自然资源进行类型化管理，譬如把森林划分为公益林和商品林，并开展公益林的生态补偿制度等。二是要处理好公共利益与私人利益之间的关系，包括：（1）经济公益和经济私益之间的关系，即为了公共利益征收土地时，应当对土地权益人进行公正合理的补偿；（2）环境公益和经济私益之间的关系，即为了保护和建设特殊的生态环境而限制甚至禁止相关经济开发利用行为时，应当对生态建设者和特别牺牲者进行公正合理的生态补偿。

(三) 以保护和发挥土地资源的基本功能为任务

保护土地资源的本质，其实就是保护好各类土地资源的功能，并注重功能之间的协调，以实现总体功能的最大化。具体而言，要确立以下几方面的任务：

一是保护土地资源的各种功能，如保护耕地的数量和质量，合理发挥其进行粮食生产的功能，以确保粮食安全，保护湿地，以发挥其保障生态安全的功能；

二是确保功能之间的有序协调，即注重建设用地、农耕用地、资源用地和生态用地之间的比例协调，以最大化土地的总体功能；

三是提高土地资源的利用效率,事实上,只有充分、高效地利用了土地,对土地的保护才有意义。这就要进一步完善土地承包、经营、管理责任制;鼓励和支持土地向种粮大户、产业大户和种田能手集中;直接补贴种田人;对土地抛荒进行清理,取消不种田农户享受国家粮食直补等惠农政策的资格。在这方面,农业合作社不失为一种有益的尝试。湖南省常宁市的胜桥镇也曾是抛荒大镇,宁峰农业合作社成为当地推广的一种模式,这是当地种植大户和当地政府合作的一个组织。2010 年,合作社共转让和承包胜桥镇 18 个村 7600 亩水田,种植水稻等粮食作物 11000 亩、冬种油菜 1500 亩,并为当地农户提供机耕机收服务 3000 多亩。同时,合作社为帮助地方政府遏制耕地抛荒,主动维修水利设施。胜桥镇合泉村曾因农田基础设施落后,有 300 余亩耕地因缺水闲置抛荒,宁峰农业合作社 2010 年投资 3 万元进行清淤疏渠,将耕地翻耕过来种上了水稻。

(四)以建立新型的自然资源物权为突破口

从理论上看,要保护好土地资源,务必妥善处理好土地资源和土地上其他自然资源(如矿产、水、森林、草原、野生动植物等自然资源)的关系,从制度革新上看,最重要的就是要打破物权理论的固有思维,建立新型的自然资源物权制度。要注意的是,尽管土地也属于自然资源的范畴,但鉴于土地同其他自然资源的重大区别(譬如对土地的利用只是占用其面积,而不像其他自然资源一样需从自然界中取得其实体),在进行权利设计的时候,应将土地资源同其他自然资源予以分别对待。

这种新型的自然资源物权,也由自然资源所有权、自然资源用益物权和自然资源担保物权组成,但同传统物权最大的区别是其用益物权的多样性。具体而言,在坚持我国自然资源国家和集体所有的前提下,自然资源用益物权,在理论上可包括:

(1)自然资源使用权。这是指利用自然资源作为载体从事生产生活的权利,如土地承包经营权(包括耕地、林地和草地的承包经营权)、水域养殖权、水运航行权等。这类权利的特点是,权利的行使不会消耗或毁损原所有物,可归入传统用益物权的范畴。

(2)自然资源取用权(或取得权)。这是指通过某种活动直接从环境中获取自然资源作为生产生活所需的物质和能源的权利,如采矿权、采伐权、捕捞权、狩猎权、畜牧权等。这类权利的特点是,权利的行使,使得国家所有的自然资源由于开采、砍伐、捕捞、狩猎、放牧等行为而变为私人所有的自然资源产品,导致原所有物遭受不同程度的消耗或毁损(有的可以再生和更新),因而使其具有不同于传统用益物权的属性。

（3）自然资源排用权（或排放权）。① 这是指利用环境容量排放生产生活所产生的废弃物质或能量的权利（此时，可将环境容量视为自然资源的孳息）。此即排污权，如水域排污权、大气排污权、碳排放权等。这类权利的特点是，权利的行使，使得作为国家所有的环境容量由于排污行为而消耗或毁损（一般可以更新），故其也具有不同于传统用益物权的属性。②

要注意的是，鉴于自然资源的公共性、重要性和稀缺性，自然资源用益物权的取得一般需采用行政许可的方式。正因为如此，有学者称其为准物权。③譬如，通过采矿许可取得采矿权，通过养殖许可取得水域养殖权，通过取水许可获得取水权。

设立新型自然资源物权具有重大的理论和实践意义。一是有助于建立统一的地权制度。地权可分为土地所有权和土地使用权（包括土地承包经营权、建设用地使用权和住宅用地使用权等），④ 地权的对象则涵盖建设用地、耕地、湿地、林地、草地等所有类型的土地。二是有助于妥善处理好自然资源取用权与自然资源使用权之间的权利关系。譬如，渔业权的捕捞权属于以渔业资源为权利对象的自然资源取用权，而养殖权则属于以水域为权利对象的自然资源使用权。三是有助于为碳排放权交易或排污权交易奠定坚实的理论基础。四是有利于以自然资源物权为权利基础，提起环境公益诉讼。⑤

以下，试以"林权"为例进行具体说明：

第一，林权的主体。

在我国目前的法律制度下，林地、森林和林木所有权的主体在很多情况下是不统一的。林地的所有权主体只能是国家和集体组织，自然人、法人、其他

---

① 当然，鉴于环境容量的特殊性，也可以将自然资源排用权从自然资源物权中分离出来，成立独立的环境容量物权，具体包括环境容量所有权和环境容量利用权（即排污权）。关于环境容量利用权的界定，可以参阅相关学者的论述。参见吕忠梅《关于物权法的"绿色"思考》，《中国法学》2000年第5期。

② 参见杨朝霞《论环境公益诉讼的权利基础和起诉顺位——兼谈自然资源物权和环境权的理论要点》，《法学论坛》2013年第3期。

③ 崔建远教授对准物权有较为系统论述。参见崔建远《准物权研究》，法律出版社2003年版。

④ 在我国，地权只包括土地所有权和土地用益物权，而不包括土地担保物权。

⑤ 参见杨朝霞《论环保机关提起环境民事公益诉讼的正当性——以环境权理论为基础的证立》，《法学评论》2011年第2期；杨朝霞《论环境公益诉讼的权利基础和起诉顺位——兼谈自然资源物权和环境权的理论要点》，《法学论坛》2013年第3期。

组织不可能单独享有林地所有权（其他形式的土地所有权也不可享有）。林地使用权的主体既可以是集体也可以是自然人、法人、其他组织。林木所有权的主体可以是自然人、法人、其他组织，但其不能成为森林或森林资源所有权的主体。规则繁杂，由此决定了森林、林木与林地的权利归属和流转也不可能适用同一法律规则。

我国涉及林地、林木和森林相关权利主体的法律及单行法律很多，具体如《民法通则》第81条规定："公民、集体依法对集体所有的或者国家所有由集体使用的森林、山岭、草原、荒地、滩涂、水面的承包经营权，受法律保护。承包双方的权利和义务，依照法律由承包合同规定。"这里确认的林权主体为公民、集体和国家。《森林法》第3条规定："国家所有的和集体所有的森林、林木和林地，个人所有的林木和使用的林地，由县级以上地方人民政府登记造册，发放证书，确认所有权或者使用权。国务院授权国务院林业主管部门，对国务院确定的国家所有的重点林区的森林、林木和林地登记造册，发放证书，并通知有关地方人民政府。"这里确认的林权主体为国家、集体和个人。《土地管理法》第15条规定："包括林地在内的国有土地和农民集体所有的土地可以由单位或者个人承包经营，从事种植业、林业、畜牧业、渔业生产。"这里确认的林权主体为国家、农民集体、单位和个人。《农村土地承包法》确定的林权主体为家庭、农村集体经济组织成员、农户等。

概括起来，涉及林地、林木和森林相关权利的主体主要为：国家、集体、自然人、法人或者其他组织。

第二，林权的对象。

《森林法》及相关法律法规中涉及的对象主要包含了林地、林木和森林。在具体的法律规定中林地、林木和森林可以分别成为不同主体、不同性质之权利的客体，承载着不同的权利，有不同的概念，因其中包含了许多国家和集体等公权的因素，用"林权"这一主要针对交易和流转的私权来概括则过于宽泛。

森林是以乔木为主体，乔、灌、草多种类植物和动物、微生物群体共生，与其相对应的水、土、气资源共处于同一空间范围的自然综合体。森林资源是一种综合性的可更新资源，我国《森林法实施条例》规定："森林资源包括森林、林木、林地以及依托森林、林木、林地生存的野生动物、植物和微生物。"森林资源是比森林更宽泛的概念。林木是森林资源的重要组成部分，包括树木和竹子，以乔木为主。林地属于土地的一种，是森林、林木赖以附着之物，是必不可少的。

在物质形态上三者是一个自然综合体,具有不可分割性,由林木与林地的特殊关系所决定,在权利流转时,林地的使用权与林木所有权必然同时转移。当然,林地使用权的转移既是林木所有权转移的结果,又是林木所有权转移的前提,但这并不意味着它就是林权的客体。我国《森林法》规定:"森林资源属于国家所有,由法律规定属于集体所有的除外。"由森林资源的公有性质所决定,森林资源不应成为林农个人享有的林权的对象,林地也不能因为林权制度改革而成为林权的对象,能够成为林权对象的只能是林木。

第三,林权的性质界定。

林权的法律性质决定了林权流转和交易、权责关系的划分、利益的分配,故林权是林业法律制度的核心。在提及林权时,多会从林地、林木和森林三方面加以阐述。故产生以下两种观点,一种观点认为林权是源于森林资源所有权的一种他物权形式,非为一般意义上之民事权利,若是从其取得方式和国家的特别管制上看,也确有此特性;另一种观点将林权归纳为采伐利用权、林中、林下资源的采集利用权、补偿权、流转权、担保抵押权、森林景观的开发利用权、品种权等权利。还有观点认为,不同性质的林权在法律性质上存在差异,有的属于公权,有的属于私权。因此,不能简单地将林权界定为公权或私权,而应将林权定性为含公权性质和私权性质不同权利类型的权利集合体。①

总之,所谓林权,仅指以林木以权利对象的一系列权利的概称,而不包括对林地的权利,主要包括林木所有权和林木采伐权等。在此,需特别说明的是,森林资源采伐许可的性质具有一定的复杂性。这是因为,在林权改革的背景下,有的林木仍属于国家或集体所有,而有的林木则已属于私人所有,因此,林木采伐的行政许可以及林木采伐权的性质会依所采伐林木之所有权性质的不同而不同:(1)对于国家或集体所有林木的采伐许可,属于赋权性质,即通过行政许可获得林木采伐权。此时的林木采伐权属于自然资源取用权的范畴。(2)对于林农或企业私人所有林木的采伐许可,则应属于对林木所有权行使而科加的一种公法义务或公益限制,其目的是为了保护环境和自然资源。此时的林木采伐权,则属于林木所有权之处分权的范畴了。

---

① 参见高利红《林业之物权法体系构造》,《法学》2004年第12期;张璐:《"林权"概念的误读与理性认知》,《中国地质大学学报》(社会科学版)2010年第1期。

二 土地资源保护法治建设的基本原则

（一）生态协调原则

所谓生态协调原则，是指以土地资源为中心或条件的经济发展应以土地生态系统的结构、功能及其生态规律为基础，来制定各项政策和制度，而不能违背土地生态系统的规律，也不能无视或超越具体时空条件下土地资源的结构、状态及功能特征。这就要求，我们应当注重对土地资源的协调、持续、高效利用，按照土地生态系统的要求，注重各种功能用地之间的相互协调；确保各种功能发挥的持续性；以《全国主体功能区规划》为基础，根据不同区域土地资源的特征，发展相应的产业；转变经济增长方式、调整产业结构、集约生产，从而提高土地利用的效率。

（二）政府主导原则

所谓政府主导原则，是指土地资源的利用和保护要在政府的宏观指导和微观实施下有序进行，政府也有职责合理利用和科学保护土地资源，以充分发挥土地资源的多种功能，实现经济又好又快和可持续发展。譬如，政府应当按照有关要求制定土地利用规划，并切实实施土地规划；政府应当进行土地用途管制，对土地的使用和流转进行监督管理，以制止和惩治违法利用土地的行为；政府应当负责土地的征收和补偿事宜，等等。

（三）公众参与原则

所谓公众参与原则，是指有关公民、专家、社会组织等社会主体通过参与土地资源利用和保护的行政决策，提起公民诉讼，来监督政府以及土地利用人对土地资源的开发、利用及保护行为，从而运用自己的力量，实现对土地资源的保护。

正如前文所述，关于土地资源保护的公众参与，美国和我国台湾地区做得比较多，也比较成功，而我国现行《土地管理法》并未树立公众参与的原则，为此，有必要对立法进行修改。具体可在第 3 条后新增一条：行政机关实施土地管理，应当坚持公平、公开、公正的原则，建立和完善公众参与、专家论证、风险评估等程序规则，保障公民、法人和其他组织的知情权、参与权、表达权和监督权。

理由是：这些年违法占地现象日益增多的主要原因，并不在于中央土地管理权不够强大和集中，而在于各类土地权利没有得到平等有效保护，在于民众无法有效地参与土地管理因而无法有效对抗公权力的侵犯。今后，土地管理应当在明晰土地产权、制定与实施土地规划、有效利用土地以及征收征用土地等领域建立有效的公众参与制度,从而减少土地管理中的矛盾和冲突。①

(四) 公平公正原则

所谓公平公正原则,是指政府制定有关土地资源利用和保护的政策和措施时,土地资源管理部门在进行土地管理,司法机关进行司法裁判时,要按照程序公开、公正,实体公平的原则进行,以有力地实现对公民土地权益的维护。这一原则包括两个子原则:一是公正原则,这是对执法和司法在程序上提出的要求,即要求政府在制定关于土地资源的决策时,应当公开有关信息,并创造条件让公众参与到土地资源保护的法治工作中,譬如在制定土地规划和确定土地征收标准时,应当征求相关公民的意见;二是公平原则,即实体公平,包括公益之间、私益之间以及公益和私益之间的平衡。这一原则主要是要求尊重和保护公民尤其是农民的土地权益,譬如在进行土地征收时,应当对被征收的公民进行合理的补偿。

第二节 健全和完善我国土地资源保护立法的对策建议

立法是法治的基础和前提,推进我国土地资源保护的法治建设,最重要的是健全和完善我国土地资源保护的立法和政策。

一 按照生态系统管理的要求,改《土地管理法》为统一的《土地法》

(一)《土地法》的基本定位

我国 2004 修订的《土地管理法》具有以下三大显著的缺陷:

一是没有体现生态系统管理和维护生态安全的理念,忽视或弱化对生态用地的保护。现行的《土地管理法》只强调对耕地的保护,完全没有体现生态系统管理的理念,没有对包括林地、草地、湿地等生态用地和资源用地在内的所有的土地进行全面、协调和系统的保护,以至于"土地管理法"沦落为"耕地保护法"。

二是行政管理色彩过浓,私权保障不足。该法在名称上就定位为"管理法",强调运用行政管理的办法来调整土地上的利益关系。过于强调公权,就会使私权得不到应有的尊重。事实上,《土地管理法》中集体土地所有权虚化,私人土地使用权也没有给予全面的规定,总共 8 个条文更多的是义务和限制。与此形成鲜明对比的是,我国台湾地区 2000 年修订的《土地法》第 2 章

---

① 《民进中央建议修改土地法 取消土地承包期限》,《京华时报》2011 年 3 月 8 日。

到第 5 章共 4 章 25 个条文，对地权进行了全面、深入的规定。

三是只强调对耕地数量的保护，忽视对耕地质量的保护。从近年的社会实践来看，我国的耕地除了被建设用地侵占之外，还面临土壤污染、土地荒漠化、盐碱化、石漠化等耕地质量下降的严重威胁，然而，现行的《土地管理法》只片面强调对耕地数量的保护，对于耕地的质量保护却没有给予基本的关切。

据此，我们可借鉴我国台湾地区《土地法》的经验，制定统一的《土地法》，不仅要加强对土地资源的管理，还要强化对公民土地权益的保障；不仅要重点规定对耕地的保护，还要加重对湿地等生态用地的保护；不仅要强调对土地数量的保护，还要注重对土地质量的保护，譬如采用一定的篇幅对土壤污染、土地荒漠化、盐碱化等土地环境问题的防治进行规定。

(二)《土地法》的基本框架

以现有的《土地管理法》为基础，根据生态系统管理的基本原理，贯彻以人为本和保障土地权益的理念，可把《土地法》的框架结构暂作如下设计：

第一章　总则（立法目的、适用范围、土地分类、基本概念、基本原则、基本权利和义务、管理体制、激励措施等）

第二章　地权

第一节　一般规定

第二节　国有土地所有权

第三节　集体土地所有权

第四节　土地使用权

第三章　土地登记

第四章　土地规划

第五章　土地利用（耕地、林地、草地、湿地等的利用）

第一节　一般规定（土地使用权的获取，如土地划拨、土地出让等；土地利用的原则；土地利用的限制，如土地闲置、土地抛荒等）

第二节　建设用地利用

第三节　耕地利用

第四节　林地利用

第五节　草地利用

第六节　湿地利用

第六章　土地流转

第七章　土地征收

第八章　土地保护
第一节　一般规定（数量保护和质量保护）
第二节　土壤污染防治（主要是重金属污染防治）
第三节　土地生态保护（水土保持、土地绿化、土地复垦等）
第四节　土地整理
第九章　监督检查（如土地利用跟踪监察）
第十章　纠纷解决
第十一章　法律责任
第十二章　附则

（三）《土地法》的主要制度

从宏观来看，《土地法》的制度主要由土地利用制度和土地保护制度两大部分组成。

第一是土地利用制度。主要包括：（1）土地分类分级制度。建议将土地分为建设用地、农耕用地、资源用地、生态用地和其他土地五大类型，另外，最近国土资源调查评价将耕地分为15个级别；（2）土地权属制度，重点是完善私人土地使用权（废除集体土地所有权制度）；（3）土地用途管制制度；（4）土地规划制度；（5）土地划拨制度；（6）土地出让制度；（7）土地流转制度。

第二是土地保护制度，主要包括土地数量的保护和质量的保护两个方面。第一是土地数量保护的法律制度，主要包括：（1）最少耕地保有量制度；（2）建设用地总量控制制度；（3）土地开发、治理、恢复基金制度；（4）闲置土地消化利用制度；（5）土地有偿使用制度；（6）土地流转制度。第二是土地质量保护的法律制度，主要包括：（1）土地利用规划与合理布局制度；（2）土地整理制度，通过对山地、坡地、滩地、盐碱地和沙地的整理，可以转为可用地；是农用地的，可以提高产量；是建设用地的，可以减少进一步投资开发的成本，提高土地价值；（3）水土保持制度；（4）土地污染防治制度；（5）土地复垦制度；（6）土地生态保护区制度，对具有重大生态价值的土地，建立保护区，严格限制位于其间的人为活动。[①]

[①] 参见李广兵《土地保护立法：土地权、发展权与环境权的衡平》，http://club.topsage.com/thread-1072190-1-1.html。

二 加强《土地法》的配套立法

(一) 制定统一的《土地规划法》

土地利用是否合理关系到国家土地利用的宏观和长远利益，妥当的办法是对其进行科学的规定，为此，建议制动统一的《土地规划法》。①《土地规划法》要树立土地规划的权威地位，实施严格的土地用途管制制度，首要任务是制定一部《土地规划法》。该法要重点解决三个关键问题：一要在法律上明确各级土地规划的主要目标、任务和内容。二要通过立法理顺土地规划与其他相关规划的关系，尤其是与《国民经济和社会发展规划》、2008年1月1日起施行的《城乡规划法》以及2010年12月21日通过的《全国主体功能区规划》的关系，切实维护土地利用总体规划在土地利用上的统领地位。按照开发内容，国土空间可分为城市化地区、农业地区和生态地区三类；按开发方式，国土空间可划分为优化开发区域、重点开发区域、限制开发区域和禁止开发区域，土地规划的制定应当建立在土地类型分类（如图15-1所示）管理这一基础之上。这样一来，我们就可以通过制定科学的土地利用规划，来引导人口分布、经济布局与资源环境承载能力相适应，促进人口、经济、资源环境的空间均衡；从源头上扭转生态环境恶化的趋势，应对和减缓气候变化，合理利用和保护土地资源，实现可持续发展。三要明确土地规划中的各项权利和义务，为和谐社会建设和民主法治建设服务。②

《土地规划法》的内容应该包括土地规划编制原则、编制机关、编制程序，规划目标和任务、规划的体系和内容，规划审批以及组织实施等方面，同时对各级政府在规划中的权限和责任予以明确界定。尤其要对规划修改制度、规划的公众参与制度、规划审核许可制度、规划公示制度、规划动态监测制度等进行明确的规范。

关于《土地规划法》的篇章安排可以参照《城乡规划法》，设七章：第一

---

① 也有学者认为应当废除土地规划制度。他们建议删除《土地管理法》第24条："各级人民政府应当加强土地利用计划管理，实行建设用地总量控制"。删除第25条："省、自治区、直辖市人民政府应当将土地利用年度计划的执行情况列为国民经济和社会发展计划执行情况的内容，向同级人民代表大会报告。"其理由是：建设用地指标（土地利用计划）是计划经济的遗留物，不但可能将规划架空，而且容易造成地区的不平衡，审批权力过于庞大导致的腐败也由此滋生。我们认为，建设用地指标这种土地管理模式今后应当废除，政府应当将主要精力放在通过土地规划进行土地用途管制方面。参见《民进中央建议修改土地法 取消土地承包期限》，《京华时报》2011年3月8日。

② 民盟中央：《关于加快我国土地规划立法提案》，《中国国土资源报》2007年3月6日。

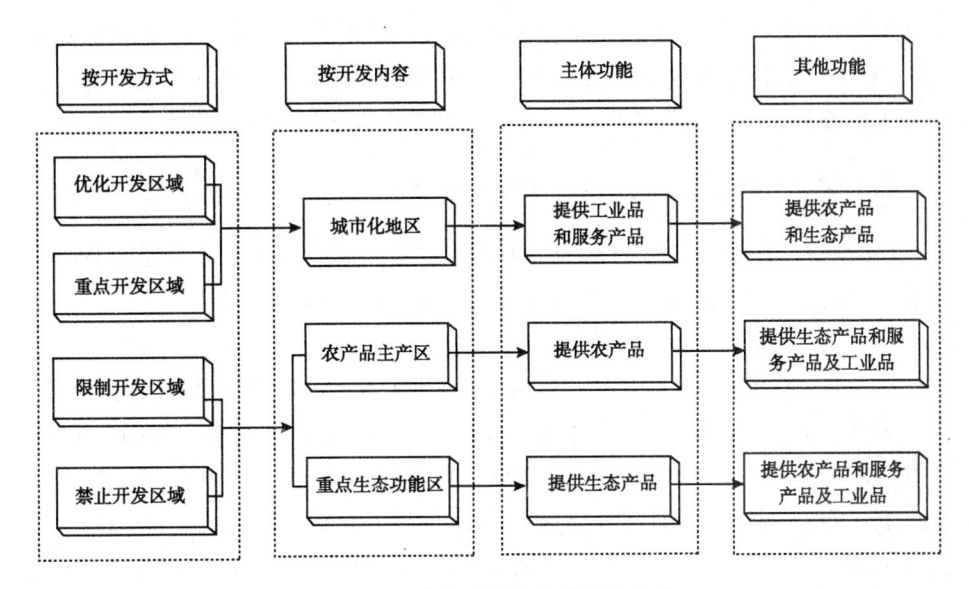

```
┌─────────────┐   ┌─────────────┐   ┌─────────────┐   ┌─────────────┐
│  按开发方式  │   │  按开发内容  │   │   主体功能   │   │   其他功能   │
└─────────────┘   └─────────────┘   └─────────────┘   └─────────────┘

┌─────────────┐
│  优化开发区域 │──┐
└─────────────┘  │   ┌─────────────┐   ┌─────────────┐   ┌─────────────┐
                 ├──→│   城市化地区  │──→│ 提供工业品   │──→│ 提供农产品   │
┌─────────────┐  │   │              │   │ 和服务产品   │   │ 和生态产品   │
│  重点开发区域 │──┘   └─────────────┘   └─────────────┘   └─────────────┘
└─────────────┘

┌─────────────┐      ┌─────────────┐   ┌─────────────┐   ┌─────────────┐
│  限制开发区域 │─────→│ 农产品主产区  │──→│  提供农产品  │──→│提供生态产品和服│
└─────────────┘      └─────────────┘   └─────────────┘   │务产品及工业品 │
                                                         └─────────────┘

┌─────────────┐      ┌─────────────┐   ┌─────────────┐   ┌─────────────┐
│  禁止开发区域 │─────→│ 重点生态功能区 │──→│ 提供生态产品 │──→│提供农产品和服务│
└─────────────┘      └─────────────┘   └─────────────┘   │产品及工业品  │
                                                         └─────────────┘
```

图 15-1 主体功能区分类及其功能

章，总则；第二章，土地规划的制定；第三章，土地规划的实施；第四章，土地规划的修改；第五章，监督检查；第六章，法律责任；第七章，附则。[①]

（二）制定统一的《土地登记法》

由于历史的原因，地籍管理工作在农村主要针对土地利用现状管理，而在城镇主要偏重权属管理，将地籍管理的两大要素进行区域化管理，也就说地籍管理是按区域（农村和城镇）采用不同的管理方式和手段，实行的是城乡分治。随着信息技术等科技手段的在地籍管理中的运用，许多地方都已分别以"利用"与"权属"两大核心数据为基础建立各自独立、互不关联的应用系统和数据库系统。而且这二者之间往往由于设计思想上的差异，造成数据之间不能有效地共享，形成人为的"信息孤岛"，这一缺点尤其在经济发展活跃的城乡接合部的地籍管理工作中暴露无遗。

实际上，土地是一个整体，只是由于功能不同而划分为耕地、林地、草地、园地、建设用地和其他用地等类型，但实际上这些类型的土地都是彼此相连且可以相互转化的。然而，当前的土地制度把这些土地分而治之，通过不同的法律，采用不同的行政监管机关对其进行分割式的管理，各自登记、分散管理，结果造成管理上的诸多冲突与混乱，譬如至今没有统一的登记数据便是最好的证明。为了更好地加强土地资源的管理和保护，我们有必要根据生态系统

[①] 严金明：《土地规划立法的导向选择与法律框架构建》，《中国土地科学》2008年第11期。

管理的原理，对土地进行统一的登记。那么，有必要制定统一的《土地登记法》，对土地登记行为进行规范和指导。具体应规定以下三方面的制度，如土地资源调查制度、土地资源登记制度、土地资源信息公开制度等。

三 健全和完善土地资源保护的主要制度

《土地法》应建立统一科学的土地权属制度，即地权制度，土地的范围则涵盖建设用地、耕地、湿地、林地、草地等所有的土地。

（一）建立适合我国的土地权属制度

从人类文明演进和社会变迁的视角看，人类已历经了奴隶文明、封建（中世纪）文明、资本主义文明、社会主义文明。若从生产方式及人与自然的关系看，人类则先后经历了农业文明、工业文明等文明形态，现在正步入生态文明的时代。从法律权利的形成发展及其制度功能的角度来审视人类文明的变迁史，发现每一种文明兴起和发展的背后都有一种最为典型或最有代表性的权利（不同的文明形态无疑也有一些共同追求的权利，如人身权和物权等）作为该类文明的核心要素和制度支撑。依此而言，生态文明的代表性权利为环境权，工业文明的代表性权利为知识产权（主要指其中的专利权），农业文明的代表性权利为地权。[①] 可见，地权（主要指所有权和使用权）的合理配置和强力保护，对于我国"三农"问题的解决和农业文明的建设具有至关重大的意义，必须予以高度重视。

1. 改革土地集体所有权制度

关于土地集体所有权制度，目前主要盛行两套方案：一是改革集体土地所有权；二是废除集体土地所有权，建立统一的国家土地所有权。

方案一：改革集体土地所有权

（1）明确农村土地集体所有者主体

第一，排除乡一级作为农村集体土地所有者的主体地位。乡（镇）一级作为农村集体土地产权主体已不适应农村经济发展的需要。乡（镇）所有土地实际上是人民公社时期划归公社所有的部分，以及在改革开放后为发展乡镇企业、文化教育卫生等福利事业，道路、水利、电力、通信公益事业的征地。前一类土地的占有、使用、收益和处分权很难体现农民集体所有，后一类土地事实上已经成为国有土地。因此，应把已经属于乡（镇）所有的土地收归国有，乡（镇）作为国家基层政府行使国家所有者的权益。完全没有必要也不可能把这一部分土地归属农民集体所有，进而模糊农村集体土地产权主体的界

---

① 参见杨朝霞《环境权：生态文明时代的标志性权利》，《环境保护》2012年第23期。

限。排除乡（镇）作为农村集体土地的产权主体，应在政策及其措施层面具有操作性的规定。收归国有的土地包括：用于房地产开发、城镇化发展、乡镇工业企业及农产品加工业的土地；用于道路、水利、电力公益事业的土地；用于教育、卫生等福利事业的土地。这些用地，应该按照国家征用土地的管理办法进行清理，完善手续，收归国有。原公社林场、果园场、渔场等种植养殖场的土地，有相当部分来源于对原生产大队和生产队土地的平调，其中有一些土地已随公社解体回归到原所有者，有的已发包给个人和单位承包经营。属于前者的，应该重新确认土地归原生产大队（行政村）或原生产队（村民小组）所有；属于后者的，乡（镇）可放弃其所有权，使原生产大队和生产队明确所有者权益，并与承包个人或法人续签承包经营合同。有些属于乡（镇）继受取得的土地或者新中国成立以来乡（镇）集体开荒、围湖造田或其他改造自然取得的土地收归国有，实行乡（镇）代表国家所有，可发包给本乡（镇）的农民或者集体使用，依法办理承包经营合同；由本乡（镇）以外的个人和集体承包经营时，应取得本乡（镇）人民代表大会同意。总之，区别不同情况，采取妥善办法，使乡（镇）政府成为国有土地代表而退出农村集体土地的权属系列。此外，乡（镇）作为国家基层政权组织更多地代表了国家的利益，尽管它也是农民利益的代表，但是当国家利益与农民利益发生冲突时，乡（镇）现实的利益机制决定了乡（镇）干部首先选择的是维护国家利益。排除乡（镇）集体土地所有者的身份，规范基层政权组织的行为，有利于斩断基层政权与集体土地的权利纽带，有利于村、组两级屏蔽乡（镇）对集体土地所有者权益和农民土地承包权益的侵害，促进农村土地关系的长期稳定。

第二，确立行政村和村民小组两级农村土地集体所有权主体。村民委员会和村民小组两级有利益的一致性和管理功能的互补性。在目前情况下，任何一级组织单独成为农村土地产权主体不仅成本高，而且都不能有效地经营和管理集体土地。村、组两级产权主体是组织资源和土地资源的最优配置。村民小组的组织生产经营职能已经大大弱化，不能有效行使土地产权主体的职能。如果要增强其组织职能，加强其作为产权主体的能力，势必要增加干部的数量，增大农村管理的幅度，从而使得农村社区管理成本扩大而加重农民负担，这就失去了村民小组作为集体土地产权主体的意义。同时，第一轮承包基本上是以生产队为单位进行的，农民已经以村民小组为基本单元结成利益关系。村民小组还具有产权链条短、行政色彩少的特点，以这一级作为农村土地所有权主体，不仅制度安排费用最省，还能够通过使农户集体利益与自家利益密切相关，切实保护集体产权和集体利益，有利于土地利用效率的提高。因此，一个可行的办法就是村民小组委托村民委员会代行产权主体的职能。我国的村民委员会是根据《村民委员会组织法》建立的，有合法的社区自治权和村级经济的管理职能，有一定的经济实力，行政组织相对健全，有明确的职能分工，有经营和管理土地的能力，且行政村之间比村民小组之间有更为明确的边界，从而行之有效的行使它的土地所有权。这样，可以规定以村集体经济组织或者村民委员会代行集体所有权组织的职能，负责对集体所有的土地的经营管理，作为土地发包方对单位和个人使用集体土地进行登记造册，并报乡（镇）人民政府备案。但是，必须明确村委会与村民小组的委托代理关系，只有在村民小组授权的条件下才能代行所有者的职能。乡（镇）基层政权组织可以运用行政职能协助村集体经济组织和村民委员会加强对集体土地的经营管理，但必须用制度和政策对行政权力加以规范和约束，把"协助"的职能界定在公证、监督、执法保障和土地纠纷调解、仲裁方面。

第三，完善村委会和村民小组两级土地集体所有权主体。在排除乡（镇）作为农村集体土地产权主体的前提下，应建立和完善村民委员会和村民小组两级土地集体所有权主体。其一，农村集体土地的所有权主体只有两个，即行政村农民集体所有和村民小组农民集体所有，排除其他个人和法人成为农村集体土地的所有者；其二，行政村和村民小组各自所占领和控制的土地，已经属于行政村的归村民委员会或相应集体经济组织所有，属于村民小组的仍归原村民小组所有，不用打破村民小组的界限在全村内平均分配土地；其三，村组两级均有对本级组织拥有土地的发包、经营和管理权，但村民小组可以委托村民委员会代理村民小组经营、管理其所有的土地。①

在明确了农村土地所有权的主体的同时，还应给农村土地所有权主体以法人资格和地位。目前我国农村缺乏一个集体经济组织法，村集体经济组织并没有法人资格和法律地位。村民小组职能的弱化导致了村民小组组织的极大削弱，它们无力作为集体土地的产权主体。因此，应在我国农村土地立法中用专门的条款规定并赋予农村集体经济组织和村民小组法人资格和法律地位。只有按照一定的程序申请登记，取得法人资格的集体经济组织，才有资格发包、经营和管理农村集体土地，其所签发的合同受法律保护。没有法人资格的经济组织签发的合同应视为无效合同。

（2）明确农村土地集体所有者的权利和义务

第一，农村土地集体所有者的权利。农村集体土地所有者应有的权利可归

---

① 王景新：《中国农村土地制度的世纪变革》，中国经济出版社 2001 年版，第 72—74 页。

纳为五项：一是法律上的最终归属权，无论使用权如何变动，农村土地集体所有权在法律上归村农民集体所拥有；二是所有权主体对所属土地的分配、发包权，但发包或者租赁给集体成员以外的单位和个人经营时须经村农民集体 2/3 成员同意，并且有权抵制非公用事业的非法征地，体现所有者的控制权；三是所有权主体对土地资产的经营和管理权，包括对使用者提出培肥地力、改良土壤、保护环境等方面的要求，使土地资产保值或增值；四是所有权主体有权监督使用者不改变土地使用用途，依法制定所属土地的长远利用规划；五是土地所有者可以依法提取所属土地的收益。此外，土地所有者还拥有将实际占有、使用、收益分配以及部分处置权让渡给土地使用者的权利。

第二，农村土地集体所有者的义务。在界定农村集体土地所有者权利的同时，也应规定农村土地集体所有者的义务，包括：所有权主体有在本社区宣传国家和地方政府有关土地管理政策法规的义务；为村民提供产前、产后、产中服务；保护村民的土地收益，保证国家和集体税费收益；对本区域的土地资源进行长远规划、开发和利用；组织社区成员进行农田水利基础设施建设，改善生产、生活条件。应该说明的是，一方面，土地所有者享有的各项权利不受他人的意志限制，是最完全、最充分的物权；另一方面，土地所有权绝不是无限制的权利，它不能超越社会基本制度和法律而存在。因此，集体土地所有权者必须在《宪法》和有关的土地法律允许的范围内行使权利。①

（3）明确农村土地集体所有权的经济实现形式

农村土地集体所有权可有四种经济实现形式，即收费形式、税收形式、地租形式和收益资本化形式。

其一，收费形式。这种经济实现形式的优点是：弹性比较大，可以根据农民当年生产经营的状况确定收费标准，标准可以一年一定，也可以几年一定；其缺点是没有一个客观的、具有法律效力的标准，随意性比较大，容易造成搭车收费。

其二，税收形式。这是指土地所有权的收益以税收形式来获取，以国家权力来保障所有权的存在。我国农村税费制度改革后实行的就是这种形式。它的好处是：法律效力强，由国家强制保证实现；形式比较具体，农民看得清楚，可以减少各级政府和社区收费行为；成本较低，可以减少许多不必要的争执和各种涉农纠纷。但是，税费改革以后，新"三提"以税的形式表现出来，农民是向国家缴纳新"三提"的，这就改变了集体组织与承包农户的契约关系，使人们感到土地所有权是国家的，从而模糊了农村土地集体所有权。据此，有

---

① 王景新：《中国农村土地制度的世纪变革》，中国经济出版社 2001 年版，第 81—82 页。

学者认为，税收不是集体土地所有权在经济上的实现形式。①

其三，地租形式。这就是集体把土地租给农民，集体拥有所有权，农民拥有经营使用权，农民对使用的集体土地缴一定的地租，以对集体让出土地使用权进行补偿。以地租形式作为农村土地集体所有权的实现形式，其特点是：第一，法律依据充分。种地缴租是天经地义的，契约的约束性比较强，可以减少所有权经济实现的成本，有较强的法律效力。第二，农民容易接受。自古以来，种别人的地，给别人交租，农民心理认可。第三，关系比较直接。交租与农村土地所有权之间的关系，是一种较为典型的因果关系，农民看得清，算得明，两者之间的契约关系明了，可以减少集体与农民之间的摩擦。

其四，土地收益资本化形式。这是指土地所有者把土地作为资本，投资给农户，所有权主体按照生产要素的分配原则获取投资报酬，所有权主体与农户都是市场的平等经营主体，双方的经济利益是投资者和经营者的关系。这种经济实现形式的好处是所有者把土地视为资本，农户把土地作为资产，土地生产要素的属性在各种经济关系中都体现出来，双方的产权关系、经济利益的分配关系比较清晰。但是，土地所有权资本化也有其弊端，就是所有权收益不固定，随着农民生产经营的状况而波动，同时这种实现形式要求有较准确、完整的会计核算体系。有学者认为，从长远来看，以土地所有权收益资本化的形式来体现农地所有权，则更符合社会主义市场经济发展的要求：②

首先，强化了土地资本和土地资产意识。一方面，强化了农村土地资本意识。农村土地集体所有权收益资本化明确界定了土地集体所有，由集体经济组织的法人代表全集体所有，并可以作为资本进行投资。土地是集体经济组织的资本，强化了法人的责任意识和土地资本意识。另一方面，强化了农村土地资产意识。农村土地集体所有权收益资本化界定了农村土地是集体投资与农户出劳合伙生产的生产要素，在承包期内是农民的法定资产。土地作为农民的资产，在国家宏观政策范围内，可以自由占有、支配和处置。这就划清了集体和农户、集体各成员之间的责权利关系。

其次，通过市场机制利用土地资源，降低了农户与集体之间的交易成本。土地是农村最重要的生产资料，市场机制嵌入土地流转是农村社会主义市场经济的基本要求。要充分发挥承包制的政策效应，迫切需要在集体与农户之间创

---

① 靳相木、朱永德、吕天军：《农村税费改革很可能造成土地公有制的虚拟化》，《中国农村经济》2001年第11期。

② 邵彦敏：《中国农村土地制度研究》，博士学位论文，吉林大学，2006年，第123页。

造土地资源利用的市场机制。农村土地集体所有权收益资本化正是把集体与农户之间的人均分配土地关系变成了市场供给与需求、卖者与买者之间的关系，创造了土地资源利用的市场机制。农民与集体之间的谈判是以市场的原则进行的，避免了行政操纵，减少了谈判成本。农民与集体之间的交易不再是一种管理与被管理、依附与被依附的关系，而是一种纯粹的市场关系，降低了社区管理成本，减少了农户与集体之间的摩擦成本。

再次，通过市场机制确定土地收益。农村土地集体所有权收益资本化使地租取代了统筹提留，强化了地租意识，为科学核算土地收益提供了依据。集体作为所有者收地租是合法的，地租是集体所有权的经济体现，经营者缴地租是法定责任和义务，从而彻底根除了多年来租税不分，租费不分的缺陷。

最后，土地收益内部化，减少外部性，稳定了农民对土地收益预期。农土地集体所有权资本化有助于把土地收益内在化，集体作为投资者，有理由要获得相应的投资报酬，农户作为生产要素使用者有责任和义务付出一定的代价。土地所有权收益内在化促使所有者从资本的角度关心自己的投资收益，土地使用成本内在化也促使生产者集约经营地，按照土地边际成本等于供给价格组织生产，避免土地自然生产，甚至抛荒。由于现行的家庭承包经营制表现出一种非连续性和非稳定性，农对承包土地预期不足，不能形成有效的投入和积累机制。集体所有权收益资本化就类似于集体以土地作为资本与农民的劳动结合，共同生产。土地在合同承包期内作为农民的一种生产要素，是农民的资产，增加了农民土地的预期，有利于农民加大土地的投入，减少短期行为。①

我们以为，对于集体土地所有权的经济实现形式，不宜采用一刀切的做法，而应由集体组织根据本地的情实际况，在民主集中制的基础上，因地制宜地进行选择。

方案二：集体土地国有化，通过国家重建土地财产权

按照现行的《土地管理法》，土地所有权分为国家所有权和集体所有权，当前，集体土地所有权有"形式化"、"空心化"和"宣示性"的特征，今后，比较合适的措施是进行集体土地国有化：通过国家重建土地财产权。

实际上，集体土地国有化是可行的。首先，目前集体土地的诸多处分权，实际上已经被国有化了。前文已经提到，集体土地的处分权，很大程度上并不在集体的手中，而早已被法律规定由国家行使了。其一，乡镇本身作为国家的基层政权，乃是集体土地所有权三级所有当中的最高级，对集体土地所有权的

---

① 邓大才：《农村土地集体所有权收益资本化》，《重庆社会科学》1999年第4期。

行使具有法定的支配权和干预权。其二，承包经营权，虽然是集体发包，但是承包权的内容、时间、收回等都是由法律严格规定的，集体不得违反。其三，国家实施严格的土地用途管制制度，农业用地变为建设用地，必须经过严格的征收程序，经过依法审批方可办理。未经依法批准，集体不得擅自改变土地的用途。甚至本来就是建设用地的，集体也无从事商业开发的权利，如果需要进行商业开发，也必须由国家征收后另行办理出让手续。其四，根据《土地管理法》第61条的规定，即使是乡（镇）、村自己的公共设施、公益事业建设需要使用土地，也要经乡（镇）人民政府审核，向县级以上地方人民政府土地行政主管部门提出申请，按照省、自治区、直辖市规定的批准权限，由县级以上地方人民政府批准。其五，对于农村村民住宅用地，也要经乡（镇）人民政府审核，由县级人民政府批准。可见，集体土地的处分权利，主要不在村集体的手中，而是在乡镇和县级以上人民政府的手中。这也就意味着，即使按照现有的法律规定，抛开单纯的名义不讲，集体土地实际上已经很大程度上被国有化了。

其次，只要对现有的土地使用权给予承认和强化，对农村土地国有化，并不会损害农民和集体的利益。土地国有化不是要剥夺农民的土地，而是实现集体和个人土地权利的使用权化，消解集体土地所有权这一长期以来对集体进行资源摄取的管道。具体来说，其一，现有的土地承包权和宅基地使用权、建设用地使用权等，继续依法承认其合法有效。农民不但不会丧失其原有的权利，反而会因为国家的确认而使得既有的权利更加稳定，避免了集体干部滥用权力收回发包权现象的发生。其二，对于集体来说，如果还存在着尚未发包的农业用地或者尚未出让、分配的建设用地，则承认其使用权属于集体，集体可以依法转让或者抵押等。这样，集体虽然丧失了在将来收回土地使用权重新分配的权利，但是却赢得了对于那些未分配土地的财产权，可以极大地提高自己的土地融资能力。因此，所谓集体土地国有化的过程，实际上就意味着国家以使用权形式重新对农村土地进行权利化的过程，是农村土地财产权的再造和确定过程。

最后，集体土地国有化不会受到民意的阻挠。大量的研究数据表明，所谓集体土地所有权，在民众眼里只不过是国家所有权。有研究显示，在1294份调查问卷中，多达60%的人认为，自己耕种的土地属于国家所有。即使在土地经常被征收的城市近郊区的408份问卷中，也有高达202人认为，属于国家所有。[①] 这一点，也被西安市委党校法学教研部的调查结果所证实，在回答

[①] 李凤章：《从事实到规范：物权法民意基础的实证研究——以土地问题为中心》，《政法论坛》2007年第3期。

"农村的土地依法属于谁所有"这一问题时,回答"属于国家所有、乡镇政府代表国家行使所有权"的乡镇干部竟有19人,占调查人数的32%;在农民中,选择"国家所有"的竟高达43人,占被调查人数的55.8%。① 而根据相关调查,50%的农民认为土地应归农户和农民个人私有,25%的认为应归国家所有,24%认为应归集体所有。可见,集体所有是比例最小的。而农民最反对的恰恰是:土地归集体所有,集体可以重新收回。②

集体土地所有权这一摄取管道的存在,以及农民个人土地财产权的弱小,无疑是导致大量征收无法遏制的根本原因。为此,国家必须重建并强化农民个人对土地的财产权。由于恢复到所有权,不仅会遇到历史的麻烦,还会遇到意识形态的障碍,可选择以使用权方式对土地财产权进行重建,而这一重建,如果要达到稳定化和法定化的效果,就应该由国家加以创设和确认。为此,必须变现有的土地集体所有为国家所有,而个人和集体以使用权的形式保留现有的全部土地权益。这样,就可以最终使得国家所有权成为统一的主权,真正地退出市场活动,而使用权则成为统一的基础财产权,在使用权基础上实现土地资源的交易和市场化配置。这种制度话语体系的转变,就可以最终化解农村土地和城市土地的二元分割,国家只需要对土地实行用途控制,而完全不必考虑土地的不同身份,最终实现在用途管制基础上的城乡统一。③

我们认为,农村土地集体所有制在中国有着厚重的历史基础,其对于保障农民生存乃至"三农"问题的妥善解决和促进农业文明的发展均有着至关重要的意义,不可轻言废弃。(1) 农村土地集体所有制同我国的社会主义性质相适应,并有助于维护社会公平和安定团结。这是因为,坚持集体所有制下的土地承包经营权,能保障村庄内部每位村民拥有均等的地权,有助于实现基本的公平正义。另外,村民个人不能自由处置集体土地,能为村民提供基本的就业和生存保障,防止出现新型地主阶层和大量出卖土地的失地农民,这对于维护农村乃至全国的社会稳定均具有十分积极的意义。(2) 农村土地集体所有制有助于村集体乃至村民抵制城市化进程中的违法征占行为,切实维护农民权益。(3) 农村集体所有制下微观社区单元(村集体)的存在,有助于增强村

---

① 中共西安市委党校法学教研部课题组:《西安部分社会阶层法律认知和法律意识状况调查》,《西安社会科学》(哲学社会科学版)2008年第2期。

② 刘俊、胡大武:《中国农村土地承包经营法律制度研究——以土地承包经营权为中心》,载蔡继明、邝梅主编《论中国土地制度改革》,中国财政经济出版社2009年版,第104页。

③ 李凤章:《通过"空权利"来"反权利":集体土地所有权的本质及其变革》,《法制与社会发展》2010年第5期。

民的集体意识,并通过不同集体之间的竞争增强整个农村的活力。此外,还需说明的是,由于以古罗马简单商品经济为基础的法律制度中没有作为权利主体的"集体"概念,而我国作为农村土地所有权之主体的"集体"又是一系列政治运动的产物,其创制之初本来就没有遵循法律主体的制度逻辑。所以,"集体"并非一个严格的法律术语,从而不能完全按照民事主体的制度结构进行理解。① 至于改革集体土地所有权的路径,应当十分慎重,可以先行试点。

2. 建立科学的土地使用权(承包经营权)制度

当前,关于土地承包经营权的走向问题,学界还存在激烈争议,有人主张,中国应实行私有化的路线,即赋予农民土地私人所有权,这样做一是体现了权利本位的理念;二是赋予了私人所有权便可以有效同违法征收的行为进行斗争等。对此,笔者实不敢苟同,我们认为当前农村土地制度变革应当以土地利用为核心,而不是土地所有为核心。② 实践证明,家庭承包经营的土地利用方式是适应市场经济体制、符合农业生产特点的新的生产关系。改革开放30多年农村经济建设取得的伟大成就证明了家庭经营具有无限的生命力,尽管改革之初在土地法权关系上仅仅赋予农民效力很低的债权性质的地权(15年承包权),却在几年时间内就扭转了几十年都无法改变的粮食和农副产品短缺的局面。随着农民地权效力的增强(30年承包经营权),农村经济取得了更大发展。当今发达国家农业现代化三种模式中,无论是美国模式、欧盟模式还是日本模式都始终坚持农业的家庭经营制度。

今后,我们应当建立农民个人充分、独立、强效的地权,以促进该种土地利用方式健康发展。以土地使用权为核心的新型地权关系,要求相关法律为土地使用权市场化流转、合作化经营及现代化农业建设提供制度性基础。目前应当鼓励成立各类专业农、牧、林业合作公司,组建各类新型农民合作社,加强

---

① 高飞:《论集体土地所有权主体立法的价值目标与功能定位》,《中外法学》2009年第6期。
② 关于反对土地私有化路线的理由,贺雪峰有较为全面、详细、深刻、独到的论述。譬如,其认为:(1)农户更大的土地权利,意味着个体农户有更大的不服从村民集体或国家的权利,因而不利于发展农村公共事业和基础设施,也不利于中国城市化的发展;(2)从资源配置的角度来看,农民更大的土地权利也并不意味着可以更快地推进土地流转和扩大土地规模经营;(3)土地问题应该回归常识,如土地可分为城郊土地和远郊土地,可被征收的土地(主要是城郊土地)在总体上只占国家土地很少的比例,所以,我们看待和处理土地问题不能把可征收的土地视为中国土地的全部,即土地征收问题只是国家土地问题的一个局部问题,在保护农民土地权益的同时,也要防止土地食利集团的出现。参见贺雪峰《地权的逻辑——中国农村土地制度向何处去》,中国政法大学出版社2010年版,第319—347页。

各类专业合作公司、新型合作社之间的合作化经营，发展各种农业社会化服务组织，通过劳动合作、供销合作、科技合作、金融合作等优化资源配置，积极发展多种形式的集体经济和合作经济。鼓励龙头企业与新兴农民集体经济组织建立紧密型利益联结机制，提高组织化程度，使之成为引领农民参与国内外市场竞争的现代新型农业经营组织。

我们认为，促进土地有偿使用和合理流动，实现土地资源优化配置，是解决当前农村土地制度建设问题的正确选择。根据农村土地经济关系现状，应当使土地的交换价值主要集中体现在土地使用权体系内，构建以土地使用权为核心的农村土地制度。今后的工作重点是，进一步强化农村土地承包经营权——独立化、长期化和物权化，并促进承包权流转的市场化。[①]

（二）完善土地流转制度

自第二轮土地承包以来，相关部门并没有出台具体的调整政策，进而造成了当前有些家庭几口人一份地，而有些家庭一个人几份地的现象，使得在不重新调整土地承包经营权的前提下，推进土地流转已成为现实的需要。另外，土地规模化经营的发展，也要求开展土地流转。在新的形势下，有必要建立和完善我国的土地流转制度。

首先，应当赋予农民长期而又稳定的土地使用权。以家庭承包经营为基础，统分结合的双层经营体制，是我国农村的基本经营制度，必须长期坚持。有观点认为，只有私有化才能真正激发农民的生产积极性，才能彻底解决目前农村土地制度存在的问题。我们不同意这样的观点，就我国目前的政治、经济情况来看，实行私有制既不现实也无法有效解决当前农村土地经营中的诸多难题。在贫困地区，如果实行私有制，则作为生存保障的土地将很可能由于各种原因而被剥夺，从而造成贫苦农民无法生存，进而引发社会动荡。中国各地发展不平衡的现实和法律相对保守性决定了我们不能采取简单的"一刀切"政策。[②]

其次，要建立完善的土地承包经营权登记制度。建立一个便捷、高效、安全的土地承包经营权变动登记公示、公信制度，是土地流转顺畅的基本保证。一方面，如今土地承包经营权的主体不再局限于集体经济组织成员，非集体经济组织成员的单位和个人可以通过租赁、转包和招标、拍卖等方式获得土地的承包经营权。

[①] 祁雪瑞：《60年土地制度变革及立法完善》，《学习论坛》2010年第3期。

[②] 明晰的物权、无争议的土地边界是土地进入市场的必备条件，农民长期且稳定的土地承包权是土地流转的基础。只有把承包关系稳定下来，土地流转才能有更多空间，才能增加农民投资土地的积极性和农业的比较利益，阻止土地撂荒，实现农业生产规模化经营。

承包经营权人身份的多元化，使得借由考察权利人是否具备集体成员身份来判断权利状况的困难系数及风险系数大大增加，无形中提高了交易成本。另一方面，土地流转涉及复杂的利益关系，具有频繁的重复发生率，需要明确的法律登记制度对法律关系各方的权利状态加以公示化、明晰化、确定化。

再次，消除流转障碍，提高流转效率。一是放开主体限制，解除对集体经济组织以外承包经营者的限制，让土地真正流动起来。二是解除转让限制，从根本上摆脱农地承包经营权转让过程中的矛盾，条件是，土地承包经营权人应当向村级组织备案。从土地制度改革来看，2008年10月，党的十七届三中全会通过《关于推进农村改革发展若干重大问题的决定》指出，按照依法自愿有偿原则，允许农民以转包、出租、互换、转让、股份合作等形式流转土地承包经营权，发展多种形式的适度规模经营。其实，除了这些形式的土地流转外，还应在一定范围内允许土地使用权的抵押。在我国农村，土地使用权是农民拥有的最大宗的财产之一，禁止土地使用权的抵押将使农民失去融资担保的主要来源，这种限制使农民的融资变得极为困难。随着市场经济的发展，除对于满足农民基本生活资料以及生产资料的土地不得抵押外，其他的土地应当允许抵押，可以为权利人进行农业融资提供条件，也能充分发挥土地承包经营权作为物权的一种用益物权的价值。

应当鼓励实行土地入股，使被征地农民有机会从该土地中获取稳定而持久的收益；特别是，被征土地最终如用于修建公路等有收益回报的公益项目的，推行以土地入股，使有关村集体组织和农民能够长期分享土地的增值收益；同时，鼓励和允许前者以土地使用权作为投资，与投资方共同成立股份合作公司，共谋发展。这一制度建构，一些地方正在先试先行。例如，广州、深圳等地正在着手进行"第三次土地革命"试验，其关键内容就是实行以土地经营权为中心的股份合作制，以土地入股的方式，将农民对集体土地的承包经营权价值化和数量化，使农民拥有股份，给予农民永久性的集体资产股权和分红权，以此平衡土地征用者与土地使用者间的利益关系。

复次，创造有利于土地流转的外部环境和基础条件。一是要给规模化经营者一定的政策激励。土地流转中对于整乡、整村、整屯流转的和具有一定规模的种田大户（500亩以上），国家应该给予政策优惠，以激励导向，调动一些大乡、大村、大户进行规模经营的积极性。同时，对种粮大户所需的生产资金，银行信贷部门应优先给予安排；农业、农机新技术优先在种田大户中推广；中央、省、县三级财政的保险补贴，应优先给予规模经营的种植大户，建立种植业风险防范机制。二是进一步加大农业机械装备建设投入力度，加强农机作业合作社建设，增加农业机械总量，促进农业机械装备尽快更新换代。与此同时，农田水利基本建设等农业基础建设项目也应向规模经营的县、乡倾斜，为规模经营和发展现代农业奠定更加坚实的基础。

最后，应当建立健全农村社会保障体系。农村的土地一直是我国农村的社会保障形式，正是基于这种社会现实，我国立法上一直对土地承包经营权的自由流转采取保守的态度，恐怕一旦放开就会威胁农民的生存，造成农村社会的不稳定。因此，建立良好的农村社会保障体系越发显得重要。具体的办法包括：其一，落实农村的义务教育，建立专门的农村教育基金，用于农村教育的补贴；其二，建立健全农村的医疗保险，使农民走出看病难的困境；其三，建立农村的最低生活保障制度，加大公共财政对农村社会保障的投入，落实农民的社会保障权利。由此，土地的社会保障依赖作用大大减弱，对待土地承包经营权的流转就不必再如从前一样保守了。土地承包经营权能否自由流转，建立良好的农村保障体系是前提和关键，这一点必须牢记。①

（三）改进和完善总量平衡制度（耕地占补平衡）

为了适应区域耕地总量动态平衡政策环境变化的客观要求，必须对耕地动态平衡政策实施进行相应的改革。改革的总体思路是在原有政策框架下，着重从以下六个方面进行调整：

1. 依据区域比较优势原则，实施有区域差异性的耕地总量动态平衡政策

不同地区耕地资源保有比例的确定可以根据区域经济分工以及土地资源状况等因素，综合考虑，尤其是在当前区域经济融合发展的态势下，更应该从全局的角度合理确定区域经济发展的方向，通过建立区域经济发展竞争机制减少乃至杜绝不必要的区际经济重复建设和恶性竞争，从而根据区域经济发展格局和土地等要素综合确定一定时期区域土地利用结构以及耕地资源保有程度。对于长江三角洲这样的经济发达地区，要更加重视技术、资金、经营管理等要素对于稀缺土地资源的替代作用，因此，在强调一定耕地资源保有量这样的"底线"基础上，要关注和重视耕地资源综合生产能力的建设与提高。

2. 虑及社会经济宏观背景，实施有弹性的耕地总量动态平衡政策

耕地总量动态平衡战略的实施也要注重时间性，即在不同的时期尤其是不同的社会经济背景和粮食安全状况下，实施符合当时客观情况的耕地总量动态平衡政策。总体思路是，根据国土资源部、农业部1999年12月29日下发的《关于搞好

---

① 参见《从义务本位走向权利本位——法律视野下完善我国农村土地流转制度的思考》，http://xjnews.zjol.com.cn/Special/2008/5768.shtml。

农用地管理促进农业生产结构调整工作的通知》的要求，在符合土地利用规划的前提下，可以在耕地包括基本农田上调整种植业生产格局，发展油料、瓜菜、花木、桑茶、特产品和其他经济作物；可以将生产能力低、生产条件差的一般耕地改为草场，种植牧草或饲料作物，建造临时性畜牧场，发展畜牧业；可以在基本农田保护区外的农用地挖塘发展水产养殖和种植多年生木本果树等经济作物，逐步形成农林牧渔全面发展，适应市场、优质高效的农业生产结构。

来自国土资源部最近的消息，为期12年的全国国土资源调查评价已经全面结束。在这一次的国土资源调查评价中，我国31个省（自治区、直辖市）的18亿亩耕地都被纳入调查范围，经过细致的评估，全国耕地被分为了15个级别，每块耕地根据其产能和潜力获得相应的级别划分。18亿亩耕地质量差别实际上非常大，第一次把它分清楚，好的地是优等地，是1—4等地，占全国的2.6%，高等地是接近30%，大量的是中产地与低产地。这些成果为长期以来困扰国土领域的耕地占补平衡提供了依据，究竟应该怎么补？补什么样的地？终于有了更加细致的规定。譬如，如果占的是8等地，补的是10等地，那就应该多补一点，多补多少呢？多补21%，有个表来算，这是中央确定的政策，叫占补平衡按等级折算，只有这个等级有了科学依据了，才能够去折算。①

3. 规范政府行为，促进耕地总量动态平衡政策的有效实施

主要包括以下措施：第一，应规范政府的征地行为。必须明确征用土地一定是用于保证社会公益或公用事业的发展，其他的集体所有土地国有化行为一律是平等、自愿的土地所有权市场交易；严格规定政府土地征用权，以杜绝滥用土地征用权，参与土地倒卖的行为；完善土地征用申请和审核制度，从而通过提高土地占用成本，来抵制占地行为，而且由于提高了耕地的占用成本，就有利于通过比较利益的诱导，使一些开发商由于缺乏巨额资金进行土地开发利用，因而转向投资开发旧城改造。第二要规范政府供地行为。当前我国城市土地供给中存在不少问题。其一是土地供应绕开政府或者政府有意放纵，造成供应总量失控；其二是在国家土地供应的方式中划拨方式仍然占主导地位；其三是在国有土地出让方式中，协议出让的比重过大，缺乏应有的市场竞争；其四

---

① 这次调查共完成项目5000多项，对我国的陆域、海域的资源环境进行了一次全国的摸底。通过此次调查，我国首次完成了对我国农用地质量等级的调查评价，这为我国将来实现耕地的占补平衡提供了新的评价体系和依据。对这些农用地进行分等定级有什么样的好处呢？郧文聚答："一是改造，二是保护。运用这个成果，确定产粮大县，在产粮大县我们将要加强基本农田的整治与建设，将来把它保护起来，不能让好地流失掉。"参见《土地分等定级 有利实现耕地占补平衡》，http：//124.205.135.97/tabid/65/InfoID/7619/frtid/61/Default.aspx。

是在国有土地有偿使用方式中,对土地租赁制和土地使用权作价入股方式重视不够。针对现有的问题,为了规范政府的供地行为,需要做到:政府要垄断土地供应,增强对土地一级市场的调控力度,同时应当深入推进土地使用制度改革,采取实际措施缩小行政划拨用地在土地供应中的比例;在土地有偿出让的方式中,要尽可能采取招标、拍卖的方式。第三,应改变各级土地管理部门目前存在的只对同级人民政府负责的以块块为主的领导体制,实行双重领导或者垂直领导的新体制。从而做到在实现耕地总量动态平衡过程中,令行禁止,在决策上的协调一致,从而减少上下级以及同级政府部门之间的博弈行为。第四,要通过建立健全信息传递系统,提高上下级政府之间的信息对称性,增强建设用地计划的科学性和调控力度。

4. 完善土地收益分配机制,建立建设项目占用耕地指标有偿转让制度,提升耕地占用成本

在市场经济条件下,区域耕地总量动态平衡的实现还离不开土地收益分配机制的调节作用。一方面,要积极推进土地资源的市场化配置,实行多种形式的土地有偿使用,逐步缩小划拨供地方式所占比例,并积极探索土地储备运营制度,做好城市的内部挖潜,引导城市由盲目的外延发展向内涵挖潜发展、过渡。另一方面,初步建立统一、动态变化的土地市场价格体系,据此加强土地收益的征收管理,使地价、土地税等经济杠杆真正发挥调控作用。通过理顺土地收益分配关系,提升耕地资源占用成本,可以建立耕地资源保护的经济约束机制。同时,根据建设项目占用耕地指标存在灰色交易的状况,建立建设项目耕地占用指标有偿转让制度,促进耕地占用指标的优化配置。

5. 重视成本—效益分析

作为一项战略目标的提出,耕地总量动态平衡的实现关系到我国社会经济的可持续发展,因而是应该而且必须实现的。然而,在实现耕地总量动态平衡过程中,对于各项政策的推行,其所涉及的成本—效益的分析是必需的。耕地总量动态平衡"成本—效益"分析的重点在于耕地资源开发或占用边际成本—边际效益的分析,从理论上讲,如果耕地资源开发利用的边际成本小于等于边际效益,那么便可以进行,如果相反,则应该主要通过农产品市场调剂获得区域社会经济发展所必需的农产品。当然,如果食物供应紧张,而且没有回旋余地,则即便耕地资源开发利用的边际成本大于边际效益,也必须进行适当的开发利用。当前农产品供应相对充足,长江三角洲等经济发达地区,在通过土地整理方式实现耕地总量动态平衡时,更要重视成本—效益的分析,而不能仅仅将土地整理看作一项政治任务,不计成本地进行这项工作。

6. 改革土地开发复垦制度，推进农地储备工作的顺利开展

建议设立专门的土地复垦基金，由土地农业生产能力恢复评估公司根据开发者对于土地的破坏情况科学评定应缴纳的土地复垦基金，然后通过招标等市场化运作方式将土地复垦项目交由具有土地复垦技术的专门公司承担，复垦后的土地再通过市场化的方式转让给农业土地利用者，有关政府部门在这一过程中起监督执行的作用。①

（四）完善土地征收补偿制度

中国农地问题的核心问题并非公有制与私有制的问题，而是公权和私权的问题，即私权的保障和公权的限制问题。事实上，土地违法征收是当前危害土地资源保护的最主要原因，② 限制征收权的滥用无疑是解决问题的治本之策。③

完善土地征收制度，首要的必须需要限定征地范围，区分公益性用地和经营性用地，进而采用类型化的法制对策。这是因为，土地转化成建设用地可以有两个途径：一个是政府征收，用于公共利益；另一个就是交易，用于商业利益（但需上缴适当比例的交易款作为农村发展和社会保障基金，因为卖地农民不能完全占有卖地收益，否则对其他农民不公）。这就是说，对于建设用地，不但政府可以卖，在不违背土地利用规划的前提下，拥有土地使用权的农民也应可以卖，问题的关键是如何对其进行规范。

其次，还须对失地农民货币补偿收入与农民社会保障制度进行关联分析。当前，法定的征地补偿标准游离于土地市场价格之外，土地的"低征高卖"对农民权益造成严重侵害，失地农民真正能够获得的征地货币补偿收入较少。

---

① 黄贤金、濮励杰、尚贵华：《耕地总量动态平衡政策存在问题及改革建议》，《中国土地科学》2001年第4期。

② 在2008年中国共产党十七届三中全会中通过的《中共中央关于推进农村改革发展若干重大问题的决定》中，就有这样的提法："改革征地制度，严格界定公益性和经营性建设用地，逐步缩小征地范围，完善征地补偿机制。依法征收农村集体土地，按照同地同价原则及时足额给农村集体组织和农民合理补偿，解决好被征地农民就业、住房、社会保障。"这个文件是当前进行征地制度改革的重要依据和纲领性文件。从以上对我国征地相关法规的分析可以看出，征地制度改革是当前政府重点关注的一项内容。

③ 问题的关键是，有待打破利益的锁链，从《宪法》、《土地管理法》来看，并没有政府垄断土地交易的规定，但在各地的实际运作中，无一例外地由政府垄断。各地政府之所以垄断土地交易，一方面是为了监管方便，另一方面则是为了赚取土地收益。政府只能储备公共用途的土地，例如保障性住房的土地、公益事业所需的土地等，其他用途的土地要从市场上来。政府应该只是监管，不应该参与到交易环节当中。而要做到这一点，就需要实质性推进农村集体建设用地、农村土地流转等方面的改革。参见唐敏《土地管理法修订内情》，《法制与社会》2010年第4期。

土地被征用后，失地农民也失去了原先依附于土地功能的较低的生活成本，其生活压力所在便是他们面临社会风险的脆弱性所在。但是失地农民在获得征地补偿款后，政府缺乏"保障性"安置方式，失地农民建立社会保障账户应对社会风险的引致需求小。因失地农民货币补偿收入与农民社会保障制度建立的关联程度，需要重新对政府的征地角色、征地安置方式效益改进、保护农民权益以及失地农民社会保障基金账户的责任主体等方面进行思考和度量。政府不应该是市场利益的争夺者，而是市场经济规则中社会公正的维护者。从维护农民利益的角度出发，应依法赋予农民参与补偿标准制定的主体资格，农村土地让渡权应属于承包经营的农民。社会保障安置方式是其中能够兼顾短期利益和长期风险防范的理想安置方式。对失地农民这一庞大的人群的社会保障需求应当进行细分，据此，分类实施差异化的社会保障。失地农民社会保障制度建立要明晰各方主体的责任，其重点就是失地农民社会保险基金的资金筹措机制中的主体责任。失地农民社会保险基金应由政府、集体和个人从三方面共同出资，多渠道筹集。

总的说来，条件成熟时，可以制定统一的《土地征收法》，明确界定"公共利益"，规范征收程序，提高和改进补偿标准，加强对征收的监督管理，逐步实现土地征收和补偿的法制化和公平化。①

1. 必须科学界定"公共利益"

"公共利益"是一个较为抽象的概念，从不同的立场出发可以给出不同的界定和解释。我们认为，土地是稀缺资源、不可再生资源，是一切社会经济活动的载体。有鉴于此，作为稀缺经济资源的农民集体土地在以"公共利益"需要为理由被征收、征用时，其目的也即所谓的"公共利益"，必须满足以下三个条件：（1）直接目的的非营利性；（2）使用上的社会性，一般以社会公共产品为最终表现形式；（3）受益人群的非特定性，即项目受益人是社会绝大多数人，具有均沾福利而非特定公众受益性的特点；（4）成本收益上的效益性，土地征收后较征收前更具社会效益。此外，国家扶助少数民族、特殊人群（如老人、儿童、病残者、失业者）等弱者，也可以"公共利益"需要的名义征收农民集体土地。

由于"公共利益"这一概念具有高度的抽象性，而我国现行法规对"公共利益"的范围未作出明确界定，这为任意解释"公共利益"，扩大征地范

---

① 参见张成立《回顾与反思——新中国土地征收制度变迁及立法完善》，《中国国土资源经济》2009年第6期。

围，留下了可钻的空子，以至出现了"公共利益"是个筐，什么东西都往里装的情况。为了避免出现这类现象，参照国际上有关国家征地法的规定和我国实际，有必要对"公共利益"的范围作出明确的限定。我们认为：应严格限定在以下四类：（1）国防、军事用地；（2）国家机关用地；（3）公益事业用地；（4）国家重点扶持的交通、能源、水利等基础设施用地。当然，也可参照2011年1月19日通过的《国有土地上房屋征收与补偿条例》第8条[①]关于公共利益的界定。

2. 规范政府征地行为

如何规范政府尤其是地方政府的行为，构成了规范征地制度、保障农民权益的关键。[②] 解决问题的办法在于采取措施严格限制政府的权力，以规范其征地行为。主要措施如下：[③]

（1）严格控制政府的征地权力。征收集体土地，必须符合法定的"公共利益"的含义及其适用范围、城市建设总体规划、基本农田保护法规、建设用地报批制度，缺一不可。任何党政领导人都不得以"首长工程"名义"钦点征地"，否则农民有权拒征。

（2）健全土地征收程序规范，建立有效约束机制。健全而正当的法律程序和有效的约束机制是防止国家土地征收权力滥用的根本保障。主要应从以下三方面着手：第一，坚决落实现行《土地管理法》中有关土地征收程序的规定，如"两公告一登记"的规定，不能流于形式。同时启动土地征收的合法性调查、审批和监督程序；第二，严格执行征地建设项目的环境影响评价制度，对于严重损害环境的项目不予审批。第三，建立并完善土地征收听证制度，以增强土

[①] 2011年的《国有土地上房屋征收与补偿条例》第8条规定："为了保障国家安全、促进国民经济和社会发展等公共利益的需要，有下列情形之一，确需征收房屋的，由市、县级人民政府作出房屋征收决定：（一）国防和外交的需要；（二）由政府组织实施的能源、交通、水利等基础设施建设的需要；（三）由政府组织实施的科技、教育、文化、卫生、体育、环境和资源保护、防灾减灾、文物保护、社会福利、市政公用等公共事业的需要；（四）由政府组织实施的保障性安居工程建设的需要；（五）由政府依照城乡规划法有关规定组织实施的对危房集中、基础设施落后等地段进行旧城区改建的需要；（六）法律、行政法规规定的其他公共利益的需要。"

[②] 在对农民集体土地征收的过程中，政府始终处于强势地位，它既是征收的主体，又是补偿的主体。虽然，《宪法》中有关土地征用的条款已作了重大修改，突出了对农民利益的保护，但政府在征地过程中的强势地位并没有多大的改变，"公共利益"的解释权仍在政府手中，征地的程序仍由政府操纵，对征地如何补偿的决定权也归政府。

[③] 参见蓝潮永《土地征收中存在的问题与对策》，《三峡大学学报》（人文社会科学版）2010年第4期。

地征收的公开性和公正性。公开是公平、公正的前提。要切实提高征地过程的透明度，确保农民的知情权和参与权。土地征收主体要认真听取被征地的农村集体经济组织和农民的有关征收范围、补偿金额、安置方案的意见，并给予合法合理的解答。对有异议的要举行听证，摒弃个别人的武断专行和盲目决策。

3. 确定公平合理的征地补偿规则

补偿问题是土地征收制度问题最多、争议最大也最为关键的问题，[①] 也是最易引发群体性冲突的问题。进一步说，补偿问题也会间接影响土地的征占和保护。我们认为，完善我国的土地征收补偿制度，可以从以下三方面入手：

（1）适当扩大补偿范围。我国征收补偿的范围仅包括土地补偿费、安置补助费以及地上附着物和青苗补偿费。这些法定的补偿范围不但将残余地损失、相邻地损失等补偿排除在外，而且没有覆盖到设立在被征收土地上的多种用益物权，如承包经营权、宅基地使用权、地役权等。补偿范围过窄是补偿标准太低的主要原因之一。建议以后在立法中除规定现有的补偿范围外，应适当增加用益物权损失补偿、残余地损失补偿和相邻地损失补偿三项内容，前项内容具有中国特色，后两项内容是其他国家和地区在征地补偿中不可或缺的内容。[②] 具体而言，土地征收补偿费用主要包括：其一，土地权利损失补偿，包

---

① 全国人大代表、安徽省国土资源厅厅长张庆军联合多名代表提出《关于完善征地拆迁制度的若干建议》。张庆军建议，应规定对农民被征收房屋按照市场价值补偿，并让被拆迁人全面参与安置点选址、房屋设计、房屋分配方案讨论等过程。张庆军说，根据《土地管理法》和现行的相关政策，大部分地方实行的是按照被拆建筑重置成本补偿。但按建筑重置成本补偿没有对房屋的区位、用途、面积、土地使用权等因素综合考虑，无法体现出房屋的真正价值，很难确保被拆迁人原有的居住条件和水平不降低。法律应规定对农民被征收房屋按照市场价值补偿，增强被征地农民适应城镇生产生活的能力，且随着国家财力的迅速增加，按市场价条件已经具备。同时，在拆迁过程中，村或被拆迁人代表应该参与拆迁补偿安置方案的修订、安置点的选址、房屋设计、配套设施安排、施工质量监督等，房屋分配方案由被拆迁人讨论决定。张庆军说，现在农房征地拆迁补偿安置方式主要有货币安置、产权调换安置、土地安置（即重新安排宅基地或者集体建设用地，并给予一定数额的货币补偿，由被拆迁人自行负责建设）3 种。由于被拆迁人自身情况不同，对拆迁方式要求不同，他建议今后拆迁部门应根据实际可能，提供 2 种或多种方式供被拆迁人选择。张庆军表示，现在征地拆迁的实施主体比较混乱，一旦出现问题往往相互推卸责任，无法保障被拆迁人的利益。他建议，今后应严格征地拆迁实施主体，将实施主体限定为 2 类，即隶属于国土资源管理部门、政府专门成立的征地拆迁事务机构（或由土地储备机构代行），赋予开发园区及集中建设区管理机构的拆迁职责，也由国土资源管理部门统一指导、监督。参见易靖、陈荞《民进中央建议修改土地法 取消土地承包期限》，《京华时报》2011年3月8日。

② 参见吴行政《我国农村土地征收补偿法律问题研究》，中国农地法律网（http://rurallandlaw.znufe.edu.cn/Html/faxueyanjiu/0550092.htm）。

含土地所有权损失、土地使用权以及地上附着物的损失补偿，如青苗补偿、房屋补偿；其二，直接的附带损失补偿，具体包括：营业损失补偿，即在被征地上从事经营活动的投资补偿；重新安置补偿，包括迁移费、安家费、置业费；以及租赁损失补偿、残余地的分割或损失补偿等。

（2）适度提高补偿标准。我国土地补偿费、安置补助费的法定标准是按照被征地前3年的平均年产值的倍数计算的，且法定上限为30倍，这个标准显然不具有科学性。按照该标准，即使是经济相对发达地区，补偿费每亩最高为3万—4万元，只相当于当地农民5—6年的人均收入。另外，对地上附着物和青苗补偿费没有规定统一标准，只是授权由各省级人民政府自行确定标准。而世界各地则一般是以市场价格作为主要参照依据，通过规范的价格评估体系公平确定补偿标准，目的是使被征地人的合法权益不因政府的行为受到实质的损害。① 因此，将来完善征地补偿立法时，应建立与市场相联系的土地征收补偿机制，采取"征地综合区片价"② 的补偿标准，即在征地补偿时土地价格由土地原有用途价格和社会保障费用两部分组成，确保农民分享土地增

---

① 参见王娟《论土地征收过程中失地农民权益保护问题》，《行政与法》2010年第4期。
② "征地综合区价"是指在城镇行政区土地利用总体规划确定的建设用地范围内，依据地类、产值、土地区位、农用地等级、人均耕地量、土地供求关系、当地经济发展水平和城镇居民最低生活保障水平等因素，划分区片并测算的征地综合补偿标准。征地区片综合地价的实质是征地补偿标准。它相对于现行《土地管理法》确定的征地年产值倍数法补偿标准，还考虑了被征地区位因素和供求情况等因素。征地区片综合地价仅相当于现行《土地管理法》规定的土地补偿费和安置补助费，不包含地上附着物和青苗补偿费。在实施征地过程中，地上附着物和青苗需按实际情况另行计算和补偿。如何依法合理确定征地补偿标准一直是征地工作的重点和难点。按照现行《土地管理法》的规定，征地补偿包括土地补偿费、安置补助费、青苗和地上附着物补偿费四项。一般来说，青苗和地上附着物价格比较容易根据实际确定，但要按照《土地管理法》的规定，以被征土地前三年平均产值乘以一定倍数的办法（产值倍数法）来计算土地补偿费和安置补助费，则存在较大困难和随意性，主要问题一是没有针对每一地块各种不同地类（如耕地、鱼塘、园地、林地等）的年产值的统计口径，无法准确计算出各地类单位面积的平均年产值；二是每一地块的倍数标准存在较大弹性。为了更合理地制订可操作的征地补偿标准，近年来，国土资源部多次发出文件，要求各地尽快制订和公布征地的统一年产值标准和区片综合地价，以解决当前征地工作中存在的补偿标准随意性较大、同地不同价等突出问题。征地区片综合地价除了考虑被征土地的农业产值情况外，还综合考虑土地区位因素、农民生活水平等多种因素，把行政区域内建设用地区划分为若干均质区片，再制定相应的综合地价标准，既能更好地保护被征地农民的权益，又便于征地操作。按照征地区片综合地价实施征地，不再因征地目的不同而采取不同的补偿标准，也不再区分土地补偿费和安置补助费，将更好地实现不同区域征地补偿标准的相互衔接，逐步实现同地同价。参见广东建设信息网（http://www.gdcic.net/gdcicIms/Front/Message/ViewMessage.aspx? MessageID = 89936）。

值收益。① 不过，要说明的是，我们并不赞同完全按照土地的市场价格确定补偿标准，因为土地非农使用后地价之所以远远高于原来的用途，主要是因为工商业的发展抬高了土地的使用价值，换言之，即土地非农使用的收益主要来自工商业的发展，来自经济的发展和城市的扩张，而与农户的努力无关。因此，完全按照土地市场的价格，将这部分并不是由农民带来的土地非农使用的增值收益，全部给予农民，事实上也缺乏正当性和合理性。②

当然，补偿标准必须根据社会经济的发展进行适时调整。建议国务院和有关地方政府，应当根据社会、经济发展水平，至少每三年调整一次征地补偿标准。

(3) 丰富补偿方式。我国目前主要的征地补偿安置方式是一次性的货币补偿，该方式无法为失地失业的农民提供充分的生活保障。一些学者提出建立分期补偿、土地使用权入股安置、留地安置等多种形式的复合安置方式，还有一些学者提出设立失地农民社会保险、国家失地农民保障基金、发放一定数量的土地债券的补偿方式。③ 这些建议都具有合理性和可操作性，应该是将来完善征地补偿的行政立法时需要关注的内容。④

4. 建立畅通的农民利益表达机制，健全土地征收的司法救济程序

一是对公益性用地的行政诉讼，包括对：(1) 是否符合"公共利益"目的的诉讼，(2) 土地征收补偿方案是否合理的诉讼，(3) 土地被征收后，是否在合理期限内并为公共利益而使用，是否及时支付补偿费等；二是对商业性用地（需上缴适当比例的交易款作为农村发展和社会保障基金）的民事诉讼。⑤ 具体的论述，见后文土地资源司法保护建议部分。

(五) 强化土地闲置防治制度

土地闲置是造成土地浪费最大的威胁之一，有必要加强管制。建议国家出

---

① 参见王娟《论土地征收过程中失地农民权益保护问题》，《行政与法》2010年第4期。

② 关于这一问题，贺雪峰有详细的论述。参加贺雪峰《地权的逻辑——中国农村土地制度向何处去》，中国政法大学出版社2010年版，"自序"第8页。

③ 参见黎平、严明、杨志民《农村集体土地征用中存在的问题与对策》，《中国矿业大学学报》（社会科学版）2003年第4期；贺敏杰《失地农民老有所——宁波被征地农民保障基金》，《国土资源报》2002年12月20日；王娟《论土地征收过程中失地农民权益保护问题》，《行政与法》2010年第4期。

④ 参见陈建军、李立宏《保障被征地农民的生存和发展空间——以完善我国土地征收补偿法律制度为视角》，《云梦学刊》2011年第1期。

⑤ 蓝潮永：《土地征收中存在的问题与对策》，《三峡大学学报》（人文社会科学版）2010年第4期。

台系列措施完善市场体系,对于由企业原因造成土地闲置一年以上的,在结案和问题查处整改到位前,禁止竞买人及其控股股东参加土地竞买活动;针对因毛地出让拆迁难而不能开发的情况,规定建设用地使用权"净地"出让,出让前应处理好土地的产权、补偿安置等经济法律关系;为给分期开发上"紧箍咒",规定项目一旦开工必须3年内竣工;为减少企业因缺少资金而推迟开发,严格限制单宗土地出让规模,大城市20公顷,中等城市14公顷,小城市(镇)7公顷。防止闲置土地产生,一方面要限制开发商的投机行为,另一方面还要规范政府行为。从近年来发现的土地闲置问题来看,如果对闲置土地背后的政府不作为、乱作为不加管束,只要涉及"政府原因"便可不受处罚,土地管理问责便难以达到预期目标。

当然,由于房地产业的链条比较长,出现少量的闲置地也是正常的,关键是要让开发商承担相应的代价,可以通过税收的形式把开发商"囤地"期间的增值收归国有,去除开发商投机的动机,比如土地买的时候价格是200万元,后来变成1000万元了,中间800万元的差额要缴税。①

总之,闲置土地的处理,关乎房地产市场健康运行乃至社会公平正义,关乎土地资源的可持续利用,关乎社会的长治久安,影响不容小觑。有关部门和地方应当严格依法办事,该收的坚决收回,该罚的罚到位,防止国有资产流失,促进经济社会良性发展。

(六) 建立土地生态环境影响评价制度

作为生态环境系统重要构成要素的土地,对其的开发利用直接影响着人类生态环境的好坏。尤其是土地中的林地、草地和湿地等生态用地,对维系生态平衡起着重要的作用。然而,在过去,我国一些地区,特别是生态脆弱地区,单纯追求经济的速度,盲目开发土地,忽视管理和保护,结果导致水土流失、荒漠化以及土壤污染等环境问题日益严重。因此,土地保护工作不仅是保持现有耕地面积的稳定,还应包括对生态环境的保护。在保护中开发,在开发中保护应成为基本原则。此外,开发耕地后备资源也不能进行盲目性、掠夺性开发,必须在坚持保护生态环境、改善农业生产条件的前提下进行。为此,建议建立区域土地资源开发、复垦、整理的生态环境评价制度,从而确保土地资源的可持续利用和土壤环境安全。

(七) 确立土地保护公益诉讼制度

所谓公益诉讼(Public Interest Litigation),是指公民、法人、其他组织或

---

① 冯琦:《全国房产商囤地近18万亩 若建成可供800万人住》,《人民日报》2011年7月28日。

者国家机关作为原告，为了制止损害或者可能损害公共利益（国家利益、社会利益或者不特定多数人的利益）行为的发生或持续进行，以及救济受损的公共利益，而向法院提出追究公益致害人相应法律责任的请求，并由法院按照诉讼程序依法审判的特殊诉讼活动。① 耕地、林地、草地、湿地等土地资源一方面同公民的生产生活密切相关，具有私益的属性；另一方面，土地资源还涉及国家粮食安全、资源安全和环境安全等国家和社会利益，具有典型的公益性。

当前，我国土地资源的违法圈占、土地闲置、土壤污染、生态破坏等问题层出不穷，在土地资源公益遭受危害的情况下，作为法治最后一道屏障的司法，理应提供保护和救济。建议新制定的《土地法》在2012年8月新修订的《民事诉讼法》的基础上，规定："对侵占、闲置、污染和破坏土地资源等损害公共利益的行为，有关公民、行政机关和社会组织可以向人民法院提起诉讼。其他主体在合理期限内没有起诉或者认为确有必要的，检察机关也可以直接提起诉讼。"此外，2015年年初，最高人民法院已出台《关于审理环境民事公益诉讼案件适用法律若干问题的解释》，建议《行政诉讼法》趁此契机尽快修改，规定关于环境资源公益诉讼的条款。从而通过公益诉讼的抓手，充分释放和发挥司法的重要作用，保护好土地资源，推进我国的生态文明建设。

（八）其他主要的制度变革

1. 建立和完善信息公开和公众参与制度

公众参与的基础是信息公开，权利上则体现为知情权。国家和地方的土地主管部门，可借助土地市场的动态监测平台，及时将土地的划拨、招标、拍卖、协议出让、租赁等信息公之于众，使土地的利用建立在有法可依的土地供需情况监督平台之上。② 土地市场动态监测系统的运行，将有助于掌握土地市场信息，加强土地市场的宏观调控。

对于公众参与，建议在现行《土地管理法》第3条后新增一条：行政机关实施土地管理，应当坚持公平、公开、公正的原则，建立和完善公众参与、专家论证、风险评估等程序规则，保障公民、法人和其他组织的知情权、参与权、表达权和监督权。

---

① 关于公益诉讼的概念，不同的学者有不同的认识，如韩志红认为，它是任何组织和个人根据法律授权，就违法侵犯国家利益、社会公益的行为提起诉讼，由法院依法处理违法之活动。它是依托于社会正义的概念，以及视法律为社会变革工具的意愿，主要由公益律师和公益团体展开的诉讼活动。参见韩志红、阮大强《新型诉讼——经济公益诉讼的理论与实践》，法律出版社1999年版，第27页。

② 近年来，一些地方已试行将若干块商业住宅用途土地在网上进行挂牌交易的做法。

在土地进入市场的过程中，要让村集体和农民等市场主体享有知情权并直接参与到土地交易的过程中；在制度创设上，使他们对土地使用权、处置权等权利的行使，能够得到保障，能够实现自己的合法利益。

当然，主要的是要加强和保证公民对于土地规划的公众参与。规划的"阳光性"及"公众参与"是土地规划立法不可或缺的重要内容，在此方面规划立法需要作出较为详尽的规定。土地规划立法需要明确规划公开的基本原则，保障公众的知情权，体现出公众才是土地规划的主体，以及规划的根本目的是为公众服务。同时，政府部门要更加注重公共利益，鼓励公众积极参与规划编制，给他们提供表达意愿的机会和渠道，形成"政府—专家—公众"多边参与的互动机制，从而提高规划的透明度和公众的参与度。目前，中国土地规划和其他大多数规划一样，公众参与尚处于"象征性"参与阶段，公众缺少相应的话语权和监督权，社会团体或个人依然缺少发表意见及维护自身利益的渠道和平台。为此，需要拓展公众参与规划的广度和深度。比如，土地规划编制过程中和报送审批前，组织编制机关应当依法将规划编制的情况和草案予以公告，并采取论证会、听证会或者其他方式征求公众的意见，一般公告时间不得少于30日；如果是重大利益相关人，土地规划组织编制机关应当及时和直接向其咨询意见以及公布经依法批准的土地规划；规划方案应当经本级人民代表大会或者常务委员会讨论通过。另外，公众参与不但要成为规划程序的一部分，更应该成为提高土地规划质量的外部力量；公众参与还有助于从心理层面和行动层面缓解各种利益矛盾，增强土地执法的可接受性，有利于维护公共利益、促进社会公平、关注和改善民生，体现构建和谐社会的时代精神。因此，必须从法律上为"阳光规划"和公众参与规划提供法律依据。[①]

2. 取消土地承包经营期限

建议《土地管理法》新增一条：土地承包经营权自土地承包经营权合同生效时设立。土地承包期届满后，土地承包经营合同自动延期。

这是因为，要实现土地承包经营权即使用权的稳定，应当取消承包经营权的期限。这一方面是对党的十七届三中全会关于"现有土地承包关系要保持稳定并长久不变"精神的落实；另一方面也有利于国家计划生育政策的执行，因为承包土地数额的永久固定意味着从土地中获得的收益大致确定，对于每一个农村家庭来说，过多的人口不但不会带来更多的土地，反而会导致生活水平严重降低，因此取消承包经营权的期限，赋予集体承包土地以"永佃权"，将

[①] 赵进：《构建符合时代精神的规划法制》，《规划师》2008年第5期。

促使农民在生育问题上更加谨慎。

3. 废除建设用地指标制度

建议删除现行《土地管理法》第 24 条关于"各级人民政府应当加强土地利用计划管理,实行建设用地总量控制"的规定。删除第 25 条关于"省、自治区、直辖市人民政府应当将土地利用年度计划的执行情况列为国民经济和社会发展计划执行情况的内容,向同级人民代表大会报告"的规定。

这是因为,建设用地指标(土地利用计划)是计划经济的遗留物,不但可能将规划架空,而且容易造成地区的不平衡,审批权力过于庞大导致的腐败也由此滋生。我们认为,建设用地指标这种土地管理模式今后应当废除,政府应当将主要精力放在通过土地规划进行土地用途管制方面。

4. 限制和完善行政划拨制度,坚持市场经济方向

建议删除现行《土地管理法》第 54 条关于行政划拨取得建设用地的规定。

这是因为,土地划拨制度是计划经济时代的产物。这种无偿划拨制度,一方面造成了巨大的国有资产流失,另一方面也严重影响了市场公平。今天看来,《土地管理法》修改必须坚持市场经济方向,尽快废除土地划拨制度。无论是公用,还是私用,都应该通过市场获得。确属公共用途的,可由财政出钱购买。①

行政划拨,是新中国成立以来长期沿用的土地使用权取得方式。在计划经济时期,各种行政事业单位用地和工商业用地都纳入计划进行分配,几无营利性和公益性之分。因此,行政划拨用地强势地成为土地资源分配的主要方式。随着社会主义市场经济的发展和壮大,房地产市场茁壮兴起和成长,内在地需要发挥市场在配置土地资源等生产要素中的独到作用,需要体现市场主体的应有收益。

因而,在当前城市存量土地基本上都是划拨土地的格局下,强调缩小行政划拨土地使用权的行使,更多地发挥市场在配置土地资源中的积极作用,当是立法制度构建的取向所在。鉴于此,有必要在《土地管理法》第 54 条和《城市房地产管理法》第 23 条所规定的将划拨土地的用地范围限定于公用事业、国家机关、基础设施以及国家重点工程用地范围的基础上,进一步明确具体用地的使用,将划拨土地严格限定于公益性用地。与此同时,将在征用集体土地基础上取得的划拨土地使用权,一并纳入立法的规范之中,以防范土地的闲置

---

① 易靖、陈荞:《民进中央建议修改土地法 取消土地承包期限》,《京华时报》2011 年 3 月 8 日。

和资源浪费。

为此，相应的立法制度构建是：在当前的征地开发潮中，需要改变体现计划经济特色的行政划拨等征地方式，逐渐引入市场机制。同时，在往后，开发商要想取得土地，必须通过市场而不是依赖行政权的庇护而获得。这就需要在制度上明确将土地纳入市场机制，使土地有序地全部进入市场。近年来，一些地方先行出台政策，明确凡商业用地使用权，都要通过拍卖的方式来取得。这一政策，有利于改变此前通过行政划拨等方式取得商业用地的非市场化做法。

四 其他完善土地资源保护立法的措施

（一）加强《土地法》的配套性法规、规章的制定和修改

从土地规划法律体系来看，《土地法》是基本法，《土地规划法》是一个主干法，其实施的配套法规和规章不可缺少。所以在制定《土地规划法》同时，加紧研究相关配套法律法规，从而使整个土地规划法律制度体系完整、层次分明、结构严谨、内部协调、体例科学。配套法规和规章从级别上应包括两个层次：一是国家层次，要建立涉及规划及规划编制、实施管理的国家级配套的法规规章，主要有《土地规划条例》、《土地规划实施管理条例》、《土地利用计划条例》、《建设项目用地规划审查办法》、《土地规划用途分类条例》、《土地用途分区管制规则》等，以此明确国家层次有关规划立法的目标、方针和实施规划的法律依据；二是地方层次，各地应在遵循国家法律法规的前提下，制定可操作性强的地方性配套法规如规划编制、实施条例或办法，明确有关规划实施机构、管理程序、实施效果评价、监督管理、规划调整、违反规划的强制措施等具体规定来保证各级规划的落实。这些配套立法甚至可以在《土地规划法》之前出台，成熟一个出台一个，以满足当前土地规划管理的需要，使土地规划走上有法可依、违法必究的法治轨道。①

另外，还需制定和完善《土地征收条例》、《土地流转条例》、《湿地保护条例》②、《土地整理条例》、《土地复垦条例》、《土地占补平衡办法》等行政法规和规章，在整体上增强《土地法》的可操作性。

---

① 参见严金明《土地规划立法的导向选择与法律框架构建》，《中国土地科学》2008年第11期。
② 由国家林业局制定的《湿地保护管理规定》已于2013年5月1日起开始实施，之前起草的《湿地保护条例（征求意见稿）》暂时搁浅。

（二）健全和完善与《土地法》相关的立法

土地资源的保护是一项系统工程，需要多项立法分工负责紧密合作方能圆满完成，在立法技术上体现为土地生态化立法。① 就当前而言，主要是应当根据土地资源统一保护的要求，制定和修改与土地资源保护相关的立法，如《农村土地承包法》、《物权法》、《城市规划法》；《矿产资源法》、《森林法》、《草原法》、《水法》、《海岛保护法》；《水土保持法》、《环境保护法》、《自然保护区条例》、《海洋环境保护法》等立法。

（三）加强和完善土地资源地方性立法

在我国的土地法律体系当中，地方立法具有举足轻重的地位。它主要包括两大类型：一是实施型立法；二是创制型立法。地方土地立法的主要特点是探索性、先行性、创新性、地域性。地方土地立法的重要价值在于，为国家土地法制建设积累丰富的经验，它过去是、将来依然是国家土地法制建设的原动力。②

第三节 健全和完善我国土地资源保护执法的对策建议

长期以来，我国土地管理有法不依、执法不严的问题依然大量存在。为强化土地执法，2006年我国建立了土地督察制度。2007年，是建立土地督察制度后的首个行动年。从清理出的土地违法案件数量、曝光的土地违法案件数量以及查处的土地违法案件来看，土地执法可谓有声有色。当然，从我国的国情来看，建立土地管理法律秩序仍然任重道远，需要持之以恒的不懈行动，也需要不断改革完善土地管理法律法规。

一 明确土地资源执法的基本原则

（一）管理、监督和经营相分离的原则

土地资源的管理、监督与经营是标的相同但目标不同且相互制约的行为。如果由一个部门或一个机构行使，必然发生共谋和作弊行为。必须在法律规定

---

① 土地生态化立法是土地法律系统自身的适应性调整，它以一定的外在条件为契机，这些条件构成了这个调整过程的外部基础。这些基础是以人地共生复合生态系统为依据的自然基础，以土地多元价值发现和人地关系的生态伦理回归为依据的伦理基础，以土地生态危机引发的社会关系重构为依据的社会基础，以及以法律系统生态化的进程所引发的部门法群效应为依据的制度基础。参见黄中显《关于土地生态化立法的思考》，《经济与社会发展》2010年第11期。

② 陈年冰：《论我国地方土地立法》，《学术研究》2010年第12期。

的职能框架下，按照确定的分工进行严格的划分。

（二）统一管理、分工配合、责权明确的原则

要理顺中央政府和地方政府之间、上下级地方政府之间、土地主管部门同其他管理部门之间的关系。基本原则是，由土地主管部门统一管理，林业、水利、农业、环保、建设、工商、海洋、公安等部门负责某一方面的土地管理工作，各级政府统一协调，各管理部门责权配置明晰，共同完成土地管理工作。

（三）依法行政的原则

政府部门的土地资源管理工作必须严格按照法律的要求进行，坚决打击违法行为、滥用权力、贪污腐败的行为。就土地资源管理而言，特别需要强调的是依法征收和合理补偿的问题。

二 改进土地资源执法的管理体制

（一）明确中央与地方政府的职权划分

中央政府的主要职责是：从宏观上准确把握国家经济社会总体发展对土地资源的要求，协调好工业化、城镇化过程中耕地保护、生态保护与非农用地的关系；建立适合我国国情的、能够保障粮食安全、生态安全的相互制约与目标明确的土地统一保护制度，尤其是耕地保护制度，建立健全农民自身在保护耕地安全方面的自主机制；有效解决工业化和城镇化过程中对建设用地迅速增长的需求，建立土地集约利用的长效机制，编制全国和区域性空间规划（区域规划）。

国土资源部在土地管理方面的职能是：围绕国家的宏观目标，研究、制定、设计符合我国国情的土地管理体制、土地管理法律法规和政策体系；负责指导下级土地管理部门的业务，包括编制土地利用规划、土地登记、土地调查、土地市场监测等；负责开展全国的土地整理、复垦及后备土地资源的普查；建立土地资源管理的垂直监督体系，由上到下，层层监督。

省级政府土地管理部门应在中央大政方针的指导下，严格遵守国家法律法规，贯彻国务院关于土地管理的各项政策，依据全国性和区域性空间规划，编制省域土地利用规划，审批市级土地利用规划和建设用地；根据本省（自治区、直辖市）情况，进一步制定适合本地区特点的土地管理法规及政策，负责监督省级以下土地管理部门对土地利用和使用的管理，对市级土地利用规划的编制进行指导，对省内不同地区间的土地纠纷问题进行协调。

市级土地管理部门负责贯彻执行国家和省级政府制定的有关法律法规和政策；根据全国性空间规划和区域性空间规划及本省土地利用规划，编制市域土

地利用规划；负责监督市级以下土地管理部门的土地管理行为，监督土地市场的运行和土地的开发利用，对违法行为进行处罚；对土地使用权交易进行审批，制发土地使用权证；打击囤积土地和恶意炒买炒卖的行为，限制土地投机行为，干预由炒作引起的地价上升。

县（区）级以下的土地管理机构应作为市级土地管理部门的派出机构，人员管理、经费支出等事务应由地市级国土资源管理部门进行统一管理。主要工作是进行土地产权登记、变更和土地纠纷的处理。具体管理土地市场运行中所发生的一系列相关活动，重点指导乡级土地管理机构的管理工作，收集基层土地信息，建立土地信息库，为上级土地管理部门及时了解土地市场的动态变化提供依据。

乡（镇）级土地管理机构依法对农村土地使用权进行确认，对每宗土地的权属进行确认并负责地籍调查、登记、造册等工作，负责土地使用权和土地变更的发证工作；同时，还要依法管理土地权属的变更及其申报工作，协助县级土地管理部门对每户农民所拥有的土地使用权进行实地丈量、建立标识，对土地使用权的转让进行及时登记并统计上报，负责处理土地纠纷。①

（二）理顺上下级政府部门之间的关系

尽管在2004年年底全国实行了省以下的土地垂直管理，但改革后市、县土地部门非领导班子的人事权、财政权等还留在地方，由以前的一个"婆婆"变为两个"婆婆"。因此，应按照"集中统一、精干高效、依法行政、具有权威"的原则建立省以下土地管理完全垂直的管理体制，使国土部门少受地方干扰，做到执法必严、违法必究。垂直管理后土地利用的决策、执行两者的职能和监督职能应相对分离，将审计制度引入监督职能中，对各级土地管理部门领导进行年审和离职审计。②

（三）理顺土地管理部门与其他部门的关系

为改变许多地方存在的多部门批地管理、政出多门的现象，应在明确土地所有权和使用权及其他项权利划分的基础上，理顺部门间的关系，明确与土地资源管理相关的部门对土地管理的权限和职能，并以法律或制度的形式确定下来。这其中涉及矛盾比较突出的是土地管理部门和城市管理部门。

改革的长远方向是要明确各部门的职能划分，这不仅包括与土地管理相关

---

① 孟虹：《完善我国土地管理体制的若干建议》，《中国新技术新产品》2009年第2期。

② 参见吴勇、吴耿《建立城乡统一土地管理体制的"213"构想》，《中国房地产报》2009年7月27日。

的土地、城市、农业、林业等部门，还包括其他一些综合规划部门。土地管理部门负责土地的总协调，其他部门则依据其用地性质进行专项管理。具体而言，土地管理部门负责土地利用总体规划的编制与管理、土地用途的管制、土地登记管理、土地违法行为的查处等。其他部门则在土地利用总体规划的控制下负责专项用地规划的制定，按照统一的土地政策和确定的土地用途进行专项管理，改变目前有些地方存在的多部门批地管地、政出多门的现象。地方政府在确定部门分工时，必须依照《土地管理法》及相关规定，充分发挥土地管理部门对土地权属的基础管理和土地利用综合管理的作用，做到土地法规和政策统一、土地权属登记管理统一、土地利用规划统一、建设用地的审批征用统一、土地的出让转让管理统一，形成统一、协调的土地管理秩序。

一是关于规划的协调问题。要以上一级的空间规划为依据，编制省市级土地利用规划，土地利用规划应以空间规划或区域规划为指导。城镇范围内可考虑将土地利用规划与城市规划合并。

二是关于土地的权属登记问题，应考虑对同一块土地及其地上建筑由一个部门统一登记，颁发一个产权证书，以减少土地交易成本。

三是土地管理部门重点负责土地利用规划的编制与管理，负责土地用途分区的管制、土地登记管理、土地市场信息资料的收集、土地违法行为的查处，制定完备的土地法规和相关政策。

四是城市管理部门的主要职责是编制城市规划，重点应是城市空间的立体发展规划；对城市交通、公益设施等进行规划、管理和建设；对城市土地的集约利用和空间合理布局进行研究、规划和实施。①

三　强化土地资源执法的约束监督制度

（一）加强规划管理，取消年度计划管理制度

今后我国应根据 2010 年《全国主体功能区规划》之优化开发区、重点开发区、限制开发区和禁止开发区的不同要求，优化国土空间利用秩序，全面实行规范化与法制化的土地利用、分类分区管制，最终取消年度占地计划。当前要逐步缩小计划管理范围、增加指令性计划管理的弹性。政府应重点在土地利用规划、土地市场、信息、监管方面加强管理，从注重审批向注重规划和监管方向转变。各级政府首先是要制定科学合理的土地利用规划，划定严格的土地利用分区，所有土地使用者必须在规划许可的条件下进行有关土地利用、买卖

---

① 孟虹：《完善我国土地管理体制的若干建议》，《中国新技术新产品》2009 年第 2 期。

等各项活动。而国家不再对每一块土地进行用地的审批,主要工作是对土地的使用情况进行监管,防止和纠正土地用途违反空间规划、土地利用规划和城市城镇规划,以及土地交易暗箱操作、土地重大污染等问题。

(二)改革土地非农使用收益分配制度,弱化以至剥离地方政府与征地之间的利益关系

在现行征地制度下,地方政府处于垄断地位,人为地在征地和供地之间制造了巨大的利益空间,或者说租金。那么,这个利益空间有多大呢?有关资料显示,2002年,全国土地使用权招标拍卖收入平均每亩为35.67万元,而对农民的补偿通常每亩只有1.5万—3.5万元。

政府之所以产生征地偏好,目的正是最大限度地从这一空间攫取利益。这是滥用征地权力、任意降低补偿标准弊端的症结所在。可以说,现行土地财政的结果养肥的是某些个人、小集团,特别是房地产开发商、部分政府官员。据调查,沿海地区农民集体土地出让收益分配的格局为:2—3成为政府所得,4—5成为开发商所得,1—2成为村级组织所得,0.5—1成为农民所得。目前,一些地方公务员的工资收入中除了按国家统一标准发放的外,还有一块来自地方财政补贴,而后一块往往是前一块的2—4倍。这里的地方财政补贴即主要来源于征地利益分配所得。

因此,解决问题的重要出路是采取措施规范、约束政府行为,弱化以至剥离地方政府与征地之间的直接利益关系。为此,建议在征地过程中,政府接受用地单位委托,行使代征权,办理土地变更手续,而征地价格可由农民个人、集体土地的所有者和用地单位协商解决。征地之后,土地使用权由政府直接划拨给用地单位。这是一种情况。如出于上述目的,用地单位在取得土地后,需要改变用地方向,即由非营利性改为营利性,则土地增值收益应由国家和用地单位进行分配。这又是一种情况。凡属经营性项目用地而计划应征的,应允许农民集体土地直接进入市场,土地交易价格由交易双方决定,政府负责办理土地使用权变更手续,并收取土地交易税。既然房地产开发商可以对土地开发经营,农民为什么不行,偏要交给房地产开发商,让他们赚大钱呢?政府只要把握好政策,控制"三关",即土地使用方向变性关、税收关、利益分配关(帮助失地农民合理安排土地收益的使用方向,正确处理长远利益和当前利益以及就业、教育、医疗、养老等关系),那么,农民在推进城市化进程中一定能妥善地处理国家、集体和个人之间的利益关系问题。

当然,还有两个需注意的问题。一是商业性用地的收费问题。对于商业性用地,需上缴适当比例的交易款作为农村发展和社会保障基金,因为卖地农民

不能完全占有卖地收益，否则对其他农民不公。二是地方政府和中央之间的土地收益分配问题。尽管现行《土地管理法》第55条规定："新增建设用地的土地有偿使用费，百分之三十上缴中央财政，百分之七十留给有关地方人民政府，都专项用于耕地开发"，但实际上，中央获得土地收益远远少于这个比例。建议在进行充分的调研和论证的基础上，对现行的土地收益分配机制进行改革：一是提高中央收益的比重；二是按照一定比例把土地收益的大部分用于设立专门的农村发展和社会保障基金。①

（三）改革政府官员政绩考核制度

政府官员政绩考核制度是行政绩效评估制度的重要组成部分，它对政府官员的职务行为具有导向性作用，是公务员的"紧箍咒"。受片面GDP观念的影响，现行的政府官员政绩考核制度过分偏重经济发展指标，对经济发展的贡献成为公务员考核的最重要甚至是唯一的指标。经济发展不了，政府官员的仕途便会受到很大的影响。实践中，很多政府官员为了升迁，便不择手段，甚至不惜以身试法。在批地、卖地可以在短时间内促进经济飞速发展的情况下，违法征地用地便成了常态。我们应改变以往片面的政绩观，对以经济发展指标为核心的政府官员政绩考核制度进行改革，将社会和谐、权利保障、法律实施效果等纳入官员考核指标体系，并作为核批农地非农化申请的主要依据。不再把经济发展作为衡量官员政绩的唯一指标，促使政府从"计划型政府"向"服务型政府"转变。土地保护应当成为政绩考核的一个重要指标。

因此，应当改革现行以GDP和财政收入增长为主要考核指标的政绩观，将"在发展经济的同时是否维护农民利益，合理利用土地，保护耕地以及具有重要生态价值的湿地、林地、草地"作为重要内容列入考核指标，实行耕地保护责任考核的动态监测和预警制度，并加强检查和考核，建立起能反映社会、经济协调发展的综合评价体系，消除干部滥用征地权的制度因素，科学、合理、集约、高效利用土地资源，保证经济社会可持续发展，真正做到"为官一任，造福一方"。

---

① 有学者主张："土地财政"所收入的钱，第一，不能进入GDP，不能算到生产总量的账上。第二，不能算作官员的政绩。不但不能算成政绩，而且要算成负政绩。因为"土地财政"的收入不是生产性收入也不是经营性收入，它是抢吃子孙饭的结果，是透支公共资源的行为。"土地财政"收入越多，罪过就越大。第三，不能用来建造豪华办公楼，不能用来补贴三公消费。第四，所有的"土地财政"收入，地方政府都无权使用，要统一交到国家财政部门。由中央政府统筹安排来"用于农田水利建设"，以及用于其他的与国计民生密切相关的事业中去，比如教育，医疗，养老。参见田嘉力《土地财政不除房价上涨不止》，http：//www.maoflag.net/bbs/viewthread.php？tid=1541522。

（四）加强土地资源管理的政府问责制度

多年来，土地违法量大面广特别是政府违法问题突出，其中一个重要原因，就是现行的责任追究制度中缺少有效的政府领导问责理念。由于土地违法多为"因公违法"，政府领导往往主观上狠不起来，管理上松，查处上软，一定程度上纵容了土地违法违规行为的发生。另外，也难以有效制止政府自身违法违规行为的发生。为此，务必"严格实行问责制"，其目的在于通过建立有效的责任约束机制，限制和规范政府权力和政府官员行为，将政府土地管理和耕地保护的责任落到实处，保证经济社会可持续发展。

第一，国土资源管理部门及其工作人员必须严格执行国家土地管理的法律法规和方针政策，大力推进依法行政，确保政令畅通。这就要求在土地管理系统进一步深入推进"完善体制、提高素质"活动，促进法治观念的增强，大局意识的树立和依法行政能力的提高。

第二，各级土地管理部门及其工作人员要对本行政区域内土地利用情况的真实性和合法性负责。对真实性负责，是各级土地管理部门及其工作人员理应承担的当然责任。对合法性负责，主要是指各级土地管理部门及其工作人员，要对本区域内的土地利用和管理情况进行合法性把关，并向同级政府或上级领导提出意见和建议；对于不合法的决定，应当提出改正的意见和建议，也可以向上一级土地管理部门报告。这就要求各级土地管理部门及其工作人员一是要加强法律知识的学习，切实做到依法管地，全面履行土地管理的各项职责。二是要根据不同的管理层级、不同的工作岗位，明确相应的工作责任。对于经手的各种报批事项、自行审批事项、各种数据以及本区域内土地利用的实际发生情况等，必须按照各自职责切实负起责任。三是要切实加强基础和技术工作，采用遥感、信息系统和网络化管理等现代技术手段，加强土地调查统计，及时准确掌握土地利用变化情况。

第三，严格追究责任。要切实加强土地管理部门履行职责的管理和监督，对玩忽职守、滥用职权、徇私舞弊、不执行和不遵守土地管理法律法规的，严格追究责任。土地管理部门工作人员认为上级错误的决定或者命令，要提出改正的意见和建议；对上级明显违法的决定或者命令，要坚决抵制；盲目执行上级明显违法的决定或者命令的，应当依照《公务员法》的规定追究有关领导和相应人员的责任。

要注意的是，要切实实现政府问责，应当设法完善土地违法案件的查处协调机制。案件查处工作是促进国家宏观调控政策落实，保证土地法律法规有效实施的重要手段。案件查处工作能否发挥应有的作用，关键在于对土地违法案件能否依法严格查处到位,特别是能否依法严肃追究违法责任人的法律责任。而实践一再证明,严格依法查处土地违法案件并处理到位,既需要土地行政主管部门铁面无私,秉公执法,同时也离不开纪检、监察及公安、司法机关的支持和配合。众所周知,对土地违法行为的行政处罚决定是由土地行政主管部门作出的,但处罚决定的落实常常要依靠法院的强制执行。对土地违法责任人行政责任的追究,土地行政主管部门只有行政处分建议权,处分决定的作出和落实,则要依靠纪检监察机关。对土地违法责任人刑事责任的追究,土地行政主管部门只有移送权,刑事责任的落实要依靠公安部门、检察院和法院。因此,在案件查处工作中,部门配合非常重要。保证及时有效查处土地违法案件,必须加强土地行政主管部门与相关职能部门之间的沟通联系和相互协作配合。①

四 加强土地资源执法的能力建设

执法队伍的素质和能力是土地资源执法工作的基本保证。受经济社会发展和国家法治建设水平的影响,我国当前土地资源执法的能力还较为欠缺,有必要加强建设。具体包括以下四个方面:一是强化组织建设;二是提高人员素质和个人能力;三是加强部门之间的联动协作和合作配合,就当前而言,主要是加强国土部门、规划部之间,以及它们同环保部门之间的合作配合,譬如只有已经取得环境影响评价审批文书的,方可对其审批发放土地使用权证、建设规划许可证等;四是加强技术设施的配备,并不断提高技术、装备、设施的现代化水平。

就当前来说,应当及早建立城乡统一的地籍管理数据中心,真正实现"以图管地"。地籍管理工作是土地管理的基础性工作。要解决地籍管理城乡分治问题,就必须通过地籍管理数据中心的建设和推广,实现城乡土地图形数据和属性数据的统一,促进地籍管理工作走向规范化、标准化和科学化。城乡统一的地籍管理数据中心无缝覆盖城乡所有区域,它包含权属管理、土地利用现状管理、规划管理等专题,并具有较强的可扩充性。各专题之间通过基础空间几何对象库衔接,每个土地利用现状图与这些对象一一对应,一个权属单位实体由一个或若干个空间几何对象构成。如一个行政村可以由若干个对象组成,同样一宗地也可以由一个或若干个对象组成。数据中心建设包括运行平台建设、数据库建设和相关的维护工具软件开发建设、上下级交换体系的建设。

---

① 《中国国土资源报专访八:土地执法问责地方政府》,http://www.gov.cn/zwhd/2006-09/22/content_395996.htm。

城乡统一的地籍管理数据中心的建设，必须保证土地利用现状图和地籍基础信息数据的真实性与现势性，充分利用"3S"等最新测绘和计算机技术进行土地调查数据的适时更新，最终实现土地管理中地理空间与物理实体层面的唯一对应，真正达到"天上看、地上查、图上管"的"以图管地"模式。[①]

第四节 健全和完善我国土地资源保护司法的对策建议

在土地资源保护的司法救济程序方面，西方有些国家特别是法国的成功经验值得借鉴。法国的土地征收程序分为行政阶段和司法阶段。征地补偿争议主要由司法阶段解决，即不动产所有权移转和补偿金的确定，由普通法院内设的公用征收法庭管辖。对公用征收法庭作出的关于不动产所有权转移不服，有权向最高法院提起复核审诉讼。对公用征收法庭作出的裁决不服，可上诉于上诉法院公用征收法庭，对上诉法院的裁判不服，则有权向最高法院提起复核审诉讼。我们应当理性借鉴这些国家和地区的经验，并结合我国的具体实际，不断健全和完善我国的土地资源司法保护的体制、机制和制度。

一 健全和完善土地资源司法保护的体制

针对大量的土地纠纷案件，可以考虑在各级法院设立环境资源法庭，加大对有关土地纠纷的解决力度，坚决杜绝对土地纠纷案件久拖不决的现象。在司法体制创新方面，针对环境污染突出，环境纠纷增多的现象，我国许多地方已经开展了环保法庭的试点，有的地方还制定了专门的规范性文件。据学者统计，截至2013年4月26日，共有16个省、直辖市、自治区先后设立了环境资源保护审判组织134个，其中省一级法院建立环保法庭的有2个，中院一级的环境资源保护审判庭17个、合议庭4个、巡回法庭1个，基层的环境资源保护法庭51个、派出法庭3个、合议庭47个、巡回法庭9个。[②]据统计，截至2014年12月9日，全国共有20个省（市、自治区）人民法院设立了环境资源审判庭、合议庭、巡回法庭，合计369个。环境资源司法体制的创新和变革，不仅标志着地方环境资源保护意识的提高，更大的意义是为包括土地资源的环境资源公益诉讼的顺利进行提供了体制保障，有力地增强了土地资源司法

[①] 参见吴勇、吴耿《建立城乡统一土地管理体制的"213"构想》，《中国房地产报》2009年7月27日。

[②] 张宝：《全国环境保护审判组织概览》，http：//yangzx.fyfz.cn/b/743141。

保护的能力。

二 健全和完善土地资源司法保护的机制

(一) 健全和完善土地侵权的司法救济机制

从理论上分析,土地侵权包括三个方面:(1)土地非法侵占的侵权,包括行政机关非法征收的行政侵权与公民、法人和社会组织非公平流转的民事侵权;(2)因发生土壤环境污染的侵权;(3)因发生土地生态破坏的侵权。以下我们试分别予以探讨:

1. 土地侵占的司法救济

众所周知,土地违法征收和非公平交易是当前侵害土地权益,危害土地资源保护最大的原因。对此,司法应当重点予以救济。一是对公益性用地的行政诉讼,包括对:(1)是否符合"公共利益"目的的诉讼,(2)土地征收补偿方案是否合理的诉讼,(3)土地被征收后,是否在合理期限内并为公共利益而使用,是否及时支付补偿费等;二是对商业性(经营性)用地的民事诉讼。对商业性用地引起的纠纷,因政府没有统一行使征收权,属于用地单位(个人)与农民集体经济组织(个人)之间的民事关系范畴,可根据我国民法、《民事诉讼法》的相关救济途径予以解决。以下仅重点论述对公益性用地的行政诉讼。

除可以采取申诉、行政复议等措施外,还可以依据我国行政法、《行政诉讼法》的规定,对政府的土地征收这一具体行政行为,向法院提起行政诉讼。具体来说,可以从三个方面提起司法救济程序:

一是对土地征收是否符合公益目的性提起诉讼。当政府向农民提出征地要求时,如果农民认为此项土地征收不符合公共利益目的,则可以拒绝被征收,如果政府欲强制征收,则可以向法院起诉,请求根据法律规定予以裁决是否符合公益征收,如果裁决认定征收不符合公共利益目的,则政府无权实施征收。

二是对土地征收补偿方案是否合理提起诉讼。如果农民认为,土地征收补偿标准和补偿费的分配不合理时,应允许向法院提起诉讼,请求依据法律规定就补偿标准和补偿费的分配作出裁决。

三是当土地被国家征收后,却没有在合理期限内使用或为公益目的而使用,或在合理期限内未能支付全部或大部分土地补偿费,农民有权向法院提出撤销征地并收回土地的诉讼,法院应依法作出裁决。如果法院裁决撤销征地,由此给被征地农民造成的经济损失,应由需用土地人赔偿,需用土地人无力赔偿的，由国家赔偿。①

2. 土壤污染的司法救济

一如前文所述，土壤污染问题已成为我国威胁土壤质量的重要原因之一，不容忽视。不过，无不遗憾的是，我国目前尚无专门的《土壤污染防治法》，对于土壤污染的问题，尚需援引《环境保护法》、《水污染防治法》、《固体废物污染环境防治法》、《侵权责任法》等法律作为依据。建议我国尽快出台《土壤污染防治法》，对土壤污染侵权救济问题进行专门规定，对已由立法确认的举证责任倒置、因果关系推定、三年诉讼时效等环境侵权救济制度予以进一步确认和改进。

3. 土地破坏的司法救济

除了环境污染外，因矿产资源非法开采、地下水资源过度利用、建设用地非法开发、不当建设项目及施工、森林资源破坏、草地破坏等原因，我国土地资源还面临着诸如水土流失、荒漠化、盐碱化、林地、草地和湿地面积递减等日益严重的生态破坏问题。对于生态破坏行为，我国的有关环境保护法和《侵权责任法》没有对之引起足够的重视，突出的表现是没有进行专门的规定，以至于生态破坏侵权只作为一般侵权对待，不能使用环境污染侵权救济之举证责任倒置、因果关系推定、三年诉讼时效等特殊诉讼规则，这是很不科学的。因为生态破坏在很多时候同环境污染一样，具有损害发生的间接性、累积性、侵害双方的非对等性等特征。建议我国在《环境保护法》、《侵权责任法》等法律进行修改时，把生态侵权确认为特殊侵权，共同适用污染侵权救济的特殊规则。

（二）健全和完善土地违法犯罪活动的追责机制

土地资源的司法保护，除了进行直接的侵权救济外，追究危害土地资源者的行政责任和刑事责任也是一类不可忽略的机制。因为可以通过威慑危害土地资源的违法行为，间接达致保护土地资源及其环境的作用。

1. 行政责任的追究

行政责任的追究包括两类对象：一是违反土地资源保护行政法律规范，危害土地资源的公民、法人和社会组织，如未经土地审批程序就圈占土地的建设者，未经环境影响评价程序的建设者，等等。对于这类主体，主要的行政责任是行政处罚，如行政罚款、没收执照、没收非法所得等。就当前而言，应当加

---

① 蓝潮永：《土地征收中存在的问题与对策》，《三峡大学学报》（人文社会科学版）2010年第4期。

重对这类主体的制裁力度，提高违法成本，如提升处罚限额，使其不敢违法。

二是违法或明显不当进行土地资源管理的政府工作人员，如违法征收土地、违法审批土地的行政机关工作人员。对于这类主体，主要的行政责任是行政处分，如降级、撤职等。就当前而言，主要应当加强对这类主体的行为规制和责任追究，严格执行政府问责。

2. 刑事责任的追究

同行政责任一样，刑事责任的追究也包括两类对象：一是严重违反土地资源保护法律法规的公民、法人和社会组织，归责的罪名如非法占用农用地罪[①]、环境污染罪等。鉴于限制土地流转的政策已发生重大改变，建议下一步应当逐步缩小非法占用农用地罪的适用范围，从而排除土地流转的法制障碍。

值得说明的是，此前的《刑法》第338条没有把环境本身作为犯罪的客体，2011年通过的《刑法修正案（八）》作出了调整：删去了原法中"向土地、水体、大气"的限定性规定，将"危险废物"修改为"有害物质"，并将"造成重大环境污染事故，致使公私财产遭受重大损失或者人身伤亡的严重后果"修改为"严重污染环境"。[②] 这些修改大大降低了该罪的入罪门槛，更进一步拓宽了《刑法》对环境违法行为的惩治范围。修改后，大大加大了对土地资源污染行为的打击力度，司法机关在适用法律进行判决时，应当注意。

二是对土地资源监督管理人员渎职、贪污等的刑事制裁，罪名如非法转让、倒卖土地使用权罪[③]、环境监管失职罪[④]等。鉴于当前有低价出让土地资源日益猖獗的趋势，建议国家对违反规定出让土地，造成国有土地资产流失的，要依法追究行政责任，情节严重的，应当依照《刑法》规定，以非法低

---

① 《刑法》第342条规定："违反土地管理法规，非法占用耕地、林地等农用地，改变被占用土地用途，数量较大，造成耕地、林地等农用地大量毁坏的，处五年以下有期徒刑或者拘役，并处或者单处罚金。"

② 《刑法》第338条修改为："违反国家规定，排放、倾倒或者处置有放射性的废物、含传染病病原体的废物、有毒物质或者其他有害物质，严重污染环境的，处三年以下有期徒刑或者拘役，并处或者单处罚金；后果特别严重的，处三年以上七年以下有期徒刑，并处罚金。"

③ 《刑法》第228条规定："以牟利为目的，违反土地管理法规，非法转让、倒卖土地使用权，情节严重的，处三年以下有期徒刑或者拘役，并处或者单处非法转让、倒卖土地使用权价额百分之五以上百分之二十以下罚金；情节特别严重的，处三年以上七年以下有期徒刑，并处非法转让、倒卖土地使用权价额百分之五以上百分之二十以下罚金。"

④ 《刑法》第408条规定："负有环境保护监督管理职责的国家机关工作人员严重不负责任，导致发生重大环境污染事故，致使公私财产遭受重大损失或者造成人身伤亡的严重后果的，处三年以下有期徒刑或者拘役。"

价出让国有土地使用权罪追究刑事责任。应加大对侵犯农地产权的惩处力度，建议在刑法中增加"非法侵占、征用土地罪"，对有关单位和直接责任人科以刑事责任。

（三）健全和完善土地资源纠纷的分流机制

现代社会，司法救济是解决社会冲突具有终局效力的权威机制，是维护社会公平正义的最后一道防线。为缓解司法机关的压力，应当充分运用协商、调解、仲裁、行政裁决、行政复议等其他纠纷解决机制。可以考虑设立土地仲裁委员会，为农地产权保护提供"绿色通道"，在县级设立土地纠纷仲裁委员会，其组成应由政府有关部门、律师或仲裁员以及农村基层司法人员组成。为了保证仲裁的公正性，每次仲裁应从以上人员组成的仲裁员库中随机抽出。应在每个乡镇设立土地纠纷调解委员会，负责本地的土地纠纷调解，从而配合土地纠纷仲裁委员会的工作。

（四）健全和完善土地案件的部门移送机制

土地资源监督管理部门在执法中，发现行政相对人可能触犯刑律的，应当将案件连同案卷资料一同移送司法机关，而不应"以罚代刑"。

（五）健全和完善土地案件的裁判执行机制

土地资源损害案件公正裁判后，下一步面临的问题便是如何执行。国家应当不断健全和完善土地案件裁判的执行机制，确保案件能顺利执行，以维护和增强土地资源司法保护的权威。

（六）健全和完善司法监督、考评等其他机制

出于私益追求等多方面的考虑，司法人员可能存在滥用职权、徇私枉法等不公正司法的行为，为此，有必要建立对于司法审判活动的监督、约束和奖励机制。譬如，重大事项的集体决策机制、司法审判的检察监督机制、司法审判的考核评估和奖惩机制、错案矫正机制等。

三 加强土地资源司法保护的能力建设

（一）大力建设环境资源保护民间组织，推动环境公益诉讼的发展

当前，发展和推动环境公益诉讼，除了立法上的障碍外，从操作层面看，最大的困难就是缺乏积极而有能力的起诉主体。根据学者的研究以及美国等国家的经验，环保民间组织是提起环境公益诉讼的中坚力量。事实也证明，对于环境公益诉讼，普通的公民往往缺乏必要的财力、人力和专门知识，就算其有维护环境公益的热忱与激情，面对强大的环境致害者（企业），往往很难胜诉。然而，环保民间组织是由有兴趣或有志于环境保护的人们自发自愿组成

的,有一定的组织形式、章程、宗旨、目标,并有相应的经费以及专业人员作为保障,与公民相比,它们进行环境公益诉讼的能力强大得多。另外,将诉权直接赋予以维护环境公益为动因的环保民间组织,还可以有效解决公民作为原告"搭便车"的问题。不仅有利于救济受损的环境权益,还可以减少诉讼环节,降低诉讼成本。① 因此,由环保民间组织代表社会公众提起土地保护公益诉讼,有一定的合理性和现实性。

然而,我国的环保民间组织起步较晚,20世纪80年代起才开始成立,到目前为止,其力量尚十分弱小。据中华环保联合会发布的《中国环保NGO蓝皮书》,截至2008年10月,全国共有环保民间组织3539家,其中由政府发起成立的环保组织1309家,学校社团组织1382家,草根的环保组织有508家,国际环保组织驻中国的机构有90家。② 另外,这些环保民间组织工作人员的学历层次和专业水平也无不令人担忧,实在难以担当环境公益诉讼的大任。事实上,到目前为止,由环保民间组织作为原告提起的环境公益诉讼的案例屈指可数,胜诉的更是凤毛麟角,典型的案例如中华环保联合会诉江阴港集装箱公司环境污染侵权纠纷案③。为此,下一步的重大任务应当是,大力加强环境资源保护民间组织的建设,以推动土地保护公益诉讼的迅猛发展。

(二)设立专门的鉴定和评估机构,提高土地环境诉讼的举证能力

在破坏土地环境保护的案件中,土地资源污染和生态破坏行为同损害结果之间的因果关系以及损害结果的大小,具有显著的科学技术性,一般人是不能获取这些证据的。这就需要设立土地污染和破坏的鉴定和评估机构,以保证原告能顺利获取相应的证据。

(三)加强对律师和法官的业务培训,提高辩论和审判能力

土地资源保护的公益诉讼,涉及环境科学、资源科学、环境法等诸多的专业知识,具有较高的专业性。然而,由于历史因素的影响,我国的法官和律师大多缺乏这方面的知识储备和学习。因此,有必要大力加强对律师和法官的土地资源诉讼业务培训,以提高其辩论和审判能力。

---

① 邱联恭:《程序制度机能论》,三民书局1996年版,第157页。

② 郄建荣:《中国环保NGO争议中快速发展 面临注册无门窘境》,《法制日报》2011年5月7日。

③ 参见杨朝霞《民事调解书:朱正茂和中华环保联合会诉江阴港集装箱公司环境污染侵权纠纷案》,http://yangzx.fyfz.cn/art/629669.htm。

第五节 健全和完善我国土地资源保护法律监督的对策建议

一 理顺土地资源执法的监督体制

为改变土地管理部门既是裁判员又是运动员的现象,要在加强地方政府土地管理职能的基础上,将土地管理部门的土地经营行为彻底剥离出来,使土地市场经营与土地的管理分离开来。土地管理部门不能直接参与土地市场的运行,而应为土地市场运行提供优质的服务和良好的环境,提供市场所需要的信息服务,防止市场的恶性竞争。对于非个人或独立的企事业单位拥有的土地资源,以及国家通过征购或征用所控制的国有土地,它的经营活动应由当地政府出资设立的独立的、具有法人资格的土地开发经营机构具体运作,进行土地经营活动,同时要建立合理的收益分配制度,接受土地管理部门的管理和监督。

一是要强化内部对土地执法行为的监督。各级政府的土地管理部门须按照法律所赋予的职责分别履行所承担的行政管理职能,并同时由上而下进行垂直监督管理,国土资源部负责对省级土地管理部门进行监督,省级土地管理部门负责对地市土地管理部门进行监督,以此类推。有必要的话,在现有土地督察制度的基础上,继续完善国家土地督察制度,即国土资源部向各省派驻土地督察专员,省土地管理部门向地市派驻土地督察专员,监督土地执法行为。在实施过程中,要对监督人员到地方工作的具体时间与轮岗制度作出明确规定,以免此项制度流于形式。应以信访工作为突破口,针对集体上访中反映的严重问题及其他突发性、影响恶劣的事件,启动专门的督察组,前往当地加强督察指导,并给出处理意见。

二是要继续加强从外部对土地管理部门执法的监督工作。国土资源部应接受全国人民代表大会包括全国人大代表的监督,各级土地管理部门应接受同级和上级人民代表大会包括人民代表的监督。

尽管我们从土地立法角度已经作出了很大的努力,但实际工作中,在土地管理中有法不依、执法不严的现象仍很严重,许多违法者并不能得到真正的制裁,法律监督没有起到应有的作用,因此在完善法律法规建设的基础上仍需进一步加大依法监督管理的力度。[1]

---

[1] 孟虹:《完善我国土地管理体制的若干建议》,《中国新技术新产品》2009年第2期。

二 加强和改进土地执法监察的体系建设

执法监管是土地执法监察机构代表政府行使的一项重要职责，是预防土地违法，减少土地违法的一项重要措施。要履行好这项职责，就必须坚持"预防为主、查防结合、综合治理、重点打击"的方针，使土地违法行为始终处在土地执法监察部门的监控之中和重点打击之下。

在现行的土地督察制度下，国家土地总督察直接向国务院负责，同时由国土资源部向地方派驻土地督察专员，但省以下的土地督察体制没有本质变化，原有问题依然存在。因此，笔者建议设立隶属于国土资源部的土地监察委员会。在其行政体制设计上，可以本着精简高效的原则，在全国划分东北、西北、华中、华东、华南、西南六个区域设置派出机构，现行省级以下土地执法部门统一划归土地监察委员会实行完全垂直管理，人事权、财权均上收至上级土地监察委员会，以保障其对所管辖区域土地完全的监管权力。在管理权限上，可将原分散在土地、地矿、森林、水利等部门的执法监察队伍进行整合，形成统一的国土资源执法监察队伍。在监管手段上，建立基于卫星遥感影像图和现状图的网上监管统一平台，落实土地违法问责制和责任追究制，健全与人民法院、人民检察院、公安和纪检监察机关联合执法机制。①

三 发展和壮大公众参与的监督力量

（一）完善村民自治，为地权保护提供政治保障

主体的经济权利，必须要有相应的政治权利的支撑和保障才能实现，"主体的自治权是人权的首要内容，是主体其他各种权利的基础。"② 村民自治虽然一定程度上实现了农民自治权，但现实中村民自治的异化现象严重，法律对农民如何行使土地权益的程序又缺乏明确规定，村委会往往在现实中成为集体土地所有者权益的实际行使者，土地的征用、流转等事项往往由少数村委会成员来确定。实践中，集体土地的真正享有者——广大村民群众不仅不能实际地享有其对土地的权利，甚至有时连起码的土地转让的知情权都没有。基层民主权利的缺失使得农民土地权益保护缺乏必要的政治保障，而"村民自治的政

---

① 参见吴勇、吴耿《建立城乡统一土地管理体制的"213"构想》，《中国房地产报》2009年7月27日。

② 英纪宏：《社会自治与现代宪政》，载张庆福主编《宪政论丛》第1卷，法律出版社1998年版，第418页。

治建设既是农村产权制度改革的政治结果,也是进一步保障产权制度创新发展、推进农村经济发展的政治条件。"① 因此,保障广大村民的农地权益,在农村政治层面应从完善村民自治入手。

为此,应当重构村民自治的组织机构,为消除村民自治异化奠定组织保障。《在村民委员会组织法》中虽然规定村民会议是村民自治的最高权力机构,但并没有关于设立村民会议相关组织机构的规定。没有组织保证的权力在实践中是难以有效行使的。同时,村民会议常务机构的缺位,使得村民自治缺乏基本的组织保障,使得本应只是执行性机构的村民委员会往往越位而实际担当常务机构的角色。我们认为,应设立村民自治权力机构的常设机构——村民会议常务委员会,作为村民自治组织系统中村民会议闭会期间最高的议事决策机构。应改变现行《村民委员会组织法》中村民会议由村委会召集的做法,改由村民会议常务委员会召集。村民会议常务委员会应由村民会议选举村中公正正直、热爱公益事业的村民组成。现实中由于种种原因村委会往往异化为乡镇政府的"代理人",在土地征用过程中难以真正代表本村村民,可以考虑建立村级土地管理委员会,由村民(代表)大会选举村民代表组成,负责对集体土地的管理和监督,使农民真正成为土地经营主体、产权主体,成为土地的"主人"。

(二) 保障农民结社权,为土地权益保护提供组织保障

从我国各地的实践来看,地权被侵犯的现实威胁主要来自两个方面。一方面来自地方政府借口"公共利益"与开发商相勾结肆意以征地为名侵犯农民土地权益;另一方面来自村委会无视本村村民利益主动或被动迎合有关地方政府征地需求,而在征地后又肆意截留本来较低的征地补偿款。如果说完善村民自治、健全基层民主能在村社内部实现农民当家做主,自觉抵制村委会的侵权行为的话,那么来自村委会之外的基层政权乃至更高层次的侵权行为,广大村民靠村民自治的民主力量显然是无能为力的。"以发展民主政治来消除集体土地所有权实现的障碍,首先就是对公权力进行严格的限制。"② 农民土地权益保障和对公共权力进行监督,离开组织保障势必失去依托。我们以为,保障农民的结社权,允许农民成立像工会组织那样的全国性民间组织——农会,不失为现实之举。在强政府弱社会的现代社会,加强第三种力量必将是缓冲政府和

---

① 唐贤兴:《产权、国家与民主》,复旦大学出版社2002年版,第324页。
② 胡吕银:《在超越的基础上实现回归——实现集体土地所有权的理论、思路和方式研究》,《法商研究》2006年第6期。

社会的矛盾和冲突，实现二者有效对话，实现和谐的法治社会的必然选择。面对分散的层出不穷的土地纠纷等上访事件，农会的存在不仅有助于广大村民的土地维权，还有助于缓解村民和有关政府的矛盾，在政府和农民之间形成一个有效的矛盾缓冲机制；同时，其存在对于抑制地方政府的征地冲动，肆意侵犯村民土地权益是一种有效的制衡机制。

（三）建立和完善公众参与的法律机制

建立市场经济条件下公众参与的利益均衡机制，是解决社会矛盾和冲突的根本途径。一种有效的利益均衡机制，能抑制利益格局日益倾斜的危险趋势，协调不同社会群体之间的利益关系。而要建立这样一个有效的利益均衡机制，会涉及一系列相互关联、互为条件的制度安排与制度创新。具体而言，土地资源保护监督的公众参与，主要由以下机制组成：

1. 信息获取机制

信息获取机制要求土地资源管理部门遵循信息公开的原则，对相关信息主动发布或经申请发布，保证公众的知情权：公众有阅览卷宗、参与听证等权利。只有信息的公开、透明、充分、真实，公众才有可能及时了解事关土地权益的公共事务与公共决策，也才可能在第一时间保护自身的权益。应当说，信息的不公开以及与此相联系的权力暗箱操作，是致使一些利益矛盾和冲突产生并激化的重要原因。

2. 利益凝聚机制

一个社会要能够有效地解决利益矛盾和冲突，必须得有一个利益要求凝聚和提炼的机制。只有经过凝聚和提炼的要求才能接近政府决策的层面，而分散的、散射的要求是很难在决策层面上进行处理的。利益要求的凝聚和提炼，必须以一定的组织形式作为载体。由于不同的社会群体所掌握的资源和表达的能力存在很大差异，组织起来的集体表达、沟通与协商对于弱势群体就显得尤为必要。经验表明，经过凝聚的利益诉求也更容易通过谈判、仲裁、诉讼等方式获得解决。利益的凝聚，已有的村社组织以及未来可能建立的农会应当积极发挥作用。

这是因为，虽然"原子式"的个体参与是有价值的，但分散的、未经组织的"大多数"，在采取行动时往往只能在"无所事事"和"无所顾忌"这两种极端方式之间选择。这种困局的解决途径是，将分散的利益表达组织化，并通过组成临时性的参与组织和规范性的非政府环保组织来实现。譬如，临时性环评参与组织，可以收集和整理项目环境影响范围内的公众建议，代表利益受到影响的公众提出合理、合法的诉求，与相关利益集团或者环保部门持续对话。具体的案例如 2004 年北京"西上六"高压线路输电工程环评争议案中，利益受到影响的百旺家苑地区居民成立百旺家苑维权委员会，并聘请了百旺律师团。律师团为维权活动把关，维权委员会的任何决定都必须经过律师认同。①

3. 诉求表达机制

公众能够进行有效的利益表达需要在相关制度设置上增加公众参与的环节，如在涉及公众利益的问题上，以听证、表意、监督、举报等方式向公众提供表达的渠道和机会。同时，也要设置相关制度，使得利益各方均可以通过大众媒体等方式充分表达各自的利益诉求。

为此，建议各级政府应尽快出台农村土地征用补偿条例和细则，明确规定在制定补偿标准时，应举行听证会，其组成除了开发商和村委会的代表外，还必须有村民代表、政府主管部门代表和律师代表参加，应把听取村民代表的意见作为重点内容之一。在讨论征地方案时，要向村民公布土地补偿费分配办法，广泛征求村民意见；村集体在分配征地补偿费时，要严格按照自治原则，通过民主决策程序予以实施，特别应加强民主监督。

4. 压力施加机制

当今的社会，不同利益群体已经有了强势和弱势之分，强势群体拥有的资源多，为自己争取利益的手段也多；而弱势群体要有为自己争取利益的能力，必须得有特殊的施加压力的机制。事实上，如果没有一定的压力施加机制，就无法对政府部门以及土地开发商等侵害社会中弱势群体尤其是农民的土地权益的行为进行抵制。当然，对于压力施加机制需要用法律加以引导和规范，防止引发群体性事件而危害社会稳定。

5. 利益协商机制

所谓利益协商机制，指的是在利益诉求明确表达的基础上，矛盾各方按照法律的渠道和程序进行对话和谈判，自主解决其利益矛盾的一种机制。当社会群体在一定规则之下，通过协商谈判公平而又有效地自行解决彼此间的利益纠纷时，社会就初步实现了自我管理、自我调节。这时政府则无须事事介入，这样既减轻了行政负担，也降低了社会成本。

当前，亟须建立和完善的是征地双方的协商谈判机制。在目前的土地征收实践中，往往由政府土地管理部门和村委会谈判决定征收补偿的有关问题，农户被排除在谈判主体之外，这显然不利于农户利益的保护。这是因为，集体经

---

① 朱谦：《被架空的环评制度》，《中国改革》2011 年第 8 期。

济组织的利益和农户的利益并不完全一致，村委会或村干部并不必然代表农户的利益，相反，村干部有时会因一己之私而损害农户的利益。解决这一问题的有效办法是，让农户选派代表参加谈判，强化他们的意思表示，以维护其正当权益。

6. 矫正救济机制

这个机制实质上就是一种矛盾终止的机制。在矛盾双方无法达成妥协的情况下，第三方的调解、仲裁或审判就是一个不可缺少的程序。而能够担任最后角色的，就是政府和司法机关。在这样的制度安排下，政府尽管不必直接包办一切，但可以对整个协商谈判机制起到指导和规范作用，既是谈判平台的提供者，也可以是谈判规则的制定者，更可以是谈判结果的保障者。就当前而言，最主要的就是建立对违反土地征收公众参与程序的救济机制，即在立法上赋予公众参与一定的法律效力，一旦违反，公众就可以向法院起诉。

以上这六个方面的机制在建立公众参与土地资源保护的机制中相互配合、层层递进、缺一不可。就当前而言，需特别重视其中的利益凝聚机制和压力施加机制。建立利益凝聚机制，关键在于形成利益诉求凝聚和表达的组织形式。有效的社会组织（如农会）不仅可以减少矛盾的出现，还有助于促进矛盾的解决。一种行之有效的压力施加机制，应当包括集会、游行、请愿和罢工等方式，就土地资源保护而言，主要涉及集会、游行、请愿这三种形式。①

四 其他措施

土地资源保护的法律监督是一项系统艰难的事业，除了上述行政执法监督、行政督察监督、公众参与监督等监督措施外，还需其他监督措施的补充和配合方能完成。譬如，必须强化土地执法的社会监督，充分重视和发挥媒体与政协委员的监督作用。当然，发挥人大、检察机关等有权机关的监督则更为重要。②

---

① 参见孙立平等《以利益表达制度化实现长治久安》，《领导者》2010年第4期。

② 现实中，土地征用案件往往涉及地方政府，不少法院往往不愿涉足土地纠纷案件的"荆丛"而不立案，甚至立案也不下裁定，往往使不少农民的土地纠纷告状无门。因此加强司法监督，强化人大、检察系统的监督职能，特别是强化司法的社会监督，畅通司法的社会监督渠道具有重要的意义。充分利用法律手段，大力打击侵犯农地权益的行为，对于保护农民的生存和发展权具有重大意义。参见丁德昌《论发展权视野中农地产权保护的法律机制》，《黑龙江省政法管理干部学院学报》2007年第6期。

"土地是财富之母"。在中国,土地在保障粮食供应、提供农民生存保障、减轻就业压力以及提供工业资本等方面,均被赋予了重大的责任和使命。然而,我国的土地资源,除了耕地面积锐减之外,还面临林地、湿地等生态用地被大量侵占、土壤污染严重、生态破坏加剧、地面沉降恶化、地籍管理混乱等日趋突出的严峻挑战。加强土地资源法律保护,是保障和推进国民经济实现又好又快和可持续发展以及实现人民福祉的根本需要。然而,土地资源的保护,牵涉的利益方方面面、多种多样,必须按照科学发展观的要求,运用高度的生态和法律智慧,从立法、执法、司法和法律监督等方面进行系统性的法治建设,方能实现。

地权是农业文明时代的代表性权利,地权的合理设置和有力保护对于解决我国"三农"问题,实现国民经济又好又快和可持续发展具有关键的作用。尽管土地集体所有权框架下的家庭承包经营责任制,在调动农民积极性和促进农业生产力上发挥了十分重要的作用,但在实现规模经营和推进城镇化建设的新形势下还存在诸多的不足,有必要在兼顾生产效率和社会公平以及确保粮食安全的前提下,不断进行以促进土地流转、规范土地征收和保障农民土地权益为重点的地权制度革新,进一步解放农业生产力,切实维护不同区域和不同阶层农民的土地权益,并严守18亿亩耕地红线,与时俱进地推动我国农业文明和工业文明的持续健康发展。

除此之外,更重要的是,土地资源的利用和保护必须体现和贯彻生态文明建设的基本要求。为此,亟须树立生态系统管理的思维,制定统一的《土地法》,对耕地、林地、草地、湿地以及建设用地等所有类型的土地资源的数量和质量进行一体化的管理和保护。

让我们同心协力、高瞻远瞩、与时俱进地用极富智慧的奋斗,不断开创我国土地资源法律保护的新局面,实现国民经济的又好又快和可持续发展!